FRANÇOIS-RENÉ DE CHATEAUBRIAND
[法]夏多布里昂 著 程依荣、管筱明、王南方、罗仁携 译

后浪

MÉMOIRES D'OUTRE-TOMBE
墓畔回忆录

卷三 | 我的政治生涯

四川文艺出版社

目 录

卷三
我的政治生涯

篇章十九

波拿巴 3

波拿巴——他的家族 6

科西嘉岛波拿巴家族特别分支 9

波拿巴的出生与童年 11

波拿巴的科西嘉岛 15

保利 23

两本小册子 24

上尉委任状 25

土伦 27

葡月的日子 35

续篇 37

意大利战役 40

拉施塔特和会——拿破仑回到法国——拿破仑被任命为英国方面军司令——远征埃及 46

远征埃及——马耳他——金字塔之战——开罗——拿破仑

1

在最大的金字塔——苏伊士 ... 49

对军队的看法 ... 57

叙利亚之战 ... 59

回到埃及——征服上埃及 ... 71

阿布基尔战斗——拿破仑的便条与信函——重返法国——雾月十八日 ... 73

篇章二十

第二次联盟——波拿巴从埃及战场回国时法国的处境 ... 80

执政——第二次意大利战争——马伦戈大捷——赫亨林登大捷——吕内维尔条约 ... 82

亚眠条约——撕毁条约——波拿巴登上皇帝宝座 ... 85

帝国——加冕礼——意大利王国 ... 87

入侵德国——奥斯特里茨——普雷斯堡条约——古犹太法庭 ... 88

第四次同盟——普鲁士消失——柏林法令——在波兰与俄国交战——蒂尔西特——拿破仑与亚历山大瓜分世界的计划——和平 ... 92

西班牙战争——爱尔福特——威灵顿亮相 ... 95

教皇庇护七世——天主教国家会议在法国召开 ... 101

教皇抗议——教皇被劫离罗马 ... 104

第五次同盟——攻占维也纳——埃斯林根战役——瓦格拉姆战役——奥地利皇宫里签订的和约——离婚——拿破仑娶玛丽·路易丝——罗马王的诞生 ... 112

俄罗斯战争的计划和准备——拿破仑的困境 ... 117

皇帝着手出征俄罗斯——反对意见——拿破仑的错误 121
德累斯顿会议——波拿巴检阅部队，抵达涅曼河畔 125

篇章二十一

入侵俄罗斯——维尔拿：波兰参议员维比基；俄罗斯议员
巴拉谢夫——斯摩棱斯克——米拉——普拉托夫之子 129
俄国人的撤退——博里斯泰纳河——波拿巴的顽念——库
图佐夫接替巴克莱指挥俄军——莫斯科河或者博罗季诺战
役——战报——战场景象 134
十八封大军战报节录 138
法军向前挺进——罗斯托普钦——波拿巴在得救山——莫斯
科的景色——拿破仑进入克里姆林宫——莫斯科大火——波
拿巴险胜彼得罗夫斯基——罗斯托普钦的告示——在莫斯科
废墟上的逗留——波拿巴的操心事 143
撤退 155
斯摩棱斯克——撤退、撤退 163
渡过贝莱齐纳河 166
对俄罗斯战争的评判——大军最后一号战报——波拿巴回
到巴黎——元老院的演讲 172

篇章二十二

法兰西的灾难——强作欢颜——在我的山谷中居留——正
统观念的觉醒 176
教皇在枫丹白露 178
背叛——拉格朗日与德利尔之死 180

3

吕岑、包岑、德累斯顿战役——西班牙受挫..................181

萨克森战役或诗人之战..................183

莱比锡战役——波拿巴重返巴黎——瓦伦塞条约..................187

立法会议召开，复又延期——同盟国军队渡过莱茵河——波拿巴发怒——一八一四年元旦..................188

教皇获释..................191

写作小册子《论波拿巴与波旁家族》的笔记——我在里沃利街租了一套房间——一八一四年，惊心动魄的法兰西战役....193

小册子开始付印——德·夏多布里昂夫人的一则笔记..........196

巴黎城外的战斗——巴黎景象——贝勒维尔之战——玛丽·路易丝和摄政府逃跑——德·塔莱朗先生留在巴黎..............198

大元帅施瓦岑贝格亲王的通告——亚历山大的演说——巴黎投降..................201

同盟国军队进入巴黎——波拿巴在枫丹白露..................202

波拿巴在枫丹白露——摄政府在布卢瓦..................206

我的小册子《论波拿巴与波旁家族》出版..................208

元老院发布废黜法令..................217

圣弗洛朗坦街公馆——德·塔莱朗先生..................220

临时政府的公开信——元老院提出的宪法..................221

德·阿尔图瓦伯爵到达——波拿巴在枫丹白露逊位.............223

拿破仑去厄尔巴岛旅途见闻..................225

路易十八在贡比涅——路易十八进入巴黎——老近卫军无法挽回的过错——圣旺宣言——巴黎条约——宪章——同盟国军队撤离..................235

复辟王朝头一年..................240

应该怪罪保王党建立了复辟王朝？..........241
首任内阁——我发表《政治思考录》——德·迪拉公爵夫人——我被任命为驻瑞典大使..........244
发掘路易十六的遗骨——在圣德尼度过的头一个月二十一日..........246
厄尔巴岛..........249

篇章二十三

百日王朝的开始——从厄尔巴岛卷土重来..........255
正统王权的麻木——邦雅曼·龚斯唐的文章——苏尔特元帅的训令——皇家会议——法律专科学校给众议院的请愿书..........258
保卫巴黎的计划..........262
国王出逃——我与德·夏多布里昂夫人一同动身——道路堵塞——德·奥尔良公爵与孔代亲王——图尔奈，布鲁塞尔——回忆——德·黎塞留公爵——皇上召我去根特城..........267
根特百日——国王与枢密院——我出任代理内政部长——德·拉利·托朗答尔先生——德·迪拉公爵夫人——维克多元帅——路易神父和勃若伯爵——德·孟德斯鸠神父——白鱼宴：众宾客..........270
根特百日续篇——根特导报——我给皇上的呈文：这份呈文在巴黎的影响——篡改呈文..........275
根特百日续篇——不发愿修女的修道院——我受到怎样的接待——盛宴——德·夏多布里昂夫人到奥斯坦德旅行——安特卫普——一个口吃的人——一个英国少女之死..........277
根特百日续篇——根特罕见的运动——威灵顿公爵——

5

御弟——路易十八 279

根特百日续篇——根特历史回顾——德·昂古莱姆公爵夫人来到根特——德·塞茨夫人——德·莱维公爵夫人 282

根特百日续篇——根特的马尔桑公馆——王国宫廷顾问盖雅尔先生——德·维特罗尔男爵夫人秘密来访——御弟手书——富歇 284

维也纳会议——富歇的特使德·圣莱翁先生参加谈判——关于德·奥尔良公爵先生的提议——德·塔莱朗先生——亚历山大对路易十八的不满——形形色色的求职者——拉贝斯纳迪埃尔报——亚历山大给会议的突然提议：克兰卡尔西勋爵挫败该提议——德·塔莱朗先生改变态度：他给路易十八的快信——同盟国的声明，在法兰克福官方报纸发表时遭删节——德·塔莱朗先生希望国王从东南各省进入法国——贝内文托亲王到维也纳的数项交易——亲王给身在根特的我写信：他的信文 287

巴黎百日——正统王权回到法国的影响——波拿巴的震惊——他被迫妥协，带着他认为已经扼杀的思想——他的新体制——剩下三个大玩家——自由党的怪物——俱乐部与联盟派——共和国的敷衍：附加文件——众院开会——无益的"五月田野" 292

巴黎百日——波拿巴的忧虑与痛苦 297

维也纳的决议——巴黎的活动 299

我们在根特的工作——德·布拉加先生 300

滑铁卢战役 302

根特的混乱——滑铁卢战役是怎么回事 304

皇帝归来——德·拉斐德再度露面——波拿巴再遭废黜——
贵族院争论激烈的场面——二次复辟的凶兆......................307

从根特动身——抵达蒙斯——我政治生涯中第一次错失良
机——德·塔莱朗先生在蒙斯——与国王在一起——我愚蠢
地对德·塔莱朗先生感兴趣..................................312

从蒙斯到戈纳斯——我与勃寥伯爵反对任命富歇为部长：我
的理由——威灵顿公爵获胜——阿尔努维尔——圣德尼——
与皇上最后的交谈..317

篇章二十四

波拿巴在玛尔梅宗宫——全面放弃..............................326

从玛尔梅宗出发——朗布依埃——罗什福尔......................329

波拿巴上英国舰队避难——他给摄政亲王写信....................330

波拿巴在"柏勒洛丰"号舰上——托贝——将波拿巴囚禁在
圣赫勒拿岛的法令——波拿巴登上"诺森伯兰"号，扬帆远
航..332

评论波拿巴..335

波拿巴的性格..341

如果波拿巴把用武力夺走的东西用名望给我们留下..............344

上述真理无用..347

圣赫勒拿岛——波拿巴横渡大西洋..............................349

拿破仑在圣赫勒拿岛登陆——他在朗伍德安身——防护
措施——在朗伍德的生活——来访............................352

曼佐尼——波拿巴生病——奥西昂——拿破仑见到大海的
沉思——劫持的打算——波拿巴最后的工作——他一病

不起——口授遗嘱——拿破仑的宗教感情——指导神父维亚利——拿破仑斥责医生昂托马西——接受临终圣事——寿终 356

葬礼 362

拿破仑世界的覆灭 364

我与波拿巴的最后关系 365

拿破仑死后的圣赫勒拿岛 367

移葬波拿巴 368

我在戛纳参观 371

篇章二十五

世界的变化 374

我生活中的一八一五、一八一六年——我被任命为法国贵族院议员——我在议会的开端——各种演说 376

《论立宪君主制》..378

路易十八 380

德卡兹先生 382

我被国务部长名单上除名——我出卖藏书，我的山谷 383

我在一八一七、一八一八年——演说续篇 385

皮埃先生家的聚会 386

《保守者》..388

论物质利益道德和义务道德 390

我生命中的一八二〇年——德·贝里公爵之死 393

德·波尔多公爵的诞生——波尔多莱市场的妇人 396

我促使德·维莱尔与德·科比埃尔先生首次入阁——我给德·

黎塞留公爵的信——德·黎塞留公爵的便函与我的回复——德·波利亚克先生的便函——德·蒙莫朗西和德·帕基埃两位先生的信函——我被任命为驻柏林大使——我去使馆赴任...398

篇章二十六

我生活中的一八二一年——驻柏林大使馆——到达柏林——安齐隆先生——国王一家——尼古拉大公的婚礼——柏林社会——洪堡伯爵——沙米索先生..................404
各国公使和大使——宫廷史与社会史..................408
纪尧姆·德·洪堡——阿德贝尔·德·沙米索..................410
纪尧姆公主——歌剧——音乐会..................413
我的头一批公函——德·波纳先生..................415
公园——坎伯兰公爵夫人..................417
我的公函续篇..................424
关于德国的报告草稿..................428
夏洛登堡..................430
从柏林卸任到伦敦赴任的间隙——德·波尔多公爵的洗礼——给帕基埃先生的信——德·伯恩斯托弗先生的信——安齐隆先生的信——坎伯兰公爵夫人最后一封信..................433
财政部长德·维莱尔先生——我被任命为驻伦敦大使..................437

篇章二十七

一八二二年——伦敦发的第一批公函..................439
与乔治四世谈论德卡兹先生——合法王权治下我国外交的高

尚表现——议院开会 443

英国社会 445

公函续篇 450

重返议会——为爱尔兰人举行的舞会——贝德福公爵与白
金汉公爵的决斗——行宫的宴会——柯宁汗姆侯爵夫人及其
秘密 451

群臣画像 454

公函续篇 456

有关维罗纳会议的磋商——致德·蒙莫朗西先生的信；他的
回信隐隐表示拒绝——德·维莱尔先生的信更支持我——我
给德·迪拉夫人写信——德·维莱尔先生给德·迪拉夫人的
便函 459

伦敦德里侯爵去世 461

又一封德·蒙莫朗西先生的信函——由哈特韦尔之行——德·
维莱尔先生的便函通知我：我被指定参加会议 465

古老英格兰的终结——夏洛特——几点思考——离开
伦敦 467

篇章二十八

西班牙国王获释——我被免职 472

反对派跟我走 476

最后一批外交函件 477

瑞士纽沙泰尔 482

路易十八驾崩——查理十世加冕 484

荣誉团骑士接待会 488

我把宿敌召集在身边——我的读者变了	489
下台后我的论战摘录	491
我不肯领受国务部长津贴——希腊委员会——莫莱先生便函——卡纳里斯给儿子的书信——雷卡米耶夫人给我寄来另一封书信摘要——我的作品全集	494
洛桑小住	497
回巴黎——耶稣会教士——德·蒙洛齐埃先生的来信和我的复信	499
论战续篇	503
塞巴斯蒂亚尼将军的信函	505
富瓦将军逝世——"公正与爱情法"——艾蒂延纳先生的信函——邦雅曼·龚斯唐先生的信函——政治影响的巅峰——关于国王圣名瞻礼日的文章——撤销新闻管理法——巴黎灯火辉煌——米肖先生的便函	506
德·维莱尔先生的恼怒——查理十世想去大校场检阅国民卫队——我给他写信：信的内容	510
阅兵——解散国民卫队——解散选举院——新成立的选举院——拒绝合作——维莱尔内阁倒台——我协助组建新内阁并同意担任驻罗马大使	513
审查一种指责	518
雷卡米耶夫人	524
雷卡米耶夫人的童年	526
雷卡米耶夫人的少年时期	527
《印第安部落》的作者编造的罗密欧致朱丽叶的信	533
邦雅曼·龚斯唐的叙述续篇——德·斯塔尔夫人	536

德·斯塔尔夫人致雷卡米耶夫人的信 537

雷卡米耶夫人的英国之行 539

德·斯塔尔夫人首次德国之行——雷卡米耶夫人在巴黎 541

将军们的计划——贝纳多特的肖像——莫罗的案子——莫罗与马塞纳写给雷卡米耶夫人的信 543

内克先生逝世——德·斯塔尔夫人回国——雷卡米耶夫人在科佩——普鲁士的奥古斯塔亲王 548

德·斯塔尔夫人第二次德国之行 551

肖蒙城堡——德·斯塔尔夫人给波拿巴的信 552

雷卡米耶夫人与马蒂厄·德·蒙莫朗西先生——雷卡米耶夫人在沙隆 554

雷卡米耶夫人在里昂——德·谢弗勒兹夫人——西班牙的囚徒们 556

雷卡米耶夫人在罗马——阿尔巴诺——卡诺瓦：他的书信 557

阿尔巴诺的渔夫 559

雷卡米耶夫人在那不勒斯——德·罗昂·夏勃公爵 562

国王米拉：他的书信 566

雷卡米耶夫人返回法国——德·冉利夫人的信 575

邦雅曼·龚斯唐的信 578

波拿巴从厄尔巴岛卷土重来之际，邦雅曼·龚斯唐写的文章 579

克吕登纳夫人——威灵顿公爵 580

我再次见到雷卡米耶夫人——德·斯塔尔夫人之死 582

林中修道院 584

篇章二十九

驻罗马大使任期——三类素材——旅途日记 592

给雷卡米耶夫人的信 605

利奥十二和红衣主教们——各国大使 606

新老艺术家 609

罗马古代社会 613

罗马现代风俗 623

地点和风景 626

给维勒曼先生的信 629

致雷卡米耶夫人的两封信 631

关于将要与读者见面的《回忆录》的几点说明 633

致德·拉·弗隆内伯爵先生的信（附《回忆录》）.................. 635

致雷卡米耶夫人的信 654

致蒂埃里先生的信 658

致德·拉·弗隆内伯爵先生的信 660

致雷卡米耶夫人的信 667

利奥十二之死——致波塔利斯伯爵先生等 671

篇章三十

罗马大使馆续篇——利奥十二之死——致波塔利斯伯爵先生等 676

教皇选举会 683

致波塔利斯伯爵先生的信——致雷卡米耶夫人的信 689

卡波尼侯爵——信件 698

致德·克莱蒙-托内尔主教大人的信——致波塔利斯伯爵

13

的信——致雷卡米耶夫人的信 705

在梅迪西别墅为女大公海伦举行的宴会 716

我同波拿巴一家的关系 717

致波塔利斯伯爵先生的信 721

庇护七世 722

致波塔利斯伯爵先生的信——致雷卡米耶夫人的信 723

高视阔步 725

在罗马的法国人 730

漫步——我的侄儿克里斯蒂昂·德·夏多布里昂 734

致雷卡米耶夫人 740

篇章三十一

从罗马回到巴黎——我的计划——国王和他的安排——波塔利斯先生——德·马蒂尼亚克先生——动身去罗马——比利牛斯山——冒险 742

波利尼亚克大臣——我的沮丧——我重返巴黎 749

与德·波利尼亚克先生会晤——我提出辞去驻罗马大使的辞呈 751

报纸上的溜须拍马 756

德·波利尼亚克先生的第一批同事 758

远征阿尔及尔 761

一八三〇年会议的召开——进谏——解散议会 763

新议院——我动身去迪耶普——七月二十五日的敕令——我回到巴黎——路途中的思索——致雷卡米耶夫人的信 765

篇章三十二

七月革命——二十六日这一天.................................772

七月二十七日这一天.................................774

七月二十八日：战斗的一天.................................777

七月二十八日，无战事日.................................782

七月二十九日，军事日.................................784

七月二十九日，无战事日——博德先生、德·舒瓦瑟尔先生、德·赛蒙维尔先生、德·维特罗尔先生、拉菲特先生和梯也尔先生.................................787

我写信给在圣克卢的国王；他口头的回复——贵族部队——地狱街传教士住所遭劫.................................790

众议院——德·莫特马尔先生.................................792

在巴黎奔走——迪布尔将军——卢浮宫柱廊前的葬礼——年轻人把我带到贵族议院.................................795

贵族会议.................................799

共和党人——奥尔良党人——梯也尔先生被送往纳耶——贵族会议在掌玺大臣家里召开：那封信到我家已太迟了..........801

圣克卢——王太子和德·拉居兹元帅之间的争吵...................803

纳耶——德·奥尔良公爵先生——兰西——王子来到巴黎......806

选举议会代表团将王国总兵之职授予德·奥尔良公爵先生——他接受了——共和党人的努力.................................809

德·奥尔良公爵先生去市政府大楼.................................812

王宫里的共和党人.................................814

篇章三十三

国王离开圣克卢——王妃来到特里阿农——外交使团 817

朗布伊埃 822

八月三日会议的召开——查理十世写给德·奥尔良公爵先生的信 823

人民群众朝朗布伊埃进发——国王出逃——思考 827

王宫——谈话——最后的政治意图——德·圣奥莱尔先生 831

共和党的末日 837

八月七日这一天——贵族议院会议——我的演说——我离开卢森堡宫是为了一去不复返——我的辞职 839

查理十世动身去瑟堡 851

七月革命会是什么 852

我的政治生涯结束了 858

卷三
我的政治生涯

篇章十九

波拿巴

  青春是一个可爱的东西。她从花团锦簇的生命之初出发,像雅典的舰队一样浩浩荡荡,去征服西西里和埃那城风光优美的郊野。海神的教士大声做了祈祷,并用金杯盛酒做了浇祭。人群站在海边,把自己的祈祷与船上领航员的祈祷汇合在一起。当帆篷在黎明的阳光和微风下徐徐展开时,人们唱起了战歌。亚西比德[①]穿一身红装,像爱神一样俊美,在三层桨战船上引人注目,他为自己在奥林匹亚赛车场投进的七辆马车而骄傲。不过阿尔喀诺俄斯[②]统治的岛刚刚驶过,幻觉就消失了:亚西比德遭受放逐,将在远离祖国的地方老去,并将身中利箭,在提曼德拉怀中死去。他实现最初希望的同伴,絮拉库斯城的奴隶,只得到欧里庇德斯的几句诗来减轻他们锁链的重量。

[①] 亚西比德(Alsibiade,公元前四五〇—前四〇四),古代雅典将军,苏格拉底的学生,民主派首领。
[②] 阿尔喀诺俄斯(Alcinoüs),希腊神话中斯刻里亚岛上的费阿客亚人之王。

你们看着我的青春离开了海岸，它没有伯里克利①收养的遗孤，在阿斯帕西娅②膝头上长大的孩子那份俊美，但天主知道，它有清早的时辰，还有欲望和梦想！那些梦想我跟你们做过描绘：如今，在四处流亡之后回到陆地，我可以给你们讲述的，只有像我的年纪一样伤感的真理。我之所以有时还拨响里拉琴的和弦，因为那是诗人最后的和谐之音，他力图让自己治愈时间之箭的创伤，或者想让自己摆脱岁月的羁绊。

你们知道我的旅行者和士兵生涯多变，你们熟悉我从一八〇〇年直到一八一三年的文学生涯。一八一三那一年你们把我留在狼谷。而在我的政治生涯开始之时，那个地方仍然属于我所有。我们现在进入了这段生涯。在深入其中之前，我不得不回过头来说一说一般的事情。此前我光顾说自己的工作和遭遇，跳过了那些事情。那些事都是按拿破仑的方式做出来的。因此，我们就来谈谈他吧，谈一谈在我的梦想之外建造的宏伟大厦，我现在成了历史学家，却仍是回忆录作者。公众的兴趣鼓励我倾吐出私人的隐情。我将在叙述之中插入这些细节。

革命战争爆发之际，各国君王还不明白发生了什么事情。他们以为发生的是一场暴乱。他们从中也许会看到民族的变更，一个世界的终结与开始。他们自以为对自己来说，这场革命战争只会使自己的国土扩大，把原先属于法兰西的几个省并入自己的版图。他们相信旧时的战术，相信旧时的外交条约，相信政府间的谈判。而应征入伍的新兵将会打退德皇弗雷德里克的精锐部队。一些君王将来到一些默默无闻的鼓动家的候见厅祈求和平。革命的可怕舆论将在断头台上解决古老欧洲的冲突。这个古老的欧洲以为打击的只是法兰西，却没有意识到一个崭新的

---

① 伯里克利（Pericles，公元前四九五—前四二九），雅典政治家，亚西比德的监护人。下文的遗孤即亚西比德。
② 阿斯帕西娅（Aspasie，公元前五世纪下半叶），雅典美女，伯里克利的女友。

世纪正在朝它走来。

波拿巴在他节节胜利期间似乎被召去改朝换代，使他本人的王朝成为年岁最长的王朝。他把巴伐利亚、符腾堡和萨克森的选帝侯都扶上国王的宝座，把那不勒斯的王冠给了米拉，把西班牙的王冠给了约瑟夫，把荷兰的王冠给了路易，把威斯特伐利亚的王冠给了热罗姆；他妹妹埃莉莎·巴兹奥希是吕卡①的公主；他自己则是法国人的皇帝、意大利国王。他的意大利王国囊括威尼斯、托斯卡纳、巴尔玛和普莱桑斯；皮埃蒙特并入了法国。他同意让他的将领之一贝纳多特统治瑞典；通过莱茵联盟条约，他行使奥地利王室对德意志的权利；他宣称自己是海尔维第联邦②的中介人；他把普鲁士打翻在地；他手上一条船都没有，就宣布封锁英伦三岛。英国尽管拥有强大的舰队，却到了在欧洲没有一个港口可以卸一包货物或者投一封信的时刻。

教皇辖下诸邦成了法兰西帝国的一部分。台伯河流域成了法兰西的一个省。人们看见巴黎的街道上有一些主教在来往，他们几乎成了半个囚徒。他们把头探出出租马车门口，问道："请问××国王是否住在这里？""不在这里。"被问到的人回答，"在那上头。"奥地利交出自己的女儿才赎回了自己的皇权。南方的大王向奥诺里娅·德·瓦朗蒂尼安求婚，并要求得到帝国的一半省份作陪嫁③。

这些奇迹究竟是怎样发生的？创造出这些奇迹的人有些什么品质？要圆满地实现这些奇迹他还缺了什么才能？我将密切关注波拿巴的巨大功业，尽管他走得如此之快，只在这部回忆录中占了短暂的时期。枯燥

---

① 吕卡，意大利中部城市。
② 海尔维第，古高卢的东部地区，大致相当于现代瑞士。
③ 南方的大王指波拿巴。公元五世纪的匈奴王阿提拉是北方的大王。奥诺里娅是公元四世纪罗马皇帝瓦朗蒂尼安的妹妹。阿提拉声称只有得到罗马帝国的一半疆土才答应娶她。

的家系调查、对事实冷静客观的分析研究、对日期单调的核查，这些都是作家的责任，也是不得不做的工作。

波拿巴——他的家族

第一位应该在现代编年史上提一笔的布奥拿巴[①]（波拿巴）是雅克·布奥拿巴。他是未来征服者的先兆，给我们留下了一五二七年罗马遭受洗劫的历史，他是那场劫难的目击者。拿破仑-路易·波拿巴[②]是奥尔唐斯王后，德·圣勒公主的儿子，在罗马涅省暴动之后逝世。他生前把那份珍贵的资料翻译成了法文。在译文开头他叙述了布奥拿巴的家谱。

译者说，"他在发表有关波拿巴家族的真实细节时，只限于填补科隆出版商写的那篇前言中的缺漏。据他说，那虽然是一些几乎完全被人遗忘的历史碎片，但对于喜欢在过去的编年史中寻找近代名人家世起源的人来说，至少还是有意思的。"

让我们来查看一部家谱。在这部家谱里，我们看到一个叫诺尔迪依·布奥拿巴的骑士，于一二六六年四月二日，为孔拉丹德·施瓦本亲王衣物的关税值进行了担保（这位亲王正是被安儒公爵砍下头颅的那一位）。将近一二五五年，特雷维索人的家庭开始遭到放逐：波拿巴家族的一支迁到托斯卡纳定居，并担任了国家的要职。在萨尔扎纳定居的一

[①] 波拿巴的科西嘉岛发音。
[②] 拿破仑-路易·波拿巴（Napoléon-Louis Bonaparte），未来的拿破仑三世的兄长。

支中，有一位名叫路易-玛丽-弗图内·波拿巴，于一六一二年迁往科西嘉岛，在阿雅克肖定居下来，成了科西嘉岛那支波拿巴家族的族长。波拿巴家族的人佩戴两条金杠两颗星的纹章。

还有一部家谱，是庞库克先生编写的，收在波拿巴文集的卷首：它在许多点上与拿破仑-路易编写的家谱有出入。另一方面，德·阿布朗泰夫人①想把波拿巴说成是康尼努斯②，她提出的理由是波拿巴（Bonaparte）是希腊文 Caloméros 的意译。而 Caloméros 则是 Conrnène（康尼努斯）家的人的小名。

拿破仑-路易认为应该以下面这些话来结束他的家谱："我省去了许多细节，因为贵族头衔封号只是少数人感兴趣的东西，再说波拿巴家族也从未从这些头衔上沾过光。"

为国效力的人不须祖先的荫庇。

尽管引用了伏尔泰这句哲理诗，家谱却是不能丢的。拿破仑-路易特许他的时代使用一句民主格言，却又不让它引出严重后果。

在这里一切都是不寻常的：雅克·布奥拿巴，记叙罗马遭受洗劫，以及波旁家族陆军统帅的士兵拘押教皇克莱芒七世经过的历史学家，与摧毁那么多城池，主宰沦为一省之垣的罗马城，坐上意大利国王宝座，将波旁家族的王冠置于座下，在教皇庇护七世主持加冕礼，亲手给法兰西皇帝戴上皇冠之后将他监禁的拿破仑·布奥拿巴是一个血统。雅克·布奥拿巴著作的译者是拿破仑-路易·布奥拿巴，拿破仑的侄子，拿破仑的弟弟荷兰国王的儿子。这个年轻人在最近一次罗马涅暴动中死去。死亡地点离拿破仑的母亲和遗孀流亡的两座城市不远，死时正逢波

---

① 拿破仑的助手朱诺将军的遗孀，所写回忆录比较有名。

② 十一世纪拜占庭的皇帝。

旁家族第三次倒台。

由于通过奥林匹亚喜欢的蛇把拿破仑说成是丘庇特·阿蒙的儿子，或者通过阿伽吉兹把他说成是维纳斯的孙子是相当困难的事情，一些学识渊博无所顾忌的人便找到了另一种奇迹来加以使用：他们向皇帝证明，他是铁面人[①]的直系后人。圣玛格利特群岛总督名叫波恩巴；他有一个女儿；路易十四的孪生兄弟铁面人爱上了看守他的这位总督的女儿，并且秘密地娶她为妻。此事征得了宫廷的准许。这对夫妻生下的儿女跟母姓，被悄悄地带往科西嘉岛。由于语言不同，波恩巴就变成了波拿巴。这样铁面人就成了拿破仑神秘的祖先。他生着一副冷峻面孔，是一个伟人。这样就把拿破仑与伟大国王扯到一起了。

弗朗西尼-波拿巴这一支在盾形纹章上镌着三朵金色百合花。拿破仑带着不相信的神气朝这种家谱微笑，虽说是怀疑，但毕竟还是笑了：因为这终归是为了他家族的利益而要求恢复的王国。拿破仑假装漠不关心，其实他做不到，因为正是他本人让人编出了他的托斯卡纳家谱（是布里埃纳[②]编的）。正是因为波拿巴的出身缺乏神圣性，它才具有神奇色彩：狄摩西尼[③]说，我们为了还希腊以自由，为了拯救它的共和国，与腓力进行战斗。我看见这个腓力眼睛爆了，肩膀断了，手没劲了，腿挛缩了，却威武不屈地伸出四肢，任凭命运抽打，因为他感到满足了：他是为荣誉而活的，他给自己戴上了棕榈叶王冠。

腓力是亚历山大的父亲，因此亚历山大是国王之子，是一个够格的国王的儿子。由于这两点，他赢得了人们的臣服。亚历山大一如波拿巴，出生于帝王之家，并非是过上一段贫贱日子之后才过上王侯生活的。亚历山大并没有显出那两种生活互不协调的痕迹。他的家庭教师是

[①] 据说是法国国王路易十四的孪生兄弟，因权力之争被关在监狱，并被套上铁面具。
[②] 布里埃纳（Bourienne），拿破仑的秘书，写有《回忆录》传世。
[③] 狄摩西尼（Demosthène，公元前三八四—前三二二），雅典演说家、政治家。

亚里士多德。他童年的一项消遣就是驯服那匹烈马比塞法尔。拿破仑只从一位平常的教师那里接受教育，也没有骏马供他骑用。同学之中，数他最没有钱。这位连仆人都没有的炮兵少尉，却猛一下迫使欧洲来承认他。当年这个小伍长后来把欧洲最强大的君主们召到自己的候见厅：

> 他们还没来吗，我们那两位国王？
> 派人告诉他们，他们来得太晚，
> 阿提拉早已等得心烦。①

拿破仑曾十分明白地叫道："啊！我要是我自己的孙子该多好啊！"他发现他的家族没有威信，他就创立了这种威信，这种创造力具有多么巨大的才能啊！有人不是认为，拿破仑只不过是把身边散布的社会智慧，经过前所未闻的事件和非同寻常的危险锻炼的智慧拿来使用罢了？即使这种假设成立，它也仍然让人吃惊：的确，一个能够控制并据为己有那么多外国优势的人，究竟是什么人呢？

科西嘉岛波拿巴家族特别分支

拿破仑虽然不是出为王子，却是老话说的富家子弟。科西嘉岛的总督德·马尔伯夫让拿破仑进了奥登附近一家中学读书。接着，他又被布里埃内军事学校接纳。巴兹奥希夫人埃莉莎是在圣西尔受的教育。当革

---

① 法国剧作家高乃依的戏剧《阿提拉》开头的台词。

命摧断了宗教静修之门时，波拿巴接回了妹妹。这样，人们便发现拿破仑的一个妹妹是一所修道学校最后的学生。路易十四曾听见这所学校的头一批姑娘合唱拉辛写的歌。

要进贵族学校，必须有贵族的证明。拿破仑拿出了一系列文件证书，其中包括他父亲夏尔·波拿巴的受洗证明书，它一直往上提到了夏尔的十代祖弗朗索瓦；还有一份阿雅克肖城主要贵族出具的文件，证明波拿巴家族始终位于最古老最高贵的世家之列；还有托斯卡纳的波拿巴家族出具的确认证书，说他们享有贵族地位，与科西嘉的波拿巴家族同宗共祖，出自一家，等等。

"德·拉卡兹先生说，当波拿巴进入特雷维索时，有人告诉他他的家族过去在此地十分强大；在波伦亚，他的家族上了当地的金册……在德累斯顿会晤时，弗兰茨皇帝告诉拿破仑皇帝，波拿巴家族曾是特雷维索的统治者。他让人把文件拿出来给拿破仑看，并补充说拿破仑家从前是君主，这真是大喜事，他得告诉女儿玛丽·路易丝，她听了会很高兴的。"

拿破仑出身于乡绅之家，与奥尔西尼家、洛梅利家、梅迪契家有姻亲关系。他虽受到革命强制，但只是一时做了民主派。从他的言谈和作品里可以得出这个结论：他为自身的地位所决定，自然是贵族倾向。帕斯卡尔·保利并非如人所言，是拿破仑的教父。真正的教父是卡尔维城名不见经传的洛朗·吉尤贝加。人们是从阿雅克肖的洗礼登记簿上得知这一点的。掌管登记簿的是教会管事迪亚芒特教士。

我担心把拿破仑放回贵族行列会损害他的英名。克伦威尔一六五四年九月十二日在国会发表演说，宣称自己出身于贵族。米拉波、拉斐德、德塞和上百个革命的拥护者都是贵族。英国人声称皇帝的名字叫尼古拉，他们嘲弄他的时候叫他尼克。拿破仑这个漂亮名字来自一个把女儿嫁给奥尔纳诺[①]家的伯父。圣拿破仑是个希腊的殉道者。据那些评注但丁诗歌的人说，奥尔索伯爵是拿破仑·德·赛尔巴雅的儿子。尽管有好几位枢机主教都叫这个名字，但从前人们读历史的时候，无人会注意这个名字。今日这个名字却赫然醒目。一个人的光荣不往上溯，只往下流。尼罗河在发源处只为几个埃塞俄比亚人所知，而到了入海口，还有什么人不知道它呢？

波拿巴的出生与童年

现在剩下的事情就是确认波拿巴的真正姓氏是布奥拿巴。从意大利历次战役，直到他三十三岁，他都是这样签名的。以后他把这个名字换成了法语，签名时只写波拿巴：我保留了他给自己取的并刻在他坚不可摧的塑像脚下的名字。

波拿巴是否给自己少报了一岁，以便使自己成为法国人，也就是说，使出生日期晚于科西嘉并入法兰西的日子？这个问题被埃卡尔先生以一种简短然而充实的方式做了彻底的探讨，大家可以读一读他的小册子。他得出结论：波拿巴生于一七六八年二月五日，而不是一七六九年八月十五日，虽说布里埃纳先生一直断定他是后面那个日期出生的。保守的参议院在一八一四年四月三日的声明中把拿破仑说成外国人，原因就在于此。

共和四年风月十九日（一七九六年三月九日）波拿巴与玛丽-约瑟

[①] 奥尔纳诺（Ornano），科西嘉大家族，历史上出过多位名将名人。

夫-罗兹·德·塔舍在巴黎第二区户籍簿上登记的结婚证书上写明，拿破仑·布奥拿巴于一七六八年二月五日生于阿雅克肖，他的由户政官员核发的出生证证实了这个日期。它与结婚证上的日期完全一致，那上面写明丈夫二十八岁。

拿破仑与约瑟芬登记结婚时，送到巴黎第二区区公所的出生证被一个副官在一八一〇年年初收了回来，当时他正准备与约瑟芬离婚。杜克洛先生不敢抗拒皇上的命令，当即在波拿巴卷宗的一份材料上写道：波拿巴的出生证还给他本人了。由于要得很急，无法立即复制一份。约瑟芬的出生日期在结婚证上被篡改，被擦掉涂改过了，尽管仔细看还是可以看出最初的字迹。皇后逊位后四年，在杜伊勒利宫和圣赫勒拿岛，大家拿这件事开的玩笑仍是刻薄的，居心不良。

波拿巴的出生证在一八一〇年被副官取走以后就不见了。大家多方寻找，却没有结果。

这是一些不容置疑的事实，因此我认为，根据这些事实，拿破仑是一七六八年二月五日于阿雅克肖出生的。然而我不能让自己对历史在接受这个日子时的为难视而不见。

波拿巴的兄长约瑟夫生于一七六八年一月五日，作为弟弟的拿破仑不可能与他同一年出生，除非约瑟夫的出生日期也被篡改了：这一点是可以想象的，因为拿破仑和约瑟芬的所有户籍证件都被怀疑是假的。尽管对其中有弊的猜疑合情合理，加尔维专区的区长德·勃蒙伯爵在其关于科西嘉岛的观察报告中还是肯定地说，阿雅克肖户籍登记簿上记得明明白白，拿破仑生于一七六九年八月十五日。最后，李布利先生[①]借给我的文件表明，波拿巴本人在没有任何理由希望自己年轻的时期，也认为自己生于一七六九年八月十五日。但是他初婚证件上的正式日期却永

[①] 李布利（Libri），佛罗伦萨人，入法国籍，法兰西科学院院士，后因盗书罪遭指控，卒于一八五〇年。

远留了下来，他的出生证也始终找不到了。

无论如何，波拿巴改变出生日期并没得到任何好处：如果您把他的诞生日定在一七六九年八月十五日，那就不得不把他受孕的日期推到一七六八年十一月十五日左右；而科西嘉岛是在一七六八年五月十五日签订条约之后才被出让给法国的，最后一批皮埃韦（科西嘉的边远地区）的归顺只是一七六九年六月十四日的事。按照最宽泛的计算，那时拿破仑在母亲肚子里才做了几天法国人。这样一来，如果他只是一个国籍不明的公民，那么他的血统就与众不同了：他的生命是从天上掉下来的，可以属于任何时代、任何国家。

然而波拿巴倾向于选择意大利作为祖国。他憎恨法国人，直到法国人的勇敢给他建立了帝国他才改变态度。这种憎恶的表现在他年轻时写的东西里比比皆是。在拿破仑就自杀写的一则杂感里，可以读到这样一段话："我的同胞们戴着锁链，战战兢兢地去亲吻一只压迫他们的手……法国佬，你们抢走我们珍爱的一切还不满足，还败坏我们的风俗。"

一七八九年拿破仑写给英国保利[①]的一封信已经被公开发表，信是这样开头的："将军，我出生于祖国危难之时。三万法国佬在我们的海滨呕吐秽物，把自由的宝座浸泡在血海之中。我生下来第一次睁开眼睛，看到的就是这样一幅可憎的景象。"

在另一封信中，拿破仑对科西嘉三级会议主任书记官古比卡先生说："要是法国重新崛起，我们这些不幸的科西嘉人会变得怎样？仍是那么卑贱，继续亲吻那只压迫我们的傲慢的手吗？继续看着天生属于我们的位置被那些出身卑微、行为丑恶、品性低劣的外国佬占据吗？"

最后，波拿巴写的第三封信的草稿，谈到了科西嘉人承认一七八九年国民议会的问题。它是这样开始的：

---

① 保利，科西嘉爱国者。

诸位：

　　法国人是通过腥风血雨，才坐上了统治我们的宝座，他们还想通过腥风血雨来确保他们的征服。武士、法律界人士、金融家，都串通一气来压迫我们，来看不起我们，来让我们大口吞下耻辱的苦水。我们忍受他们的欺侮也够久了。但是，既然我们那时没有勇气来解放自己，我们就把这些永远忘记吧。现在，让他们回到被人鄙视的地步吧，他们罪该如此；或者至少让他们去自己国家骗取民众的信任吧：他们永远得不到我们的信任。

　　拿破仑对宗主国的成见并没有完全抹去：身居宝座，他似乎把我们忘记了，他只谈他自己，他的帝国，他的士兵，却几乎从来不提法国人；他有时脱口而出："你们这些法国佬呵。"

　　皇帝在圣赫勒拿岛写的回忆录里，说到母亲突然阵痛发作，措手不及，就把他生在一块地毯上。那地毯上织着大幅图案，表现的是《伊利亚特》中的英雄故事。其实，哪怕是生在稻草堆里，他也照样会是现在这样。

　　我刚才提到他失而复得的文稿；一八二八年我在罗马当大使的时候，菲舍红衣主教让我参观了他的藏画和藏书，告诉我他有拿破仑年轻时的手稿。他并不把它们看得很珍贵，竟提出要拿给我看看。可是我不久离开了罗马，来不及细细查阅资料。拿破仑的母亲和菲舍红衣主教逝世之后，他们留下的许多东西就被分散了。装有拿破仑的文稿的纸箱连同许多其他物品一起被带到里昂，落到了李布利先生手里。

　　李布利先生在一八四二年三月一日出版的《两世界评论》上刊登了一篇文章，详细介绍了菲舍红衣主教的文稿。后来，承他好意，把纸箱寄给我。我查阅了其中的资料，扩充了从前写的回忆录中有关拿破仑的文章。不过我还是将互相矛盾的情报和反对意见留给更了解情况的人。

波拿巴的科西嘉岛

庞松在他的《科西嘉概貌》中写到了波拿巴一家居住的乡村房舍:

> 沿着阿雅克肖海岸,朝桑吉尼埃尔岛的方向,出城走上大约三里路,就可见到两根石柱,那是一道朝向大路的门的残柱;进门往里走,可到一座破败的别墅,从前这是波拿巴太太同母异父的兄弟的住所。他就是拿破仑后来委任的菲舍红衣主教。在一座悬崖下面,稍稍露出一座小楼,入口几乎被一株茂密的无花果树堵死,这就是波拿巴住惯了的僻静之所。当学校放假,可以回家时,他就常来这里居住。

拿破仑热爱家乡的感情属于正常。一七八八年,波拿巴在提及德·苏西先生时写了一句话,说"科西嘉永远是春天";他得意的时候不谈故岛,甚至对这个岛有些厌恨,因为它让他想起一个过于狭小的摇篮[①]。但到了圣赫勒拿岛,他又记起了故乡:"在拿破仑看来,科西嘉有着千般魅力,他详细地述说它的主要风貌,述说它的地理构造的险峻雄奇。他说那里的一切都比别处好。没一样东西比别处差,就是泥土的气息也要比别处香:他闭上眼睛也可以嗅出来。他在任何别处都没有闻过那种气味。他回想自己年轻时的情形,想象着最初几次恋爱的光景,他仿佛回到少年时期,在那里的悬崖峭壁间奔跑,攀上高高的山峰,下到深深的谷底。"

拿破仑在他的出生地发现了一个传奇。事情是从瓦尼娜开始的,她

---

① 又有诞生地之意。

是被丈夫桑皮埃特罗杀死的。德·纳霍夫男爵，或者泰奥多尔国王在让人给自己戴上科西嘉的王冠后，出现在世界各处海滨，向英国、罗马教皇、土耳其苏丹、突尼斯贝伊[①]求助，而那些人却不知道应该帮谁。伏尔泰嘲笑了这件事，保利家两兄弟，雅辛特，尤其是帕斯卡尔，已经名扬全欧洲。布塔福奥柯[②]请让-雅克·卢梭为科西嘉立法，这位日内瓦的哲学家曾考虑去踏破阿尔卑斯山，把日内瓦挟在肋下带走的英雄家乡定居。"在欧洲，"卢梭写道，"还有一个国家能够立法：这便是科西嘉岛。这个国家勇敢的民众善于恢复并捍卫自己的自由。他们的英勇与顽强有资格得到某个智者的帮助，教会他们怎样保持自由。我有某种预感，有朝一日这个小岛会震撼欧洲。"

波拿巴是在科西嘉的环境中受到哺育，在这所革命的小学中长大，一开始他给我们带来的不是平静或者年轻人的激情，而是已经打上政治激情烙印的思想。这一点使人改变对拿破仑的先入之见。

一个人出名以后，便有人为他编造出一些履历。照传记作家的说法，凡是生来命运不平凡的儿童，必定性情暴烈，喜欢吵闹，桀骜不驯，要么什么都学，要么什么都不学；他们往往也是忧郁的，不和伙伴们一起游戏，独自在一边想入非非，并且已经为威胁他们的名字所纠缠。喏，有一个热衷于研究拿破仑的人发掘出了他写给祖父母的一些便函，那些信极为平常（当然是用意大利文写的），我们不得不忍受这些幼稚的蠢话。对我们的未来做预测是没有意义的，时势把我们造就成什么人，我们就是什么人，一个孩子是快乐还是忧愁，是文静还是吵闹，显得有办事能力还是没有能力，都由他们自便吧，我们不要从中得出什么征兆。就拿一个十六岁的学生来说吧，不管你们把他说得多么聪明，他毕竟只有那个年纪，仍然是个不谙世事的愣头青；再说孩子终归少了最

[①] 奥斯曼帝国的高级官吏。
[②] 布塔福奥柯（Buttafuoco，生卒年月不详），科西嘉争取独立的领袖之一。

美的优雅表情：微笑。他发笑，可不会微笑。

因此，拿破仑那时只是个平平常常的小男孩，并不比同龄孩子高明，也不比同龄孩子低劣。他说："我只是个执拗的、事事好奇的孩子。"他喜欢毛茛，和柯龙比埃小姐一起吃樱桃。当他离开父母亲时，只会意大利语。蒂雷纳元帅所讲的语言① 他几乎完全不懂。一如德国人萨克森元帅，意大利人波拿巴向来拼写不好一个法文词。亨利四世、路易十四和黎塞留元帅也不见得比他拼得正确。比起他来，他们更说不过去。拿破仑写字龙飞凤舞，无法辨读，显然是为了掩饰他受教育时的粗心大意。他九岁离开科西嘉岛，八年以后才回来。在伯里埃内学校，无论在学习上还是外表上，他都毫无超常之处。同学们拿他的姓名和家乡开玩笑。他对同学布里埃纳说："我会尽一切可能，害你们法国人的。"一七八四年，在一份上呈国王的报告里，德·盖拉利奥先生肯定"年轻的波拿巴将是一名优秀海员"。这句话来历可疑，因为这份报告仅仅是在拿破仑视察布洛涅舰队时才被人找出来的。

波拿巴一七八四年十月十四日从伯里埃内学校毕业，转进巴黎的军事学校学习。他的膳宿费用由国王支付。他为自己享受助学金而觉得苦恼。然而这份助学金还是给他保留了下来。证明便是从菲舍（也就是李布利先生）的纸箱里找到的收据样本：

> 我，签字人，确认从比埃库尔先生处收到二百法郎。此钱来自国王以巴黎学校校友身份设立的军校基金，是国王赐我的津贴。

费尔蒙-孔奈娜（德·阿布朗泰夫人）出嫁之前，先后在蒙彼利埃、图卢兹和巴黎居住，一直关注着她的老乡波拿巴。她写道："今日当我从

---

① 蒂雷纳是法国元帅，讲的是法语。

孔蒂沿河马路经过时，忍不住要望望房子左角四楼那个老虎窗。从前拿破仑每次来我父母家，都是住在那间房里。"

在新的军校，波拿巴并不讨人喜欢：他性情忧郁、好与人对着干，老师都不喜欢他；他什么都要指责，不讲一点情面。他给副校长写了一份备忘录，对在这里受的教育的缺陷提出批评："迫使学生满足自己的需要，也就是说，少让他们开点小灶，让他们多吃点军需餐或类似的东西，让他们习惯自己捶打刷洗衣服，擦鞋子靴子，这样不是更有好处吗？"这正是他住到枫丹白露和圣日耳曼区以来命令部队做的事情。

这个性情暴烈的人离开了学校，被任命为拉费尔团的炮兵少尉。

从一七八四年到一七九三年是拿破仑从事文学活动的时期。从空间上讲这一段时间很短，从工作上讲这一段时间却很长。他随所属的炮兵部队在奥克索纳、多尔、瑟尔、里昂间移防，哪里一有风声就开往哪里，就像鸟儿被镜子招引，或者扑向媒鸟一样。波拿巴对科学院提出的问题十分关心，常常做出回答；他十分自信地与那些并不认识的权贵交往，他先把自己看成是与他们平等的人，然后成为他们的主子。他时而用借来的名字说话，时而又用不会暴露假名的名字落款。他给莱纳尔神父[①]和内克先生[②]写信；就科西嘉的组织，圣弗洛朗、拉摩泰拉和阿雅克肖海湾的防卫计划，以及炮兵布阵方法给部长们呈寄备忘录。他的意见，人家听取的，不会多于米拉波在柏林写的有关俄罗斯与荷兰的计划。他钻研地理学。有人注意到，在谈到圣赫勒拿岛时，他只用了这两个字："小岛"。他关心中国、印度、阿拉伯的事情。他研究历史学家、哲学家、经济学家、赫罗多托斯、斯特拉彭、西西里的狄奥多罗斯、菲

[①] 莱纳尔神父（Raynal，一七一三——七九六），法国历史学家与哲学家。
[②] 内克（Necker，一七三二——一八〇四），法国金融家、政治家。

朗吉埃里、马布利、史密斯[1]的著作,批驳卢梭关于人类平等的起源和基础的演说词,他写道:"我不信这种说法;一点也不信。"吕西安·波拿巴说,他把拿破仑撰写的一部历史草稿誊抄了两份。这部手稿的一部分在菲舍红衣主教的纸箱里找到了:它在学术研究上并没有什么新奇之处,风格平平,瓦尼娜那一节大概被重写过。瓦尼娜被谋杀以后,亨利二世宫中那些大老爷就桑皮埃特罗说的一句话抵得上拿破仑的全部叙述:"桑皮埃特罗和他妻子闹不和,跟法国国王有什么关系?!"

波拿巴在人生之初对自己的未来没有半点预感,仅仅是在上了梯子之后他才产生了往上爬的念头。不过当时他虽然没有渴望往上爬,却也并不愿意往下走。他的脚在一个地方站住之后,别人就休想叫他移开。有三本手稿(菲舍的纸箱)记录了他对索尔邦神学院和法国教会的自由所做的研究。还有与保利、莎利塞蒂,尤其是与最小兄弟会的修士,伯里埃内学校副校长杜普伊神父的来往书信。杜普伊是个通情达理的人,信仰虔诚,经常给年轻的弟子一些忠告,并称拿破仑为"亲爱的朋友"。

在这些没有结果的研究中,波拿巴插进了一些想象的篇页;他谈论女人;写出了《蒙西的先知》《科西嘉传奇》,及一篇写英国的短篇小说《埃塞克斯伯爵》。他写有一些关于爱情的对话,虽然论说起爱情来有些轻蔑,却还是像个冒失鬼,给他喜欢的一个陌生女人写了一封情书。他对荣耀也不怎么在乎,只把对祖国的爱放在头等的地位。而这个祖国就是科西嘉。

在日内瓦,大家都可能看到他写给一位书商的求购信:浪漫的少尉

---

[1] 赫罗多托斯(Herodote,公元前四八四—前四二五),古希腊历史学家。斯特拉彭(Strabon,公元前五八?—公元二一?),古希腊地理学家。狄奥多罗斯(Diodore,公元前九〇—前二〇),古希腊历史学家。菲朗吉埃里(Filangieri),不详。马布利(Mably,一七〇九——一七八五),法国哲学家、历史学家。史密斯(Smith,一七二三——一七九〇),苏格兰哲学家、经济学家。

希望得到德·华伦夫人的回忆录。正如恺撒和腓特烈，拿破仑也是一位诗人：在两个意大利诗人中间，他喜欢阿里奥斯托胜过塔索；他从这位诗人的诗中发现了他未来各路统帅的肖像，以及一匹套了笼头供他在天空驰骋的骏马。下面这首短短的情诗，有人认为是波拿巴写给歌剧院演员圣于贝蒂夫人的。她在匹希尼的歌剧《迪东》中扮演迪东一角。从内容上看，这首诗可能是皇帝本人所写，而从形式上看，则出自一个比他更有学问的人之手：

> 罗马人，你们为一个辉煌的开端自豪，
> 来看看你的初生的帝国靠什么运气！
> 只因为迪东没有足够强烈的魅力，
> 来推迟情郎执意要做的潜逃。
> 假若另一个迪东已经名满当地
> 当上了迦太基的女王，
> 他便会抛弃众神，为她效力，
> 而你们的美丽国土仍是一片蛮荒。

似乎在那个时期波拿巴曾经企图自杀。成千上万的黄口小儿都着迷于自杀的念头，他们认为这是他们高人一等的证明。这份笔记手稿是在李布利先生转送的文稿里发现的："在茫茫人海，我总是孤单一人，我回来是为了独自做梦，为了沉湎于深深的忧郁之中。今日我为什么而伤感？为死亡的念头……我要是活到六十岁，我会尊重同代人的偏见，会耐心地等待生命自然结束，可既然我已经开始感到痛苦，没有一点快乐，那么这种不会使我幸运的日子，何必又硬撑着过下去呢？"

这是在所有小说中都可读到的梦呓。这种念头的意思和表达方式在卢梭的作品中可以读到。波拿巴也许会加上他的风格的几句话，来篡改卢梭的原文。

下面是另一种方式的随笔，我一字不改，原文照录：

教育与血统不应该使君王们变得过于傲慢：请他们回忆在一个随意把他们从国王寝宫赶出来的人门口排队，竞相献媚邀宠的情形。

表格、证明，以及其他与我现状有关的重要东西

请假的魔法。

当您在休半年假[①]时，因为生病想请暑假，便可请城里内科或外科医生开一张证明，说明在指定的日期之前，您的身体不允许您回部队。您注意检查证明是否开在印花公文纸上，是否被审核人和军区长官盖章照准。

然后您就给陆军部打一份报告，方式和格式如下：

请假报告

皇家炮兵部队　炮兵拉费尔团少尉

拿坡里约纳·德·布奥拿巴　拉费尔团

请求德·赛居尔元帅大人准予休假五个半月，从五月十六日开始，以遵照医生证明恢复健康。由于我经济不宽裕，疗养又所费不小，因此请求大人恩准带薪休假。

布奥拿巴

一七八七年四月二十一日，于阿雅克肖

然后把所有材料寄给团长转呈陆军部长或者国家拨款审核委员

[①] 旧时法国军队有些军官一年只当差六个月。

德·朗斯先生，或者转呈宫中军费拨款审核专员索吉耶先生。

这么多的细节来教唆人家作伪！我们以为看到皇帝正在致力于使扣押各个王国财产的行为合法化，使他书房堆满的不合法的文件合法化。

青年拿破仑的文笔是夸张的。他的文章并没有什么值得注意的见解，只有一个精力旺盛的开路人清扫沙土的行动。看到这些早熟的作品，我想起了我年轻时的那些废纸，我的《历史论文集》，我的对开四千页，用线装订的《纳切兹人》手稿；但我在页边空白处没有画上一些"小房子"、一些"儿童图案"、一些"小学生的涂鸦"，像我们在波拿巴的草稿空白处所见到的那样。在我的青年时期，并没有可以给学习使用炮弹球做样板的纸弹球滚动。

因此，皇帝一生中有一个前台；伟大的拿破仑之前有一个陌生的波拿巴。波拿巴的思想先于他本人存在于世；它暗中搅得人世动荡不安。在一七八九年波拿巴崭露头角的时候，人们生出某种可怕的感觉，某种不安，只是人们没有意识到是什么。当地球面临灾难的时刻，人们才被姗姗来迟的震动提醒。人们生出恐惧，夜晚起来倾听地下的声音，两眼始终盯着天空，不知发生了什么事情，天上会落下什么灾祸。

保利

一七八九年，保利①由于米拉波的一个提案，被人从英国召回法国。他被德·拉斐德侯爵引去见了路易十六，被任命为科西嘉的司法与军事长官。波拿巴是受保利保护的人，并且一直与他通信，会不会追随这位流亡者呢？人们推测会的。然而不久波拿巴就与保利闹翻了：我们最初的骚乱使老将军心灰意冷，便把科西嘉交给英国人，免得遭受国民公会的管辖。波拿巴在阿雅克肖的时候加入了一个雅各宾俱乐部，有些人另成立了一个俱乐部，与雅各宾俱乐部对着干，迫使拿破仑出逃。莱蒂齐亚夫人带着几个女儿躲到卡尔热兹的希腊殖民地避难，从那儿辗转到了马赛。一七九四年八月一日约瑟夫在马赛娶了一位富商的女儿克拉里小姐。一七九二年，陆军部长，名不见经传的拉雅尔暂时撤销拿破仑的职务，因为有一次检阅时他缺席。

在一七九二年，人们发现波拿巴与布里埃纳在巴黎。失去了一切生活来源，他就去做生意。他声称在蒙托龙街租了一些在建的房屋，打算把它们转租出去。在那段时间革命正在如火如荼地进行。到了六月二十日，波拿巴与布里埃纳从圣奥诺雷街王宫附近一个饭馆老板家出来，看见五六千衣衫褴褛的人号叫着，朝杜伊勒利宫走去。波拿巴对布里埃纳说："跟着那帮叫花子走。"他在河边的露天咖啡座坐了下来。那群人拥进王宫。当国王戴一顶红帽子，在一个窗口出现时，波拿巴气愤地叫起来："他妈……的！谁让那帮无赖进去的？真该架门炮，轰他个四五百人，其余人才会跑出来。"

---

① 保利（Paoli，一七二五——一八〇七），意大利政治家，曾领导科西嘉人民反抗热那亚的统治。一七六九年法国入侵科西嘉，他逃往伦敦。法国大革命期间再次回到科西嘉。

一七九二年六月二十日，我就在离波拿巴不远的地方：你们知道，当巴莱尔和玛雷像我一样（不过出于别的原因），寻求安静的时候，我正在蒙莫朗西散步。难道那时候，波拿巴真到了被迫出卖和转让被称作紧身衣①的小额指券的地步？圣阿沃依街一个酒店老板去世后，公证人杜迈和拍卖估价人夏里约对他的财产进行了登记和清算。在财产清单上赫然写着波拿巴的名字，他欠了酒店老板十五法郎，房租无力偿付。这种贫穷愈发使他伟大。拿破仑在圣赫勒拿岛说："八月十日，听到冲击杜伊勒利宫的声音，我赶紧跑到卡鲁塞尔街福韦莱家。他是布里埃纳的兄弟，在那儿开了一爿家具店。"布里埃纳的兄弟做过一种投机生意，他称之为"国家拍卖"。波拿巴把怀表放在他那里典当。这可是个危险的榜样：后来有许多穷学生自以为是拿破仑，都把怀表拿去抵押！

两本小册子

共和二年一月二日，波拿巴回到法国南方，在围攻土伦之前，他就在这里居住，并写了两本小册子：第一本小册子是给马泰奥·布塔福奥柯的一封信，对他做了不公正的批评，同时还指责保利把权力交给了民众。"真是少见的错误，"他叫道，"从所受的教育，从显赫的家世，从家庭财富来看，唯一适合掌权治国的人，竟要向一个蛮子、一个雇工屈服！"

波拿巴虽然是革命派，却处处显示出是民众的敌人。然而他这本小

---

① 原文为 Corset，转意为严格控制。

册子却受到阿雅克肖爱国者俱乐部主席玛塞里亚的称赞。

一七九三年七月二十九日，波拿巴让人印了另一本小册子：《博凯尔镇的夜宵》。布里埃纳先写出这本小册子的初稿，交给波拿巴审阅，波拿巴退回稿子后，他做了压缩，并使它更符合皇帝的观点。这是一篇对话，对话者一个是马赛人，一个是尼姆人，一个是军人，一个是蒙彼利埃的作坊主。四个人谈论的是当时的大事：卡尔托的军队对阿维尼翁城的攻击。拿破仑就在那支军队里当炮兵军官。他向马赛人宣布，他的分队会被打垮，因为他不再赞成革命。马赛人告诉军人，也就是波拿巴说："俱乐部里有一名骨干，是个杀人魔王，先是派人吊死一个公民，洗劫他的家庭，又逼公民的妻子喝下一杯丈夫的血，然后把她强奸了。这个可恶的家伙我一辈子都忘不了。""多么凶残的暴行哪！"军人叫起来，"但这未必是真的？我不相信有这号事，因为您知道，如今人们不相信还有什么强奸了。"上个世纪的轻浮在波拿巴冷峻的性格里产生了效果。我们经常听说有人自己喝或逼别人喝人血的事。当德·蒙莫朗西公爵在图卢兹被斩首之后，一些军人就喝了他的血，为的是让自己得到一颗伟大心灵的刚勇和胆气。

上尉委任状

我们来谈论围攻土伦的战斗。波拿巴的军事生涯在此展开。关于拿破仑当时在炮兵中所任的职务，菲舍红衣主教的纸箱里藏有一份奇特的文件：这是一份炮兵上尉委任状，一七九二年八月三十日由路易十六授予拿破仑的。八月十日路易十六已被赶下了王位，而这份委任状是在他下台二十天后签发的。国王在八月十三日，也就是在瑞士卫队被杀之后第三天就被关进了圣殿。委任状上说，一七九二年八月三十日签发的对该晋级军官的委任，从当年二月十六日起执行。

不幸的人常常是先知。这一次牺牲者的预见对拿破仑的光辉前程并非毫无帮助。陆军部里还存有一些空白委任状，已经由路易十六预先签了字。只须在那些空白处填上文字即可。这样便炮制出了上面说的委任状。路易十六和一家老小被关在圣殿，即将受审，自然有别的事情要做，无暇关心一位陌生军官的晋升。

委任状上的日期是由副署者签字时填上去的。副署者是塞尔旺。这位塞尔旺于一七九二年五月八日被任命为陆军部长，当年六月十三日就被免职。杜莫里埃接他的位当到六月十八日，接着轮到拉雅尔上台一直干到七月二十三日，达邦库尔干到八月十日，国民议会又召塞尔旺再度出山，他当到十月三日辞职。当时的部长就和我们获胜以来的部长一样更迭频繁，难以计算。

既然拿破仑的委任状上的日期是一七九二年八月三十日，那就不可能是塞尔旺第一次当部长时签发的，应该是他再次出山时签发的。然而有一封信，是拉雅尔于七月十二日写的，收信人是炮兵上尉波拿巴。波拿巴是贿赂了某个办事员，还是趁时局混乱；或者利用革命情谊弄到这封信的呢？你能做什么解释就做什么解释吧。是哪个靠山在推动这个科西嘉人步步晋升呢？这个靠山不是别人，正是永恒的主宰。法兰西在天主的驱使下，亲自给人间第一个上尉签发了委任状，这份委任状没有路易的签字也成了合法文件，它留下了路易的头，只要换上拿破仑的头就行了：这是天主做的交易，面对这桩交易，人们只有朝天举双手赞成罢了。

土伦

土伦曾承认路易十七[①]，并且曾把自己的港口向英国舰队开放。国民议会的代表弗雷隆、巴拉斯、里柯尔和萨利塞蒂调集大军，兵分两路，一路由卡尔托率领，另一路由拉普亚甫将军率领，朝土伦奔袭而来。拿破仑在阿维尼翁战役中投到卡尔托麾下效力，这时应召参加军事会议，主张占领英国人在凯尔高地上修建的穆尔格拉韦要塞，在埃基耶特和巴拉吉耶两个岬角设下炮队，给大小锚地以毁灭性的打击，迫使敌方舰队弃港逃走。战斗结果果然如拿破仑的预言：人们头一次看到了他的命运。

布里埃纳夫人在丈夫的回忆录里插进了一些笔记。有一段描写了波拿巴在土伦的表现，现转录如下：

她说："那一年（一七九五年，在巴黎），我注意到他性情冷漠，常常愁眉不展；微笑是强装出来的，而且经常笑得不是地方；说到这一点，我又想起了一件事，也是在那个时候，我们回巴黎不久，他有一阵子突然乐得发狂，十分粗鲁，使得我很不舒服，都不大喜欢他了。他眉飞色舞地向我们讲述围攻土伦的事情。他在那里指挥炮兵。他说部队里有个军官，新婚不久，十分疼爱妻子。在他的安排下，那位妻子到部队来探望丈夫。不久，波拿巴接到了新的攻城命令。那位丈夫也要听令出战。妻子得到消息，来找波拿巴将军，含泪求他那天让丈夫休假，将军冷酷无情，拒绝了她的请求。这是他带着冷酷又动人的快乐，亲口对我们说的。进攻的时刻到了。照波拿巴本人说的，那位军官是个非同寻常

[①] 路易十六的次子（一七八五——一七九五），在路易十六被处死后被流亡的亲王们推为法国国王。

的勇士,但那一刻他预感到自己的大限已到,也变得一脸惨白,浑身发抖。他被安排在将军左右。有一阵子,城里射来的炮火十分密集,波拿巴对他说:'当心!有一颗炮弹射来了。'那军官没有躲闪,只是弯下身子,被炮弹炸成了两截。波拿巴说起他打赢的这一仗,忍不住哈哈大笑起来。"

攻下土伦后,断头台搭起来了:八百个俘虏被赶到战神广场,遭到霰弹的射杀。行刑监察员在尸体堆中一边往前走,一边高叫:"没死的站起来,共和国饶他一命。"那些受伤的站起来,却被他们一个个打死。这个场面是如此壮观,以至于里昂被攻陷之后,也发生了同样的一幕:

> 我有什么可说?头一阵弹雨过后
> 也许还有罪人从死神手里逃脱:
> 那就宣布宽赦,让那不幸的家伙
> 以为可以活命,战战兢兢地站起,
> 那时再举枪挥剑,将他击毙。
>
> (德利尔神父)

波拿巴是以炮兵指挥官的身份亲自指挥这场屠杀的吗?虽说从性情上看他并不残酷,可是人性却并不足以制止他。

有人发现了这封写给国民公会特派员的便函:

> 代表公民们,我一边踏着奸党的鲜血前进,一边从光荣的战场向你们报喜:你们的命令得到了执行,法兰西已经实行了报复;无论男女老幼,没有一个得到赦免。那些只被共和国的炮弹炸伤的人,又补挨了自由的利剑和平等的刺刀。

此致

敬礼

无套裤公民　布鲁图·布奥拿巴

我认为，这封信最初刊登在玛尔特-布兰主持的《星期》杂志上。德·弗尔子爵夫人(笔名)在她的《法国革命回忆录》中把它公之于世。她还加了一段按语，说这封信是在一只鼓箱上写的。法布里在他的《当代名人传》波拿巴那一篇再次引用了这封信，卢亚尤在《法国史》中声称不知是哪个人发出的屠杀命令。前面提到的法布里在《一七九三年的传教士》中说，有些人认为屠杀令是国民公会特派员弗雷隆发出的，有些人则认为是波拿巴发的。弗雷隆曾给国民公会的莫依兹·贝尔写过一封信，并经莫特多和巴拉斯转呈救国委员会。在那封信里他叙述了土伦战神广场的屠杀经过。

拿破仑的胜利，最先传来的究竟是谁的捷报？是拿破仑自己的还是他弟弟的？吕西安厌恶自己的错误，在《回忆录》中承认，他起初曾是热烈的共和派。他被安排在普罗旺斯的圣玛克西曼城当革命委员会的头头。他说："那时我们从不放弃说话演讲，以及向巴黎的雅各宾党写信报喜的机会。当时大家作兴取古人的名字，我那位前修士就取名叫伊巴密浓达，我则取名叫布鲁图[①]。有一本小册子认为我取这个名字是拿破仑的主意，其实是我自己的主意。拿破仑想的是使自己的名字超过历史上那些伟人。我认为，他即使愿意戴上种种假面；也不愿意选择布鲁图这个名字。"

做这段坦白真要有点勇气。波拿巴在《圣赫勒拿岛回忆录》中，对这段日子闭口不提。在德·阿布朗泰公爵夫人看来，这种沉默从他的处

[①] 伊巴密浓达(Epaminondas，公元前四一八—前三六二)，古希腊政治家、将军；布鲁图(Brutus，公元前八五—前四二)，古罗马政治家，与人合谋刺杀了恺撒。

境危险这条理由中得到了解释。她说:"波拿巴使自己比吕西安更加引人注目,尽管后来他努力把吕西安置于他的位置,人家却不可能上当受骗。他或许这样想过:'将来会有上亿人读到《圣赫勒拿岛回忆录》,在这些人中间,也许只有千把人知道让我不快的事情。这千把人只会以口口相传的方式保留对那些事情的回忆;因此我的回忆录是驳不倒的。'"

这样一来,对吕西安或者拿破仑签署的这封信,人们的疑惑还是没有消除:吕西安又不是国民公会的议员,怎么会擅自向上面报告屠杀的情况呢?莫非他是圣玛克西曼公社的代表,前来观看屠杀的?那么,他怎么会在屠杀时有人比他位高权大,以及目击他哥哥指挥屠杀的证人还活着的情况下,把屠杀的责任揽到自己头上呢?这样一问,就使我们在把目光抬得那么高之后,又把目光压得那么低。

就算表述拿破仑功绩的人是圣玛克西曼委员会主席吕西安,由此得出的结论也始终是:波拿巴最初几发炮弹中有一发是射向法国人的;至少,葡月十三日拿破仑又被召去屠杀法国人;他用当甘公爵的鲜血染红了自己的双手①。第一次屠杀,我们的牺牲使波拿巴崭露头角;第二次屠杀把他抬上了意大利主宰的地位;第三次屠杀为他当皇帝铺平了道路。

他踏着我们的血肉青云直上;他砸碎了我们的骨头,吸食雄狮的骨髓。这是件可悲的事情,可是又必须认清这一点,如果人们愿意对人性的秘密,对时代的特征有所了解的话:拿破仑之所以有力量,部分是因为他曾在恐怖时代受到磨炼。对于从革命的罪行中走过来的人,革命可以很方便地为他们服务。而清白无辜的出身则是飞黄腾达的障碍。

小罗伯斯庇尔很喜欢波拿巴,想任命他替代亨利约,担任巴黎的指挥官。拿破仑一家搬进昂蒂布附近的萨累城堡住下。吕西安写道:"我

---

① 一七九五年十月五日(葡月十三日)巴黎保王党人包围了国民公会。国民公会议员巴拉征调拿破仑和米拉的军队镇压;当甘公爵为法国亲王,于一八〇四年被拿破仑下令处决。

从圣玛克西曼来到城堡，与家属和兄长一起住几天。我们一家人都到齐了。将军只要抽得出时间，就来陪我们。有一天，他比平时更加忙，在我和约瑟夫一左一右陪着他散步的时候，他对我们宣布，他只要愿意，第二天就可以动身去巴黎，并且可以在那里为我们安排一个好位置。我听了这话，感到非常高兴：在我看来，进京是任何事都无法与之相比的大好事。拿破仑又对我们说：'人家向我提供亨利约现在占着的职位。今晚我得给人家答复。喂！你们觉得怎样？'我们有一阵迟疑。将军又说：'唉！这件事值得考虑：反正不能当激进派；在巴黎要想保住脑袋，就没有在圣玛克西曼那么容易喽。——小罗伯斯庇尔是个正直人，可他的兄长可不会开玩笑。得为他效力。——要我去支持这个人！不行，绝对不行！我知道，我换下他那个糊涂的巴黎指挥官，对他是有用的。可是我不愿为他出力。现在还不到时候。在我看来，如今只军中才有体面的位子：耐心等着，将来我会主宰巴黎的。'这就是拿破仑说的话。接下来他向我们表示他对恐怖时代政体的愤恨，宣称它不久就会垮台。最后他似忧似笑地连说了几遍：'和那些家伙搅在一起，我能干些什么？'"

在攻下土伦之后，波拿巴参加了我们阿尔卑斯方面军的军事行动。他接到了开赴热那亚的命令。一些秘密指示也传给了他：侦察萨沃纳堡垒的情况，收集热那亚政府有关联盟的意图的情报。这些指示是共和二年获月二十五日发给洛阿诺的，由里柯德签署。

波拿巴完成了任务。到了热月九日，那些主张实行恐怖政策的代表被阿尔比特、萨利塞蒂和拉波特所取代。他们突然以法国人民的名义，宣称意大利军团的炮兵指挥官波拿巴将军行为极为可疑，尤其是最近赴热那亚一行说不明白，完全失去了他们的信任。

法兰西共和国，一个统一的、不可分割的民主共和国，在其二年热月九日（一七九四年八月六日）发出巴塞洛纳特法令，宣布"将波拿巴将军逮捕，解往巴黎救国委员会，一路上要严密看守，谨防逃脱"。萨利塞蒂审查了波拿巴的证件；对那些关心被囚者情况的人，他回答说，尼斯和科西嘉都有人检举被囚者犯有间谍罪，所以他们不得不严厉行事。这种指控，其实就是里柯德发的秘密指示所引来的后果：它很容易使人想到，拿破仑不是为法国，而是为外国效力。皇帝根本不把这种检举放在心上；其实他本应想到这种事使他面临的危险。

拿破仑努力为自己辩护，对国民公会的代表们说："萨利塞蒂，你是认识我的……阿尔比特，你虽然不了解我，但是你知道诽谤流传起来是无孔不入的。你们要听明白我的话，恢复我爱国者的尊严。过一个钟头，要是那些奸贼想要我的命……我对谣言诽谤根本不在乎！常常懒得理睬！"

接下来，拿破仑被宣判无罪释放。在当年证明波拿巴表现良好的旁证材料中，我们注意到波佐·迪博尔戈写的一份证明。波拿巴只是暂时恢复了自由，但就是在这段时间里，他来得及把许多人投入监狱。

萨利塞蒂这个原告不久就依附了被告：但波拿巴从不信任这个从前的冤家对头。他后来写信给杜马将军："让他（指萨利塞蒂）留在那不勒斯，他在那儿应该过得快活。他在那儿收容无业游民，我相信他能干好：那些无业游民怕他，因为他比他们还要坏。要让他明白，对于投票赞成处死路易十六的可怜家伙，我没有能力保护他们抵挡民众的轻蔑与愤怒。"

波拿巴跑到巴黎，在马伊街租了一套房子住下。当年我和罗兹夫人从布列塔尼来，初到巴黎也是住在这条街。布里埃纳赶来与他会合。米拉也扔下阿贝维尔驻扎的部队赶来了，他被人怀疑主张实行恐怖政策。政府试图改任拿破仑为步兵旅长，并把他派到旺岱去对付保王党游击队。他谢绝了这一荣升，理由是他不愿改换武器。救国委员会于是把他从将军任用名单上一笔勾销。在注销他的名册上签字的有康巴塞雷斯，后来成了帝国的二号人物。

遭到这些迫害，拿破仑十分气愤，便想移居国外。沃尔内劝他打消了这个念头。假如他执行了这个决定，流亡宫廷也会赏识他的行动。再说，这一边也没有皇冠可戴，不过我却会多一个伟大的伙伴、一个屈身与我一同流亡的巨人。

流亡国外的念头打消后，波拿巴又转向东方，东方的专制和辉煌双重地符合他的本性。他专心写了一份申请报告，以便向天主奉上自己的利剑。无所事事、默默无闻对他是两种要命的折磨。"如果我能使欧洲更加害怕土耳其的武力，"他大声说道，"就对我的国家有益。"据说，对这份疯子的报告，政府没有理睬。

波拿巴制订了种种计划，但没有一种行得通，不由得愈发心灰意冷。他难以得到支持，别人的帮助他也不愿接受。再说他是由王室的津贴培养出来的，为此也吃了些苦头。对于比他走运的人，他总是心怀怨恨。在他看来，各国财宝即将被人搜刮一空，因此，在他心里，我们发现了现时共产主义者和无产阶级对富人的那种仇恨。当你和穷人一起受苦时，你会感受到社会的不公，而当你坐上马车时，你倒不一定会瞧不起步行的人。波拿巴尤其厌恶那些年轻的保王派，那些装腔作势、服装怪异的青年。那是当时的一些花花公子，总是把头发梳成斩落的首级那种样子。他喜欢叫他们扫兴。他和演员巴蒂斯特老大有些来往，又结识了演员塔尔玛。波拿巴一家都表现出对戏剧的喜好：驻防的悠闲常常把拿破仑引进戏院。

不管民主政体如何努力，提出伟大目标来提高自己的品性，习惯却使它的品性日渐堕落。它强烈地感到了自己这种平庸：于是它往革命中倾注一条条血的激流，以为这样可以使人忘却它的平庸。然而这剂汤药并不奏效，因为它不可能把所有人都杀死，如果真要杀下去，最后它面对的是冷漠无情的尸体。做出一些小妥协的需要使生活具有了某种平常的意味。一种少有的思想被迫用一种庸俗的语言来表达，天才被关进了土话方言，正如在过时的贵族政治中，一些卑鄙的感情总是包裹在高雅的词句之中。当我们希望通过古代的榜样，抬举拿破仑某个低劣的方面时，只找到阿格里皮娜的儿子，然而古罗马的军团却敬爱奥克塔维的丈夫[1]。罗马帝国一想起这个人就要发抖！

波拿巴在巴黎与费尔蒙-孔奈娜小姐再度相逢。她嫁给了在南方与拿破仑结为朋友的朱诺。

德·阿布朗泰公爵夫人说："在他生命中的那个时期，拿破仑模样丑陋。后来他整个人都变了样。我不是指他周身罩上了神异的荣光。我说的是这七年中身体逐渐发生的变化。从前他瘦骨嶙峋，面皮发黄，一副病态，如今圆润丰满，肤色光亮，英俊有神。从前他的面部轮廓尖的尖，凸的凸，如今则天庭饱满，地角方圆，因为脸上长了肉。他的目光和微笑还是那么可爱。他的性格也完全变了。今天我们看到他走过阿尔柯尔桥的版画，觉得他的发型是那样独特，其实在那时候是很普通的，因为那些时髦青年头发要长得多。他那时见到那些青年，总要跟在后面骂一通。不过那时他的脸色是那样黄，又不注重仪容修理，头发乱蓬蓬的，发粉扑得不匀，给人一种邋里邋遢的模样。他的小手原来又瘦又长又黑，现在也变了。我们知道从那时以来，他变得多么爱慕虚荣。当然他也是有理由这样做的。总之，当我想起一七九五年拿破仑走进圣托马斯女儿街安宁宾馆院子时的模样：他走过院子时步子相当笨拙、犹豫；头戴一顶破圆帽，一直罩到眼边，只把两边鬓发露在外边，那鬓发上东一团西一块地扑了粉，一直垂到那件铁灰色礼服的领口；后来那礼服成了光荣的旗帜，至少相当于亨利四世的白翎饰；他不戴手套，因为据他说这是一种无益的开支，穿着做工粗劣、油没擦匀的靴子；再者他身体消瘦，面色蜡黄，整个人显出一副病态；总之，当我回想起那个时

---

[1] 阿格里皮娜的儿子和奥克塔维的丈夫都是指古罗马暴君尼禄。

期的他以及后来我又见到的他的模样时，我无法相信两副尊容竟是同一个人。"

葡月的日子

　　罗伯斯庇尔的去世并没有使一切完结：监狱只是慢慢地打开大门。平民演说家被送上断头台的前一天，有八十名牺牲者被铡掉了头颅。屠杀组织得多么好！操作得多么有序、多么顺从！刽子手桑松父子[①]被送交审判。他们比德·玛延纳公爵治下处死塔尔迪夫的刽子手罗佐[②]要幸运，因为他们被无罪开释：路易十六的血把他们洗干净了。

　　恢复自由的囚徒不知怎样打发日子，无所事事的雅各宾党人不知怎样活得开心，于是兴起了舞会，引起了对恐怖时代的怀念，人们只是一步一步地从国民公会议员手里夺过了司法权；他们不愿放弃罪恶，生怕失掉权力。革命法庭被撤销了。

　　安德烈·杜蒙提议追究罗伯斯庇尔的继承者的罪行。国民公会迫不得已，违心地在萨拉丹的一份报告上批示说，有理由对巴雷尔、比洛·德·瓦雷纳和科洛·德布瓦实行拘捕。后两人是罗伯斯庇尔的朋友，但他们也促成了他的垮台。卡里埃、富基埃-坦维尔、约瑟夫·勒邦受到审判；一些前所未闻的谋杀和凶杀案得到揭露，尤其是共和派婚礼和

[①] 老桑松是处死法王路易十六的刽子手。他儿子小桑松是恐怖时期的刽子手，处死了法国王后和一些大贵族。
[②] 罗佐是法国十六世纪末十七世纪初的刽子手，绞死了最高法院一些法官，包括推事塔尔迪夫，后他也被绞死。

南特六百儿童淹死案。国民自卫队是按街区划分单位的。那些街区控诉国民公会过去的罪行，担心它又犯下新的罪行。雅各宾派的团体还在战斗，他们不可能对死亡表示厌恶。勒让德从前是那么凶狠，现在恢复了人性，进了救国委员会。就在罗伯斯庇尔受刑那一夜，他关闭了老巢。不过八天之后，雅各宾党人又打出了新雅各宾党的旗号。那些一边织毛衣一边列席国民公会会议的平民妇女又出现在他们中间。弗雷隆出版他那份复活的报纸《人民演说家》，一边欢呼罗伯斯庇尔倒台，一边向国民公会的权力靠拢。马拉的半身塑像仍然摆放着，各种委员会仍然存在，只是换了换门面。

严寒与饥馑夹杂在一起，加上政治上的暴虐，使得灾难变得复杂。一些武装团体得以形成。一些妇女加入其中，高喊着："要面包！要面包！"最后，牧月一日（一七九五年五月二十日），国民公会的大门被冲开了。费罗被杀，头颅被割下来放在主席的办公桌上。有人说，在危险面前，布瓦西·德·昂格拉表现得十分沉着：谁要是否认有英勇行为，谁就会倒霉！

这种革命的植物在人血浇灌的以人血为基础的肥料层上茂盛生长。罗西约尔、于塞尔、格里庸、莫依兹·贝尔、阿马尔、苏迪约、亨兹、格拉奈、莱奥纳尔·布尔冬这些主张实行恐怖政治的人，所有以凶暴出名的人，都被关进了城堡监狱。这期间我们的名声在外头越来越大。当舆论起来反对国民公会议员时，我们对外国佬的胜利窒息了公愤。那时存在着两个法国：一个是国内可怕的法国，一个是在国外可敬的法国。有人把光荣拿来冲抵我们的罪行，正如波拿巴把光荣拿来抵消我们的自由。我们在前方总是触到胜利的暗礁。

有人把我们的胜利归结为我们的异乎寻常。我们有必要提醒大家注意这些人所犯的年代错误：这些胜利都是在实行恐怖统治的前后取得的，因此恐怖政治对我们的军队没有丝毫支配力。但这些胜利却有一点坏处：它们给那些革命幽灵头上罩上了一圈光环。人们也不查看日期，就以为这圈光环是该他们所有。夺取荷兰，挺进莱茵河，这些征服似乎不是用剑，而是用斧头乱砍乱劈做出来的。在这种混乱中，人们看不出法国将怎样摆脱身上的镣铐，尽管头一批罪人倒了霉，这些镣铐却没有打开。不过，救星已经在那儿了。

波拿巴在南方结交的朋友，如今大部分，而且是最坏的部分还同他来往。他们和他一样，也都躲到京城避难来了。萨利塞蒂与雅各宾派关系良好，仍然有权有势，与拿破仑的关系又再度密切起来；弗雷隆希望娶波利娜·波拿巴（后来的博盖塞王妃）为妻，也给年轻将军提供支持。

波拿巴每晚和朱诺都在植物园散步，远离广场和论坛的叫骂抱怨。朱诺向他讲述自己对波莱特（即波利娜）的一腔激情，拿破仑则向他吐露自己对德·博阿尔内夫人[1]的倾心：此时正在酝酿的事件将促使一个伟人的诞生。德·博阿尔内夫人与巴拉斯交情不错：当决定性的日子到来时，这种关系有可能帮助国民公会特派员记起往事。

续篇

新闻出版暂时恢复了自由，便发表了一些要求解脱（恐怖）的言论。可是民主派从来不喜欢这种自由，再说新闻出版方面曾攻击过他们的错误，因此他们就指责新闻出版界是保王派。莫尔莱神父和拉阿·尔普写了一些小册子，与卑劣的学者、诙谐的小人玛尔什纳写的西班牙文小册

---

[1] 即后来嫁与拿破仑的约瑟芬。其时她丈夫博阿尔内将军已被革命法庭处死。

子互相呼应。年轻人穿着开翻边黑领的灰衣服,这是保王的朱安党人的著名制服。新立法机构开会其实是集合各分区的借口。勒普累蒂埃分区从前打出的旗号叫圣托马斯的女儿分区,名头很响,如今是最冲动的分区,好几次出现在国民公会的席位上发表怨言。小拉克雷泰尔[①]勇敢地为他们说话,共和四年葡月十三日波拿巴在圣罗什宫台阶上用霰弹射杀巴黎民众那天,他也表现出了这种勇气。各分区预计战斗的时刻已经临近,便从鲁昂请来达尼康将军当他们的头领。国民公会把保护它的人召集到它周围,由此可见它是多么恐惧、多么惊慌。警察总监助理莱亚尔在《论葡月那些日子》一文中说:"人们把一七八九年的爱国者神圣营安排在那些共和派前头。把那些打过六次仗,在巴士底监狱墙脚挨过打,曾推翻暴政,今日又拿起武器来保卫他们于八月十日推倒的城堡的革命老兵安排在队伍中间。在那里面,我见到了从前菲庸将军麾下列日营和比利时营幸存的可贵战士。"

莱亚尔用这声顿呼结束了清点人数:"啊,多亏你,我们才凭着没有管事人的政府,凭着没有军饷的军队,战胜了欧洲;自由的守护神啊,你仍在关照我们!"这些自豪的自由卫士多活了一些日子,他们后来在暴君的警察局唱完了独立自主的颂歌。今日那段时光只是一座打断的台阶,革命曾在那上面踏过:那么多人意气风发地说话,行动,热衷于一些今日已无人再关心的事情!今天活着的人采摘被遗忘的人的果实,那些人正是为了今天的人献出了生命。

人们着手准备国民公会的更新换代。基层代表大会已经召开,委员会、俱乐部、分区,乱糟糟地搅成了一锅粥。

国民公会受到全面威胁,发现必须自卫:它把巴拉斯抬出来与达尼

[①] 小拉克雷泰尔(Lacretelle Le jeune,一七六六—一八五五),拉克雷泰尔家有两兄弟。老大是律师,称大拉克雷泰尔;老二是政治家和历史学家,称小拉克雷泰尔。两兄弟都是法国大革命期间的名人。

康作对，任命他为巴黎和国内武装力量总指挥。巴拉斯与波拿巴在土伦有过一面之缘，现在通过德·博阿尔内夫人又想起了他。想到这样一个人可能给予的支持，巴拉斯觉得非常振奋，便把波拿巴任命为自己的副手。未来的执政在和国民公会谈论葡月的日子时，声称多亏波拿巴迅速而聪明的部署，非常巧妙地在外围设了岗，我们才得以解围。拿破仑以迅雷不及掩耳的方式给了各分区以沉重打击。他说："我给法兰西盖上了我的印章。"阿提拉当年曾说："我是宇宙的锤子。"

这个行动成功之后，拿破仑担心失去人心，曾保证要用几年时间来抹去他历史上的这一页。

有一篇出自拿破仑之手叙述葡月那些日子的文章：他努力表明是各分区先开的火。在他与那些人交手的时候，他可以想象自己还在土伦：卡尔托将军率领一个纵队在新桥，一个马赛人组成的连队在朝圣罗什开来，国民自卫队占领的岗哨被相继夺走。我已经跟你们提到莱亚尔的叙述。他最后以如下的蠢话结束他的叙述，而巴黎人却对这些话坚信不疑：一个伤员穿过胜利的沙龙，认出了他夺过来的旗帜，便声息微弱地说："我们别再走了，我要在这里死去。"杜弗莱斯将军的夫人撕破衬衣，做成绷带。杜罗舍的两个女儿保管醋和烧酒。莱亚尔把一切都归功于巴拉斯：这是有所保留的奉承；它表明了在共和四年，拿破仑还不是个重要人物，因为仗是他打赢的，功却算在别人身上。

波拿巴似乎并不指望从打击分区的胜利中得到大的好处，因为他对布里埃纳说："去你美丽的约讷山谷寻一小块产业，我有钱了就把它买下来，但是千万记住，我可不要国家财产。"在帝国时期波拿巴改变了主意：开始十分重视国家财产。

葡月的骚乱结束了骚乱的年代：直到一八三〇年，骚乱才再度发生，不过那导致了君主制度的完结。

葡月的骚乱过去四个月以后，共和四年风月十九日（三月九日），波拿巴娶了玛丽-约瑟芬-罗兹·德·塔舍为妻。结婚证书上没有一句提及德·博阿尔内伯爵的遗孀的话。塔利安和巴拉斯是婚契证人。到了六月,波拿巴被任命为驻扎在沿海的阿尔卑斯山地区的军队首长。卡诺[①]要求取代巴拉斯得到签发这份委任书的荣誉。有人把意大利方面军指挥官这一职务称作博阿尔内夫人的嫁妆。拿破仑在圣赫勒拿岛轻蔑地说,他原以为是与一位贵妇成亲,谁知不是,言语之间并无感激之意。

拿破仑此时完全走上了命运给他安排的道路:他需要人类,人类也将需要他;时势造就他,他也将造就时势。卓越的人物在发迹之前,不得不屈居庸人之下,少不了他们保护,这种不幸他已经经受了:阿拉伯人保护最高棕榈树的幼芽,首先是用一只黏土坛子将它罩住。

意大利战役

波拿巴来到尼斯的意大利方面军司令部,发现士兵们样样都缺,没有衣穿,没有鞋子,没有面包,也没有纪律。他那时二十八岁:在他麾下马塞纳指挥三万六千名士兵。这一年是一七九六年。三月二十日,他拉开了第一个战役的序幕。那是个著名的日子,以后好几次刻写在他的人生经历之上。他在蒙特诺特打败了勃里厄的军队,两天以后又在米勒西莫切断了奥地利和撒丁国两支军队的联系。接下来他又连连在塞瓦、蒙多维、福萨诺和舍拉斯柯获得胜利。战争守护神亲自下凡了。下面这

[①] 卡诺(Carnot,一七五三——一八二三),法国军事专家、政治家,曾任国民公会议员、督政府成员、五人执政团成员,后在拿破仑治下任过陆军部长。

段文告让人听到了一个新的声音，正如那些战斗宣告一个新人的到来：

"士兵们！十五天当中，你们获得了六场胜利，夺取了二十一面军旗，缴获了五十五门大炮，俘敌一万五千人，毙敌或者伤敌一万余名。你们没有大炮，却打了胜仗；没有桥，却过了河；没有鞋，却做了强行军；没有烧酒，常常还没有面包，却在野外露营。只有共和部队、自由士兵才能吃你们那些苦；士兵们，人民感谢你们！……

"意大利人民啊！法国军队砸断了你们身上的锁链；法国人民是各国人民的朋友。我们只仇恨奴役你们的暴君。"

五月十五日，法兰西共和国和撒丁国王缔结了和约。萨瓦、尼斯和当德割让给了法国。拿破仑继续往前推进。他给卡诺写道：

"我们终于渡过了波河：第二个战役开始了。勃里厄惊慌失措，计算不准，总是往人家设下的圈套里钻。也许他是想拼一场，因为此人有疯子的鲁莽，却没有战神的胆魄，我们又获得一场胜利，成了意大利的主宰。从此时起我们就停止了行动，让部队换上了新装。它仍是叫人害怕，然而士兵们却都长胖了，因为他们吃的都是戈纳斯面包和大量的好肉。纪律也一天比一天好起来。但是常常还得枪毙人，因为有些士兵十分恶劣，不服指挥。我们从敌人手里缴获的东西不计其数，你们越给我增拨人马，我越容易供养他们。我给您捎上二十幅油画，不是柯勒乔的，就是米开朗基罗的，都是一流大师的作品。您对我妻子十分关心，我应该特别感谢您。我把她交给您照顾：她是个真诚的爱国者，我爱她爱得发狂。我希望事情办得顺利，能够给巴黎送上一千多万法郎，这对您补给莱茵方面军没有坏处。请给我派四千不带马匹的骑兵来，我设法在这边给他们配上坐骑。我也不瞒您，自从斯汤热尔一死，我就没有能够上阵的骑兵高级军官了。我希望您能派两三个热情洋溢、意志坚定，绝不贪生怕死、临阵后退的将军助手来。一七九六年五月九日于普莱桑斯司令部。"

这是拿破仑引人注意的信件之一。多么生动！多么惊人的天才！除了在慷慨得意地提到米开朗基罗等人那批油画时，显露的英雄豪气之外，在提到"热情洋溢、意志坚定，绝不贪生怕死、临阵后退的将军助手"时，对一个竞争对手①做了辛辣的讽刺。同一天波拿巴还写信给督政府，建议停止发运原来答应给巴马公爵的武器，同时报告寄发柯勒乔的《圣热罗姆》的消息。五月十一日，他向卡诺报告打过了洛迪桥，占领了伦巴第。他之所以没有立即朝米兰进军，是因为他想追击勃里厄，把他彻底打败。"我只要攻下曼图亚，就可长驱直入，进入拜恩了。再有二十天，我就到了德国的心脏。要是莱茵方面那两个军投入了战斗，请把他们的位置告诉我。三支大军会师在惊惶不安的巴伐利亚和奥地利心脏，逼迫对手讲和，共和国去签订这样的和约，是很有面子的。"

雄鹰不是在行走，而是展翅高飞，脖子上和翅膀上悬挂着胜利的旗帜。

人家想把克勒曼调来给他当助手，他表示不满："一个自认为是欧洲最出色的将军的人，我是没法与他愉快共事的。我认为一个坏将军抵得上两个好将军。"

一七九六年六月一日，奥地利军队全部被逐出了意大利。而我们的先遣部队已经在侦察德国的山岭，为大军开辟行军路线。波拿巴给督政府写信说："我们的掷弹兵和步兵在与死神嬉戏。除了他们强行军时的快活情绪，再也没有什么精神可与他们的英勇相比。你们大概认为到了宿营地，他们至少会倒头大睡，其实完全不是这样，他们每人都要谈论明天的行动，或者在内心计划明天怎样行动。他们往往还说得很准。有一天我检阅一个团队行军，一名轻步兵走近我的马，对我说：'将军，必须这样做。'我对他说：'倒霉蛋，你给我闭嘴吧！'他立时就不见了。我派

---

① 似指莫罗。——原注

人去找，也没把他找来。人们做的，正是我命令做的事情。"

士兵们给他们的指挥官提了级：在洛迪他们封他当下士，在卡斯蒂廖内则封他为中士。

十一月十七日大军到达阿尔柯尔：年轻将军走过使他名震遐迩的那座桥；一万名战士留在原地。波拿巴后来一回忆这个行动就叫道："这是《伊利亚特》似的史诗！"

在德国，莫罗完成了那次著名的撤退。拿破仑称之为"中士的撤退"。他在打击奥国查理大公的军队时，准备用高乃依剧本中的两句诗嘲笑自己的竞争对手：

> 我紧跟您那著名的溃退
> 好随意商谈，无须翻译作陪

一七九七年一月十六日，敌对双方在里沃利开战。法军在圣乔治和法沃里特与乌姆泽所部打了两仗，毙敌五千，俘敌二万，残敌逃进曼图亚，紧闭城门坚守。法军封锁了这座城市，迫使它妥协。乌姆泽率领剩下的一万二千余人向法军投降。

不久，法军进入意大利的马尔凯·德·安科纳地区。后来缔结的托伦蒂诺条约给我们交来了珍珠、钻石、珍贵的手稿、耶稣变容图、拉奥孔[①]和阿波罗在亭子里的画像。不到一年时间，通过一连串军事行动，法军消灭了四支奥地利军队，降服了上意大利，楔入了奥地利的蒂罗尔地区。托伦蒂诺条约使这一连串的军事行动得以终结。人们还来不及定下神来：闪电和打击是同时发出来的。

查理大公率领一支新的大军，匆匆跑去保卫奥地利本土，不得不从

---

① 希腊神话中特洛伊的王子，阿波罗的祭司，反对将木马引入特洛伊城。

塔格利亚芒托经过。格拉迪斯卡陷落，的里雅斯特被攻占，法兰西与奥地利在莱奥本城签订了条约的预备性条文。

在罗马帝国陷落期间形成的威尼斯遭到了背叛，感到惊慌，我们打开了它那些环礁湖和宫殿，而它的对手热那亚也于一七九七年五月三十一日完成了一次革命：诞生了利古里亚共和国。倘若在一系列的征服过程中，波拿巴要是想到自己是为奥地利攻占威尼斯，为罗马攻占莱加顿，为波旁家族攻占那不勒斯，为皮埃蒙特攻占热那亚，为普鲁士攻占威斯特伐利亚，为俄罗斯攻占波兰，为英格兰攻占西班牙，一定会吃惊的。他就像那些士兵，洗劫一座城市，拼命想多装一点劫来的财宝，可是又带不走，不得不扔掉，而这时他们自己的祖国却被人家夺走了。

七月九日，内阿尔卑斯共和国宣告诞生。在波拿巴的书信集里我们看到他的书信在与我国革命有联系的各国革命的链环里穿梭往返。一如穆罕默德手持利剑和《古兰经》，我们也一手持剑，一手高举人权前进。

对自己的慷慨举动，波拿巴没有漏掉任何细节：他一时担心威尼斯、波伦亚和米兰那些大画家的古画在过塞尼斯峰时会不会被雾水打湿，一时又挂记盎博罗削会图书室某部写在纸莎草上的手稿是否遗落，他让内务部长告诉他，手稿是否送到了国家图书馆。他向督政府报告了他对手下将军们的看法：

"贝尔蒂埃：无论才华、活力，还是勇气和品性，一切都很突出。

"奥热罗：很有个性，有胆魄，性格坚强，办事积极，深受士兵爱戴，打仗很有运气。

"马塞纳：肯干，孜孜不倦，骁勇，有眼力，处事果断。

"塞吕里埃：像士兵一样上阵拼杀，遇事不担责任；意志坚定，对自己的部队看法不好；有病。

"德斯匹诺瓦：软弱，没有活力，没有胆量，没有打仗能力，也不受士兵喜爱，不能身先士卒，冲锋陷阵，此外具有正确的政治原则，有才,也有些高傲,适合在国内指挥军队。

"索莱:是个优秀,十分优秀的士兵,当将军还少了些谋略;运气不大好。

"阿巴图西:指挥五十人都不适合,等等。"

波拿巴写信给玛依纳地区①的首脑:"法国人尊重唯一保留了古希腊美德的弱小然而勇敢的民族,尊重斯巴达的可敬后裔。他们少不了在更广阔的舞台上,赢得和祖先一样的名声。"他向权力当局报告了夺取科孚岛(即克基拉岛)的经过。"据《荷马史诗》,"他指出,"克基拉岛是诺西卡公主的家乡。"他寄上与威尼斯达成的和约。"我们的海军将赢得四五条大舰、三四条三桅战舰,再加上三四百万缆绳。——请给我派些法国或者科西嘉水手来,"他要求道,"我将把曼图亚和瓜达的水手招募来。——我向你们报告的给土伦的一百万,明天起运;两百万……凑成五百万,这就是新战役打响以来意大利方面军可以上缴的款子。——我委派……去锡永,设法与瓦莱开始谈判。——我已经派人找来一位优秀工程师,以便了解修建这条大路(辛普朗高山公路)所需的费用……我还委托这位工程师勘察勘察,看要不要炸掉罗讷河注入的那段峭壁悬崖,以便能够开发利用瓦莱和萨瓦地区的木材资源。"他建议从的里雅斯特运小麦和钢材到热那亚。他给斯库台的帕夏送去四箱步枪,作为友好的表示。他命令从米兰押解几个可疑人物,又另外逮捕了几个。他给土伦的海军拨款审核员格罗尼亚公民写信,说:"我不是审判你的法官,但你要是在我手下,我就要把你抓起来,因为你批准了一个荒唐的拨款申请。"有一份报告,是交给教皇使者的,说:"教皇或许将认为,颁发一份诏书或者训谕,让所有教士都服从政府的领导,是配得上他的智慧,配得上最神圣的宗教的举措。"

---

① 伯罗奔尼撒半岛南部地区。

在这些情况中间,杂夹着与各新生共和国谈判的汇报,纪念维吉尔和阿里奥斯托①的详情,缴获二十面战旗的说明,从威尼斯搜集的五百部手稿的清单。这些信都是在穿过被战火震聋的意大利,穿过变成火炉的意大利时写的。我们的掷弹兵就像蝾螈一样,生活在火中。

就在马不停蹄地办事、打仗,赢得一个又一个胜利之时,果月十八日来临了。这个日子由于波拿巴的声明和他遭到默兹军团嫉妒的大军的决议而变得有名。于是人们认为运筹帷幄,使共和国连连获胜的那个人消失了。这么认为也许是错误的。有人肯定,共和国的计划是达尼西、拉菲特、达尔松这三个高级军事天才主持制订的。卡诺由于波拿巴的影响,只被放逐了事。

十月十七日,波拿巴签署了坎波-福尔米奥条约:第一次大陆革命战争就在离维也纳三百里远的地方结束了。

拉施塔特和会——拿破仑回到法国——拿破仑被任命为英国方面军司令——远征埃及

在拉施塔特召开了一个会议。波拿巴被督政府任命为出席会议的代表,离开了意大利方面军。他对战友们说:"只有想到很快可以和你们重逢,一起战胜新的危难,我心里才好过一点。"一七九七年十一月十六日,他的日程安排表明,他离开米兰去主持出席会议的法国公使团,并把意大利方面军的军旗寄给了督政府。

---

① 阿里奥斯托(Ariosto,一四七四——一五五三),意大利诗人,《疯狂的罗兰》的作者。

波拿巴让人在这面军旗的一边绣上了他的征战功绩:"十五万战俘,一万七千匹战马,五百五十门山炮,六百门野炮,五套架桥设备,九条配备五十四门大炮的巨舰,十二条配备三十二门大炮的三桅战舰,十二条轻巡航舰,十八条双桅战船;与撒丁国王订了停战协定,与热那亚订了协议;与巴尔玛公爵、摩德纳公爵、那不勒斯国王、教皇订了休战书;订立了莱奥本条约的预备性条文;与热那亚共和国订了蒙特贝洛条约;与奥地利国王在坎波-福尔米奥订了条约;给波伦亚、费拉尔、摩德纳、马萨-卡拉拉、罗马涅、伦巴第、布莱西亚、贝尔加姆、曼图亚、克莱姆、维罗纳部分地区、基亚韦纳、博尔米奥、瓦尔特利纳、热那亚,给帝国各邦,给克基拉诸省,给爱琴海和伊塔克岛的人民带去了自由。

"米开朗基罗、圭尔奇诺、提香、保尔·维罗乃兹、柯勒乔、阿尔巴内、卡拉基、拉斐尔、列奥纳多·达·芬奇等人的杰作都被送到了巴黎。"

"意大利方面军的这面不朽旗帜。"日程表上写道,"将悬挂在督政府公众会议厅的穹顶上。当现在这一代人死去之后,它将向后代显示我们军人的功绩。"

波拿巴与参加会议的各方订立了一个纯粹的军事条约,规定把美因茨交给共和国的军队,把威尼斯交给奥地利军队之后,波拿巴就离开了拉施塔特,把会议余下的事情交给特莱亚德和博尼埃去办理。

在意大利战役末期,波拿巴受到一些将军和督政府的嫉妒,日子很不好过,有两次都提交了辞职报告,可是政府成员虽然希望他辞职,却又不敢接受他的申请。波拿巴的情感并不跟着时代的倾向走;他违心地向从革命产生的利益做了让步:他的行为和思想有矛盾,原因就在这里。

回到巴黎,他住在尚特莱纳街自己家里。这条街后来改为胜利街,至今仍有人这么叫它。元老院想把尚博尔堡送给拿破仑，那是弗朗索瓦一世建的城堡，它只让人想起圣路易最后一个子孙流亡海外这件事。一七九五年十二月十日，在卢森堡宫的院子里，波拿巴被介绍与督政府的成员见了面。在这个院子中央，建有一个"祖国"祭坛，上面立着自由、平等与和平诸女神的雕像。缴获来的军旗在五位穿着古式服装的执政头顶上铺成了一顶华盖，胜利的阴影从这些旗帜上降下来。法兰西在这片阴影里休息了片刻。波拿巴身着戎装。在阿尔柯尔，在洛迪，他就是穿着这套军服。德·塔莱朗先生在祭坛边接见胜利者，想起自己从前在另一个神坛上做过的弥撒。欧坦主教从美国溜回来，得到谢尼埃的保护，出任外交部。他那时腰佩弯刀，戴着亨利四世式的帽子：事件的发展使人不得不认真看待这种种乔装打扮。

高级教士对意大利的征服者做了一番赞扬。"他喜欢，"塔莱朗伤感地说，"他喜欢奥西昂的歌谣，尤其是因为那些歌谣超脱于尘世。人们称他有野心，对此我们远不担心。相反也许我们哪天要请他出山，要把他从勤劳平静的隐居生活中拖出来。全法兰西都将变得自由，也许他却永远不能自由：这是他的命运。"

这话被他神奇地说中了！

圣路易的弟弟在格朗代拉，查理八世在福尔努，路易七世在阿亚代尔，弗朗索瓦一世在马里南，洛特莱克在拉文纳，卡蒂纳在都灵的功绩都与这位新近提拔的将军相去甚远：拿破仑的功绩无与伦比。

几位执政对一种威胁着所有专制政治的更高级的专制心怀恐惧，不安地注视着人们对拿破仑表达的敬意。他们想到要把拿破仑从他们眼前打发走，便利用他表现的热情，鼓励他去东方远征。拿破仑说：

"欧洲是一个鼹鼠丘；巨大的帝国、伟大的革命从来只存在于东方；我已经不再有光荣了：因为这个小小的欧洲再也拿不出足够的光荣。"拿破仑像一个孩子，为自己当选为研究院院士而欣欣不已。他只要求给他六年时间,好让他去拿下印度并且凯旋。"我们才二十九岁,"他想到自己时提醒人们注意,"这并不老:我从印度回来时三十五岁。"

他被任命为所谓的英国方面军司令。所辖的部队分散在布雷斯特到安特卫普一线。波拿巴巡视部队,访问地方当局和科研机构,在此期间却调集部队,组建埃及军团。这时我们驻维也纳大使贝纳多特将军在公馆门口放置的三色旗,突然被红帽子民众使了些手脚,督政府便打算让拿破仑留下,以对付可能爆发的新战争。好在奥国外交官柯本茨尔先生预先阻止了两国关系的断裂,于是波拿巴又接到命令出发了。意大利成了共和国,荷兰也变成了共和国。法国此时的疆域一直扩展到莱茵河。和平给法国留下了一些毫无用武之地的士兵。督政府深谋远虑,心怀恐惧,急于把胜利者打发去远方。在埃及的冒险远征既改变了拿破仑的命运,也改变了他的天才,给已经过于光辉灿烂的他,又镀上一层照射着云火柱①的阳光。

远征埃及——马耳他——金字塔之战——开罗——拿破仑在最大的金字塔——苏伊士

公告

士兵们:

你们是英国方面军的一翼。

你们打过山地战、平地战、围城战;你们剩下要做的就是在海

---

① 暗指那根引导希伯来人在沙漠前进的变幻不定的柱子。

上作战了。

　　古罗马那些军团，就曾在这同一片海上，曾在扎马平原上与迦太基作战。你们有时也仿效他们，但你们还比不上他们。因为他们英勇善战，吃苦耐劳，纪律严明，同心协力，胜利便从不抛弃他们。

　　士兵们，欧洲在注视着你们！你们要完成伟大的使命，要投入战斗，要克服重重危险和劳累；你们要为祖国的兴盛、人民的幸福和你们自己的光荣，做出前所未有的努力，立下前所未有的功绩。

　　　　　　　　　　　　　　一七九八年五月十九日，于土伦

　　在发表了这份忆及前人光荣的公告之后，拿破仑就上了船：就像是荷马或者是把荷马的史诗珍藏在金匣子里的那位英雄①。此人行路真是风风火火：双脚刚踏上意大利的国土，又一下出现在埃及。这是一段传奇般的插曲，使他真实的人生显得更为伟大。一如查理曼大帝，他也给自己的历史系上一部史诗。在他携带的书籍里，有爱尔兰诗人麦克弗森的《奥西昂集》和《少年维特之烦恼》《新爱洛伊丝》《旧约》：这显示出拿破仑的头脑里乱七八糟的什么都装。他把讲究实际的思想与浪漫感情，把各种方案与幻想，认真的研究与一时兴起的想象、明智的想法与荒唐的念头交糅在一起。他从这些互不连贯的时代产物之中抽出了帝国；这是一个广大无边的梦，然而，这又是像孕育它的混乱夜晚一样迅速消逝的梦。

　　一七九八年五月九日，拿破仑进入土伦，下榻在海员宾馆；十天后，他登上旗舰"东方号"；五月十九日，他下令升帆，从他第一次让鲜血，法国人的鲜血横流的起点出发：土伦的屠杀为他在雅法的屠杀做了

---

① 指马其顿国王亚历山大大帝。

准备。他把头一批从他的光荣里诞生的将军带在身边。贝尔蒂埃、卡法莱利、克莱贝、德塞、拉纳、米拉、默努。十三条战列舰,十四条三桅战舰,四百条运输舰随他远征。

纳尔逊让拿破仑驶出了港口,在海上却没有拦截到他,尽管有一次我们的舰队离英国舰队只有六十里。从西西里的海面上,拿破仑看见了亚平宁山脉的峰顶。他说:"看到意大利的土地,我就感到激动;那就是东方:我要去的就是那儿。"看见伊季山,他对米诺斯国王和古代的智慧发出热烈的赞美。在跨海途中,波拿巴乐于把学者召集拢来,挑起他们辩论。通常他总是赞同最荒谬的或是最大胆的见解。他问学者们星球是否可以住人,什么时候会被水或者火毁灭,就好像他负有视察天国军队的使命似的。

他在马耳他靠岸,好不容易从露出海面的一座岩礁洞里找到了避难的古老骑士会。接着,他下到亚历山大城的废墟。他在晨曦中看到了庞贝建造的那些立柱。我在乘船离开利比亚的时候,从甲板上见过那座废墟。他从因一个伟大而忧伤的名字而变得不朽的建筑物脚下往上走,越过墙垣。墙那边,从前就是"灵魂药库"①,和埃及女王克娄巴特拉的方尖碑。如今那些碑横陈地上,一些瘦狗在碑石间游荡。罗塞塔的城门被撞开了。我们的军队拥进两座小港和灯塔。"可怕的屠杀!"将军助理布瓦耶给父母写信说,"土耳其人被人从四面八方驱赶,只好躲进他们的神明和先知的寺庙里避难。他们把清真寺挤得水泄不通;男女老少都被杀死了。"

波拿巴对马耳他主教说:"您可以让您教区的人放心,天主教、正教、罗马教不仅会得到尊重,而且教士们都会得到专门保护。"他到达埃及后发表讲话说:"埃及人民——我更尊敬马穆鲁克人②的上帝,尊重

---

① 即亚历山大图书馆。
② 最早是指由土耳其奴隶组成的穆斯林军队,曾建立长达两个多世纪的马穆鲁克王朝,以后在埃及社会中仍有很大特权,直到十九世纪初才被取消。

他的先知，尊重《古兰经》。法国人是穆斯林的朋友。从前穆斯林占领罗马，推翻了教皇的宝座，因为教皇煽动基督徒反对崇奉伊斯兰教的人。不久穆斯林就朝马耳他进军，赶走了那些自认为受上帝召唤来对穆斯林开战的人……要是埃及是马穆鲁克人的田庄，就请把上帝给的租约亮出来看看。"

拿破仑朝金字塔前进。他对士兵们叫道：

"想一想，在这些巨型建筑物顶上，四十个世纪的眼睛在盯着你们。"他进入了开罗，而他的舰队在阿布基尔被炸上了天；东方军团与欧洲失去了联系。国民公会议员朱利安的儿子朱利安（德·拉德罗姆）亲眼目击了灾难，把事情的过程一分钟接一分钟地记了下来：

"时值七点，夜幕降临，火烧得更猛了。到九点过几分，战舰就爆炸了。到了十点，火势渐弱；在战舰刚刚爆炸的地方，一轮明月从右边升起。"

波拿巴在开罗对法律界首领说，他将恢复清真寺，将让自己的姓名传到阿拉伯半岛、埃塞俄比亚和印度。开罗发生了暴乱。他在一场风暴当中命令部队炮击开罗。受神灵启示的人对信徒说："我可以要求各位说出内心最隐秘的感情，因为我无所不知，甚至你们没告诉任何人的事情也清楚。"麦加的大谢里夫在一封信里称他是"清真寺的保护人"；教皇在一封文书里称他为"我亲爱的儿子"。

出于一种天生的弱点，波拿巴常常喜欢他的短处甚于他的长处。他对于可以一下打赢的战斗不感兴趣。砸碎世界的手却喜欢玩骗术。当他运用自己的能力时，完全有把握为自己的损失获得赔偿；他的天才弥补了性格的缺陷。他为什么一开始不以中世纪骑士继承人的身份出现呢？在信奉伊斯兰教的民众看来，他这种双重身份，其实只是伪基督徒，和伪伊斯兰教徒。如果光是欣赏那些不真诚的方法，却看不出它们的卑鄙之处，就免不了可悲地上当。当巨人沦落到使用伪善伎俩的地步时，那就真该哭泣了。那些异教徒向脚镣手铐的圣路易提出，要给他戴上埃及的王冠。据阿拉伯历史学家说，因为他始终是人们见过的最高尚的基督徒。

我去开罗时，这个城市还保留了法国人的痕迹：有一座公共花园是我们建造的，里面种着棕榈树；从前四周开了一些饭馆。不幸的是，我们的士兵和昔日的埃及人一样，抬着一具棺材在宴桌周围走动。

如果相信那是真的，那是多么令人难忘的场面啊！波拿巴走进克奥普斯①金字塔内部，坐在一具石棺上，和伊斯兰教教法阐释官及伊斯兰教教长聊天。棺内法老的木乃伊已经失踪了。然而，我们还是把《箴言报》上的故事看作缪斯的作品吧。如果这不是拿破仑的世俗故事，那么就说明他的聪明的故事，这值得我们关心。还是让我们来听听在一座坟墓内部响起的声音吧。这个声音将来的世纪都会听得到。

一七九八年十一月二十七日《箴言报》

今日，唯一的不可分割的法兰西共和国第六年热月二十五日，即伊斯兰历1213年穆夏兰月28日，在参谋部众多军官和国家研究院众多成员的陪同下，军团司令来到大金字塔，即克奥普斯金字塔参观。在金字塔内部，有若干伊斯兰教教会阐释官和教长在等候将军驾到，准备给他讲解金字塔的内部构造。

司令官来到最后一间大厅。这间大厅穹顶平坦，长约三十二尺，宽约十六尺，高约十九尺。里面只有一具花岗岩匣子，长约八尺厚约四尺，盛着一个法老的木乃伊。将军在石棺上坐下，招呼教法阐释官和教长，如苏莱曼、易卜拉欣、穆罕默德等人在他身边坐下，当着随从的面，与他们进行了如下对话：

---

① 克奥普斯（Cheops，前？—前二六五〇），埃及王，第四王朝的第二位法老。

波拿巴："上帝伟大，他的作品也很神奇。可是这里却是人手创造的伟大作品！建造这个金字塔的人是出于什么目的来做这样一个工程的呢？"

赫曼："这是埃及的一个强大君主。人们认为他名叫克奥普斯。他希望死后安寝，不致遭到后人冒犯。"

波拿巴："伟大的波斯国王居鲁士让人在露天安葬自己，以便使自己的躯体还原成元素：你认为他这样做不是更好吗？你是这样看的吗？"

苏莱曼（倾身领首）："光荣属于上帝！一切光荣都属于上帝！"

波拿巴："光荣归于安拉！只有真主，没有别的上帝。穆罕默德是他的先知，我是他的朋友。"

易卜拉欣："愿胜利的天使为你扫除路上的尘埃，用他们的翅膀庇护你！马穆鲁克该死。"

波拿巴："他们被交给了黑暗天使姆基尔和卡基尔。"

林曼："他伸出掠夺的手，获取埃及的土地、谷物和马匹。"

波拿巴："法兰克人的财宝、产业和友谊，你们亦可以享受一份。直到你们升上七重天，坐到永远年轻永远贞洁的黑眼仙女身边的时候，你们可以在拉巴的阴凉中歇息。拉巴的枝叶本身就可给真正的穆斯林提供他们希望得到的东西。"

这种排场毫不改变金字塔的庄严——

二十个世纪，沉入永恒的黑夜，
不动，无光，毫无声息

要是换了波拿巴躺在这古老的地下室里，一定会使他的疆域扩大。只是他从没在这死亡的前厅苦熬岁月。

我在《纪行》里写道："我们在尼罗河上航行。剩下来的日子，我一直待在甲板上，静静地注视着那些陵墓……宏伟的建筑物构成了任何人类社会光荣的主要部分：它们把一代人的名声带到了它自身的存在之外，并使它与那些荒废的田园定居的一代又一代后人并存。"

我们感谢波拿巴在金字塔为我们这些沾上了诗歌的污点，在废墟偷偷搜集谎言的小政客做了如此精彩的辩护。

从波拿巴发布的公告、安排的日程和发表的演说来看，他显然是想学亚历山大，让人把自己看成上天派来的使者。亚里士多德的侄孙卡利斯提尼斯受命论证腓力的儿子亚历山大就是丘庇特的儿子。后来马其顿国王是那样残酷地对待这位哲学家，大概是要惩罚他的阿谀奉承。这件事可在斯特拉博[①]保存的卡利斯提尼斯著作残篇里读到。帕基埃所著《亚历山大谈话录》，是在亚历山大这位伟大的征服者和拉伯雷这位伟大的讽刺家之间的一场对话：

"朝我这边看，"亚历山大对拉伯雷说，"你看到的那些地方都是些下等地方。在那里你找不到一个有才能的人物，为了吹嘘自己的想法是有来历的，而不暗示他与众神关系亲密。"拉伯雷说："亚历山大，为了对你说真话，我绝不拿你的小特点来寻开心，即使是你酒后说的糊涂话，做的糊涂事我也不管。只是你现在变得这么伟大，你究竟感到有什么好处呢？你难道就和我不一样了？你感到遗憾，心里不快活，可是比起人一死就失去名声来，这于你要适合得多。"

然而，在提到亚历山大的时候，波拿巴对自己，对世界所处的时代，对宗教都把握得不准：在当今之世，人不可能让别人把自己当成神

[①] 斯特拉博（Strabo，公元前六四—公元二三），希腊地理学家、历史学家。

来尊奉了。至于拿破仑早年的功绩，它们还没有与对欧洲的征服混在一起，它们还没有取得足以让穆斯林群众敬服的结果，尽管有人给他起了个诨名叫"热情苏丹"。蒙田说："亚历山大三十三岁，就已经胜利地跑遍了所有可住人的陆地，生命才过了一半，就达到了人力所能达到的极限。记叙他的丰功伟绩的君王，比记叙别的国王文治武功的历史学家还要多。"

波拿巴从开罗到了苏伊士。他看到摩西开启的，后来落到法老身上的大海。他看出了一条运河的线路。这条运河开始是中王国的几代塞索斯特里法老修建的，后来波斯人把它加宽了，最后苏丹人想开通从红海到地中海的贸易，又把它进行了扩建。拿破仑打算把一部分尼罗河水引到阿拉伯半岛海湾。在海湾腹地他的想象力勾出了一个新俄斐[①]地区，将来每年在那里举办一次交易会，让香料商、丝绸商，让玛斯卡特、中国、锡兰、苏门答腊、菲律宾和印度的所有珍宝在那儿进行交易。修士们从西奈下来，请拿破仑在他们的"保证"书上留名。他的名字写在埃及苏丹萨拉丁的名字旁边。

回到开罗，波拿巴举行集会庆祝共和国成立周年。他对士兵们说了以下这番话："五年前法国人民的独立受到了威胁；但是你们攻下了土伦：这是你们的敌人灭亡的先兆。一年以后，你们又在德戈打败了奥地利人；次年，你们登上了阿尔卑斯山的顶峰；两年前，你们与曼图亚作战，取得了著名的圣乔治大捷；去年，你们从德国回来，到了德拉瓦河和伊松卓河的源头。那时，谁说你们今日会来到尼罗河畔，来到旧大陆的中心？"

[①] 未能确定位置的一个地区。在《圣经·旧约》时期，这个地区以出产纯金闻名。

对军队的看法

不过,波拿巴在他日理万机,考虑种种方案时,真的死抱住这些想法不变吗?当他装出愿意留在埃及的样子时,幻想并没有使他看不清现实。他给哥哥约瑟夫写信说:"我认为再过两个月就会回到法国;因此,请在我到达时安排一所乡间住宅,或是在巴黎附近,或是在勃艮第:我打算在那里过冬天。"波拿巴并没有估计到能够阻止他回国的力量:他的意志既是他的命运,又是他的吉星。这封信落到了英国海军将领手里,于是英国人大胆宣称:拿破仑的使命只有一个,就是让他的军队覆没。

在埃及的法国士兵都很勇敢,尤其是因为他们强烈地感到了自身的痛苦,也就愈发英勇。有一个中士写信给一个朋友说:"告诉勒杜,千万不要犯傻,上船到这个鬼地方来。"

这位叫阿韦里约里的中士说:"从国内来的人都说亚历山大城是最美的城市;唉!其余的城市该会是什么样呢?您想一想,一大堆杂乱无章的破房子,都是平房,一色的木门,一样的锁;漂亮一点的有个露台;没有开窗户,却安了木栅,只是栅条太密,看不清里面的人。街道狭窄,只有法兰克人和达官贵人所在的街道才稍稍宽一点。城中大部分是贫苦居民,他们除了一件垂到膝盖活动时一半时间卷起的蓝衬衫,一条腰带,一块破头帕,别的地方都裸着。我对这个可爱国家厌烦透了。住在这儿令我发狂。可恶的埃及!到处是沙砾!亲爱的朋友,有这么多人上了当!那些寻求发财发迹的人,或者那些窃贼,没有一个不垂头丧气。我相信,他们巴不得回到原来的地方去。"

罗齐是个上尉:"我们太没有地位了。军中普遍存在不满。今日的专制独裁比任何时候都厉害。有些士兵当着司令官的面自杀,对他说:'这就是你做的好事!'"

我所举的这些名字，今日都几乎无人所知了。在这份名单上，压尾的是塔连的名字。

以下是塔连给妻子的信：

"亲爱的朋友，如你所知，我来这里，并不是心甘情愿的。我的处境一天比一天差，因为远离家乡，远离亲人，我看不到可以重返故乡、重见亲人的时刻。

"我跟你说心里话，我一千倍，一万倍愿意带上你和女儿，到天涯海角，远离一切激情，一切阴谋，安安静静过日子，而不愿过这种生活。我向你保证，我只要有幸摸到故乡的泥土，就绝不再离开它。在这里的四万法国人中间，不这样想的，不会超过四个人。

"我们在这里过的日子真是再凄凉不过了！什么都缺。我有五天没有合眼了。我就睡在地板上。苍蝇、臭虫、蚂蚁、库蚊，各种虫子都来叮我们。我每天不下二十次怀念我们那可爱的茅屋。亲爱的朋友，求求你，不要卖掉它。

"再见，我的好泰莱琪娅，泪水浸透了我的信纸。我只要回想你的善良，回想我们的爱情最甜蜜的往事，只要得知你始终可爱，始终忠贞，只要怀着拥吻亲爱的女儿的希望，我这个不幸的人就能熬下去。"

在这一切之中，忠诚一钱不值。

人从幻想的高处跌落下来，自然把处境看得过分糟糕，这样便出现了这种一致的抱怨：法国人时时憧憬着东方，天主教反对异教的骑士团给他们开辟了道路。他们虽然不再有诚意去为圣墓解围，却有十字军骑士的勇敢，以及戈德弗鲁瓦[①]周围那些编年史家和吟游诗人编造出来的对王国和美人的信仰。在意大利获胜的士兵看到的是一个待夺取的富庶

---

① 戈德弗鲁瓦（Godefroi，一〇六一——一一〇〇），下洛林公爵，曾率默兹和莱茵地区的骑士团做第一次十字军东征，拿下耶路撒冷之后，当选为君主，号称"圣墓代理人"。

国家，一些待拦路抢劫的沙漠商队，待截获的马匹、武器和后宫佳丽。那些传奇小说作者已经瞥见了安条克公主①，而那些学者则在诗人的热情之中加进了他们的梦想。一开始，没有一部描写埃及的作品不被当作知识丰富的现实，直到《昂泰诺尔游记》出版，这种状况才有所改变：他们将要深入神秘的埃及，下到地下墓穴，搜索金字塔，发掘被人遗忘的手稿，辨读古埃及的象形文字，唤醒黛尔莫西里斯②。可是这一切都没有做，研究院的学者一头扑在金字塔上做研究，士兵们只遇见一些赤身裸体的农民，一些泥棚茅屋，他们面对的就是鼠疫、贝都因人和马穆鲁克骑兵，这才发现大大失算了。只不过他们吃的冤枉苦使他们看不到最终的结果：法国人在埃及穆罕默德国王培育的文明上播下了幼苗。波拿巴的光荣增大了；一线光亮照进了伊斯兰教的黑暗世界，野蛮被轰开了一道缺口。

叙利亚之战

为了防止叙利亚的帕夏采取敌对行为，也为了追击若干马穆鲁克骑兵，波拿巴于二月二十二日进入了世界的这一部分。阿布基尔战斗把他留在这里。其实拿破仑弄错了，他追寻的是一个强权梦。他比波斯国王冈比西斯幸运，在跨越沙漠时没有遇到南部吹来的热风。他在陵墓间扎寨安营，他翻越了埃拉里什峰，在嘎扎取得了胜利。他于六日写道："我们处在亚非两洲交界处的山间；我们晚上在亚洲宿营。"这个巨人走在征

---

① 安条克（Antioche）为叙利亚塞琉西王国几任国王的名字。
② 原文为 Thermosiris，查不到是何人还是何物，也许是冥王奥西里斯的某种写法，或误写。

服世界的路上。这是个要征服那些不可征服的地区的人。

雅法攻下来了。发起攻击以后，守城军队的一部分，波拿巴估计有一千二百人，其他人估计有二三千人向法军投降，受到了宽大接待。过了两天，波拿巴下令把他们全部处决。

瓦尔特·司各特和罗贝尔·威尔逊爵士对这场屠杀都有所叙述。波拿巴在圣赫勒拿岛痛痛快快地向艾勃林顿勋爵和欧米拉医生承认了。只是他把这件令人发指的暴行归咎于当时的处境：他无法为这些俘虏提供食物，又不能把他们护送回埃及。在口头上让他们自由吗？即使那样做，他们也理解不了这份荣幸，这种欧洲式的做法。"换了威灵顿，"他说，"也会像我这样处置的。"

蒂耶说："拿破仑下决心采取一个可怕的措施，这是他一生中唯一的残忍行为：他命人用剑刺杀剩下来的战俘。部队怀着几分恐惧，服从了他的命令，将这批俘虏屠杀殆尽。"

"他一生中唯一的残忍行为"，在土伦大屠杀之后，在拿破仑视人命如草芥的那么多战斗之后说这种话，未免过于断言了。让法国感到欣慰的，是我们的士兵以"几分恐惧"抗议他们将军的残忍。

但是雅法的屠杀救了我们的军队吗？波拿巴没有看见一小群法国人，轻易就把大马士革帕夏的军队给打败了吗？在阿布基尔，他不是依靠几匹战马，就把一万三千名奥斯曼的军队打垮了吗？后来，继波拿巴任指挥官的克莱贝不是叫大首相①和不计其数的伊斯兰教徒失踪了吗？倘若事情关系到权利，那法国人又有什么权利入侵埃及呢？为什么要杀死行使自卫权的人？总之波拿巴不能援引战争法，因为雅法守军的战俘已经放下了武器，而且他们的投降已被接受。光是征服者竭力为自己辩白这件事就让他难堪，因为事情本来被人避而不提，或者只在官方的公

---

① 当时土耳其对最高行政长官的称呼。

函或波拿巴随员的叙述中被隐隐提及。拉莱医生说："攻占一个要塞，通常带来的可怕后果，我就不说了，因为我痛苦地目击了雅法那场惨案。"布里埃纳叫道："那个残酷的场面，我至今一想起来，就像目击那天一样，还浑身直打哆嗦。我宁愿忘却这件事，而不愿被迫拿起笔来描述。那个流血场面，无论人们怎样想象，都想不出它是多么可怕。"波拿巴写信给督政府："雅法遭到洗劫，经受了种种战争的暴行。对雅法城来说，战争从未显得这样可怕。"但这些暴行又是谁指使的呢？

贝尔蒂埃是拿破仑在埃及时的战友。一八〇九年五月五日，身在德国恩斯总司令部的他，给奥地利军队参谋长写了一封让人吃惊的快信，谴责了夏斯特莱坐镇指挥的蒂罗尔城一次枪决战俘的事件："他（夏斯特莱）让人杀死了七百名法国俘虏，一千八百到一千九百巴伐利亚人。这是各国历史上前所未闻的罪行。要是奥皇陛下不把俘虏看成受他的诚意和荣誉保护的人，这个罪行就会激起可怕的报复。"

对雅法处决战俘一事，人们所能做的谴责，波拿巴在此都做了。这种矛盾在他看来有什么要紧？他知道真相，并不把真相放在眼里，只把它和谎言做一样的用场。他只看重后果，至于用什么手段，在他看来则无关紧要。众多战俘给他带来麻烦，他就把他们杀死。

始终存在着两个波拿巴，一个伟大，一个渺小。当你们认为在拿破仑治下生活安定的时候，他却使这种生活变得可怕。

在埃及战争担任助理军需官的米奥特在他的《回忆录》初版（一八〇四年）对屠杀只字不提，到一八一四年的版本才提到它。这个版本几乎绝版了，我好不容易才找了一本。其实我完全不需要读一个目击者的叙述，才确信一个如此痛苦的事实。大致知道一件事情的存在是一回事，了解其细节特点又是另一回事：一个行动在道义上的真相只会在这个行动的细节里显露。按照米奥特的叙述，事情的细节如下：

"风月二十日（三月十日）下午，雅法的战俘被押去放风。四周围了一大圈彭将军的部队。我听到暗中传来的风声,说人们为他们准备了什么命运,便和许多人一起,跨上马,跟在牺牲者们安安静静的纵队后面,想看看人家说的是否有根有据。土耳其士兵三三两两地走着,已经预知了自己的命运。他们没有流泪,也没有叫喊:都很顺从。有几个人受了伤,跟不上队伍,就在路上被人用刺刀捅死了。还有几个在人群里转着,似乎是在做临死的诀别。那些胆子最大的也许在考虑能够冲开包围着他们的军队,也许他们希望穿过田野,分散逃跑,可以使部分人免于一死。然而法军在这方面已经采取了一切防范措施,土耳其人没有做任何逃跑的尝试。

"最后,战俘们被押到雅法西南的沙丘地带,在一眼浑黄的池塘边站住。这时,指挥部队的军官让士兵把俘虏分成小队,然后把这些小队带往不同的地点枪杀。尽管投入这场血腥屠杀的军队人数不少,干完这可怕的事也还是费了不少时间。我应该说明,这些军队怀着极大的厌恶,来执行人家强加给他们打过胜仗的双臂的可恶差事。池塘旁边有一队俘虏,其中有几个老军官,目光沉着,高贵;还有一个年轻人,精神垮了。在那样嫩的年纪,他大概认为自己是无辜的,就做出了一个举动,似乎激起了周围人的反感。他朝法国军官坐骑的马腿扑去,抱住军官的膝头,求他饶命。他叫着:'我犯了什么罪?我造了什么孽?'他流泪也罢,凄惨感人地叫喊也罢,统统无济于事,改变不了命运已经做出的不幸判决。除了这个年轻人,其他土耳其人都沉着地在那汪死水里做了大净,然后举起手拍拍胸、拍拍嘴,像穆斯林平时向人致意那样,互相做了永诀。他们勇敢的灵魂显得视死如归。从他们的镇定中可以看出,在这最后的时刻,他们的宗教和来生幸福的希望给了他们多大的信心。他们似乎在说:'我离开此世,去穆罕默德身边享受长久幸福。'《古兰经》允诺给穆斯林的死后幸福,就这样支持着虽然被打败,却并不为自己的不幸而沮丧的穆斯林的精神。

"我看见一个可敬的老人,说话的声调和举止都表明他是一个高级军官,我看见他……冷静地让人在自己面前的流沙中掘坑,一个相当深,足以把他活埋的坑:大概他不愿死于别人之手。他仰卧在这个叫人痛苦的然而却是保护他的墓穴里,他的同伴一边向真主祈祷,一边往他身上堆满沙子,然后踩紧,也许是想让他早点结束痛苦。

"那一幕看得我心惊肉跳,我现在描述起来仍然觉得浑身无力。与那一幕同时,别的俘虏都被带到沙丘后面杀死了。最后,只剩下水塘边的那些人了。我们的士兵把子弹都打完了,现在只能用刺刀,用白刃来结束他们的性命。那可怕的景象我实在看不下去,就溜走了。我一脸苍白,几乎晕厥。晚上,有几个军官告诉我,那些不幸的人为不可抵挡的求生本能,甚至在绝望关头也想逃生的本能所驱使,都前仆后继地朝刀剑冲过去,用四肢来承受扎向心口本会立即让可悲生命结束的刀尖。这样一来,一具具尸体和滴着血奄奄待毙的躯体便堆起了一座可怖的金字塔。只有把已经断气的尸体拖开,才能把那些得到这可怖的人墙保护的不幸俘虏杀死。我是忠实而确切地描述那一幕的,我一想起那种情景,手就发抖,笔力也就不逮,无法完全写出那惨烈的程度。"

作为这种叙述涉及的对象,拿破仑的一生解释了人们对他反感的原因。

我由雅法修道院的修士们引路,去了城市西南的沙丘地带,在那片坟地上走了一圈。从前,这里是尸体堆,如今是白骨塔。我在一些石榴园里漫步。石榴树枝头挂满鲜红的果子;从欧洲飞来的第一只燕子掠过我周围悲惨的土地。

老天惩罚侵犯人权的罪行,遣来了鼠疫,不过一开始尚未造成大的灾害。有些历史学家认为《雅法城的鼠疫病人》[①]的场面发生在法军第

[①] 格罗所作的油画,藏于卢浮宫。

一次路过该城的时候。布里埃纳指出了他们的错误：鼠疫是在法军从圣让-达克尔回来时发生的。我军好些人士都向我肯定，那幅画的场面纯粹是虚构的。布里埃纳确认了这些情况：

"鼠疫病人的床，"拿破仑的秘书说，"就在第一间大厅进门右手边。我走在将军旁边。我肯定没有见到他接触一个患者。他手持一根马鞭，轻轻打着黄色的靴边，匆匆穿过几间大厅。一边大步走，一边重复：'我得回埃及，抵御即将到达的敌人。'"

在参谋长五月二十九日的正式报告中，对鼠疫病人、巡视医院和接触病人等事只字不提。

格罗那幅壮美的油画会怎么样呢？它仍是一件艺术杰作。

圣路易虽然没有那样受绘画的抬举，但在行动上却更英勇一些："善良的国王温和而宽厚，一见这种情景，就生出怜悯之心，马上把所有事情放下，叫人在旷野挖好坑，做成一个墓园；请教皇特使祷告……路易国王亲手帮着把那些死者安葬。换了别的人，即使愿意动手也只是做做样子而已。埋葬死者的五天，国王每天早上做完弥撒都到墓地来。他对手下说：'去埋葬那些牺牲者吧。他们是为耶稣基督受苦。不要厌烦这种事，他们受的苦比我们多。'提尔的大主教和达米埃特主教率领手下的教士穿着法衣，已经到了那儿，为死者做法事。气味难闻，他们都捂着鼻子。但我们却没见到好国王路易捂鼻子，他只是专心地、虔诚地为死者超度。"①

波拿巴布兵包围了圣让-达克尔城。卡纳曾目睹基督治好了古罗马百人队长儿子的病，纳扎莱特曾掩护救世主度过平安的童年，塔包曾见到耶稣变容，曾听到彼得说："主人，我们来到了这座山上；我们在这里支起三座帐篷吧。"现在这三个地方成了流血之地。正是从塔包山上向占

---

① 引自容维尔的《回忆录》。

领"苏尔、古提尔、塞查莱、尼罗河瀑布、佩吕河口、亚历山大城"和江海沿岸柯尔索姆和阿尔诺伊废墟所在地区的部队寄出了战斗日程表。波拿巴喜欢这些地名,乐于把它们放在一起。

在这产生奇迹的地方,克莱贝和米拉把唐克莱德和雷诺[1]的武装行动又重演了一遍:他们把叙利亚的民众驱散,占领了大马士革帕夏的营地,对约旦河和嘎利雷海扫了一眼,便占有了斯卡菲和古贝图利亚。波拿巴注意到,当地居民把朱迪特杀死霍洛菲纳[2]的地方指给他看。

当犹地亚山区的阿拉伯儿童用法语向我喊:"前进!"时,告诉了我一些更靠得住的传统。我在《殉道者》中写道:"这些荒漠曾见过塞索斯特里斯、冈比西斯、亚历山大和恺撒的军队前进;未来的世纪啊,你们也会把人数不会少,将领同样有名的军队领到这儿来。"

我沿着波拿巴在东方新近的足迹往前走,到了无法再循着他的路线走的时候,我就往回走。

圣让守军的统帅是"屠夫"杰扎尔帕夏。波拿巴一七九九年三月九日从雅法给他写信称:"自我进入埃及以来,我多次向您表明,我无意跟您作战,我唯一的目的是驱走马穆鲁克骑兵……我不久将朝圣让-达克尔开进。不过我有什么理由要夺走一个陌生老人的几年寿命呢?在我征服的国家旁边,多占几十法里地有什么用呢?"

杰扎尔并不为他这些安抚所迷惑:这只老虎信不过年轻同行的爪子。他身边一些仆人,都被他亲手折磨致残。他自己也说(塞巴斯蒂亚尼将军的叙述):"有人说杰扎尔是个残忍的波斯尼亚人,是个无赖。可

---

[1] 唐克莱德(Tancrede, ?——一一二),古安条克君主,第一次十字军东征时的英雄。塔索的长诗《被解放的耶路撒冷》中的主人公之一。雷诺同为上述长诗中的主人公。
[2] 霍洛菲纳是亚述将军,在攻打贝图利亚城时,被犹太女子朱迪引诱,于睡眠中被割断首级。

是我并不需要什么人,是人家找的我。我生下来是个穷光蛋,父亲传给我的东西,只是他的胆魄。我能干许多工作而得以升迁。可是这并不让我自豪:因为一切都完了。也许今天,或者明天杰扎尔就会完蛋,并不是像敌人所说,是因为老了,而是因为上帝要让他完蛋。法国国王本来很强大,却死了;巴比伦国王尼布甲尼撒是被一个小家伙杀死的。等等。"

在壕沟里待了六十一天之后,拿破仑不得不撤除对圣让-达克尔的包围。我们的士兵从地洞里钻出来,追着敌人的圆炮弹跑。我们的大炮又把这些炮弹送了回去。我们的部队在抵御城里和英国锚泊的舰队两方面攻击的同时,发起九次攻击,五次登上了城墙。据十二世纪一位僧侣里戈尔的报告,在十字军东征时代,圣让-达克尔城里有一座塔,名叫"魔鬼塔"。这座塔也许被一座粗塔替换了。波拿巴的进攻就是被这座塔挫败的。我们的士兵跳到街上,夜里在那里展开了肉搏战。拉纳将军头部负伤。柯尔贝大腿挂彩。战死者中有布瓦耶、韦奴和雅法城屠杀战俘的执行官彭将军。克莱贝是这样评论这场围城战的:"土耳其人像基督徒一样防守,而法国人却像土耳其人一样进攻。"这是一个不喜欢拿破仑的军人所作的批评。波拿巴撤兵时宣称,他已经把杰扎尔的宫殿夷为平地,把城市炸成一片废墟;杰扎尔身受重伤,率领残部逃往海边要塞;三桅战舰奉拿破仑之命夺取了三十艘满载军队的叙利亚船只。

西德尼·史密斯勋爵和流亡的炮兵军官菲利坡前来支援杰扎尔。他们一个曾被关押在圣殿,另一个是拿破仑的军校同学。

昔日,在菲利普-奥古斯特治下,骑士制度的精华在圣让-达克尔城下覆没。我的同乡,布列塔尼吟唱诗人纪尧姆用十二世纪的拉丁诗句这样唱道:"当我们的英雄在阿斯卡龙城(圣让-达克尔城附近)受到死神袭击时,举国上下,无处不悲,无人不哭,因为灾难实在太大了。"

波拿巴是个大魔术师,可是他无法让死于普托莱马依(圣让-达克尔的旧称）的彭将军变成库西的领主拉乌尔。后者于一一九一年死于这座城市的城墙脚下，曾写信给法耶尔贵妇说："为忠诚地爱慕女友而死。"

拿破仑在圣让-达克尔汲取了许多别的传说，他不接受吟唱诗人的那首歌，那就说明他并没有受到好的接待。在他晚年，在我们看不到的天空之下，他乐于透露他在叙利亚思考的事情。要是他没有根据既成事实制订计划，没有根据真实的过去构建他希望让人相信的虚幻未来，他就会按他思考的办。圣赫勒拿岛向我们透露的情况是这样的："作为托勒密的主宰，拿破仑在东方建立一个帝国，把法兰西交给别的命运主宰。拿破仑在大马士革、在阿勒颇、在幼发拉底河上飞翔。叙利亚的基督徒，甚至亚美尼亚的基督徒都会支持他。各国人民都会受到震动。马穆鲁克骑兵残部、埃及沙漠的阿拉伯人、黎巴嫩的德鲁斯人、阿里集团受压迫的互济会员和伊斯兰教徒都可能在叙利亚的主要军队里集合。这种震动会传遍整个阿拉伯半岛。奥斯曼帝国讲阿拉伯语的省份盼望巨变，期待一个人和幸运的机会来临；这个人可能在仲夏时节来到幼发拉底河上，带领十万部众和二万五千名法军预备队士兵，他会让他们陆续从埃及赶来。他将攻下君士坦丁堡和印度，改变世界的面貌。"

在从圣让-达克尔撤走之前，法国军队碰了碰提尔：这座城市被所罗门的舰队和马其顿的陆军抛弃，只保留了以赛亚不可打破的静寂——连狗都默不作声，拒绝吠叫的静寂。

圣让-达克尔是一七九九年五月二十日撤的围。波拿巴于五月二十七日来到雅法，不得不继续撤退。大约有三四十人患了鼠疫，拿破仑把这个数字减为七人。他无法把这些人带走，但又不愿丢下他们，据他说，是怕他们遭到土耳其人的残酷折磨，便建议主医官德日奈特给他们服用大剂量的鸦片。德日奈特的回答是那样有名："我的职业是救人，而不是杀人。"历史学家蒂埃说："并没有给那些患者开鸦片。但这件事使可耻的谣言流传。今日这谣言已经被戳穿了。"

这是不是谣言？是不是被戳穿？这正是我不能像那位引人注目的历史学家那样不容置辩地肯定的问题。他的推理等于这样：波拿巴并没有毒死鼠疫患者，出于理性他曾打算毒死他们。

德日奈特出身于诺曼底一个贫穷的乡绅家庭，在叙利亚的阿拉伯人当中仍然受到尊敬，威尔逊说他的姓名只应该用金字书写。

布里埃纳写了十页文字，来驳斥那些否认下毒的人。"我不能说亲眼看见有人下毒，"他说，"我要是那样说就是撒谎；但我确实知道做出了决定，而且应该是讨论之后做出的决定，并且发出了命令；那些鼠疫患者都死了。什么！从雅法动身的次日，整个司令部当作真事来议论的事情，我们当作可怕的灾难来谈论的事情，竟成了破坏一个英雄名声的恶毒谣言？"

拿破仑从不放弃他的过错，正如一个软心肠的父亲偏爱最不得宠的孩子。法国军队没有赞美派历史学家那样宽容，它相信采取了下毒的措施，而且不限于那几十个病人，被毒的有好几百人。罗贝尔·威尔逊在他的《英军征战埃及史》里头一个提出了这个严重的指控；他肯定这个指控的根据是在叙利亚被英军俘虏的法国军官的说法。波拿巴断然否认威尔逊的说法，可是威尔逊回答说，他说的只是事实。威尔逊是莫斯科撤退时担任英国驻俄军联络员的那位参谋长。后来他曾有幸帮助德·拉瓦莱特先生逃走。一八二三年西班牙战争时，他组建了一个军团反对正统派，保卫了比尔堡城，并且把德·维莱尔先生的舅子，被迫停港的德巴辛先生还给了德·维莱尔先生。从各个角度来看，罗贝尔·威尔逊的叙述都是很有分量的。在下毒这件事上，大部分叙述都是一致的。德·拉斯卡斯先生[①]接受这个说法，即军中有人相信下毒的传言。波拿巴被监禁以后变得真诚了一些，他对瓦尔能先生和欧米拉医生说，如果处在鼠

[①] 德·拉斯卡斯（Las Cases，一七六六——一八四二），拿破仑在圣赫勒拿岛最后言论的记录人。

疫患者那种情况,他也会试图服用鸦片来忘却痛苦的,就是他的亲生儿子患了此病,他也会让他服毒的。瓦尔特·司各特转述了关于这一话题外间流传的所有说法,但他不接受关于被毒死的病人数目的说法,认为对许多人下毒不可能成功。他还补充说,西德尼勋爵在雅法医院遇到了波拿巴提到的那七个法国人。瓦尔特·司各特是最公正的;他为拿破仑辩护,如果亚历山大死后受人诟骂,他也会为亚历山大辩护的。

我把瓦尔特·司各特当作拿破仑的历史学家来提,可以说是第一次,以后我还要提到他的。在此我应该说,人们指责这位著名的苏格兰人对一位伟人抱有偏见,其实是大错特错。《拿破仑传》乃鸿篇巨制,篇幅不下十一卷。它并未获得人们本可期望的那种成功,因为除了两三处地方,写了那么多杰作的作者的想象力出了差错以外,他还被他所描写的那些虚幻成就弄花了眼,被不可思议的光荣压垮了。英国人看历史很少有宽广的视野,因为他们不像我们那样构想历史。整部《拿破仑传》也缺乏这种视野。话说回来,除了几处年代错误,这部传记还算翔实,尤其是写波拿巴被监禁在圣赫勒拿岛那一卷写得出色:英国人的位置比我们好,更了解这一部分的情况。遇到这样神奇的一生,小说家被事实战胜了。理性在瓦尔特·司各特的写作中占支配地位。他提防自己的感情干扰写作。他作的评判太有节制,以致变成了赞扬。叙述者宽厚到了接受拿破仑的不可接受的诡辩的地步。显然,那些说瓦尔特·司各特的书受了英国偏见影响,带有私人利益的人并没有读过那部书。在法国人们不再读书了。作者远没有夸大任何不利于波拿巴的地方,反而被舆论吓坏了,做了无数让步;他到处妥协;要是开头做了一个明确的评价,接下来他就找出一些理由把它收回。他认为这样做才不失公正。他不敢反对传主,亦不敢正视他。尽管在公众的自负面前表现得怯懦,瓦尔特·司各特还是失去了摆出高贵姿态的资格,因为他在告读者书中流露出这种简单的真理。他说:"如果拿破仑的全部手段是以暴力和欺骗作为基础，那么对于冒险充当为他作传的历史学家的人来说，闷住其声音，或者弄花其眼睛的，就不会是拿破仑巨大的才能，也不会是他事业上的成就。"

卑贱的大胆像玛德莱娜一样，用头发抹去了天主脚上的尘土。今日这种大胆被视作渎圣行为。

顶着烈日从叙利亚做的撤退，被一些不幸打上了印记。这些不幸让人联想到在霜冻日子里从莫斯科撤退时我们士兵所受的苦难。米奥特说："在海边的破窝棚里，还有一些不幸的人，在等着人家把他们运走。其中有一个士兵患了鼠疫，在临终时有时发作的谵妄状态中，他看见部队在踏着鼓点行进，大概推测到自己将被他们扔下；他的想象力让他看到自己落到阿拉伯人手里会吃多大的苦头。我们可以推测，这种畏惧让他是那样不安，竟想出了跟着队伍走的主意。他拿起枕在头下的军用背囊，背在肩上，使劲站起来。血管里流动的可怕传染病的毒液夺走了他的体力，刚走出三步他就倒在沙地上，摔了个嘴啃泥。这次摔跤更使他感到恐惧。他睁着茫然的眼睛，看着行进中的队伍尾部，过了一会儿，他又一次站起来，然而情况却并不比第一次好。他第三次尝试站起来，但又摔倒了，而且离海水更近。他就留在命运为他选作坟墓的地方。这个士兵的模样真是可怕；他语无伦次，念念有词，不知说些什么，一脸痛苦表情，两眼大睁，目光呆滞，一身军装烂成了破布条，这一切都显现出死亡最丑恶的样子。他的眼睛紧盯着行进的队伍，竟没有想到扭头看看另一边；换了一个冷静的人，这是很简单的事情。在另一边，他将看到克莱贝尔和骑兵师在别的师之后撤离唐图拉城，而逃生的希望或许会让他活下来。"

当我们的士兵变得无动于衷之后，看见一个不幸的战友像个醉鬼，跟在队伍后面，踉踉跄跄，跌倒了爬起，爬起又跌倒时，往往会说："他宿营了。"

布里埃纳的一页文字将结束这种景象：

"一滴水也没有，"《回忆录》写道，"喉咙干得冒烟，天气极其酷热，在滚烫的沙丘上人困马乏地行军，这一切降低了人的道德，打消了高尚的情感，引来了极为残酷的自私、极为可悲的冷漠。我见过有人把一些截了肢的军官从担架上扔下来。要知道这是上头下令抬的呀，而且军官们还交了钱，酬谢人家付出的辛劳。我看见一些截肢的官兵，一些伤员，一些患了鼠疫或者被怀疑患了鼠疫的人被扔在大麦堆上。火把照着队伍行军。点燃火把是为了放火焚烧沿路的小城、小镇、村庄和屋群，以及地上长满的丰收的庄稼。整个地区是一片火海。那些奉命负责制造灾难的人在到处进行破坏的同时，似乎想为他们的失败进行报复，给自己的痛苦寻找安慰。我们周围只是一些奄奄待毙的人，一些抢劫犯、纵火犯。那些被扔在路边还有一口气的人声音微弱地叫着：'我不是鼠疫病人，我只是受了伤。'为了使过路的人相信，他们露出伤口，甚至制造一处新伤。可谁也不相信他们的话。大家说：'他的事儿完了。'于是就走了过去，先还有点犹豫，以后就把什么都忘记了。我们一路上放火，黑烟滚滚，把澄净的天空中明晃晃的太阳都遮住了。我们右边是大海，左边和后面是刚刚制造出来的荒野。前面等着我们的则是物质匮乏和痛苦。"

回到埃及——征服上埃及

"他走了；他到了；他驱走了所有的风暴；他一回来风暴又卷过沙漠。"被驱赶的胜利者，回到开罗的时候，就是这样歌唱、赞颂着自己。

他在颂歌里攻下了全世界。

在他出外期间，德塞已经彻底降服了上埃及。现在沿着尼罗河上溯，人们还可以遇到一些古代残迹，波舒哀在《世界史》中把它们的宏伟描绘了下来，甚至为之添色。《世界史》的作者说："人们在赛义德发现了一些还算完整的庙宇宫殿，里面有无数廊柱和雕像。有一座宫殿尤其令人赞叹。其残垣断壁之所以留存下来，似乎只是为了使所有伟大建筑黯然失色。四条望不到头的小径。路边到处立着一尊尊狮身人面像，其用材是罕见的，规模大得惊人。四条小径通往四道柱廊，其高度让人见了吃惊。多么宏伟巨大！就是给我们描绘这座神奇建筑物的人也没有时间走完一圈，甚至不敢肯定是否看到了一半，不过他们所见到的一切都是惊人的。有一间大厅，从外面看是这座雄伟宫殿的中厅，是由一百二十根柱子撑起来的。柱子有六抱粗，高度亦很可观，中间夹杂着方尖碑，历经许多世纪，却还完好无损。在这壮美宫殿的废墟中，就连颜色，也就是说，最早经受时间侵蚀的东西，也仍然保持得鲜艳：埃及多么善于在所有作品上印上不朽的特征！既然国王路易十四的英名已经深入到世上最不为人知的地方，那么对于发现上埃及在其荒漠中封闭的美这种高尚的好奇心来说，这难道不是一个合适的理由吗？既然离那座皇家城市那么远，人们都发现了如此壮美的东西，要是能够接近那座城市，那该发现多么美的东西呀！罗马的统治者知道自己无法企及埃及人，认为把他们国王的建筑物照搬过来，也就相当伟大了。"

拿破仑负责执行波舒哀给路易十四提的建议。跟随德塞远征的德农先生说："底比斯这座被弃置的城市，过去人的想象力只能透过时间的黑暗隐隐窥见它，现在它仍是一个幽灵。这个幽灵是那样巨大，以致部队一见到它，就自动停止前进，拍起手来。在士兵们快乐的热情之中，我找到一些弯头，用来架桌子，发现一些物体用来遮阴……到达尼罗河的瀑布之后，虽然我们的士兵一直在与贝伊们作战，经受了令人难以置信的劳顿，却仍然开心地在西耶纳村开了一些缝纫摊、金银首饰摊、剃须摊和价格固定的小饭馆。在一条绿树夹驰的小径上，他们立了一根里程柱；上面写着：通往巴黎……沿尼罗河下来，部队经常与去麦加朝圣的人交战。士兵们给阿拉伯人的防御工事点上火。他们缺水，只能用脚踩用手扑，甚至用身体滚灭火。"

德农先生还写道："那些人黑黑的，身上一丝不挂，在火里跑过来跑过去，正是魔鬼在地狱的情景。我看着他们，不由产生又怕又钦佩的感觉。有时候，在静寂之中，突然传来一声叫喊，接着响起一片圣歌和战斗的呐喊作为响应。"

这些阿拉伯人唱着跳着，就和萨拉戈萨大火①中的西班牙士兵与僧侣一样。俄国人放火烧了莫斯科；使波拿巴不安的这类壮丽的疯狂，经由他传给了他的牺牲者。

阿布基尔战斗——拿破仑的便条与信函——重返法国——雾月十八日

拿破仑回到开罗后，写信给杜古阿将军："将军公民，您命人砍掉雅法前总督阿卜达拉加的脑袋吧。据叙利亚的居民说，那是个魔鬼，应该逐出人间……您派人去把那些叫哈桑、尤素福、易卜拉欣、萨勒、马哈迈特、贝基尔、哈杰-萨勒，缪斯塔法、马哈默德的人和所有马穆鲁克

---

① 萨拉戈萨是西班牙城市。一八〇八和一八〇九年法国军队曾围攻该城。该城的市民进行了英勇的抵抗。

骑兵枪毙。"他常常对那些说不好法语的埃及人重申这道命令：这就是波拿巴运用法律的例子。战争的权利本身允许他用一道简单的长官命令牺牲那么多人的性命："您派人……枪毙。"他给达尔富尔苏丹写信说："我希望您给我送两千名男奴隶来，年龄都要在十六岁之上。"他喜欢奴隶。

一支奥斯曼帝国的舰队，大约有上百挂帆，在阿布基尔停泊，运来一支军队。米拉得到拉纳将军支持，把这支军队赶到了海里。波拿巴把这个战绩报告了督政府："去年潮流卷走英法军队战死者尸体的海滩，今年盖满了敌人的尸首。"在这胜利的尸骨堆之间行走很是费力，就像在这些荒漠闪闪发亮的沙子上行走一样。

接下来的公函使人不快："将军公民，您在刚刚开展的行动中的做法，我不大满意。您接到命令，要开赴开罗，可是您没有执行。任何可能发生的事件都不应该阻止军人服从命令，作战的能力就在于克服困难，使难以进行的行动得以进行。我跟您说这话，是希望您以后记住。"

这是提前表现的忘恩负义行为。波拿巴这份粗鲁严厉的训示是发给德塞的。他在上埃及率领勇士们，做出既有人情味又勇敢的表率。他牵着马缓步而行，谈论着废墟，怀念祖国，救助妇女儿童，受到民众爱戴。老百姓称他为"公正苏丹"。总之，这封训示是发给德塞的。这个德塞在马伦戈战役中死于一次突击。正是依靠这次突击第一执政才当上了欧洲的主宰。拿破仑这封信函显露了他专横而嫉妒的性格。人们预先感到了后来所有议论都加以贬损的那个人，即预先决定别人命运的那个人的威风。不过，如果没有这种统帅的气势，波拿巴又怎么可能所向披靡呢？

从前，在这块远古的土地上，人临死前都要叫："给人以生命的主啊，请收下我，请赐我一个居所，让我在不死的神祇中间生活吧。"现在，波拿巴准备离开这块土地时，想到的只是他在尘世间的前途。他让人从红海通知了法国和波旁家族管辖的岛屿。他派人向摩洛哥苏丹和的黎波里的贝伊致敬。他告诉他们，他对沙漠商队和去麦加朝圣的香客是多么关心爱护。土耳其政府打算出兵干预，拿破仑竭力劝大首相打消这个想法，向他肯定说，他准备与敌人做任何谈判，也准备打败任何敌人。

假如我们的想象力，我们对新生事物的喜爱不比我们民族的公正性更加有罪，那么有一件事就会给我们的品格抹黑。法国人只顾为远征埃及而欢欣，却没注意这场远征违背了正义，违反了政治权利。埃及本来太太平平，又是法国最老的同盟者，我们却连战也不宣，就向它进攻，掠夺它最肥沃富庶的尼罗河省，就像阿尔及利亚人在一次偷袭中占领了马赛和普罗旺斯一样。当土耳其宫廷拿起武器合法自卫时，我们为那套臭名昭著的诡计而得意，竟问土耳其宫廷这是怎么回事，为什么要生气。我们声称拿起武器只是为了在他们国家维持秩序，只是为了镇压劫持帕夏的马穆鲁克匪帮。波拿巴通知大首相："阁下难道不觉得，杀死一个法国士兵，对土耳其宫廷的支持不就少了一分？至于我，将把帮助结束一场既不策略又无目的的战争当成一生中最美好的日子。"波拿巴想走开，因为当时的战争既不策略又无目的！此外，古老的君主国和共和国一样有错：外交档案馆保存了多份在埃及建立法国殖民地的计划。莱布尼茨本人曾劝路易十四在埃及建立殖民地。英国人只尊重实惠的政治，即追求利益的政治。他们觉得忠于条约和道义上认真是幼稚行为。

时机终于到了：波拿巴伫立在东方亚洲的边境线上，先要把欧洲的统治权抓在手上，然后再向北，通过另一条道路，寻找喜马拉雅山的大门和光辉的克什米尔。他一七九九年八月二十二日从亚历山大写给克莱贝的最后一封信，写得十分出色，集理智、经验和威信于一纸。信末的话严肃认真、悲怆感人：

"将军公民，随信寄上一纸命令，命您担任军团总指挥。我担心英国巡洋舰队随时出现，准备把旅程加快两三天。

"我带领贝尔蒂埃、昂德莱奥西、米拉、拉纳和马尔蒙将军、蒙日和贝托莱公民同行。

"您随信还可读到英国和法兰克福的报纸。日期到六月十日为止。您会看到我们丢掉了意大利;曼图亚、都灵和托尔托纳被封锁了。我有理由希望曼图亚坚守到十一月底。要是命运关照我,我有望于十月初回到欧洲。"

下面是一些特别指示:

"您和我一样,能够判断拥有埃及对法国是多么重要:这个土耳其帝国本来就摇摇欲坠,哪边都有崩溃的危险,现在总算垮了。但是从埃及撤退将是一场不幸,尤其是如果我们在世时看到这个美丽的省份转到欧洲另一只手上,那就更是不幸。

"共和国将来获胜也好,失败也好,这种消息都将成为我们计划中的重要因素。

"…………

"将军公民,您知道我对埃及的内政是如何看的:不管您干什么事,基督徒永远是我们的朋友。您得阻止他们过于傲慢,免得使土耳其人像疯狂反对基督徒那样反对我们。如果阻止不了,那就会使他们和我们的关系变得不可调和了。

"…………

"我已经几次要求派一个剧团来演演戏。我回去后再下些功夫,给您派一个来。这一条对于军队,对于改变地方风俗十分重要。

"您将担任要职,从而得以施展天生才干。此地发生的事情关系重大,对于商务,对于文明,尤其要紧。这将是爆发大革命的时代。

"我已经习惯于把后人的评价看作一生辛劳的报偿,所以我是恋恋不舍地离开埃及的。我只是为了祖国的利益和光荣,为了服从命令,为了刚刚发生的非凡事件,才下决心穿过敌人的舰队回欧洲。我的思想和心仍和你们在一起。你们的功绩对于我,将和我周围的成就一样珍贵。我一生中要是哪天没有为交给您指挥的军队,为巩固刚刚奠基的宏图伟业干点事,我就认为哪天是虚度了。

  我交给您的军队是由我的孩子组成的。我在任何时候,甚至在最艰难的时刻,都得到他们忠诚爱戴的表示。您要让他们保持这种情感,就是看在我对您的特别尊重和友好,对他们的真实喜爱分儿上,您也该这样做。

波拿巴

  一个武夫从来不会用这种口气说话。这说明拿破仑这个角色结束了,接下来的是皇帝这个角色。他也许将更让人惊讶,也更让人仇恨!他的声音将失去年轻时的音色:岁月、独裁、成功的陶醉将使他的声音变质。

  波拿巴命人杀死了一些"孩子"。根据古老的埃及法律,他得与那些孩子拥抱三天。如果真是这样,那他确实值得同情。他为留下来遭受烈日烤炙的士兵们想出一些消遣,三十二年以后,帕里船长[①]在单调的北极冰原上为他的水手们也使用了这些办法。他给勇敢的继任者(不久这位继任者就遭暗杀)寄去埃及遗嘱后,就悄悄地溜走了,就像当年恺撒泅水在亚历山大港逃命一样。诗人贺拉斯称克娄巴特拉女王为"奇女灾星"。她没有等恺撒。他得去赴命运——另一个不忠的强主安排的秘密约会。在一头扎入东方这种种美妙传闻的发祥地之后,他回到我们身边,然而却没有在耶路撒冷露面,也没有进罗马城。犹太人叫着:"祸害!祸害!"在圣城周围转悠,却没有闯入他的永久住所。有一个诗人

---

① 帕里船长(Parry,一七九〇——一八五五),英国航海家,北极海域的探险家。

逃出亚历山大城，最后一个登上冒险的三桅战舰。波拿巴带着满脑子的犹地亚的奇迹和金字塔陵墓的回忆，远渡重洋，对他们的战舰牢不牢靠，前面有什么深渊全不在意，因为对这个巨人来说，事件也好，波涛也好，全都是可以蹚过去的。

当年拿破仑走的正是我后来跟循的路线：他逆风沿着非洲海岸航行。二十一天以后，他绕过了突尼斯北部的邦角，抵达撒丁海岸，但是不能在阿雅克肖上岸，只能隔海眺望出生地，从菲舍红衣主教那里要了点钱，就再次上船出发。他发现了一支英国舰队，但它并未追赶。十月八日，他到了弗雷瑞斯锚地，就离他最后一次可怕地展现自己力量的胡安海湾不远。他弃船上岸，动身到了里昂，然后取道波旁大路，于十月十六日进了巴黎。巴黎的政要们，如巴拉斯、西哀士、贝纳多特、莫罗等似乎都准备反对他。然而好像发生了奇迹，这些反对者一下又为他效起力来。阴谋正在酝酿着，政府迁到了圣克卢。波拿巴想在元老院发表演讲，可是心慌意乱，结结巴巴说了些军中兄弟、火山、胜利、专制君主等话。人家把他当作克伦威尔、暴君、伪君子对待。他想指责人家，结果却遭到了人家的指责。他说他一直得到战神和命运之神的佑护。他高喊了一句："爱我者跟我走！"就退下讲坛。有人提出要控告他。吕西安是五百人院的主席，这时走下主席座，为的是不许拿破仑置身法外。他抽出宝剑，发誓说，如果拿破仑企图损害自由，那他就要刺穿他的胸膛。有人谈起枪毙开小差的士兵、违反卫生法规的人、鼠疫患者的事情，于是大家又夸奖他。米拉逼得那些代表从窗户里跳出去。雾月十八日结束了。三个执政官的政府诞生了。自由死亡了。

这时世界上发生了一场彻底的变化：上世纪的人走下了历史舞台，新世纪的人登台亮相了。华盛顿在做出种种奇事之后，终于让位于波拿巴，让他开始自己的神奇之举。十一月九日，美利坚合众国的总统逝世，为一七九九年画上了句号。而法兰西共和国的第一执政则为一八〇〇年打开了大门：

> 一个伟大命运开始，另一个伟大命运结束。
>
> （高乃依《阿提拉》）

　　我的《回忆录》你们看到的部分，还有一篇辱没古代手稿的现代文章，写的就是这些大事件。我算出我在伦敦默默无闻的那段时间正是拿破仑上升、变得光芒四射的日期。他的脚步声与我孤独一人散步的静寂搅在一起。他的名字始终萦绕在我脑际，甚至在我那些不幸伙伴的贫寒斗室，在那快乐的困境，或如我们古老语言所谓佩尔迪埃"好笑"的贫穷[1]之中，我都没有丢下它。拿破仑与我年龄相仿：两人都在军中待过，他打赢一百场战斗时，我还在为他的飞黄腾达充作基础的流亡贵族阴影里遭受折磨。我被他远远地甩在后面，有朝一日能够追上他吗？然而，当他把一些法律强加给各国君主的时候，当他派军队打倒这些君主，让他们的血在他脚下喷涌的时候，当他手擎战旗，跨过阿尔柯尔桥和洛迪桥的时候，当他在金字塔上得胜的时候，我会拿出在英国一座无名小城度过的已被人遗忘的时间，仅仅是一个钟头，来换取这些胜利吗？啊！青年时代不可思议的事！

---

[1] 见卷一，篇章十。

篇章二十

第二次联盟——波拿巴从埃及战场回国时法国的处境

拿破仑离开埃及几个月后，我也离开了英国。我们几乎是同时回到了法国。他是从孟斐斯来，我则是从伦敦来。他抓住了一些城市和一些王国，他的手上握满了强大的实在的东西，我抓着的却只是一些空想。

拿破仑出征期间欧洲发生了什么事？

在意大利，在那不勒斯王国和撒丁国各州又发生了战事：罗马和那不勒斯暂时被人占领，教皇庇护六世当了阶下囚，被带到法国，最后死在这里。彼得堡和伦敦的内阁缔结了盟约。

这是反对法国的第二次大陆同盟。一七九九年四月八日拉施塔特会议流产，法国的全权代表被谋杀。苏沃洛夫率俄军来到意大利，在卡萨诺打败了法国人。我们的一支军队由麦克唐纳德指挥，被迫撤出那不勒斯，好不容易才保存下来。马塞纳则在保卫瑞士。

在被封锁七十二天，被围困二十天之后，曼图亚终于投降。一七九九年十月十五日，儒贝尔将军在诺维被杀，给波拿巴让出了道路。他被指定扮演这种角色：谁要是阻挡一个人必然发迹的命运，谁就要倒霉，奥什、莫罗和儒贝尔便是明证！两万英国兵来到荷兰的海尔德，却发挥不了作用；他们的舰队部分被冰层困住。我们的骑兵向英国舰队发起攻击，把那些舰船都缴获了。苏沃洛夫的俄军经过战斗和行军的劳顿，只剩了一万八千人，九月二十四日经过了圣哥达之后，便进入雷乌斯峡谷。马塞纳在苏黎世战役打败敌军，拯救了法国。苏沃洛夫进入德国，指责奥地利人不讲信义，一气之下退到波兰。这就是波拿巴又在巴黎露面，推翻督政府，建立执政府时法国的处境。

在深入叙述之前，我想起了一件事情。现在，大家应该相信这一点。我谈论的不是波拿巴的私生活。我勾勒出的是他所作所为的概要。我再现他的战斗，却不做描绘。波梅勒尔写了《意大利战役》，从他开始，直到我们的将军（他们是批评和审查所参加战斗的专家），直到那些外国的，如英国、俄国、德国、意大利、西班牙的战术家，描写战斗的人到处都见得着。拿破仑的战争公报和秘密公文信函构成了叙述的线索，只是不大可靠。瑞士人约米尼少将的著作提供了最好的训示来源：作者是可信的，尤其是他在《论重大战术》和《论重大军事行动》中表明他做过研究。他在内伊元帅的参谋部工作，对拿破仑十分景仰，甚至连拿破仑的不公正也予以赞美。他从批评和军事角度给我们写了革命战争的历史。他目睹了在德国、普鲁士、波兰和俄罗斯进行的战争，直到拿下斯摩棱斯克为止。他在萨克森参加了一八一三年的战斗。那以后他投奔了同盟国。他被波拿巴的一个战争法庭判处死刑，与此同时，他被俄皇亚历山大任命为副官。萨拉森将军在《德俄战争史》中对约米尼进行攻击，约米尼予以回击。他可以使用存放在陆军部和王国其他档案馆的材料；他在引导我们的军队前进之后，又反过来静观它们的节节败退。他的叙述浅显明白，夹带着敏锐和明智的思考。有人常常整页整页借用他的文字，却又不加说明。但我并不想当一个文抄公，也不贪图一个怀才不遇、只差一顶战盔就可重新征服人间的恺撒的可疑名声。我要是愿意查阅地图，在种满和平庄稼的战场奔跑，抄录一份又一份文献资料，堆积一份又一份千篇一律的文章，以此来帮助一些老兵回忆过去，那我会写出一卷又一卷史书，会赢得能干的名声，然而却会冒把自己、读者和主人公埋葬在我的辛勤劳作之下的危险。我只是一个小兵，在韦格提乌斯[①]的学问面前不敢放肆。我也不曾把那些领半饷的军官当作我的读者。因为最小的伍长知道的也比我多。

执政——第二次意大利战争——马伦戈大捷——赫亨林登大捷——吕内维尔条约

为了使自己的位子稳固，拿破仑需要做出比过去更大的奇迹。

一八〇〇年四月二十五和三十日，法国人由莫罗率领，跨过莱茵河。奥地利军队八天内受了四次打击，直往后退，一边退到沃拉尔堡，另一边退到乌尔姆。五月十六日，波拿巴经过大圣贝纳尔。二十日，小圣贝纳尔、辛普朗、圣哥达、塞尼峰、热纳韦尔峰等都被法军拿下并通过。我们的军队从三个以天险著称，所谓熊洞、鹰崖的山口进入意大利。六月二日攻克米兰，重新组建内阿尔卑斯共和国。不过热那亚是经过令人难忘的围城之后才不得不投降的。那次围城战是马塞纳打的。

在马伦戈大捷之前，我们还攻占了帕维亚，在蒙特贝洛战胜了奥地利军队。

[①] 韦格提乌斯（Vegetius），公元四世纪时罗马军事家，其论文《罗马军制》较著名。

一场溃败成了这次大捷的前奏。拉纳和维克多的部队连日征战,已经精疲力竭,便停止战斗,放弃阵地。德塞率领四千步兵,得到克勒曼的骑兵旅支持,重新投入了战斗。德塞阵亡。克勒曼的一次攻击决定了当天的胜利,然而梅拉将军的愚蠢却彻底断送了那一天。

德塞是奥韦涅地方的乡绅,在布列塔尼团当过少尉,给维克多·德·布罗格利将军当过副官,于一七九六年指挥莫罗军团的一个师,并与波拿巴一起出征东方。他公正无私,性格天真,容易相处。当埃拉利什条约使他恢复自由以后,他却被凯思勋爵扣留在利乌尔纳检疫站。他的旅伴米约特说:"日光暗下去后,我们的将军就给我们讲强盗和鬼魂的故事,他与我们同乐,劝解我们的争吵。他非常喜欢女人,但只愿以对光荣的热爱来赢得女人的爱慕。"他在欧洲上岸以后,接到第一执政的召唤信,深受感动。德塞说:"可怜的波拿巴一身罩满光荣,却并不幸福。"他从报纸上读到预备部队行动的消息,叫道:"没有剩下什么叫我们干了。"其实还是给他留下了事情:那就是得胜、战死。

德塞被埋葬在阿尔卑斯山圣贝纳尔峰的济贫院里,正如拿破仑被埋葬在圣赫勒拿岛的小山上一样。

克莱贝遭到暗杀,死在埃及,正如德塞死于意大利一样。指挥官走后,克莱贝率领一万一千名法军,在赫利奥波利斯打败大首相指挥的土耳其十万大军,这样的战绩拿破仑根本无法相比。

六月十六日,订立了亚历山大港协议。奥地利人撤到波河下游左岸。意大利的命运问题,在这场被称为"三十天战争"的战役中得到了解决。

莫罗取得的赫奇达德大捷安慰了路易十四的亡灵。然而马伦戈战役后缔结的德国与意大利的停战协定,却于一八〇〇年十月二十日被废除。

十二月三日,在一场暴风雪中迎来了赫亨林登大捷。这仍是莫罗这位伟大的将军取得的胜利。只可惜在他之上还压着另一个伟大的天才。杜·盖克兰①的同乡朝维也纳进军。在距这座京城两百多里的地方,他与查理大公订立了施泰尔停火协议。波左洛战役之后,法军又连克明西奥、阿迪杰和布伦塔等重镇,终于于一八〇一年二月九日缔结了吕内维尔条约。

而九个月之前,拿破仑还在尼罗河畔!他只用了九个月,就平息了法国的民众革命,打垮了欧洲各国的君主专制政体。

有一段艳事绯闻,大家可以在一些家庭的回忆录里读到,我不知道是否应该安插在这段时间,也不清楚有没有必要重提。不过,恺撒的绯闻艳事是不会少的。人生并不是一条平坦大路,有时人会走上坡路,但经常走的是下坡路:拿破仑在米兰的床上接纳了一名意大利姑娘,那姑娘芳龄十六,长得非常美艳,但拿破仑睡到半夜就把她打发走了,就像把一束花从窗户扔出去一样。

还有一次,一位妙龄美女溜进他的寝宫。她是凌晨三点进来的,大肆闹腾了一番,凭着年轻在狮子头上打滚。那一天狮子比平时有忍性。

这些寻欢作乐之举远非爱情,对一个决定生死予夺的人没有什么影响:即使他放火焚毁古伊朗都城波斯波利斯,那也只是为了自己泄愤,绝不是为了博得一个妓女开心。塔瓦纳②说过:"弗朗索瓦一世玩过女人才办事,亚历山大办完事才见女人。"

作为母亲,妇女们普遍憎恨波拿巴,作为妻子,她们也不大喜欢他,因为她们得不到他的爱。他毫无温情,总是侮辱她们,追她们也只是满足一时之需。他垮台之后,确实让人生出了某些想象的激情:但是在那时候,对一个女人的心来说,飞黄腾达的诗意没有身遭不幸的诗意

---

① 杜·盖克兰(Du Guesclin,一三一五? ——三八〇),法国陆军元帅,一生战功累累。下文他的同乡指莫罗。
② 塔瓦纳(Tavannes,一五五五——六二九)法国元帅。

那么诱人。有一些鲜花是开在废墟上的。

波拿巴以圣路易的骑士团为榜样，组建了荣誉团：古老的君主制度通过这个机构射入一线光亮，并且给新的平等设置了一道障碍。蒂雷纳元帅的尸骨移葬巴黎荣军院使人对拿破仑油然生出敬意。勃丹船长的远航把他的名声带到了全世界。凡是可能损害第一执政的企图都失败了。他挫败了葡月十八日一些犯人的阴谋，逃脱了雪月三日炸弹的暗杀。英国首相皮特下台了。沙皇保罗一世逝世了，亚历山大接他的位；此时威灵顿尚未出头。不过印度开始蠢蠢欲动，要夺走我们征服尼罗河的战果；埃及受到了从红海方面发动的攻击，而假好汉帕夏也从地中海方面发起进攻。拿破仑震撼了各个帝国：整个大地都感到他的威力。

亚眠条约——撕毁条约——波拿巴登上皇帝宝座

法英两国于一八〇一年十月一日在伦敦商定的和约预备性条文最后改成了亚眠条约。拿破仑的世界还没有固定。它的边界随着我们胜利的潮涨潮落而改变。

几乎就在那时，第一执政任命图森-路维杜尔当圣多明各的终身总督，并把厄尔巴岛并入法国。只是图森被人阴险地绑架，死在汝拉山一座禁卫森严的城堡之中。而且波拿巴在厄尔巴岛首府波托费拉约备有一座监狱，以便在世界帝国的监狱人满为患时可以分监一些犯人。

一八〇二年五月六日，拿破仑被选为执政，先是任期十年，不久就改为终身执政。与英国的条约给他留下了广阔的统治空间，然而他还是觉得碍手碍脚。于是他不受亚眠条约的束缚，也不考虑他决心再打的战争，只是借口英国在马耳他尚未撤军，就把皮埃蒙特的各个省收归法兰西名下，并以瑞士发生骚乱为由占领了它。于是英国人与我们断交。这是一八〇三年五月十三日到三十日之间发生的事，到了五月二十二日，就颁布了那个野蛮法令：凡在法国经商或者旅行的英国人，一律逮捕。

六月三日，波拿巴侵入汉诺威选帝侯的领地：我当时在罗马，给一个不为人知的妇女①抹上了双眼。

一八〇四年三月二十一日，当甘公爵遇难。这件事我在前面已有所叙述。同一天，颁布了民法典或者拿破仑法典，为的是教我们尊重法律。

当甘公爵死后四十天，即一八〇四年四月三十日，法案评议委员会一名叫居莱的委员提议将波拿巴提到最高权位，表面上是因为有人亵渎自由：从没有更显赫的主子是由一个更无名的奴才提议产生的。

保守的参议院把法案评议委员会的提议变成了法案。波拿巴既不仿效恺撒，也不效法克伦威尔：在皇冠面前他更自信，他接受了皇冠。五月十八日，在圣克卢，在他本人驱赶过民众的地方，在亨利三世被刺杀，英格兰的亨利埃特被毒死，玛丽-安托瓦内特接受把她引向断头台的转瞬即逝的快乐、查理十世动身作最后一次流亡的地方，拿破仑被宣布为皇帝。

祝贺之辞如潮水般涌来。米拉波一七九〇年曾经说过："这种盲目而多变的轻率，在各个时期把我们引向接连不断折磨我们的危机的轻率，给我们提供了新的例证。似乎我们的眼睛不能睁开，似乎我们决心做孩子，有时淘气但永远是奴隶的孩子，直到世界末日。"

有人向拿破仑介绍了一八〇四年十二月一日公民投票的情况；皇帝回答说："我的后人将长期保留这个宝座。"当我们看到天意布置在权力

---

① 指作者的情人波利娜·德·博蒙。

周围的幻象时,不禁为它们的短命而感到庆幸。

帝国——加冕礼——意大利王国

一八〇四年十二月二日在巴黎圣母院举行了皇帝的祝圣仪式和加冕礼。教皇做了这段祈祷:"万能的永恒的天主啊,您安排哈萨艾勒①统治叙利亚,安排耶户②当以色列王,您通过埃利先知的喉舌向他们表示您的意愿;您同样通过萨缪埃尔先知的帮助,给萨乌尔和大卫的头上抹满国王的圣油,通过我的手,给您的仆人拿破仑身上撒满圣宠和降福的珍宝。今日,尽管我们个人不够资格,但我们以您的名义为拿破仑皇帝祝圣。"教皇庇护七世在一七九七年还只是伊莫拉主教,他那时就说:"是啊,亲爱的教友们,你们当个好基督徒,就是当个优秀的民主主义者。伦理道德使民主主义者变得善良。最初的基督教徒都受到民主精神的鼓舞:天主支持古罗马政治家卡顿·杜蒂克和一些著名共和主义者的事业。"人的生命是被什么旋风刮走的呢?

一八〇五年三月十八日,皇帝在参议院宣布,内阿尔卑斯共和国的选民团来向他敬献铁质皇冠,他接受了。他把自己的意愿暗暗地启示别人,同时又在公开场合接受这种意愿。渐渐地,全意大利都被置于他的法律之下。他把意大利绑在自己的皇座上,就像十六世纪那些战将在帽盔上缀一颗钻石做纽扣一样。

---

① 哈萨艾勒(Hazaël),公元前九世纪大马士革国王。
② 耶户(Jehu,约公元前八四二—前八一五在位),以色列国王。

入侵德国——奥斯特里茨——普雷斯堡条约——古犹太法庭

受伤的欧洲想把伤口包扎好：大不列颠与俄罗斯在普雷斯堡缔结条约，奥地利也参加了该条约。亚历山大和普鲁士国王在波茨坦会晤，这就给拿破仑提供了恶毒嘲讽的材料。第三次大陆同盟开始酝酿。这个同盟不断地从怀疑和恐惧中得到再生。拿破仑身处险风恶浪，却胜似闲庭信步。他从这个同盟得到好处。

他下令调集一支特遣队到布洛涅，并且用一些小艇威胁对岸英国。然后他从布洛涅海岸开始急行军。一支由达武组织的军队像云一样飞卷到莱茵河畔。一八〇五年十月一日，皇帝对他的十六万士兵发表讲演：他的行动迅雷不及掩耳，快得奥地利慌了手脚。莱希河战役，威尔廷根战役，贡茨堡战役。十月十七日，拿破仑出现在乌尔姆面前，他向马克发出命令："放下武器！"马克带领三万部众服从了。慕尼黑投降了；法军渡过了因河，拿下了萨尔茨堡，解放了特劳恩。十一月十三日，拿破仑开进了一座京城，以后他将逐个访问那些京城：他穿过已经算入他的胜利的维也纳，又连攻一连串的城市，一直打到了摩拉维亚中部，在那里碰上了俄国人。左边波希米亚发生暴动，右边匈牙利人揭竿起义；查理大公从意大利赶来。普鲁士秘密参加了同盟，但还没有对外宣布，派大臣豪格维茨送来了最后通牒。

一八〇五年十二月二日到了。这一天是奥斯特里茨开战的日子。同盟国在等待第三支俄军部队的到来。它离奥斯特里茨只有八小时的行程。俄军总司令库图佐夫提出要避免冒险作战；拿破仑却以自己的手法强迫俄军应战；俄军被打败了。不到两个月，法国人从北海出发，穿过奥地利的都城，打垮了俄皇卡特琳娜的军团。普鲁士的大臣来到法军司令部，向拿破仑表示祝贺。胜利者对他说："这篇祝词原是准备对别人说的，机运使它改换了致达的对象。"奥皇弗兰茨二世也来到幸运武士的宿营地。拿破仑对他说："两个月来我这是第一次住宫殿。我就在这里接待您。"——弗兰茨二世答道："您既然那么善于利用这所住宅，它就应该让您满意的。"这样的君主还有必要大动干戈吗？于是大家同意休战。俄军按拿破仑规定的顺序，分三路纵队，每天一站路撤退。奥斯特里茨战役以后，波拿巴的所作所为，几乎都是错误。

一八〇五年十二月二十六日，签署了普雷斯堡条约。拿破仑制造了两个国王，一个是拜恩的选帝侯，一个是符腾堡的选帝侯。波拿巴原先建立的共和国，现在又被他一个个吞掉，以便把它们改造成君主国。一八〇五年十二月二十七日，在舍恩布鲁恩城堡，他一反这种做法，宣布"那不勒斯王朝结束统治"。不过，这是为了换上自家的王朝[①]：听了他的话，各国国王都慌得从窗子里跳进跳出。天主的意图实现得丝毫不比拿破仑的意图差。我们看见天主与人在齐头并进。波拿巴在大获全胜之后，下令在巴黎修建奥斯特里茨桥，而老天则命令亚历山大从桥上走过去。

当战斗在摩拉维亚继续进行的时候，开始于蒂罗尔的战事并没有平息。在一片卑躬屈膝、俯首称臣的世态之中，我们发现有一个人傲然挺立，会感到安慰：蒂罗尔暴动的首领霍费尔没有像主子那样投降。但是这种崇高的气节并没有感动拿破仑，他只觉得这种态度未免愚蠢，或者疯狂。奥地利皇帝抛弃了霍费尔。当我渡让古罗马诗人加图和维吉尔不朽的加尔达湖，有人便把猎人被枪决的地方指给我看。由此我知道，就个人而言，臣民勇敢，君王怯懦。

一八〇六年一月十四日，欧仁纳亲王娶了拜恩的新王之女为妻：各

[①] 拿破仑的兄弟约瑟夫当了那不勒斯国王。

国宝座从四面八方落进科西嘉一个战士的家庭。二月二十日,皇帝下令修复圣德尼教堂。他又重修了一些地下墓室,以安葬他这个家族的王爷王孙。然而拿破仑后来却没有埋在里面:人掘坟墓,天主用之。

贝格和克莱韦公国归了米拉;而西西里则给了约瑟夫。拿破仑的脑子里想起了查理曼的一件事,于是设立大学。

巴塔维亚共和国① 不得不拥戴君主,便于一八〇六年六月五日派人晋见拿破仑,请求他屈尊同意让他弟弟路易担任国王。

通过一种多少有些伪装的联合,把巴塔维亚并入法国,这种想法其实只是出自一种既无先例又无理由的贪欲。这是宁愿要一个无作用的小省,也不要与一个大国交友所带来的好处,而且这样做还会毫无益处地增加欧洲的担心和嫉妒。这等于是向英国人确认印度的地位,同时迫使他们为了自己的安全,守住好望角和锡兰。这两处地方是我们第一次入侵荷兰时他们占领的。给路易亲王授予联合省(荷兰)的一幕已经准备好了。当年路易十四让孙子菲利普五世在凡尔赛宫露面的一幕,在杜伊勒利宫得到重演。次日,在月神厅举行盛宴。奥尔唐斯王后的一个孩子走进来,波拿巴对他说:"宝贝儿,给我们唱唱你学会的寓言。"孩子马上说:"就唱《青蛙们要国王》。"他往下唱道:

> 青蛙们厌倦了
> 民主政体,
> 一个劲地闹,
> 朱平② 只好给他们
> 派个和气的国王。

---

① 一七九五——八〇六年荷兰的国名。
② 疑为儿语对朱庇特的称呼。

皇帝坐在荷兰新王后面，按他一个表示亲密的习惯，用手捏新王的耳朵：他是一个大贵人，却并不总是有教养的友伴。

一八〇六年七月十七日缔结了莱茵河诸邦联盟条约。十四位德国亲王脱离帝国，与法国联合；拿破仑充当了该联盟的保护人。

七月二十日，法俄条约签字。弗兰茨二世继莱茵联盟之后，也于八月六日放弃了德国当选皇帝的尊荣，成了奥地利的世袭皇帝；神圣罗马帝国崩溃了。这个重大事件几乎没有引起人们注意，因为在法国革命之后，一切事件都不算大了；在克洛维王朝的宝座塌落之后，日耳曼皇朝宝座塌落的声音几乎听不到。

在我国革命开始的时候，德意志还有众多君主。两个主要的君主政体大有把各君主国收归它们旗下的趋势：它们一个是时代创立的奥地利，一个是由一个人创立的普鲁士。两种宗教把国家分开，勉强以威斯特伐利亚条约作为基础。德意志渴望政治统一。但是为了达到自由之境，它还缺乏政治教育，正如意大利为了达到同样的自由之境，还缺乏军事教育一样。德意志保留了许多古老传统，就像那些建有许多小尖塔的大教堂，虽然违反了艺术规则，却仍然表现出宗教的庄严和时间的威力。

莱茵联盟是个没有完成的巨大工程。它需要充足的时间，对各个民族的权利和利益也要有专门的知识；在构思这个工程的人的头脑里，它很快就退化了，从一个深层的联合体蜕变为一架财政和军事机器。波拿巴天才的构想闪过之后，就只见到金钱和士兵了。从此伟人就变成了征税人和征兵人。作为政治和战争方面的米开朗基罗，他留下了一些装满宏伟草图的画夹。

拿破仑是个爱生是非的人，大约在这时期又想建立犹太人的最高议事机构，这个议会不会把耶路撒冷判给他，但是一步一步走下去，会让全世界的财源都落到犹太人的店铺里，从而给社会经济造成一种致命的破坏。

劳德代尔侯爵来到巴黎，在毫无进展的法英谈判中换下福克斯先生。这场外交谈判最后简化为英国大使评价德·塔莱朗先生的这句话："这是一只丝袜里的烂泥。"①

第四次同盟——普鲁士消失——柏林法令——在波兰与俄国交战——蒂尔西特——拿破仑与亚历山大瓜分世界的计划——和平

一八〇六年组成了第四次同盟。拿破仑从圣克卢出发，到达美因茨，在萨尔茨堡夺取了敌人的军需库。普鲁士的斐迪南王子在萨尔菲尔德被杀。十月十四日，在奥埃斯塔德和耶拿两场战斗中，普鲁士消失了：我从耶路撒冷回来，就找不着它了。

普鲁士的战报用一行字概括了一切："国王的大军受挫。国王及其兄弟仍活着。"不伦瑞克公爵多处受伤，不久就死了。在一七九二年，他的声明曾经使法国松了一口气。当年我是个穷士兵，去投奔路易十六的兄弟，在路上这位公爵曾向我打招呼致意。

奥伦治亲王和默伦多尔夫率领好几个将级军官，被困在哈雷城里，得到许可撤退，条件是交出要塞。

默伦多尔夫年逾八旬，过去曾是普鲁士国王弗雷德里克的伙伴。弗

---

① 据原注：也有人认为这句话是拿破仑说的。作者用"烂泥"一词，有意弱化了原话的意思。

雷德里克曾在《他的时代的历史》中赞扬他；米拉波也在《秘密回忆录》里说他的好话。他目击了我们在罗斯巴赫的灾难，也是我们在耶拿获胜的见证人。不伦瑞克公爵在克洛斯特冈看见德·阿萨斯被杀，又在奥埃斯塔德看见普鲁士的斐迪南倒下。斐迪南的罪行就是对杀害当甘公爵一事怀有正义的仇恨。昔日汉诺威和西里西亚战争的那些鬼魂触摸了我们两个帝国的圆炮弹：昔日无能为力的阴魂无法拦住未来前进，它们在我们旧帐篷的烟气和新宿营地之间露了露脸，就消失了。

爱尔福特投降了，莱比锡被达武攻克，易北河的通道被夺取了，斯潘道妥协了，波拿巴在波茨坦缴获了弗雷德里克的佩剑。一八○六年十月二十七日，普鲁士国王待在他柏林空荡荡的宫殿周围的尘土里，从携带武器的方式判断出来人是外国的掷弹兵。果然是拿破仑到了。当哲学的大厦在斯普雷河畔轰然坍塌时，我正在耶路撒冷参观宗教的不朽建筑。

斯德丁和库斯特林投降了。法军在吕贝克获得新的胜利。瓦格里的首府被攻占了。普鲁士将军布吕歇尔命中注定要两进巴黎，一直在我们的掌握之中。这就是荷兰的历史，就是路易十四一六七二年一次亲征连克荷兰四十六座城池的历史。

十一月二十七日参照大陆体系制定的柏林法令面世。这是一个十分重要的法令。它把英国逐出世界，并且准备立即实行。这个法令似乎失去了理智，只是范围广大而已。然而，大陆封锁一方面促使法国、德国、瑞士、意大利创办制造工场，另一方面却促使英国扩大了它与世界其他地方的贸易：在使同盟各国政府感到为难的同时，它赚取了工业利润，煽起了仇恨，促使杜伊勒利宫内阁和圣彼得堡内阁的决裂。因此，大陆封锁是一个值得争议的行动。换了黎塞留，绝不会采用这种下策。

很快，继弗雷德里克的其他邦之后，西里西亚邦也被法军踏遍了。法普战争开始于十月九日，才十九天时间，我们的士兵就像一群猛禽，飞遍了法兰克尼亚①的险关隘道，飞遍了萨勒河和易北河的水域。十二月六日，他们就已经过了维斯图拉。米拉从十一月二十九日起，就开始驻防华沙。俄军赶来支援普鲁士军队，可是来得太晚，只好从这座城市撤退。萨克森选帝侯当上了拿破仑封的国王，十分得意，同意加入莱茵联盟，并且保证战时提供二万兵员。

一八〇七年的冬天中止了法俄两个帝国的敌对行动，但是这两个帝国已有摩擦，而且命运显然在变坏。不过，拿破仑尽管经常出错，却仍吉星高照，好运上升。一八〇七年二月七日，他守在埃劳战场：从这杀戮的场所留下一幅油画，是格罗最美的作品，画的是拿破仑理想化的头脑。经受了五十一天围困之后，但泽终于打开城门向勒费弗尔元帅投降。这位元帅在围城期间不断地对炮兵说："我没听见炮声；快给我轰一个口子，好让我进去。"昔日法国近卫军的中士，一变而成了但泽公爵。

一八〇七年六月十四日，在弗里德兰重创俄军，毙敌伤敌一万七千，俘虏了同样的数目，缴获七十门大炮。这场胜利也使我们付出了沉重的代价：我们又招来新的敌人。从此以后，如果幸运不向法军大敞其门，我们就再也得不到胜利了。柯埃尼斯堡被占领了。在蒂尔西特缔结了停战协定。

拿破仑和亚历山大在一间亭子里，坐在一只竹筏上进行了会晤。亚历山大牢牢控制普鲁士国王，人们几乎见不到他的面。世界的命运在涅曼河上漂荡，后来它也是在这条河上得以实现。在蒂尔西特，双方商谈一份秘密条约，内容有十条之多。根据这份条约，土耳其的欧洲部分划归俄国，而且莫斯科的军队可以征服亚洲。而拿破仑这方面则成为西班牙和葡萄牙的主宰，把罗马及其属地归入意大利王国，而且进入非洲，占领突尼斯和阿尔及尔，拥有马耳他，侵入埃及，地中海只向法国、俄

---

① 中世纪早期德意志五个大公国之一。现为巴伐利亚州西北区。

国、西班牙和意大利的船只开放:在拿破仑的头脑里,这是一些没有终止的大合唱。还在一八〇〇年,拿破仑和俄皇保罗一世就构思了从陆路入侵印度的计划。

七月七日缔结了条约。拿破仑一开始就不喜欢普鲁士王妃,也就不愿答应人家代求的情。她住在涅曼河右岸一座孤零零的小房子里。大家给她面子,两次请她出席皇帝们的盛宴。西里西亚从前是被弗雷德里克不正义地侵占的,现在却还给了普鲁士:人们尊重从前不正义行为的权利。凡是用强力夺取的东西都是神圣不可侵犯的。波兰一部分领土划给萨克森治理。但泽恢复了独立,大家清点了无端在街道上和壕沟里送命的人数:荒唐和无益的战争杀戮!亚历山大承认莱茵联邦,也承认拿破仑的三兄弟约瑟夫、路易、热罗姆分别为那不勒斯、荷兰和威斯特伐利亚国王。

西班牙战争——爱尔福特——威灵顿亮相

波拿巴用来恐吓各国国王的命运,也威胁着他本人。他几乎是同时进攻俄罗斯、西班牙和罗马:三场把他前程断送的战争。《维罗纳会议》比这部《回忆录》面世要早一些,读者在那里面已经读到了入侵西班牙的始末。枫丹白露条约是一八〇七年十月二十九日签订的。朱诺赶到葡萄牙,宣布根据波拿巴的法令,布拉干萨家族的统治已经中止。这是采用的外交礼节:你们知道,这个家族仍在统治葡萄牙。地球上发生的事儿,都传到了里斯本,因此约翰家老二从偶然得到的一份《箴言报》上知悉了那个法案,而此时法军距卢西塔尼亚的京城只有三天行程了。宫廷可做的事情，就是从曾向伽马的征帆致意，曾听见卡蒙斯①的歌声从海上逃走②。

对波拿巴来说，不幸的是，他在北方打到俄罗斯边界的同时，南方的帷幕拉开了，人们看到了别的地区，别的风景：安达卢西亚的阳光，瓜达基维尔的棕榈林。我们的掷弹兵全副武装，向那些地区致意。在竞技场我们看见一些公牛在拼斗，在山区我们看见一些光着膀子的游击队在伏击，在修道院我们看见一些僧侣在祈祷。

从入侵西班牙开始，战争的实质改变了。拿破仑发现自己在与英国，他的克星打交道。英国教他如何打仗：英国在阿布基尔消灭了拿破仑的舰队，在圣让-达克尔拦阻了他的进攻，在特拉法尔加夺走了他最后的战船，迫使他从伊比利亚半岛撤走，然后又占领了直到加隆河的法国南部，并在滑铁卢等他决战；今天英国还看守着他在圣赫勒拿岛的坟墓，占据着他的出生地科西嘉岛。

一八〇五年五月五日，巴约讷条约以查理四世的名义，把这个君主的一切权利出让给拿破仑；劫持西班牙只是使波拿巴成了一个马基雅弗里式的意大利君王，除了巨大赃物之外，再也没有别的好处。占领伊比利亚半岛削弱了他对付俄国人的兵力。此时他表面上还是俄国人的朋友与同盟者，其实内心隐藏着对他们的仇恨。拿破仑在公告书中对西班牙人说："你们的民族正在死去；我看出了你们的病症，我将对症下药。我希望你们子子孙孙都会记着我，会说：'他是使我国再生的人。'"是啊，他是使西班牙再生的人，只是他说出的话，他自己都不大明白。当时西班牙人编的一本教理问答，解释了先知这番话的真正意思：

---

① 伽马（Gama，一四六九——一五二四），葡萄牙航海家，开辟了绕好望角到印度的航线；卡蒙斯（Camoëns，一五二四——一五八〇），葡萄牙诗人，曾经海路漂泊到印度、非洲等地。
② 当时统治葡萄牙的是约翰六世，他逃到了西班牙。

"孩子，告诉我，你是谁？"——"得到天主恩泽的西班牙人。"——"我们幸福的敌人是谁？"——"法国皇帝。"——"他是什么人？"——"一个坏人。"——"他有几种本性？"——"两种。一种是人的本性。一种是魔鬼的本性。"——"是什么使拿破仑迷失正途的？"——"罪孽。"——"如果西班牙人没有尽职守责，该受什么刑罚？"——"该处死，得到奸贼叛徒的臭名。"——"法国人是些什么人？"——"从前是基督徒，如今成了异端分子。"

波拿巴倒台后用毫不含糊的措辞责备自己在西班牙的行为。他说："这件事我从头至尾做坏了。'不道德大概表现得过于明显，不正义到了恬不知耻的地步。'而且这一切依然十分卑鄙，哪怕我没有顶住诱惑而屈服；因为现在人们提到那次'谋杀'，只是提它可耻的赤裸的行为，而把我做善事的意图和一切崇高的考虑都闭口不提。不过，那件事如果干成了，后世会因为它伟大而幸运的结果而赞美它，也许还会带着理性。可惜这个计划把我断送了。它断送了我在欧洲的口碑，给英国士兵提供了教训。这场倒霉的西班牙战争是真正的灾祸，是法国遭殃的首要原因。"

借用拿破仑的话，这段坦白是"太不知耻了"；不过我们不要上当：波拿巴的目的是，借着谴责自己的机会，把一桩谋害密使的罪行驱入充满不幸的荒漠，以便毫无保留地呼吁人们对他的其他行为表示赞美。

贝伦战事[①]失败以后，欧洲各国内阁对西班牙人的成功感到惊讶，为自己的怯懦感到脸红。在太阳落下去的地方，威灵顿第一次从地平线上站起来。一八〇八年七月三十一日，一支英国军队在里斯本附近下船。而在八月三十日，法国军队撤离卢西塔尼亚。法军将领苏尔特皮包里装着他自命葡萄牙国王尼古拉一世的公告。拿破仑从马德里召回贝格大公。在他兄长约瑟夫和妹夫约阿希姆（即米拉）之间，他乐于做一项

---

① 指一八〇八年七月二十二日法军在安达卢西亚受挫。

角色的调换：他把那不勒斯的王冠从约瑟夫头上摘下来，戴在约阿希姆头上。又把后者的王冠戴在前者头上。他把这两顶帽子一下扣到两位新国王的额头上。两位新国王就各自走开了，就像两个新兵调换了军帽。

九月二十二日，在爱尔福特，波拿巴炫耀了他的光荣。这是他最后几次炫耀中的一次。他认为自己已经嘲弄了亚历山大，就大说他的好话，使他飘飘然不知所以。一个将军写道："我们刚刚让沙皇吞下了一杯鸦片。等他睡着以后，我们再去别处料理自己。"

一座库房被改成了戏院。两把扶手椅摆在乐队前面，给两位皇帝坐。左右两边摆着一些包了软垫的椅子，给各国君主坐。后面是一条条长凳，给那些亲王坐。塔尔玛这位戏台上的国王，给一戏院的国王们演戏。只听他唱道：

一个伟人的友谊，就是众神的恩德。

听到这里，亚历山大握住他的"伟大朋友"的手，弯腰施礼，说："我比任何时候都更真切地感到了这一点。"

在波拿巴眼里，亚历山大当时是个羽毛未丰的毛头小子。他做了一些嘲讽。当他猜想亚历山大为人狡猾的时候，就赞美说："这是后期罗马帝国里的希腊人。得防着点。"在爱尔福特，拿破仑装出打了胜仗的士兵那种傲慢无礼，亚历山大则像一个吃了败仗的君王，装出对此浑然不觉的样子：诡诈在与假象暗中较劲；西方政治与东方政治都不暴露自己的特性。

对于法方提出的和谈建议，伦敦避不作答。维也纳内阁则暗中决定开战。波拿巴再度沉湎于想象，于十月二十六日对立法机构声明："我和俄国皇帝在爱尔福特做了会晤，一致同意，无论和平还是战争，都要齐心协力，永不背叛。"他又补充一句："我只要在比利牛斯山那边露面，就会把那头豹子①吓慌。它会逃进大洋,以避免羞耻、失败或者死亡。"然而豹子却已经在比利牛斯山这边出现了。

拿破仑总是相信他的希望会实现,认为他用四个月就可以完全让西班牙臣服,就像他后来得到正统王位合法继承权一样,然后他再重新杀向俄罗斯。因此,他从萨克森、波兰和普鲁士抽调了八万老兵。他本人也到西班牙御驾亲征。他对马德里城派来的代表团说:"世上没有任何障碍可以使我的意志推迟实行。波旁家族不可能再在欧洲统治下去了。任何统治集团,只要受英国影响,就不可能在大陆存在。"

这个权威决断做出三十二年了。一八〇九年二月二十一日攻克萨拉戈萨,预示世界将得到解脱。

法国士兵再怎么勇敢也是枉然:座座森林拿起了武装,丛丛灌木都成了敌人。施加报复并不能阻止居民的敌对行为,因为在这个国家报复是家常便饭。贝伦战事、吉罗纳和罗德里戈城保卫战显示了一个民族的复兴。为拿破仑镇守海岛的西班牙将军拉罗马纳把他的几个团从巴尔蒂克凹地带回西班牙,就好像古时法兰克人逃出黑海,在莱茵河口胜利登岸一样。作为战胜过欧洲各国精锐部队的雄师,我们却让僧侣流血。那种亵渎宗教的疯狂,来自伏尔泰的荒唐和恐怖时期不信神的癫狂。然而却是这些修道院的自卫队使我们老兵的胜利到此打住。这些老兵没有料到会遇到这些不怕死的人。他们像一条条火龙,骑在萨拉戈萨那些高楼大厦着火的梁柱上,伴随着曼陀林的琴声,包列罗舞的歌声、超度死人的安魂曲乐声,在火焰中给他们的喇叭口火枪装填弹药:萨贡托城废墟②在为他们鼓掌喝彩。

然而摩尔人的宫殿改建成基督教大教堂的秘密还是被人参透了。教堂遭到洗劫,失去了委拉斯开兹和缪利约的杰作;从罗德里戈到布尔

---

① 指英国人。
② 古罗马城市,在西班牙境内,被汉尼拔于公元前二一九年摧毁。

戈，部分国王、圣贤的遗骨被抢走了。人家有那么大的光荣，也就不怕激起熙德[①]的遗骸起来反抗，正如人们不怕惹恼孔代亲王的阴魂一样。

当我从迦太基的残余废墟中走出来，穿过法国人入侵之前的赫斯佩里亚时，我发现西班牙仍然受其古代风俗的保护。艾斯柯里亚宫在一处地方，一处建筑里向我显示了卡斯蒂利亚的严酷：腓力二世修建的修士宿舍，形状就像折磨人的火刑架，并且，为了纪念我们的一次灾难，艾斯柯里亚宫建在黑乎乎的小山间的凝固土上。它里面修有一些皇家陵墓，有的已经埋了人，有的尚待埋人；有一座图书馆，蜘蛛在里面结网；有拉斐尔的一些杰作，收在空荡荡的圣器室里生霉；它有一千一百四十眼窗户，都朝着天地间无言的空间打开，其中四分之三已经破损：宫廷和僧侣从前就在这里把尘世和对尘世的厌恶集合在一起。

在外表像被赶到荒漠去的宗教裁判所的可怕建筑物旁边，是一个种着一行行染料木的林园和一个村庄。那些被烟熏黑的炉灶表明这里从前有人住过。荒原上的凡尔赛宫只是在国王间或驾临时才有人住。我看见有红斑鸫——欧石南丛生地的云雀栖停在千疮百孔的屋顶上。这些神圣的森严的建筑，带着不可抵御的自信、高不可攀的外观，和默默无言的感受，比什么都显得雄伟庄严。一股不可抵挡的力量把我的目光牵往神圣的门桯上石头的隐修士，他们头脑里装着宗教。

再见了，修道院。我在内华达山的山谷和穆尔西亚海滩朝它投去一瞥！在那里，有一口很快就会敲不了的钟，在它敲出的丧钟声里，在下沉的拱廊下，在空无隐修士的寺院之间，有一些默默无声的坟墓，有一些阴魂离去的死人；在那里，在空落落的寝室，在布鲁诺留下静默、弗朗索瓦留下便鞋、多米尼科留下火把、查理留下王冠、依纳爵留下宝

[①] 十一世纪的西班牙军事家、民族英雄。

剑、朗塞①留下苦衣的荒芜庭院，在一个信仰失落的祭坛，人们习惯于蔑视时间和生命：要是人们还渴望激情，你们的僻静提供了能满足他们做梦的虚荣的东西。

透过这些阴森的建筑物，我们看见有一个黑衣人的影子闪过。这是建造这些房子的腓力二世的亡灵。

教皇庇护七世——天主教国家会议在法国召开

波拿巴进入了被星相家称为"横走星"②的轨道：同样的政策把他扔到了附庸的西班牙，却搅得已经顺从的意大利动荡不安。他与教士们争吵得到什么好处？教皇、主教、神父，哪个不大说他的政权的好话？就连教理入门书也对他歌功颂德，鼓吹服从。信奉天主教的弱国小国已经减少了一半，难道它们还成了他的障碍？对于它们，他波拿巴还不是想怎么支配就可以怎么支配！就连罗马，它那些名画、珍宝，不也被洗劫一空？剩下没拿走的，就是那些古建筑的废墟。

莫非拿破仑惧怕教廷的精神和宗教权力？但是，他迫害教廷，不是反而增大了这种权力吗？圣彼得的继任者像圣彼得一样顺从。对他来说，与主子同心协力，难道不是比被迫抵抗迫害者要有利一些吗？是

---

① 布鲁诺（Bruno，一五四八——一六〇〇），十六世纪哲学家、数学家、天文学家。多米尼克（Dominique，一四三八——一四六一），意大利早期文艺复兴画家。依纳爵（Ignace，二世纪初）安提阿主教、神学家。朗塞（Rancé，一六二四——一七〇〇），法国天主教士，隐修院长。

② 意为灾星。

谁在推着波拿巴走？是他天才的恶劣部分，是他无法停手的本性：他是个永不下桌的赌客，不是把帝国押在一张牌上，而是押在某种突发的奇想上。

在这些烦扰深处，可能有某种贪婪的统治欲，某些横插进头脑，于时代并不适用的历史回忆。任何权力（甚至时间的权力和信仰的权力），只要没有附着在他皇帝身上，他就认为是僭越，是篡权。俄罗斯和英国使他更加渴望取得优势，前者是因为它的君主专制政体，后者是因为它的精神霸权。他回想起法国把宗教统治的源头堵在国内的时候，几任教皇在阿维尼翁居住的日子：从他国家元首的薪俸里给教皇开工钱这个想法让他兴奋。他没有想到，迫害庇护七世，毫无益处地做这样一件忘恩负义的事情，会使他在信奉天主教的民众中丧失宗教复兴者的声誉。他给自己的贪欲赢得了曾给他加冕的衰老教士的最后一件衣衫，以及成为一个行将就木老人的看守的荣幸。但是，拿破仑最终必须成立一个台伯河省，好像他只有拿下永恒之城才算做出了全面的征服：罗马永远是全世界掠夺的大宝物。

庇护七世为拿破仑祝了圣，正准备返回罗马之际，有人向他透露，说有可能把他留在巴黎。教皇回答说："这一切我都预料到了。在离开意大利之前，我签署了合法的让位诏书，放在巴勒莫的皮亚泰利红衣主教手里，那是法国人够不到的地方。你们要是把我扣下，那么在你们手里的就不是教皇，而是一个叫巴尔纳贝·齐亚拉蒙蒂的僧侣。"

寻衅者挑起争吵的头一个借口，就是教皇允许英国人（教皇与英国人关系和睦）像别的外国人一样来罗马。接下来热罗姆·波拿巴在美利坚合众国娶了帕特逊小姐为妻，拿破仑不同意这门婚事：这样临产的热罗姆·波拿巴夫人不能在法国下船，只好在英国上了岸。波拿巴想让罗马拆散这对姻缘，却遭到庇护七世拒绝，因为教皇找不到任何表明两人结合无效的理由，虽然双方一个是天主教徒，一个是新教徒。谁来卫护正义、自由，宗教，还有教皇或者皇帝的权力？皇帝经常叫道："我在本世纪发现了一个比我更有势力的神父。他统治着精神，而我只统治物质。神父们把灵魂留给自己，却把尸体扔给我。"教皇和皇帝这两人一个是站在新的废墟上，另一个则是坐在旧的废墟上。抛开两人交往中拿破仑的不义，剩下的就是伟大那非同寻常的基底。

一封从西班牙的贝内文托，从毁灭的剧场发出的信，把喜剧搅和进了悲剧；人们都以为是在观看莎士比亚的一出戏：世界主宰命令外交大臣给罗马写一封信，向教皇声明，他，拿破仑，不接受圣蜡节教皇的礼物蜡烛，西班牙国王约瑟夫也持同样态度，那不勒斯与荷兰两国国王约阿希姆和路易亦将予以拒绝。

法国执政官命令庇护七世："教皇的地位与权力并不能使这些东西具有价值（何况是一个老囚徒的地位与权力！）；教皇和本堂神父也可能被打入地狱；一支由本堂神父祝福的蜡烛，可能和教皇祝福的蜡烛一样神圣。"这是一种由俱乐部哲学发出的卑鄙侮辱。

接下来，波拿巴从马德里赶到维也纳，又扮演起他那灭绝者的角色，于一八〇九年五月十七日发出一道法令，召集法兰西帝国里信奉天主教的国家开会，宣布罗马为帝国自由城市，任命一个议会去接管权力。

被剥夺权力的教皇仍住在罗马奎利纳尔山，仍然支配几个忠于他的国家政权，仍然指挥一些瑞士卫兵；这太让人无法忍受了：必须找一个由头，来采取最暴烈的行动；这个由头，有人在一个可笑的偶然事件里找到了。不过这个事件证明了人们对教皇纯朴的爱戴：有几个人在台伯河钓鱼，钓到一条鲟鱼，想把它献给他们新的戴着锁链的圣彼得。法国的暗探闻知此事，立即叫起来："有人要谋反！"于是教皇政府剩下来的人员被遣散了。圣安琪城堡的炮声宣告教皇的世俗统治垮台。教皇的旗帜降下来了，让位于三色旗。在世界各地，这种三色旗都意味着光荣和

103

毁灭。罗马还看到许多别的风暴经过和消失：它们只刮走了它苍老头顶上覆盖的灰尘。

教皇抗议——教皇被劫离罗马

教廷国务秘书康萨尔维已经引退，他的继任人之一帕卡红衣主教赶到圣父身边。两人一齐喊着耶稣在十字架上说的最后一句话："成了！"红衣主教的侄儿蒂贝尔·帕卡带来一份印刷的拿破仑法令。红衣主教接过法令，走到窗边准备阅读。百叶窗关着，只透进微弱的光亮。他看着几步外的不幸的教皇，听着帝国胜利的炮声，好不容易才读了下去。两个老头儿在一座罗马宫殿的黑暗之中，孤身与一个打败了全世界的强大势力做斗争。他们使出了他们那个年纪的全部精力：人既然准备一死，就变得不可战胜了。

教皇首先签署了一份严重抗议书，然后拿出早已准备好的开除教籍的谕旨，在签字之前，问了一声帕卡红衣主教："您准备干什么？"红衣主教回答："请您抬头望天，然后下令：您嘴里说出来的就是上苍的意思。"教皇抬起头，在谕旨上签了名，大声吩咐道："发下去。"

梅加希把谕旨抄成公告，张贴在圣彼得、圣玛利亚-玛热尔和圣让·德·拉特朗三座大教堂门口。公告被人揭走了。罗马守备司令米奥利把它呈送给皇帝过目。

要是有什么东西能够使开除教籍的谕旨恢复昔日的威力，那就是庇护七世的美德：在那些年长的人看来，这个晴天霹雳具有最大的威慑力。可是谕旨仍然保留了软弱的特点：拿破仑虽然也是抢劫教会的人，却没有被明确地点名。当时是恐怖时期。胆小怕事的人见这种名义上的开除教籍并没点自己的名，也就心安理得了。其实应该以迅雷不及掩耳之势进行斗争，应该使惊雷具有雷霆万钧之力，既然人家并没有打定主意自卫。应该停止礼拜，关上寺院教堂的大门，禁止外人进入，应该传令所有神父，停止主持一切圣事。不管做这种高度的冒险是否合乎时宜，尝试尝试总是有利的：换上格列高利七世[①]，肯定会试一试的。如果说他一方面没有足够的信心，坚决把破坏教会的人革出教门，另一方面他更担心波拿巴会变成英王亨利八世那样的人，自立教会，与罗马脱钩。其实若是采取了全面彻底开除教籍的措施，拿破仑皇帝会处于无法摆脱的困境：暴力可以关闭教堂，却不可能再将它们打开；不可能强迫民众祈祷，也不可能逼迫教士献祭。可惜这个可以对付拿破仑的办法，却没有得到彻底的使用。

一个七十一岁的教士，手下没有一兵一卒，自然顶不住帝国的压力。米拉急速调拨七百拿波里人增援米奥利这个在曼图亚主持维吉尔节的人。罗马宪兵司令拉代将军奉命劫持教皇与红衣主教帕卡。他们采取了武装措施，秘密下达命令，正好是在圣巴特勒米圣名瞻礼日[②]夜里采取行动。当奎里纳尔山的钟声敲响凌晨一点的时候，悄悄集结的部队将大胆地上山进入两位衰老教士的居所。

到了定好的时刻，拉代将军从大门进了奎里纳尔山宫殿的院子里；先已潜入宫殿的西里上校给他打开了里面的门。将军上楼去教皇的套房：来到守瞻礼的大厅，他见到了瑞士卫队，他们一共有四十个壮丁，因为接到了不要动手的命令，便没有作任何抵抗：教皇只希望天主在面前保佑他。

---

① 格列高利七世（Grégoire Ⅶ，一○二○—一○八五），从一○七三年到一○八五年任罗马教皇，以反对日耳曼皇帝亨利四世著称于世。
② 基督十二圣徒之一，圣名瞻礼日在八月二十四日。

外面有条街通往善良门。宫殿朝街这边的窗户都被人用斧子砍破了。教皇赶忙起床,穿着紧袖法衣,披着披肩,与红衣主教帕卡、德斯普依,还有几个高级神职人员和秘书处的职员一起待在平常接见人的大厅。他坐在一张桌子前,两边各坐一个红衣主教。拉代走了进来。双方人员都没有说话。拉代一脸苍白,有些不知所措,最后终于开口了。他对庇护七世宣布,教皇陛下应该放弃罗马的世俗统治权,如果拒绝服从,他将奉命带教皇陛下去见米奥利将军。

教皇回答说,如果忠于职守的誓言迫使拉代服从波拿巴的命令,那么他,庇护七世,更有理由恪守任职时所发的誓言。教会的产业并不属于他,他只是一名管理者,因此他无法出让或者放弃。

教皇问是否只把他一人带走。将军回答:"陛下可以带大臣一起走。"于是帕卡跑到隔壁房间穿上红衣主教的袍子。

当年圣诞之夜,格列高利七世在圣玛利亚-玛热尔教堂主持祭礼时,被人奉钦契乌斯长官之命,从祭坛拖下来,打伤头部,抢走身上的装饰品,并被带进一座塔堡。民众听到消息,纷纷拿起武器,钦契乌斯吓坏了,跪在被他囚禁的教皇脚下求情。格列高利抚平民愤,又被送回圣玛利亚-玛热尔教堂,结束祭礼。

一三〇三年九月八日,法国国王美男子菲利普的顾问诺加莱和柯洛纳①深夜闯进阿纳尼宫,撞开教皇卜尼法斯八世的房门。卜尼法斯八世披着教皇的圣袍,头戴教皇的冠冕,手持钥匙和十字架,在等他们到来。柯洛纳猛殴他的脸部:卜尼法斯因狂怒和痛苦而死。

庇护七世为人谦恭而威严,并不显出同样的勇气,也没表现同样的高傲。因为榜样就在近前。他受的磨难与庇护六世相似。两个同样称号的教皇,一个前任,一个继任,都成了我们革命的牺牲品:两个教皇都

---

① 罗马世家一员,该家族在历史上出过多位教皇和高官,其家族成员与卜尼法斯八世是私敌。

被人从痛苦之路拖到法国。他们一个八十二岁,就死在瓦朗斯,一个年过七旬,在枫丹白露饱受牢狱之苦。庇护七世好像是庇护六世的阴魂,又重新走上了那一条路。

当帕卡穿上红衣主教的袍子走回来时,发现尊严的主子已经被警察与宪兵强带着,踏着地上被撞破的门叶碎片,走下楼梯。庇护六世是在一八○○年二月二十日被人从梵蒂冈劫持的,当时离天亮还有三个钟头。他扔下那个充满杰作的社会,在圣彼得广场喷泉的呜咽声中,经昂热利克门出了罗马。那个社会似乎是在为他哭泣。庇护七世是七月十六日天亮时分被人从奎里纳尔山的宫殿绑架走的,经过的是善良门,在城墙外绕了一圈,一直走到人民门。我曾独自一人在善良门一带散过步。当年西哥特国王阿拉里克①入侵罗马,就是从这座门进的城。沿着庇护七世走过的环城路,在博盖塞别墅那边,我只看到画家拉斐尔的隐居所,在苹丘那边,只看到法国画家克洛德·洛兰和普桑的隐居屋。这是罗马的光明和妇女的美丽留下的美好纪念,教皇权力保护的艺术天才留下的纪念,它们可以伴随并安慰一位被囚禁被洗劫的君主。

庇护七世从罗马动身时,口袋里只有二十二苏小钱,就像每段行程只领五个苏的士兵;可他是收复梵蒂冈的人呀。在拉代将军执行任务的时候,波拿巴两手抓了一大把王国;可是他留下了什么呢?拉代把这次行动的经过叙述出来,并且印成了书;他请人把这次行动绘了一幅画,留给家人:在人的思想里,正义与荣誉的观念被搅得一塌糊涂。

在奎里纳尔山宫殿院子里,教皇碰到了迫害他的那些拿波里人。他为他们,也为那座城市祝福。教皇的祝福无所不包,不论是在不幸中还是在得意时都可作,这就使这些教会君主生活中的事件有了一种特殊的性质。本来他们与其他君主也不相似。

---

① 阿拉里克(Alaric,约三七○—四一○),西哥特人领袖。

驿站的马匹在人民门外等着。教皇上了马车。他坐的这一边的百叶窗帘关得紧紧的，车门也关上锁死，拉代把锁匙放进衣兜里。宪兵司令要把教皇一直送到佛罗伦萨修道院。

在蒙特罗西，有些妇女站在房门口哭泣。将军请教皇陛下放下窗帘，隐蔽起来。天气酷热。傍晚时分，庇护七世要喝水。中士卡蒂尼就在路边水沟里灌了一瓶给他。庇护七世痛痛快快地喝了。在拉迪柯法尼山，教皇在一家简陋的旅店住宿。他一身衣服都给汗湿透了，却没有一件换的。帕卡帮女仆收拾好教皇睡的床铺。次日，教皇碰到一些农民，对他们说："勇敢点，祈祷吧！"一行人穿过锡耶纳，进了佛罗伦萨。马车有一只轮子断了。民众见到教皇，十分激动，都大声喊着："圣父！圣父！"他们把教皇从倾倒的马车里拉出来，有些人伏在地上向他朝拜，有些人则摸着他的衣袍，就像当年耶路撒冷的民众触摸基督的衣袍一样。

最后，教皇又重新上路到了修道院。十年前庇护六世曾在那个僻静的地方住过。教皇正在犹豫之间，两个粗汉就把他抬下马车。他发出痛苦的呻吟。修道院坐落在瓦隆布罗萨风景区，隔着一大片松树林与卡马尔杜耳相连。过了卡马尔杜耳，翻过层峦叠嶂，就到了亚平宁山脉的主峰。在那儿可以见到两边的大海。突然发来的一道命令迫使庇护七世重新动身去亚历山大城。他只来得及向修道院长要了一本日课经。帕卡跟教皇分开了。

从修道院到亚历山大城，一路上人群从四面八方拥来。有人向教皇扔鲜花，有人给他送水，有人送上一些水果。一些乡下人打算解救他，问他说："告诉我们，您愿意吗？"一个虔诚的窃贼悄悄偷了他一枚别针，那是给劫持者开启天国之门的圣物。

在离热那亚八九里远的地方，有一乘轿子把教皇抬到海边。一条斜桅小帆船把他送到圣皮埃尔·德·阿莱纳对岸的城市，取道通往亚历山大城和蒙多维的大路,到了第一个法国村庄,受到村民们虔敬真情的接待。教皇说:"对这些友爱的表示,天主能允许我们无动于衷吗?"

在萨尔戈萨当了俘虏的西班牙人被囚禁在格勒诺布尔:一如驻扎在印度某些山区被人遗忘的欧洲军队,他们每夜唱歌,让外国的天空下响起祖国的歌曲声。突然教皇来了。他似乎听见了这些基督徒的声音。战俘们飞也似的跑过来迎接这位新的受迫害的人。他们跪下来。庇护七世几乎把整个身子都探出车门外。他朝这些战士伸出颤抖的瘦骨嶙峋的双手。他们曾经用剑捍卫西班牙的自由,正如他曾经用信仰捍卫意大利的自由一样。两剑在英雄的头上交锋。

庇护七世从格勒诺布尔到了瓦朗斯。庇护六世就是在那里去世的。在那里,当人家让他与老百姓见面时,庇护六世大喊:"戴荆冠的耶稣像!"在那里,庇护六世的阴魂与庇护七世分了手。死人遇到了自己的坟墓,便进去了。至此才停止双重的显灵,而在此之前,人们觉得两个教皇如影随形一样,在一起行走。庇护六世断气时手指上的戒指,如今由庇护七世戴着:这就是他接受前任的不幸与天命的征兆。

在离柯马纳城二十里的地方,圣徒克里索斯托姆[①]住在圣徒巴齐利斯克[②]前的住处。夜里,巴齐利斯克这位殉道者出现了,对克里索斯托姆说:"勇敢点,让兄弟!明天我们就在一起了。"让回答道:"万事万物都赞美天主!"说完他就躺在地上,死了。

波拿巴是从瓦朗斯开始发迹的,之后才有扑向罗马的行动。在瓦朗斯,人们不容庇护七世有时间瞻仰庇护六世的遗骨,就把他立即推到了阿维尼翁:这是为了让他重回小罗马。他在那儿可以在另一世系教皇宫殿的地下室里看到冰窖,并且听到古代桂冠诗人[③]的声音,它召唤圣彼

---

① 克里索斯托姆(Chrysostome),公元四世纪时教会的医生。
② 巴齐利斯克(Basilisque),生平不详。
③ 指意大利诗人彼特拉克,他于一三四一年在卡皮托利山荣戴桂冠。

得的继任者前往卡皮托利山。

由偶然性引导，他回到了海边的阿尔卑斯山地区。在瓦尔桥，他要步行过去。他遇到按职业划分的民众，教士们穿着僧侣的衣袍，一万人跪在地上，一片沉默。西班牙国王的女儿伊特鲁利亚王后带着两个孩儿也跪在桥头迎候圣父。在尼斯城，街道上撒满鲜花。负责把教皇带往萨沃纳的指挥官选了一条人迹稀少的林中道路，连夜动身。可是让他大吃一惊的是，他落进了一片静静的灯的海洋。每棵树上都挂了一盏灯。海边峭壁公路上也一路挂满了灯火。海里的船只隔着老远就看见尊敬、感动和同情为一个被劫持的教士遭难而点燃的指路灯。拿破仑从莫斯科回来受过这种对待吗？教皇受的对待，难道不是他施行的善事和老百姓感恩的明证吗？

就在教皇长途奔波期间，瓦格拉姆战役打赢了，拿破仑与玛丽·路易丝的婚事定下来了。召到巴黎的十三位红衣主教遭到放逐，由法国组建的罗马议会再次宣布教廷与帝国和好。

教皇被囚禁在萨沃纳，身心疲惫，又被拿破仑派来的一帮家伙包围，便签发了由罗韦莱拉红衣主教为主起草的一份敕书，允许把教皇的批准书分送人家指定的不同主教。皇帝没有指望教皇会这样通融，便拒绝了敕书，因为不拒绝他就得恢复教皇的自由。有些红衣主教反对他的做法，他在一时盛怒之下，下令剥下他们的大红教袍，并把其中几个关进万森监狱。

尼斯的省长给庇护七世写信，说禁止他与帝国的任何教堂来往，否则以违反命令论处；还说，他，庇护七世，不再是教会的喉舌，因为他鼓吹造反；还说他的灵魂充满了敌意，既然什么也不能使他变得明智，他就会看到皇帝陛下完全有力量废掉一个教皇。

这样一封信的底稿，是不是马伦戈战役那位胜利者口授的呢？

一八一二年六月九日，在萨沃纳囚禁了三年之后，教皇终于被召到了法国。有人嘱咐他换了衣服。在去都灵的路上,他于半夜来到塞尼山的修道院招待所。到了那儿,他已经差不多要死了,便让人给他做临终敷圣油的圣事。人家只给了他停下来做这样一件事的时间,不许他在靠近老天的地方居留。教皇并不抱怨。他发扬光大了韦尔赛依城那位殉道女人宽厚的风范。在山脚下,在即将被斩首的时刻,那位殉道的女人看见刽子手的风衣搭扣掉了,便对他说:"你衣领上那只金搭扣刚刚掉了。拾起来吧,你挣来这点东西不容易,不要丢失了。"

当庇护七世在法国的大地上穿行的时候,人家不许他下马车,就连饭也是把车停在驿站车库里,就在车上吃。六月二十日早上,教皇到了枫丹白露。三天之后,波拿巴渡过涅曼河,开始他的赎罪行动。传达官拒绝接待被囚的教皇,因为他没有接到任何命令。等到巴黎发来命令,教皇才进了这座宫殿。他把天国的正义也带了进去:后来,就在庇护七世虚弱无力的手搁过的那张桌子上,拿破仑签署了退位诏书。

如果入侵西班牙这个极不正义的行动在政治上激起人们反对拿破仑,那么占领罗马这个忘恩负义的行动则在精神上使他成了众矢之的。他没有得到半点好处,就像闹着玩似的,一下子把民众与教会,人与天主都失掉了。他的人生之途两边都是自己挖的悬崖绝壁,他就在中间一条狭路上行走,去欧洲腹地寻找他的毁灭,就像走在死神借助祸害的力量,在一片混乱之中架起的奈何桥上[①]。

庇护七世与本《回忆录》并非无关。我政治生涯中头一回在君主身边担负使命,就是从他那儿开始的。那个使命始于执政府时期,也突然中止于执政府时期。他在梵蒂冈接见我的情景,至今仍历历在目。那是在他的书房里,《基督教真谛》摊开放在他的桌上。后来我也是在那间书房拜见了利奥七世和庇护八世。我喜欢重提他遭受的苦难:一八〇三年

[①] 典出英国诗人弥尔顿的《失乐园》。

他在罗马给波利娜·德·博蒙的痛苦作的祝福，现在，她通过我的纪念，给他的苦难偿付欠下的感激之情。

第五次同盟——攻占维也纳——埃斯林根战役——瓦格拉姆战役——奥地利皇宫里签订的和约——离婚——拿破仑娶玛丽·路易丝——罗马王的诞生

一八〇九年四月九日，英国、奥地利和西班牙宣布成立第五次同盟。这个同盟暗中得到了其他国家心怀不满的君主支持。奥地利人指责法国人违反条约，突然一下从布劳瑙渡过了因河。因为人家批评他们行动迟缓，他们就想学一学拿破仑。其实这种速度与他们并不相宜。波拿巴高高兴兴地离开西班牙，直奔巴伐利亚，不等法军赶到，就指挥巴伐利亚士兵开始行动。对他来说，每个士兵都是优秀的。他在阿本斯堡打败路易大公，在埃克米赫尔打败查理大公，把奥地利军队割成两截，并渡过了萨尔察赫河。

他进入维也纳。五月二十一和二十二两天发生了可怕的埃斯林根战事。据查理大公的报告称，奥军二百八十八门大炮第一天发射了五万一千发炮弹，第二天又从各处调来四百门大炮。法军元帅拉纳在此受了致命伤。波拿巴对他说了一句话以后，就把他忘了：人的热忱与打击他们的炮弹球冷得一样快。

（一八〇九年七月六日开始的）瓦格拉姆战役集中了在德国进行的各次战役的特点。波拿巴施展出了全部天才。赛查·德·拉维尔上校奉命去向皇帝报告左翼遭受的挫折，发现他正在右翼指挥达武元帅的进攻。

拿破仑立即回到左翼，挽回了马塞纳的失败。当时大家都觉得这一仗输了，独有他一人从敌人的行动中做出了相反的判断。他叫道："这场战斗我们赢了！"他用自己的意志坚定了必胜的信心。他把优柔寡断的将士带到了火线，就像当年恺撒拽着那些惊得发呆的老兵的胡子，把他们拖上战场一样。九百门大炮发出了怒吼；原野和庄稼燃成了一片火海。一个个大村庄化成了灰烬。战斗持续了十二个小时。在唯一的冲锋中，罗里斯顿带着一百门大炮，迅速向敌人冲去。四天之后，人们在麦田中收埋了一些军士的尸体。他们都是受了伤，躺在被踏倒的麦穗上，被太阳暴晒之后才死去的。他们身下都是血，浑身都被血粘住了。死得早的尸体伤口已经长了蛆。

我年轻时，人们都喜欢读福拉尔、圭斯卡德、滕珀尔霍夫和劳埃德[①]的回忆录；常常琢磨"深"的阵形和"浅"的阵形。我常常在我那张下士桌上摆上一些小木块，来演练阵形。军事科学和所有其他科学一样，都被革命改变了。波拿巴发明了大规模的战争。共和国的征服给他提供了征募群众来进行大规模战争的思想。他不重视要塞，仅满足于把它们做些掩饰，他在被侵入的国家冒险，发动一场又一场战斗，直到大获全胜。他根本没想到撤退，只是勇往直前，就像罗马人修的那些大路，逢山过山，逢坎过坎，从不转弯抹角。他把所有的兵力集中在一个点，然后形成半圆，把切断联系各自为战的敌人一个个收拾。这种战法为他所特有，是与"法国的狂热"相一致的；但如果换上一些不那么勇猛灵活的士兵，它就不会成功。在他的战争生涯将近结束的时候，他也曾让炮兵去冲锋陷阵，让骑兵去夺取棱堡。这样做带来了什么结果呢？在把法国带入战争的同时，我们教会了欧洲走路：以后的问题只是增加

---

① 福拉尔（Folard，一六六九——一七五二），法国军人，军事理论家。圭斯卡德（Guischardt，约一〇五一——一〇八五），十一世纪诺曼人入侵意大利南部时的领导人。滕珀尔霍夫和劳埃德不详。

实力；一个人总是顶一个人用的。于是人们一招就是六十万大军，而不是十万大军，一配就是五百门而不是一百门大炮。战术并没有提升，只是规模扩大了。这种战法，蒂雷纳和波拿巴一样清楚，但他不是绝对的主子，而且也没有支配四千万人口。莫罗仍然善于指挥的文明战争迟早会得到恢复。这种战争让民众休息，只让少数士兵来尽义务，必须恢复撤退的技术，恢复用要塞来保卫一个国家的办法，恢复持久的行动，它所费的只是时间，却省下了许多人。拿破仑进行的大规模战争超出了光荣的范围。眼睛不可能一览无余地看到这些屠场。不管怎样，这些屠场没有带来任何与它们造成的灾难相称的成果。欧洲长时间里对战斗感到厌恶，除非是发生了突如其来的战祸。拿破仑通过扩大战争而扼杀战争。我们的非洲战争[①]只是向我们士兵开放的实验学校。

在瓦格拉姆战场，在死人堆中，拿破仑表现得沉着镇定。这本是他特有的气质，也是他强装出来的，因为他要显得高人一等。他冷冷地说，更确切地说，他冷冷地重复在这种场合的口头禅："好一场消耗战！"

当有人请他照顾受伤的军官时，他回答说："他们不在。"军人的德行虽然带出了某些美德，但它也削弱了许多其他美德。过于仁慈的士兵不可能完成任务，鲜血淋淋、泪雨滂沱的情景，苦难、痛苦的喊叫每一步都在拖住他，都在摧毁他身上造就恺撒的心性。不管怎么说，人们是不想当那号冷酷人的。

瓦格拉姆战役之后，在茨纳伊姆达成了停战协定。不管我们的战报如何说，奥地利军队还是井然有序地撤退的，没有扔下一门装配好的大炮。波拿巴占领索恩布吕恩之后，便致力于和平。外交大臣卡多尔公爵说："十月十三日，我从维也纳来，与皇帝一起工作。商谈了一会以

---

① 指阿尔及利亚战争。

后，他对我说：'我去检阅部队：您就留在这间书房里，起草这份照会，我检阅回来再看。'我和皇帝的贴身秘书德·麦纳瓦尔留在书房里。皇帝很快就回来了。他对我说：'列支敦士登亲王没告诉您，有人经常劝他派人刺杀我？''告诉了，陛下。他告诉我他很厌恶那些主意，未予采纳。''哦！有人刚才企图这么干，您跟我来吧。'我跟他一起走进客厅。那里有几个人，显得十分冲动，团团围住一个十八九岁的青年男子。那小伙模样俊秀，十分温和，显得单纯老实。一群人中间也只有他一人保持了冷静。他就是刺客。拿破仑亲自审问他，不过态度很是温和。拉普将军担任翻译。那人的回答，我只记得几句，因为它们给我的印象较深。

"'你为什么要刺杀我？'——'因为只要你活在世上，德国就别想和平。'——'你这么做是谁授意的？'——'对祖国的爱。'——'你没有跟别人商量过？'——'这只是出自我自己的良心。'——'你不清楚这么做要冒什么危险？'——'我清楚。但是为祖国而死我觉得光荣。'——'你遵守一些宗教原则：你认为天主容许暗杀行为？'——'我希望上帝因我动机善良，会原谅我。'——'在你受的教育里，人家是这么教你的吗？'——'跟我受一样教育的人，大部分都有这种感情，准备为拯救祖国献出生命。'——'要是我放了你，你会干什么呢？'——'会杀你。'

"这些回答的率真质朴，所显露的视死如归、坚定不移的决心，这种超出人类一切恐惧的狂热，给拿破仑留下了深刻的印象。尤其是他显得比刚才更冷静了，我也就可以说留下了很深的印象。他喝退了所有的人，只让我留在他身边。在骂了几句这种如此盲目又如此深思熟虑的狂热之后，他对我说：'该和平了。'"卡多尔公爵这段叙述值得全文引述。

各个民族开始觉醒了：它们向波拿巴预示，它们是比各国国王更强大的对手。当时是一个普通百姓的决心拯救了奥地利。然而拿破仑的运数还没有让他晕头转向。一八〇九年八月十四日，就在奥地利皇帝的宫殿里议定了和约。这一次恺撒的女儿成了胜利者的战果。只是约瑟芬是祝过圣加过冕的皇后，而玛丽·路易丝却不是：随着第一位妻子被遗弃，圣事的效力似乎也离胜利者而去。我本可以在巴黎圣母院看到我在兰斯大教堂看到的同样的仪式：除了拿破仑，同样的人物都到场了。

在这件事情上暗中出力最多的一个秘密角色，是我的朋友亚历山大·德·拉博德，他在流亡贵族的阵营里受过伤，因此获得了玛丽-泰蕾莎十字勋章。

三月十一日，纳沙泰尔亲王在维也纳代替波拿巴迎娶玛丽·路易丝女大公。玛丽·路易丝由米拉亲王夫人陪同，动身去法国。在路上她戴上了表示皇后地位的象征饰物。三月二十二日她到达斯特拉斯堡。二十八日到了贡比涅宫，波拿巴在此迎候。四月一日在圣克卢宫举行了非宗教婚礼。四月二日菲舍红衣主教在卢浮宫为两位新人做新婚祝福。波拿巴让这位后妻学会对他不忠，正如前面那位一样，因为他在举行宗教结婚之前就与玛丽·路易丝在床上厮混：皇权无视皇家风俗和神圣法律。这绝不是好兆头。

似乎一切都功德圆满：波拿巴得到了他唯一缺少的东西：正如腓力-奥古斯塔[①]与卡洛温家族最后一位传人伊莎贝尔·德·艾诺联姻一样。他把最低劣的家族与出了许多伟大君王的家族混在一块了。过去与未来合在一起了。假若他想把自己固定在巅峰上，那么无论前面的世纪还是后面的世纪，他都是主宰。可是他虽有力量拦住世界前进的步伐，却没有力量使自己停下来。他要一直走下去，直到征服最后一顶王冠，一顶使所有其他王冠更有价值的王冠为止。那就是不幸之冠。

一八一一年三月二十日，玛丽·路易丝女大公生下一个儿子。有人

---

① 法国十二世纪国王（一一八〇——一二二三）。下文提到的他的婚姻为他带来了一大片国土。

揣想这是拿破仑以前过于顺利的惩罚。一如极地的鸟类,这个孩子是在午夜的阳光下出生的①,后来只给世上留下一支忧伤的华尔兹曲。那是他在索恩布吕恩亲自创作的,并且在教堂的管风琴和巴黎街头,在他父亲的宫殿周围演奏过。

俄罗斯战争的计划和准备——拿破仑的困境

波拿巴见不到哪里还有敌人,不知道哪里还有帝国可以夺取,他就退而求其次,把荷兰王国夺过来送给了弟弟。不过对俄罗斯皇帝亚历山大,他心底始终怀着暗中的敌意,在处死当甘公爵那一段时间,这股敌意更是有增无减。一种力量的竞争使他兴奋;他知道俄罗斯能干出什么事情,也知道自己在弗里德兰和埃劳取得胜利付出了多么大的代价。在蒂尔西特和爱尔福特的会晤,被迫实行的休战,波拿巴的性格不能忍受的和平,友好的声明、热情的握手、亲密的拥抱,荒唐的共同征服计划,这一切都只是使仇恨推迟发作而已。在大陆上还有一个拿破仑从未涉足的国家,还有一些拿破仑从未进入的都城,还有一个帝国屹然站立在法兰西帝国对面:两个巨人大概是互相打量。在拼命扩大法兰西的疆域时,波拿巴与俄国人遭遇上了,正如公元一世纪末二世纪初的古罗马皇帝图拉真,在渡过多瑙河时遇到了哥特人一样。

亚历山大生性好静,自从恢复宗教信仰以来心地虔诚,为人诚恳,这些都使他倾向于和平。要是人家不找上门跟他过不去,他也不会打破

---

① 意谓是在开始衰落之时出生的。

和平的。整个一八一一年双方都在做准备。俄罗斯邀请已被制服的奥地利和被压得喘不过气来的普鲁士在它遭到进攻时出手援助。英国则带着钱包赶来了。西班牙的前车之鉴激起了各国人民的同情。在德国已经形成了勇士联络组织（爱国大学生的秘密组织），渐渐地它把全德国的青年人都裹挟进来了。

波拿巴则与人谈判，做一些许诺：他让普鲁士国王生出拥有俄罗斯的德语省份的希望，让萨克森国王和奥地利以为能在波兰剩余的领土里得到扩张；莱茵联盟的君主们渴望按他们的意愿来改变领土。没有一个国家，甚至法国，拿破仑不想让它们扩大，尽管法国的领土已经超出了欧洲范围。他明确地表示打算把西班牙并入法国。塞巴斯蒂亚尼将军问他："那您兄弟呢？"拿破仑回答："我兄弟有什么要紧！难道要把西班牙这样的王国去送给别人吗？"主子凭一句话，就支配了叫路易十四吃了那么多苦头，做出那么多牺牲的王国；只是他没有把它保留那么久。至于各国人民，从来没有人像波拿巴那样轻视他们，不把他们放在眼里。他举着鞭子，赶着各国君主行猎，把各民族的碎肉扔给他们争抢。古代哥特人的历史学家若南德斯说："阿提拉把一群臣服的王公带在身边。那些人诚惶诚恐、战战兢兢地等着万王之王示意，好去办理他们要办的事情。"

在率领两个盟国奥地利和普鲁士，以及由各国君主亲王组成的莱茵联盟进军俄罗斯之前，拿破仑想把挨着欧洲两端的两侧搞稳固一点。他谈好两个条约，一个是在南边与君士坦丁堡谈的，另一个是在北边与斯德哥尔摩谈的。只是这两个条约都没有被人遵守。

拿破仑担任执政时期，就与土耳其苏丹的宫廷有了来往：谢里姆和波拿巴曾交换过肖像，还保持了秘而不宣的通信联系。一八〇七年四月三日，拿破仑从汉诺威的奥斯特罗德给他这位朋友写信说："你得显出是名副其实的谢里姆和索利曼的传人。你需要什么，尽可告诉我。我有足够的能力，也相当关心你的成功，什么也不会拒绝你的。这么做既是出于友情，也是出于政治。"这真像圣西门所说的，两个苏丹面对面交谈，流露的殷殷之情亲切感人。

谢里姆垮台后，拿破仑又回到俄罗斯的方案，考虑和亚历山大来瓜分土耳其。接着，他的理智被新冒出的一些念头搞乱了，又决定入侵俄罗斯帝国。但到了一八一二年三月二十一日他才提出与马哈茂德结盟，突然要求派十万土耳其大军到多瑙河边集结。作为报偿，他把瓦拉齐和摩尔多瓦送给土耳其宫廷。可是俄国人抢先一步，他们的条约已经谈得差不多了；一八一二年五月二十八日，俄土条约签字。

在北方，波拿巴也被那儿发生的事件所欺骗。瑞典人本来可以入侵芬兰，正如土耳其本来可以威胁克里米亚，如果做出了这种配合，那么俄国人要应付两场战争，就无法集中兵力对付法国。今天的世界由于思想的交流和铁路的开通而在精神和物质方面变小了，如果情况不是这样，那么这还可以说是一场规模巨大的政治行动。可是斯德哥尔摩把自己局限于国内政治，与彼得堡达成了协议。

一八〇七年，波美拉尼亚被法国人侵占，一八〇八年，芬兰又被俄国人侵占，失去这两块国土之后，瑞典国王古斯塔夫四世被赶下了台。作为一个正直又有一点傻的国王，他的下台增加了人世间流亡国王的人数。而我呢，曾给他写了一封介绍信，引他去见圣地的神父们。他应该在耶稣-基督陵墓前得到安慰。古斯塔夫的叔父被扶上了侄儿原来坐的宝座。贝纳多特在指挥波美拉尼亚的法国驻军时，赢得了瑞典人的尊敬。瑞典人便把眼光投向他，选他来填补王储荷尔斯泰因-奥古斯登堡亲王留下的空缺。这位亲王是新当选的王储，可是不久前死了。拿破仑看到从前的战友当选这一职位，心里很不高兴。

波拿巴和贝纳多特之间的敌意增大了。贝纳多特是反对雾月十八日政变的人，接下来他又以激烈的谈话和对一些才智之士的巨大影响，来参与动乱。最后这场动乱把莫罗送上了特别法庭。波拿巴以自己的方式做出报复，力图贬低一个性格鲜明的人。在审判莫罗之后，他送给贝纳多特一所房子。房子坐落在昂儒街，是从被审判的那位将军手里剥夺来的。出于当时过于普遍的软弱，约瑟夫·波拿巴的小舅子不敢拒绝这份不大光彩的慷慨赠予。原属巴拉斯的大树林城堡则被赏给了贝尔蒂埃。命运女神把查理十二的权杖交到了亨利四世的一个同胞手里。查理-让不愿接受拿破仑的野心，认为与近邻亚历山大结盟，比起与远方的敌人拿破仑结盟更为可靠：他宣布自己保持中立，并且奉劝俄法两国休兵息战，打算充当双方的中间人。

谁知波拿巴却大发雷霆，咆哮道："他这个贱种，竟来给我出主意！竟想对我发号施令！一个得尽我的好处的家伙！多么忘恩负义呵！老子就要迫使他顺着我这个主人的意思办！"波拿巴发了这番火之后，贝纳多特于一八一二年三月二十四日签订了圣彼得堡条约。

大家不要问波拿巴有什么权利骂贝纳多特是"贱种"，因为他忘了自己的出身并不更高贵，来历也是一样的：他们都是行伍出身，在大革命中发迹。这种侮辱人的话并不表明他有世袭的高贵地位，也不表明他有高尚的灵魂。贝纳多特并不是忘恩负义之人，他不欠波拿巴的情。

皇帝把自己想象成一个家世悠久的君主，把天下的一切都归于自己名下，谈论的话题全是自己，以为说一声满意或不满意，对别人就是奖赏或是惩罚。甚至王冠之下过去的许多世纪，圣德尼那一长溜王陵，都不会为这种狂妄自大做出辩护。

命运把两位法国将军①从美国和北欧领到同一个战场，打一场反对一个人的战争。起初他们聚集在这个人麾下，后来却被他分开。无论士兵还是国王，当时谁都不认为，推翻压制自由的独裁者会是罪行。贝纳

---

① 指莫罗和贝尔纳多特。莫罗被审判之后去了美国，一八一二年被沙皇聘作顾问。

多特胜利了,莫罗却喋血沙场。英年早逝的人都是强壮的旅客。他们快速走过的路程,体弱一些的人要慢慢才能走完。

皇帝着手出征俄罗斯——反对意见——拿破仑的错误

波拿巴执意发动俄罗斯战争并非没有听到反对意见:在征求德·弗里乌尔公爵、德·塞古尔伯爵和德·维桑斯公爵等人的看法时,他们提出一大堆意见,反对这场战争。德·维桑斯公爵在《伟大军队的历史》中勇敢地叙述道:"'在占领欧洲大陆,甚至同盟者家族的国家时,不应该指责这个同盟者违背了大陆体系。当法国军队遍布欧洲的时候,又怎么好去指责俄国人的军队呢?我们给德意志那些民族造成的创伤尚未结痂,难道又得把他们投入战争的火海吗?在一个没有任何自然边界限定的国家中间,法国人已经认不出来了。真正的法国将来被人抛弃时,谁又来保卫它呢?'——皇帝回答说:'我的声望来保卫它。'"这句答话是梅黛[①]提供的,拿破仑把悲剧传到自己身上。

他透露出把帝国全部人马都组成出征作战的大队的意图:他的记性把年代和事件记得一团糟。当时帝国还存在着一些不同党派,面对他们的反对意见,他回答说:"保王党人既希望我失败,却又更加担心我失败,我做的最有益也最难办的一件事,就是挡住了革命的洪流。否则,它是会把一切都淹没的。你们是担心战争会夺去我的生命?我被人刺杀

---

① 梅黛是法国剧作家高乃依的同名悲剧中的女主人公,有一句台词"我"十分有名。此处作者说拿破仑的答词"我的声望"是从她那儿学来的。

是不可能的：难道我完成命运的意愿了吗？我觉得自己被推向一个陌生的目的。当我达到目的后，一粒尘埃就足以把我打死。"这些话仍是搬了别人的：汪达尔人①在非洲，阿拉里克在意大利都表示只屈服于超自然的力量。

波拿巴与教皇荒谬而可耻的争吵更使他的处境岌岌可危。菲舍红衣主教就恳求他不要同时招来天上和地上的敌意。拿破仑牵着舅父的手，把他领到一扇窗户前（时当夜晚），问道："您看见那颗星吗？"——"看不见，陛下。"——"仔细看吧。"——"陛下，还是没看见。"——"可是我呢，我能看见它。"

波拿巴对德·科兰古先生说："您，您也成了俄国人。"

德·塞古尔肯定地说："人们常常看到他（指拿破仑）半倒在沙发上，陷入沉思，然后他抽搐似的一弹，突然大叫几声，回过神来。他好像听到有人叫他，大声问道：'谁叫我？'同时站起身，不安地走着。""刀疤脸"德·吉斯公爵将要遇害的时候②登上了布卢瓦城堡被称作"布列塔尼钓鱼台"的阳台：只见在秋日的天空下，空旷无人的原野一直伸展到远方。有人看见德·吉斯公爵怒气冲冲，大步走着。波拿巴犹豫不决，其实于他倒是有益的。他说："我周围的一切都不稳定，不能打这样一场遥远的战争。得把它推迟三年。"他主动向沙皇宣布，他既不直接，也不间接地支持恢复波兰王国：旧法国和新法国都抛弃了这个忠实而不幸的国家。

在波拿巴所犯的政治错误之中，抛弃波兰是最严重的一个。犯下这个错误之后，他声称之所以没有明确表示要支持恢复波兰，是因为他担心惹岳父生气。波拿巴竟是个为家庭的理由所支配的人！这个借口是那

---

① 占据并定居在北非的日耳曼民族的一个分支。
② 德·吉斯公爵（Guise, duc de，一五五〇——五八八），法国公爵，宗教战争期间天主教派和神圣联盟公认的首领，为法王亨利三世下令所暗杀。

样无力，拿来使用只会使他诅咒与玛丽·路易丝的婚姻。俄国皇帝对这场婚姻的感觉不是这样的。他叫道："我这下被赶到森林深处了。"波拿巴对老百姓的自由素来反感，他只是被它蒙住了双眼。

法国军队第一次入侵的时候，波尼亚托夫斯基亲王曾组建了波兰军队，一些政治团体也形成了。法国相继派了两任大使驻留华沙，一位是红衣主教马利纳，另一位是毕庸先生。作为北方的法国人，波兰人和我们一样勇敢和活泼，而且说的是我们的语言，把我们当作兄弟一样热爱。他们忠心耿耿，为了我们而牺牲自己，那种义气中透露出对俄罗斯的憎恨。法国从前断送过他们，现在也该法国来让他们复活。对这个拯救了基督教国家的民族，难道我们就不该做点什么？我在维罗纳对亚历山大说："陛下要是不让波兰复国，就会被迫把它毁灭。"断言这个王国地理位置不好，注定要遭受异族压迫，其实是过于看重山川的屏障作用了。有二十个民族国境周围并无天险可依，有的只是自己的勇敢，不也保持了独立？意大利有阿尔卑斯山作屏障，可是只要谁想翻过阿尔卑斯山，谁就可以把意大利置于自己的奴役之下。也许有理由承认另一种天数，即好战的民族——平原的居民命中注定要东征西讨：欧洲那些侵略者都是从平原奔来的。

法国人远不去帮助波兰，却要把它的士兵纳入法国的军队；它这么贫穷，却还要负责供给一支八万人马的法国军队。华沙大公国已经被许给了萨克森国王。如果恢复波兰王国，那么从波罗的海到黑海的斯拉夫民族就可以恢复独立。那些波兰人即使处在被拿破仑抛弃的状态，但只要使用他们，他们就会要求打头阵；他们会以不靠我们，独自攻进莫斯科为自豪：可这是多么不合时宜的提议呀！全副武装的诗人波拿巴出现了，他要登上克里姆林宫，在那里唱歌，点戏。

不管今天有人发表了什么称颂波拿巴这个伟大的民主主义者的作品，他对立宪政府的仇恨都是无法遏制的。即使在他进入俄罗斯那些可怕的荒漠之后，这股仇恨也没有离他而去。参议员韦比基一直来到维尔拿，给波拿巴带来华沙议会的决议。他带着渎圣者的夸张说："该由您来给本世纪口授历史。天主的力量存在于您身上。您会赞成的努力该由您来支持。"他韦比基来觐见拿破仑大帝，求他说出这句话："让波兰存在吧。"只要拿破仑说了，波兰王国就会存在下去。而"波兰人民将会忠实地执行这位统帅的命令。在这位统帅面前，已逝的所有世纪只是一个瞬间，而空间只是一个小点"。

拿破仑回答：

"绅士们，波兰联邦的代表们，你们刚才对我说的话，我饶有兴致地听见了。波兰人，我将和你们一样思想和行动；我将和你们一样在华沙议会投票。文明人的第一项义务，就是热爱祖国。

"处于我的地位，我有许多利益要取，有许多义务要尽。我要是在第一次、第二次，甚至第三次瓜分波兰时当政，我会武装我的人民来保卫波兰。

"我爱你们国家！十六年里，你们的士兵跟随我征战南北，在意大利和西班牙战场奋勇拼搏。你们所做的事情，我都拍手叫好。你们想做的努力，我都予以批准：凡是需要我做的我都会做，以支持你们的决议。

"我第一次进波兰时就跟你们说过同样的话。我应该在此补充一句，我曾向奥地利皇帝做出保证，让他的领土保持完整。任何影响他平安拥有剩下的几个波兰省份的行动或者运动，我都不能赞同。

"你们国家素来忠诚，因此，你们是如此值得我尊重和保护，你们有那么多的理由得到我的尊重与保护，以后的形势需要我做出什么我都尽力去做，以酬报你们这种忠诚。"

只因为要恢复民族的主权，波兰就这样遭受了一番折磨，然后被抛弃了。人家卑鄙地侮辱了它热烈的感情。当它被钉在自由的十字架上，喊着"我渴啊"的时候,人家递给它的却是充满酸醋的海绵。

波兰诗人密茨凯维奇大声地宣布:"当自由坐上世界主宰的宝座之后,会对世界各国进行审判。它会对法国说:'我召唤过你,你不听我的:去受你的奴役吧。'"

拉默内神父说:"如此巨大的牺牲,如此艰苦的奋斗,难道不会带来任何结果吗?神圣的牺牲者在祖国的田野里撒下的,难道是永远受奴役的种子?在那些森林里你们听见了什么?是风忧伤的低语。在那些平原之上你们看见什么掠过?是寻找栖息之地的飞鸟。"

德累斯顿会议——波拿巴检阅部队,抵达涅曼河畔

一八一二年五月九日,拿破仑动身去部队,来到德累斯顿。正是在这里,他把莱茵联盟分散的力量集中在一起,并且第一次也是最后一次把他制造的这架机器投入运行。

在失落他乡,仍然怀念意大利的阳光的杰作①中间,拿破仑皇帝、玛丽·路易丝皇后、奥地利皇帝和皇后,以及大大小小的君主汇集一堂。这些君主希望以他们各自的宫廷来组成第一宫廷的附属圈子:他们争夺附庸的地位:这一个想当给布里埃内军校毕业的少尉斟酒的人,那一个想当给他提篮子的人。查理曼的历史则被博学多识的德国首相们借用。人的地位越是高贵,越是表现得奴颜婢膝。

---

① 拿破仑从意大利掠夺的油画大多集中在德累斯顿博物馆。

"一个蒙莫朗西①家的贵妇,"波拿巴在拉斯卡斯记录的《圣赫勒拿岛回忆录》中说,"会抢着过来给皇后系鞋带。"

波拿巴戴着帽子,第一个迈步,领头走过德累斯顿宫,去出席已经备好的盛宴。弗兰茨二世帽子戴得低低的,陪着女儿玛丽·路易丝皇后紧随其后。其余的君王则恭恭敬敬,一声不吭,三三两两地跟在后面。奥地利皇后没有跟在后面。她自称不舒服,只能坐轿子出来,免得把手臂伸给她讨厌的拿破仑。世上剩下来的高尚情感,都躲进了妇女心中。

唯一的国王,普鲁士国王,起初被排斥在外。"这位君主希望从我这儿得到什么呢?"波拿巴不耐烦地叫道,"他那些信不是够叫我厌烦的了吗?何必还要出席,来惹我不快呢?我又用不着他干什么。"这番无情无义的话本是想防止发生不幸的事,谁知第二天就发生了不幸。

在共和主义者波拿巴看来,腓特烈-纪尧姆的滔天大罪,就是抛弃了国王们的事业。波拿巴常说,柏林宫廷与督政府的谈判,揭示出这位君主实行一种羞怯的、谋求个人利益的、说不上高尚的政治,它为了扩大一点领土,而牺牲了自己的尊严和君主们的共同事业。当他在一张地图上看到新普鲁士的版图时,忍不住叫道:"我竟给那家伙留了这么大的地盘,这是真的吗?"同盟国派出三个专员,把波拿巴接到弗雷瑞斯。唯有普鲁士的专员受到波拿巴粗鲁对待,而且波拿巴根本不想理睬他。有人探究皇帝憎恶纪尧姆的隐秘原因,认为是出于这种那种特殊情况。我认为,当甘公爵之死是他憎恶纪尧姆的原因,这种说法最贴近事实真相。

波拿巴在德累斯顿等着各路大军传来捷报。在同一座城里,当年

---

① 昔日法国最古老、最高贵的家族之一。

马尔伯勒①去晋见瑞典国王查理十二时，在一张地图上发现标出了一条通往莫斯科的路线。他猜测君主可能会走这条路，以免卷入西方的战事。波拿巴虽然不能公开承认自己的侵略计划，却也无法将它隐瞒。他先对外交官们发出三次抱怨：沙皇一八一〇年十二月三十一日发出敕令，禁止进口若干商品，以此破坏了大陆体系；亚历山大对在奥尔登堡公爵领地举行会议提出的抗议；俄罗斯的军备。如果有人还不习惯滥用词语的恶习，见到人家把一个独立国家的海关规定和违反该国并未接受的体系的行为当作战争的合法理由，准会大吃一惊。至于奥尔登堡公爵领地的会议和俄罗斯的军备，你们刚才已经见到了德·维桑斯公爵斗胆向拿破仑指出这种指责是多么不近人情，正义是如此神圣，对于成功似乎是那样不可缺少，以致那些践踏正义的人也要声称是按它的原则行事。这期间罗里斯顿将军被派往圣彼得堡，德·纳尔博伯爵被派往亚历山大的总司令部，去传达主子那些和平友善的鬼话。普拉德神父被紧急派往波兰议会。他从那里回来时给主子起了个绰号叫"朱庇特–斯卡班"②。德·纳尔博伯爵报告说，亚历山大既不沮丧，也不狂妄，宁肯打一场战争，也不屈求可耻的和平。沙皇总是对拿破仑表示出一种幼稚的热情；然而他说俄罗斯人的事业是正确的，他那野心勃勃的朋友错了。这个真理在俄国的各份公告中得到表述，它被打上了民族特性的印记：波拿巴成了"基督的敌人"。

拿破仑于一八一二年五月二十二日离开德累斯顿去波兹南和托恩，在那儿目睹其他同盟者洗劫波兰。他又去了维斯图拉，在但泽、柯尼格堡和贡比能做了停留。

一路上，他检阅了不同的部队。对老兵他谈起金字塔，马伦戈、奥

---

① 马尔伯勒（Marlboroagh，一六五〇——七二二），英国将领。
② 朱庇特为罗马神话中的主神；斯卡班是戏剧中爱使诡计的下人。

斯特里茨、耶拿、弗里德兰，对年轻士兵他询问他们有什么需要，装备了什么武器，每月拿多少军饷，统领他们的官长怎么样：在这种时刻他装作善良。

篇章二十一

入侵俄罗斯——维尔拿：波兰参议员维比基；俄罗斯议员巴拉谢夫——斯摩棱斯克——米拉——普拉托夫之子

当波拿巴渡过涅曼河时，有八千五百五十万人承认他或他家族的统治，信奉基督教的人中有一半服从他的统治；他的号令在横跨十八个纬度三十个经度的空间得到执行。如此巨大的征战真是空前绝后。

六月二十二日，拿破仑在他设于维尔柯维斯基的司令部宣布开战："士兵们，第二次波兰战争开始了；第一次战争是在蒂尔西特结束的；俄罗斯被不幸的命运拖进了战争；它的气数将尽。"

莫斯科通过它年已一百一十岁的大主教之口，回答了这个仍然稚嫩的声音："莫斯科城将像孝顺儿子拥抱母亲那样接待它的救世主亚历山大，并且高唱凯歌！上帝保佑来到这里的人！"波拿巴乞灵于命运，亚历山大则向上帝求助。

一八一二年六月二十三日，波拿巴星夜察看了涅曼河的地形，命令立即架三座桥。次日黎明，几个工兵乘船过河，在彼岸没有碰到一个人。

有一个哥萨克军官，一支巡逻队的指挥官，跑过来问他们是什么人。"法国人。"——"为什么来俄罗斯？"——"向你们开战。"哥萨克立即跑进树林不见了。三个士兵朝森林开火，可是无人回击：万籁俱寂。

波拿巴一整天绵软无力地躺着，却又怎么也睡不着。他感到有什么东西正在弃他而去。我们的各路大军正趁着夜色，穿过皮尔维斯基森林向前挺进，正如匈奴人由一只母鹿引导，穿过帕律斯-梅奥蒂德沼泽地。他们还未见到涅曼河。为了察看地形，必须赶到河边。

白天，我们的军队既没有遇到俄罗斯军队，也没有见到前来迎接解放者的立陶宛民众，一路上见到的，不是贫瘠不毛的沙地，就是荒寂无人的森林。"离河边三百步远，一座最高的山丘上，扎着皇帝的帐篷。周围的山岗沟坡上布满了兵马。"（塞古尔）

听令于拿破仑的兵力总计为六十八万〇三百步兵、十七万六千八百五十匹战马。当年在争夺王位继承权的战争中，路易十四也有六十万大军，并且全是法国人。由波拿巴直接指挥的常备步兵分成十个军团，由两万意大利人、八万莱茵联盟的士兵，三万波兰人、三万奥地利人、两万普鲁士人、两万七千法国人组成。

大军渡过了涅曼河。波拿巴本人跨过了那座命中注定不幸的桥，踏上了俄罗斯的土地。他勒马停步，观看士兵们列队从他眼前通过，然后他避开众人的注意，信马由缰跑进一座森林，似乎被召去参加在欧石南丛生地举行的神灵会议。他从树林里走回来，侧耳谛听，整个大军都在侧耳谛听。他们认为听到了远处隆隆的炮声。大家为此十分兴奋。其实这只是一场雷雨。战斗推迟了。波拿巴住进一座荒废的修道院：在这里可以得到双重的宁静。

有人叙述说，拿破仑的马倒下了，人们听到有声音嗫嚅道："这是个凶兆；一个罗马人会退缩。"这是个古老的故事。罗马大家族西庇阿家的成员，私生子纪尧姆、爱德华三世以及动身去革命法庭的马勒泽尔布[①]都曾是这个故事暗指的人物。

部队过河用了三天时间，然后排好队伍，继续前进。拿破仑匆匆赶路。时间一个劲地向他喊着："前进！前进！"就像波舒哀在《复活节布道稿》中所写的那样。

在维尔拿，波拿巴接见了华沙议会的参议员维比基。一个俄国议员巴拉谢夫也受到接见。他声称人们仍然可以议和，亚历山大根本不是侵略者，法国军队没做何宣战的表示就侵入了俄国。拿破仑回答说，亚历山大只是个摆样子的将军，他手下只有三员大将：一个是库图佐夫，他波拿巴对这个人一点也不担心，因为他是个俄国人；一个是本尼格森，六年前就已经太老，现在则更糊涂了；再一个是巴克莱，一个退休的将军。德·维桑斯公爵认为波拿巴在谈话中轻侮了自己，便气恼地打断他的话说："我是个优秀的法国人，我已经表明过这一点。我还要重复一句老话，这场战争是不策略的、危险的，会断送军队、法国和皇帝本人。我用这番话来表明我是个优秀的法国人。"

波拿巴对俄国特使说："您以为我担心你们那些波兰的激进民主派？"这句话是德·斯塔尔夫人在《流亡十年》中转述的，她与上层人士经常来往，信息很灵：她肯定波拿巴手下一位大臣曾给亚历山大一世手下的大臣罗曼佐夫写过一封信，建议从欧洲的文件证书中勾销波兰和波兰人的名字。这一点充分证明了拿破仑对那些恳求他开恩的老实人是多么厌恶。

波拿巴在巴拉谢夫面前打听莫斯科的教堂数量。听了回答后他叫

[①] 私生子纪尧姆（Guillaume le Bâtard，一〇二七——〇八七），诺曼底公爵，后任英国国王；爱德华三世（Edouard Ⅲ，一三一二——三二七），英国国王；马勒泽尔布（Male skerbes，一七二一——一七九四），曾任法国王室秘书，后辞职，在大革命中为路易十六辩护，被处死。

道："怎么，这年月人们都不再当基督徒了，还有那么多教堂？"——"对不起，陛下，"俄国使节说，"俄国人和西班牙人还是基督徒。"

巴拉谢夫带着一些不可接受的建议被打发走了。和平的最后一线光明熄灭了。战报说："俄罗斯帝国远看是那样可怕，可现在我们闯进来了！这其实是一片荒漠。亚历山大募集兵丁，比拿破仑打到莫斯科要的时间还多。"

波拿巴到了维泰普斯克以后，有一阵子想停下不走了。回到司令部，看到巴克莱还在往后撤，他把佩剑往地图上一扔，叫道："我就在这里停下来！我一八一二年的仗打完了。剩下来的是一八一三年的仗。"他手下的所有将军都劝他停下来，倘若他坚持了这个决心，那就好了。可是他希望收到和平的新建议，没有收到，他就觉得烦躁。他距莫斯科只有二十天的路程了。"莫斯科，神圣的城市！"他反复说。他的目光发亮，神情变得十分粗暴。他下达了出发的命令。有人提意见，他不予理睬。达吕在被他问及的时候，回答说：他想不出打这样一场战争是为了什么目的，有什么必要。皇帝回答说："人家难道把我当成了一个丧心病狂的人？人家以为我是喜欢打仗？"他难道没有听人说过，"西班牙战争和俄罗斯战争是侵蚀法国的两块病毒"？可是和平是两方面的事，他连亚历山大的一封信也没有收到。

然而，这两块"病毒"又是从哪里来的呢？这些前后矛盾之处却没有被人发现，甚至在需要时还成了拿破仑真诚老实的证明。

波拿巴要是认识了自己的错误，悬崖勒马，就以为自己失去尊严了。他的士兵抱怨只是在战斗时刻才见到他，而他亲临战场督阵，却是让他们去死，而不是去生。对这些抱怨他充耳不闻。俄罗斯与土耳其缔结和约的消息让他震惊，却没让他停步。他加速奔向斯摩棱斯克。俄罗斯人宣称："他（指拿破仑）来了，嘴上高唱正直无欺，心里却装满了背信弃义。他用他那些奴隶军团来给我们套上锁链。让我们心中装着十字架，手持利剑，拔掉这头狮子的牙齿。这个暴君既然把人间搅得天翻地覆，我们就把他打翻在地。"

在斯摩棱斯克高地，拿破仑遇到了俄军的十二万人马。"我逮着他了！"他叫道。十七日，天刚破晓，骑兵将军贝利亚尔追击一队哥萨克，把他们赶进了第聂伯河，战幕又合上了。有人看见敌军在通往莫斯科的大路上行进。他们在撤退。波拿巴的梦想仍然没法实现。米拉追击敌人过于卖力，可是都扑了空，绝望之余想一死了之。斯摩棱斯克的大本营尚未撤退。我们的一座炮台被那里发射的炮火摧毁了。米拉守在那里不愿离开。"你们都撤！"他吼道，"留我一个人在这里！"对这座大本营发起了猛烈的攻击。我们的军队集结在像梯形剧场一样逐级升高的高地上，静观着下面的战斗：当士兵们看到进攻者冲过炮火硝烟和枪林弹雨时，忍不住拍起手来，就好像看到底比斯城废墟时所产生的反应一样。

夜里，一场大火吸引了人们的目光，达武手下一名士官翻过城墙，来到烟火笼罩的城堡。远处一些声音传到他的耳朵。他提着手枪，朝声音传来的方向摸过去。让他大吃一惊的是，他落进了友军一支巡逻队手里。原来俄国人放弃了城池，波尼亚托夫斯基的波兰军队占领了它。

米拉以其非同一般的习性，以其与哥萨克骑兵相似的勇敢性格，激起了哥萨克的好感。有一天他对哥萨克骑兵队发起了疯狂的冲击，他对他们大发脾气，控制住了他们，并且指挥起他们来。那些哥萨克听不懂他的话，却还是猜出了他的意思，竟然掉转马头，乖乖地服从了敌方将军的命令。

当一八一四年我们在巴黎见到哥萨克首领普拉托夫时，我们尚不知道他作为父亲的悲痛之情。一八一二年，他曾有一个儿子，长得像俄里翁[①]一样俊美。这儿子年龄十七，正是风华正茂、充满希望的年纪，骑

[①] 希腊神话中的英俊猎人。

一匹雪白的乌克兰骏马，带着这个年纪的勇气上阵杀敌，不幸被一个波兰骑兵枪杀了。他的遗体被安放在一张熊皮上，哥萨克骑兵都走上来恭恭敬敬地吻他的手。他们为亡灵做了祈祷，把他葬在一个长满枞树的土丘。然后，他们一个接一个，牵着战马，倒执枪矛，绕着坟墓行走。这一幕，仿佛是哥特历史学家若南德斯描写的葬礼，又像塔西佗忆述的古罗马皇帝的禁军大队在他们的将军日耳曼尼库斯的遗骸前倒插枪矛的情景。"北国的春天把团团雪絮送到他头发上。风把它们吹落。"（斯堪底纳神话集《索曼德埃达》）

俄国人的撤退——博里斯泰纳河——波拿巴的顽念——库图佐夫接替巴克莱指挥俄军——莫斯科河或者博罗季诺战役——战报——战场景象

　　波拿巴从斯摩棱斯克写信给法国，说他已是俄国盐场的主人，他的财政部可以指望增加八千万财富。

　　俄国人朝北极撤逃。农奴主们带着家小、农奴和牲口逃难，他们那原木造的城堡里空无一人。法军渡过了第聂伯河。这条河古名叫博里斯泰纳河，十世纪的俄国君主弗拉基米尔曾宣布这条河是圣水。它曾给文明的民族一次次送去蛮族的入侵，现在在它自身遭到了文明民族的入侵。它的野蛮被一个希腊名字所掩饰，甚至不再使人联想到斯拉夫人的第一次迁徙。它仍旧默默无闻地流着，流过两岸的森林；它浮载的船舶中运送的不是奥丁①的孩童，而是圣彼得堡和华沙妇女使用的披巾和香水。对世界来说，它的历史只开始于亚历山大祭奉上天的山区之东。

从斯摩棱斯克，可以挥师直下圣彼得堡，也可以引军挺进莫斯科。在那里，战胜者大概受到警告，不要再深入内陆。有一阵子他也这样想过。拿破仑的私人秘书凡先生说："皇帝心灰意冷，打算在斯摩棱斯克驻扎下来。"在野战医院，医疗物品开始匮乏。古尔戈将军讲述说，拉里布瓦西埃将军实在无法，只好解下大炮上的麻丝来给伤员包扎伤口。可是波拿巴已经鬼迷心窍，乐于在欧洲两头看到在火热的平原和冰冷的高地照亮他军队的两种曙光。

罗兰在他狭窄的骑士圈子里，紧紧地追随着昂热利克②，初民中的征服者追随的是一个至高无上的女主宰③。这位时间的妻子、天的女儿、众神的母亲，这位头戴塔冠的女神，凡是没有拥抱过她的人就别想休息。波拿巴为他自己的生存所支配，把一切都简化成了他自身；拿破仑控制了拿破仑；他的身上只装着他自己。迄至那时为止他只到过一些著名的地方。如今他走上了一条无名的道路。沿着这条道路彼得大帝刚刚建起一些未来城市的雏形，毕竟那个帝国才建立不到百年呀。要是有先例的教训，波拿巴也许会打听查理十二的事情。那位瑞典国王曾穿过斯摩棱斯克，试图打到莫斯科。在科洛德利纳发生了一场伤亡惨重的战斗。人们匆匆掩埋好法国人的尸体，让拿破仑判断不出他受了多大的损失。在多罗戈布依，法军遇到一位俄罗斯老人，只见他一部耀眼的白须一直飘到胸前。他年纪太大，不能随家人一同逃难，只好独自一人留守家园。他曾目睹彼得大帝统治末年所创造的奇迹。他在默默无言的愤怒之中，目睹了法军对他家乡的蹂躏。

---

① 斯堪的纳维亚神话中的主神。
② 阿里奥斯托《疯狂的罗兰》中的两个骑士。
③ 指库柏勒，希腊神话中的大地女神，众神之母。

法军不断与俄军发生遭遇战，有时遇到了俄军，对方一枪不放便匆匆逃走，一路上就这样打打追追，法军被领到了莫斯科河流域的原野上。每到一个宿营地，皇帝都要坐在枞树枝上，用脚盘弄俄国的圆炮弹，一边和将军们商讨战局，倾听他们的意见。

　　巴克莱先是在利沃尼做牧师，后来当上了将军。这个撤退的战法就是他想出来的，只是时值秋天，使法国人有时间追上他的部队。一场宫廷阴谋把他赶下了台。取代他的是在奥斯特里茨吃了败仗的老库图佐夫。但那次失败是因为人家没有听从他的意见。照他的主张，先要按兵不动，直到查理亲王率军赶到再投入战斗。俄国人把库图佐夫看成他们本民族的将军，看成是苏沃洛夫元帅的学生，看成一八一一年打败土耳其首相的胜利者，看成与土耳其宫廷媾和的功臣，当时俄罗斯是那样需要这份和约。库图佐夫上任后，派了一名军官去见达武的先头部队，向他们提出一些空泛的建议。他的真实使命似乎是观察、留神法军的动向。达武元帅建议拿破仑包抄敌人。皇帝回答道："这会叫我失去太多时间。"达武坚持己见，保证在早上六时以前完成部署。拿破仑猛一下打断他的话说："唉！您总是主张包抄包抄。"

　　有人发现俄军营地里有大的骚动。各路大军都拿起了武器。库图佐夫在一些神父和修道院院长簇拥下，跟在宗教的旗幡和从斯摩棱斯克废墟抢救出来的一幅圣像后面，来到士兵中间，给他们谈论天国和祖国。他称拿破仑为迫害全世界的暴君。

　　在这一片战歌声中，在这一片夹杂着痛苦叫喊的胜利合唱声中，有人在法军营地里也听到了一个基督徒的嗓音，它与别人的声音截然不同，这是唯一在神庙圣殿的穹顶下响起的圣歌声。这个平静然而又激动，最后一个响起的声音，是指挥近卫骑兵队的元帅手下一名副官发出来的。这位副官参加了俄罗斯战役的所有战斗，谈起拿破仑来就和别的最仰慕拿破仑的人一样，可是他看出了拿破仑的短处。他纠正了一些不确切的说法,宣称法军所犯的错误都是指挥官骄傲,对天主不敬所致。博杜中校说:"在俄军营地,在决战前夕,士兵们隆重地举行瞻礼活动。因为对许多勇士来说,决战之日就是生命的最后一日……敌军的虔诚,和我方许多军官说说笑笑的情景,我都看在眼里,不由得想起了我们最伟大的国王查理曼每次开始危险的征讨,也都要举行宗教仪式……唉!大概在那些迷途的基督徒中,有许多人用他们的诚意做了祈祷,因为俄军那次在莫斯科河畔被打败了。只是几个月以后,我们的彻底失败——俄国人丝毫不能以此自豪,因为这显然是上苍的安排——就证实了他们的祈祷极为顺利地传到了天主的耳朵里。"

但是沙皇在哪儿?他刚刚对逃亡国外的德·斯塔尔夫人谦虚地说,他为自己不是个大将军感到遗憾。这时皇帝侍从德·勃塞先生出现在我们的营地。他不慌不忙地从圣克卢的树林中出来,顺着我们大军可怕的足迹,在莫斯科河大杀戮前夕来到法军司令部。他带来了罗马王的肖像。玛丽·路易丝派他来把儿子的画像送给皇帝看。波拿巴见到儿子画像时的情感,凡和德·塞古尔先生做了描述。按照古尔戈将军的说法,波拿巴端详画像之后叫了起来:"快拿回去。他太早见到战场了。"

风暴前夕极为平静。

德·博杜先生说:"到我这把年纪,冷静地想这件事的时候,我才觉得人们准备这种残酷傻事的那种智慧,实在含有对人类理性的侮辱:因为我年轻时觉得那种智慧很美。"

六日向晚时分,波拿巴口授了这份公告;大多数士兵只是在胜利之后才得知公告内容:

"士兵们,你们渴望的战斗就要打响了。接下来胜利就靠你们去夺取了。我们必须得到胜利。只有胜利我们才能满载而归,光荣回国。像在奥斯特里茨、在弗里德兰、在维泰普斯克和斯摩棱斯克一样战斗吧。让千秋万代以后的人去列举你们今天的表现;让人家这样评价你们:他曾参加莫斯科城下的激战呢。"

波拿巴在惶惶不安之中度过了一夜。他一会儿认为敌人撤退了，一会儿又担心他的士兵缺乏弹药，军官身体疲乏。他知道周围人都在议论："我们长途跋涉八千里，得到的只是沼泽地的水、饥馑和扎在尸骨堆上的营地，这是何苦来着呢？仗一年比一年打得大，新的征服逼迫我们去寻找新的敌人。过不了多久欧洲也不能让他满足了，他需要得到亚洲。"波拿巴的确没有对注入伏尔加河的水流无动于衷。他生来就是要征服巴比伦的，他已经通过另一条道路做过尝试。他在雅法，亚洲的西大门被拦住了，在莫斯科这个亚洲的北大门又被挡住了。世界的这个部分是人类起源的地方，是太阳升起的地方。他最后死在沐浴这一部分土地的海洋之中。

拿破仑半夜三更派人叫来一名副官。副官发现他两手托着头。他问副官："战争是什么？是野蛮人的一种职业。它的全部诀窍就在于在特定的一点上，要比别人强大。"他抱怨命运多变。他派人去侦察敌军的动静。侦察员向他报告，敌营的灯火仍是那么多，仍是那么亮，他才放下心来。早上五点，内伊派人要求他下令发起攻击。波拿巴走出门来，大声说："去打开莫斯科城门吧。"曙光初现。拿破仑指着开始变红的东方，叫道："那就是奥斯特里茨的太阳！"

十八封大军战报节录

……六日凌晨两点，皇帝亲临前线，观察敌军的前哨据点。这一天大家都在侦察地形。敌军的阵地非常狭小。

这个阵地显得很不错，易守难攻，便于调动兵力，容易迫使敌军撤退。不过那样一来，决战又要推迟。

……七日早上六点，将军索尔比耶伯爵率领近卫军预备队炮兵设置好右炮台，开始发炮……

六点半，孔邦将军负伤。七点，德·艾克穆尔亲王战马阵亡……

七点，元帅艾尔岑根公爵恢复行动，在富歇将军昨天布置对付敌军中央阵地的六十门大炮保护下，向敌军中心发起攻击。双方一千门大炮喷射出死亡的火焰。

八点，敌军阵地被攻占，那些棱堡角堡亦被夺取，我们的炮兵把敌军的小丘高地都炸翻了……

敌军还剩下右翼的棱堡；将军莫朗伯爵率军攻击，把它们夺了过来。可是到了上午九点，他受到各方攻击，没有守住。敌军小有得手，士气大振，遂把预备队和最后几支部队全部调上前线，企图搏一搏运气。俄罗斯皇家近卫军亦在其中。他们攻击我军中心阵地。而我军右翼正是围绕中心迂回运动。有一阵我们担心敌军会夺去焚毁的村子。好在弗里昂师及时赶到。八十门法军大炮先是阻遏，然后歼灭了敌军的各路纵队。敌军冒着炮火，挤在一起近两个小时，不敢前进，又不愿后退，只是丢掉了胜利的希望。那不勒斯国王见他们犹豫不决，便为他们解决了难题。他命骑兵四队发起攻击，冲入我们密集的炮火在俄军步兵堆和重骑兵连中轰开的口子，俄军四散而逃……

下午两点，敌军失去了任何希望：战斗结束了，大炮却仍在轰击。但敌军发炮是为了掩护撤退，保存兵力，而不是为了夺取胜利。

我们损失的兵力总数估计有一万人，敌军估计有四五万之多。这样的战场真是前所未见。六具尸体之中，只有一具是法国人的，其余五具是俄国人。俄军被俘或伤亡的将军有四十人之多：巴格拉蒂翁将军负了伤。

我方损失了师长蒙布伦伯爵，这位将军是被一发炮弹炸死的，还损失了将军科兰古伯爵，他是被派去接替蒙布伦将军的，继任一小时后同样死于炮火。

旅长孔佩尔、普洛左纳、玛里翁、于亚尔等将军阵亡；有七八位将军负伤，但大多是轻伤。德·艾克穆尔亲王安然无事。法军大获全胜，表现出他们的强大优势。

莫斯科河战斗发生在莫贾依斯克后方二十里，距莫斯科二百三十里的地方。以上就是这场战斗的概述。

皇帝根本没有露面。近卫军，不论步兵还是骑兵，都没有派出一人参战，也没有一人阵亡。胜利从来不曾变化不定。如果敌军被赶出阵地后，不想将它们夺回来，我们的损失会比他们大得多。可是敌方指挥官执意夺回失去的阵地，把他的部队从早上八点到下午两点置于我们的炮火打击之下。俄军损失惨重的原因就在这里。

这份冷漠的充满保留的战报远未说出莫斯科河战斗的实情，尤其是大棱堡的恐怖屠杀：八万人马失去了战斗力，其中有三万是法国人。旺代人首领的弟弟奥古斯特·德·拉·洛舍亚克兰脸上挨了一马刀，当了俄国人的俘虏；他提起了别的战斗，想到了另一面战旗。波拿巴视察几乎全部战死的六十一团时，问上校说："上校，还有一个营呢？你把它弄到哪儿去了？"——"报告陛下，在棱堡里。"俄国人一直坚守阵地，而且还在坚守，他们已经打赢了这一仗：他们将在博罗季诺高地树立一根胜利的柱子，纪念战死的亡灵。

德·塞古尔先生的叙述将给波拿巴的战报补上它所漏掉的东西。他说："皇上跑遍了战场。从来没有一个战场有如此可怖。一切都可怖：老天晦暗阴沉，冷雨沁凉，寒风猛烈，村庄烧成了灰烬，平原上一片狼藉，到处是废墟和残砖断瓦，天边稍现出北方树木那阴暗忧伤的绿色，到处都有士兵在尸体间游荡，寻找财物，甚至伸手在死去战友的口袋中搜索。伤员受伤都很严重。因为俄军的子弹比我们的粗。营帐里静静的,再也没有人唱歌,再也没有人讲故事,一片死气沉沉的静默。

"在鹰旗周围,我们看见剩下来的军官士兵,以及护旗所需的几个士兵。他们的衣服在激战中撕破了,被火药熏黑了,沾上了斑斑血迹。然而,他们虽然衣衫褴褛,虽然贫寒,虽然吃了败仗,却显出高傲的神情,见到皇上,甚至发出几声胜利的叫喊。这是少有的,激动的叫喊,因为在这支擅于分析和调动热情的军队里,各人都根据整体的处境作自己的判断……

"皇上只能根据死人的数目来估计胜利的大小。地上躺了那么多法国士兵的尸体,他们都在角堡上,以致看上去角堡好像是属于他们,而不是属于仍站着的人似的。在那儿战死的胜利者似乎比活着的胜利者更多。

"为了跟随拿破仑,必须在死尸中间行走。一匹马踩中了死尸堆中的一个伤员,让他发出了生命的或者痛苦的最后一声信号。皇上和他的胜利一样,直至此刻一直默不作声,因为看到这么多牺牲者使他心情沉重,这时他忍不住爆发了,发出了愤怒的呵斥,并且让人悉心照料那个不幸的伤员。这样他的心才轻松了一点。接下来,他遣散跟随他的军官,让他们去救助那些尚未断气的人。四处传来那些人的叫喊。

"我们尤其在溪涧深处发现了一些尚未断气的人。我方那些人大多是跳下去的。还有好些人是爬下去的,以便更安全地躲开敌人的炮火和暴雨的袭击。有些人在呻吟之中念着自己的家乡或者母亲的名字:他们是年纪较小的伤员。那些年岁大的木无表情地,或者带着嘲弄的神气等待死亡降临,甚至不屑于发出哀求或抱怨。另一些人则请求马上结果他们的性命。可是人们虽然很快赶到这些不幸者身边,却爱莫能助。"

这就是德·塞古尔先生的叙述。对于不是为了保卫祖国,而是为了满足一个征服者虚荣心而夺取的胜利,这是一份诅咒!

由二万五千精兵强将组成的近卫军没有参加莫斯科河的战斗。波拿巴以种种借口把这支部队留下。而且一反惯例，他本人也没有亲临火线，未能亲眼观察部队运动。他坐在前一天夺下的一个角堡旁边，或者在附近走一走。当有人前来报告几个将军阵亡的消息时，他做了个无奈的手势。人们吃惊地注视着这种无动于衷的表现。内伊叫道："他在军队后面干什么？在那里，他能得到的只是挫折，不是成功。既然他不再亲自上阵，就别再当将军吧。他到处都想显示自己是皇帝，那就回杜伊勒利宫，让我们替他当将军好了。"米拉承认在这激战的一天他认不出拿破仑的天才了。

一些毫无保留的崇拜者把拿破仑的麻木归因于太痛苦太复杂。他们肯定地说他当时被痛苦压倒了。他们断言拿破仑不时被迫下马，而且常常一动不动，把额头贴在大炮筒上。这种情况是可能的：一时的不适可能在这时使他活力衰退，意气消沉。但如果人们注意到他在萨克森战役，尤其在著名的法兰西战役中又恢复了这种活力，那么他在博罗季诺的无所事事就应该另找原因。怎么！你在战报中承认"容易调兵运动，迫使敌人撤出良好的阵地，不过那样一来，决战将要推迟"，你有足够的主意让我们那么多士兵去送死，就没有足够的体力命令你的近卫军至少去支援他们？这件事，除了人的本性，再没有别的解释：厄运来了，最初的打击使他失去活力。拿破仑的伟大并不在于经受逆境；只有在顺境他才能发挥全部才能：他命中不能对付厄运。

一八一二年九月十二日，于莫贾依斯克

法军向前挺进——罗斯托普钦——波拿巴在得救山——莫斯科的景色——拿破仑进入克里姆林宫——莫斯科大火——波拿巴险胜彼得罗夫斯基——罗斯托普钦的告示——在莫斯科废墟上的逗留——波拿巴的操心事

在莫斯科河与莫斯科之间,米拉在莫贾依斯克前面还打了一仗,入城之后,发现有一万死人或者奄奄一息的人。士兵们把死人从窗户里扔出去,把房子腾给活人住。俄国人井然有序地朝莫斯科撤退。

九月十三日晚,库图佐夫召集了作战会议。所有将军都表示莫斯科并非祖国。布图林(《俄罗斯战争史》),即亚历山大派往昂古莱姆公爵西班牙司令部的那个军官和巴克莱在其《辩护书》中都说明了左右作战会议意见的原因。库图佐夫向那不勒斯国王建议停火,而这时俄军士兵正要经过沙皇旧京。那不勒斯国王接受了建议,因为法国人希望保留这座城市。米拉只是紧紧咬住敌军的后卫部队。我们的掷弹兵则步步紧逼撤退的俄军掷弹兵。拿破仑以为胜券在握,其实还离得很远:库图佐夫遮掩了罗斯托普钦。

罗斯托普钦是莫斯科的军政长官。报复可能从天而降:一只花费巨资制造的巨球将在法军上空飞翔,在千百个人中选准皇帝,在枪林弹雨中落到他头上。在试制过程中,气球的侧翼折断了。人们只好放弃这种幻想的炸弹,但是烟火仍留在罗斯托普钦手里。博罗季诺战败的消息传到了莫斯科。而这时帝国的其余部分,人们看了库图佐夫的战报,正在欢庆胜利呢。罗斯托普钦用韵文写了一些通告,他说:

"行动吧,我的俄国朋友们,前进吧!集结十万大军,高举圣母玛利亚的圣像,架起一百五十门大炮,把敌人消灭干净。"

他号召居民们只用草叉武装自己,因为一个法国人不比一棵草重。

大家知道罗斯托普钦完全否认他参与了放火焚烧莫斯科的行动；大家也知道亚历山大从未就这方面做过解释。罗斯托普钦是不是想逃避财产损失和贵族与商人的指责呢？亚历山大是不是担心被研究院称作"野蛮人"呢？这个世纪是如此可怜，拿破仑已经独占了它的伟大，以至于不论发生什么高尚的事，各人都说与自己无关，不愿承担责任。

放火焚烧莫斯科是一个果断的决定，它拯救了一个民族的独立，并且为好些别的民族的解放做出了贡献。努曼西亚[①]虽然被毁，却没有失去受人敬佩赞美的权利。莫斯科被焚烧又有什么关系？它从前难道不是七次被焚烧吗？拿破仑不是在他的第二十一号战报中断言这座京城被焚毁，把俄罗斯拖后了一百年吗？可是今天它不又是璀璨夺目，重新焕发出青春的光彩？德·斯塔尔夫人说："莫斯科的灾难本身使帝国得到新生：这座宗教的城市就像殉道者一样牺牲，它流出的鲜血给跟在后面的教友们提供了新的力量。"（《流亡十年》）

假若波拿巴从克里姆林宫顶上撒开他的专制政治，像棺罩一样盖住整个世界，那么各个民族会变成什么样子？人类的权利重于一切。对我来说，即使地球是一个会爆炸的球，只要能解放我的祖国，我也会毫不犹豫地点上火。然而，对于一个法国人来说，即使他头戴黑纱，眼含泪水，但只要为了人类自由的崇高利益，也会下决心做出一项将使那么多法国人遭殃的决定。

我们在巴黎见过罗斯托普钦伯爵，这是个有知识的睿智的人。在他的文字作品里，思想隐藏在某种诙谐下面。他属于开化的蛮族一类，讽刺、甚至反常的诗人一类，能够做出一些慷慨的举动，同时又瞧不起民众和君王：哥特式教堂允许在其宏伟壮丽之中插入怪诞的装饰。

在莫斯科开始了溃逃。通往喀山的大路上挤满了逃难的人。他们有

[①] 公元前一三三年被西庇阿·艾米利安摧毁的西班牙城市。

的步行，有的坐车，有的孤身一人，有的带着仆人。有一阵子，有一个征兆使人精神振奋：一只秃鹫陷在拉住大教堂十字架的链环里了。罗马和莫斯科一样，曾见过这个预示拿破仑被囚的征兆。

随着长长的伤员队列走近城门，一切希望都破灭了。库图佐夫曾鼓励罗斯托普钦用剩下的九万一千兵马守城：你们刚才看到了，作战会议强迫他撤退。罗斯托普钦孤军奋战，独守危城。

夜幕降临：一些密使神秘地敲打各家各户的门，通知人们必须动身，尼尼微注定有毁灭之灾①。一些易燃物运进了公共建筑、市场、商店和私宅。消防筒都收走了。这时罗斯托普钦命人把监狱打开，从一群污秽不堪的人中间叫出一个俄国人和一个法国人。俄国人属于一个德国光明异端派别，被指控图谋卖国，翻译法军的通告。他父亲跑上来。军政长官给他几分钟，让他替儿子祝福。"我，会为一个叛徒祝福？！"俄国老头子叫道，就骂起儿子来。那名囚犯被交给民众打死了。

"至于你呢，"罗斯托普钦对那个法国人说，"你一定盼望你那些同胞到来。我放了你。去告诉你们的人，俄国只有一个叛徒，他已经受了惩罚。"

其他为非作歹的家伙被释放出来，以示宽大。不过他们接受了到时放火的指示。罗斯托普钦最后一个走出莫斯科，就像一个船长，在发生海难时最后一个离船一样。

拿破仑骑马来到先头部队。还有一个高地翻过去就是莫斯科了。这高地与莫斯科的距离，就像蒙马特与巴黎一样紧挨着。它叫得救山。因为俄国人见到圣城后，就在这儿祈祷，正像那些朝圣的人见到耶路撒冷时所做的一样。斯拉夫诗人们写道，有着金顶建筑的莫斯科，共计有二百九十五座教堂，一千五百座宫殿，以及漆成黄色、绿色和粉红色的

---

① 借用《圣经》中希伯来先知约拿对尼尼微人所做的预言。

精美小屋，阳光下全城一片金碧辉煌：只要加上柏树，和一个博斯普鲁斯海峡，就是君士坦丁堡了。克里姆林宫就是这一大片包着光铁皮或者油漆铁皮的建筑物中的一部分。莫斯科河从一片精致优雅的砖与大理石的别墅中间流过，两岸是一座座种植着枞树的花园。枞树是这一片天堂的棕榈树。即使威尼斯在鼎盛时期，在亚德里亚海边也不比这更辉煌。九月十四日下午两点，波拿巴顶着北极的艳阳，见到了他最新征服的城市。莫斯科就像一位欧洲公主，用亚洲的所有财富打扮自己，来到他的帝国边境，似乎要嫁给他拿破仑。

这时响起一片欢呼声："啊！莫斯科！莫斯科！"是我们的士兵在欢呼。他们还拍着巴掌。在过去的光荣时代，他们不论倒霉还是得意，都高呼着："国王万岁！"

勃杜中校说："那真是美妙的时刻。那座巨大城市壮丽的全景忽然一下出现在我眼前。波兰师队伍里的那份激动啊，我一辈子都记得。尤其是那股情绪打上了宗教思想的印记，给我的印象就愈深。看到莫斯科，整团整团的官兵就一齐跪下来，感谢军队之神用胜利把他们引到最顽固的敌人的京城。"

欢呼停止，人们默默地下山，朝城里走。没有任何使团从城里走出来，用银盆装着钥匙，献给胜利者。巨大的城市里已经停止了生命的活动。莫斯科在外国人面前摇摇欲坠。三天后它就消失了。北方的切尔克斯女人①，美丽的未婚妻，躺在它临终的柴堆上。

当这座城市还没有毁灭的时候，拿破仑朝它走去，叫着："瞧，这就是那座名城！"他打量这座城市：莫斯科被人抛弃，活像《圣经·耶利米哀歌》中那座哭泣的城市②。欧仁纳和玻尼亚托夫斯基已经包围了城垣，有几个军官进了城，他们回来向拿破仑禀报说："莫斯科空了！"——"空

---

① 高加索北麓从前叫切尔克斯。
② 指耶路撒冷。

了？不可能！让人领几个贵族来见我。"可是贵族都走了，留下的只有一些穷人，而且都藏起来了。街道空荡荡的，窗户紧闭。炉灶里没有一丝炊烟冒出。不过，不久就从那里腾起了熊熊烈焰。整座城市鸦雀无声。波拿巴耸耸肩膀。

米拉一直深入到克里姆林宫，在那里受到那些囚犯狂呼乱叫的迎接。人家把他们从监狱里放出来，让他们来解救祖国。米拉没有办法，只好动用大炮来轰开宫门。

拿破仑来到多罗戈米洛城门，在郊外第一座房子里小憩，又沿着莫斯科河走了一趟，没有碰到一个人。他回到住处，任命莫蒂埃元帅为莫斯科总督，杜罗斯纳尔将军为要塞司令，德·勒塞普先生以总管的身份负责行政。帝国近卫军和各路大军都穿上盛装，在人迹稀疏的市井中穿梭。不久，波拿巴便得到确切消息，城市里有可能发生某种事件。凌晨两点有人来向他报告，城里起火了。胜利者离开多罗戈米洛郊区，搬到克里姆林宫避火。时值十五日上午。住进彼得大帝的皇宫时，他着实高兴了一阵子。他的自尊心得到了满足，便借着开始着火的市场反射的火光，给亚历山大写了几句话，正如亚历山大那次打了败仗，从奥斯特里茨战场给他写了一封便函一样。

市场里一长溜店铺都关了板子。火势先被遏制住了。可是到了第二天夜里，大火又从四面八方爆发开来。烟火射上去的火球炸裂开来，变成一束束火把落到宫殿和教堂里。强风刮带着火星，把它们吹进克里姆林宫。宫里有一个火药库。甚至波拿巴的窗下也留下了一堆炮兵的弹药。我们的士兵被大火从一个又一个街区赶出来。一些戈尔高娜和默杜萨[①]举着火把，跑遍了这座地狱苍白的十字路口。另一些妖魔则用涂了柏油的木矛拨火。波拿巴待在新佩尔加蒙[②]的宫殿大厅里，几个箭步

---

① 古罗马神话中的蛇发女魔和蛇发女怪。
② 古希腊城市。在公元前二三世纪曾是希腊王国的京城。

冲到窗前，叫道："多不寻常的决定！多么狠的人哪！真不愧是西徐亚人[①]！"

传言说克里姆林宫里埋了炸药：一些仆人惶惶不安，一些军人强压住恐慌。外头许多地方的火势在扩大，相互靠近，烧成了一片。军火库的塔楼像一支巨大的蜡烛，在一片着火的教堂圣殿中间燃烧。克里姆林宫成了一座黑暗的孤岛。波涛滚滚的火海碰到这个孤岛便碎成了细小的浪花。天上反射出地上的火光，就像被闪忽不定的北极光照亮一样。

第三个夜降临了。在令人窒息的烟雾中，人们勉强有点呼吸。火舌有两次舔着了拿破仑住的宫楼。怎样逃出去？火势汇成一片，封住了城堡的各个大门。在四面八方寻找之后，有人终于发现了一道朝莫斯科河而开的暗门。征服者带着卫兵，从这个救命的出口逃了出去。城里，在他周围，拱顶吱嘎叫着，爆裂开来，钟楼倾塌下来，里面的钟早已烧熔，就像熔岩流淌下来。框架、梁柱和屋顶劈劈啪啪炸响着，摇晃着，最后倒在一片可燃物上，腾起万丈烈焰，迸发出千万颗闪闪发亮的金星。波拿巴逃到一个已化为灰烬的街区，踩着冷却的焦炭，才算逃出了火海：他来到沙皇的彼得罗夫斯基行宫。

古尔戈将军在批评德·塞古尔先生的著作时，指责皇帝的副官弄错了：的确，他的话由德·博杜先生的叙述予以证实。德·博杜先生是贝西埃尔元帅的副官，也给拿破仑任过向导。他说拿破仑并不是从一道暗门，而是从克里姆林宫的大门出来的。从圣赫勒拿岛海岸，拿破仑又见到了西徐亚人的城市燃烧的情景。他说："一切想象的特洛伊大火的描写尽管富有诗意，却根本不能与现实的莫斯科大火相提并论。"

回忆了这场灾难之后，波拿巴接着又写道："我的灾星出现在我面前，通知我结局已到。我在厄尔巴岛看出了这个结局。"库图佐夫先是

[①] 公元前九世纪居住在阿尔泰山以东的游牧民族，后西迁，盛时曾控制俄罗斯南部，活动范围达至埃及边境、匈牙利和东普鲁士。

往东撤退，后来又折向南方。遥远的莫斯科大火微微地给他的夜行军照明。从莫斯科同时还传来凄凉的嗡嗡之声，就好像有一只巨钟，因为太重一直无法挂上钟楼，现在却高悬在燃烧的钟楼之上，敲响了丧钟。库图佐夫到达沃罗诺弗。这是罗斯托普钦伯爵的领地。他刚刚见到庄园里那座壮丽的建筑，它就忽地一下为新燃起的烈火所吞没。在一座教堂的铁门上有这样一个告示，是业主写的"绝笔信"："八年来，我把这一片乡野建设得十分美丽。我在这里，在家人中间，过着幸福的生活。这块土地上有一千七百二十个居民，在你们逼近时都弃家出走了。我把自家的房屋点火烧掉，免得遭受你们的玷污。法国人，我在莫斯科有两幢房子，还有五十万卢布的家具，都让给你们了。在这儿，你们只会得到一片灰烬。罗斯托普钦启。"

一开始，波拿巴欣赏这场大火，钦佩西徐亚人，好像这一幕与他的想象相似。可是不久，这场灾难造成的痛苦就使他寒了心，又恢复了那不公正的谩骂。在把罗斯托普钦的信寄往法国时，他加上一句："看来罗斯托普钦是疯了。俄国人把他看作马拉一样的人。"在别人的壮举中看不出崇高伟大的人，在牺牲的时刻来临之际，也不能为自己弄清伟大的意义。

亚历山大毫不沮丧地弄清了他所处的劣势。他在传谕中写道："在欧洲用目光鼓励我们的时候，我们还要往后退？我们给欧洲做个榜样吧。对于选择我们来充当捍卫自由与道德的第一民族之手，我们向它致敬。"接下来的是向上帝做的祈祷。

一种把上帝、道德、自由的话语糅合在一起的文体是强有力的，为人所喜欢，能使人放心，得到安慰。比起下面这种矫揉造作的，可悲地搬用异教短语，并像土耳其人那样打上宿命色彩的话来，这种文体不知高明多少："他曾存在，他们曾经存在，天数把他们带走了。"这种措辞枯燥无味，意义始终空洞，甚至用在伟大的行动时也是如此。

拿破仑是九月十五夜里从莫斯科出来的,十八日又进了城。回城的路上,他见到污泥中砌起了炉灶,燃起了炊烟,烧的都是桃花心木的家具和漆得金碧辉煌的壁板。在这些露天炉灶周围,有一些焦头黑脸、一身泥巴、衣衫褴褛的军人。他们躺在丝质长沙发上,或者坐在天鹅绒的扶手椅上;脚下当作地毯铺在烂泥中的,是开司米披巾,西伯利亚毛皮,波斯的绣金织物;手中捧着银盆,吃的却是黑面条或者带血的烤马肉。

由于先前开始的抢劫混乱无序,人们便进行了安排整顿,使每个团都能轮上。被赶出屋的农民、哥萨克、敌方的逃兵都在法国人周围转悠,以我们的小队啃过的东西为食。人们抓到什么就带走,可是抢的东西太多,想到离家有六千里路,又马上把它们扔掉。

士兵们为弄到吃的四处奔走,引出一些感人的场面。有一班法军赶回了一头奶牛;一位妇女跟着赶过来,旁边一个男人怀里抱着一个几个月的婴儿,两人用手指着士兵们抢走的奶牛。那位母亲撕开破旧的外衣,露出干瘪的乳房,示意她没有奶水了;那父亲做了个动作,好像要往一块石头上砸婴儿的脑袋。军官让士兵们把奶牛还给他们,他补上一句,说:"这一幕给士兵们的感受是那样深,以致好长一段时间,队伍里都没人作声。"

波拿巴改变了愿望,宣布他打算向圣彼得堡进军。他甚至在地图上标出了行军路线。他说明这个新方案是如何出色,攻进帝国陪都的行动是如何可靠:"现在这里一片焦土,还有什么可干?登上了克里姆林宫,这一份光荣难道还不够?"这就是拿破仑新的幻想。人已经接近疯狂状态,做的却仍是一个雄图大略、经天纬地的人的梦想。

"我们离圣彼得堡只有十五天行程。"凡先生说,"拿破仑想转道去那座京城。"其实在那个时期,处于那种情况,十五天根本走不到,应该把这个数字念成两个月。古尔戈将军补充说,从圣彼得堡传来的消息无不表明那里人惧怕拿破仑的行动。如果皇上进攻圣彼得堡,那里人肯定相信他会得手,但是人们准备留给他第二座空城,并且标出了撤往阿尔汉格尔的路线。一个民族把北极当作最后的堡垒,那么这个民族是不会屈服的。另外,英国舰队也于春季驶入了波罗的海,很可能使法军夺取圣彼得堡的胜利变成一场毁灭。

不过,当波拿巴没有节制的想象力动了去圣彼得堡走一走的念头后,他反倒认真琢磨起相反的念头来。他虽然怀有希望,却还没到昏头昏脑的地步。他的主要计划,是把一份在莫斯科签署的和约带回巴黎。这样,他就可以免除撤退的危险,就可以完成一项震古烁今的征服,就可以举着橄榄枝回到杜伊勒利宫。在到达克里姆林宫给亚历山大写了第一封信以后,他没有忽视任何机会主动与对方接触。在与俄国一位普通官员,莫斯科弃婴收养院(该院奇迹般地逃脱了火灾)副院长德·杜泰米纳先生友好交谈时,他插进了几句有助于和解的话。通过雅科列夫先生,从前俄国驻斯图加特公使的弟弟,他直接写信给亚历山大。雅科列夫先生保证把此信面交沙皇,不经第三者之手。最后罗里斯顿将军被派到库图佐夫那里。库图佐夫答应说服沙皇进行和平谈判,但拒绝给罗里斯顿将军发一张去圣彼得堡的安全通行证。

拿破仑总认为他对亚历山大是在行使他在蒂尔西特和爱尔福特行使过的支配权。然而亚历山大十月二十一日写信给米歇尔·拉卡诺维齐亲王时却说:"我极为不满地获悉,本尼格森将军与那不勒斯国王有过一次会晤……我派人传给您的命令,其中所含的决定应该使您相信,我决心已定,不可动摇,此时此刻,敌人不管发来什么提议,都不会促使我结束战争,从而减少我为祖国报仇的神圣义务。"

俄国将军们愚弄了法国前卫部队指挥官米拉的自尊心和简单的头脑。那些哥萨克对他殷勤有礼,他总是觉得十分受用,便从手下的军官那里借来首饰,作为礼物送给那些恭维他有才华的家伙。但是俄国将军们不但不希望和平，而且怕实现和平。尽管亚历山大下了决心，他们却了解他们皇上的弱点，担心他经不起我们皇上的引诱。为了实施报复，只须赢得一个月时间，等到第一场霜冻下来。俄国的基督徒祈求上苍快点刮风下雨。

作为英国驻俄军的特派员，威尔逊将军到职履任。波拿巴在埃及的时候，威尔逊就跟随过他的足迹。炮兵将军法布维尔也从我们的南方军团来到了北方军团。英国人鼓励库图佐夫发起进攻。因为大家知道法布维尔带来的绝不是好消息。两个唯一为自由而战的民族从欧洲两端，越过莫斯科征服者的头顶握起手来。亚历山大的批复迟迟不来。法国的信使也在路上耽搁了。拿破仑的不安与日俱增。一些农民警告我们的士兵说："你们不清楚我们这里的气候。再过一个月，寒冷会把你们的指甲冻脱。"英国诗人弥尔顿的大名使他的一切都变得伟大。他在《俄国》一书中如实地写道："这个国家的气候是如此寒冷，树枝架在火上烧，汁液从尾端一流出来就结了冰。"

波拿巴虽然觉得后退一步会有损他的威望，使人不再畏惧他的威名，却下不了决心南下。尽管即将来临的危险一再发出警告，他还是留在莫斯科，一分又一分钟地等着圣彼得堡的回复。他，在指挥大军战斗时干了那么多侮辱对方的事情，现在竟然要求战败者说几句同情的话了。他在克里姆林宫忙于安排法兰西喜剧院演出事宜。他花了三个晚上完成了这个雄伟壮丽的工作。他和副官们一起讨论新近从巴黎传来的一些诗句的妙处。他周围的人都钦佩伟人的冷静，而这时在最后几场战斗中负伤的人正在剧痛中死去，并且，由于拖延了几天时间，他把剩下的几十万人马都送上了死路。可是当代奴性的愚蠢却硬要叫人认为这种卑鄙的装模作样是一个深不可测的头脑的计策。

波拿巴参观了克里姆林宫的建筑。他在楼梯上走上走下。彼得大帝曾命人在这里屠杀叛乱的近卫军。他去了宴会厅。彼得大帝曾让人把囚犯带来这里，每喝一杯酒就砍掉一个人的脑袋，并建议出席宴会的宾客，那些亲王和大使以同样的方式消遣。当时男人被处以车轮刑，女人遭活埋，有两千近卫军士兵被绞死，尸体挂在宫墙四周示众。

波拿巴如果不安排演戏，而是给保守的参议院写一封信，就像彼得大帝从普鲁特河船上写给莫斯科元老院的信一样，那也许会好一些。彼得大帝那封信是这样写的："我谨通知你们，由于误信假情报，我虽然未出差错，还是被一支四倍于我军的军队包围。我如果被俘，你们就不要再把我看作沙皇和主宰，也不要执行任何以我的名义发给你们的命令，即使你们认出是我的手迹。如果我死了，你们就推选你们中间最优秀的来接替我的位置。"

拿破仑写给康巴塞雷斯的一封信，含有一些不可理解的命令：收信人经过仔细辨认，认出确实是波拿巴的笔迹，尽管信末署的名字加上了一个古代的姓氏，于是收信人宣布，那些命令虽不好理解，也得执行。

克里姆林宫里藏有一对宝座，是给两兄弟坐的：拿破仑没有坐他那一个。在宫内大厅里，还可以看到被一发炮火炸断的担架。当年查理十二受了伤，就是让人用这副担架把他抬去指挥波尔塔瓦战斗的。在高尚天性这方面，波拿巴永远是败者，他在参观历代沙皇陵墓时，曾想到每逢节日，人们总是给沙皇的棺木罩上华丽的棺罩吗？曾想到俄国臣民要祈求恩典，会把请求书放在一座陵墓上，唯有在位沙皇有权把它取走吗？

不幸者的请求书，由亡灵转交给当权者，这种做法是不合拿破仑的胃口的。他操心的是别的事儿。他像当年离开埃及时一样，打算把巴黎的戏班子调到莫斯科来演出，并保证一个意大利歌唱家会赶来。这样做半是想迷惑敌人，半是出于本性。他把克里姆林宫的大小教堂洗劫一空；那些神圣的装饰品和圣人的画像，还有从伊斯兰教徒那里抢来的新月纹章和马尾堆满了他的辎重马车队。他抢走了伊凡大帝塔的巨大十字架，打算把它立在巴黎荣军院的圆顶上。这个十字架和梵蒂冈那些杰作相似，拿破仑用那些杰作装饰了卢浮宫。当人们拆卸这个十字架时，一些小嘴乌鸦哇哇叫着，在十字架周围飞来飞去。"这些鸟儿想叫我干什么？"波拿巴问道。

不幸的时刻临近了。对于波拿巴提出的种种计划，达吕提出了反对意见。"那么，该做出什么决定呢？"皇上叫起来。——"留在此地；让莫斯科成为一个有堡垒保护的兵营；在这里过冬。把养不活的马匹宰了腌起来；等待春天到来；我们的援军和立陶宛军队会来解救我们，并结束此次征服。"——"这是个了不起的主意。"拿破仑回答说，"可是巴黎会怎么说呢？法国还不习惯我的缺席。"——"在雅典人们说我什么呢？"亚历山大这样问过。

拿破仑又陷入犹豫之中：走还是不走？他不知道。接连进行了多次讨论。最后，十月十八日发生在温科沃的一场战事，突然使他决定率军撤出莫斯科的断壁残垣。就在这一天，他不事先张扬，不声不响，不昏头昏脑，想避开直接去斯摩棱斯克的大路，就取道通往卡卢加的两条道路中的一条撤出莫斯科。

在三十五天之中，他就像非洲那些吃饱了就睡的巨龙，已经为世人所遗忘。看来改变他这样一个人的命运需要好多日子。在这段时间里，他的命运之星倾落了。等到他终于清醒过来，已经是处在寒冬与一个焚毁的京城两面夹击之下。他撤出了那堆残砖断瓦，可是为时太晚，十万兵马已被引上绝路。后卫统领莫蒂埃元帅接到命令，在撤退时炸毁了克里姆林宫。

撤退

　　波拿巴要么是自己弄错了，要么是想欺骗别人，于十月十八日给德·巴萨诺公爵写了一封信。伊凡先生转述这封信说："波拿巴通知公爵：大约十一月头两个星期，我将率部队到达斯摩棱斯克、莫依洛、明斯克和维泰普斯克之间的四方地带。我决定采取这次转移，因为莫斯科不再是一个军事重镇；我将另找一个，找一个更有利于打响下一场战争的地方。下场战争要打的将是彼得堡或者基辅。"倘若这不是权宜之计，靠谎话帮忙，那就是拙劣的吹牛。不过在波拿巴看来，征服的想法尽管明显违背了理智，但仍然是一种真诚。

　　大军朝马洛雅罗斯拉维奇行进。可是行李辎重车同炮兵套得松松垮垮的大车拥塞在一起，步履缓慢，走了三天离开莫斯科还不到一百里。人们本来打算赶在库图佐夫前面。欧仁纳亲王指挥的前锋部队确实把这个意图通知了福明斯科依。撤退之初，还有十万步兵。骑兵除了近卫军还有三千五百匹马，已经名存实亡。我们的军队二十一日到达通往卡卢加的新路之后，于二十二日进了波卢斯克，二十三日德尔宗师占领了马洛雅罗斯拉维奇。拿破仑很是欢喜，以为自己逃脱了厄运。

　　十月二十三日凌晨一点半，大地震动了：堆在克里姆林宫穹顶之下的十八万三千磅炸药，撕开了历代沙皇的宫殿。派人炸毁克里姆林宫的莫蒂埃，一直活到费尔斯基①谋杀案发生。从时间和制造爆炸的人来看，两次爆炸，是如此不同，其间又经历了多少人世沧桑！

　　在这声沉闷的爆炸之后，一阵猛烈的炮火打破沉寂，射向马洛雅罗

---

① 费尔斯基（Fieschi，一七九〇——八三六），科西嘉人，于一八三五年七月二十八日庆祝七月革命的活动中制造爆炸事件，企图炸死国王及其家人未果。

斯拉维奇。拿破仑闯进俄国时多么希望听到这种声音，在撤出俄国时就多么惧怕听到这种声音。总督的一位副官报告说俄军开始了全面进攻。夜里，孔邦和热拉尔两位将军赶来援助欧仁纳亲王。两边都有不少人阵亡。敌军最后控制了通往卡卢加的大路两边，并且堵住了法军希望继续走的尚未被破坏的道路入口。除了重返通往莫贾依斯克的大路，以及从一些给我们造成不幸的老路回斯摩棱斯克，再无别的办法。回斯摩棱斯克是可行的。因为我们来时为了便于认路，一路上扔了一些吃的，天上的鸟儿尚未把这些东西吃完。

这一夜拿破仑宿在格罗德尼亚一幢破旧房子里。各位将军的随从在那里都无处安身。他们聚集在波拿巴的窗子外面。那窗户既无百叶窗板，又无窗帘，看得见从里面透出的亮光，而外边的军官们则为黑暗所淹没。拿破仑坐在寒碜的房间里，把头埋在两只手上。米拉、贝尔蒂埃、贝西埃尔一声不响，一动不动站在他身边。他没有下什么命令，二十五日一大早就骑上马，去观察俄军阵地。

他刚刚出门，一支哥萨克骑兵就一直奔到了他脚下。这支人流滚过了卢加，沿着林中边缘行进，躲过了人们的耳目。大家都握剑在手，皇上本人也是如此。要是这些偷袭者胆子更大一些，波拿巴就成了俘虏。在被大火焚毁的马洛雅罗斯拉维奇，街道上堆满了烤得半焦的尸体。炮兵的车轮从它们身上碾过，把它们有的切断，有的留下轮印，反正搞得肢体残缺不全，面目全非。为了继续向卡卢加行进，也许应该进行第二场战斗，可是皇上却认为不适宜。在这个问题上，拥护皇上的人与元帅们的朋友展开了一场辩论。是谁提出重走来路的？显然是拿破仑。他阴沉着脸发表一大通训斥，在他来说并非难事，他习惯于此。

二十六日回到博卢斯克。次日，在维尔西亚附近，有人把维辛热罗德将军及其副官纳里斯金伯爵带来见我军长官。这两人是因为进莫斯科太早而被捉去的。波拿巴大发脾气，咆哮道："把那将军毙了！那是符腾堡王国的叛徒。那王国属于莱茵联盟。"他大骂俄国贵族,最后说了这些话:"我要去圣彼得堡。我要把那座城市扔进涅瓦河。"他见到一座山丘上耸立着一座城堡,就突然命人去把它烧掉。受伤的狮子气得发狂,在周围见到什么就朝什么扑去。

不过,当他命令莫蒂埃炸毁克里姆林宫时,狂怒之中,也还是顺从了自己的双重本性。他写给德·特莱维兹公爵(即莫蒂埃元帅)的信很有温情。当他想到自己的书信有可能为外人所获悉时,又带着充满父爱的关心叮嘱他保全医院。"因为在圣让-达克尔我就做出了这种举动。"他补上一句。可是在巴勒斯坦他让人枪杀了土耳其战俘,如果不是德日奈特反对,他会毒死手下的病号!贝尔蒂埃和米拉救了维辛热罗德亲王的命。

然而库图佐夫仍然不慌不忙地跟着我们。

威尔逊催促俄国将军动手,那将军回答说:"让雪下起来再说吧。"九月[①]二十九日,大军接近了莫斯科河畔那惨烈的山丘。军中有人发出痛苦而惊恐的叫声。眼前是几个巨大的屠宰场,排列着被动物以不同方式吃掉的四万具尸骨。一排排骨架似乎还保留着军队的纪律。前面几个削平的土丘上,单独躺着几具尸骨,表明这是指挥官,它们统治着混杂的尸骨堆。折断的武器、穿底的战鼓,破烂的盔甲军服、撕裂的军旗到处都是,散落在几尺高的树桩之间。树身都被炮弹削去了。这就是莫斯科河战场的惨景。

在这一片静止的毁灭之中,人们发现一件活动的东西:一个失去两条腿的法国士兵在这些似乎把五脏六腑都扔到外面的尸骨中开辟了一条通道。一匹被炮弹击穿躯体的马成了这名士兵的岗亭。他就住在里面,靠啃他的肉屋为生。伸手可及的尸体和腐肉就成了他包扎伤口的烂布,

---

① 原文如此。应为十月。

和裹扎骨头的火绒。对光荣的强烈悔恨，他缓缓地朝拿破仑爬来：拿破仑不曾料到这点。

士兵们因为寒冷、饥饿，也因为后有敌人，一个个加快了步子。队伍中一片沉默。战友的遗骨士兵们都见到了。他们想到自己很快也会和那些战友一样。在这个尸骨场上，只听见撤退的军队发出的不安的叹息和不由自主的颤抖之声。

再走远一点，是已被改成医院的柯特洛斯柯依修道院。这里什么救护都没有：只剩足以感受死亡的生命力。波拿巴来到这里，把散了架的马车劈成柴烧火取暖。当部队重新上路的时候，奄奄一息的伤病员们都爬起来，挪到最后的安身之所门口，让人把自己一直扶到路上，向离别的战友们伸出虚弱的手，似乎在祈求他们，又似乎在谴责他们。

一路上不时地传来弹药车爆炸的声音，人们不得不扔下它们。卖酒食的随军商贩把病人扔在路边壕沟里。一些俄国囚犯，由替法国人出力的外国人押送，被他们的看守结果了性命：他们的死法都一样，脑髓从头顶上流了出来。波拿巴把全欧洲的人都带来参战，他的军队里听得到各种语言，也看得见各种帽徽，各国军旗。意大利人被迫参战，像法国人一样被打败了；西班牙人维持了其勇敢的名声：对他们来说那不勒斯和安达卢西亚只是一场美梦中的遗憾。人们说波拿巴是被全欧洲打败的，此话一点不错，只是人们忘记了，波拿巴也是在欧洲，在他那些盟友被迫或者主动的帮助下打败别人的。

俄罗斯独自抵抗由拿破仑率领的欧洲；成了孤家寡人，由拿破仑卫护的法国，也成了反戈一击的欧洲攻击的对象。不过必须指出，俄罗斯得到了气候的保护，而且欧洲是在蛮不情愿的主子指挥下行动的。而法国的情况则相反，既得不到气候的保护，也没有靠大量牺牲人口来防卫，它靠的只是自己的勇敢和对光荣的回忆。

波拿巴对士兵的凄惨无动于衷，他只关心自己的利益：当他安营扎寨住下来后，谈论的通常是一些大臣。他说那些大臣卖身投靠了英国人，是挑起这场战争的罪魁祸首；他不肯承认这场战争就是他自己一人挑起的。德·维桑斯公爵执意要用高尚的行为来弥补一场不幸，在军营一片阿谀声中大发脾气，叫道："这是多么残酷的事情！难道我们带到俄罗斯的就是这种文明！"听到波拿巴那番令人难以置信的言谈，他做了个气愤和怀疑的手势，退了出去。波拿巴平时受了半点冲撞都要发怒，却忍受着科兰古（即德·维桑斯公爵）的粗鲁。从前他曾托科兰古往埃滕海姆捎过一封信，现在就只当作是对那件事的补偿。每当人犯下一桩应该指控的罪过时，老天作为惩罚，总是安排了见证人。过去那些暴君除掉见证人，可是枉费心机；那些见证人下到地狱后，附上复仇女神的躯体，又回到人间。

拿破仑经过吉亚茨克，一直推进到维亚斯马；他原来担心会遇上敌人，可是过了维亚斯马还没有发现敌人的影子。十一月三日他到达斯拉夫斯科沃，在那里才获悉他走后在维亚斯马发生了战斗。这场对抗米洛拉多维奇军队的战斗对我们是不幸的：我们受伤的士兵和军官，手臂用三角巾吊着，脑袋用衬衣包扎着，奋不顾身地朝敌人的大炮扑过去，表现出惊天动地的勇敢。

如果遗忘之河不曾这么迅速地流过我们的尸骨，这一连串在同一地点发生的战事，这一层压一层的死尸，这一场接一场的战斗，本会使一些不幸的战场变得双倍的不朽。可是今天谁还想得起留在俄罗斯的那些农民？那些乡下人会不会为参加过莫斯科城下大战而自豪？也许只有我在秋天的黄昏，看着北方的鸟儿在高空飞过，想起它们曾见过我们同胞在那边的坟墓。一些工业公司搬迁到了荒原，建起了窑炉，烧起了锅炉。尸骨已经变成了骨炭：不管是用狗骨还是人骨做的，釉瓷的价格都是一样的；不管是采自黑暗还是采自光荣，它都不会更有光泽。这就是今天我们对待死者的办法！这就是新宗教的神圣仪式！奉献给亡灵的保护神。查理十二的幸运战友呵,你们不曾被这些亵渎神圣的鬣狗打扰!冬天白鼬来往于洁白的雪地;夏日波尔塔瓦长满了苔藓。

(一八一二年)十一月六日,温度降到了零下十八度。大地白茫茫的一片,把什么都盖住了。士兵们没有靴子,脚下失去了知觉,手指冻得发紫,僵硬,握不住枪。那些枪摸一下刺得人发痛。他们的头发因为结霜而根根直立,他们的胡须因为呼出来的气而冻结在一起。他们的破衣烂衫上覆盖了一层薄冰。他们一倒下,就被雪盖住了,在地上形成了一溜一溜的坟丘。他们不知道江水朝哪边流,不得不砸破冰层,查看水流的方向,好知道该往哪个方向走。他们在原野上迷了路,各支部队只好燃起营火,以便互相呼应,互相识别,就像遇险的舰船发炮求救一样。原野上到处耸立着一棵棵枞树,它们浑身晶莹透亮,成了这场盛大葬礼上的水晶大烛台。一些乌鸦和一群群无主的白狗远远跟着这群撤退的尸体。

每天行军下来,到了荒凉的宿营地,不得不在营地周围采取保险措施,防备一支完好无损,装备精良,补给充足的军队袭击,不仅要派出哨兵,还要占据要害位置,安排前哨,这种事情委实艰难。在长达十六个钟头的黑夜,被凛冽的北风吹着,真不知道该坐在哪儿或者睡在哪儿。树木带着浑身的冰雪被大风刮倒在地,拿它们来烧火怎么也烧不起来,好不容易才烧化一点儿雪,冲调一两勺黑麦面粉。士兵们刚刚在没有铺垫的地上躺下来,哥萨克的吼叫声就在树林间响起来;敌人的炮弹就呼啸着飞过来,发出沉闷的轰响。我们的士兵们吃的是没有半点油水的伙食,可是他们一上桌,却像上了国王们的筵席一样吃得津津有味。在饥饿不堪的宾客中间,敌人射来的圆炮弹就像一只只铁面包在滚动。天刚微微亮,就听见盖了一层白霜的鼓敲响了,或者呜咽的号角吹响了:任什么声音都不像这种起床号起床鼓凄凉:它们是在呼唤那些醒不过来的战士拿起武器。日光渐强,照射着熄灭的柴堆边一圈圈死去的冻僵的步兵。

有一些士兵幸免于死,便再度出发。他们朝那陌生的地平线走去。那地平线永远在后退,一步一步消失在雾霭之中。在沉闷得透不过气的,仿佛被先天的风暴折磨得精疲力竭的天空下,我们稀稀落落的队伍走过一个又一个荒原,穿过一座又一座森林。大洋似乎把它们的浪沫挂在林中桦树乱蓬蓬的枝干上。在这些树林中,甚至没有遇到那种忧郁地唱歌的小冬鸟,一如我在掉光叶子的灌木丛中那样。要是我因为这种接近而突然发现自己面临老境,啊,同志们!(士兵皆兄弟),你们的苦难让我也想起了年轻时,在你们面前撤退,伤病交加、孤立无援地穿过阿登高原的欧石南丛生地。

俄罗斯的几路大军紧紧咬着我们不放。我们的军队分成好几个师,师下面又分成纵队。欧仁纳亲王指挥先头部队,拿破仑坐镇中军,内伊元帅率军殿后。由于受到种种障碍阻挡,又被战斗拖延了时间,这些部队并未严格保持距离。有时后面的部队超过了前面的部队,有时各路纵队齐头并进,更经常的是这些队伍互相看不见,因为缺乏骑兵,断了联系。我们的士兵被那些雪虻搞得精疲力尽,可是那些陶里人[①]骑着马尾扫地的矮马,不分日夜进行骚扰,不让他们休息。景色完全变了。本来人们见到那儿有一条小溪,可是现在却只见到一串挂在陡峭的溪岸上的冰链。波拿巴(在《圣赫勒拿岛回忆录》中)说:"单是一天夜里就损失了三万匹马。当时我们的炮兵拥有五百门火炮,可是没有办法,只好把它们差不多全部扔下。那些弹药给养都没法运了。由于缺马,我们无法侦察地形,甚至无法派出一支骑兵先头部队前去探路。士兵们失去了勇气和理智,军心混乱。一有风吹草动他们就惊慌失措。只要有四五个人,就足以把一个营搞得提心吊胆。他们采取分散行动,四处转悠寻火

---

① 克里米亚南部沿海山区最早的居民。

烤暖。派出去摸情况的人也放弃职守，想方设法钻到老乡房子里烤火。他们四处散开，远离大队，轻轻易易成了敌人的猎物。另一些人躺在地上，睡着了，鼻孔里流出一点血，在睡梦中死去了。成千上万的士兵就这样送了命。波兰人还救出了几匹马，保留了几千炮兵。可是法国和其他国家的士兵就变得面目全非了。尤其是骑兵吃了许多苦。四万人马中，估计活下来的不过三千。"

而您，在另一个半球的艳阳下述说这些情形的您，难道不是如此深重苦难的目击者？

气温极低那天（十月六日）[①]，从法国来了久违的信使，带来了马莱谋反的可恶消息。这场谋反反衬出拿破仑运星的神奇。据古尔戈将军说，这场谋反皇上印象最深的是它过于明显地表明，施用君主制原则的君主政体根基是那么浅，以致一些高级官吏听到皇帝死了，就忘了君主驾崩，还有一个储君在那儿接位呢。

波拿巴在圣赫勒拿岛（见拉斯卡斯的回忆录）多次讲过，他在提到马莱谋反时，曾对杜伊勒利宫的文武大臣说："喂，诸位先生，你们断言已经结束了你们的革命；你们以为我死了：可是罗马王呢？你们的宣誓呢？你们的原则呢？你们的主义呢？想到将来，你们让我寒心呀！"波拿巴这样想是合乎逻辑的。因为事关他的王朝。如果事关圣路易家族，他会做出这样正确的思考吗？

波拿巴是在一片荒野之中，在一支几乎被摧毁、鲜血被冬雪吸尽的军队的残余人马之中获悉巴黎的事变的。拿破仑建立在武力基础上的权利连同他的武力一起在俄罗斯消失殆尽，这时在京城只要有一个人出来就足以对这些权利表示怀疑：脱离了宗教、正义和自由，他就失去了一切权利。

[①] 原文如此。应为十一月六日。

几乎与波拿巴获悉巴黎事变同时,他接到内伊元帅一封信。这封信告诉他,"最优秀的士兵都在寻思,为什么要他们孤军奋战,确保其他人逃跑;为什么雄鹰不再保护人,不再杀敌人,为什么还要把整营整营军队白白送死,既然要做的事只是逃跑?"

当内伊的副官准备禀报一些令人苦恼的特殊情况时,波拿巴打断他的话:"上校,我并没有要你讲这些细节。"这场远征俄罗斯的行动是一件地地道道的荒唐事。无论帝国的军事当局还是民政当局,对此都颇有微词。撤退的路上回想起胜利和苦难,使士兵们不是感到酸楚,就是变得消沉。在这条沉浮不定的人生道路上,拿破仑也可以看到他一生两部分的真实写照。

斯摩棱斯克——撤退、撤退

十一月九日,大军终于抵达斯摩棱斯克。波拿巴下令,在岗哨交给帝国近卫军之前,不许放任何人进城。城外边的一些士兵聚集在城墙脚下。里面的士兵则紧闭城门不出。那些被剥夺进城权利的士兵感到失望,空中响彻他们的咒骂声。他们有的穿着哥萨克肮脏的长礼服,有的穿着打了补丁的军大衣,有的披着斗篷,穿着破军服,有的裹着被子或马披,头上或戴软帽,或扎帕子,或罩穿了底的筒帽,或顶变形破口的头盔;这一切上面不是血迹斑斑,就是粘满雪花,不是被子弹洞穿,就是被马刀砍坏。他们脸盘瘦削,脸色苍白,眼睛阴郁却炯炯有神。他们咬牙切齿地望着城墙上头,那种神气,宛如大块头路易治下那些被处残刑,右手抓着自己被砍断的左手的囚犯。乍一看上去,人们或许会把他们当作戴了狂怒面具的人，或者是从医院逃出的疯狂病人。年轻和年老的近卫军赶到了，进入了我们第一次经过时烧掉的要塞。有人喊出反对这支享有特权的队伍的口号："军队就只剩了这些家伙吗？"这些饥肠辘辘的队伍像是鬼魂造反，汹涌地向商店跑去。守卫在那里的人把他们推出来，他们便和对方打起来：被杀死的人还摆在街头，妇女儿童，还有奄奄待毙的人都在大车上。空气中弥漫着腐尸的臭味。一些军人患了痴呆症或者精神病。有几个头发直立，或者绞成一团，不是大声骂娘就是一个劲傻笑，不久就一命呜呼了。波拿巴对一个可怜的供货商大发脾气。那供货商也是无能为力，下达给他的命令没有一个得到执行。

十万人的大军，到这时只剩了三万人，旁边还跟着五万名民工车夫，骑在马上的骑兵只剩了一千八百名。拿破仑把这支队伍交给德·拉图尔-莫布尔先生①指挥。这个军官在率领重骑兵进攻博罗季诺的大角堡时，头部被马刀劈开了；后来在德累斯顿他又丢掉了一条腿。看见仆人落泪，他就问："你有什么好哭的？你以后只有一只皮靴要擦油了。"这位将军始终忠于落难的主人，在亨利五世这位年轻王子流亡国外的头几年当上了他的太傅。我在他面前走过时，就像在荣誉面前走过一样，要脱帽致敬。

法军依靠武力在斯摩棱斯克住到十四日。拿破仑命令内伊元帅与达武商议，用地雷把要塞炸毁。至于他本人，则去了克拉斯诺依，并于十五日在那里安顿下来。在此之前，俄军曾洗劫了那里。俄国人缩小了包围圈。摩尔多瓦的所谓大军就在附近。它准备把我们完全包围，并把我们赶进贝莱齐纳河。

我们剩下的部队日渐减少。库图佐夫得知我们所处的困境，几乎不再移动。威尔逊叫了起来："你只要从司令部出来一会儿，走到高地看

---

① 这位先生在复辟时期当了陆军部长。

一眼，就明白拿破仑最后的时辰到了。俄罗斯需要这个牺牲品：万事俱备，只欠东风，一次攻击就可奠定胜局；再过两个钟头，欧洲的面貌就要变了。"

这话说得不假。可是不单是波拿巴受到了特别惨重的打击，天主还要把手紧紧地压住法国。

库图佐夫回答说："我每三天就让士兵们休息一次；如果他们一时半刻没有面包吃，我也会为此羞愧，会立即停止行动。我押送法军上路，它已是我的俘虏。只要它想停下或者离开大路，我就惩罚它。拿破仑的命运到了头，这点已是不可改变地显示出来了。闪耀一时的流星将当着所有俄军的面，在贝莱齐纳河的沼泽地带熄灭。我将把虚弱不堪、解除了武装，奄奄一息的拿破仑交给他们：这是何等荣耀的事儿。"

波拿巴毫不吝惜轻蔑。他曾带着侮辱人的轻蔑谈论那个"老"库图佐夫。现在轮到"老"库图佐夫来以牙还牙了。

库图佐夫手下的将士没有他这么沉得住气。哥萨克们叫道："难道还要放这些死鬼逃出坟墓不成？"

然而他们没有发现对方开来了第四个军团。它大约是十五日离开斯摩棱斯克的，十六日来到克拉斯诺依与拿破仑会合。联系被切断了。欧仁纳亲王率领后卫部队，试图恢复联系，却是白费气力。他能够做的，就是绕过俄军，与近卫军在克拉斯诺依会合。可是达武和内伊两位元帅始终没有出现。

这时拿破仑忽然恢复了天才：他于十七日提着手杖，带领只剩了一万三千人的近卫军出了克拉斯诺依城，去迎击无数敌人，打通通往斯摩棱斯克的大路，给两位元帅开辟一条通道。只是，"皇帝我做够了，现在是做做将军的时候了。"这句脱口而出的话撕开了他的假面纱，并且败坏了这个行动。当年亨利四世出发去围攻亚眠城时，曾说过："法国国王我做够了，现在是做做纳伐尔国王的时候了。"克拉斯诺依四周都是山丘，山丘上都架了炮，拿破仑就在山脚下行走，随时都可能被炮火击倒。可是拿破仑朝炮兵阵地扫了一眼，说："派一连轻骑兵去把它拿下来！"俄军只要冲下山来，光凭人数就可以把他踩死，可是，看到这位伟人，看到残余的近卫军紧密地排成战斗方阵，他们就像着了魔似的，一个个呆若木鸡：他只是一瞥就制住了山岗上的十万人马。

由于克拉斯诺依这个经历，库图佐夫在彼得堡得了个绰号，叫作"斯摩棱斯基"，其意思，大约是在波拿巴的手杖之下，并没有对拯救共和国灰心失望。

渡过贝莱齐纳河

在这次无用的努力之后，拿破仑于十九日折回第聂伯河，在奥尔夏安营。他原来带了一些文件，还准备在冬天无聊的时候写作自传，要是莫斯科完好无损地保存下来，使他能够住下去的话。现在，他把这些文件付之一炬。他发现自己不得不把圣约翰的巨大十字架推进桑勒沃湖。后来哥萨克把这个十字架打捞上来，重新安放在伊凡大帝塔顶上。

在奥尔夏，人们十分不安。尽管拿破仑企图接应内伊元帅，他的行动却仍扑了空。最后人们在巴拉尼得到了内伊的消息：欧仁纳终于与他会合了。古尔戈将军讲述了拿破仑听到这个消息的欢喜情形，尽管对于与皇帝本人没有直接关系的事情，战报和皇帝朋友的叙述提起来仍然带有嫉妒的保留。军中的快乐很快就压下去了；危险接踵而来。波拿巴从柯卡诺夫转赴托洛齐姆途中，一位副官向他禀报了波里索夫桥头阵地失守的消息。那是摩尔多瓦军队从唐勃罗夫斯基将军手里夺去的。摩尔多瓦军队在波里索夫又遭到德·莱吉约公爵(乌迪诺元帅)的突然袭击,退到贝莱齐亚河对岸,把桥摧毁了。这样,威查柯夫的大军就在我们对面,河流彼岸。

柯尔比诺将军,我军一个轻骑兵旅的指挥官,得到一个农民指点,在博里索夫下游威塞洛沃发现了一处可涉水渡河的地方。拿破仑得知此讯,于二十四日晚派德布雷和夏斯卢带着工兵和架桥兵从波布尔出发,他们来到贝莱齐纳河边的斯图迪央卡,到达指定的浅水湾。

河上架起了两座桥。一支四万人马的俄军在对岸安营扎寨。天亮后,当法国人看到河对岸已经空无一人,又看到扎普利茨师的后卫部队正在撤退时,他们是多么惊愕呀!他们都不相信自己的眼睛。只要一发炮弹,或者一个哥萨克烟锅里的火,就足以把德布雷的并不坚固的桥炸成碎片,或者烧成焦炭。有人跑去向拿破仑禀报。拿破仑赶忙爬起床,出门一看,就叫道:"我骗过了海军元帅[①]!"将士们自然地发出了欢呼。俄军功败垂成,犯了一个可使战争拖长三年的错误。但是俄军指挥官并没有被骗住。威查柯夫海军元帅把一切都预见到了。他只是由着自己的性子行事罢了。尽管聪明热情,他还是贪图舒适;他怕冷,守着炉子烤火,心想只要把一身烤暖和了,总是有时间把法军消灭的。他屈从于自己的性情。今日他退居伦敦,抛却前程,与俄罗斯断了联系,给《评论季刊》提供了一些有趣的文章,谈论一八一二年的战争:他试图为自己辩解,而他的同胞则反驳他;这是俄国人之间的一场争论。唉!如果说在河上建了两座桥和扎普利茨师莫名其妙的撤退这两件事救了波拿巴的命,法国军队的命运却没有好转:另两支俄军集结在拿破仑准备离开的河岸上。在此没有见过那场景的人应该住口,让目击者说话。

尚布雷说:"德布雷指挥的架桥兵很是忠诚,这点和抢渡贝莱齐纳

[①] 指俄军元帅威查柯夫。

河的回忆一样,会留在人们心中。尽管他们长期以来忍受着种种病痛折磨,身体都很虚弱,尽管缺少食物,又没有烧酒,可是我们还是见到他们不畏严寒,跳进水里。有的地方水都齐胸了。这几乎肯定意味着寻死。但是全军都望着他们。他们为拯救全军而牺牲自己。"

德·塞古尔先生说:"法军队伍里一片混乱。两座桥的器材物资都不够。二十六日到二十七日的夜里,行车的桥两次断了,使渡河推迟了七个钟头;到了二十七日,将近下午四点,桥又第三次断了。另一方面,那些民工车夫分散在树林和周围的村庄里,没有利用第一夜渡河,到了二十七日天亮以后,大家都挤在一起过桥。

"他们都是跟着近卫军行动的。近卫军开始动身,桥上就特别挤。近卫军过桥像是一个信号,民工车夫从四面八方跑过来,聚在岸上。一会儿工夫,就聚集了乱糟糟的一大群人,马车和马匹把两座桥的入口堵得水泄不通。头前的人被后面的人推向前,又被近卫军和架桥兵推回来,或者被河水拦住,不是被人群压死,践踏,就是扑进了贝莱齐纳河的冰凌里。从这一大片乱哄哄的人群中,一会儿传来沉闷的嗡嗡声,一会儿响起大喊大叫,夹杂着呻吟和凶狠的咒骂……混乱到了如此地步,以致到了下午两点,轮到皇上过桥时,人们不得不动用武力为他开道。近卫军一支掷弹兵部队,还有拉图尔-莫布尔出于怜悯,不愿在这群不幸者中间挤出来……大群人聚在河岸上,和马匹马车混在一起,造成了可怕的堵塞。将近中午时分,敌人的炮弹开始落在这片混乱的人群中:这一下引发了普遍的绝望……

"第一批从这群绝望的人中冲出去的人,有许多并没有挤上桥面;他们想从两边爬上去,但大多被推进河里。在河上的浮冰之间,可以见到一些怀里抱着孩子的女人,她们自己往下沉,却把孩子举起来,她们自己被水淹没了,僵直的手臂却仍把孩子举过头顶。

"在这一片混乱之中,炮兵走的桥压垮了,断了。已经走上这狭窄通道的队伍想退回来，可是做不到。潮水一般从后面涌上来的人并不知道前面发生了事故，也听不到前面人的叫喊，仍然推着前面的人往前走，把他们推下桥，自己也被后面的人推下去。

"于是所有人又朝另一座桥拥去。大量的大型弹药车、载重马车和大炮从四处赶来，车夫赶着马车飞快地驶下又陡又崎岖的河坡，冲入这一大片人群中。有一些不幸的人惊住了，躲闪不及，被马车辗成肉酱。接下来，马车又撞成一堆，大部分都翻了车，倒下来时把周围的人都压死了。这时一排排的人被后面的人疯狂地推着，倒在这堆障碍前面，被后面潮水般涌上来的人践踏，而后面那些人同样不幸，不断地被再后面的人推倒、践踏。

"这些不幸者的人潮就这样一波压一波地滚着。只听见一片痛苦和疯狂的喊叫。被踩在战友脚下透不过气来的人拼命挣扎。他们紧紧地揪住上面的人，用指甲掐他们，用牙咬他们。上面的人像对敌人一样，毫不留情地把下面的人推开。这时风暴声、波涛声、炮火声、爆炸声、炮弹的尖啸声、叫骂声、呻吟声可怕地响成一片，乱成一团的人群根本听不见被他们踩在底下的牺牲者发出的抱怨。"

别人的叙述与德·塞古尔先生的叙述是一致的。我只举出《沃东库尔回忆录》中的一段，以作代表：

"入夜，威兹洛沃前面相当广阔的原野呈现了一幅惨景，其可怖的程度难以描述。原野上排满了大车和辎重车，大部分撞在一起，翻倒在地，散了架。地上尸体狼藉，死法各异，都不是军人的，其中许多是随军行动到了莫斯科，或者追随祖国的军队逃出莫斯科的妇女儿童。这些不幸的人夹在两军混战之中，有的是被车轮辗死的，马蹄踏死的，有的是被双方的炮火炸死的，子弹射死的，有的是想和军队一起过桥，被挤到河里淹死的，或者被敌军剥光衣服，赤身裸体扔到雪地上，严寒很快结束了她们的痛苦。"

看到这样一幕惨状，见到这种历史上最惨痛的事件，这种超出波斯国王冈比西斯的军队所受苦难的灾祸，波拿巴又发出了什么呻吟呢？他的灵魂又发生了什么呐喊呢？他的战报上仅有这几个字："二十六、二十七两日军队渡河。"军队是怎样渡的河，你们刚才都见到了！妇女沉下水，把怀中的婴儿高高举出水面的惨景，甚至都未使拿破仑感动。另一个统治世界的法国伟人，查理曼，虽然看上去十分粗蛮，可是看到在冰上玩耍的儿童掉进埃布尔河，却流下了眼泪，还写诗（他也是诗人）志哀：

离群的孩子在冰上玩耍

掉进了埃布尔河……

德·贝律纳公爵负责保卫通道。他把帕尔图诺将军安排在后面过桥。帕尔图诺不得不服从。德·莱吉约公爵再次负伤，由内伊元帅接替他指挥军队。部队通过了盖纳沼泽区。要是俄国人稍有先见之明，就会使这段道路无法通行。十二月三日，三星期来受阻的信使都来到了马洛德茨诺。拿破仑就是在那儿考虑放弃旗帜。他说："难道我能继续率领一支败军吗？"在斯摩尔戈尼，那不勒斯国王和欧仁纳亲王催他返回法国。德·伊斯特里公爵进行劝说，可是刚刚说了几句，拿破仑就发火了，叫道："只有最不共戴天的死敌才会在眼前这种境况劝我离开军队。"他一把抽出剑，做了个要朝公爵扑过去的动作。晚上，他派人叫来德·伊斯特里公爵，对他说："既然你们大家都有这个愿望，我就只好动身了。"这一场戏是安排好的，在它上演的时候，动身的计划也订出来了。凡先生的确肯定皇帝下决心在四日军队从马洛德兹诺到比克利扎的行军途中动身。这就是大演员用以结束自己悲剧的喜剧。

在斯摩尔戈尼，皇帝写了他的二十九号战报。十二月五日他与德·科兰古先生上了一辆雪橇。这时是晚上十点钟。他借用逃伴的名字穿过德国。他走之后,一切变得更糟。在上埃及,一场风暴刮来,把一座花岗岩巨像埋入流沙之后,沙漠上就不会再留下它的影子。一些士兵身子都动不了了,住在松树枝搭建的厂棚里,最后竟吃起战友的肉来。苦难似乎到了无以复加的地步:在此之前,还只是秋天的气候,现在冬天来临了。在一片冰天雪地的地区,俄国人都不再忍心朝波拿巴抛下的那些冻伤的幽灵般的人开火。

在维也纳,人们只碰到一些犹太人。他们开始收下了一些病号,可是出于吝啬,又把这些病号扔到敌人脚下。最后一次溃败破坏了法国人在波拿里高地的逗留。他们终于到了涅曼河。我们的部队来时走过的三座桥,如今荡然无存。只有一座敌人搭建的桥,仍然立在封冻的水面上。在八月,有五十万人马,无数大炮渡过了这条河,而此时在柯诺重渡该河的,只有千把常规步兵,几门大炮和三万满身是伤的可怜人。不再奏音乐,也不再唱凯歌。面泛绿色,睫毛冻住了,眼睛眨不得的将士们默默地在桥上行走,或者爬过一块又一块浮冰,直达波兰这一边的河岸。到达有炉火取暖的住所后,不幸的人却都毙了命,他们的生命与他们身上的雪一起化掉了。古尔戈将军断言,重渡涅曼河的有十二万七千人,即使按照这个数字,在一场为时四个月的战争中,也损失了三十一万三千人。

米拉到达贡比能以后,召集手下的军官,对他们说:"没法再给一个失去理智的人效力了;他的事业没有救了;他的话,他的条约,欧洲的君主没有一个再会相信了。"从那里他去了波兹南。一八一三年一月十六日,他弃职而去。二十三天以后,施瓦琛伯格亲王离开了军队。军队交由欧仁纳亲王指挥。约克将军起初受到腓特烈-纪尧姆的公开指责,不久又与他重修旧好。他把普鲁士人带走了:欧洲的背叛开始了。

对俄罗斯战争的评判——大军最后一号战报——波拿巴回到巴黎——元老院的演讲

在这场战争中,波拿巴从头至尾表现差劲,不及他的将军们,尤其不及内伊元帅。对于他的逃跑,有人做了种种辩护,其实这些是说不通的:证据是他不应该放弃挽救时局的一切机会,这种渎职行为不但没有回避灾难,反而加速了莱茵联盟的瓦解。

大军最后一号战报,即第二十九号战报,是一八一二年十二月三日从莫洛杰奇诺①发出的,十八日送到巴黎,只比拿破仑早到两天。它使法国人都惊呆了,尽管它远没有像人们赞扬的那样说真话。它字里行间存在着明显的矛盾之处,真相处处显露出来,根本掩盖不住。在圣赫勒拿岛(正如上文所述)波拿巴带着较大的诚意回忆那一段往事,因为他头上的皇冠已经掉了,说明真相不会再有什么牵累。不过,我们还得听一听这位破坏者说的话。

"这支军队,"他在一八一二年十二月三日的战报中写道,"六日还是那样威武雄壮,从十四日起,就变得面目全非了。由于基本上丧失了骑兵、炮兵和运输车队,我们只能侦察前方两里路的情况……

"没有经受过大自然足够的磨炼,经受不起命运的挫折和苦难的人,这时显然动摇了,失去了快乐和好性情,搁在心里的只是不幸的灾难;而经受了大自然的磨炼,吃得一切苦的人,不但保留了乐观精神和常规状态,而且还把要克服的种种困难看作新的挑战。

"在这些行动中,皇上始终行走在他的近卫军,由元帅德·伊斯特

---

① 作者在前面称为莫洛德兹诺(Molodeczno)。

里公爵指挥的骑兵和由德·当齐克公爵[1]指挥的步兵中间。陛下对近卫军表现的良好的精神状态深为满意：这支部队随时准备奔赴战况需要的地方。但是往往只要它在场就够了，因此它没有遇到需要冲锋陷阵的机会。

"纳沙泰尔亲王、大元帅（杜罗克）、大侍卫（科兰古），以及皇上的副官和行营军官一直跟随在陛下左右。

"我们的骑兵失去了大量战马，以致我们不得不召集保住了战马的军官，组成四个骑兵连，每连一百五十人。在这支队伍里，将军担任连长，上校则成了士官。这支神圣的队伍听令于那不勒斯国王，由格鲁希将军直接指挥，不管皇上怎么行动，这支队伍都紧随护卫。陛下的身体比任何时候都好。"

短短的文字，概述了那么多胜利，多么精彩呀！波拿巴曾经问那几个执政官："那十万法国人，我光荣的战友，你们搞到哪儿去了？搞到坟墓里去了！"这一次法国可以问波拿巴了："渡涅曼河时的五十万将士，都是我的儿女和盟友，你一次出征，就把他们搞到哪里去了？搞到坟墓里去了呀！"

拿破仑惋惜的那十万共和国将士，虽然失去了，至少祖国得救了；而俄罗斯战争的结果却是使法国遭到入侵，使二十年来我们的光荣与牺牲所积累的财富丧失殆尽。

波拿巴得到一个神圣营时刻不停的护卫，不管他怎么行动，那支部队总是紧随护卫；这是三十万牺牲了的生命的补偿：但是为什么大自然没有给他们以足够的磨炼呢？不然，他们本来也可以保持常态的。这些可怜的炮灰，他们的行动也和陛下一样，被人小心庇护吗？

一如许多别的战报，这份战报也是以这句话结尾的：陛下的身体比

---

[1] 即勒费弗尔元帅。

任何时候都好。

我的同胞们啊，请擦干你们的眼泪：拿破仑的身体健康着呢。

在各家报纸上，紧随着这份战报的，有这样一则正式的按语："这是一份极其珍贵的历史文献；色诺芬和恺撒都曾写过这样的文献，一个写的是《长征记》，一个写的是《高卢战记》。"如果把战报与上述两部作品作学院式的比较，那会是多么荒唐的行为！但是，撇开友善的文字吹捧，我们应该感到满足，因为拿破仑导致的可怕灾难给他提供了展示自己作家才华的机会！尼禄火烧了罗马，然后歌颂特洛亚的大火。我们却一直落到了靠一种阿谀来作无情嘲弄的地步。这种阿谀在其记忆中搬出色诺芬和恺撒，来侮辱法兰西永久的悲哀。

保守的元老院跑来了。博物学家德·拉塞佩德说："元老院急忙伏倒在皇帝兼国王陛下的宝座脚下，敬祝他'荣归'各族臣民中间。元老院作为皇帝的最高议事机构，仅在君王需要它、让它行动时才有权行事。它的建立，目的就是为了'在我们的第四朝代'保存君主制，以及你们宝座的世袭权。法国及后人在任何情况下都会发现元老院忠于这个神圣的职责，为了保卫这个守护民族安全与昌盛的圣物，元老院成员随时准备献出生命。"元老院成员在宣布废黜拿破仑的时候，绝妙地表现了这一点。

皇上回答道："诸位议员，你们刚才说的，让我十分愉悦。我一直把法兰西的光荣与强大铭记在心：但是我们首先考虑的，是一切能确保国内长治久安的措施……是这个宝座。从今以后，祖国的命运就与这个宝座连在一起了……我要求天主给我一定的寿数……不同年代所做的事情，我已经做过思考，我将来还要思考。"

奴颜婢膝的历史学家在斗胆恭维拿破仑为国家带来幸福的同时，却被他的勇气吓坏了；他害怕"活着"；他故意说了一句：仅在君主需要它，让它行动时，元老院才有权行事。人家是多么惧怕元老院独立呵！

波拿巴在圣赫勒拿岛时为自己辩解，说："我是毁在俄国人手里吗？不是，是假情报，愚蠢的宫廷阴谋，背叛，无聊事，总之，是人们有朝一日可能得知的许多事情把我毁了。人们有权把外交和战争方面的两大错误归到我名下。这些事情可以减轻或者解释这两大错误。"

如果只是导致一场战斗失败，或者丢失一个省份的错误，那么用神秘隐晦的话来做些解释还是可以的，真相留待将来去弄清也不迟。可是造成社会动乱，给一个独立的民族套上枷锁，这样的错误，用自尊作为借口是无法使人忘掉的。

在造成那么多灾难，做出那么多英雄壮举之后，在元老院的发言中只有憎恶与鄙视可以选择，终究是件很难堪的事。

一八四五年二月二十二日修订

篇章二十二

法兰西的灾难——强作欢颜——在我的山谷中居留——正统观念的觉醒

当波拿巴紧随战报到达巴黎时,法兰西举国上下一片沮丧。德·塞古尔先生说:"帝国只剩了一些被时光和战争催老的男人,还有一些孩子。几乎没有壮丁了。他们在哪儿呢?妻子的哭泣,母亲的凄号,便足以回答问题了!她们俯看着大地,诅咒大地上的战争。没有她们,这大地会是一片荒芜。"

从贝莱齐纳河回来之后,仍得照旧奉命跳舞:这是我们从奥尔唐斯王后的《为历史服务的回忆》中获知的事情。人们心里一片悲凉,在为亲友哭泣,可是还得去跳舞。这就是专制政治强加给法国的耻辱:人们在街头碰到的情景,在沙龙也可见到:一些女人靠歌唱她们的贫困,给路人解闷,来娱乐自己的生活。

我退居奥奈已有三年了。一八一一年,我在长着松树的山坡上,目送着彗星在夜间奔向林木蓊郁的地平线。它像一位女王,美丽而忧郁,一路上拖曳着长长的面纱。这位迷失在我们的天地之间的陌生女人在寻找谁呢？她在天上的荒漠中将脚步迈向何人？

我有段时间宿在巴黎圣父街拉瓦莱特旅馆。老板娘拉瓦莱特太太耳朵有点聋。一八一二年十月二十三日，她带着长长的角状助听器来唤醒我："先生！先生！波拿巴死了！马莱将军杀了于兰将军。当权的人都换了。革命成功了。"

波拿巴是如此受人爱戴，有一阵子，巴黎沉浸在欢乐之中，除了被突然逮捕的权贵。一口气就差点把帝国吹翻了。一个士兵半夜从监狱逃出来，黎明时分就成了世界主宰。一场梦幻差点带走了一个可怕的现实。最温和的人说道："要是拿破仑没死，他会东山再起，改正过错，扫除霉气，和欧洲讲和，这样我们剩下的孩子就有救了。"过了两个钟头，拉瓦莱特先生又进了我的房间，告诉我马莱被捕的消息："什么也瞒不了我（这是他的口头禅），一切都完了。"白昼和黑夜同时降临。波拿巴在斯摩棱斯克附近的雪原获悉这个消息的情形，前面已经叙及。

一八一三年一月十二日，元老院颁令将二十五万人交给回来的拿破仑支配。自此一批又一批新兵如法兰西的伤口渗出的血液，令人揪心。于是人们听到了一个久已忘却的声音；一些年老的法国人认为听出了是谁：这是路易十八的声音；它是从流亡的深处响起来的。路易十六的兄弟宣布有朝一日在一个符合立宪政体的宪章里要确立的原则。我们从昔日的王族那里得到了最初的自由希望。

亚历山大进入华沙，向欧洲宣告：

"……卡斯蒂利亚人做出的光辉榜样，如果北方效仿，世界的悲哀就完结了。欧洲正要成为一个魔怪的战利品之际，恢复了独立和平静。总之，以其长期罪恶威胁大陆的血腥巨魔只剩了一个可怕又可悲的长久回忆！"

这个怪物，这个以其长期罪恶威胁大陆的血腥巨魔，并没有从不幸遭遇中受到多大教训，以至于刚从哥萨克手里逃出来，就又扑向一个被他囚禁的老者。

教皇在枫丹白露

我们已经看到教皇在罗马被人劫持，又在萨沃纳稍事停留，最后被拘禁在枫丹白露。红衣主教团里已经产生了分歧：有些红衣主教希望圣父为教会实行抵抗，他们奉命只穿黑袜子；有几个被发配到外省流放；有些法国教堂的主持被带到万森监狱关押起来；另一些红衣主教则主张教皇完全顺从，他们继续穿红袜子；这是圣蜡节的第二种排场。

在枫丹白露，当那些穿红袜子的红衣主教稍稍放松了对教皇的纠缠之后，教皇便独自一人在弗朗索瓦一世的画廊里散步：他在这里认出了一些艺术品，便想起了圣城。从窗口望出去，他看见了路易十六栽种的松树。松树对面，是一排阴森森的房间。莫奈斯卡奇①就是在那里被人暗杀的。像耶稣一样，在这片寂寥之地，他可能对人间的王国生出了怜悯之心，一个七八十岁的老人，半截入了黄土，又遭到波拿巴本人的纠缠，也就昏昏然于一八一三年签署了和解协议。不久，帕卡和康萨尔维红衣主教来到，教皇又对这个协议表示反对。

帕卡本是和教皇一起从罗马出来的，当他再度与这位被囚禁的人会合时，以为会在皇家监狱见到许多人。其实他只在院子里碰到很少几个

---

① 莫奈斯卡奇（Monescalchi，？——一六五七），意大利人，原为瑞典克里斯蒂娜的宠幸，后失和，于一六五七年被她命人杀害。

仆人，还在铁梯上头见到一个看守。宫殿的门窗都关紧了：在第一候见厅里关的是多里亚红衣主教，别的厅里关的是几个法国主教。帕卡被人领到圣父身边：圣父站立着，一动也不动，脸色苍白，身子佝偻，面容削瘦，眼睛凹陷。

红衣主教说他匆匆赶来伏拜圣上。教皇答道："那些红衣主教把我们拖到桌子旁，让我们签了字。"帕卡回到人家给他安排好的房间，为住所的僻静，教皇眼神的淡漠，面孔的沮丧和额上显露的深愁重忧深感不安。回到圣上身边，他发现"圣上的状态着实堪怜，让人担心他来日无多。他谈起所发生的事件，感到莫大的哀伤，精神垮了。忧愁和烦恼搅得他夜不安寝，食不甘味。他吃的东西只够他保留几口气不死。——'照这样看来，'圣上说，'我也会像克雷芒十四一样，变成疯子死去。'"

圣路易、弗朗索瓦一世、亨利四世和路易十四的声音曾在这些走廊里响起。但这些走廊里如今鲜有人迹。在这里的单人囚室里，圣父花了好几天时间，来写将要交给皇帝的信，并誊抄清楚。教皇写好一张，帕卡红衣主教就把这张危险的信纸藏在衣袍底下带出去。信写好以后，教皇于一八一三年五月二十四日把它交给拉戈斯上校，请他转呈皇上。同时，他还让人给近旁的一些红衣主教宣读了一篇训词。他把在萨沃纳发出的敕书和一月二十五日的和解协议都看成是无效文件。"天主保佑，"那篇训词说，"他的怜悯心从未远离我们！他想用一种于我们身心有益的羞愧挫一挫我们的骄气。其实受点挫折对我们的灵魂只有好处。让我们受挫吧，让天主千秋万代受赞美，享受荣誉与荣光！一八一三年三月二十四日，于枫丹白露宫"。

这个宫殿从未发出更精彩的敕令。教皇的良心感到释然，那副殉道者的面容也变得明朗。他的微笑和嘴巴又恢复了往日的优雅，他的眼里则露出了倦意。

拿破仑起初恐吓要崩掉枫丹白露几个教士的脑袋，他甚至想宣布自己为国教首领,接着,他又恢复本性,假装根本不知道教皇给他写了信。可是他的运气衰落。教皇出自可怜的僧侣等级,由于不幸,又回到群众中间,似乎又重新扮演护民官这一重要角色,并发出信号要废黜民众自由的压制者。

背叛——拉格朗日与德利尔之死

厄运引来了背叛,却并不给背叛以正当的理由。一八一三年三月,普鲁士在卡利什与俄罗斯结为同盟。三月三日,瑞典与圣詹姆斯内阁签订条约,保证提供三万兵员。法国人撤出了汉堡,哥萨克占领了柏林,俄国人和普鲁士人攻占了德累斯顿。

莱茵联盟背叛在即。奥地利加入了俄普同盟。意大利重燃战火。欧仁纳亲王匆匆赶到那里。

在西班牙,英军在维多利亚打败约瑟夫。从教堂和宫殿窃取的油画落到埃布罗:我在马德里艾斯居里亚宫见过那些画,后来在巴黎修复后我又见过。人群与拿破仑就像一道阴影,在这些缪利约[①]和拉斐尔的杰作上掠过。威灵顿一直向前挺进,在龙塞斯瓦列斯打败了苏尔特元帅:我们磨灭不去的回忆成了背景,昭示着我们的新命运。

二月十四日,立法会议开幕之际,波拿巴声称他始终希望和平,世界需要和平。这个世界不再让他成功了。再说,在管我们叫臣民的这个人嘴里,从未对法国的痛苦表示过同情:波拿巴把痛苦加给我们,把贡

---

① 缪利约(Murillo,一六一八——六八二),西班牙画家。

品收归自己。

四月三日，保守的元老院增拨十八万战士给原来已补充人员的军队；在已经择伐过的人的森林里又进行了特别的采伐。四月十日数学家拉格朗日逝世。德利尔神父几天之后也一命呜呼。在天国，情感高尚要比思想高深更受重视，吟唱"同情曲"的唱诗班被安排在距天主近距《分析函数理论》作者①远的地方。波拿巴四月十五日离开巴黎。

吕岑、包岑、德累斯顿战役——西班牙受挫

一八一二年各地的武装起义此起彼伏，最后终止在萨克森。拿破仑赶来了。已不复存在的老部队的荣誉传给了二十万新兵，他们像马伦戈战役中的掷弹兵一样英勇地战斗。五月二日，吕岑战役大获全胜；波拿巴在这些新的战斗中，几乎只使用炮兵。进入德累斯顿以后，他对居民们说："我不知道亚历山大皇帝和普鲁士国王进入你们城垣时，你们是多么激动。你们的少女在那些君主所过之处撒的花，虽然成了渣滓，街面上却还看得到。"拿破仑是想到了凡尔登的少女吗？这是他那美好岁月的事。

在包岑，取得了另一些胜利。但是工兵将军基尔热纳，皇宫大元帅杜罗克在此阵亡。皇上对杜罗克说："还有一个生命，我们会重逢的。"杜罗克真的很想再见到他吗？

八月二十六和二十七两日，法军逼近易北河，开进已经出名的战

---

① 即拉格朗日。

场。莫罗这时已从美国回来,在斯德哥尔摩见了贝纳多特,在布拉格见了亚历山大。在德累斯顿,他在俄皇身边,被一颗炮弹夺去了双腿:拿破仑历来就是这么有运气。在法军营地,人们从一只丧家狗那儿得悉了霍亨林登战役胜利者的死讯。那条狗的项圈上刻了这位新蒂雷纳[①]的名字。那狗失去主人之后,在死人堆中乱跑:"你呀,奥尔居斯的门房!"[②]

瑞典君主成了德国北方军队的最高统帅,于八月十五日给他的将士们发了一则通告:

"士兵们,一七九二年引导法国人前进,促使他们团结一心,打退入侵之敌的情感,今日应该引导你们英勇地抗击敌人:他们侵入了你们生于斯长于斯的土地,仍然用锁链奴役你们的兄弟、妻儿。"

波拿巴招来一致的谴责,受到自由从四面八方,以各种形式做出的攻击,便一头朝自由冲过去。八月二十八日一道元老院法令撤销了安特卫普一个陪审团的裁决[③]:在皇上独断专行,随意定罪之后,这种行为大概只是轻微地触犯了公民的权利,但是法律本质上有一种神圣的独立,其呐喊被人听见了。这个压迫陪审团的事件比法国遭受压迫引出的议论还要多。

在南方,敌人终于触及了我们的土地。英国人是波拿巴的一块心病,长期摆脱不了的烦恼,也几乎是造成他所有失误的根源。他们于十月七日跨过了比达索亚河。威灵顿这个决定命运的人,第一个把脚踏上了法国的土地。

尽管在波希米亚,旺达姆被敌人占了上风,内伊在柏林附近被贝纳多特打败,拿破仑还是执意留在萨克森,他又重返德累斯顿。当时后备

---

① 法国历史上著名战将,也是死于炮弹。
② 原文为拉丁语。见古罗马诗人维吉尔《Eneide》中的诗句。地狱之神奥尔居斯的门房是狗。
③ 该陪审团宣告两个偷税的官员无罪。

军起义；一场类似于西班牙解放战争的民族战争正在酝酿之中。

萨克森战役或诗人之战

有人把一八一三年的战事称为萨克森战役；也许把它称为青年德意志之战或者诗人之战更为合适。波拿巴通过其压迫，把我们逼到了何等失望的地步？既然我们看到自己流血，却不能做出对这群以独立名义持剑战斗的高尚青年有益的活动，以卫护我们自己。这些战斗，每一场都是卫护民权的一次抗议。

一八一三年三月二十五日，亚历山大在卡利什发表了一份通告，呼吁德国人民拿起武器；他以那些兄弟国王的名义，答应让德国人民建立自由制度。当时德国秘密成立了一个大学生组织，叫"学友联合会"。这个信号让它正式登台亮相。德国的大学敞开大门，它们把痛苦放在一边，想的只是补偿所受的侮辱。从前的日耳曼人说："让哀诉与眼泪早点打住，让忧伤与痛苦长留；女人哭一哭还说得过去，男人则只应把痛苦埋在心里。"当青年德意志为解放祖国而奔走时，那些日耳曼人，帝国的同盟者也集结起来。从前的罗马把他们当作刀枪使用。

一八一三年，费希特教授①在柏林发表了一通论述"义务"的演讲。他谈到了德国经受的种种灾难，最后说："课程将停到战争结束。我们要么等祖国自由了复课，要么为争取自由而死。"年轻听众都站起来，发出

---

① 费希特（Fichte，一七六二——八一四），萨克森哲学家，其《对德意志民族的演说》为德意志民族主义的宣言书。

呐喊。费希特从讲坛上走下来,穿过人群,在一个出发从军的团体名册上写下自己的名字。

这一切波拿巴原来并不当一回事,他根本就不把它放在眼里,可现在这却对他构成了危险:智识也下到了竞技场,来反对暴力。莫斯科成了火炬;借着它的亮光,日耳曼扎好了武装带。缪斯号召道:"拿起武器吧!俄罗斯这只凤凰已经从柴堆上飞起!"那位普鲁士王后①是那样纤弱,那样美丽,曾经受到拿破仑卑鄙的侮辱,现在变成了一个既恳求人又被人恳求的亡灵:"她睡得多么平静!"歌颂英雄的吟游诗人唱道:"啊!你能一直睡到人民在血泊中洗除剑锈那一日吗?醒来吧!醒来!做一个自由天使,复仇天使!"

柯尔纳②只有一个担心,就是担心死于散文:"诗啊!诗!"他叫道,"在白昼的光明中,还我以死亡!"

他在军营里写出了颂诗《竖琴与宝剑》。

骑士:告诉我,我的宝剑,我的腰刀,你今日的目光为何这样热烈?我的宝剑,我的快乐之源,你脉脉含情地望着我。乌拉!

宝剑:这是因为一个勇敢的骑士佩戴了我:正是这让我目光里燃起火焰;这是因为我成了一个自由人的力量:正是这让我快乐。乌拉!

骑士:是的,宝剑,是啊,我是个自由人,我从心底喜欢你——我爱你好像你是我的未婚妻,我爱你好像你是我亲爱的情妇。

宝剑:而我,我已经委身于你!我的生命,我的钢铁灵魂都献给了你!啊!我们要是订了婚,你何时会对我说:"过来,过来,亲

---

① 指路易丝王后,死于一八一〇年。
② 柯尔纳(Koerner,一七九一——一八一三),德意志诗人,死于战场。

爱的情妇！"

十二世纪丹麦历史学家萨克索·格拉玛蒂居斯描写一个北方的武士，一个孤独的战士道："他倒下了，含笑而逝。"难道上面那些话，我们不认为出自那位武士之口？

这绝不是一位处境安全的吟唱诗人所表现的冷静的热情：柯尔纳年轻俊美，长着一头金发，腰悬佩剑，像阿波罗一样骑一匹骏马，像阿拉伯人一样在征鞍上歌唱夜晚，在向敌人发起攻击时，他的"玛乌亚"① 由战马疾跑的蹄声伴奏。他在吕岑受了伤，爬到树林里，被一些农民发现。他又重上战场，战死在莱比锡平原，年仅二十五岁。他喜欢一位妇人，但是却从她的怀抱里挣脱出来，去了一切生活快乐的地方。古希腊诗人图尔泰俄斯曾说："妇人乐于凝视生气勃勃精神焕发的青年男子；即使当他在第一排倒下时，他也仍是那样俊美。"

这些新阿米尼乌斯②吸收的是希腊学派的营养，有一支普遍的战歌：当这些大学生抛离科学这宁静的一隅，奔向战场，舍弃学习那种静谧的快乐，投身于战火纷飞杀声震天的危险，丢下荷马史诗和尼伯龙根的传说，拿起刀枪之时，他们拿什么来与我们血的颂歌，革命圣歌相抗衡呢？他们拿出的是这些充满宗教感情，充满人性的赤诚的诗歌：

"德国人的祖国在何处？请把这伟大的国度告诉我！只要听得到德语的地方，听得到赞美上帝的德语歌的地方，就应该是德国人的祖国。

"德国人的祖国，是握手足以代替发誓的国度，是所有人眼睛里闪耀着赤诚的国度，是所有人心中充满炽热感情的国度。

"啊，天上的上帝呀，请垂青我们，把那样纯粹，那样地道的德国

---
① 阿拉伯近代歌曲。
② 阿米尼乌斯（Arminius，公元前十八—公元十九），古日耳曼民族首领。公元前九年打败了瓦卢斯指挥的罗马军团。

思想赋予我们，好让我们能够忠诚而善良地生活。那里就是德国人的祖国，那整个思想领域就是德国人的祖国。"[1]

这些昔日的同窗，今日的战友并不聚集在采伐林那烧炭党人秘密集会的场所，在那里九月大屠杀的参加者曾手持匕首实施暗杀；他们忠实于幻想的诗意，忠实于历史的传统，忠实于昔日的宗教信仰，把一处古堡，一片古老的森林辟作"学友联合会"保守的避难所。普鲁士王后充作"黑夜女王"[2]，成了他们的保护人。

在山丘，在废墟，学生兵与他们的教授兼队长一起，发现了他们喜爱的大学厅堂的屋脊：回想起他们学习的浩如烟海的古代文化，他们激动不已，看到他们童年游戏和学习的圣所，他们百感交集，发誓要像瑞士人梅尔奇达、福斯特和施托法歇[3]一样解放祖国。他们面向阿尔卑斯山发出三重誓。阿尔卑斯山由于他们而变得不朽，而他们则因为阿尔卑斯山而出名。德国人的天性自有某种神秘之处。席勒笔下的黛克拉仍是富有预见力的条顿女儿，而且具有神的成分。德国人今日热爱自由形成一种隐隐的潮流，正如昔日他们把树林的奥秘称作"上帝"……人的生命是一首正在吟唱的热烈的抒情诗，只有当青年德意志的诗人们吟唱过了，并且拿起刀剑与他们的对头、武装诗人拿破仑做斗争时，人才会倒下。

亚历山大有资格充任上天派给德意志青年的使者。他分享他们高尚的感情，而且，他处于强有力的地位，能够使各种计划得以实现。但是他听任自己被周围君主们的恐惧所吓倒。这些君主言而无信，并未给自己的人民以宽容的制度。缪斯的儿女们（一批批浑浑噩噩的士兵就是被他们煽起热情的）被投入黑牢，这就是他们忠诚和高尚的轻信的报偿。

---

[1] 引自艾恩斯特-莫里斯·阿尔恩特的一首诗。
[2] 诗歌中月亮的雅称。
[3] 这三人于一三〇七年发誓，要把人民从奥地利人的统治下解放出来。

唉！还条顿民族以独立的一代人消失了，在日耳曼只剩下陈旧衰老的事务所。他们尽可能高呼拿破仑为伟人，以便把他们现时的景仰当作他们过去卑鄙的借口。在对鞭挞各国政府之后又继续压扁它们的人表示的愚蠢热情之中，人们几乎想不起柯尔纳来了。塔西佗说："阿米尼乌斯，日耳曼的解放者，在只作自我欣赏的希腊人那里是个陌生人，在被他打败的罗马人那里也鲜有名气，但是在野蛮民族却仍然被赞美歌颂。"①

莱比锡战役——波拿巴重返巴黎——瓦伦塞条约

十月十八日和十九日在莱比锡的原野上发生了德国人称为"民族之战"的战斗。在第二天将近日暮时分，萨克森人和符腾堡人打着贝纳多特的旗号，从拿破仑的阵营里出来，决定了战斗的结局。胜利为叛变所玷污。瑞典君主、俄罗斯皇帝和普鲁士国王从三座不同的城门进入莱比锡。拿破仑在遭受大挫之后撤出了该城。由于他对他所称的"士官的撤退"一窍不通，他一过了河便命人把桥炸掉。波尼亚托夫斯基亲王两次负伤，在埃尔斯特河中溺水身亡；最后的保卫者一死，波兰也就沦亡了。

拿破仑只在爱尔福特停了停。他的大军一直是常胜之师，从那里发出的战报才报道它"像一支打了败仗的军队抵达该城"。不久以前，爱尔福特曾见到拿破仑处于隆盛的峰巅。

巴伐利亚人继他人之后，背叛了一种被抛弃的命运。他们终于试图

---

① 塔西佗《编年史》，第二卷。

在哈瑙歼灭我们剩下的人马。仅仅一些仪仗兵就把他们的陆军元帅推翻了：几个年纪不小的新兵踩着他达到了目的，他们救了波拿巴，并在莱茵河后面占领了阵地。拿破仑悄悄逃到美因茨，于十一月十九日回到圣克卢。不知疲倦的德·拉塞拜德来对他说："陛下战胜了一切。"德·拉塞拜德先生曾得体地谈到卵生动物，但是他却不能堂堂正正做人。

荷兰恢复了独立，又召回奥伦治亲王。十二月一日同盟国诸强宣称"他们不是对法国宣战，而是对皇帝一人，或确切地说是对他过于长久地在帝国之外给欧洲和法国带来灾难的霸道宣战"。

人们看到我们被关进故园的时刻临近，不由得萌生出一问：把欧洲搞得天翻地覆，让数百万生灵涂炭究竟有什么用？

通过十二月十一日签订的《瓦伦塞条约》，可怜的斐迪南德七世被重新送回了马德里，这样就悄然地迅速地结束了西班牙这边的罪恶事业，这是拿破仑失败的首要原因。人们可以永远为非作歹，可以永远杀人，不是杀百姓就是杀国王，但要改过回头却是很难的。雅克·克莱芒[①]补好便鞋，准备去圣克卢行刺；他的会友笑着问他准备走多久，他答道："我要走的路相当长，但我应该走下去，不回头。"

立法会议召开，复又延期——同盟国军队渡过莱茵河——波拿巴发怒——一八一四年元旦

一八一三年十二月十九日召开了立法会议。波拿巴虽然在战场表现

[①] 雅克·克莱芒，杀死亨利三世的凶手。

惊人，在其政务院表现突出，却不具有同样的政治才能。自由的语言他一无所知；他想表达与他的天才一致的情感，父亲般的情感，但是在不该动感情的地方动了感情；他的话充满感情，可是内心却是无动于衷。他对立法团说："我的心需要臣民到场，需要臣民爱戴。我从没有为幸运所迷惑。逆境将会看到我经受了它的打击。我曾构想并实施了一些宏伟计划，为的是让世界繁荣幸福。作为君主和父亲，我感到和平增加了皇位的安全，家庭的太平。"

一八〇四年七月，在帝国治下，《箴言报》刊载的一篇官方文章曾说法国绝不会把版图划到莱茵河，法军绝不会再渡莱茵河。

一八一三年十二月二十一日，同盟国军队以十余万人马，渡过莱茵河巴尔至沙夫豪森这一段。同月三十一日，西里西亚军队由布吕歇指挥，从曼海姆到柯布伦茨这一段渡过莱茵河。

奉皇帝之命，元老院与立法会议任命了两个委员会，负责研究与同盟国列强谈判有关的文件资料。这是一个政权的预见。它拒不接受已经是无法回避的后果，想把责任推给另一个权力机构。

立法会议的委员会由莱内先生主持，竟大胆地声称，只要法国人相信，他们只为捍卫祖国、捍卫保护人的法律而流血，和平的手段就会肯定奏效；还表示应该请求陛下继续执行保证法国人民享有自由、安全和私有财产的权利、保证国家享有自由行使其政治权利的法律。

警察大臣德·罗维戈公爵派人抢走了报告的清样。十二月三十一日，一道法令将立法会议展期。会堂门都关上了。波拿巴称立法会议委员会的成员是"英国收买的代理人"。他说："那个名叫莱内的家伙，就是一个奸贼通过德赛兹①与摄政王联系。莱鲁亚尔、麦纳·德·比朗和弗

---

① 德赛兹（Desèze，一七四八——一八二八），法国律师，法官，路易十六的辩护人。

洛热尔格①都是叛逆。"

那些波兰人被他这位战友抛弃了,他们在服从他的命令而溺水之时还高呼"皇上万岁!"可是他却假惺惺地为见不着他们而吃惊。他称委员会的报告是出自雅各宾俱乐部的提案。波拿巴本是从共和派里出来的,可是他没有一次演说不表露出对共和派的憎恨。不过他最恨的不是他们所犯的罪行,而是他们倡导的自由。提到这份报告时他还补上一句:"大家愿意恢复人民的统治权吗?好吧,如果愿意,那我就做人民,因为我想永远留在统治权所在的地方。"从来没有一个独裁者把自己的本性解释得这样露骨。这其实就是路易十四那句话"朕即国家"的翻版。

一八一四年的元旦接见时,人们预料会发生什么事情。我认识一个属于这个宫廷的男子。他就曾打算一有情况,就拔剑出鞘。那一天拿破仑也只是言辞激烈,并没有过界,但是,他出口太没遮拦,甚至让他那些持戟步兵听了都觉得不好意思。他吼着说:"家里的争吵,为什么要在欧洲面前提呢?脏内衣得在家里洗。一个帝王的宝座是什么呢?不就是一个木头架子,蒙上一块布?关键在于坐在上面的人。法国更需要我,我却不这么需要法国。有些人可杀不可辱,我就属于这样的人。再过三个月,我们就会得到和平。不把敌人赶出国境,我就去死。"

法国人的内衣,波拿巴习惯在血里洗。三个月以后,人民并没有得到和平,敌人并没有被赶出国土,拿破仑也没有丢掉性命:死并不是他的作为。法兰西经受了那么多的灾难,又被自我的主宰那种徒劳的固执所折磨,已经失去希望,变得死气沉沉,麻木不仁。

一道帝国法令调动了国民卫队一百二十一个营,另一道法令组建了一个摄政内阁,成员有各部大臣,由康巴塞雷斯主持,皇后为该内阁首

---

① 莱鲁亚尔(Raynouard,一七六一——八三六),法国作家。麦纳·德·比朗(Maine de Biran,一七六六——八二四),法国哲学家。弗洛热尔格(Flaugergues,生卒年月不详),法国阿维龙的议员。

脑。约瑟夫这个离职的君主，这时已带着掳来的财物从西班牙回来，被宣布为巴黎总指挥。一八一四年一月二十五日，波拿巴离开皇宫去军队，他要在熄灭之时迸射一束耀眼的火焰。

教皇获释

前两日，教皇恢复了自由；将轮到自己戴锁链的那只手，被迫把它给别人戴的枷锁砸碎：上天改变了人的运数，本来往拿破仑脸上吹的风，现在推着同盟国的军队挺向巴黎。

庇护七世得知自己获释，赶快在弗朗索瓦一世的小教堂里做了个短短的祈祷，然后坐上马车，穿过森林。照民间传说，当一个国王将驾临圣德尼时，这座森林便会出现牵着猎犬出来收人的死神。

教皇一路上受到一名宪兵军官监视，军官一直把教皇送上第二辆马车。在奥尔良，教皇得知他进入的城市的名字。

在群众的欢呼声中，教皇坐马车往南方走。不久，拿破仑也将在外国特派员们的看守下，经过这些省份。迫害教皇的人倒台，反倒使圣上的行程被耽搁了：权力当局瘫痪了，民众不服从任何人的指挥。波拿巴的一纸命令，二十四小时之前还能叫最高贵的人头落地，叫一个王国倒台，现在却成了一张废纸。拿破仑若是多掌几分钟权，就能保护曾经被他的权力迫害的教皇。教皇曾把波旁家族的王冠戴在一个不相干的人头上，而现在却要波旁家族签发一道临时法令，才彻底恢复教皇的自由：命运是多么错综复杂呀！

庇护七世在钟声和圣歌声中，在眼泪和"教皇万岁！""教会领袖万岁"的口号声中赶路。一路上人家给他送来的，不是城市的钥匙，而是浸透鲜血，通过杀戮才得到的降书。人家介绍一些要求治疗的病人，要求祝福的新婚夫妇来到他的马车边。他对病人们说："天主会安慰你们的！"他朝新婚夫妇伸出和平的手；他抚摸母亲怀抱的婴孩。城里的人，能走能动的都出来了。朝圣者们彻夜守在野外，等着一位获释的老教士到来。农民们天真单纯，觉得圣父很像天主。新教徒们也动了感情，说："当今之世，他是最伟大的人。"这是真正的基督教社会：在那里上帝时时与人在一起；这就是得到教会支持和经过不幸磨炼的弱者的力量，胜于刀剑和权杖的优势。

庇护七世途经卡尔卡松、贝济耶、蒙彼利埃和尼姆，以便再了解意大利的情况。在罗讷河边，似乎雷蒙·德·图卢兹手下无数十字军仍在圣雷米镇列队检阅。教皇又见到了尼斯、萨沃纳、伊摩拉，这些地方是他新近受的折磨、早年做的苦行的见证。人是喜欢在哭过的地方流一掬眼泪的。一般情况下，幸福的地点和时间，人都是记得的。庇护七世想起了他行的善事，吃的苦头，就像一个人回忆起已经淡忘的恋情。

在波伦亚，教皇被交到奥地利权力当局手中。米拉，即那不勒斯国王约阿希姆-拿破仑，于一八一四年四月四日给他写信道：

"大神大圣的圣父，当您被迫离开罗马之时，武运使我成了您所拥有的国家的主宰。现在，我毫不犹豫地把它们交还给您统治，放弃我对这些地方的征服权。"

人家给即将下台的约阿希姆和拿破仑留下了什么东西呢？

教皇还没到达罗马，就给波拿巴的母亲提供了一个避难所。教皇派的一些特使已经收复了这座永恒之城。五月二十三日，一片春意盎然，庇护七世见到了圣彼得大教堂的圆顶。他后来讲述说，见到那神圣的圆顶，他流了泪。正准备跨进人民门之际，教皇又停住了脚步；只见二十二个孤女，穿着洁白的裙袍，四十五个少女，举着大捧金色的棕榈枝，唱着圣歌走上前来。民众高呼万岁。当年拉代占领庇护七世的橄榄园时，是皮亚泰利在奎里纳尔山指挥军队，现在他则引导这支挥舞棕榈枝的队伍游行。与皮亚泰利改变角色同时，在巴黎，一些变节的贵族在路易十八的安乐椅后面又捡起了他们宫廷侍从的职务：幸运连同它的奴才一同转给了我们，正如古代领主的土地是连同农奴一块发卖的。

写作小册子《论波拿巴与波旁家族》的笔记——我在里沃利街租了一套房间——一八一四年，惊心动魄的法兰西战役

在本《回忆录》篇章二（见卷一，当时我第一次流亡迪耶普，刚从那边回来），有这样一段话："人家准许我回我那峡谷。外国士兵的脚步把大地踏得发抖；我就像罗马帝国的末代子民，在蛮族入侵的叫嚣声中写作。白天，我写的一些篇章，和当天发生的事件一样动荡不安；夜晚，当远方的隆隆炮声在僻静的树林里消失时，我就回忆躺在坟墓里的安静的往昔，和童年的太平。"

我白天写出的动荡篇章是一些与时事有关的笔记，汇在一起，就编成了一本小册子：《论波拿巴与波旁家庭》。我对拿破仑的天才，对我们士兵的勇敢是那样看重，压根儿想不到外国人会打进法国来，虽说这场入侵直到最后的结局对法国都是有利的。我当时认为，这场入侵让法兰西感到拿破仑的野心给它带来的危险，会引发一场国内运动，法国人会用自己的手来赢得解放。我就是在这样的思想指导下写下这些笔记的。我的意图是，如果我们的政治会议阻止同盟国军队的推进，并且奋起造

反，与一个已变成祸害的"伟人"决裂，那么这些笔记可以给人们一些启发。我觉得庇护所就在权力当中，而权力是随时代而改变的。我们的先人在权力之下生活了八个世纪。就如暴风雨来临时，近处只有一所老房了，尽管它已是破烂不堪，人们也会跑进去躲一躲风雨的。

在一八一三年与一八一四年间的冬季，我在里沃利街租了一套房间。房间对面就是杜伊勒利宫的第一道栅门。就是在那道栅门前我听到了当甘公爵死亡的惨叫。那时在这条街还只看得到政府建的连拱廊，以及这里那里耸立的几座侧面有待接石齿饰的房子。

拿破仑给法兰西带来的灾难，已使人对他的反感刻骨铭心，对他幻想不再。他是前所未有的战争天才，他在意大利打的第一仗和在法国打的最后一仗（我说的不是滑铁卢）是最漂亮的两仗。在前一仗他像是孔代亲王，在后一仗他像是蒂雷纳元帅。在前一仗他是个伟大的武士，而在后一仗他是个伟人。不过两场战斗的结局截然不同。通过前一仗他赢得了帝国，而后一仗则使他丢掉了帝国。他在政坛上的最后几个时辰，就像狮子的牙齿，尽管松动了，露出牙根了，却也需要欧洲使出全力才能拔掉。拿破仑的名字仍然是那样可怕，敌军是战战兢兢地过了莱茵河，并且左顾右盼不断回首后顾，以确信担心后路被切断。路没有被切断。就是进了巴黎当了主宰，他们仍然提心吊胆。亚历山大在打进法国时，朝俄罗斯回望了几眼，他祝贺那些能够离开的人运气好，在写给母亲的信中流露出不安和悔恨。

拿破仑在圣迪济耶打击了俄国人，在布里埃内打击了普鲁士人和俄国人，就好像要给生于斯长于斯的土地争光似的。他在蒙米哈依和尚波贝尔击败了西里西亚军队，在蒙特罗重创部分敌军。他到处抗击敌军，把包围他的一个个敌军纵队打退。同盟国军队提议休战。波拿巴撕毁对方提出的预备性条款，吼道："我离维也纳近，奥地利皇帝离巴黎远！"

俄罗斯、奥地利、普鲁士和英国为了互相支持，互相打气，在肖蒙订立了一个新的同盟条约。其实他们被波拿巴的抵抗吓住了，打算撤退。在里昂，在奥地利军队侧翼组建了一支法军；在南方，苏尔特元帅阻遏了英军的推进。夏蒂庸会议直到三月十五才散，此时仍在谈判。波拿巴把布吕歇尔的军队赶出了克劳恩高地。同盟国的大军直到二月二十七日才在奥布河畔的巴尔镇，凭借兵力上的优势取胜。波拿巴分身有术，可是收回的特鲁瓦又被同盟国的军队重新占领了。他从克劳恩去兰斯，说："今夜，我要去特鲁瓦接岳父。"

三月二十日，在奥布河畔的阿尔西镇附近发生了一场战事。在炮兵的连续齐射之中，一颗炮弹落到了近卫军一个方队前面。方队显出了小小的骚动：波拿巴打马冲过去，那炮弹的引火索正在冒烟。他让马去嗅那炮弹。炮弹爆炸了，一片火光硝烟之中，皇上却安然无事。

第二天将继续进行战斗。但是波拿巴受到天才的启示——不过这个启示对他来说却是不幸的——从阵上撤走，以便包抄到同盟国军队的后面，切断他们与弹药粮草的联系，并且征调边境重镇的驻防部队来补充兵力。当时外国军队已经准备退回莱茵河，可是亚历山大受到改变世界的天意驱使，做出了向巴黎进军的决定。而通往巴黎的大路此时已变得畅通无阻。拿破仑以为牵住了敌军主力，以为跟在后面的一万骑兵是敌军大部队的先锋，掩盖了普鲁士人和俄罗斯人的真实运动。他在圣迪济耶和维特里打散了这一万人马，这时才发现同盟国的大部队并没有跟在后面。而此刻这支军队正在急速朝京城挺进。在它前面只有马尔蒙和莫蒂埃两位元帅指挥的一万二千新兵。

拿破仑立即朝枫丹白露赶去。在那里，一个神圣的牺牲者（教皇）在退走的时候，留下了酬劳的人和报仇的人。在历史上有两件事总是并行不悖：当一个人开辟了一条不义之路时，也就开辟了一条失败之路，过了一定距离之后，第一条路就通到了第二条路。

小册子开始付印——德·夏多布里昂夫人的一则笔记

人们万分激动：二十年来，一场残酷的战争沉重地压在法兰西头上，使它饱经忧患，也饱尝了光荣的滋味。现在，看到这场战争即将停止的希望，和平压倒了民族感情。人人都在考虑灾难过后该做出什么决定。每晚我的朋友们都来德·夏多布里昂夫人这里聊天，叙述和议论白天发生的事件。这都是些一时之交，时局使他们接近我，时局也使他们疏离我。封塔纳、克洛泽尔和儒贝尔三位先生与这群朋友一起来。德·莱维公爵夫人，一位平和忠诚的美人，成了德·夏多布里昂夫人的忠实友伴。后来在冈城我们又见到了她。德·迪拉公爵夫人当时也在巴黎。我那段时间还常去探望德·黎塞留公爵的姐姐德·蒙卡姆侯爵夫人。

尽管战场渐渐移近，我却仍然相信同盟国的军队不会进入巴黎，相信一场民族抵抗会使我们的担心化为乌有。这种想法萦绕心头，使我在面对外国军队时，感受也没有本应有的那样深。不过看到欧洲给我们带来的灾难，我还是情不自禁地思考我们使欧洲经受了多大的灾难。

我一直关心我那个小册子。我是在无政府状态就要出现时，把它当作一种药方来准备的。这并不像我们今天这样，只管舒舒服服地写，要担心的只是报上连载文章的战争；那时一到夜里我就把自己关在屋里，我把写好的稿纸压在枕头下面，把两把上了子弹的手枪放在桌子上。我就睡在这两个缪斯之间。我写的东西都备了双份。我是以小册子的形式写的，它也保留了小册子的形式，但由于用的是演说词的笔调，它在某些方面又与小册子有些不同。我揣测在法国举行武装起义之时，民众可能会在市政厅集会，因此我就围绕两个主题展开论述。

在我们共同生活的不同时期，德·夏多布里昂夫人写过一些笔记，我从中发现了下面这一段：

"德·夏多布里昂先生写作小册子《论波拿巴与波旁家族》。假若这个小册子被查获，作者无疑会受到审判：结果肯定是上断头台。可是作者的掉以轻心真是令人难以相信。他出门时，常常就把稿子留在桌上，忘了藏起来；最多他也就是小心到把它收在枕头下面，而且是当着仆人的面。那仆人是个十分诚实的小伙子，但也有可能被人收买呀。我则担心得要死：德·夏多布里昂先生一出门，我就把他的手稿收起来，藏在我身上。有一天，在经过杜伊勒利皇家花园时，我发现手稿不在身上，因为我确信出门时是带着的，便怀疑是丢在路上了。我已经想象出警察拿到了那要命的手稿，德·夏多布里昂先生被捕的情景。我顿时昏倒在花园里，人事不知了。好些善良人过来帮我，把我抬回不远的家中。我上楼梯的时候，一边提心吊胆，几乎肯定手稿丢失了，一边又怀着一线微弱的希望：出门时忘了把它带在身上。那段路是多么难熬的酷刑呀！在走近丈夫的房间时，我又觉得支持不住，要昏厥了。最后，我进了房间，看见桌上什么也没有，我就直奔床铺，先摸了摸枕头，没有感觉到什么，然后我把枕头掀起来，看到了那卷稿纸！到现在我每次想起这事，仍心有余悸。我一辈子都没有感受过那种快乐。当然，我可以说实话，就是我发现自己在断头台脚下捡回了一条命，都不会那样高兴的，因为死里逃生的，是一个比我本人还要珍贵得多的人呀。"

我曾给德·夏多布里昂夫人造成一时的痛苦，真是有愧！

不过我还是不得不让一个印刷商知道了我的秘密。他同意冒险试一试；他根据每时每刻听到的消息，根据炮声离巴黎是远还是近，来把毛样还给我或是重新取走：将近十五天，我就这样拿生命作赌注。

巴黎城外的战斗——巴黎景象——贝勒维尔之战——玛丽·路易丝和摄政府逃跑——德·塔莱朗先生留在巴黎

同盟国的军队缩紧了对京城的包围:每时每刻,人们都得知敌军又推进了一步。一些俄军俘虏,一些法军伤员用大车运载着,从各个城门乱纷纷地进了城。有些伤员已经半死不活,跌落在车轮下,被碾得血肉模糊。一些从市内征召的新兵,排着长队穿过市区,朝军队走去。夜里,人们听见城外的大马路上驶过隆隆的炮队,不知远方的爆炸声宣告的是决定性的胜利,还是最后的溃败。

战斗终于在巴黎城外打响了。从圣母院塔楼顶上,可以看到俄军纵队的先头部队,就像头几道冲上沙滩的海浪。当一个古罗马人在卡匹托利亚山峰,发现脚下的拉丁古城,以及阿拉里克统率的西哥特士兵,他那时可能有的感受,我当时也感觉到了,因为我发现了脚下的高卢古城,和俄罗斯士兵。永别了,我们的家园,我们保留了地方传统的家庭,维吉妮和爱洛伊丝居住过的家宅;那个维吉妮被父亲杀死,为贞洁和自由做了牺牲,那个爱洛伊丝被爱情献给了文学与宗教[①]。

若干世纪以来,巴黎就没有见到过敌营的炊烟,正是波拿巴取得节节胜利,逐步引导底比斯人进入了斯巴达女人的视野[②]。巴黎是一座界石,波拿巴就是从这里出发去征服世界的:等他回到这里时,身后留下了徒劳无益的征讨燃起的熊熊大火。

[①] 维吉妮为传说的古罗马少女,其父怕她干出伤风败俗的事,把她杀死。爱洛伊丝为十二世纪法国少女,与一修士自由恋爱受罚,成为后来许多文学作品描写的对象。

[②] 普鲁塔克在《阿热齐拉传》中说,当底比斯人等帕米农达侵入斯巴达时,阿热齐拉记起自己曾说过:"绝不让斯巴达妇女见到敌营的炊烟"。

人们急忙赶往动物园。昔日筑有防御工事的圣维克多修道院可以保护这个地方。我们的力量曾答应使这里的天鹅和香蕉树永享和平，而现在这个小天地被扰乱了。在小道纵横的公园最高处，在高大的雪松上面，在波拿巴来不及完成的粮库上方，在巴士底狱和万森监狱主塔（讲述我们整部历史的地方）的遗址那边，群众看到贝勒维尔战斗中步兵的炮火。蒙马特高地失守。炮弹一直落到圣殿周围的各条大道上。国民卫队的几个连出了城，结果在蒙马特英烈墓周围的田野上损失了三百人。法国武装部队在逆境中从没有迸发出更为强烈的光辉：最后一批英雄是综合工艺学校的一百五十名学生娃娃，他们当了炮手，据守在通往万森的大路角堡里。敌人包围了他们，叫他们投降，但他们坚决不从。敌人只能把他们拖离炮位。俄国掷弹兵扭住被火药熏黑，遍体鳞伤的学生，见他们使劲挣扎，就把他们举起来，得意地叫着，也发出钦佩的赞叹，把鲜血淋漓的他们还给他们的母亲。

在此期间，康巴塞雷斯和玛丽·路易丝、罗马王和摄政府一起逃走了。在城里各处墙上贴了一份通告：

告巴黎公民书

摄政内阁把皇后与罗马王送到了安全的地方：我留下来与你们在一起。让我们武装起来，保卫这座城市，保卫它的建筑，它的财富，保卫我们的妇女、儿童，保卫我们珍爱的一切。让这座巨大的城市暂时变成一座兵营。敌人企图胜利地跨进这座城市的城墙。让他们在城墙下感到羞耻吧。

皇帝指定的摄政官，国民卫队总指挥约瑟夫国王

罗斯托普钦当初并没有打算保卫莫斯科；要把它付诸一炬。约瑟夫宣布他绝不离开巴黎人民，可是一闻到风声他就溜了，只把他张贴在街角的勇敢留给我们。

德·塔莱朗先生是拿破仑任命的摄政府的成员。从欧坦主教停止担任帝国外交大臣那一日起，他就只盼着一件事，就是波拿巴死亡，玛丽·路易丝的摄政府解散。他作为贝内文托亲王，本应是这个摄政府的首脑。波拿巴于一八一四年任命他为临时摄政府成员，似乎满足了他内心的欲望。可是拿破仑并没有死。既然推不翻这个巨人，德·塔莱朗先生就只好在他脚下蹒跚而行，并且伺机为自己谋利益。这个善于搞调和、做交易的人天生的才华就是会做人处事。他的处境十分为难：留在京城是对的；可是波拿巴要是打回来，发现他这位亲王没有跟逃亡的摄政府在一起，他就有被枪毙的危险。另一方面，在同盟国军队可能进城的时刻，他又怎样抛下巴黎呢？这难道不是舍弃成功的好处，背弃种种事件导致的那个结果吗？而他德·塔莱朗先生不是为那个结果而生的吗？他不但不亲波旁家族，反而由于他的种种变节行为而惧怕波旁家族。然而，既然有了某种拥护他们的机会，德·维特罗尔先生（阿图瓦伯爵的幕僚）就带着已婚高级教士的同意，悄悄去参加夏蒂庸会议，作为正统派未被承认的列席代表。采取这个谨慎措施之后，亲王（指塔莱朗）便要出他擅长耍弄的手腕，以便摆脱巴黎的困境。

不久，拉博里先生在杜邦·德·内穆尔先生领导下，当上了临时政府的特别秘书，去找了国民卫队专员德·拉博尔达先生，揭发了德·塔莱朗先生的出走。他说："德·塔莱朗先生打算学摄政府的样逃走。您似乎有必要逮捕他，以便在需要的时候可以与同盟国谈判。"这场喜剧演得天衣无缝。三月三十日，亲王家的人大叫大嚷地给他的车队装上行李，然后，车队在正午时分上路，驶到地狱门，守城的国民卫队就不管他如何抗议，无情地把他送回自己的府邸。即使发生奇迹，局势又逆转过来，证据也摆在那儿，前外交大臣是想去追随玛丽·路易丝，但是武装力量不让他出城。

大元帅施瓦岑贝格亲王的通告——亚历山大的演说——巴黎投降

在同盟国兵临城下之时，亚历山大·德·拉博尔德伯爵和国民卫队的高级军官图尔顿先生被派到大元帅施瓦岑贝格亲王身边。在俄罗斯战争期间，这位大元帅曾是拿破仑手下一员将军。大元帅的通告在三月三十日晚上就传遍了巴黎。通告是这样说的："二十年来，欧洲浸透了血泪。为了结束如此多的苦难所做的尝试都没有奏效。因为甚至在压迫你们的政府的原则里，都存在着一个无法逾越的障碍，致使和平无法实现。巴黎市民们，你们清楚你们祖国的处境。同盟国军队致力的目标，是保存你们的城市，使其平安无事。正是本着这种感情，武装的欧洲兵临城下，才向你们发出本通告。"

"武装的欧洲兵临城下才向你们发出本通告！"这是对法兰西的伟大多么直率的承认！

我们没有尊重过任何人，我们洗劫过他们的城市，现在，他们变得比我们强大了，却对我们表示尊重。他们觉得我们是一个神圣的民族，觉得我们的土地是伊利亚[①]原野，受到众神的保护，任何军队都不能践踏。假若巴黎认为应该进行抵抗，那么抵抗二十四小时是十分容易的，只是那样一来，结局就完全变了。好在除了因打仗和荣誉而红了眼的士兵，谁也不希望波拿巴继续干下去，大家怕留下他这条祸根，就匆匆打开了城门。

三月三十一日巴黎投降。军队投降书是由德尼和法布维尔两位上校以莫蒂埃和马尔蒙两位元帅的名义签署的。市民投降书则是以巴黎的市

[①] 希腊人眼中的圣地。那里有两座体育竞技城——皮斯与奥林匹亚。

长区长名义签署的。省市议会派遣代表去俄军总司令部，拟定投降书各条款。我的流亡伙伴克里斯蒂安·德·拉穆瓦尼翁是代表之一。亚历山大对他们说：

"你们的皇帝曾经是我的盟友，但他一直侵入我国心脏，带去种种灾难，其痕迹将长久存在。是恰如其分的自卫把我一直引到这里来的。俄国所受过的苦难，我绝不想还给法国。我是对的，我知道那不是法国人民的过错。法国人民是我的朋友，我愿意向他们表明，我是来以德报怨的。只有拿破仑是我的敌人。我答应对巴黎城实行特别保护。我将保护、保留所有公共机构，我只留下精锐部队，我将保留你们的国民卫队，它是由你们公民中的优秀分子组成的。你们将来的幸福，该由你们自己来保证。该给你们一个既给你们，也给欧洲带来安宁的政府。你们的意愿，该由你们自己来表达。你们会发现我时刻准备给你们以支持。"

这番话一丝不差，句句得到了执行。在同盟国眼中，胜利的幸福超出了其他一切利益。外国人进入巴黎这座城市，从来只是来赞美我们，来领略我们文明和智慧的奇迹；这座不可侵犯的城市，在十二个世纪之中，受到历代伟人的守卫，这座光荣的都城，至今似乎仍然受到路易十四阴魂的保护，也受到波拿巴杀回马枪，卷土重来的保护。亚历山大看到城中建筑物的圆顶，该有些什么感受呢？！

同盟国军队进入巴黎——波拿巴在枫丹白露

天主曾说过那样一句话，从此，永恒的沉寂隔上长久的一段时间就被打断一次。在新的一代人中间，敲击时间的锤子举起来了。从前巴黎只听见它敲响过一次：公元四九六年十二月二十五日，兰斯宣告为克洛维①举行洗礼，于是吕泰斯（巴黎古称）城门为法兰克人打开了；一八一四年三月三十日，在为路易十六举行了血的洗礼之后，凝然不动的古老锤子再次举起来了，在古老君主制度的钟楼里再次敲响了，鞑靼人进了巴黎。一千三百一十八年的间隔之中，外国人攻击过我们帝国京都的城墙，却始终未能进入城池，由我们自己的部队召进去的除外。诺曼底人包围了"巴黎肆夷"（巴黎市民）的城市，"巴黎肆夷"放飞了立在拳头上随自己转悠的鹰；厄德②这位巴黎的孩子，未来的国王。阿邦在《诺曼底人围攻巴黎》一诗中说：rex futurus（未来的国王）打退了北方来的海盗。巴黎人于一八一四年放掉了自己的雄鹰，同盟国的军队开进了卢浮宫。

亚历山大是波拿巴的仰慕者，曾跪下来祈求和平，可是波拿巴对他发动了不正义的战争；波拿巴指挥了莫斯科河畔的大屠杀，还逼迫俄国人自己放火烧了莫斯科；波拿巴掠夺了柏林城，羞辱了它的国王，侮辱了它的王后：我们该招来什么样的报复？且拭目以待吧。

我曾在佛罗里达一些不知名的建筑物周围转悠。从前它们遭到一些征服者的破坏和劫掠，但这些征服者都没留下痕迹。看到高加索游牧部落在卢浮宫院子里安营扎寨的情景，我很克制。照蒙田说来，这些历史事件是对"我们的能力和价值的小小证明"。在这些历史事件中，我缄默无言。

---

① 克洛维（Clovis，四六六—五一一），古代一个法兰克小国的国王，于公元四九六年受洗皈依天主教，得到高卢-罗马人支持，遂进入巴黎，并征服了许多地区和小王国。
② 厄德（Eudes，八六〇—八九八），法国伯爵，后任国王。

Adh aeret lingua mea faucibus meis.①

一八一四年三月三十一日中午，同盟国军队进入巴黎。当甘公爵是一八〇四年三月二十一日死的，这一天离他死难周年纪念日只过了十天。干下一件罪恶的事，留下的回忆对于一个为期短暂的政权是那样长久，这是不是给波拿巴的一个惩罚呢？俄罗斯皇帝与普鲁士国王走在自己的军队前面。我看见他们在大街上行进，愕然呆立，内心一片悲凉，就好像人家剥夺了我的法国姓名，换上一个号码，今后就戴着它在西伯利亚的矿坑里干活了。我同时感到愤恨越来越强烈，我恨那个家伙，他为了自己的光荣，把我们送到了这种耻辱的境地。

话说回来，同盟国这头一次入侵是史无前例的：处处都体现了秩序、和平和克制，店铺重新打开了大门。一些俄国近卫军士兵，身高六尺，由一些法国小顽童领路，在街上行走，顽童们嘲笑他们，说他们像狂欢节的木偶和假面人。战败的人可以被看作战胜者，因为战胜者为自己的胜利而惶惶不安，好像在请求人家原谅。除了外国王公贵胄下榻的宾馆酒店，巴黎城内由国民卫队驻守。一八一四年三月十四日，无数军队占领了法国。几个月之后，波旁王朝复辟后，外国军队一枪不放，滴血未流，又全部退到了我们国境之外。昔日的法国发现在某些地方国境线向外扩展了；人家与它一起瓜分了安特卫普的舰船和军火库，并把三十万战后散落在各国的战俘遣返法国。打了二十五年仗，整个欧洲终于听不到枪炮声了。亚历山大走了，给我们留下了掠夺来的杰作，还有写进宪章的自由。这份自由，我们既要感谢他的智慧，也要感谢他的影响。身为两个至高无上的权力机构的首长，有刀剑和宗教做保障的双重专制君主，在欧洲的君主之中唯有他明白，在法国所达到的文明时代，

---

① 《圣经·诗篇》二十一首。即为上句的意思。

只有依据自由宪法才能对它实行统治。

我们对外国人抱有天生的敌意,因此把一八一四年与一八一五年两次入侵混为一谈,其实它们没有半点相似之处。

亚历山大仅把自己看作天主的工具,不居功自傲。德·斯塔尔夫人曾经恭维他,说他的臣民有福,虽然被剥夺了一部宪法,却得到了他的统治。他则对德·斯塔尔夫人做了那个有名的回答:"我不过是一个幸运的意外。"

一个年轻人在巴黎街头向亚历山大表示敬佩,说他待最卑微的公民也十分和气。他答道:"难道君主不是天生就该这样吗?"他不愿住在杜伊勒利宫,尽管他记得波拿巴曾在维也纳、柏林和莫斯科的宫殿里逍遥作乐。

他望着旺多姆广场铜柱上的拿破仑雕像,说:"我要是被举到那么高的地方,一定会害怕头晕的。"

他去参观杜伊勒利宫时,有人领他看了和平沙龙,他笑着问:"这沙龙对波拿巴有什么用呢?"

路易十八进巴黎那天,亚历山大置身在一扇窗子后面,没有丝毫与众不同的标志,悄悄地观看皇家的车辇随从经过。

他有时表现得优雅多情。参观一家疯人院时,他问一位妇女"因恋爱而疯的女人"[①]是否很多。"迄今为止并不多。"那女人回答,"不过陛下进入巴黎以后,恐怕她们的人数增多了。"

拿破仑手下一位要人对沙皇说:"陛下,这里的人早就盼望、期待您驾临了。"——"我本该早点来的。"沙皇回答,"您指责我来迟了,只是突出了法国的重要。"确实,在渡过莱茵河时,他曾为自己不能平平安安退回家人中间而懊悔。

---

① 指法国剧作家杜加宗的歌剧《尼娜,或因恋爱而疯的女人》。

在荣军院，他见到在奥斯特里茨战胜他的伤残士兵：他们面容阴郁，默不作声；只听见他们的木腿在荒凉的院子里和简陋寒碜的教堂里踏响的声音。听到这些勇士的声音，亚历山大心里一软，命人给他们拉来十二门俄国大炮。

有人提议给奥斯特里茨桥改名。他说："不必。我率军从这桥上走过就行了。"

亚历山大性格冷静，但也有几分忧郁：他在巴黎散步，不论骑马还是步行，都不带随从，也不装出假面孔。他似乎为自己的胜利吃惊。他的目光几乎充满感动的神情，在人群中扫来扫去，似乎觉得他们都比自己高贵，就像一个来到我们中间的蛮族人，一个在雅典自惭形秽的罗马人。也许他想到这些法国人曾在他被焚毁的京城出现，想到轮到他的士兵来做巴黎的主人了，在这里他也许能够找到几支熄灭的火把。它们曾经攻破和烧毁了莫斯科。这种命运，这种变化不定的天数，这种君王与人民共有的苦难，大概深深地打动了他那虔诚的心。

波拿巴在枫丹白露——摄政府在布卢瓦

博罗季诺战役[①]的胜利者在干什么？他一获悉亚历山大的决定，就给炮兵参谋马伊亚·德·莱斯库下令，炸掉格勒内尔的火药库；罗斯托普钦放火烧了莫斯科，但他在动手之前撤出了居民。拿破仑回到枫丹白露之后，又从那儿一直走到维尔儒依夫：在那儿他朝巴黎望了一眼，只

---

① 或者叫莫斯科河战役，这次胜利可疑。

见一些外国士兵在把守城门,于是征服者回忆起他的掷弹兵看守柏林、莫斯科和维也纳城墙的日子。

事件接连发生,如潮落潮涨,云起云消。

今天在我们看来,亨利四世当年在维尔儒依夫听到加布里埃尔的死讯,回到枫丹白露的痛苦是多么可怜哪!波拿巴也回到了这种孤寂状态。在枫丹白露等待他的,只是对那位尊严的囚徒的回忆:和平的俘虏(庇护七世)刚刚离开城堡,以便让战争的俘虏(拿破仑)自在一点,"不幸是多么迅速地填补他的位置"[1]。

摄政府撤到了布卢瓦。波拿巴曾命令皇后和罗马王离开巴黎,据他说,他更愿意看到他们留在塞纳河凹地,而不愿意看到他们被人家得意扬扬地带回维也纳。但与此同时,他又命令约琴夫留在京城。他得知兄弟开溜后,怒不可遏,说这位前西班牙国王把一切都断送了。宫廷大臣、摄政府成员,拿破仑的兄弟、妻子和儿子为溃退的人流所裹挟,仓皇逃到了布卢瓦:货车、行李、客车都到了那儿,甚至国王金碧辉煌的专车也到了那边,并且被马匹拉着驶过了博斯到尚博尔的泥泞道路。那个地区是法国唯一留给路易十六的继承人的地方。有几个大臣在布卢瓦没有停,要一直走到布列塔尼去躲藏。而康巴塞雷斯则懒洋洋地坐在轿子里,在布卢瓦渐次升高的街道上兜风。有不同的消息在市井流传;人们议论着两个阵营的事,还说起要进行总征调。人们有好几天不知道巴黎发生了什么事,直到一个货车车夫来到,这种情况不明的状况才告终止,因为他的护照上签署的是俄国将军萨肯[2]的名字。不久,俄国将军苏沃洛夫在加莱尔饭店下榻,他突然被一些大人物包围。他们都急于从他那儿得到签证,以便各自逃命。不过,在离开布卢瓦之前,他们每人都让摄政府的财务处支付了路费和拖欠的薪俸。大家一手持护照,一手

---

[1] 法国作家波舒哀:《悼念英国的亨利埃特》。
[2] 萨肯(Sacken,生卒年月不详),同盟国指定的巴黎军区司令。

抓着钱，同时还不忘给临时政府寄去效忠书，因为大家毕竟没有失去理智。拿破仑的母亲和舅舅，那红衣主教菲舍动身去了罗马。埃斯泰尔哈吉亲王以弗兰茨二世的名义来找玛丽·路易丝和她儿子。约瑟夫和热罗姆强迫皇后跟他们走，没有办成，就去了瑞士。玛丽·路易丝立即去与父亲会合。她与波拿巴的关系本不太融洽，自然找到安慰自己的办法，并且庆幸自己摆脱了丈夫与主子这双料暴君。当来年波拿巴卷土重来，给波旁家族造成那种逃跑的混乱时，那些刚刚从长久的苦难中脱身的人，还不曾经历十四年前所未闻的繁荣，一时尚未习惯宝座的安逸。

我的小册子《论波拿巴与波旁家族》出版

然而拿破仑此时尚未下台。他身边还有地球上最精锐的四万士兵。他可以退守卢瓦尔河。从西班牙撤回的法国军队在南部抱怨不迭，就像火山将要爆发。武装的民众情绪激奋，有可能与火山喷发的熔岩相呼应。就是那些外国元首，也仍在让拿破仑还是让他儿子统治法国的问题上意见不一。亚历山大整整犹豫了两天。如前所述，德·塔莱朗先生暗中赞同让罗马王统治法国的政策，因为他对波旁家族心存畏怯。他之所以没有完全赞同玛丽·路易丝摄政的计划，是因为拿破仑尚未灭亡，他作为贝内文托亲王，担心在君主未成年的时期，自己不能始终充当主宰，因为在这段时期一个正当盛年、很不安分、行事难以预料、敢作敢为的人的存在将始终威胁着政局。

就是在这些关键的日子，我抛出了小册子《论波拿巴和波旁家族》，想打破力量均衡的局面。大家知道这本小册子起了什么作用。我奋不顾身地投入乱军混战，以便给再生的自由充当盾牌，以抵挡暴君的打击，那暴君不但没有倒下，反而会垂死挣扎。我是以正统王位继承权的名义说话的，为的是给我的话语增添正义的权威。我告诉法国昔日的王族是怎么回事；我说出了这个家族还有多少成员活着，他们叫什么名字，品性如何；我这样做，有点像在清点中国皇帝有多少小孩，因为共和国和帝国侵占了现在，而把波旁家族推入历史。我曾在好几处地方提到，路易十八后来曾表示，我这个小册子给他的帮助，抵得过十万大军；他本可以补上一句，对他来说，这个小册子就是一份人生的证明书。西班牙战争幸运地结束后，我曾再次帮助他得到王冠。

我的政治生涯一开始，我就成了民众欢迎的人物，但同时也就失去了升官发财的机会。在波拿巴治下充当奴才的人都恨我，而另一方面，那些想把法国置于从属地位的人又信不过我。最初，在那些君主当中，只有波拿巴本人赞同我的看法。他在枫丹白露浏览了我的小册子；是德·巴萨诺公爵带给他的，他们两人进行了公正的讨论；波拿巴说："这一点是准确的；这一点又不准确。对夏多布里昂我无可指责。我大权在手，如日中天的时候他就与我对着干；而那些混蛋那时在干什么呢，如某某某、某某某？！"他点了他们的名字。

我对波拿巴始终真心敬佩，即便我在猛烈攻击拿破仑时也是如此。

后世在做评价的时候，就不会像现在人们所说的那样公道：正如离得近会导致一些错误、偏见，隔得远也会带来一些错误、迷恋和偏见。当后世毫无保留地表示敬佩时，会对敬佩对象的同代人并没有得出与他们一样的看法感到气愤。不过这一点自有其道理：这个人物身上使人不快的东西都已成为过去，他的短处与他的肉体一起死了，留下来的只是他不朽的生命；不过他引起的苦难：他自己的苦难，他那类人的苦难，尤其是忍受他折磨的人所受的苦难却不会因此就不存在。

当今的趋势是颂扬波拿巴的胜利。忍受他折磨的人都不见了，再也听不见诅咒他的声音,听不见牺牲者绝望和痛苦的惨叫,再也看不见法兰西被榨得干干净净,只能靠妇女来耕种田地的景象,看不见父母为儿子的过失而被捕、村民因一个人拒服兵役而连带受罚的情景;再也看不见街角贴的征兵布告,也看不见行人聚集在大张死刑判决书前面,悲伤地寻找儿女、兄弟、朋友、邻居的名字的情形。大家忘记了过去曾一同为胜利而哀叹,忘了在戏院,从检查官漏过的台词里,领会到对波拿巴的一言半语影射嘲骂便兴奋不已的情形,忘了朝野上下、将军、大臣、拿破仑身边的人都曾对拿破仑的压迫和征服怨声载道,对那种老是赢老是玩下去的游戏感到厌倦,对每天早上都要问"今天能否安宁"的生活失去兴趣。

灾难本身也证实了我们痛苦的现实:如果法兰西真的狂热拥护波拿巴,为什么会两次突然地,而且是彻底地抛弃他,也不尝试为留住他做最后的努力呢?如果法兰西的一切:光荣、自由、秩序、繁荣以及工业、商业、手工业的发展,宏伟建筑物的兴建,文学、美术等的昌盛都是波拿巴的功劳,如果在他之前,国家没有任何成就,如果共和国缺乏天才,没有魄力,既没有捍卫,更没有扩展自己的国土,那么法兰西坐视拿破仑这样一个恩人落到敌人手里,或者至少没有抗议敌人囚禁这样一个恩人,岂不是太忘恩负义,太卑鄙了吗?

这种指责,人家有权对我们做出,然而却没有做出,这是为什么呢?显然,这是因为拿破仑倒台的时候,法国不但不打算保护他,反而情愿抛弃他。在我们感到苦涩的憎恶时,我们只把他看作造成我们苦难的罪魁祸首,对我们的苦难视而不见的冷酷家伙。同盟国并没有战胜我们;是我们自己在两个祸害之中选择时,抛弃了使我们流血的祸害,因为我们的血不再是为我们的自由而流了。

无疑,共和国曾经是残酷的,但我们各人都希望它会过去,我们迟早会恢复权利,同时又保留共和国在阿尔卑斯山和莱茵河方面为防御外敌所征服的疆土。它带回来的每一个胜利都是以我们的名义赢得的。在共和国时期我们要谈论的只是法国；获胜的总是法国，打败敌人的总是法国；一切都是我们战士干的，人们设立欢庆胜利或者纪念丧亡的节日，也是为了他们。将军们（他们中有的十分伟大）获得了十分荣耀的位置，但在公众的回忆里，他们为人谦虚；马尔索、莫罗、奥什、儒贝尔就是这样。后面两位本来注定要占据波拿巴的位置的。但是波拿巴天生就是争夺光荣的人，他突然阻挡了奥什将军的宦途，并且以他的嫉妒使这位绥靖的大将备享盛名。这位将军在获得阿尔滕基尔肯、新维德和克莱尼斯特大捷之后突然去世。

在帝国时期，我们都消失了；什么事儿都不再与我们有关，一切都属于波拿巴：我下令，我打了胜仗，我说话，我的雄鹰，我的皇冠，我的血统，我的家族，我的臣民。

然而，在这两种既相似又相对立的状况里，究竟发生了什么事情？共和国倒霉时我们并未抛弃它，它让我们受不了，但是它给了我们荣誉；我们不曾为了某个人的财产而感到耻辱；由于我们的努力，共和国没有遭到入侵；俄国人在山那边打了败仗，来苏黎世断气。

至于波拿巴，尽管他打了大胜仗，获得了大片土地，大量战利品，还是倒下了。这并不是因为他打了败仗，而是因为法国不再需要他了。真是深刻的教训！它让我们永远记取：任何损害人类尊严的事情，都会带来灭亡。

在我的小册子出版之际，凡是有独立见解的人，不论立场观点如何，都持同一种说法。拉斐德、卡米耶·儒尔当、迪西、勒默西埃、朗儒伊纳、德·斯塔尔夫人、谢尼埃、邦雅曼·龚斯唐、勒布朗都像我这样思考问题，写文章。朗儒伊纳说："罗马人不愿做那些人的奴隶，我们却在那些人中间寻找一位主子。"

谢尼埃谈论波拿巴并不比他宽容：

一个科西嘉人吞灭了法国人的遗产。
在战火中遭到屠杀的精英们，
带着光荣被拖向断头台的先烈们，
你们心满意足，又怀上一个希望。
太多的血泪淹没了法国。
一个人成了这血泪的继承人。
……
我由于轻信，长久庆贺他的征服，
在广场、贵族院、我们的运动会，
在我们的节日……
……
但他一旦悄悄逃回家园，
便拿光荣来换取帝国。
我没有颂扬他炫目的丑行，
我的声音永远是压迫者的敌人；
暴君看到崇敬者潮水般涌来，
把谄媚的诗与国家出卖给他，
却发现我不在他的宫中；
因为我歌颂光荣，不歌颂权力。

《散步集》一八〇五年

德·斯塔尔夫人对拿破仑的评论也很尖锐：

要是那些督政（督政府的五个成员），那几个几乎算不上武官的人从坟墓中爬起来，质问共和国征服来的莱茵河和阿尔卑斯山的天然屏障怎么丢了，质问外国军队怎么两次进了巴黎城，质问从卡迪克斯到莫斯科怎么死了三百万法国人，尤其质问各国人民曾对法国的自由事业深感同情，而今怎么变成了根深蒂固的憎恨，那对于人类来说，难道不是上了一堂大课吗？

《论法国革命》

让我们来听一听邦雅曼·龚斯唐是怎么说的吧：

"十二年来，自称命中注定要征服全世界的那个人已经当众认错，说明他的抱负是成问题的……还在他的领土被外国军队侵入之前，他就已经受到无法排遣的烦恼侵袭。外国军队刚刚挨近他的边境，他就把征服的成果扔得远远的。他要求一个兄弟弃位，认可了把另一个兄弟被除名的行为；不待人家提出要求，他就宣布自己放弃一切。

"所有国王，哪怕被人家打败了，都不会放弃自己的尊荣，为什么他这个征服世界的人刚受一点挫折就妥协呢？他告诉我们说，他家里的叫喊让他肝肠寸断。那些在俄罗斯战场因身体负伤，饥寒交迫而死的人就不属于这个家庭吗？那些人断气时，这位长官抛弃了他们，因为他认为自己是安全的；而现在，他与众人一起有了危险，就不再无动于衷了。

"恐惧是个出坏主意的家伙，尤其是在没有良心的地方：在逆境中犹如在幸福时一样，只有道义才有价值。在道义管不到的地方，幸福就会因为荒唐而败坏，而逆境则会因为堕落而陷入无法自拔的泥坑。……

"对一个勇敢的民族，这种盲目的恐惧，突如其来在我们的风暴当中尚无先例的怯懦会产生什么作用？只被一个不可战胜的首领压迫，民族的自尊心得到了一定的补偿（这是个错误）。如今这补偿还剩什么？威望不存在了，胜利不再有了，只剩下一个残缺不全的帝国，只招来全世界的憎恶，宝座失去了往日的气派，色泽黯然，用来摆样子的武器都被撤去，只有当甘公爵、皮什格吕①和许多为支起这宝座而被杀死的幽灵在周围转悠。"②

难道我在《论波拿巴和波旁家族》真的走得很远？权力当局于一八一四年发布的公告——我将会引述——不是重复、肯定、确认了这些看法？虽然这样表明自己立场的权力当局是可耻的，而且由于他们最初的阿谀而失去了尊严，但这只是害了起草这些谀词的办事员，丝毫没有减小它们作为论据的力度。

我本可以引述更多人的论述，可我只记得两个人的话，因为这两人观点有些特别：贝朗瑞这个坚定不移彻头彻尾的崇敬波拿巴的人，说出这些话，不认为自己应该做些解释吗："我对皇帝的天才热烈地、坚定不移地敬佩，但这种狂热的崇拜绝不会蒙住我的眼睛，使我看不到帝国的专制越来越厉害。"保尔-路易·库里埃在谈到拿破仑登基时，说道："告诉我，这意味什么……他，波拿巴，那样一个人，行伍出身，军队长官，世界第一号统领，竟想叫大家称他陛下！明明是波拿巴，却要做陛下！不，他认为与国王们平起平坐就是上升。他喜欢的是头衔，而不是姓氏。可怜的人，他的头脑不如他的运气。这位恺撒很清楚这一点。这也是个别样的人。他不要人家用过时的头衔，他把自己的名字变成了高于国王的头衔。"健在的才子们都走上了同样的不为他人所左右的道路。德·拉马丁先生在议会讲坛，德·拉图什先生在隐居地都表明了同样的看法。维克多·雨果先生在两三首最美的颂诗里延长了这高贵的声调：

在罪恶的黑暗中，在胜利的光辉里，此人无视派他来的

---

① 皮什格吕（Pichegru，一七六一——一八〇四），法国大革命时的将军，一七九七年当选五百人院长，因与保王党人同一立场，遭到逮捕，流放圭亚那，后逃出流放地，潜回法国，被捕后死于监狱，不知是被谋杀还是自杀。
②《论征服精神》德文版。——原注

天主……

最后，在国外，欧洲对拿破仑的评价也同样严厉。我只举出英国反对派的情绪。他们对我们革命中的一切都表示赞同，都为之辩解。请大家读一读麦金托什为佩尔蒂埃①所作的辩护词；谢里丹②在《亚眠条约》签订之际对议会说："走出法国，来到英国的人，不论是谁，都认为是逃出了牢狱，呼吸到了自由的空气，得到了独立自主的生活。"

拜伦勋爵在献给拿破仑的颂诗里，极为不敬地谈到他：

一切都完了——昨日你还是一个国王！
并兴师动众与各国君主较量，
而今却成了无名之辈，
虽如此不幸——却还活在世上。

颂诗从头到尾就是这个调子；每一节都比前一节更强烈，不过这并不妨碍拜伦勋爵赞美圣赫勒拿岛的陵墓。诗人是鸟，听到一点声音就唱起来。

当最广泛的智者形成了对拿破仑的一致评价时，任何赞美，不论是虚假的还是真诚的，任何对事实的安排，任何事后想象的办法，都无法撤销判决。为什么？——人们可以像拿破仑那样，以意志代替法律，迫害自主的生命，以侮辱他人、扰乱生活、破坏个人生活习惯和公众的自由为乐，而反对这种荒谬行为的高尚之举却会被宣布为恶意中伤和亵渎

---

① 麦金托什（Mackintosh，一七六六——一八四三），苏格兰发明家和工业家，防雨布是他发明的织物。佩尔蒂埃（Pelletier，一七八八——一八四二），法国药剂师，发现了马钱子碱、藜芦碱和奎宁等药物。
② 谢里丹（Sheridan，一七五一——一八一六），英国剧作家、政治家。

神明！假如勇敢的义举不仅现在有可能遭到卑鄙的报复，而且有可能遭到未来的卑劣指责，那么谁愿站出来反对强者压迫，保护弱者呢？

这个著名少数派的部分成员是诗人，渐渐地演变成了全国性的行动：到了帝国末期，人人都恨起帝国的专制来了。人们一想起波拿巴，就会对他做出严厉的指责：他使他的枷锁变得如此沉重，使得敌视外国人的情感竟因此变弱了，也使得今日想起来令人扼腕的一场入侵，当初在完成之际也具有了几分解放的意味：这是我不幸而正直的朋友卡莱尔发表的共和派观点。卡诺也说："波旁家族回国，在法国激起了普遍的热情；人们怀着无以言表的激情迎接他们。从前那些共和派也真诚地分享着万民的快乐。拿破仑对他们那些人的压迫是那么重；社会各阶层都吃了那么多苦头，以致没有一个人不乐醉了。"

对这些看法，只差一个权威人士来予以肯定、赞同了：波拿巴便负责证明这些是实话。在枫丹白露宫廷，在向将士们告别之后，他大声坦言法国该把他抛弃。他说："法国本身需要别样的命运。"这是出人意料的坦白，也是值得记忆的坦白，任什么也不能减轻其分量，缩小其价值。

天主在其充满耐心的永恒之中，迟早要做出公正的评价。在老天表面上打瞌睡的时刻，让一个正直人的批评意识保持清醒，让他的批评成为对绝对权力的制约总是好事。当大家都变得卑躬屈膝，当卑躬屈膝能得到那么多好处，阿谀逢迎能得到那么多恩惠，而真诚耿直却要招来那么多迫害的时候，法国是不会抛弃那些拒当奴才的高贵灵魂的。因此，我们要向拉斐德、斯塔尔、邦雅曼·龚斯唐、卡米耶·儒尔当、迪希、勒默西埃、朗儒伊纳、谢尼埃他们表示敬意。民众和国王们都匍匐在地，唯有他们傲然挺立，敢于蔑视胜利，反对暴政！

元老院发布废黜法令

一八一四年的宪章，由元老院议员议定的只有一条，就是保留他们津贴的那条无耻条款。四月二日，这些议员们宣布废黜波拿巴。如果说这个法令对于法国来说不啻于解放，对颁发它的人来说则是卑鄙的，它对人类是一次羞辱，同时它又教育后世，当伟大和幸运不惜于以美德、正义和自由作为代价时，它们还有什么价值？！

保守的元老院的法令

鉴于在立宪君主制国家，君主只能依照宪法或者公约存在；

鉴于在一个有权威的谨慎的政府执政的一定时间里，拿破仑·波拿巴曾经使全国有理由指望将来会有明智和公正行为，但接下来他却撕毁了把他与人民联在一起的协议，尤其是提高税收，开设法律规定之外的税种，违反了他登基之日依照共和十二年花月二十八日通过的宪法第五十三条所发誓言的明确内容；

鉴于他犯下这种侵犯民权的错误，在不久前毫无必要地推迟立法会议，并且像罪犯一样，让人撤销该会议的一份报告；

鉴于他怀疑该机构是否有资格，是否适合代表全国民众；鉴于他发动了一系列战争，违反了共和八年通过的宪法文本第五十款，这一条款规定宣战要像法律一样经过提出、讨论、决定并宣布等程序；

鉴于他违反宪法，发布若干死刑法令，尤其是去年三月五日发布的两道法令，旨在使人把他出于过度的野心而发动的战争视作全民族的战争；

鉴于他在有关国家监狱的法令中违反了宪法；

鉴于他取消了各部大臣的职责，混淆各方面的权力，破坏了司法机构的独立；

鉴于作为民族一项权利而确立和认可的新闻自由经常被置于他的警察的专断检查之下，同时他总是利用新闻在法国和欧洲大肆捏造事实，散布谎言，制造有利于专制的理论，发表侮辱外国政府的言论；

鉴于元老院同意的法令和报告在公布时遭到了篡改；

鉴于拿破仑违背誓言，不是为了法国人民的利益、幸福和光荣而执掌政权，而是拒不按照法国的利益要求接受，且无损法国荣誉的条件与外国谈判，滥用人民交给他的人力和财力，抛弃孤立无援、得不到包扎、缺衣缺食的伤员，并由于种种错误措施，使得城市破落，乡村荒芜，饥馑蔓延，疾病流行，使祖国蒙受了无以复加的灾难；

鉴于共和十二年花月二十八日，或者公元一八〇四年五月十八日由元老院法令批准成立的帝国政府由于以上种种原因，业已不复存在；鉴于所有法国人明显地希望整顿秩序，首先全面恢复和平，况且当今也是欧洲大家庭各国正式恢复友好关系的时代，元老院做出并宣布如下决定：废黜拿破仑；取消其家族的世袭权，解除法国人民与军队忠于他的誓言。

罗马元老院在宣布尼禄为人民公敌时，言辞也没有这样冷酷：历史只是同样的事在不同时代不同人身上的重演。

皇帝在枫丹白露阅读这份法令的情景，大家想象得出来吗？对于他自己的所作所为，对于他召来共同压制我们自由的那些人，他是怎么看的呢？当我发表小册子《论波拿巴和波旁家族》时，我能料到它会被元老院发挥并改写成废黜法令吗？这些立法者指责波拿巴制造弊端，但是在波拿巴如日中天的时候,是谁阻止他们发现这些弊端呢?是谁又禁止他们看到波拿巴违反宪法呢?是什么灵丹妙药治愈了这些哑巴,促使他们竟然为"新闻自由"说起话来呢?拿破仑每次征战归来,那些大献谀词的人如今怎么觉得他是"出于过度的野心"才发动那些战争的呢?那些曾把那么多新兵扔给拿破仑吞食的人,如今怎么怜悯起那些"孤立无援、得不到包扎、缺衣缺食的伤员"来了呢?有些时候,人们只能节俭地"花费"轻蔑,因为有大量的"穷人":眼下我还是舍不得给他们,因为他们在百日王朝期间和以后仍然需要轻蔑。

当我寻思拿破仑在枫丹白露对元老院的法令做何感想时,回答是现成的:一八一四年四月四日的一项并未正式发表,但京城之外多家报纸刊载的法令,对军队的忠诚表示了感谢,并做了以下补充:

"元老院竟然支配法国政府;它忘了它的权力是皇帝给予的,而今它正在滥用这份权力。它还忘了,是皇帝把它的部分成员从革命风暴中救出来的,对于另一部分成员,皇帝把他们从默默无闻的卑贱生活中拉出来,并且为给他们挡住了全国民众的仇恨。元老院是在宪法条文的基础上建立的,现在却要推翻宪法。它不知羞耻地指责皇帝,却没有想到,作为国家的首要机构,无论什么事件都有它的份。元老院不知羞耻地谈到攻击外国政府的诽谤文字,却忘了这些文章是在它的内部写成的。要是好运气长久地降临他们的主子,元老院那些人也会忠诚下去的,根本不会抱怨什么滥用权力。要是皇帝如人所指责的那样,真的瞧不起人,那么今天大家会看出他这么做是有道理的。"

这是拿破仑本人对新闻自由表示的敬意:他应该认为新闻自由也有某些好处,因为它向他提供了最后的庇护,最后的援助。

而我,挣扎着与时间斗争的我,力图让时间说出它的所见所闻的我,在菲利普这个假冒继承人(他继承了如此大笔遗产)治下写作距往事如此遥远的文字的我,在时间这个吞食了各个世纪——我以为它们停止了——让我随它在空间转过来转过去的家伙手里,我变成了什么人呢?

一八四五年二月二十二日修改

圣弗洛朗坦街公馆——德·塔莱朗先生

亚历山大在德·塔莱朗先生府上下榻。我没有出席秘密会谈:会谈内容,大家可以在普拉德神父与一些用肮脏小手玩弄一个历史伟人及世界命运的投机家的文章里读到。我对与大众无关的政治不屑一顾。在候见厅里的二流阴谋家绝不可能比我更正直,更宽容。作为未来可能建立的复辟王朝的人,我在窗下,在街头等待。

通过圣弗洛朗坦街公馆的阴谋策划,保守的元老院任命了一个临时政府,成员有伯尔农维尔将军、若库尔议员、德·达尔贝格公爵、孟德斯鸠神父、杜邦·德·内穆尔等人,由贝内文托亲王主持。

因为是第一次遇到这个名字,我本应该提一提这个人物,他在当时的事务中起了举足轻重的作用;但是我却要把他的形象留到《回忆录》末尾去描绘。

在同盟国进城之际策划的阴谋把德·塔莱朗先生留在巴黎。这阴谋是复辟初期他成功的起因。俄罗斯皇帝在蒂尔西特见过他,所以认识。在法国权力空缺的时候,亚历山大下榻于王爷公馆,这是公馆主人殷勤向他提供的。

自从德·塔莱朗先生被视作世界的仲裁人以后,他府上的客厅就成了谈判中心。他按照自己的意愿组建了临时政府,把他的牌友都安排了进去：只有孟德斯鸠神父在里面像是正统的一块招牌。

复辟王朝最初的使命，就是交给干不出成果的欧坦主教去干。他使复辟王朝无办事效率，为它埋下了枯萎和死亡的病根。

临时政府的公开信——元老院提出的宪法

临时政府被置于主席的独裁之下。它最初的文件，就是致士兵与民众的公开信：

"士兵们，"公开信对士兵们说，"这么多年来，法国和你们一起被人奴役，发出痛苦的呻吟。不久前，它打碎了枷锁。暴政让你们吃的苦头，你们都看到了。士兵们，现在是让祖国结束苦难的时候了。你们是祖国最优秀的儿女。你们不能再听任蹂躏祖国的人指挥了。他想让你们的名字为各国人民所不齿，也许还会玷污你们的光荣，如果一个甚至不是法国人的家伙能够损毁我们军队的荣誉和我们士兵的骁勇的话。"

这样，在他最奴颜婢膝的奴才眼里，这个赢得了那么多胜利的人甚至不再是法国人了！在神圣联盟主政时期，杜布尔[①]把巴士底城堡还给亨利四世时，拒绝取下黑腰带，拒绝收下人家提供的翻建要塞的银钱。人家要他承认国王，他答道："这大概是一位很好的君王，但他已经向德·马耶讷先生[②]做过保证。另外，布里萨克[③]是个叛徒。为了让布里萨

---

① 杜布尔（Du Bourg，一五二一——五五九），法国行政法官。
② 德马耶讷（De Mayenne，一五五四——六——），法国亲王，神圣联盟负责人。
③ 布里萨克（Brissac，一五〇五——五六三），法国军人，马耶讷任命的巴黎军区司令，后降亨利四世。

克忠于德·马耶讷先生,他会当着国王的面,拿长矛扎他,并把他的心脏吃掉。"时代不同了,人也不同了!

四月四日,临时政府发表了致法国人民的公开信。信中说:

"你们在结束内部不和时,选择了一个人作为领袖。此人在世界舞台上出现,显示出伟人的品质。但是在无政府主义的废墟上,他建立的却只是专制。他至少应该得到你们的承认,成为法国人,因为他从来就不是法国人。他毫无目的,毫无理由,不断发动非正义的战争,完全是一个只图出名的冒险家。即使在前所未闻的失败如此明显地惩罚了他的傲气和滥用胜利的行为时,他也许还在梦想他那些宏图大略。他统治国家为的不是民族利益,甚至也不是他那专制政府的利益。凡是他想建立的,他都予以摧毁,凡是他想摧毁的,他又予以重建。他只相信武力,而今却被武力打倒了:这正好是失去理智的野心得到的报应。"

这是无可争辩的事实,罪有应得的厄运;不过,这些厄运是谁造成的?我可怜的小册子夹在这些言辞尖锐的公开信之间,结果如何?难道不是完全被掩住了吗?同一天,即四月四日,临时政府废除了帝国政府的符号和标志。要是凯旋门当时建起来了,人们也会把它推倒的。迈勒是第一个投票赞成处死路易十六的人,康巴塞雷斯是第一个向当了皇帝的拿破仑致敬的人,他们都立即感谢临时政府所做的事情。

六日,元老院拿出了一部宪法的草稿:它的基础,几近于未来宪章的基础;元老院作为上院保留下来,元老院议员的头衔被宣布为终身的、世袭的;在他们长子世袭财产的头衔之上,还附加了元老院议员的薪俸。宪法使这些头衔和长子世袭财产变成可传给拥有者子孙后代的东西。正如古人所说,好在这些世袭权本身也有帕尔卡①。

这些元老院议员在祖国遭到入侵的时候,他们还念念不忘自己。他

---

① 欧洲神话中掌管生、死、命运的三女神。此句意谓世袭也不见得能顺利实行。

们的厚颜无耻在许多事件中都让人感到吃惊。

对于波旁家族来说，在回到故国时接受一个现成的政府，一个不作声的立法机构，一个秘密驯服的元老院，一套被套上锁链的新闻系统，难道不是更便利吗？可是细细一想，大家就会觉得这是不可能的，因为压弯它的那只手臂松开了，天生的自由便又会站起来，又会在轻微的压力下挺直腰杆。如果合法的亲王们遣散波拿巴的军队（他们本应该这样做，这是拿破仑在厄尔巴岛的看法），却同时保留帝国政府，这就等于打碎光荣的工具，只留下暴政的工具，未免过了头：宪章是路易十八付出的赎金。

德·阿尔图瓦伯爵到达——波拿巴在枫丹白露逊位

四月十二日，德·阿尔图瓦伯爵以王国摄政官的身份到达巴黎。有三四百人骑马前去迎接。我也在欢迎队伍中。他的言谈举止与帝国那一套迥然不同，优雅有礼，令人敬爱。法国人高兴地从他身上看到了昔日的风俗、礼貌和昔日的语言。人们把他团团围住，争先恐后向他致意；这是往昔令人快慰的重现，是抵挡外国胜利者和仍具有威胁的波拿巴的双重保护伞。唉！这位贵族刚刚把脚再次踏上法兰西的土地，就看到自己的儿子[①]在这里遇刺身亡，就不得不回到原来的流亡地，客死他乡：有一些人，生命中像有锁链一样套在他们脖子上。

---

① 德·阿图瓦伯爵的儿子是德·贝里公爵，是极端保王党人，受到自由党人反对，一八二〇年遭到暗杀。

有人把我介绍给国王的兄弟①，让他读了我的小册子。不然他是不会知道我的名字的：他记不起曾在路易十六的宫廷里见过我，也想不起曾在蒂永维尔军营跟我有过接触，大概也从未听说过《基督教真谛》；这原本是很平常的事。一个人长期吃苦，深受折磨，记得的也就只有自己；个人的不幸是个女伴，有些冷漠，也很苛刻，始终缠着你，一刻也不离开你，不让别的情感进入你内心，你的坐卧住行都受她控制。

德·阿尔图瓦伯爵进城前夕，拿破仑通过德·科兰古先生斡旋，与亚历山大做了徒劳无功的谈判，然后发表了他的《逊位诏书》：

"同盟国列强宣称在欧洲恢复和平，拿破仑皇帝是唯一障碍；有鉴于此，拿破仑皇帝忠于誓言，宣布他本人和他的继承人放弃法兰西和意大利的宝座，因为他时刻准备为法国人民的利益做出任何牺牲，乃至献出生命。"

不久，皇帝卷土重来，对这些响亮的话语做了同样响亮的否认：他只需要去厄尔巴岛的时间。他在枫丹白露待到四月二十日。

四月二十日到了，拿破仑走下有两道尖拱的石阶，走到卡佩王朝荒凉城堡的列柱廊。有一些掷弹兵在宽大的院子里排成队列，就好像在最后的战场上列阵。这是战胜欧洲各国的部队剩下来的老兵。他们周围，是那些古树。——弗朗索瓦一世和亨利四世的肢体残缺的伴侣。波拿巴向他征战生涯的最后见证人说了下面这番话：

"跟随我多年的近卫军的将军、军官、士官、士兵们，我向你们道别：二十年来，我对你们深感满意；在光荣的道路上我总是看见你们的身影。

"同盟国列强把整个欧洲武装起来反对我；有一部分军队背叛了他们的职责；法兰西本身希望别的命运。

---

① 指德·阿尔图瓦伯爵，后来的国王查理十世。他是路易十六，路易十八两位国王的弟弟。

"有你们，有仍然忠于我的勇士们，我可以打三年内战；可是这样做法兰西就要遭难，这是违背我的初衷的。

"请你们忠于法兰西选择的新王；我们亲爱的祖国遭受了太久的磨难，请你们不要抛弃她！永远热爱她，热爱亲爱的祖国。

"不要为我的命运惋惜；我将来知道你们幸福后，我会永远高兴的。

"我可能死去；对我来说，再没有比一死更容易的了。但我会永远沿着光荣的道路走下去。我们所干过的事业，还需要我写下来。

"我不可能一个个拥抱你们，但我要拥抱你们的将军……来吧，将军……（他紧紧拥抱佩蒂特将军）请把鹰旗送上来！……（他亲吻鹰旗）亲爱的鹰旗啊！但愿这些亲吻响在所有勇士心里！……永别了，孩子们！……我的祝愿永远陪伴着你们；你们要记着我啊。"

说完，拿破仑就收起了他那曾覆盖过全世界的营帐。

拿破仑去厄尔巴岛旅途见闻

波拿巴曾要求同盟国给他派一些特派员，一路上保护他去厄尔巴岛。同盟国的君主同意把这个岛给他，产权完全归他所有，可以在生前赠予他人。苏沃洛夫伯爵代表俄罗斯、柯勒将军代表奥地利、坎贝尔上校代表英国、瓦尔德堡-特鲁克塞斯伯爵代表普鲁士，都被任命为特派员。普鲁士的代表写出了《从枫丹白露到厄尔巴岛：拿破仑旅途见闻录》。这个小册子以及普拉德神父关于波兰大使馆的小册子是最让拿破仑恼火的报告。他当时大概很怀念他那种宽容的新闻检查的时代：当年可怜的德国书商帕尔姆在纽伦堡发行德·根茨先生写的《深受屈辱的德国》一书，竟被他下令枪毙。在那部书出版的年代，纽伦堡还是个自由城，并不属于法国。然而，帕尔姆难道不应该觉察到拿破仑要征服这个城市吗？

德·瓦尔德堡伯爵首先叙述了动身之前在枫丹白露做的几次交谈。伯爵说，波拿巴对威灵顿勋爵赞不绝口，还了解他的个性与习惯。他对没有让布拉格、德累斯顿和法兰克福和平感到歉意。他承认自己有错，但他有不同看法。"我不是篡位上来的。"他补充说，"因为我是在全国人民表达一致的愿望之后才接受的皇冠。路易十八才是个篡位的家伙。他只是被一个可恶的元老院召上王位的。而这个元老院有不止十个成员曾投票赞成处死路易十六。"

德·瓦尔德堡伯爵继续写道：

"二十一日将近中午，皇帝带着另外四辆马车上路了。在动身之前，他和柯勒将军长谈了一次，下面就是谈话的概要：'噢，您昨日听见我对近卫军说的话了。您喜欢那番话，并且看到了它的效果。对那些士兵，就应该那样说话，那样办事，路易十八要不学这个样，绝对带不出一个法国士兵。'……

"等到我们跟法国军队分开，'皇帝万岁'的呼声也就停止了。在莫兰，我们见到了第一批白旗。当地居民呼喊着'同盟国万岁'欢迎我们。坎贝尔上校从里昂起就先走一步，去土伦或者马赛寻找一艘英国三桅战舰，以便满足拿破仑的意愿，把他送上他的岛屿。

"我们途经里昂。在那里，将近晚上十一点钟的时候，聚集了一帮人，高呼着'拿破仑万岁！'的口号。二十四日，将近中午，我们在瓦朗斯遇到奥热罗元帅。皇帝和元帅下了马车；拿破仑摘下帽子，向奥热罗伸过手去。奥热罗没有向他敬礼，但是拥抱了他。'你这是去哪儿？'皇帝挽起元帅的手臂，问道，'去宫廷？'奥热罗回答说眼下先去里昂。他们一起沿着瓦朗斯大路走了一刻钟。皇帝指责元帅对他的态度，说：

'你那个声明真是愚蠢。何必要骂我呢？只要这样说就行了：国家表明了意愿，希望由新君主领导。军队的义务就是服从国家意愿。国王万岁！路易十八万岁！'奥热罗这时也开始对波拿巴以你相称，他严厉指责波拿巴好大喜功，贪心不足，为了自己的野心把一切都牺牲了，甚至把法国全体人民的幸福都断送了。这些话叫拿破仑听了生气，他猛地朝元帅转过身，拥抱他，又把帽子摘下来，然后跳上马车。

"奥热罗背着双手，并没有摘下军帽还礼，只是在皇帝登上了马车以后，他才轻蔑地挥挥手道别。……

"二十五日，我们到了奥伦治，在'国王万岁！''路易十八万岁！'的口号声中受到接待。

"当天早上，从阿维尼翁出发时，皇帝稍稍走在前面。到了换马的地方，有许多民众聚在一起，等候他经过。我们一到，就听见一片呼声：'国王万岁！同盟国万岁！打倒暴君、混蛋、无赖！'……这群人还朝他骂了千百句难听的话。

"我们竭尽所能，制止这闹哄哄的场面，并且把围攻皇帝马车的人群拉开。我们仅仅做到了使这群激愤的人停止咒骂'那家伙'。照他们的说法，那家伙害得他们吃苦，还想让他们更倒霉……

"在我们经过的所有地方，他都受到了同样的接待。在小村庄奥尔贡，我们换了马，那里的民众激愤到了顶点，在皇帝应当停下来歇息的小饭店前面，有人立起一个绞架，上面吊着一个穿法国军装的假人，浑身是血，胸前写着这样一句话：暴君迟早会落得这种下场。

"民众攀上拿破仑的马车，想看看他，痛骂他几句。皇帝尽可能躲在贝尔特朗将军身后，一脸苍白，神色紧张，一声不吭。我们努力把民众劝开，才把他拖出了困境。

"苏沃洛夫伯爵坐在旁边的一辆马车上，对这群人说了这些话：'你们侮辱一个不能自卫的落难的人，难道不羞耻吗？他落到了可悲的处境，受的侮辱已经够多了。他原是自以为要给世界制定规矩的人，如今到了要靠你们宽大的地步！你们放过他吧；看看他那副样子：你们会明白，如今他没有半点危险了，你们只应该蔑视他。如果要采取另外的报复，那就不是法兰西民族的高尚作为了.'民众听了这番话，鼓起掌来，波拿巴看到这种效果，对苏沃洛夫投去赞许的眼色，接着又感谢他帮的忙。

"离开奥尔贡两里地左右，他觉得不能不采取防备措施，化化装，于是找了一件蓝色的破礼服穿上，戴上一顶圆帽，扎上白帽徽，骑上一匹驿马，走在他的马车前面，想让人家把他看作驿夫。由于我们不可能跟着他，到达圣卡纳比他晚了很久。我们不清楚他用了什么办法摆脱群众，以为他陷入了极大的危险，因为我们看见他的马车被愤怒的群众包围，人们企图打开车门，幸好车门关得紧紧的，这才救了贝尔特朗将军的命。妇女的固执尤其叫我们吃惊；她们求我们把拿破仑交出来，说：'无论对我们还是对你们，把他交出来都是应该的，我们只不过要你们做一件正确的事情.'

"走出圣卡纳四五里路，我们追上了皇帝的马车。它不久就驶进大路边一家简陋的小饭铺。饭铺名叫'驯马坡'。我们跟了进去。到了这里我们才获知他乔装改扮的事，以及如何借助于伪装到达饭铺的经过。他只带了一个邮差走在前面。他的随员，从将军到小伙夫，一律戴上了白帽徽，就像是走在前面采购食品的后勤人员。他的贴身侍从迎着我们走来，请求我们配合，让人家把皇帝当作坎贝尔上校，因为进饭铺时他就是这样向老板娘通报的。我们答应配合。我第一个走进像是房间的住室，不由一愣，只见世界的主宰坐在前面，双手捧头，陷入沉思。我先没认出他来，便走拢去。他听见有人走过来，猛地站起来，这一来我看见他满脸泪水。他示意我别声张，在他旁边坐下。当老板娘在房里忙碌的时候，他只跟我扯些毫不相关的事情。但等老板娘一出去，他又回复到先前的姿势。我认为让他独自待着较为合适。不过他请求我们不时上他房间走一走,免得让人怀疑他的身份。

"我们告诉他,人家知道,恰好在昨日坎贝尔上校经过此地,往土伦去了。他当即决定用伯格勋爵的名字。

"我们上桌吃饭。但是饭菜不是由他的厨子做的,他一时迟疑不决,不知该不该吃,因为他怕人下毒。然而,看到我们吃得津津有味,他就为自己露出的恐惧而感到不好意思,于是把人家上的饭菜都收下来,装出尝了的样子,其实都原封不动地退了回去。有时他把食物扔在桌下,让人以为他吃到肚子里了。他吃的是一点儿面包,一小瓶葡萄酒,都是叫人从车上取来的。他甚至让我们与他分享。

"他说了很多话,显得十分亲切。等老板娘上完饭菜,退出去,餐厅里只剩我们时,他就告诉我们他以为性命难保了。他认为法国政府采取了措施,让人在这儿劫持或者暗杀他。

"他的脑子里交织着上千个如何逃生的计划;他也考虑蒙骗埃克斯民众的办法,因为有人告诉他,在驿站有许多人在等着他。因此他向我们表示,他觉得最合适的办法,就是回到里昂,走另一条路登船去意大利。无论如何,我们是不可能同意这个计划的。我们努力劝说他直接去土伦,或者途经迪涅去弗雷瑞斯。我们尽力让他相信,法国政府如果对他有这样卑鄙的图谋,不可能不照知我们;那些群氓尽管行为粗暴,言辞失礼,却也不可能犯下这种罪行。

"为了说服我们,证实他的担心是多么有理,他向我们讲了他和老板娘之间的对话,那老板娘并没有认出他来。'喂!'老板娘问他,'那你们碰见波拿巴了?'——'没有。'他答道。——'我倒很想看看他能不能逃命。'老板娘继续说下去,'我总认为老百姓会杀了他的:也得承认,那个坏蛋该杀。告诉我,你们会让他坐船去他的岛屿吗?'——'是的。'——'你们会把他淹死,对吗?'——'我希望这样!'拿破

仑回答她说。'你们瞧,'他对我们说,'我面临什么危险。'

"于是他又开始惶恐不安,犹豫不决,搞得我们疲惫不堪。他甚至请求我们查看一下,看哪个角落有没有可以逃生的暗门,或者看看窗户高不高,能不能跳下去逃命。他一到房间里就把百叶窗关死了。

"窗户外面装了栅栏。我把这个发现告诉他,让他极为不安。一有动静他就惊跳起来,马上变了颜色。

"晚饭后我们听任他去沉思,但按他表示的意愿,不时去他房里走走,每次进去,我们发现他总在哭泣……

"苏沃洛夫将军的副官来说,聚集街头的民众几乎都散了。皇帝便决定半夜动身。

"他一再坚持,终于叫苏沃洛夫将军的副官穿上了他来到饭铺时穿的蓝色破礼服,戴上那顶圆帽。

"波拿巴想让人家把他当作一名奥地利上校,便穿上柯勒将军的军服,佩上将军佩的圣特蕾莎荣誉勋章,又把我的旅行帽扣在头上,再披上苏沃洛夫将军的披风。

"在同盟国列强的特派员们穿戴完毕之后,马车队便出发了。但是,在下楼之前,我们还按照应该排列的行走次序,在我们房间里演练了一番。德鲁奥将军打头;然后是苏沃洛夫将军的副官,所谓的皇帝,再后面是柯勒将军,皇帝,苏沃洛夫将军,我则荣幸地殿后,跟在我后面的是皇帝的随行人员。

"我们就这样穿过了惊得目瞪口呆的人群,他们极为费劲地辨认,想从我们中间发现他们称为暴君的人。

"苏沃洛夫将军的副官(奥勒维埃夫少校)假充拿破仑,坐在他的马车上,而拿破仑则与柯勒将军坐他的敞篷四轮马车动身……

"然而,皇帝还是放不下心来;他始终待在奥地利将军的敞篷四轮马车上,并且命令车夫吸烟,想让车夫这种随便的举止来表明他不在车上。他甚至请求柯勒将军唱歌,将军回答说不会唱,波拿巴就要他吹口哨。

"他就这样赶路:缩在马车的一个角落里,假装被车夫的烟熏得晃头晃脑、被将军的悦耳音乐所陶醉,而进入了梦乡。

"在圣马可西曼,他和我们一起吃早饭。他听说埃克斯专区的区长在此地,就叫人把他请来,一见面就嚷道:'你看见我穿着这身奥地利军装应该脸红。我穿它是迫不得已,因为我不想遭那些普罗旺斯佬的辱骂。我原先到这儿来,对你们充满了信任,本来都准备带走六千人,做我的近卫军。可是现在我发现这儿是一群群疯子,他们想要我的命。普罗旺斯人种不好,在大革命中干下了种种暴行,犯下了种种罪恶,现在他们又准备闹事了。真要他们上阵杀敌,他们又没胆量,一个个都是软骨头。普罗旺斯人组成的团队,没有一个叫我满意。不过,明天他们对路易十八,说不定也会这样疯狂的,就像今日对我这样……'

"接着,他朝我们转过身,说路易十八要是对法兰西民族太客气,那是干不出什么名堂的。'再则,'他继续说,'他必然要大量征税,这一来,就会立即招来臣民的仇恨。'

"他跟我们说,十八年前,他带了几千人马,被派到这个地区,解救两个保王党人。这两人因为戴了白帽徽,要被绞死。'我费了很大气力,才从这些疯子身上把他们救了出来。今日,'他往下说道,'这些人又开始对他们中间拒绝戴白帽徽的人施加暴力。法国人就是这样左右摇摆!'

"我们听说卢克有两连奥地利轻骑兵。在拿破仑的要求下,我们下令给骑兵指挥官,要他们等我们到来,护送皇帝到弗雷瑞斯。"

德·瓦尔德堡伯爵的叙述到此结束。这些文字读起来让人难受。什么!同盟国列强的特派员有幸做了保证,却无法更好地保护皇帝?他们算老几,竟对皇帝装出那样高傲的神气?波拿巴说得对,他如果愿意,本可以带上部分近卫军随行的。显然，他们对他的命运漠不关心：他们庆贺波拿巴被黜下台；他们乐于赞同牺牲者为了自身安全使用那些屈辱的标记。把曾经在最高贵者头顶上走过的人的命运踩在自己脚下，用侮辱他来替自己的自尊心出一口气，那滋味是多么美呀！因此对这样一种命运的转变，特派员们想不出一句话，甚至是一句明理的同情话，来提醒波拿巴人是多么微不足道，而天主的判决又是多么伟大！在同盟国的阵营里，从前谄媚拿破仑的人为数不少：当人对着武力跪下时，是不可能战胜不幸的。我承认，普鲁士曾需要做出可歌可泣的努力，才能忘却它吃过的苦头，忘却它的国王和王后蒙受的苦难，但这份努力毕竟还是做了。唉！波拿巴从前没有半点怜悯心，所以大家对他也非常冷漠。他表现最残酷的时候，是在雅法；而表现最渺小的时候，是在去厄尔巴岛的路上；前一种表现，军事需要可以充作他的理由，而后一种表现，外国特派员的冷漠误导了读者的感情，减轻了拿破仑的卑琐。

在我看来，法国临时政府也不是完全无可指责的：我不认为莫布勒伊①是有意诽谤；不过，在拿破仑仍然使他从前的仆人感到的恐惧中，一个不测之灾在他们看来也许只像一件不愉快的事。

有人也许不相信德·瓦尔德堡－特鲁克塞斯伯爵叙说的事情是真的，但是柯勒将军在《瓦尔德堡旅途见闻录续篇》中确认他的同事的部分叙述是实实在在。苏沃洛夫将军也向我证实了这一点。他含蓄谨慎的话比瓦尔德堡感情外露的文笔更有说服力。最后，保王党政论家法布里的《旅途见闻录》是根据一些目击者提供的真实的法文材料写成的。

既然我对同盟国和那些特派员做了应有的评价，那么人们在《瓦尔德堡旅途见闻录》里见到的真是战胜世界的那个人吗？英雄被描写成了一个乔装改扮，穿着驿夫的外衣，躲在饭铺后房里头流眼泪的人！难道

---

① 莫布勒伊（Maubreuil，生卒年月不详），法国侯爵，热罗姆·波拿巴从前的侍从，声称受塔莱朗以同盟国的名义派遣，暗杀拿破仑。

马里乌斯①在迦太基城废墟上是这样的吗？死在比西尼亚的汉尼拔、在元老院的恺撒是这样的吗？庞贝怎样乔装改扮呢？用宽大的外袍把头裹起来。曾经身穿皇袍的人戴上了白帽徽，并且呼喊。'国王万岁！'以此来保护自己。而这个国王的一个继承人从前就是被他下令枪杀的！民众的主宰赞成那些特派员为掩护他而对他做出种种侮辱，唆使柯勒将军在他面前吹口哨，允许一个车夫对他脸上喷烟，还逼迫苏沃洛夫将军的副官假扮皇帝，而他波拿巴则穿上奥地利上校的军服，披上一位俄国将军的斗篷！大家必须珍爱生命：这些不朽的人不可能同意去死。

莫罗评论波拿巴说："他的性格特征，就是撒谎，贪生怕死；我要打击他，我将看到他跪在我脚下求饶。"莫罗若是这样想，就不可能理解波拿巴的本性；他犯了和拜伦勋爵一样的错误。至少在圣赫勒拿岛，拿破仑由缪斯培养，变得高尚了，虽说与英国总督的纠纷不怎么光明正大，却也只能忍受其位高权重的分量。在法国，他造成的灾难，在他眼里已经具体化成了孤儿寡妇，令他在几个妇女手下发抖。

这一切都太真实了；可是波拿巴不应该用人们应用于伟大天才的尺度来评判，因为他缺少的就是高尚。有些人向上爬有能力，可是往下走就没有本事了。他拿破仑则往下往上的本事都有。一如反叛的天使，他可以把他无法量度的身躯缩小，以便关在一个有限的空间里。他可伸可缩的本事为他提供了逃生和复活的办法。与他打交道，事情看似完了，其实都没完。他这个演员根据风俗习惯的意愿改变自身，无论是演喜剧还是悲剧，无论身穿奴隶服还是王袍，无论是演阿塔洛斯②还是恺撒，都演得大方自然，完美无缺。再等一阵子，你们会看到，那个矮子将从

---

① 马里乌斯（Marius，公元前一五七一前八六），古罗马将军、政治家。
② 阿塔洛斯（Attalos，公元四至五世纪人），罗马元老院议员，后被西哥特国王阿拉里克推为皇帝。公元四一四年落入奥诺里尤斯之手，成为众人嘲弄的对象。

堕落中抬起他那布里亚柔斯①的头;"瘸腿魔鬼"阿斯摩代②化作大团烟雾,从关住他的瓶子里钻出来了。拿破仑珍惜生命,是为了生命给他带来的东西。他本能地感到了剩下来还可以描绘的东西。他不希望画没绘完,画布就用光了。

英国作家瓦尔特·司各特比那些特派员要公正一些,他在评论拿破仑的恐惧之时,坦率地指出民众的愤怒给波拿巴留下了深刻的印象,让他流泪,表现出他那公认的勇敢所不能接受的软弱,但是司各特补充道:"那种危险是特别可怕的,最能使久经沙场、出生入死的人害怕:在维特两兄弟③所遭受的,死亡面前,便是最勇敢的士兵也都要不寒而栗。"

当年,拿破仑在恐怖时期,就是在这些地方开始他的政治生涯的,现在,还是在这些地方,他却受到了革命的疯狂的惊吓。

普鲁士将军一旦中止了叙述,便认为应该说出皇帝并未隐瞒的一种病痛:德·瓦尔德堡伯爵可能把他所看到的波拿巴的病痛搞混了。德·塞古尔先生在俄罗斯战争中曾见过波拿巴发病的情形,那次皇帝痛得④没办法,只好下马,把头靠在大炮上。在著名武将的种种弱点中,真正的历史只记载了刺进亨利四世心脏的匕首,和夺走蒂雷纳元帅性命的炮弹。

在叙述波拿巴到了弗雷瑞斯之后,瓦尔特·司各特摆脱了大场面的记述,快乐地使出了他的拿手好戏,像德·塞维尼夫人所言,痛痛快快

---

① 布里亚柔斯,希腊神话中的百手巨人,有五十个头、一百只手。据说在他的帮助下,宙斯才能顺利统治奥林匹斯山。

② 阿摩斯代,法国作家勒萨日的小说《瘸腿魔鬼》中的人物。

③ 维特兄弟(兄 Cornelis de Witt,一六二三——六七二,弟 Johan de Witt,一六二五——一六七二),荷兰政治家,与英国克伦威尔议和,并驱逐荷兰的奥伦治亲王全家。在一次暴动中被奥伦治派杀死。

④ 波拿巴患有膀胱炎。

地神聊起来；他细说拿破仑去厄尔巴岛的经过，说起波拿巴对英国水手们的诱惑；只有欣顿一人除外，他一听到人家颂扬皇帝，就忍不住嘀咕一句：瞎扯！拿破仑走了以后，欣顿祝愿皇帝陛下身体健康，下次机运更好。拿破仑既有人类的种种弱点，也有人类的所有伟大之处。

路易十八在贡比涅——路易十八进入巴黎——老近卫军无法挽回的过错——圣旺宣言——巴黎条约——宪章——同盟国军队撤离

当名闻遐迩的波拿巴在万民的诟骂声中逃离法国的时候，被各地民众遗忘的路易十八打着白旗，顶着重重王冠出了伦敦城。拿破仑在厄尔巴岛下了船，又恢复了气力；路易十八在加莱下了船，可能见到了卢韦尔①。他在此遇见梅宗将军。十六年后，这位将军负责护送查理十世乘船去瑟堡。查理十世似乎为了使他有资格执行未来的使命，把法兰西元帅的权杖授予梅宗先生，正如一位骑士在上阵拼杀之前，把骑士身份授予地位比他低，但他愿意与之较量的人一样。

我担心路易十八露面效果不好，便急急忙忙抢在他前面住进了贡比涅行宫。一四三〇年圣女贞德就是在那里落到了英国人手里。在那里，有人把一部手抄的卷轴拿给我看。它被射向波拿巴的一个炮弹球打中了。阿提拉曾经吹嘘："我的铁骑所过之处寸草不生。"而今，王室的

---

① 路易十八怕遭暗杀，才从加莱上岸。卢韦尔（Louvel，一七八三——一八二〇），法国工人，暗杀路易十八的儿子贝里公爵的凶手。

一个残疾人替下了曾经可以像他一样夸口的骑士,人们见到这位老人的模样会做何感想呢?我既不是负有使命,也不是乐于干这种事,就揽下了一个相当艰巨的任务(这是命中注定):描写路易十八到达贡比涅的情景,让世人如我借助缪斯的神力描绘的样子,来目睹圣路易子孙的风采。我是这样表达的:

"御辇前面,是专程前去迎接圣驾的元帅和将军。全场欢声雷动,响成一片,再也听不出'国王万岁!'的口号,只听得出一片欢乐和激动的叫喊。国王身穿蓝礼服,只有一枚勋章和两块肩章才使他与众不同。他腿上裹着宽宽的金线镶边的红天鹅绒护腿。当他坐在扶手椅上,裹着古式的护腿,双膝间夹着手杖,人们以为见到的是五十岁左右的路易十四……麦克唐纳、内伊、蒙赛、塞吕里埃、布吕纳等元帅、纳沙泰尔亲王,以及所有将军,在场的各色人等都得到了国王最亲切的问候。在法国,国王姓氏上附着的这股魔力,就是合法君主的力量。一个人独自从流亡中归来,没有随从,没有侍卫,没有财富,一切都被剥夺得精光;没有任何东西可以赐人,也几乎做不出任何许诺。他在一个年轻妇人搀扶下,从马车上下来,来到从未见过他的上尉面前,来到几乎不知道他的名字的掷弹兵面前。这人是谁?是国王!大家都在他脚下跪下来。"

就我想达到的目的来说,我在上面提到的军人们的情况,与官长有关的是真实的,与士兵有关的则不尽然。路易十八于五月三日进入巴黎城,去圣母院的情景,我一直没有忘记,至今想起来仍历历在目:人家本来不想让国王见到外国军队;老近卫军一个步兵团沿着奥费弗尔河街排成一道人墙,从新墙一直排到圣母院。我以为没有和这些掷弹兵的面孔一般凶狠可怕的人脸了。他们这些打遍欧洲的胜利者身上伤痕累累,他们曾看见成千上万的炮弹从头上飞过,散发出烈火与炸药的气味。这些人失去了自己的统帅,被迫向一个老态龙钟、因为年岁而不是因为战争致残的国王致敬;他们在拿破仑的受到外国军队入侵的京都,被俄罗斯、奥地利和普鲁士的军队监视着。一些士兵颦眉蹙额，把宽大的皮毛帽拉下来，遮住眼睛，另一些士兵透过唇髭，露出老虎一般的牙齿。他们操弄武器时像是带着满腔怒火，那声音叫人不寒而栗。说实话，从没有人受过这种考验和酷刑。倘若在这种时刻有人号召他们报仇，那么必须把他们彻底消灭，一个不留，否则他们连大地也会吃掉。

在队伍末尾是一个年轻的轻骑兵，骑着马，拿着出鞘的马刀上下挥舞，动作因为气愤而抽搐不止。他脸色苍白，眼珠滴溜溜直转，嘴巴时张时合，咬得牙关嘎嘎响，欲言又止。他瞧见一名俄国军官。他朝那军官投去的目光无法形容。当国王的马车从他面前经过时，他勒马一跃，显然，他企图朝国王冲过去。

复辟王朝一开始犯了一个无法挽救的错误，它应该遣散军队，保留那些元帅、将军、军区司令和各级军官的退休金、荣誉和军阶，重新组建军队以后，再把那些士兵陆续召进来，就像组建皇家卫队时所做的那样；如果这样做了，正统王权就不会在开始时受到帝国那些如胜利时期一样有组织，有纪律，有指挥，不断谈论过去，满怀懊恨和对新主子的敌意的士兵反对。

"红屋"① 可怜巴巴的恢复，旧君主体制的将士与新帝国士兵的杂处，更使错误加大：一些经历了千百次战斗、打出威名来的老战士看到一些毛孩子——他们大概十分勇敢，但毕竟大多是沙场新手——不经浴血奋战，就佩上了高级军官的牌牌，岂有不反感的道理？若是认为他们不会反感，那就是不了解人的本性。

路易十八在贡比涅小住期间，亚历山大前来探望。路易十八态度倨傲，伤了他的心。这次会见的结果，是五月二日的圣旺宣言。国王在宣言中表示：他将实行宪政，决定以下面这些保证作为宪法的基础：组织

---

① 法国国王的军事顾问机构。

两院制的代议制政府；实行自由税赋；保证公众和个人自由、新闻自由和信仰自由；私人财产神圣不可侵犯，已出售的国家财产不得收回；实行部长负责制、法官终身制和司法独立，任何法国人都可担任国家各级职务，等等。

虽说这个宣言合乎路易十八的思想，却并不是由他，或者由他的顾问拟写的。因为这个时期他才刚刚走出了休眠状态。他的翅翼本已收起来了，他从一七九二年以来就停止了"飞行"；他刚刚恢复了飞行或者奔跑。恐怖时代的种种暴行，以及波拿巴的专制压制了他的思想。但是，阻遏这些思想的障碍一旦被摧毁，它们就汹涌地流进了它们本要遵循和开掘的河床。人们从被拦阻的地方又重新起步。过去的事情仿佛不曾发生：人类被带回革命开始的年代，难道失去的只是四十年生活[①]；或者，在一般社会生活中，四十年是个什么概念？被截断的时间重新接上以后，这段空白就消失了。

一八一四年五月三十日，法国与同盟国之间缔结了巴黎条约。大家议定，在两个月之内，参与本次战争的各方列强都派全权代表去维也纳参加一次大会，以便做出最终的安排。

六月四日，路易十八在立法团全体会议和元老院部分成员的集会上露面，发表了一次崇高的演说；那些枯燥的细节古老、陈旧、过时，从此只充作历史的线索。

对于国内绝大部分人而言，宪章是不便接受的：这等于是通过这个十分无用的词，又提出了是国王还是人民当家做主这个烫手的问题。路易十八也把他的善举追溯至他当政的年月，只当不曾有波拿巴这个人似的，正如英国的查理二世双脚并拢，从克伦威尔头上跳过去一样。但对于过去曾承认拿破仑，眼下就在巴黎的各国君主而言，这无异于某种

---

① 从一七九二年到一八一四年只有二十二年。——原注

侮辱。这种过时的论调，这些昔日君主体制的要求并未给正统王权增补任何权利，充其量只是一些幼稚的陈词滥调。除了这点，宪章取代了专制，给我们带来了合法的自由，含有使正直人士满意的内容。从宪章得到那么多好处的保王党人，或是从村庄，或是从贫苦家庭，或是从默默无闻的位置（帝国时期他们被埋没在这样的位置上）走出来，被召到高级的地位，过起了出人头地的生活，然而他们得到了好处，却只是嘟嘟囔囔地发牢骚。自由党人曾经心悦诚服地接受波拿巴的暴虐统治，认为宪章是地地道道的奴隶法典。我们又回到了巴别塔①时代；但是人们不再建造一个混乱的公共建筑物：各人按自己的力气和身材建造适合自己高度的塔楼。再说，宪章之所以显得不完善，是因为革命尚未走到尽头，平等与民主的原则仍留在人们思想深处，起着与君主政治秩序背道而驰的作用。

同盟国君王不久就离开了巴黎。亚历山大在走之前，叫人在协和广场举行了一次宗教祭祀活动。在当年绞死路易十六的地方，搭起了一座祭坛。七位俄国教士主持弥撒。外国军队列队从神坛前经过。在一支优美的希腊古曲伴和下，大家唱起了感恩赞美诗。士兵们与君主们一样，都跪下来，领受上天的降福。法国人的思绪又回到了一七九三年和一七九四年。当时牛都不肯从大街上走，因为血腥味难闻。是一只什么样的手把这些不同国家的人，把这些古代蛮族入侵者的儿子，这些鞑靼人领到赎罪祭礼上来的呢？这些鞑靼人有些还是中国长城脚下羊皮帐篷里的居民。这些场面，贫弱的子孙后代是再也见不到的了。

---

① 巴别塔，《圣经》所载故事。挪亚的后裔要建一座通天塔，但由于语言不通，塔未建成。

复辟王朝头一年

在复辟王朝第一个年头，我目睹了社会的第三次变革。我曾见到古老的君主制向君主立宪制和君主立宪制向共和制转变，又见到共和制转变为军事独裁，还见到军事独裁又变回自由的君主政体。新观念容纳了旧原则，一代代新人启用了老人。帝国的元帅们摇身一变，成了法兰西的元帅。拿破仑的近卫军军服与国王侍卫和红房子的军服混在一起。后者的军服完全是按照老式样裁剪的。达弗雷老公爵戴着扑粉的假发，挂着漆黑的手杖，作为卫队首领，走在维克多元帅旁边，脑袋一晃一晃，步子像波拿巴那样，有些不稳。德·莫西公爵从未见过打枪放炮，在参加弥撒的队列里走在伤痕累累的乌迪诺元帅身边。在拿破仑时代杜伊勒利宫是那样洁净，那样充满军营气氛，如今则充满了由四面八方升起的炊烟。那些宫中显贵的贴身侍从、宫中负责膳食和衣物的管家，一个个又显出了仆人的神态。在街头，人们看见一些年迈体衰的流亡贵族，仍然穿着旧时的衣服，摆出昔日的模样。他们大概是最可敬的人物，但是置身于现代人群之中，就和共和国的统帅置身于拿破仑的士兵中间一样，显得格格不入。帝国宫廷的贵妇引进圣日耳曼郊区享有亡夫遗产的寡妇，告诉她们宫里"曲里拐弯的"事情。从波尔多来了一些代表团，一个个都佩着臂章。从旺代教区来的一些统领，都带着拉罗什雅克兰①式的帽子。这些形形色色的人物都保留着他们所熟悉的表达感情思想风俗习惯的用语。这个时代的本质是自由。这些乍一看去似乎不应该活了的人，是自由使他们一同活了下来。但是人们几乎认不出这种自由，因

---

① 拉罗什雅克兰（La Rochejaquelein），法国旺代的大家族。法国大革命期间该家族站在保王党一边。

为它带着旧日君主王朝和帝国专制的色彩。宪制的语言，人人都不怎么清楚。保王党人一谈宪章就出大错，帝制主义者更是不甚了了。那些国民公会议员相继当上了伯爵、男爵，拿破仑的元老院议员，路易十八的贵族院议员，他们一时又操起了几乎已经遗忘的共和国的语言，一时又操起他们彻底学到手的专制主义语言。一些司法长官晋升为野兔看守人。人们听见末代军事独裁者的副官们在议论老百姓不可侵犯的自由，一些弑君者则在支持正统王权的神圣信条。

这些变化如果不是有点与法国人的柔韧天性有关，那就可恶了。雅典的民众自己统治自己；演说家在公共广场发表演说鼓动民众的激情；至高无上的人群由雕塑家、画家、工匠，即修昔底德[①]在《伯罗奔尼撒战争史》中所说的"观看演说倾听行动"的人所组成。但是，无论如何，法令下达以后，从那不内行的互不相干的人群中，会走出什么人来执行法令呢？走出来的是苏格拉底、福基翁、伯里克利、亚西比德。[②]

应该怪罪保王党建立了复辟王朝？

难道真如今日有人提出的，复辟王朝的建立，应该怪罪保王党人？完全不是如此：这岂不是说当一小撮正统派违背所有人的意愿，靠挥

[①] 修昔底德（Thucydide，约公元前四六〇—前四〇四），希腊最伟大的历史学家，著有《伯罗奔尼撒战争史》《历史》等杰作。
[②] 福基翁（Phocion，公元前四〇二—前三〇八），雅典政治家、将军。伯里克利（Pericles，约公元前四九五—前四二九），古代雅典最伟大的政治家。亚西比德（Alcibiades，约公元前四五〇—前四〇四），雅典政治家，苏格拉底的弟子。

动几条手帕，把太太的一条饰带别在帽子上，就完成一次遭人诟骂的复辟的时候，三千万人在一旁深感惊讶吗？确实，当时大多数法国人感到欢欣鼓舞，但是这个大多数并不是严格意义上的正统派。正统派这个词只能用在旧君主政体的铁杆拥护者身上。这个大多数是一个有着种种观点的群体，他们为获得解放而庆幸，他们同仇敌忾，反对给自己带来所有不幸的那个人。我的小册子所以受欢迎，也是因为这一点。承认自己提出了国王名字的贵族有多少人呢？马蒂厄和阿德里安·德·蒙莫朗西两位先生、逃出牢房的德·波利尼亚克两兄弟，以及阿列克西·德·诺阿耶、索斯泰纳：德·拉罗什富科等人。就是这么七八个人，老百姓并不熟悉他们，也不会跟他们走，难道他们可以命令全国人民采纳他们的主张？

德·蒙卡尔姆太太曾给我寄来一袋钱，有一千二百法郎，让我分发给纯粹的正统派。我把这笔钱退了回去，因为找不到受主。当时有人在旺多姆广场立柱的雕像脖颈上系了一条肮脏的绳子。可是没有几个保王党人会拿光荣来大肆践踏，会拉扯那条绳子。是当权在位的那些人——他们都是波拿巴的人——借助一根吊杆，把他们主子的雕像弄了下来；雕像被强力压着低下头，落到欧洲各国君主脚下，从前这些君主有那么多次拜倒在他面前。热烈欢迎王政复辟的，都是共和国和帝国的人。通过革命发迹爬上高位的人物，他们的言行举止和忘恩负义的做法，对他们今日假装怀念和赞美的那个人来说，都是可憎可恶的。

帝制主义者和自由党人，你们曾匍匐在亨利四世的子孙后代面前，而今权力又落到了你们手上！当年保王党人与他们的亲王们重逢，看到被他们视为篡位者的那个人统治终结，自然是高兴的；可是你们，那个篡位者栽培的人，你们过分地让保王党人的感情吃惊。部长们，政要显贵们竞相向正统王权宣誓效忠。所有的司法与行政长官排着队发誓，说他们如何仇恨被放逐的新家族，如何热爱曾被他们千百次定罪谴责的古老家族。那些充斥于法兰西的声明和指控侮辱拿破仑的书信,都出自何人之手呢?出自保王党人之手吗?不对:出自波拿巴挑选和留下的大臣、将军和权贵之手。复辟是在哪儿策划的呢?在保王党人家里吗?不对,是在德·塔莱朗先生家里。与谁一起策划的呢?与战神教堂的指导神父,戴着主教冠的江湖骗子德·普拉德先生。王国的摄政官到达巴黎后,是与谁在一起,在谁家吃饭呢?是与保王党人在一起,在保王党人家里吃饭吗?不对,是与德·科兰古先生在一起,在德·欧坦主教家吃的饭。是在哪儿为那些"可耻的外国君王"举行的宴会?在保王党人的城堡吗?不对,是在玛尔梅宗约瑟芬皇后宫里。拿破仑那些最亲密的朋友,例如贝尔蒂埃,是向谁热烈表示尽忠的呢?向正统王位继承人。是谁在俄国沙皇亚历山大那个粗鲁的鞑靼人那里过日子的?是研究院那些专家,是学者、文人、博爱的哲学家、有神博爱教的信徒,以及其他人。他们从那里回来,一个个兴高采烈,听饱了赞扬话,口袋里装满了鼻烟壶。至于我们,拥护正统王权的可怜虫,哪儿也不接纳我们,人家根本没有把我们当回事,不是在街上对我们说去睡觉吧,就是劝我们别大叫"国王万岁",因为这样的口号自有别人来喊。列强不但不强迫任何人成为正统派,反而宣称任何人都可自由改变角色和调子,德·欧坦主教在君主制下和在帝制下都可以不受限制地主持弥撒。我从未见过有什么城堡主夫人,什么圣女贞德,拳头上停着一只隼,或者手执长矛,宣称拥戴合法的君主,但是我看见德·塔莱朗夫人坐着敞篷四轮马车满街跑,高唱着赞美虔诚的波旁家族的颂歌。而以前波拿巴是把她当作广告牌,把她与她丈夫捆在一起的。在经常出入帝国宫廷的一些人家窗口,晃动着一幅幅毯子,好心的哥萨克真以为在改换门庭的波拿巴分子心中,开着和迎接他们的白布片一样多的百合花①呢。在法国什么东西

---

① 百合花是波旁王室的标志。

都极有传染力，就是人们听到旁边的人呼喊："砍掉我的头！"也会跟着喊的。帝制主义者一直跑进我们家中，让我们这些拥护波旁家族的人把柜子里剩下的白布都找出来，当作白旗挂出去。我家里就发生了这种事儿。可是德·夏多布里昂夫人不肯听他们的，勇敢地保住了她那些平纹细布。

首任内阁——我发表《政治思考录》——德·迪拉公爵夫人——我被任命为驻瑞典大使

立法团改成了众议院。贵族院有一百五十二名终身议员，其中有六十多个是从元老院来的。这两个议院组成了首任立法机构。德·塔莱朗先生被安排在外交部，动身去参加维也纳会议。按照五月三十日的条约第三十二条，会议定于十一月三日开幕。德·约库尔先生担任代理部长，直到滑铁卢一战打响。德·孟德斯鸠神父当了内政部长，基佐先生给他当秘书长。玛卢埃先生入主海军部，后来死于任上，由勃睿先生接位。杜邦将军得到了陆军部。后来苏尔特元帅替下他，因为建造基贝隆①陵园而显声扬名。德·布拉加公爵任王室总管，安格莱先生任警察总监，丹布莱大法官任司法部长，路易神父任财政部长。

十月二十一日，德·孟德斯鸠神父就新闻出版问题推出了第一部法律，规定任何不足二十印张的作品都要送交检查：这第一部自由的法律是基佐先生起草的。

---

① 法国大革命的恐怖时期，有许多流亡贵族和保王党人在此地遭杀害。

卡诺写了一封信上呈国王,坦言波旁家族被人民欢欢喜喜地接受了,但是,他没有考虑到时间的短促以及宪章所允诺的一切,就轻率提出一些的建议,和一些傲慢的教训:当人们要接受部长的位子和帝国伯爵的头衔时,这样做是不合适的;当人们屈从过一个强悍专制的君主之后,就不应该对一个软弱宽容的君主表现得骄横自负;当恐怖时期的阴谋诡计玩过之后,人们发现自己无法计算拿破仑战争的规模时,这样做是毫无益处的。作为回答,我让人印出了《政治思考录》,它包含了《论君主立宪制》的主要内容。众议院主席莱内先生跟国王说起这部作品,夸赞了几句。国王对我有幸为他效力,总是显得欣喜;老天似乎把正统派使者的大衣披在我肩上了,可是作品越是受欢迎,作者就越是不讨陛下欢喜。《政治思考录》表露了我的符合宪法的主张:宫廷从中本可以得到一个印象:我对波旁家族的忠诚并没有淡灭。可是路易十八对他的亲信说:"你们千万当心,绝不要叫一个诗人插手你们的事儿:他会断送一切。这些人什么用处也没有。"

这时期一股浓厚的友情充满了我的心房。德·迪拉公爵夫人有些想象力,脸上甚至带有几分德·斯塔尔夫人的表情:人们可以从《乌莉卡》来判断她的写作才华。流亡回国后,她有好几年关在卢亚尔河畔她的于塞城堡。我与她都在伦敦住过好多个年头,却从来没有见过面。后来在梅内维尔美丽的花园里,才第一次听人说起。她为了两个可爱的女儿费莉茜和克拉拉接受教育,迁来巴黎生活。一些家庭与外省的关系,以及文学见解、政治观点,给我打开了她的社交圈的门。心灵热情,品格高尚,才华卓越,情趣高雅,这些把她造就成了一个超凡脱俗的女子。复辟王朝初期,她当上了我的保护人,因为我虽然为正统王朝做了不少事,路易十八也承认我为他出了不少力,可我还是被晾在一边,以致打算搬到瑞士去隐居。真要去了,说不定还好些:拿破仑原来派我去那山沟沟里当大使,我要去了那偏僻地方,不会比在杜伊勒利宫幸福吗?当我在正统派回国以后进入杜伊勒利宫的沙龙时，它们给我的印象几乎和我在这里看见波拿巴准备枪决当甘公爵那天一样难受。德·迪拉夫人向德·布拉加先生提到我。先生回答说我愿去哪儿就可以去哪儿。德·迪拉夫人发了那么大的脾气，她为朋友是那样有胆魄，德·布拉加只好找出了一个大使出缺的使馆，那就是驻瑞典的使馆。路易十八老是听到人家谈论我，已经厌烦了，正巴不得把我打发到他的好兄弟贝纳多特国王那儿去。此公会不会想，人家把我送到斯德哥尔摩，是来夺他的王位的？唉，天主啊！人间的君王们，我不会夺任何人的王位，你们只要有本事，就努力保住王冠吧，尤其不要把王冠交给我，因为我根本不愿戴。

德·迪拉夫人这个杰出妇女，这个允许我以姊妹相称，我有幸若干年来在巴黎经常见到的女人，后来去了尼斯，并在那儿去世（一八二八年）：这又揭开了一个伤疤。德·迪拉公爵夫人与德·斯塔尔夫人很熟：我也就不明白自己怎么未被吸引去追寻雷卡米耶夫人的足迹：她从意大利回到了法国。对于来帮助我生活的人，我本应去致一致礼：我已经不属于可以自我慰藉的早晨，而是挨到了需要别人来安慰的黄昏。

发掘路易十六的遗骨——在圣德尼度过的头一个一月二十一日

一八一四年十二月三十日，立法两院推迟到一八一五年五月一日开会，就好像把那些议员召集起来是去参加波拿巴的五月田野大会似的。一月十八日发掘出了玛丽·安托瓦内特和路易十六的遗骨。我目睹了在墓地举行的发掘工作。后来，在那个墓地，应太子妃的虔诚祈求，封塔纳和佩尔西埃建了一座墓庐。墓庐模仿的是黑米尼墓地教堂，可能是巴黎最引人注目的纪念性建筑[①]。墓庐的回廊是由一连串的坟墓组成的，引人遐思，充满了悲伤的气氛。在本回忆录的篇章五里，我已经提到一八一五年的发掘工作：在一堆骨头中间，我认出了王后的头，因为那颗头在凡尔赛宫曾对我微笑过。

一月二十一日，人们给应该树立在路易十五广场却始终没有立起来的雕像放下了第一块基石。我描写了一月二十一日葬礼的情形："举着方形王旗走过来迎请圣路易遗骸盒的这些修士将不会接待圣王的后代。在那些国王和王侯安息的地下墓穴里，路易十六会觉得孤单！……这么多的死人是怎样起出来的？圣德尼为什么这样荒凉？我们不如问它的屋顶为什么是重盖的，它的祭坛为什么是站立的？是何人的手重建了这些地下墓室的弯顶，砌起了这些空空的墓穴？这个人也曾在波旁家族的宝座上坐过。天意啊！他以为给整个家族都准备了坟墓，结果却只是让人给路易十六修造了陵寝。"

我曾经相当长久地希望，人们会在路易十六流血的地方立起他的塑像。要是现在问我，我是不会再持这样的意见了。波旁家族一回国，就想到了路易十六，这一点是应该赞美的。他们应该把路易十六的骨灰撒在他们的额头上，然后再把他的王冠戴在他们头上。现在我认为他们本是不必走得更远的。这不是在巴黎和伦敦审判君主的某个特别法庭，而是整个国民公会，如果一场重复举行的葬礼一年一度对国民公会进行指责，则有针对全国人民的意味，因为一个完整的代表大会在表面上代表了全国人民。所有民族都为他们的胜利、动乱或者不幸确定了周年纪念日，因为大家都想保留对那些事情的回忆：我们有盛大仪式纪念内战，

---

① 建在玛德莱娜教堂从前的公墓区。

有歌曲传唱圣巴尔泰勒米事件①，有节日纪念卡佩国王逝世；但是，当宗教让最不显赫的圣徒活过了一个又一个时代的时候，法令却无法设立一些纪念性的日子，这一点难道不值得注意吗？如果为查理一世设立的斋戒与祈祷至今仍然保留，那是因为在英格兰国家把宗教与政治的最高权力合为一体。依照最高权力的意愿，一六四九年一月三十日被定为假日。在法国，情况完全不同：只有罗马有权在教会发号施令。如果一个君王下达的命令，一个政治性代表大会发布的法令，另一个君王，另一个代表大会有权勾销，那么，这道命令，这个法令还有什么效用？因此，我如今认为，一个可被取消的节日的象征，一场并非被宗教信仰接受的惨祸的见证，恐怕不宜安放在群众无忧无虑、心不在焉地去寻欢作乐的路上。眼下，也许该担心的，是基于让人牢记民众暴行所造成的恐怖这个目的而立的纪念碑，会使人产生模仿那些暴行的愿望：恶比善更有诱惑力；你想让人们永记痛苦，但人们常常记住的是那些作恶的榜样。各个世纪都不接受哀伤的遗传，现实有够多的事让它们哭泣，它们绝不会还为往昔传下来的伤心事落泪。

　　看到从德克洛索②墓地抬出来，装着国王王后遗骨的灵柩台，我感到悲哀。我目送它缓缓离去，生出一种不祥的预感。路易十六总算睡进了圣德尼他的坟墓，路易十八则睡在卢浮宫。两兄弟开始了又一个正统的国王与幽灵并存的时代。修复宝座也好，修葺坟墓也好，都是毫无意义的，因为时代已经扫去了这两处地方的灰尘。

　　既然我提到这些经常重复举行的葬礼，我就跟你们说一说我看到的可怕幻象。仪式结束后，我晚上到气氛轻松了一半的大教堂里散步，当

---

① 圣巴尔泰勒米事件：一五七二年八月二十三日夜巴黎天主教派屠杀新教徒的事件。
② 德克洛索（Declozeaux），法国保王党人，于一七九四年买下了玛德莱娜教堂墓地。一八一五年发掘国王路易十六与王后玛丽-安托瓦内特遗骨的工作亦是由他指导的。

我想到这些遭到破坏的陵墓之间伟人的虚荣时,思路就转到了从同样场面得出的一般伦理教训。可是我的思想并没有停止在这一点上,我还一直深入到人的本性。在坟墓里,一切都是空的,一切都不存在了吗?在这虚无之中是否存有什么呢?难道没有虚无的生命、尘埃的思想吗?这些骨骸就没有人所不知的生活方式吗?谁知道这些死人有没有激情、快乐和拥抱呢?他们从前梦想、相信、期待的事物,是否和他们一样成了虚有之物,与他们一起乱七八糟地堕入了深渊呢?梦想、前途、快乐、痛苦、自由与奴役、强大与弱小、罪恶与美德、荣耀与卑鄙、富贵与贫穷、才干、天才、智慧、光荣、幻想、爱情,你们真是一时的感觉,随着你们赖以产生的头颅的毁灭,随着从前跳动着一颗心脏的胸膛的破损而成了过去吗?陵墓呵,如果你们真是陵墓的话,在你们永远的沉默中,难道人们只听见一种永久的嘲笑?这笑声是不是天主,唯一在这欺骗的世界消亡后还会存在下去的嘲弄的反响?让我们闭上眼睛吧!"我是基督徒。"让我们用牺牲者这句崇高又神秘的话来填满生命的绝望之渊吧!

厄尔巴岛

波拿巴不肯上法国船,只愿乘英国海军的船,因为他们是胜利者。他忘了对背信弃义的英国表示的仇恨、诽谤和侮辱。他现在认为只有胜利的一方才值得他钦佩。载他赴第一次流放地港口的是英国舰船无畏号。他对人家将接待他的方式并非毫不担心:法国驻防部队会把他们守卫的这块土地交给他吗?一些意大利岛民希望喊英国人来,另一些则不受任何人管辖；在相互靠近的几个海岬，飘扬着三色旗和白旗。不过一切都安排好了。当人们听说波拿巴带着几百万（银钱）来到时，舆论便慷慨地决定接待这位令人敬畏的牺牲者。世俗和宗教的权力当局被引出了同样的信心。代理主教约瑟夫-菲利普·阿里吉发表了一篇训谕："神明的天意希望我们将来成为拿破仑大帝的臣民。厄尔巴岛被抬到这样荣耀的地步，将把涂过圣油的贵人收入它的怀抱。我们决定高唱庄严的赞美诗，以作感恩的表示，云云。"

皇帝已给法国驻防部队指挥官达莱斯姆将军写了一封信，说他应该让厄尔巴岛的居民明白，皇帝选择该岛作为居留之地，是考虑到岛上风俗纯朴，气候温和。他在双方的礼炮声中踏上了费拉约港的土地：一方是送他来的英国三枪战舰，一方是海岸的炮兵。人们举着堂区的华盖，把他从港口领到教堂，那里正在唱感恩赞美诗。主持仪式的教堂执事是一个矮胖子，身子粗得两手都合不拢来。接下来拿破仑被带到市政府。他的寝宫就安排在这儿。有人展开新做的皇旗：雪白的底子上横过一条红带，上面缀着三只金色的蜜蜂。三把小提琴和两把低音提琴跟在他后面，奏出欢快的乐声。在公共舞厅匆匆摆好的宝座，贴着金纸，铺着红布。流亡者本性中喜剧演员的一面与这种炫耀一拍即合：拿破仑在小教堂演戏，就像他从前在杜伊勒利宫中演些古代小戏供文武大臣娱乐，然后出于消遣去杀人一样。他组建了皇宫：计有四个侍从、三个传令官、两个内廷管家。他宣布每周两次接见贵妇，都安排在晚上八点。他举办了一次舞会。他占据了给工兵部队准备的小楼，充作寝宫。波拿巴一生不断发现两股生命的源泉：一股是与民众打成一片的品质，另一股是为王称帝的威权；他的力量来自公民大众，这是他的守护神。你们看见他不费力气，就从大众之中走上了皇帝的宝座；又毫不为难地从爱尔福特国王王后的簇拥中走进在他费拉约港的谷仓里跳舞的面包商食油商的圈子。他在君王中间有人民的品质，在人民中间有君王的威风。清晨五点，他穿着丝袜和带环扣的皮鞋，指挥厄尔巴岛的泥水匠干活。

> 他在他的帝国安顿下来，
> 那里，自维吉尔时代就有
> 采不尽的钢铁
> 岛上大量提供铁匠们珍爱的
> 用不完的金属

波拿巴没有忘记他刚刚遭受的侮辱；他不曾放弃撕毁裹尸布的打算，但他最好显出被埋葬了的样子，最好让陵墓周围出现幽灵。这就是他似乎心无旁骛，迫不及待地下到他的结晶铁和磁铁矿坑的原因。见他那模样，人家可能把他当作从前的国家矿产视察员。他后悔从前把岛上的冶铁收益分派给了荣誉团。他当时觉得五十万法郎比掷弹兵胸前挂的在鲜血中浸泡的十字架更有价值。他说："我的脑子在哪儿？这样的法令，我签发了好几个。"他与里窝那签订了通商条约，还打算与热那亚订立一个。无论如何，他开始勘测五六条大路，画出了四座大城市的位置，就像狄多圈出迦太基的范围一样。作为从人类荣华富贵的巅峰下来的哲人，他表示从此以后想做一个治安法官，在英国某个郡生活。然而，在登上俯临费拉约港的一座小山，看到峭壁下向四方漫卷开去的大海时，他情不自禁地说出了这句话："见鬼！说实在的，我的岛屿太小了。"再过几个钟头他就要去自己的领地走一遍。他打算把南边一个叫匹亚诺莎的礁岛并过来。"欧洲将指控我做了一次征服。"他笑着说。作为嘲弄，同盟国列强乐于给他留下四百名士兵，他也不需要更多，只要一声呼唤，就能把他们召回旗下。

拿破仑来到靠意大利的海岸一线，使大家十分激动。这儿曾目睹他开始那辉煌的事业，保留了对他的回忆。米拉就在邻近的地方；他的朋友，一些外国人，或秘密或公开地来到他隐居的地方；他母亲和妹妹波利娜公主来探望过他；大家期望玛丽·路易丝和他儿子不久会来到他身边。果然有一个妇女和一个孩子①出现了。他们受到秘密接待，被安排在岛上最偏僻的角落一幢隐蔽的别墅居住：在奥吉吉亚海岸，卡吕普索②对尤利西斯谈起她的爱情，而尤利西斯并没有听，一心想着如何对付追求者。休息两天之后，北方的天鹅带着孩子，坐着白色的小快艇，从海路去了巴伊亚的爱神木林。

要是我们稍微存一点疑心，就会轻易地发现一场灾难已经临近。波拿巴离他的诞生地，离他征服的地方太近了；他落难的岛屿应该更远一点，应该为重洋所包围。人们弄不明白，同盟国怎么想到把拿破仑流放到那些礁岛上：看到亚平宁山脉，闻到蒙特诺特、阿尔柯尔和马伦戈的火药味，发现威尼斯、罗马和那不勒斯那三个受他奴役的美丽城市，我们能认为最不可抵御的诱惑不会占据他的内心吗？难道人们忘了，他曾经搅得天翻地覆，他到处都有崇拜者，都有对他感恩图报的人，他们都是他的追随者？他的野心落了空，却并没有泯灭；不幸与复仇又吹燃了野心的火焰：当魔鬼从被创造出来的宇宙边缘看见了人与世界，就决定断送他们。

在显露出自己的意图之前，可怕的囚徒隐忍了好几个星期。他的保护神与它所支配的强大的公共"法老"商谈一笔财富，或者一个王国。富歇与古斯曼·达尔法拉什之流的人物充斥于世。伟大的演员老早就给警察准备了情节剧，把精彩的场段留给了自己。他拿那些平常的牺牲者开心，让他们落入剧中的陷阱。

王政复辟初年，随着希望日益变大，对波旁家族软弱的性格的了解

---

① 瓦留斯卡伯爵夫人和她与拿破仑的私生子。
② 希腊神话中阿特拉斯的女儿，爱上了尤利西斯，把他留在岛上，想和他结为夫妇。但尤利西斯不为所动。十年后，卡吕普索奉宙斯之命，放尤利西斯回家。

日益加深，波拿巴主义从单纯的意愿发展到了行动。当阴谋在外部被人策划时，它自身内部也酝酿成熟，变得明显了。在驿运公司总经理费朗先生巧妙的管理下，德·拉瓦莱特先生与外界联络：君主国的信使传递着帝国的快信。人们不再躲躲藏藏。一些夸张的描写预示人们所希望的卷土重来：有人看见一些雄鹰从窗户里飞进了杜伊勒利宫，一群火鸡①则从门里走了出来，"黄色或绿色的矮人"②提到母鸭的羽毛。从四面八方传来了警报，但是人们不肯相信。瑞士政府把退隐在沃州的约瑟夫·波拿巴的阴谋举动通知国王的政府，但是没有用。有一个妇女从厄尔巴岛赶来，报告在费拉约港所发生的最详细的情况，警察却把她投入监狱。人们坚信，在维也纳会议散会以前，拿破仑不敢贸然做出任何行动，而且，就算他胆敢冒天下之大不韪，他也只会打意大利的主意。还有一些人考虑周密一些，则祝愿"小伍长，吃人巨妖，囚徒"登上法国海岸：如果是这样，那就太幸运了，可以一下把他收拾掉！波佐·迪·波尔戈在维也纳宣称将会把犯人挂在一株树的枝丫上。如果我们能够拿到某些文件，就能找到证据，证明从一八一四年起，有人就策划了一场军事阴谋，它与塔莱朗亲王在富歇指使下，在维也纳施展的政治阴谋并驾齐驱，互相呼应。拿破仑的朋友们写信给他，说他若不赶快回来，就会发现他在杜伊勒利宫的位子被奥尔良公爵占去了。他们认为这么说有助于让皇帝赶快回国。我相信这些阴谋是实有其事，但我也认为促使波拿巴回国的根本原因，就是他的天性。

德鲁埃·德尔隆和勒费弗尔-德鲁埃特的阴谋活动不久前爆发了。我在这两位将军揭竿起义的前几天去苏尔特元帅府吃饭。元帅于一八一四年十二月三日被任命为陆军部长。有一个傻瓜讲述路易十八在

---

① 又有笨蛋的意思。
② 一种牌戏。母鸭为 Cane，与地名 Canne（夏纳）同音。此处暗示拿破仑将在戛纳登陆。

哈特威尔流亡的经历。元帅听着。每听说一件事他都要说一句:"这是老八辈子的事了。"——有人带来陛下的拖鞋。——"这是老八辈子的事了!"——每逢守斋日,国王吃晚饭以前,都要吞下三个新鲜鸡蛋。——"这是老八辈子的事了!"这种回答让我吃惊。当一个政府并非团结一致坚强有力时,任何良心靠不住的成员依其性格的活力,都会变成四分之一、四分之二或四分之三个阴谋家;他等待着命运的决定:事件造就的叛徒,比舆论造就的要多。

篇章二十三

百日王朝的开始——从厄尔巴岛卷土重来

电报突然通知善良的人和不相信的人：拿破仑乘船渡海回法国来了。御弟和德·奥尔良公爵、麦克唐纳元帅一起赶赴里昂，不久，御弟又从那里返回巴黎。苏尔特元帅被人向众议院检举，于三月十一日把位子让给了德·费尔特公爵。波拿巴碰到的对手费尔特将军，一八一四年曾是他的最后一任陆军部长，一八一五年则成了路易十八的陆军部长。

这次行动是前所未闻的大胆，从政治角度着眼，可以把它看作拿破仑不可饶恕的罪过或者天大的过错。他明知各国君王还在维也纳出席和会，欧洲仍然全副武装，绝不会容许他东山再起；他的判断力应该告诉他，即使获得成功，也不过是一两天的事情：人民曾经为他慷慨地献出了热血和财产，现在他为了满足自己重新在政治舞台上出现的欲望，不惜牺牲人民的安宁。他过去的一切都得自祖国，他的前途也与祖国不可分离，然而他却使祖国面临被瓜分的危险。这种荒诞的想法里含有冷酷的私心，对法兰西毫无感激之情，且十分苛刻。

按照实践的理性,对于一个有头脑但更有良心的人来说,这一切都是真的;但是对于拿破仑那种人来说,世上存在着另一种理性。那些名声赫赫的人自有与众不同气派:彗星绘出了无法计算的曲线,它们与任何东西都没有联系,似乎干什么都不适合;要是在它们行经的轨道上有一个星球,它们就把它撞碎,送回天上的深渊。它们的规律只有天主知晓。非凡的人是人类智慧的纪念碑;而不是人类智慧的标准。

波拿巴也决定采取行动,主要不是听了朋友们不实的报告,而是出于本性的需要:他是因为对自己信念才采取行动的。对一个伟人来说,生得伟大还不够,还必须死得伟大。厄尔巴岛难道是拿破仑的终老之地?难道他可以像戴克里先①在萨洛纳那样,同意做一方菜地的君主?如果他再等一些时日,等到人们想起他来不再那样恐惧,等到他的老兵解甲归田,等到新的社会秩序建立,那时成功的机会是否多一些呢?

唉!他轻举妄动,与世界作对:一开始,他大概认为不会看错自己的影响力。

二月二十五日与二十六日之间的夜里,博盖塞王妃举行舞会。散场后,拿破仑就带着胜利——他长期的同谋与伙伴潜逃出来。他渡过了布满我们舰队的大海,遇到两艘三桅战舰,一艘配有七十四门大炮的战舰,还有一艘"微风号"双桅横帆战船。"微风号"驶上前去盘问他;他亲自回答了船长的问话。大海和波涛都向他致意,他顺利地继续自己的航程。他的小船"无常号"的上甲板就成了他的散步场所和书房。他在风中口授,让人在摇晃不定的桌子上抄录了三份致法兰西和军队的声明。有几条斜桅小帆船载着跟随他一起冒险的伙伴,簇拥在他的船周围,扯着缀着星星的白旗。三月一日,凌晨三点,小船驶入胡安湾抵达戛纳与昂蒂布之间的法国海岸。拿破仑下了船,在岸上行军,采了一些

---

① 戴克里先(Dioclétien,二四五—三一三),罗马帝国皇帝,在位期间推行全面改革,引起矛盾激化,最后被黜下台。

堇菜，在一个橄榄种植园里宿营。当地的老百姓吓坏了，纷纷躲避。他走错了路，没找到昂蒂布，就一头扎进格拉斯山区，穿过塞拉农、巴莱姆、迪涅和加普等地。在西斯特龙，本来有二十个人就可以把他拦住，可是他没见到任何人来拦阻。几个月以前，那些居民曾想干掉他，而现在，他却在他们中间畅行无阻。在他巨大的阴影周围形成了一片空白。即使有一些士兵走进这片空白，那也是不可抵挡地被他的鹰旗吸引来的。他的敌人被迷惑了，四处寻找，却见不到他。他藏在自己的荣光里，就像撒哈拉的狮子藏身在阳光照射的地区，以便躲开猎人的目光，因为阳光照得他们眼花缭乱。阿尔柯尔、马伦戈、奥斯特里茨、耶拿、弗里德兰、埃劳、莫斯科河、吕岑、包岑战役血淋淋的幽灵裹着炽热的龙卷风，跟在拿破仑后面，与他们在一起的，还有百万战死的将士。每到一个城市门口，从这支烈火与烟云组成的纵队中，就传出几声喇叭，三色旗也招展几下，于是城门就放下来了。当年拿破仑率领四十万步兵、十万牲口渡过涅曼河，要去炸掉沙皇在莫斯科的宫殿，其行为也没有现在他中断流放，把镣铐朝各国君主脸上扔去，独自从戛纳来到巴黎，安然睡在杜伊勒利宫叫人惊愕。

一八四六年十二月修改

正统王权的麻木——邦雅曼·龚斯唐的文章——苏尔特元帅的训令——皇家会议——法律专科学校给众议院的请愿书

在拿破仑单枪匹马入侵的奇迹旁边,还得放上另一件奇迹,它是前一件造成的影响:正统王权虚弱不堪,终于倒台。国家心脏的麻木传到了四肢,使法兰西变得僵滞。在二十天时间里,波拿巴一站接一站赶路。他的"鹰"飞过了一座又一座钟楼。在近两千里的路程当中,政府这个支配一切,要钱有钱要人有人的主宰,却来不及也想不出办法来炸断一座桥、砍倒一棵树,以阻延人民虽不反对,但也不会追随的那个人前进,哪怕阻延一个钟头也是好的呀。

巴黎的公共舆论十分活跃,这一点,就使政府的麻木显得尤其可悲。内伊元帅都反叛过去了,政府却还事事容忍。邦雅曼·龚斯唐在报上写道:

"在把所有的灾难都倾倒在我们的祖国以后,他离开了法兰西的土地。当时谁不认为,他这一去就不会再来了?可是忽然他又来了,并且还答应给法国人以自由、胜利与和平。作为法国最专制政体的始作俑者,他今天竟然谈论起自由来了!十四年间,正是他破坏了自由,摧毁了自由。他提到过去毫无歉意,过去执政的经历没有给他带来经验教训;他没有资格充当帝王。他奴役的是自己的同胞,他给与他平等的人套上锁链。他的权力并不是继承来的,他要的是处心积虑策划的独裁专制。他能给人民什么自由?比起他的帝国时期,我们现在不是自由了千百倍?他答应给人民胜利,可是他有三次把自己的军队扔在埃及、西班牙和俄罗斯不管,那些战友们不是冻死、饿死,就是绝望而死。他给法兰西招来入侵的屈辱。我们在他上台之前的胜利成果都被他丧失殆尽。他答应给人民和平，可单是他的名字就是个战争信号。人民在他统治下已经受够了苦，如果他东山再起，人民又将成为欧洲仇恨的对象。他的胜利就将成为文明世界一场死战的开端……因此，他没有任何东西可以索取，也没有任何东西可以给予。他又可以说服谁？或者又可以诱骗谁呢？他给我们带来的礼物，无非是两场战争，一场内战，一场国际战争。"

苏尔特元帅一八一五年三月八日的训令，倾吐了正直的心声，表达了与邦雅曼·龚斯唐差不多的思想：

士兵们：

那个篡夺了权力，是那样糟糕地使用了权力的人，在欧洲人眼里弃位出国后，又回到了他不应再看到的法国土地上。

他想干什么？内战！他想寻找什么人？叛徒！他会在哪儿找到叛徒？会不会在被他把勇敢引入歧途，欺骗和牺牲那么多次的士兵中间？会不会在一提到他的名字就恐惧的家庭中间？

波拿巴也太小看我们了，以为我们会抛弃一个合法的为我们所敬爱的君主，去跟一个只能算是冒险家的人瞎胡闹。这个失去理智的家伙，他以为我们会这样做！他最近的疯狂行为彻底表明了这一点。

士兵们，法国军队是欧洲最勇敢的军队，也将是最忠诚的军队。

让我们听从那位人民之父、伟大的亨利种种美德当之无愧的继承人的召唤，集结在百合花军旗周围。他亲自给你们规定了应尽的义务。他派这位亲王，法国骑士的楷模做你们的首领。这位亲王光荣归国，已经驱走了篡位者，如今他又要亲自带兵上阵、去粉碎篡位者唯一的，也是最后的梦想。

路易十八于三月十六日亲临众议院。他为法国和世界的命运深感不安。当国王走进议会大厅的时候，全体议员与看台上的观众都站起来，向他脱帽致敬。欢声雷动，震得大厅四壁直抖。路易十八慢慢登上宝座。亲王、元帅与卫队统领分列国王两边。欢声停止，全场肃立。在这短暂的静寂之中，人们好像听见了拿破仑遥远的脚步声。陛下坐下来，扫视全场，然后以坚定的声音发表了这番演说：

先生们：

在民众的公敌进入王国的部分领土，威胁着其余国土自由的关键时刻，我来到你的中间，进一步加强你们与我的联系。这种联系通过使你们与我团结一心，形成了国家的力量。我来到这里，向你们致意，向全法国表达我的感情和愿望。

我回到了祖国；我使祖国与外国列强恢复了友好关系。你们不要怀疑，它们会忠于给我们带来和平的条约。我是为我的人民的幸福而工作的。我过去得到，现在每天仍然得到人民最真诚的爱戴。我已经六十岁了，除了为保护人民而死，我还能有更好的结束一生的方式吗？

因此，我对自己无可担心，但我为法兰西担心：来我们中间点燃内战之火的家伙也会招来外部战争的灾祸。他来给我们的祖国套上铁的枷锁，最终会把我给你们的宪章毁掉。这部宪章是我在后世眼里最光荣的业绩，是法国人民最珍爱的宝贝，是我在此发誓要维护的东西：因此，让我们紧密团结在它周围。

国王演说时，有一片乌云从天空飘过，使大厅的光线黯淡下来。大家抬头仰望天空，寻找突然暗下来的原因。当合法君主结束演说时，全场听众流着热泪，又开始呼喊"国王万岁！"的口号。《箴言报》如实地写道:"听了国王这番充满真情的演说,全场听众大受感动,都站起来,朝宝座伸出双手。只听见一片呼喊:'国王万岁!甘为国王献身!永远跟着国王走!'听众一遍一遍地呼喊着这些口号,这种激情,所有法国人都将感受到。"

的确,场面很是动人:一个腿脚不灵的衰老国王,家人遭受屠杀,自己在外流亡了二十三个年头,付出了这样的代价,终于给法兰西带来和平、自由,使它忘却了所有的屈辱和灾难,这个受人敬重的君主来向全国的议员表示,在他这把年纪,重返祖国之后,除了为保护人民而死,他不可能有更好的结束一生的方式!亲王们纷纷发誓要忠于宪章。最后发这种姗姗来迟的誓言的是孔代亲王,当甘公爵的父亲亦加以附和。根据众多回忆录的描写,这个行将灭亡的英雄家族,靠刀剑拼出来的贵族家族竟要寻找自由这面盾牌,以抵挡更年轻、更长久、更凶狠的平民武士的剑击,这一点具有极为悲怆的意味。

路易十八这番演说传到外面,激起了无以描述的热情。巴黎本就是保王党的天下,在拿破仑卷土重来的百日王朝期间仍是如此。妇女们尤其拥护波旁家族。

如今的年轻人喜欢回忆波拿巴,因为现政府让法国在欧洲扮演的角色让他们感到屈辱;而一八一四年的年轻人则向复辟王朝表示敬意,因为它推翻了专制,恢复了自由。当时在志愿拥戴国王的人中间有奥狄龙·巴罗先生[①],有医药专科学校的大部分学生,还有法律专科学校的全体学生。三月十三日,法律专科学校的学生向众议院递交了下面这封请愿书:

[①] 奥狄龙·巴罗(Odilon Barrot,一七九一——一八七三),复辟时期的自由反对派首领,一八四八年至一八四九年任内阁主席。

先生们：

　　我们自告奋勇为国王和祖国效力。法律专科学校全体学生请求上阵杀敌。我们绝不会抛弃君主和宪法。我们忠于法国的荣誉，向你们要求武器。我们以对路易十八的热爱向你们保证我们忠贞不渝，立场坚定。我们不想要镣铐，我们要的是自由。我们已经享有自由，可是有人要来夺走：我们誓死保卫它。国王万岁！宪法万岁！

在这些真诚、自然，热情有力的文字里，我们感受到年轻人的慷慨激昂和对自由的热爱。今日来向我们说复辟王朝是被法国带着痛苦和憎恶接受的人，不是拉帮结派的野心家，就是从未受过波拿巴压迫的黄口小儿，再不就是那些老骗子，他们先是拥护革命，后来又拥护帝制，在和别人一样欢迎波旁家族回国之后，现在又照他们的习惯，辱骂起倒台的政府，并且恢复了他们杀人、抓人、奴役人的本能。

保卫巴黎的计划

　　国王的演说使我充满希望。在众议院主席莱内先生家里举行了几次讨论会。我在那儿遇到德·拉斐德先生。从前，在制宪会议期间，我只是远远地见过他。会上提出的议案真是五花八门，不过大多数都是胆小怕事的，就像事情真到了岌岌可危的地步似的。一部分人主张国王离开巴黎，撤往勒阿弗尔；另一些人则主张把国王送到旺代省。这些人颠三倒四胡扯一通，得不出结论，那些人则主张等一等，看看会发生什么事情：其实会发生什么事情是显而易见的。我发表了一个不同的看法：真是咄咄怪事！德·拉斐德竟表示支持，而且十分热烈。莱内先生和马尔蒙元帅也持相同的看法。我是这样说的：

"希望皇上说话算数，留在京城。国民卫队是拥护我们的。我们也可以得到万森要塞的支持。我们有武器，有钱。用钱可以动摇敌人的军心，买到敌人的贪婪。要是皇上离开巴黎，巴黎就会敞开大门让波拿巴进来；波拿巴控制了巴黎，就等于主宰了全法国。军队尚没有完全投向敌人。有好几个团队，许多将军和官佐尚未背叛他们的誓言：只要我们坚定不移，他们就会忠诚不渝。王室其他人员可以疏散，只要皇上留下来。御弟去勒阿弗尔，奥尔良公爵去麦茨，昂古莱姆公爵夫妇已经在南方了。我们在不同地方进行抵抗，可以阻止波拿巴集中兵力。我们在巴黎构筑街垒。邻省的国民卫队已经来支援我们了。做了这些安排处置，我们年老的君主凭着路易十六遗嘱的保佑，手里又拿着宪章，完全可以稳坐在杜伊勒利宫的宝座上，平安无事。把外交使团安排在皇上周围。贵族院和众议院安排在王宫两座小楼里。皇上的侍从仆佣安排在卡鲁塞尔广场和杜伊勒利宫花园里扎营住宿。我们在沿河马路和河边的石质阶地上架起大炮：让波拿巴从这方面来进攻我们吧；让他攻下我们一个又一个炮阵吧；让他炮轰巴黎吧，只要他愿意，只要他有那么多臼炮；他会叫全国人民恨死的，我们将看到他这样做的结果！我们只要抵抗三天，胜利就是我们的。皇上在宫里自卫，将会激起全世界的热情声援。退一万步说，就算皇上可能战死，他也是死得其所；而拿破仑最后的'战功'，就是戮杀一个老头。路易十八一辈子，也只是打这一仗，他牺牲自己的生命，将赢得这一仗的胜利。他打赢了，也就捍卫了人类的自由。"

我这样表示：我们什么都还没有尝试做，绝不能轻言一切都完了。欧洲所有的君主联合起来，花了那么多年才把一个人斗倒，而现在圣路易一个衰老的儿孙，率领法国人民，只用几天工夫就把他打败，世上还有比这更光辉壮丽的业绩吗?

这个决定表面上看是孤注一掷,其实是很理智的,并不会冒丝毫危险。我始终认为,波拿巴要是发现巴黎全城同仇敌忾,皇上坐镇坚守,是不会贸然攻城的。他没有炮兵,没有粮草,没有钱财,有的只是一些乌合之众,而且那些人跟他走只是碰碰运气,仍在动摇之中,仍在为突然换了帽徽,在路上匆匆宣的誓感到惊愕,用不了多久就会散伙的。拖上几个钟头,拿破仑就会完蛋。只要心里不慌就行了。我们甚至还可以指望部分军队的支持。有两团瑞士兵仍然保留了信义。在奥尔良驻防区,古翁·圣西尔元帅不是在波拿巴进巴黎两天之后,又戴上了白帽徽?三月份从头到尾,从马赛到波尔多,所有人都承认皇上的权威。在波尔多,军队犹豫不决,如果有人告诉他们,皇上仍在杜伊勒利宫,巴黎在进行防卫,他们说不定会继续听从昂古莱姆公爵的指挥。外省的城市都学巴黎的样子。有十分之一的防守部队在昂古莱姆公爵的指挥下打得很好;马塞纳显得滑头,动摇不定;在里尔,驻防部队对莫蒂埃元帅的声明响应坚决。宫廷逃离巴黎,这些军队仍然做出了忠诚的表示,如果坚守巴黎,他们的态度岂不会更加坚决?

如果采纳了我的计划,外国军队就不至于再次蹂躏法国;我们的亲王们就不至于随着敌国的军队一起回来;正统王权就会通过自身的努力得到拯救。如果是那样,胜利后只有一件事要担心:对君主政体的力量过于信任,从而漠视国民的权利。

为什么我要生活在一个怀才不遇的时代呢?为什么在一个可怜的王族不可能听见我的声音也不可能理解我的意思的时期,我要违背本性做一个保王党呢?为什么我被扔到那群平庸家伙中间呢?我一说起勇敢,他们就把我看成莽汉,我一说起自由,他们就把我当成革命党。

要紧的是进行抵抗!皇上并不恐惧,对我的方案相当欣赏,因为他身上有几分路易十四的英雄气概。可是另一些人的面孔就拉长了。人家把王冠上的钻石取下来包好（这是昔日各国君主的特别贡礼），留下三千三百万埃居的珍宝，四千二百万埃居①的证券。这七千五百万埃居都是征税得来的呵：为什么不把它们还给人民，而要留给暴君呢？

川流不息的人在花神阁的楼梯上上上下下；大家打听该干什么事儿，可是得不到答复。有人去问卫队统领，有人则去探询王宫小教堂的主持、唱经班成员和指导神父，却什么也打听不到。徒劳无益的交谈，毫无消息的流动。我看见一些年轻男人号啕大哭，要求给他们下命令，发武器，可是没有结果。我还看见一些女人因为气愤和轻蔑而昏厥。求见皇上是不可能的；礼仪规定常人不得擅入宫门。

宣布对付波拿巴的重要措施，是一道追缉的命令：腿脚不灵的路易十八，竟要追缉跨上陆地的征服者！这个古老法律用语在这里得到更新，它足以表明这个时期的政治家的智力。在一八一五年追缉！追缉！那么追缉谁呢？追缉一只狼？追缉一个土匪头子？追缉一个篡位的老爷？不是，追缉的是拿破仑，他曾经追击过各国君主，把他们抓住，在他们肩膀上烙上永不磨灭的"N"字！

仔细琢磨这道命令，就可以看出无人注意到的一个政治真相：正统王族与国民断了二十三年的联系，仍然停留在革命冲击他们的时代与位置，而国民在时间与空间上都向前进了。因此，他们无法理解和融合。对国王和人民来说，宗教、思想、利益、语言、大地和天空都不相同，因为他们不在一个起点，因为他们隔开了四分之一世纪，隔开了相当于若干世纪的四分之一世纪。

不过，如果由于保留了古老的法律用语，追缉的命令显得古怪，那么波拿巴一开头是否有意使用一种新语言，来做得更好一些呢？德·欧特里沃先生有一些文件，经过阿尔托先生整理清点，表明人们很难阻止

---

① 法国古币单位。一埃居在不同时代等于三到五法郎。

拿破仑命人枪毙昂古莱姆公爵，尽管《箴言报》上正式发表的为拿破仑炫耀的文章留在我们手里：他认为这位亲王自卫不好。然而这位从厄尔巴逃回来的人头年在离开枫丹白露时曾叮嘱士兵们忠于法兰西选择的君主。波拿巴的家族一直得到尊重，奥尔唐斯王后从路易十八手上接过了圣勒女公爵的头衔；米拉仍统治那不勒斯，他的王国只是在维也纳会议期间才被德·塔莱朗先生出卖的。

这个时期让人心情沉重，因为大家都缺乏坦诚：每个人先就抛出一个声明，说自己如何有诚意，好像这是一块跳板，可以渡过当时的难关，其实只要改变方向，难关就过了：只有年轻人是真诚的，因为他们刚刚出了摇篮。波拿巴郑重表示，他放弃王冠；他走了，过了九个月又卷土重来。邦雅曼·龚斯唐把他那篇强烈反对暴君的文章印了出来。但是在二十四小时之内他就变了。在本《回忆录》另一篇章，大家将看到是谁启发他做出了这一高尚行为，可惜他那动摇不定的本性不许他始终忠于这一行为。苏尔特元帅鼓动部队反对他们从前的统帅，可是过了几天他就在杜伊勒利宫拿破仑的书房里嘲笑他自己的声明引起的轰动，不久他又当上了滑铁卢战役法军的总参谋长；内伊元帅曾经亲吻路易十八的双手，发誓要把波拿巴关在铁笼子里带来见皇上，然而他把自己指挥的军队全部交给了波拿巴。唉！法兰西国王又怎么样呢？……他曾表示，他六十岁了，除了保护人民而死，再没有更好的结束一生的方式……可是他却逃到了冈城！看到这种感情虚伪和言行不一，我们觉得对人类生出了强烈的厌恶。

三月二十日，路易十八还声称死也要死在法国中部。如果他说话算数，正统王族还可以掌权一个世纪。天理本身似乎也剥夺了衰老的国王撤退的能力，因为它让他患有腿疾，行动不便。可是人类未来的命运偏偏要从中作梗，阻止宪章的作者彻底实行他的决定。波拿巴跑来援助未来，这位邪恶力量的救世主抓住新近瘫痪的人，对他说："起来吧，把您的床带走。"

国王出逃——我与德·夏多布里昂夫人一同动身——道路堵塞——德·奥尔良公爵与孔代亲王——图尔奈，布鲁塞尔——回忆——德·黎塞留公爵——皇上召我去根特城

显然，宫里人打算出逃：他们害怕遭到扣留，甚至连我也不通知。要是拿破仑进了巴黎，一个钟头后就会把我这种人拉去枪毙。我在香榭丽大道遇到了德·黎塞留公爵。"人家瞒着我们。"他对我说，"我来这儿望风，因为我不想在杜伊勒利宫独个儿等候皇帝。"

十九日晚上，德·夏多布里昂夫人派了一个仆人到卡鲁塞尔广场，吩咐他得知国王确实出逃后再回来。到了半夜，仆人还未回，我就去睡觉，可是刚上床，克洛泽尔·德·库斯盖先生就进屋来了。他告诉我们陛下走了，是朝里尔方向去的。是掌玺大臣让他带这个信给我的。他知道我处境危险，特地给我透露了秘密，并且给我送来一万二千法郎，今后从我驻瑞典公使的薪饷中扣回。我执意留下来，只有确知皇上走了才肯离开巴黎。派去打听情况的仆人回来了：他看到一长列马车驶出了王宫。三月二十日凌晨四点，德·夏多布里昂夫人把我推上她的马车。我当时是那样气愤，以至于不知道往哪儿去，也不知道在干什么。

我们从圣马丁门出了城。天亮了，我看见一些乌鸦从夜宿的大路旁榆树上悠然飞下来，去田里吃它们的早餐，根本不为路易十八或者拿破仑操心：它们并没有被迫离开家园，又多亏生有两只翅膀，可以把颠得我要死的破路不放在眼里。贡堡的老朋友呵！从前，天一亮，我们就在布列塔尼的荆棘丛里吃熟了的树莓。与那会儿我们过的日子是多么相似呵！

道路坑坑洼洼，又是阴雨绵绵的季节，但德·夏多布里昂夫人强忍着痛苦：她不时地从马车后面的气窗里往外面瞧，看有没有人跟踪。我们在亚眠宿了一晚。大学者迪康热就是在那儿出生的。接下来在阿拉斯又睡了一晚。那是罗伯斯庇尔的家乡：在那儿，我被人家认出来了。二十二日早上，我们打发人去租马，驿站老板说它们被一位将军预订了，他要去里尔送信：皇帝与国王胜利进入巴黎。德·夏多布里昂夫人怕得要死；不是为自己，而是为我。我跑到驿站，花了点钱，解决了难题。

二十三日凌晨两点来到里尔城墙下，却发现城门紧闭。上面有令，不管谁来了都不能开。守城人不能或者不肯告诉我们皇上是否进了城。我花了几个路易，让驿站的马车夫把车驶出城门前的开阔地带，把我们送到要塞另一边，最后又送到图尔奈。一七九二年，我与兄弟一起赶夜路，硬是走完了这一段路。到了图尔奈，我获悉路易十八与莫蒂埃元帅在一起，肯定进了里尔城，并打算守城。我赶紧派了一个信使去见德·布拉加先生，求他给我发一份进要塞的通行证。信使带回了要塞指挥官发的通行证，却没有德·布拉加先生的一句话。我把德·夏多布里昂夫人留在图尔奈，自己登上马车去里尔，正好碰上孔代亲王赶到。我们从他嘴里得知，皇上已经动身了，莫蒂埃元帅让他把皇上一直送到边界。根据他这番话，情况便得以证实：我的信送到城里时，路易十八已经走了。

德·奥尔良公爵紧随孔代亲王行动。表面上他们有不满，其实他乐于置身于战事之外。他的言论行动都有些暧昧，打上了他的性格的印记。至于年迈的孔代亲王，流亡就是他的家神。他并不惧怕波拿巴先生，只要人家愿意，他打也行，走也行；他的脑子有些糊涂了。他不大清楚是在罗克罗亚停下来打仗，还是去巨鹿镇吃晚饭。他比我们早几个钟头支起帐篷，并把家里人留在后边，吩咐我替他们去餐馆要咖啡。他不知道他孙子死后我就辞了职；他并不确知自己曾有个孙子，他只觉得自己的姓氏上又增添了几分光荣，它来自孔代家某个记不起来的成员。

你们记得我第一次流亡时，和兄弟一起经过图尔奈吗？你们顺便也记得那个变成驴子的男人，和那个耳朵里掏出麦穗的姑娘，以及到处点火的雨点般密集的乌鸦吗？一八一五年，我们自己也成了一群群乌鸦，不过我们没有放一处火。唉！可惜我再也不能与可怜的兄弟在一起了。从一七九二年到一八一五年，经历了共和国与帝国；在我的生活中，也完成了那么多的革命！时间和其他东西一样蹂躏了我。你们，现时的年轻一代，再过二十三年，你们对我的坟墓说一说你们今日的爱情与幻想处于什么状态。

贝尔坦家两兄弟到过图尔奈。贝尔坦·德·沃回了巴黎。他的兄弟贝尔坦老大成了我的朋友。你们读了本回忆录，知道是什么事使我与他交往上的。

我们从图尔奈去了布鲁塞尔：在那儿我没有再见到德·布勒特伊男爵和里瓦罗尔，也没有再见到那些年轻副官，他们不是死了就是老了，不过这是一回事。我也没有听到收容我的那位剃须匠的任何消息。我没有握火枪，而是握起了羽毛笔。我从士兵变成了一个舞文弄墨的人。我寻找路易十八；他在根特城；是德·布拉加和德·迪拉两位先生领他去那儿的；他们起初是想让皇上乘船去英国。要是皇上同意了这个计划，就永远也别想再登宝座了。

我走进一家带家具的旅馆，想察看房间，不想在一间黑魆魆的房间里头，见到德·黎塞留公爵半躺在一张沙发上抽烟。他用最粗鲁的口气跟我谈起那些亲王，并声称他要去俄罗斯，再也不想听人说起那些家伙。德·迪拉公爵夫人来到布鲁塞尔，因为母亲在这里去世而悲痛。

我觉得布拉班特的首府很糟；我流亡时从来只是从这儿路过。它总是让我或者我的朋友不幸。

皇上下令召我去根特城。王室的志愿者和德·贝里公爵的小部队都被派到贝蒂讷，去蹚那些烂泥，吃军事溃败的种种苦头：大家做了感人至深的诀别。王宫两百个亲兵留下来，驻扎在阿洛斯。我的两个侄子，路易和克里斯蒂安就在这支部队里。

根特百日——国王与枢密院——我出任代理内政部长——德·拉利·托朗答尔先生——德·迪拉公爵夫人——维克多元帅——路易神父和勃若伯爵——德·孟德斯鸠神父——白鱼宴：众宾客

有人给了我一张投宿证，不过我没有用：有一个男爵夫人——我忘了她姓什么——来旅社找到德·夏多布里昂夫人，要在她家里给我们提供一套住房：她是那样高兴地邀请我们去住。她对我们说："我丈夫对你们说的话，你们千万别在意：他脑子有……你们明白吗？我女儿也多少有些怪。可怜的孩子，有些时候她真可怕！但其余的时候她温驯得像只绵羊。唉！我最担心的还不是她；是我儿子，最小的那个，要是天主不帮帮忙，他的情况比父亲还糟。"德·夏多布里昂夫人礼貌地谢绝了邀请，她不愿去脑子这样清醒的人家里住。

皇上住得舒舒服服的，日常生活有人伺候，安全有人警卫，一切安顿好以后，便组成了枢密院。这位伟大君主统治的地盘是荷兰王国的一座宫殿。这座宫殿所处的城市，虽说是夏尔一坎的故乡，却曾是波拿巴治下一个省的首府：在这两个名字之间隔了好几个世纪，也发生了相当多的事件。

德·孟德斯鸠神父去了伦敦，路易十八便任命我为代理内政部长。

我与各省的通信联系算不上什么大活儿。我每天轻轻松松地就把给我们境内的省长、专区区长、市长和他们的助手的信写了；我也不怎么修路，听任钟楼倒塌。我们的预算并没给我多少钱；我也没有秘密资金；只是出于一种明显的流弊，我拿双薪；我仍是国王陛下派驻瑞典国王身边的全权公使。那位国王和他的同胞亨利四世一样，凭征服的权利当政，不然就是凭出生的权利。我们在国王的书房里，围着一张铺了绿毯的桌子开会发言。我认为，德·拉利-托朗答尔先生当时是公共教育部长，发表的演说比他的人更充实丰满：他举出了他著名的祖先历代爱尔兰国王，并把他父亲的案子与查理一世、路易十六搅在一起。有一位妇人热烈仰慕他的才华，从巴黎赶来，晚上，他和这位妇人一起，把白天在枢密院流泪、出汗和发言造成的疲劳一扫而光。出于美德，他努力治疗妇人的疯狂症，可是他的口才使他的德行落了空，反倒使妇人更加迷恋他了。

　　德·迪拉公爵夫人来到逃亡者中间，与丈夫德·迪拉公爵先生会合。我不愿再说不幸的坏话，因为我在这位杰出女人身边住过三个月，聊过正直的心灵头脑在情趣相投、思想一致、原则相同之中能够找到的一切话题。德·迪拉夫人对我寄予厚望，只有她一开始就知道我在政治上可能有所作为；嫉妒与盲目阻挠我进入枢密院，她总是为此难过。不过，我的性格给仕途带来了一些阻碍，她更是为此伤心。她责备我，劝我改掉单纯、直率、天真的毛病，想让我养成连她本人也无法忍受的讨好献媚的习惯。感到自己被一种崇高的友谊保护，这也许比任何东西都叫人更依恋与感激，因为这种友谊在社会上很有影响，它让人把你的缺点当作优点，把你的短处当作魅力。男人保护你是因为他有地位，女人保护你则是因为你有才华：两种权威一种是那样丑恶，另一种是那样温馨，其原因就在这里。

　　这位如此高尚的女人有一颗那样高贵的心灵，有一个兼具德·斯塔尔夫人的思想力量和德·拉斐德夫人的才华魅力的头脑。自从失去她以来，我在悲痛之中不断地责备自己脾气古怪，有时可能使呵护我关照我的人伤心。让我们注意自己的性格吧！让我们想到，即使我们怀有深厚的感情，也仍然有可能把用血的代价换来的日子败坏掉。待到我们的朋友进了坟墓，我们还有什么办法改正过错呢？那些无用的懊悔、空洞的遗恨，真是治疗我们给他们造成的痛苦的良药吗？他们喜欢的是生前看到我们微笑，而不是死后我们流的泪水。

迷人的克拉拉①（德·洛赞公爵夫人）和她母亲一起来到根特。我们俩就着蒂罗尔女人的乐曲作了几支蹩脚的歌。我曾把几个漂亮小姑娘放在膝头上搂着，如今她们都做了年轻祖母。一个姑娘，十六岁上在你面前嫁了人，你离开她，过十六年再来，会觉得她还是那个年纪。"啊！夫人，您可一点儿也没变老！"大概是吧：可是你是在向她女儿说这句话，你等会儿还要引这个女儿上祭坛呢。而你，这两场婚姻的伤感见证人，你把从每一场结合收到的十六年锁进箱子里：作为婚姻的礼物，它将促使你赶快与一个白皙的，有些消瘦的女人结婚。

维克多元帅来到根特城，与我们在一起。其朴实令人敬佩：他从不向皇上要求什么，也不以巴结讨好来惹皇上心烦。人家几乎见不到他。我不知道人家是否给他面子，赏他一个机会，请他陪陛下一起吃过一顿饭。我后来又见到维克多元帅，并和他在部里共过事。他在我眼里总是那副好性子。一八二三年，在巴黎，太子先生对这位诚实正派的军人相当冷漠。而这位贝律纳公爵却真是善良，对如此放肆的忘恩负义，竟以那样谦恭的忠诚来报答。这种单纯让我着迷，让我感动，即使有时候它显得极为幼稚也是如此。元帅就是这样，用士兵的腔调，来对我讲述他妻子死的情形，说得我都流下了眼泪：他说出那些下流字眼是那样

---

① 德·迪拉夫人的次女。——原注

快，换用别的字眼是那样害羞，以至于我们都不妨把这些字眼写下来。

德·沃布朗和卡佩尔两位先生来与我们会合。德·沃布朗先生说他的公文包里什么都有。要孟德斯鸠的书吗？喏，这就是；波舒哀的呢？喏，那就是。随着时局渐渐显示出另一种态势，我们中间又来了一些人。

路易神父和勃寥伯爵住进了我下榻的旅店。德·夏多布里昂夫人那时胸闷，呼吸不畅，我夜里照看她。两个新来的人住的房间与我妻子的房间只隔了薄薄一层板壁。除非我们把耳朵塞起来，不然不可能听不见那边的动静：在晚上十一二点之间，两个新来乍到的人提高嗓音，路易神父说话像狼，声音一挫一挫的：只听他对勃寥先生说："你，部长？你当不上了！你做的全是傻事！"勃寥先生答的话，我听得不太清楚，不过他提到了留在皇家财库的三千三百万法郎。神父显然生气了，将一把椅子推倒了。从他们的吵闹声中，我听到了这些话："昂古莱姆公爵？得让他去巴黎城门口买回国家财产。我将把剩下的国家森林卖掉。我把一切都砍光，大路边的榆树，布洛涅树林，香榭丽舍的园林，那些树有什么用，嗯？"粗鲁是路易先生的主要优点；他的本事就是痴爱物质利益。要是财政部长能把森林拖走，他没准会有一个不同于俄尔甫斯的办法。俄尔甫斯是奏起手摇弦琴，让树林跟他走。当时人们用切口称路易先生为专家。他的理财专长促使他把纳税人的金钱堆在国库里，好让波拿巴取走。他最多只适合在督政府里当差任职，拿破仑就没有想到起用这个专门人才，因为他绝不是独一无二，必不可少的角色。

路易神父是直奔根特城来求部长职位的：他在德·塔莱朗先生手下十分得志，曾与德·塔莱朗先生一起庄严地主持过练兵场联盟的第一次仪式：主教做祭司，路易神父做副祭，艾尔诺神父是副助祭。德·塔莱朗先生回忆起那次可圈可点的布道，对路易男爵说："神父，练兵场那次你做副祭，真是英俊呢！"过去，在波拿巴的专制暴政后面，我们忍受了这种耻辱，将来我们是不是还要忍受这种屈辱呢？

十分虔诚的国王避免了各种伪善的指责：他的枢密院里拥有一位结了婚的主教——德·塔莱朗先生，一位与人姘居的教士——路易先生，一位不大遵守教规的神父——德·孟德斯鸠先生。

德·孟德斯鸠先生像个肺病患者，易于激动，能说会道，但是心胸狭窄，性格乖戾，喜欢记仇，也喜欢诽谤人。有一天我在卢森堡公园宣传新闻自由，克洛维的后人①从我面前经过，使劲顶了我这个布列塔尼首领莫尔莫兰的后人一膝头，顶在大腿上火辣辣地好不疼痛，我也还了他一膝头，虽说这不礼貌：我们便像雷斯红衣主教和拉罗什富科公爵那样大骂起来。德·孟德斯鸠神父戏称德·拉利-托朗答尔先生是"一只英国式的畜生"。

在根特的河里可以钓到一种肉质鲜嫩的白鱼：我们常常去城郊一家小饭馆吃这种鲜鱼，一边等待各个帝国开战、灭亡。拉博里先生从不失约：我是在萨维涅第一次遇到他，当时他躲避波拿巴的追捕，从一边窗户跳进德·博蒙夫人家，又从另一边窗子跳出去逃走。他干起活来不知疲倦，写的信多，跑的腿也多，乐于助人，一如别人乐于得人帮助。可是他却被人诬蔑：其实诬蔑并不是对被诬蔑者的指控，而是诬蔑别人的家伙为自己做的辩解。拉博里先生本来大有希望，可是我却见那些希望都蔫了；这是为什么？空想就像折磨：一想就是一两个钟头。我常常用一根金索，捆一束回忆的玫瑰。那些玫瑰已经衰老，都无法立起。我捧起它们，献给年轻活泼的希望。

在那些白鱼宴上我也见到了莫尼埃先生。这是个有理性的正人君子。基佐先生常常屈尊光临我们的聚餐活动。

---

① 指德·孟德斯鸠神父。他家是法国最古老的家族之一。克洛维是公元五六世纪法兰克人的国王。

根特百日续篇——根特导报——我给皇上的呈文：这份呈文在巴黎的影响——篡改呈文

我们在根特办了一家导报：我给皇上的报告就发表在这份报纸上。它证明了我对新闻自由和外人统治的看法在任何时候都是一样的。到今天我还可以举出这些段落；它们没有与我的生活相背离：

"陛下，您给现行制度奠定了基础，现在又准备把它们加以完善……您开贵族院议员世袭制的先河确定了一个时期。内阁变得更为一致；部长们按照宪章精神，将成为两院成员；一项法案已经提出，凡四十岁以下都有权竞选众议院议员，并使公民们有了一种真正的政治职业。人们还将针对新闻界的不法行为订立一部刑法典，这部法典通过之后，新闻就会完全自由，因为任何代议制政府都得实行这种自由……

"陛下，我要借此机会向您郑重保证：您内阁的任何部长，您枢密院的任何成员，都义无反顾地捍卫这种适度自由的原则。他们从您那儿学会了热爱法律，秩序和公正。没有法律、秩序和公正，人民就不可能幸福。陛下，我们大胆向您表示，我们准备为您流尽热血，跟您走到天涯，并且与您一起经受万能的天主给您的种种考验，因为我们当着天主的面认为，您既然给人民创立了宪政，也就会维护宪政，您高贵的灵魂真诚的愿望，就是让法国人民自由。如果情况并非如此，陛下，我们将死在您脚下，以捍卫您神圣的个人；不过到了那时候，我们就不再是您的士兵了，也不再是您的枢密院顾问和部长了……

"陛下，此时此刻，我们分担着您作为国王的忧愁：您的枢密院顾问和部长，没有一个不会誓死阻止外族入侵法国。陛下，您是法国人，我们也是法国人！我们对祖国的荣誉十分关注，对我们军队的光荣深感自豪，对我国士兵的英勇深表敬佩，我们愿意在他们的队伍中，流尽最后一滴血，以便把他们引回正道，或者与他们分享正义的胜利。当看到我们的祖国面临灾难的打击，我们深感痛苦。"

就这样，在根特，我提议进一步完善宪章，并且对法国受到再次入侵的威胁表现出深愁重忧；可是我只是一个逃出来的人，心愿与现实相矛盾，而现实是不可能为我打开祖国的大门的。这些文字是在君主联盟的国家里，在憎恶新闻自由的国王和流亡者中间，在开赴征战前线的军队中写的。可以说，我们是那些军队的俘虏：这种境况或许会给我斗胆表达情感增添几分力量。

我的呈文传到巴黎，引起很大反响；小勒诺尔芒先生拿生命开玩笑，竟让人重印了这篇文章。而我为此事费了九牛二虎之力，谋到了毫无用处的国王印刷特许证。波拿巴不适时宜地行动，或者让别人行动：在我的呈文发表之际，人家的所作所为，正是督政府在克莱里的回忆录[①]面世之际所采用的伎俩，把文章的一些段落做了篡改：人们认为向路易十八提出了愚蠢的建议，要求恢复封建特权，要求允许教士们重新征收什一税，要求恢复国家财产，就好像《根特导报》在具体的众所周知的日子登载的原件不能拆穿篡改的伎俩似的；其实人家是需要借用一时的谎言。一篇没有诚意的抨击文章用的是一个军衔相当高的人的笔名：百日王朝以后他被撤了职。有人把他被撤职归咎于他对我的行为。他让一些朋友来找我；他们求我出面说说话，让一个有功之人不至于失去唯一的生活来源：我写信给陆军部，为这位军官谋得一份退休金。他现在已不在人世了，但他妻子仍与德·夏多布里昂夫人来往密切，对她深怀感激之情。其实这份感激我是根本受之有愧的。有些行为被人过于看重；其实最普通的人也可能做出这种慷慨之举。人们不必付出什么代价，就能博得美德的名声：高尚的灵魂并不是宽恕人的灵魂，而是不须

---

① 见卷一，篇章十一。

宽恕的灵魂。

波拿巴在圣赫勒拿岛认为我在根特出了大力,我不知道他这番见解是从何得来的:他虽然把我的作用看得过大,但至少在感觉上对我的政治才干做出了评价。

根特百日续篇——不发愿修女的修道院——我受到怎样的接待——盛宴——德·夏多布里昂夫人到奥斯坦德旅行——安特卫普——一个口吃的人——一个英国少女之死

在根特,我尽一切可能避开阴谋;我生性厌恶那些阴谋,觉得那些阴谋卑鄙可耻;因为,在我们平常的灾难深处,我看到了社会的灾难。我躲避游手好闲的家伙和乡下佬的地方,就是"不发愿修女修道院":我跑遍了那个小小的女人天地,里面的女人都披了面纱,或者包了头巾,做着各种教会的活儿。那个地方安静,其位置就像非洲风暴边缘的沙洲。在那里,我的思想没有产生任何不和谐的地方,因为宗教感情是那样崇高,再重大的革命也不可能不熟悉:上埃及的孤独隐居者,还有摧毁罗马人世界的蛮族,都不是不协调的事实和互不相容的存在。

我作为《基督教真谛》的作者,在修道院里受到了热情的接待:不论我走到哪儿,只要在基督徒中间,那些本堂神父就来迎接我,然后那些做母亲的就领着孩子来见我;那些孩子就背诵我写的《初领圣体》那一章。接着就来了一些不幸的人,他们告诉我,我有幸给他们带来了什么好处。我途经一座天主教城市的消息被人当作传教士和医生途经该城的消息传扬出去。我被这种双重的名声感动了:这是我保留的唯一有关自己的愉快回忆；至于有关我个人和名声的其他回忆，我并不喜欢。

奥普斯夫妇经常请我去他们家吃饭。这对可敬的父母身边有三十来个子孙重孙。在柯邦斯先生家，有一场盛宴请我参加，盛情难却，我只好接受。这顿饭从午后一点吃到了晚上八点。我数了数共有九道大菜：开始上的是果酱，最后上的是排骨。只有法国人才知道有条有理地吃喝，正如只有法国人才知道怎样写书一样。

我的部长职务把我留在根特。德·夏多布里昂夫人没有我这么忙，就去奥斯坦德观光。一七九二年我就是从那儿登船去泽西岛的。当年我从那些运河下海，流亡异乡，病得要死，后来我流亡国外，仍在那些运河边散步，不过身体健康：我一生中总有一些奇闻！第一次流亡的贫困与快乐又在我的头脑里复活；我想到了英格兰，想到了那些患难伙伴，想到了我以后还会瞧见的那个夏洛特。谁也不像我，在忆起一些影子时，便给自己创造出一个真实的社会，达到了我记忆中的生活同现实生活的感觉合并为一。有些我从未挂念过的人，死后反倒进入我的记忆：好像只有去坟墓走一遭，才能成为我的伙伴似的。这一点使我认为自己已是死人。在别人认为是永诀的地方，我却认为是永远的团聚。某个朋友辞别人世，就好像是来到我家居住；他不会再离开我。随着当今世界渐渐退隐，过去的世界又回到我身边。如果当今一代瞧不起年老的几代，他们在涉及我的事情上便会白费气力：我甚至没有意识到他们的存在。

我的金羊毛勋章还不在布吕日[①]，德·夏多布里昂夫人没有替我把它带来。一四二六年，在布吕日，有一个叫让[②]的人发明或者改进了油画技艺：让我们感谢让·德·布吕日吧；他的方法要是没有宣传出来，拉

[①] 金羊毛荣誉勋位团是一四二九年在布吕日建立的。夏多布里昂直到一八二三年才得到该勋章。
[②] 即下文提到的佛兰德画家让·德·布吕日（一三八六——四四〇）。

斐尔的杰作今日都会褪色，变得模糊不清。佛兰德画家是从哪儿采光，来照亮他们的画作的？希腊的哪道光束偏离了方向，照到了巴达维亚海滩？

在奥斯坦德游览之后，德·夏多布里昂夫人跑了一趟安特卫普。她在那儿的一座公墓里见到了用石膏雕塑的炼狱里的灵魂，它们身上乱涂着烟熏火燎的颜色。在卢万，她给我领来了一个口吃的人。那是一个博学的教授，专程来根特看看我妻子的丈夫这样一个不同凡响的人物。他对我说："著著……著名的……"他表达不出颂扬之意。我请他吃饭。这个研究古希腊的学者喝了几杯柑香酒以后，舌头放开了。我们开始赞扬修昔底德的功绩。酒使我们觉得他像水一样清澈。由于长久与客人对话，我想我最终说起了荷兰话；至少，我已经不明白自己在干什么了。

德·夏多布里昂夫人在安特卫普的客店里凄惨地住了一夜：有一个英国少妇，刚刚生过孩子，在那里离开了尘世；她哼哼唧唧了两个钟头，接着声音渐渐弱了下去，最后的呻吟消失在永恒的静寂之中，一只听不懂她的话的耳朵勉强听到这些。这个孤独的，被人遗弃的游魂的叫喊，似乎为滑铁卢即将传来的千万个死者的叫喊拉开了序幕。

根特百日续篇——根特罕见的运动——威灵顿公爵——御弟——路易十八

当时成群的外国人拥入根特，使根特变得热闹，不久，这些外国人撤走了，根特惯有的清静变得更为明显。一些比利时和英国的新兵在广场上、在散步场所的树下学习操练。一些炮手、器材供货商、龙骑兵在把炮兵的辎重物资和牛马弄上岸。那些马匹悬在帆布带上，人家把它们牵下船时，它们仍在空中挣扎。卖酒食的随军女贩子背着大包小袋，牵着孩子，挂着丈夫的步枪走下船来：这些人也不知为什么，也不为丝毫利益，就去赴波拿巴为他们设下的毁灭性的约会。人们看见一些政治家沿着一条运河，在一个一动不动的钓鱼人周围比画着手势说话，还看见一些流亡者在匆忙奔走，从国王行宫走到御弟的住所，又从御弟的住所赶到国王的行宫。法国的掌玺大臣德·昂布莱先生穿着绿礼服，戴着圆筒帽，臂下夹一部旧小说，前往枢密院修正宪章。德·莱维公爵趿一双开了边，露出脚趾头的拖鞋去上朝，他是个勇士，堪称阿喀琉斯再世，打仗时脚跟负了伤，所以只能趿拖鞋。他很有思想，大家可以根据他的随想录[1]做出评价。

威灵顿公爵近来不时检阅部队。路易十八每天吃过晚饭，就带着首席侍从和卫兵，坐一辆六匹马拉的四轮马车，在根特城兜一圈，就好像他仍在巴黎。国王要是在路上碰到威灵顿公爵，他会摆出恩主的派头，在经过时向公爵稍稍点一下头回礼。

路易十八从没有忘记他的优越出身；他走到哪儿都是国王，就像天主走到哪儿都是天主，不论是在民宅还是在神庙，是在金子还是黄泥砌的祭坛。落难从不曾剥夺他半点特权。他的威权下降了，傲气却增大了；他的王冠就是他的姓氏；他似乎在说："杀死我吧，但你们无法刮去刻在我额头上的世纪。"即使有人刮掉卢浮宫里他家的纹章，他也无所谓：它不是刻在地球上了吗？难道人们会派出专员，去世界各个角落把它们刮掉？在印度，本地治里、美国、利马、墨西哥，在东方，在安蒂奥克、耶路撒冷、圣-让·达喀尔、开罗、君士坦丁堡、罗德岛、摩里亚半岛，在西方，在罗马的城墙上，在卡塞塔和埃斯柯里亚宫的天花

---

[1] 德·莱维公爵（一七五五——一八三〇）的《关于若干问题的箴言与思考》于一八〇八年出版。

板上，在雷根斯堡和威斯敏斯特大厅的穹顶上，在各国国王的盾形纹章上，都可以见到他家的徽记，难道它被抹去了吗？它被安在罗盘指针上，似乎表示百合花徽在世界许多地区的统治，难道它被人从那上面拔下来了？

他的家族高贵、古老、尊荣、威严，这些固定不变的观念给了路易十八一个真正的帝国。我们感觉到他对这个帝国的统治。便是波拿巴手下的将军们也承认这一点：他们在这个残疾老头面前，比在指挥他们打过上百次仗的可怕主子面前更为惶恐。在巴黎，当路易十八给予获胜的各国君主以与他同席的荣幸时，他总是毫不客气地打头，走在那些君主前面，而那些君主的军队就驻扎在卢浮宫院子里；他把他们当附庸看待，宗主国的主子有了事，他们领军前来支援，只是尽自己的义务。在法国，只有一个君主国，就是法兰西君主国，其他君主国的命运都与法国联系在一起。与于格·卡佩家族比起来，欧洲所有王族都嫩得很，几乎都是它的后代。我们古老的王权就是世界的古老王权：从卡佩家族被放逐之日起，开始了国王们被赶下台的纪元。

圣路易的后代这股傲气越是不得当（在路易十八的继承人那里这股傲气变得有害了），它就越是迎合了民族自尊心：各国君主过去作为战败者，戴上了一个人的锁链，而现在作为战胜者，却戴上了一个家族的桎梏，法国人看到这种状况一个个都欢欣不已。

路易十八对自己的血统毫不动摇的信念是使他重握权杖的真实力量；这种信念两次把一顶王冠戴在他头上，当时欧洲都失去了信心。而且这种信心并不曾打算耗尽他的人力财力。被逐的国王没有一兵一卒，却打赢了并非由他发动的每场战斗。路易十八就是正统王权的化身；当他去世之后，正统王权也就见不到了。

根特百日续篇——根特历史回顾——德·昂古莱姆公爵夫人来到根特——德·塞茨夫人——德·莱维公爵夫人

在根特,一如在任何别处,我独自做了一些郊游。船只在狭窄的运河里航行,在到达大海之前,不得不从绵延百里的草场中间穿过,那种滋味,就像是在草地上滑行。那些船让我想起在密苏里长满野燕麦的沼泽里行驶的筏子。停在水边,当别人把一匹匹坯布浸下水的时候,我的目光则在城里座座钟楼间游荡;我觉得历史出现在天空的云彩上面:

根特人民奋起反抗支持法国的总督亨利·德·夏蒂庸;爱德华三世生下了让·德·根特,兰开斯特家族的鼻祖;阿特威尔德①深得人心的统治:"善良的人们呵,是谁伤害了你们?你们为什么对我这么不客气?我什么地方得罪了你们?"——"你得去死!"民众吼道。这是时代对我们所有人发出的呐喊。后来我见到了历代勃艮第公爵;西班牙人来了。接下来是媾和、围城、拿下根特城。

当我在以往的世纪中浮想联翩的时候,一支小号,或者一支苏格兰风笛的声音把我拉回现实。我看见一些活生生的士兵跑步前进,去与巴达维亚被埋葬的部队会合:仍旧是那些毁灭啊,被推翻的强权啊,最后,是一些消逝的幽灵,一些往日的名字。

沿海的佛兰德是克洛迪昂②和克洛维的战友们最先安营扎寨的地区之一。根特和布吕日两城,以及周围的乡村给老近卫军的掷弹兵提供了将近十分之一的兵源:这支可怕的部队部分是由我们祖先出生地的兵丁所组成的,而它又来到这个出生地附近让人歼灭。对我们历代国王的部

---

① 阿特威尔德(Artevelde,约一二九五——一三四五),十四世纪佛兰德人的领袖,领导根特人民保持中立,驱逐原统治者路易一世。后在暴乱中遇害。
② 克洛迪昂(Clodion,死于四四七年),法国墨洛温王朝的祖先。

队,利斯河会献上它的鲜花吗?

西班牙人的风俗体现了他们的个性:根特的建筑物让我又想起了格林纳达的房子,只是少了闪耀着织女星的那片天空。一座几乎无人居住的大城,空荡荡的街道,同样空荡荡的运河……由运河分割出的二十六座岛屿,不是威尼斯那样的运河,而是中世纪一个巨大的炮阵。在根特,就是它们取代了切格利城区、杜罗河、塞尼尔、热内哈利夫夏宫和阿尔罕布拉古城:我昔日的梦想啊,我还能再见到你们吗?

德·昂古莱姆公爵夫人乘坐吉伦特号船,经英国来到我们这里,同行的有唐纳迪厄将军和德·赛茨先生。后者远渡重洋,外衣上还戴着蓝色勋章。在王妃之后到来的,还有德·莱维公爵夫妇:他们是乘坐公共马车,从通往波尔多的大路逃出巴黎的。他们的旅伴,马车上的乘客都在谈论政治。其中一个人说:"夏多布里昂那个坏蛋总不至于那么蠢吧!他的马车装满了行李,停在院子里有三天了:鸟儿都在上面做了窝。拿破仑要是把他逮住,是不会讲什么[①]客气的!……"

德·莱维公爵夫人是个很美丽很善良的女人。德·迪拉公爵夫人有多么好动,她就有多娴静。她总是与德·夏多布里昂夫人待在一起,在根特是我们家的常客。我十分需要安宁,但我一生中从未遇到像她这么安详的人。我平生最无烦恼的时段,就是在诺瓦齐埃这位夫人家里度过的那些日子。这位夫人的话语和感情深入你的灵魂,把安宁引到你心中。我至今仍然怀念在诺瓦齐埃栗树下度过的时光。那时我精神得到了抚慰,心情得到了康复,注视着瑟堡修道院的废墟,和马恩河畔垂柳下停泊的小船射出的如豆灯光。

对我来说,回忆德·莱维夫人,就像回忆一个宁谧的秋夜。她过了不久就去世了[②]。她融入死亡,就像融进安宁的源泉。我目送她无声

---

① 上述地名,都是夏多布里昂在西班牙格林纳达城游览时足迹所到之处。
② 德·莱维夫人死于一八一九年。——原注

无息地下到拉雪兹神父公墓的墓坑里。她被葬在德·封塔纳先生上方。德·封塔纳先生旁边,安息着他死于决斗的儿子圣马尔塞兰。因此,我在向德·莱维夫人的坟墓鞠躬时,又碰到了另两座坟墓。人在感受一个痛苦时,不可能不唤醒另一个痛苦:夜里,种种只在暗处开放的花全都开了。

德·莱维夫人对我亲切善良,德·莱维老公爵先生则对我友好:我现在只能按辈分来谈这家人。德·莱维先生很会写文章;他的想象丰富多彩,透露出他的名门气息,就像基贝隆湾海滩上的鲜血让人感到流血者出身高贵一样。

一切都不该在此终结。友好的情谊传到了第二代。德·莱维少公爵先生虽然今日依附了德·尚博尔伯爵先生,当时却向我靠拢;我与他家老辈人有交情,自然不会亏待他,正如我对他令人敬畏的主子也少不了表示忠诚。少公爵的妻子,可爱的德·莱维少公爵夫人,把心灵和才智方面最闪光的优点都汇集在欧比松这个高贵的姓氏里:当美惠女神向历史借用那永不疲倦的翅膀时,就有足够的东西来维持生活了。

根特百日续篇——根特的马尔桑公馆——王国宫廷顾问盖雅尔先生——德·维特罗尔男爵夫人秘密来访——御弟手书——富歇

在根特一如在巴黎,都有马尔桑公馆[①]存在。每天,从法国各地给

[①] 德·阿尔图瓦伯爵本人住在马尔桑公馆。此处指他的党派。

御弟传来许多新闻。这些新闻是信誉所关制造出来的或某些人想象出来的。

盖雅尔先生这位昔日的演说家，如今王国宫廷的顾问，富歇的密友来到我们中间。他得到大家的承认，并且与卡佩尔先生有了来往。

我很少去御弟那儿，但每次去，御弟身边的人总是用隐晦的话语和频频的叹息，跟我提到一个"表现极为出色的人（应该承认这点）：他牵制了皇帝的一切行动；保卫了圣日耳曼郊区，等等，等等"。忠心耿耿的苏尔特元帅亦是御弟偏爱的人物。而且，他也是富歇之后，法国最忠诚的人。

一天，一辆马车在我的旅馆门口停下，我看见德·维特罗尔男爵夫人走下车：她是带了德·奥特朗特公爵（即富歇）的前途来的。她带来御弟的一封亲笔信，亲王在信中表示，对救过德·维特罗尔先生性命的人，他永怀感激。对这件事，富歇也不指望得到更大的酬报了。有了这封信，王朝再次复辟后，他的前途就确保无虞了。从此时起，在根特，人家感谢杰出的富歇德·南特先生的大恩大德就不成问题了，除了通过这个正人君子的良好意愿，再没有其他办法回法国也是很明白的事情了：难的是让国王欣赏这个君主政体的新救星。

百日政变结束后，德·居斯蒂纳夫人硬拉我去她家吃饭，与富歇同桌。五年前，在我的堂弟阿尔芒受审判期间，我曾见过富歇一面。从前的大臣知道我在卢瓦、贡纳斯、阿尔努维尔反对过对他的任命。他猜测我很有势力，便有意与我言和。他身上最大的资本，就是路易十六的死亡：判处国王死刑体现了他的清白。一如所有革命家，他嘴巴灵活，空话连篇，搬出的大套陈词滥调里充满了"命运""需要""事物的权利"之类词语；他把社会进步、社会发展的无意义归于哲学的荒谬，把无耻的道德行为准则用来为强者欺压弱者服务；他厚颜无耻地承认人们成功是公道的，承认砍掉一颗头颅没有多大意义，承认人们幸运是合理的，人们受苦则不公平;他装出最轻描淡写,最不在乎的口气,来谈论最可怕的灾难,就好像他是一个超脱这类无聊事的神灵。不论谈到什么问题,他总要表露出一个不同凡响的想法,要做一番引人注目的概述。我无法与这位罪人相处,只好耸耸肩膀,走了出来。

我对富歇先生冷淡,他从未原谅过;他拼命拉拢我,却收效甚微,对这点也始终耿耿于怀。他曾经打算举起命运的大刀,在我眼前晃动,就像西奈半岛①的荣光,来迷惑我;他曾经认为我会攀住着魔的巨人。那巨人谈到里昂的土地时曾说:"这片土地会动荡不安;这座傲慢的造反之城,在它的残砖碎瓦上面,会零零落落地建起一些茅屋,那些平等的朋友会竞相赶来居住……我们将有充足的勇气,穿过阴谋家们巨大的坟墓……把那些血淋淋的尸首扔进罗讷河,得让它们给两岸和河口留下可怕的印象,摆出人民有至高无上的权力的图像……我们将庆祝土伦的胜利;我们今晚就要打发二百五十名造反者去领受那惊雷一般落下的大刀。"

这些可怕的小事并不能叫我产生敬畏之情:因为德·南特先生啰啰嗦嗦叙述的,是共和派在帝国的烂泥里犯下的暴行;因为无套裤汉虽然变成了公爵,用荣誉团勋章的饰带包起了绞死过人的路灯绳,在我看来却并不比原来精明,也不比原来高贵。对于根本不把雅各宾党人的暴行当回事,根本不把他们的杀戮放在眼里的人,雅各宾党人恨之入骨;因为他们的自尊心受了刺激,就像才华遭到别人否认的作者一样。

---

① 据说在西奈山上,耶和华将《十诫》授予摩西。

维也纳会议——富歇的特使德·圣莱翁先生参加谈判——关于德·奥尔良公爵先生的提议——德·塔莱朗先生——亚历山大对路易十八的不满——形形色色的求职者——拉贝斯纳迪埃尔报——亚历山大给会议的突然提议：克兰卡尔西勋爵挫败该提议——德·塔莱朗先生改变态度：他给路易十八的快信——同盟国的声明，在法兰克福官方报纸发表时遭删节——德·塔莱朗先生希望国王从东南各省进入法国——贝内文托亲王到维也纳的数项交易——亲王给身在根特的我写信：他的信文

在富歇把盖雅尔先生派来根特，与路易十六的兄弟谈判的同时，他在巴尔①的代理人正在与梅特涅亲王的代表讨论如何处置拿破仑二世的问题，而受这同一个富歇委派的代表德·圣莱翁先生则来到维也纳，讨论是否可能给德·奥尔良公爵先生戴上王冠的事宜。德·奥特朗特公爵的朋友对他的信任，不可能超过他的敌人：在正统亲王们归国时，他在流亡贵族的名单上留下了从前的同事蒂博多先生的名字，而塔莱朗先生则随自己的喜好，删去或者添上某个流亡者的名字。这样一比较，圣日耳曼郊区的人信任富歇先生，不是很有理由吗？

德·圣莱翁先生带了三封信来维也纳，其中一封是给德·塔莱朗先生的：德·奥特朗特公爵向路易十八的大使提议，如果有机会，把平等的菲利普之子②推上宝座。这场交易是多么正直啊！与这样诚实的人打交道是多么幸运啊！然而我们曾经赞美、恭维、祝福过这些市井无赖；

---

① 巴尔即巴塞尔。
② 指德·奥尔良亲王。

我们曾经巴结他们，称他们为阁下！这就说明了现实世界的复杂。在德·圣莱翁先生之后，富歇又增派了德·蒙特隆先生。

德·奥尔良公爵先生没有参与阴谋，但这件事得到了他的同意。他让那些意气相投的革命党去策划阴谋：多么惬意的圈子！在那座树林深处，法兰西国王的特命全权大使侧耳倾听富歇的提议。

在提到德·塔莱朗先生在地狱门遭到拘捕时，我曾说过迄至当时为止德·塔莱朗先生对玛丽·路易丝执政的固定不变的看法：他不得不顺应事变，接受波旁王朝上台的可能性；但他始终不自在；他觉得在圣路易的直系继承人统治下，一个娶妻的主教位置没有保障，因此用幼系替代长系的主意正合他的心意，尤其是他过去曾与德·奥尔良公爵那一支住的王宫有过来往，就更觉得这个想法可行。

打定主意之后，他就冒险把富歇的方案向亚历山大做了简要的透露，不过并没有完全暴露他自己的想法。沙皇对路易十八已经不再感兴趣：在巴黎，路易十八摆出一副血统高贵的架势，伤了他的面子；后来不许德·贝里公爵与沙皇一个妹妹结婚，更是伤了他的心。路易十八拒绝俄国公主有三条理由：第一，她是分立派教徒；第二，她的家族不太古老；第三，她的家族里出过疯子。这些理由不便直说，而是转弯抹角地提出来的，亚历山大隐隐约约悟出来后，更是觉得受了冒犯。沙皇对流亡的老迈君主最后一点不满的原因，是有人提出了英国、法国和奥地利三国联盟的设想，因此他指责这个设想。再说，他觉得继位已是公开的事了；大家都打算继承路易十六之子的权位；邦雅曼·龚斯唐以米拉夫人的名义，为拿破仑的妹妹辩护，她认为自己拥有统治那不勒斯王国的权利；贝纳多特远远地朝凡尔赛投来一瞥，显然是因为瑞典国王来自波城。

外交部门的长官拉贝斯纳迪埃尔来见德·科兰古先生；他就正统王位草拟了一份报告：《法兰西的申诉与反驳》。使出这一招之后，德·塔莱朗先生设法把报告交给了亚历山大:沙皇本就心怀不满,态度变化无常,看了拉贝斯纳迪埃尔的小册子,深受影响,便在开会时突然提出,是否可以将审查德·奥尔良公爵先生担任国王在哪些方面可以使法国和欧洲满意列为议题,使与会代表大吃一惊。这也许是那非常时期最让人觉得意外的事情之一。虽说那段时间人们是那么少地提及,但它也许比人们提到的还要不寻常。克兰卡尔西勋爵让俄罗斯的提议落了空。这位大人声称无权讨论这样重大的问题。"至于我嘛,"他像普通人似的发表意见说,"我认为把德·奥尔良公爵先生放到法国的王位上,无异于用家族成员的篡位来取代军事的篡位,对于君王们来说,这种篡位比其他任何形式的篡位都要危险。"与会代表去吃饭时,在他们会议记录的纸页上,作为记号,画了圣路易的权杖,就像画一根草秆似的。

看到沙皇碰了钉子,德·塔莱朗先生来了个一百八十度的大转弯:他预料这一幕会传出去,便向路易十八做了报告(在我见到的一封快信里。那封信标号二十五或者二十七号):他认为有义务把一个如此过分的动作报告陛下,因为,——他说——这个消息不久会传到皇上耳朵里:德·塔莱朗亲王先生真是少见的天真。

当时的问题是,同盟国要发表一个声明,清楚地告诉全世界,他们憎恨的只是拿破仑;他们并不打算把法兰西不喜欢的政府形式和君王强加给它。声明这后一部分被删去了,但是法兰克福的官方报纸却确实做了宣示。英国在与各国政府谈判时,总是使用这种自由的语气,其实只是为了防止议会辩论时有人批评。

我们看到,第二次复辟时,同盟国并不比第一次复辟时更关心确立正统王权的统治:一切都是由事件自身安排的。这些君主目光是那样短浅,欧洲各国君主政体的母亲被人扼杀与他们有什么关系呢?难道这会阻止他们花天酒地,豢养卫队吗?如今这些君主一手抱住地球,一手持剑,稳坐江山!

德·塔莱朗先生的利益当时在维也纳。那时英国人的看法对他不再那样有利。他担心英国人会在各国军队做好准备之前发动军事行动,从而使圣詹姆斯内阁获得优势:这就是他想让国王从东南部各省回国,以便得到俄帝国和奥地利内阁军队保护的原因。因此,威灵顿公爵得到明确指示,不许开战。是拿破仑想打滑铁卢之仗。人们无法拦挡这么一个人的命运。这些历史事实虽然是世界上最离奇的,却鲜为人知;同样人们对维也纳有关法国的条约形成了一种模糊看法:人们认为那是一群得胜的君主炮制的不公正东西,因为那些君主热衷于整垮我们。不幸的是,那些君主虽然苛刻,却是受了一个法国人的挑唆:德·塔莱朗先生如果没有玩弄阴谋,就是做了交易。

普鲁士想得到萨克森,这个地区迟早是它的猎物;法国应该支持这个愿望,因为萨克森会在莱茵河流域获得补偿,而兰道则会连同我们那些飞地一起留给我们;柯布伦茨和别的要塞划归一个友好的小国,该国横隔在我们与普鲁士之间,阻止两国接壤;法兰西的要害之地便没有受到腓特烈的阴影威胁。因为萨克森为此要遭受三百万法郎的损失,德·塔莱朗先生就反对柏林内阁的方案。但是,为了使亚历山大赞同古老的萨克森存在下去,我们的大使不得不把波兰让给沙皇,尽管其他强国希望好歹留下波兰,让它牵制俄国,使其在北方的行动没有那么自由。那不勒斯的波旁王族一如德累斯顿的君主,用钱赎回了自身。德·塔莱朗先生声称有权要求补助,作为交换他将让出贝内文托公爵领地:他离开主子卖掉号衣。法国失去了那么多的地盘,难道德·塔莱朗不也该失去什么?再说,贝内文托并不属于侍从长,根据重新生效的旧条约,这块亲王封地从属于教会国。

这就是我们在根特居留期间,维也纳所做的外交交易。我在根特时收到德·塔莱朗先生这封信:

先生，得知您到了根特，我非常欣喜，因为形势要求皇上身边有些精明强干、能独立思考的人。

您肯定认为，通过一些深思熟虑的出版物，来批驳人家在正式文献中想建立的整套新学说是有益的。这些正式文献已在法国面世。

看来有必要写点东西以论证三月三十一日同盟国在巴黎发表的声明，废黜皇帝，让位，作为其后果于四月十一日签订的条约都是于五月三十日的条约绝不可少的预备性条件，也就是说，没有这些预备性条件，条约就不可能订立。这一点提出以后，破坏上述条件的人，或者协助他人破坏上述条件的人，就是在破坏这个条约所确立的和平。他和他的同伙也就是在向欧洲宣战。

无论国内国外，进行这方面的讨论都是有益的；只是有一条，一定要讨论清楚，因此请您负责此事。

先生，请接受我真诚的友爱与崇高的敬意。

塔莱朗
五月四日，于维也纳

希望有幸在月底见面。——又及

我们的部长仇恨从黑暗中逃出的巨怪。他在维也纳忠诚地保持了这股仇恨；他怕被那怪物鼓起翅膀扫一下。此外，这封信还表明，德·塔莱朗先生独自写作时，是很能干事的：他好意给我点明"主题"，把余下来的事则交给我去敷衍修饰，这就是说几句外交辞令，提一提废黜、逊位，四月十一日的条约与五月三十日的条约，以制止拿破仑卷土重来！我很感激他按我的文凭"精明强干的人"发给我的训令，只是我没有遵命：作为"未出国门"的大使，我此时还没有干预"外交事务"。我只是"暂时代理内政部的部务"。

这时在巴黎发生了什么事呢？

巴黎百日——正统王权回到法国的影响——波拿巴的震惊——他被迫妥协，带着他认为已经扼杀的思想——他的新体制——剩下三个大玩家——自由党的怪物——俱乐部与联盟派——共和国的敷衍：附加文件——众院开会——无益的"五月田野[①]"

我让你们看到了历史并未显示的事件的背面；历史只展示事件的正面。《回忆录》就有这个好处，能够把事情的正反两面都展现出来：从这方面讲，它们像莎士比亚的悲剧，通过展示下流和高尚的场景，较好地描绘了完全的人性。不论何处，宫殿附近总有茅屋，笑者旁边总有哭者，失去宝座的国王周围总有背筐的拾荒人：波斯国王大流士下台对参加埃尔比勒战争的奴隶有什么影响？

巴黎拉开大幕演戏，根特只是后台的更衣室。一些名人仍留在欧洲。我一八〇〇年与亚历山大和拿破仑一起开始了政治生涯，为什么我没有追随这些同代的第一流演员，在大舞台上显露头角呢？为什么我独自待在根特呢？这是因为老天想把你扔在哪儿就扔在哪儿。现在，我们就从根特演出的百日小戏，来看巴黎演出的"百日大戏"。

我曾跟你们提到本该把波拿巴拦在厄尔巴岛的理由，以及迫使他逃出流放地的首位原因或不如说是出自本性的需要。可是从戛纳到巴黎的路程耗尽了这个老年人余力。在巴黎护身符被扯碎了。

法制不久就得到恢复，专制无法在短暂的时间里重居统治地位。专制主义钳制了群众的口舌，却在一定范围里解放了各个个人；无政府

[①] "五月田野"为法国卡洛林王朝时的武士聚会，后成为阅兵活动。秃子查理当上法国国王后取消了这一活动。

主义解开了群众的锁链,却控制了个人独立。由此可说,当专制主义接替无政府主义时,它像自由,而当它取代自由时,便显出了它真实的面目:在督政府的宪法之后,波拿巴是解放者,而在复辟王朝的宪章之后,他就是压迫者。这一点他是那样明白地感觉到了,以致他认为自己不得不比路易十八走得更远,不得不转到民族主权的源头。他这个曾经作为主宰把人民踩在脚下的人,竟然不惜把自己装扮成护民官,不惜讨好巴结郊区的民众,不惜模仿起革命的开端,不惜龇牙咧嘴、结结巴巴地操起自由的老调,每个音节都让他的利剑生气。

他作为掌有大权的命运,的确是那样完美,以致人们在百日王朝再也认不出拿破仑的天才。那是获取胜利、建立秩序的天才,而不是失败和自由的天才;然而,他却对背弃他的胜利,对秩序无能为力,因为少了他秩序照样存在。他在惊愕之余说道:"波旁王朝几个月就替我把法兰西收拾好了!我要推倒重来,得好几年工夫。"征服者见到的秩序,并不是正统王权的功劳,而是宪章的功劳。波拿巴下台时,扔下的是一个默默无言,俯伏在地的法国,现在他看到的是一个挺直了腰,大声说话的法国:他怀着单纯的专制思想,把自由看作混乱。

然而波拿巴不得不妥协,因为他认为自己不可能一开始就获胜。他得不到民众真正的拥护,只好以每人四十苏的价钱,雇一些工人下班后到卡鲁塞尔广场,喊几声"皇帝万岁"!人们管这种活儿叫"去吼吼"。一些通告首先宣布一种完全的遗忘和宽恕;个人被宣布是自由的,民族是自由的,新闻也获得了自由;人家只希望让人民得到和平、独立和幸福;帝国的整个机构都改组了;黄金时代将再度来临。为了使实践与理论一致,法兰西被分成了七个警察分区;七位警察总监被授予了相当于执政府与帝国时期警察总局局长的权力;我们知道,当年在里昂、波尔多、米兰、佛罗伦萨、里斯本、汉堡和阿姆斯特丹那些个人自由的保护者是何等的威风。在这些警察总监之上,波拿巴安排了一些特派员,他们如同国民公会时期的人民代表。这套等级制度越往上越不受管束。

富歇领导的警察机构发表了一些庄严的公告，告诉大家，它以后只会为传播人生哲学出力，只会按照道德原则办事。

波拿巴颁布一道法令，重组了王国的国民卫队。从前单是这个名字就让他头晕。他在帝国时期曾宣布专制体制与宣传鼓动脱离关系，现在他发现自己不得不取消这一规定，而且要促使它们再度结合：在五月的田野上，从这种结合中将诞生出一种自由，它头戴红帽，扎着头巾，腰佩马穆鲁克骑兵的马刀，手持革命的斧头，被成千上万牺牲在断头台、战死在西班牙滚烫的田野和俄罗斯冰冷的荒原上的幽灵包围。在得胜之前，马穆鲁克骑兵都是雅各宾党人，得胜之后，雅各宾党人变成了马穆鲁克骑兵：危险时是斯巴达，胜利时则是君士坦丁堡。

波拿巴本想独揽大权，但做不到；他发现有一些人已经做好与他争权的准备：首先是一些真诚的共和派，他们挣脱了专制的锁链，摆脱了君主制的律条，希望保持独立，其实这独立也许是一种高尚的错误；接着是昔日山岳派那些狂人：他们在帝国时期只是替一个独裁者的警察机构充当密探，受尽屈辱，这次似乎决心为自己捞回为所欲为的自由，在过去十五年间他们把这种特权让给了一个主宰。

但是不论是共和派，革命者，还是波拿巴的喽啰仆从，都没有足够的力量来建立各自的权威，或者把其他两派吞并。在外部他们受到入侵的威胁，在国内他们为公共舆论所纠缠，他们明白，如果闹分裂，他们就完了：为了避开危险，他们把争吵往后推；一些人把自己的体系和空想带来作共同的防卫，另一些人带来的则是他们的恐怖和邪恶。在这个盟约组织里没有人是真诚的，一旦危机过去，各自就把盟约往自己有利的地方拉；大家事先就力图确保胜利的结果。在这个可怕的牌局里，自由、无政府主义、专制主义三个大玩家轮流做庄，想方设法作弊，尽力把大家都是输家的牌局打赢。

那些人脑子里满是这种想法，对于某些加速采取革命措施的失落青年，他们并不予以惩罚：在郊区养成了一些联盟派，而在布列塔尼、安茹、里昂和勃艮第等地组成了一个个联盟，用当地方言发出了严格的誓言；有人高唱起《马赛曲》和《卡马约尔曲》①；巴黎成立了一个俱乐部，与外省的俱乐部进行联络；有人宣告《爱国者报》将复刊。不过，从这方面来说，如果一七九三年那些东西复活，会得到人们多大的信任呢？它们对于自由、平等、人权的解释，我们不是早就领教过了吗？它们在犯下滔天大罪之后，是否比犯罪之前更道德、更明智、更真诚呢？是否因为它们曾染上种种劣迹，就能够做出种种善事德行呢？罪恶不像王位，没有那样容易放弃；扎过可怕头带的额头，会留下磨灭不去的印记。

让一个天才的野心家从皇帝的位子降到大元帅或者共和国总统的地位，这只是痴心妄想：百日王朝期间有人给波拿巴的半身像上戴了红帽子，这顶帽子向他表示的意思是皇冠又到手了，如果有可能两次向这些跑遍世界的运动员提供同一个赛场②的话。

然而，一些自由派的精英决心赢得胜利：像邦雅曼·龚斯唐那样误入歧途的人，和像西蒙德-西斯蒙迪先生那样幼稚无知的人都打算把卡米诺亲王（即吕西安·波拿巴）安排在内政部，把少将卡诺伯爵安排在陆军部，把梅尔兰伯爵安排在司法部。波拿巴看上去疲惫不堪，并不反对民主运动，因为最差的结果，它也向他的军队提供了兵源。他听任人家写文章攻击；一些漫画再三向他呼喊：厄尔巴岛，正如鹦鹉总是向路易十一叫着：多嘴婆。人们对这个逃出监禁地的人以"你"相称，对他大肆鼓吹自由与平等；他则一副痛悔的样子听着这些告诫。然后，他忽然把人们打算束缚他的绳索全部挣断，以他自己的权力宣布，他要的不是平民宪法，而是贵族宪法。是帝国诸宪法的一个"附加文件"。

---

① 两者都是法国大革命时期流行的歌曲，前者被选为法国国歌。
② 赛场亦有历程、任职期、生涯的意思。

人们梦想的共和就被这灵巧的戏法一变，而成了古老的帝国政体，虽说它因为封建制度而重新变得年轻。"附加文件"从波拿巴一边夺走了共和派，并且引起了几乎其他所有派别的不满。巴黎一片动荡，外省则充满无政府气氛；民事与军事权力机构互相打架；这里有人威胁要火烧城堡，杀死教士；那里有人举起白旗，高喊"国王万岁"。波拿巴受到攻击，往后退；从特派员那里收回了镇长乡长的任命权，把它交给了人民。他怕大多数人投票反对"附加文件"，放弃了事实上的独裁，却按照那份尚未通过的文件，召开了众议院大会。他从一个暗礁游荡到又一个暗礁，刚刚摆脱一个危险，又遇到一个危险：作为一个昙花一现的君主，怎样开辟一块为平等精神所反对的世袭草场？怎样驾驭两院？两院会不会表现出盲目的服从？两院与"五月田野"打算召开的代表大会是什么关系？既然"附加文件"在选举计票之前就已经付诸实行，"五月田野"的代表大会就不再有真正的目标。这次代表大会由三万名选民组成，难道它不认为自己代表了全国人民？

经过那样大张旗鼓的宣传广告，"五月田野"于六月一日召开了，会议分成了两项，一是无甚稀罕的军队游行，一是遭到蔑视的神坛前的授旗仪式。拿破仑在兄弟、国家显要、元帅、民众与司法机构的簇拥下，宣布实行他其实并不信奉的民主政治。公民们以为他们在这庄严的日子里会炮制出一部宪法；心平气和的资产者原指望会宣布拿破仑逊位，让他儿子继位。这是富歇的代表与梅特涅亲王在巴塞尔阴谋策划的政治安排；可是会上只有一场可笑的政治欺骗。此外，"附加文件"就像是对正统王权的致敬书一样推了出来：除了稍有不同之外，这就是宪章本身，尤其在取消"抄没财产"这一条更是相似。

巴黎百日——波拿巴的忧虑与痛苦

　　这些变化，这种一团糟的局面，预示着专制主义已经行将就木了。不过皇帝不可能受到内部的致命打击，因为与他斗争的力量跟他一样疲乏不堪；从前被拿破仑打败的革命巨人尚未恢复元气；两个巨人此时互相打击，却没有半点杀伤力；这只是两个影子在交手。

　　除了在外面事事行不通之外，波拿巴还为家里和宫里的事烦恼痛苦：他向全法国宣告皇后和罗马王行将回国，可是他们两人都没有成行。荷兰王后已经被路易十八册封为圣勒女公爵。波拿巴谈到她的时候说："当人们同意与一个家庭共享幸福时，也应该想到与它共度危难。"约瑟夫从瑞士匆匆赶来，却只是为了向他要钱；吕西安与一些自由党人交往，让他深感不安；米拉起初图谋反对妻兄，后来投奔他，立即调转枪头进攻奥地利人：他被夺走了那不勒斯王国，灰溜溜地逃出来，被关在马赛附近，等待灾祸降临，下面我将要讲到。

　　再说，这些昔日的党徒，所谓的朋友，皇帝能够信任吗？在他遭到废黜的时候，他们不是可耻地抛弃了他吗？当年匍匐在他脚下、如今缩在贵族院里的那些元老院成员，不是曾颁布法令，将恩主废黜？那些家伙走来对他说："陛下，法兰西的利益与您的利益密不可分。虽然命运辜负了您的努力，挫折却不会削弱我们坚定不移的信念，反而会使我们加倍爱戴您。"他听到这些话时，能相信他们吗？你们的信念！你们因不幸而倍增的爱戴！这番话是你们在一八一五年六月十一日说的，而在一八一四年四月二日你们说的是什么话？过几个星期，到了一八一五年七月十九日，你们又说了什么话？

　　正如你们所见，帝国的警察部长与根特、维也纳和巴塞尔保持联系；波拿巴不得不委以军队指挥大权的元帅们也都宣誓效忠路易十八；

他们曾发表言辞激烈的通告反对他波拿巴；确实，从那时起，他们又重新投靠了他们的苏丹；可如果波拿巴在格勒诺布尔被拦住了，他们会怎么办？只要解除一个誓言，就足以使另一个遭到违背的誓言恢复其全部的约束力？难道两次背誓等于忠诚？

再过一些日子，"五月田野"这些信誓旦旦的家伙就在杜伊勒利宫里向路易十八大表忠心了；他们靠拢和平的天主的圣餐台，是为了在战争的宴会上得个部长的职位；作为波拿巴加冕礼上的军队特使，挥舞各国王室旗幡的人，他们在查理十世的加冕礼上又充当了同样的角色；接着，作为另一个权力的特派员，他们把这个被囚禁的国王带到瑟堡，勉强才在他们的良心上找到一处空地，挂上他们新誓言的标牌。生在不正直的年代，生在两个人聊天要小心避开一些字眼，以免冒犯对方或者使对方脸红的日子真是痛苦。

那些未能在拿破仑辉煌的时刻攀附他的人，未能以感恩图报赢得赏给自己荣华富贵甚至姓氏的恩主长久宠信的人，此刻会为他没有多少指望的事业而赴汤蹈火吗？那些忘恩负义的家伙，一个由前所未有的成就、由十六年的胜利加固的机运都未能使他们不变心，他们会把自己捆在一个靠不住的要从头开始的命运上吗？有那么多虫蛹，在两个春天之间，脱去又穿上、丢掉又捡起正统派、革命党、拿破仑派和波旁派的蛹壳；有那么多的誓言诺言说了出来，却又得不到遵守；有那么多的十字勋章从骑士的胸脯移到马尾，又从马尾移到骑士的胸脯；有那么多的勇士换旗易帜，挣脱他们虚假的信仰的牢笼；么么多贵妇，相继追随玛丽·路易丝和玛丽-卡洛琳娜（德·贝里公爵夫人），在拿破仑的内心深处只可能留下疑忌、恐惧和轻蔑。这个年迈的伟人在那些人，那些叛徒中间是个孤家寡人，他走出那群人的圈子，来到一块摇晃的土地、头顶一块敌对的天空，面对自己已完结的命运，来接受天主的审判。

维也纳的决议——巴黎的活动

拿破仑找到的忠臣，只是他昔日光荣的影子。他们如我前面所述，从拿破仑登陆的地点开始，一直跟随他进了法国的京城。可是从戛纳到巴黎，在一座又一座钟楼上飘扬的鹰旗，到了杜伊勒利宫烟囱上就疲惫地倒了下来，不能再前进一步。

民众虽然情绪高涨，但是拿破仑却没有抢在英普联军在比利时集结兵力之前，迅速赶到那里。他停下来，试图与欧洲谈判，并且低三下四地维持正统王权订立的各项条约。维也纳会议用一八一四年四月十一日的废黜来反对德·维桑斯公爵先生：通过这场废黜，"拿破仑看出自己是欧洲恢复和平的唯一障碍，因而为了他和他的继承人，放弃法兰西与意大利的宝座"。此时，既然他卷土重来，恢复权力，违反巴黎条约宣言，把自己放进一八一四年三月三十一日之前的政治形势：那么就是他向欧洲宣战，而不是欧洲向他宣战。正如我在提到德·塔莱朗先生的信时所指出的，外交代理人这些合乎逻辑的遁词，起到了它们在战斗打响前所能起的作用。

波拿巴在戛纳登陆的消息是三月三日传到维也纳的，那一天正是过节，人们在表演奥林匹斯山和帕尔纳斯山诸神集会的情形。此前不久，亚历山大拿到了法国、奥地利和英国结盟的计划：他在这两个消息之间犹豫了一阵，然后说："这事与我无关，但是关系到拯救世界。"于是一个传令兵赶往圣彼得堡，传令调遣近卫军。本来在往后撤的军队停止后撤；长长的队伍调过头来；八十万敌人一齐把脸转向法国。波拿巴准备打仗；有人指望他亲临新的卡达卢尼亚战场：只是天主推迟了他的行动，让他晚点指挥那场将结束战争统治的战役。

法兰西其实只是一个生产士兵的大窝。只要马伦戈和奥斯特里茨的名气发生一点腋温,就可以孵出几支军队。波拿巴已经使他的军团恢复了"不败之师""威猛雄师""天下第一师"的称号,七个军团重新亮出了"比利牛斯军团""阿尔卑斯军团""汝拉军团""莫塞尔军团""莱茵军团"的旗号;大段大段的回忆给一些假想的部队和未来的胜利提供了背景。一支真正的军队在巴黎和拉昂集结。一百五十个炮组套好了马车,一万精兵进了近卫军;一万八千威名赫赫的水兵驻扎在吕岑和包岑;三万老战士、军官与士官一起防守各个要塞;北边和东边七省准备进行总动员;十八万国民自卫队改编成了机动部队;洛林、阿尔萨斯和法朗什-孔泰地区成立了独立团;一些联盟军官兵献出长矛,提供援助;巴黎每天造出三千支步枪:这就是皇帝的家底。如果他在跨出国门时,能下决心号召各个民族独立,也许还能再次把世界闹个天翻地覆。时机十分有利:各国君主本来答应臣民成立立宪政府,现在却可耻地违背了诺言。不过对拿破仑而言,自从他饮过权力之樽中的美酒以来,自由就成了讨厌的东西;他宁愿与战士一起打败仗,也不愿与民众一起打胜仗。他相继派往荷兰的军队人数达到七万之众。

我们在根特的工作——德·布拉加先生

我们这些流亡者,待在查理五世出生的城市,就像这座城市的女人:坐在家里的窗子后面,借着一面斜放的小镜子,观看街上来来往往的士兵。路易十八就在这座城市的一个角落里,完全被人遗忘了;至多隔一段时间,他才收到德·塔莱朗亲王从维也纳寄来的一封信,或者外交团成员、派驻威灵顿公爵身边的特派员波佐·迪博尔戈和德·樊尚等先生写来的几行字。人们有别的事情要干，不会老记挂我们！一个与政治无关的人绝不会相信，成千上万准备互相杀戮的士兵的对抗，将把隐居在利斯河畔的一个腿脚不灵便的人重新推上宝座：这个残疾人既不是士兵们的王，也不是他们的将军；他们根本没有想到他，既不知其姓名也不了解其生活。根特与滑铁卢这两个如此接近的地方，一个从未显得如此默默无闻，另一个则从未那么光彩夺目：正统王权就像一辆破旧货车被搁在车库里。

我们知道波拿巴的部队正在开过来。我们没有别的保护，只有德·贝里公爵麾下的两连军队，那位亲王血统高贵，不可能为我们服务，因为人家已经要求他到别处去指挥防务了。我们才千把匹马，脱离了大部队，用不了几个钟头就会被打垮。根特城的防御工事已被撤毁；剩下来的城墙很容易攻破，尤其是因为比利时的老百姓对我们并无好感。我曾在杜伊勒利宫目击的那一幕又重演了：有人秘密地准备了陛下的车辆；马匹也订好了。我们这些忠心耿耿的臣子，就只能靠天主安排，在后面蹚泥水了。御弟去了布鲁塞尔，负责就近注视事态的发展。

德·布拉加先生变得忧心忡忡，一个劲地发愁。我这个可怜人只好安慰他。在维也纳大家都不喜欢他。德·塔莱朗先生嘲讽他；保王党人则指责他是造成拿破仑卷土重来的罪魁祸首。这样看来，无论他站在哪一边，都不可能再体体面面地去英国流亡，也不可能在法国继续占据头等位置：只有我一人支持他。我经常在马市上遇见他，他总是独自一人在那里跑来跑去。我被他拉过去，总是顺从地听他诉苦埋怨。可是我在根特、在英国，直到百日王朝过后还在法国卫护过的，甚至在《论立宪君主制》前言中还为之辩护的人，却总是与我唱对台戏：倘若这无损王国的事业，倒也算不了什么大事。我对过去干的那些傻事并不后悔，但是我应该在这部回忆录里写出我的善心和判断力所感到的惊愕。

滑铁卢战役

一八一五年六月十八日，将近中午时分，我从布鲁塞尔门出了根特城，准备独自去大路上走一走。我带了《恺撒回忆录》，一边慢慢地走，一边细细地看书。走出十来里路，隐约听到了沉闷的轰隆声。我停下脚步，抬头望天，只见天空乌云密布。我在心里琢磨，是继续往前走呢，还是怕下暴雨回根特躲一躲呢。我侧耳细听，又只听见一脉细流在灯芯草丛中汩汩流淌，还有村里一座挂钟的声音。于是我继续往前走，没走出三十步远，就听见那轰隆声又响了起来，时而短促，时而长久，其间的间歇也有长有短；有时只是感到空气震荡，传到了这大片大片原野的土地上，可见声音有多么遥远。这些爆炸没有惊雷那样响，没有那样起伏，那样连接紧密，使我顿时生出打仗的念头。在我前面，种着啤酒花的地头角上，有一株杨树。我穿过小路，靠在树干上，回头眺望布鲁塞尔方向。一阵南风吹过，使我更清楚地听到了炮声。这场暂时还没有名字的大战就是滑铁卢战役！我在一株杨树脚下听到了它的回响；村子里一座挂钟刚才敲响的是为那些无名士兵的丧钟。

作为一个孤独无声地倾听命运可怕判决的人，我心潮起伏，思绪难平，要是置身在千军万马的混战之中，我恐怕不会这样激动：危险、炮火、死的纷乱拥挤会使我无暇思考；但在根特周围的乡野，像放养周围来来去去的牛羊的牧人一样，独自立在一株树下，思考的重量便压在我身上：这是什么战斗？是决定性的战役吗？拿破仑亲自上阵了吗？世界是否像基督的长袍，被扔给命运裁决？两军的胜败会给各国人民带来什么后果，是自由还是奴役？可是，流的是什么的血啊！传到我耳中的每一声炮响，难道不都是某个法国人最后的叹息？这是不是某个新克雷西，某个新普瓦蒂埃，某个新阿赞库尔；他们投向了法兰西最不共戴天的死敌？要是他们赢了，我们的光荣岂不毁于一旦？要是拿破仑打了胜仗，我们的自由会落得什么下场？尽管拿破仑的一场胜利会给我打开永远流亡的大门，此时我最牵挂的还是祖国的命运；我祝愿法兰西的压迫者能够获胜，只要他在拯救我们的荣誉之时，能够使我们摆脱外国人的统治。

威灵顿会赢吗？如果他赢了，正统王权就会跟在这支刚刚用法国人的鲜血染红制服的军队后面回到巴黎！就会用装满我们伤残士兵的救护车来给他的加冕礼作彩车！在这种保护下完成的复辟会是什么样的复辟？……当时我思绪万千，心乱如麻，上述问题只是一小部分。每一声炮响都给我一击，使我心跳加剧。几十里开外，正在发生一场巨大的灾难，可是我见不到；我也摸不到滑铁卢每分钟都在加高加大的巨大坟墓，一如在开罗布拉克镇海岸，在尼罗河畔，我徒然把手伸向金字塔。

路上不见一个行人，只有几个妇女在田野上，平静地给一畦畦菜地锄草，似乎没有听见我在听的声音。这时来了一位信使：我便离开树下，站到路中间；我让信使停下，问他有什么消息。他是德·贝里公爵的部属，从阿洛斯特来。他告诉我："波拿巴昨日（六月十七日）经过一场血战，进了布鲁塞尔。今日大概又打了起来。大家认为盟军肯定败了，撤退的命令都发下来了。"说完，信使继续赶路。

我匆匆地跟着他走：一位大商人坐着马车超过我。他带着一家老小，租了驿车逃命。他向我证实了信使的那番话。

根特的混乱——滑铁卢战役是怎么回事

我走回根特时，城里一片混乱：有人把城门关上，只留下小门微开着；一些装备很差的市民和几个留守的士兵在站岗放哨。我径直去了皇上的行宫。

御弟刚走一条偏僻的路，绕了一大圈赶回来。他听到波拿巴进了布鲁塞尔那条假消息，又听说第一仗打输了，第二仗也没有希望打赢，就离开了那座城市。传说普鲁士人没有上阵，英国人则被歼灭了。

得了这些战报，大家只想着各自逃命：有办法的人都出发了；我虽然从来没有什么办法，却总是精神饱满，时刻准备动身。不过我想让德·夏多布里昂夫人先走。她虽是铁杆波拿巴派，却不喜欢炮火：她不愿跟我分开。

晚上，陛下召集会议：我们再次听了御弟的报告和要塞指挥官或者根特军政长官德·艾克斯坦男爵收集的传言。装运王冠钻石的马车已经套好了；我不需要货车来运载财宝。我把晚上扎脑袋的黑丝巾塞进内政部长的软包，就带着这份为正统王权办事的重要文件，听候亲王的安排。第一次流亡时，我带了个军用背囊，又当枕头，又作《阿达拉》的襁褓；比起那会儿来，我现在可是富多了。不过到了一八一五年，《阿达拉》有十三四岁了，成了个笨手笨脚的大姑娘，可以独自满世界跑了，而且引来了太多的议论。这当然是做父亲的荣誉。

六月十九日凌晨一点，波佐先生派传令兵给皇上送来一封信，说明了事实真相。波拿巴不但没有进布鲁塞尔城，而且彻底打输了滑铁卢一仗。他六月十二日由巴黎出发，于十四日与大军会合。十五日，他突破了敌军在桑布尔一带的防线。十六日，他在弗勒鲁斯的田野上打击普鲁士人。在那儿胜利似乎永远贴着法国人了。利尼和圣阿芒一带的村庄都被法军攻占了。在四臂村一带，法军又获得胜利：不伦瑞克公爵与阵亡的将士待在一起。布吕歇尔本来已经撤退，奉比洛将军之命，不得已带了三万人的预备队，又杀回来；威灵顿公爵带领英国与荷兰军队，背靠布鲁塞尔而战。

十八日早上，在第一阵炮击开始之前，威灵顿公爵便宣称他能坚守到下午三点；如果届时普鲁士人还没赶到，他就肯定会被打垮！他被赶到普朗舍诺亚和布鲁塞尔之间的绝境，再无后退的可能。他遭到拿破仑的突然袭击，军事处境十分恶劣；这种境况，并非他自己选择的，而是别人强加给他的。

法军首先拿下敌军左翼，俯瞰乌古蒙城堡，直到埃圣特和帕普洛特田庄的高地。在右翼，他们攻打蒙圣让村庄；热罗姆亲王在中央拿下了埃圣特。但是到下午六时，普鲁士的预备队出现在圣朗拜尔，对埃圣特发动了疯狂的反攻。我军部队已经冲破帝国近卫军的方阵，但是布吕歇尔率领精神饱满的军队突然赶来，包围了我军剩余的部队。在这支不朽的铁军周围，三百门大炮齐声轰鸣，二万五千匹战马疾速奔驰，大量逃兵卷着滚滚尘埃，裹着滚滚硝烟，顶着一阵阵机枪的扫射，把一切都带入被一枚枚康格莱韦火箭①划破的夜幕：这场战斗似乎浓缩了欧洲的一切战斗。法国士兵两次喊起了"胜利喽！"两次都被敌军的纵队压了下去。我方阵地上的火力停止了；弹药已告罄；在三万死者中间，一些受伤的掷弹兵挂着长枪，仍然挺立在阵地上；他们脚下，堆着十万冷却的，血迹斑斑的炮弹球；他们手上的枪，刺刀已经拼断了，枪管里没有火药了。离他们不远，那个战争人物眼光发呆，谛听着火炮的轰鸣。那也许是他一生听到的最后一声炮响。在那屠场上，他弟弟热罗姆还在领着残部拼杀。敌军的人数压倒了他们。但他们的勇敢并未带来胜利。

---

① 发明火箭者是英国人威廉·康格莱韦，故以他的名字命名。

同盟国一方阵亡的将士估计有一万八千人，法国方面有二万五千人，英军有一千二百个军官战死；威灵顿公爵的副官不死即伤：在英国没有一家不举丧。奥伦治亲王肩头中了一弹，奥地利大使攀尚男爵的手掌被子弹射穿。英国人得胜全靠了爱尔兰人和苏格兰的山地族，我们的骑兵几次冲锋，都未突破他们的防线。格鲁希将军的部队没有往前移动，也就没有参加战斗。两军带着十个世纪来的民族仇恨所激发的勇敢和顽强，进行了剑与火的较量。卡斯尔雷勋爵在向英国上院报告战斗经过时，说道："战争结束后，英法两国士兵在同一条溪流里洗濯他们血淋淋的双手，两岸的人互相称赞对方勇敢。"威灵顿总是波拿巴的克星，或者更确切地说，这个英国天才总是拦住他的对手法国天才通往胜利的道路。今日普鲁士人向英国人索讨这场决定性胜利的荣誉；可是，在战争中，造就胜利者的并不是完成的行动，而是威名：真正打赢耶拿战役的并不是波拿巴[①]。

法国人犯了大错！他们弄错了敌军或者友军；他们迟迟才占领四臂村那个阵地；格鲁希元帅[②]率领三万六千人马，负责拦阻普鲁士人，然而他根本没有见到普军，竟让他们通过了：我们的将军们就是在这一点上互相指责。波拿巴按照习惯，实施正面攻击，而不是迂回打击英军的侧翼，而且以主子的自以为是，忙于切断一支并未被打败的敌军的退路。

对于这场灾难，人们编造了许多谎言，也说了一些相当离奇的实情。"近卫军都战死了，没有投降"那句话，就是一句谎言，人家都不敢再为之辩解。看来在战斗开始时，苏尔特向皇帝提了几条战略上的意见。"你被威灵顿打败过，"拿破仑冷冷地回答他说，"就总以为他是个了

[①] 在夏多布里昂看来，那场战役真正的胜利是达武在奥埃斯蒂德村取得的。
[②] 前面称格鲁希将军。他原为拿破仑部将，复辟时期留任将军。拿破仑百日政变后封他为元帅，但复辟王朝直到一八三一年才予以承认。

不起的将军。"到了战斗后期，副官蒂雷纳先生催促波拿巴赶紧撤退，免得落到敌人手里；波拿巴恍如走出噩梦一样回过神来，起初还发了一通火，后来突然把马一夹，飞快地逃走了。

皇帝归来——德·拉斐德再度露面——波拿巴再遭废黜——贵族院争论激烈的场面——二次复辟的凶兆

六月十九日，巴黎荣军院鸣炮百响，宣告利尼、夏尔勒卢阿和四臂村等地的大捷，人们在滑铁卢前夕庆祝幻觉的胜利。第一个把这场失败的消息传给巴黎的，正是拿破仑本人。这是历史上最惨重的失败之一。就结果来说，他于二十一日夜里进了巴黎城门，就像是他的阴魂回来通知朋友他已不在人世似的。他下榻在爱丽舍-波旁宫；当他从厄尔巴岛回来时，是在杜伊勒利宫下榻；这两处庇护所都是由他本能地选择的，它们显示了他的命运的转折。

在外国一场高贵的战斗中，拿破仑输了，而在巴黎，他还得忍受一些辩护人的争宠邀功，这些人想把他的不幸藏起来：他后悔在出发亲征之前没有解散议会；他也经常悔恨没有派人毙了富歇和塔莱朗。不过有一点是确实的，这就是在滑铁卢战役之后，波拿巴禁止自己做出任何暴烈行为，也许他这是服从了本来的平和性情，也许他是被命运驯服了；他不再像头一次被黜之前那样说："一个伟人逝世会带来多大损失，大家走着瞧吧。"这股狂劲已经过去了。他对自由生出反感，想到要砸碎朗儒依纳主持的众议院。此公原是一个公民，后来当上了元老院议员，从元老院议员转为贵族院议员，然后又复归为公民，最后从公民再度爬上贵族院议员的高位。拉斐德将军是众议员，在议院宣读了一个提案，表示："议会要永远存在下去；任何解散它的企图都是严重的背叛，罪大恶极，任何企图做出此种行为的个人，都是叛国贼，或者被判为叛国贼。"（一八一五年六月二十一日）

将军的演说是这样开头的：

"诸位，多年来，我这是第一次亮开嗓子说话，追求自由的老朋友将认出我的声音。此时，我觉得自己是被召来向你们谈论祖国的危险的……现在是团结在三色旗周围，团结在一七八九年的大旗周围，团结在自由平等和公共秩序的大旗周围的时候了。"

这篇演说过时的口气一时间使人们产生了幻觉；人们以为看到革命从坟墓里走了出来，一脸苍白，皱纹麻密地出现在议会论坛上；拉斐德就成了革命的化身。不过这种要求秩序的提案，只不过是米拉波从前的提案的花样翻新，只是从一座旧武器库里搬出来的报废的武器。拉斐德虽然从生到死，都始终活得高尚，却无法把中断的时间之链焊接起来。邦雅曼·龚斯唐去爱丽舍-波旁宫晋见皇帝，发现他在花园里。宫外的马里尼大马路上挤满了群众，他们呼喊着："皇帝万岁！"这种发自人民群众肺腑的呼喊令人感动；因为这是向一个战败者发的！波拿巴对邦雅曼·龚斯唐说："我给这些人带来了什么好处？我见到他们的时候，他们贫困潦倒，我扔下他们的时候，他们还是一贫如洗。"如果情绪激动的议员当时没有听错，也许这是波拿巴唯一发自内心的话。他预见到事情的结局，主动迎合人们准备向他提出的要求；他自动退位，免得被人家赶下台："我的政治生命已经终结。"他说，"我要求让我儿子以拿破仑二世名号继位，成为法兰西皇帝。"他这个措施完全是徒劳，一如查理十世为亨利五世做出的安排：你手上有皇冠，才能把它让予别人，人在厄运中立下的遗嘱，别人是不会当回事的。再说，皇帝再次退位，比起头一次来，就少了许多诚意。难怪当法国的特使去向威灵顿公爵通报拿破仑退位的消息时，这位公爵回答说："这消息，我一年前就晓得了。"

众议院经过几次辩论，同意君主再次退位，但是措辞含糊，而且没有任命执政。马吕埃在这些辩论中发了言。

成立了一个行政委员会，由德·奥特朗特公爵主持；成员有三个部长，一位国事顾问，以及皇帝手下一位将军。他们再次抛弃了主子。这几个人是：富歇、科兰古、卡诺、吉内特和格莱尼埃。

在这些交易期间，波拿巴又改变了主意，他说："我没有军队了，只有逃兵。众院的议员大多数是好的；只有拉斐德、朗儒依纳和另外几个人跟我过不去。只要全国人民起来。敌人就会被消灭。可是，如果全国人民不起来战斗，而是争论谁是谁非，那我们就完了。全国人民选出这些代表，不是来推翻我的，而是支持我的。不管他们干什么，我都不怕；我永远是军队和人民崇拜的偶像：只要我一句话，他们就会没命。不过，如果我们不互相理解，只顾吵架，那就免不了重蹈后期罗马帝国的覆辙。"

众院一个代表团来庆祝波拿巴第二次退位，他说："谢谢你们：我希望我的退位能给法国带来幸福；可是我不做这份指望。"

不久，他听说众院任命了一个五人行政委员会，就感到后悔了："我可不是给一个新的督政府腾出位子的；我退位，是要让儿子继位：要是人家不宣布他接位，我的退位就无效。两院俯首帖耳，跪在同盟国面前，想叫他们承认民族独立，那是做不到的。"

他抱怨拉斐德、塞巴斯蒂亚尼、蓬泰库朗、邦雅曼·龚斯唐等人阴谋反对他；此外他又说两院没有足够的活力。他说他独自一人便可挽回一切，只是那些为头的与他意见不合，他们宁愿往深渊里跳，也不愿与他拿破仑齐心合力遮盖深渊。

六月二十一日，在玛尔梅宗宫，他写了这封高尚的信："我虽然放弃了权力，却没有放弃公民最高贵的权利——保卫祖国的权利。在当前的危难时刻，我要作为将军为祖国出力，我仍把自己看作祖国的第一号士兵。"

德·巴萨诺公爵告诉他，两院并不支持他。他说："这我明白。总得要妥协的。这可鄙的富歇蒙骗了你们。只有科兰古和卡诺还算有点才能。可是跟一个奸贼——富歇，两个傻瓜——吉内特和格莱尼埃在一起，还有不知自己到底要干什么的两院，他们能干出什么名堂？你们一个个都像糊涂虫，外国佬许诺的那些美丽的东西，你们竟然都相信；你们以为，他们会把母鸡给你们放到砂锅里炖好，会把他们那号亲王封给你们当当，对吧？你们弄错了。"

一些全权代表被派往同盟国。六月二十九日，拿破仑要求调停泊在罗斯弗尔的两条三桅战舰，载他离开法国。在出国之前，他在玛尔梅宗宫隐居。

在贵族院，辩论激烈。波拿巴的宿敌卡诺在签署阿维尼翁屠杀令时，甚至无暇读一读，而在百日王朝期间，却有时间牺牲自己的共和主义，换取帝国伯爵的头衔。六月二十二日，他在卢森堡公园读了陆军部长的一封信，信里对法国的军事力量做了夸大的报告。内伊新来乍到，听了那些话，不免气愤。拿破仑在战报中提到元帅时，曾明显表露出不满。古尔戈则指责内伊是滑铁卢打败仗的主要原因。内伊一怒而起，说："这份报告是假的，没有一点是真的：格鲁希至多只有两万到两万五千人听他指挥。近卫军的士兵没有一个回来的；我指挥过近卫军；我亲眼看见它在撤离战场之前被全部杀死了。敌军有八万人马，目前在尼维尔，六天之后就可以到达巴黎：你们只有谈判，没有别的办法拯救祖国。"

副官弗拉奥想支持陆军部长的报告，内伊断然反驳他说："我再说一遍，你们没有别的救国之路，只有谈判。必须把波旁家族的人请回来。

至于我，将到美国去隐居。"

听到这话，拉瓦莱特和卡诺又大肆指责元帅；内伊轻蔑地回答他们说："有些人满脑子想的只是自己的利益，我可不是那号人。路易十八回来我能得到什么好处？叛主投敌，拉出去枪毙，就这么个好处；不过我应该对祖国说实话。"

在贵族院二十三日的会议上，德鲁奥将军回忆那一幕说："我不安地看到，昨日有人发言，贬低我们军队的光荣，夸大我们的灾难，缩小我们的实力。我尤其不解的是，说这些话的是一位出色的将军（内伊），他凭着巨大的能力和军事知识，有那么多次得到民族的感谢。"

在二十二日的会议上，紧接着第一次风暴爆发了第二次风暴：事情涉及波拿巴的退位，吕西安坚持要大家承认他侄儿为皇帝。德·逢奉库朗先生打断他的发言，质问他吕西安一个外国人，一个罗马亲王，有什么权利来给法兰西安排一个君主。他又补上一句说："一个孩子，而且住在外国，我们又怎能承认他呢？"听到这句话，拉贝都瓦埃尔在座位上耐不住了："君主幸运时，我听到一些人总是围着他叽叽喳喳，如今君主遭了难，这些人就躲得远远的了。有些人不愿承认拿破仑二世，是为了接受外国人的统治。他们称那些外国人叫'盟国'。

"拿破仑退位与他儿子继位是不可分的。要是大家不愿接受他儿子，他就会手持利剑战斗。曾经为他洒过热血，至今仍遍体鳞伤的法国人将团结在他周围。

"他将被一些卑鄙的将军抛弃，那些人已经背叛他了。

"不过，要是我们宣布，任何法国人，只要离开他的旗帜，就会背一身恶名，房子会被推倒夷平，家庭会被驱逐，那就不会再出现叛徒，不会再发生导致最近这些灾难的阴谋。今天在座的，也许就有这些阴谋的炮制者。"

议院里一片哗然："安静！恢复秩序！恢复秩序！"有人被他这番话

中伤，吼叫起来："年轻人，你真是忘乎所以了！"马塞纳叫道。——"你还以为是在近卫军团吧？"拉梅特说。二次复辟的一切征兆都来势汹汹：波拿巴卷土重来，只带领了四百个法国人，而路易十八卷土重来，带来的是四十万外国兵；他从滑铁卢的血泊旁边经过，就像去他的墓地一样，前往圣德尼。

就在正统王权向前开进的时候，贵族院里回响着议员们的呼喊和质询；当匕首在法庭上受害者手中传递的时候，我觉得那里面总有一种说不出的意味，就像当年我们蒙受深灾巨难之时那些可怕的革命场景。几个武官那要命的蛊惑力把法国带到了灭亡的境地。他们在招引外国军队再次入侵的时候，还在法院门口打斗不休；他们有预见的绝望，他们的手势，他们关于坟墓的言论，似乎都预告了三重死亡：他们自身的死亡，他们赞美的人的死亡，以及他们放逐的家族的死亡。

从根特动身——抵达蒙斯——我政治生涯中第一次错失良机——德·塔莱朗先生在蒙斯——与国王在一起——我愚蠢地对德·塔莱朗先生感兴趣

当波拿巴连同终结的帝国退缩进玛尔梅宗宫的时候，我们则随同再度开始的君主王朝从根特出发。波佐知道正统王权在上层社会有多大影响，赶忙写信给路易十八，建议他赶快动身，早点到达，如果他希望在别人占据宝座之前就执掌国柄的话：路易十八在一八一五年再次戴上王冠，是多亏这封信的提醒。

在蒙斯，我第一次错过了在政治上飞黄腾达的机会；我本人一直是妨碍自己高升的阻碍；我不断在升迁的路上奔走。我的缺点本会叫我吃些苦头，但这一次却是我的优点捉弄了我。

德·塔莱朗先生参加一次谈判，发了大财，却认为自己给正统王权出了大力，傲得不得了，俨然一副主子的派头回来了。他发现人们并未按他画出的路线回巴黎，大吃一惊，又见到德·布拉加先生在皇上身边，更是觉得不满。他把德·布拉加先生视为王国的祸害，但这并不是他憎恶此人的真实原因：他认为此人是国王的红人，因而也就是自己的对手；他也害怕御弟，十五天前，当御弟把自己在利斯河畔的公馆提供给他居住的时候，他大为不悦。要求德·布拉加先生离远一点，是再自然不过的事情；因为使用他，太让人想起波拿巴。

德·塔莱朗先生在路易神父陪同下，将近下午六时进了蒙斯城：德·利塞先生、德·若库尔先生和他府上另外几个常客飞也似地跑去迎接他。他怀有一种前所未见的情绪。一个国王认为自己的权威被人轻视时就有这种情绪。他不肯首先去晋见路易十八，对敦促他去的那些人，他说了这样一句大刺刺的话作为答复："我又不急，明日再去也不迟嘛。"我去看望他；他对我说尽了恭维话。他引诱那些小野心家和那些位高权重的傻瓜，用的就是这种办法。他挽起我的手臂，身子紧靠着我和我说话：这是极为喜欢你的亲密表示。他打算用这套伎俩来使我受宠若惊，晕头转向，可这个如意算盘完全落了空。我甚至没有悟出他的用心。我准备去见国王，邀他同往。

路易十八正处在痛苦之中：他必须与德·布拉加先生分手；德·布拉加先生不能回法国；因为舆论反对他；虽说我在巴黎时对这位宠臣有些怨言，但在根特城我没有对他表示任何不满。皇上对我的表现甚为满意，感激之余，对我也就特别友善。德·塔莱朗先生的话，已经有人向皇上禀报，皇上便问我："德·塔莱朗先生自吹再次替我戴上了王冠，还威胁我要回德国去：德·夏多布里昂先生，这事您怎么看？"我答道：

"人家也许是向陛下传错了话；德·塔莱朗先生只是累了。要是皇上同意，我就去部长家看看。"皇上显得很乐意；他最不喜欢烦恼；他希望得到安宁，哪怕为此损害友情。

在奉承者中间，德·塔莱朗先生被抬举得比任何时候都高。我向他指出，在这种关键时刻，他不应该想到离开。波佐也从这方面开导他：尽管他对德·塔莱朗先生没有半点好感，但作为老熟人，还是愿意在这个时刻看到他理事。此外，他推测德·塔莱朗先生得到沙皇的宠信。我根本无法说服德·塔莱朗先生改变主意，他那些常客总是与我作对；莫尼埃先生甚至认为他应该退步抽身。路易神父见人就想咬一口，跟我说话时就动了三次牙巴骨："我要是亲王，绝不会在蒙斯待上一刻钟。"我回答道："神父先生，你我想到哪儿就可去哪儿；谁也不会发觉我们不在。可德·塔莱朗先生就不是这样。"我还坚持自己的意见，又问亲王道："您知道皇上会继续行路吗？"德·塔莱朗先生似乎觉得意外，然后他傲慢地对我说："他不敢！"那模样，就像刀疤脸[①]在对那些想劝他提防亨利三世居心不良的人说话。

我回到国王行宫，在那儿见到了德·布拉加先生。我为部长开脱，对陛下说他身体不适，明天肯定会来晋见皇上。"他愿什么时候来就来吧。"路易十八回答说，"我三点动身。"接下来他又满带感情地补上一句："我就要与德·布拉加先生分手了；这位子空着呢，德·夏多布里昂先生。"

这等于是将王室的内务交给我来管理。换了一个处事周全的政治家，准会让人套上马车，在皇上车前车后侍候，并不担心德·塔莱朗先生会从中作梗；可我却傻乎乎地留在客店里。

德·塔莱朗先生不可能想到皇上会动身，已经上床睡了；到了三点

[①] 法国历史上第三任吉斯公爵（due de Guise，一五五〇——五八八）绰号叫"刀疤脸"。他曾任法国历史上反对新教的联盟首领，后遭人暗杀。

钟，有人唤醒他，告诉他皇上要出发了，他还以为自己听错了。他叫道："老子被人耍了！背叛了！"仆人们侍候他起床。他平生第一次凌晨三点起床，由德·里塞先生搀扶着走到街上。当他来到国王下榻的宾馆门前时，御辇的头两匹马已经有一半出了大门了。人们赶忙招呼车夫停下。皇上问是怎么回事，有人大叫道："陛下，是德·塔莱朗先生。"——"他睡了。"路易十八说。——"他在这儿，陛下。"——"好吧！"国王答道。马车退回院里。下人打开车门，皇上下了车，慢腾腾地回到房间。部长瘸着腿跟在后面。德·塔莱朗先生在房里生气地做了一番解释。陛下听他说完，答道："贝内文托亲王，您要离开我们？温泉水对您会有好处的；以后给我们通点消息吧。"皇上扔下目瞪口呆的亲王，让人扶自己上车，出发了。

德·塔莱朗先生气得目瞪口呆；路易十八如此冷静，让他不知所措：他德·塔莱朗先生从来以沉着冷静自炫，没想到在自己的地盘上被人打败了，而且被人扔在蒙斯一个广场上，就像是最无足轻重的人似的：这口气他硬是咽不下！他默默地站在那里，看着马车远去，接下来他一把揪住德·莱维公爵的上衣纽扣，说："走吧，公爵先生，去告诉大家，看人家是怎样对待我的！我给皇上重新戴上了王冠（他翻来覆去提到这顶王冠），可是还得去德国重过流亡生活。"

德·莱维先生漫不经心地听着，踮起脚尖，说："亲王，我走了，至少皇上身边得有一个大贵族。"

德·莱维先生跳上一辆出租马车。法兰西的掌玺大臣已经坐在车上了：卡佩王朝的两个大贵族并排坐在一辆墨洛温王朝的破公共马车上，只花一半价钱，去追随君主。

我请德·迪拉先生从中说和，一有消息就告诉我。德·迪拉先生问我："什么！皇上跟您说了那番话，您还留下不动呀？"德·布拉加先生从蒙斯动身时，感谢我对他的关照。

我再见到德·塔莱朗先生时，他还是一副难堪模样。他后悔没有听我的劝说，恨自己昨晚像个没脑子的少尉，不肯晋见皇上；他担心人家做出一些安排，把他排斥在外，担心他无法进入政治权力中枢，从准备好的金钱投机中获利。我对他说，尽管我与他见解不同，但一个大使对部长的敬意与依附，我一分也不少；而且，我在国王身边有些朋友，希望不久就会听到好消息。德·塔莱朗先生当时动了真情，亲热地靠在我肩上。他那阵子肯定认为我是个十分伟大的人。

不久我就收到德·迪拉先生一封信。他从康布雷告诉我，事情已经办好了，德·塔莱朗先生不久收到上路的命令；这一回亲王规规矩矩地服从了。

皇上可以说是把王室总管的差使提供给我，或更确切地说，赏给我了，我没有跟他走，是受了什么鬼怪的驱使呢？我执意留在蒙斯，伤了他的心。而德·塔莱朗先生勉强跟我熟识，并未得到我的敬重与钦佩，再说这位先生将进入我不参加的内阁，而且生活在腐败的环境之中，我会在那种环境中无法呼吸，可我却为了他的事不惜碰得头破血流！

还是在蒙斯，贝内文托亲王在这种种难堪之中，派杜普莱先生去那不勒斯领取数百万钱财，这是他在维也纳做成的交易之一。德·布拉加先生也在同一时间上路。他口袋里装着驻那不勒斯大使的任命，以及根特流亡将军们在蒙斯给他的另外几百万经费。我与德·布拉加先生关系良好，准确地说这是因为大家都憎恶他。德·塔莱朗先生性情不好，喜怒无常，而我却对他始终如一，因此赢得了他的友谊；路易十八诚心召我去他身边效力，可我却选择了一个毫无诚意的人的卑鄙行径，而放弃了国王的宠信。我干出这种蠢事，得到报偿：想为大家出力，却被大家抛弃，实在是再公平不过。我回到法国，身无分文，连路费也付不起，而财宝却像下雨一样落在那些失宠的人头上：这种惩罚，我也是活该。当大家都披上黄金甲的时候，努力做一个穷骑士倒不失为一件惬意事；不过即使这样也不能犯大错：我如果留在国王身边，那么塔莱朗和富歇的内阁就几乎不可能成立；复辟王朝由一个讲道义的有信誉的内阁开始，后来的内阁也就可以变好。我对自己素来不大关心，这种性情使我把握不住事情的重要性：大多数人的缺点是自视过高，我的缺点却是缺乏足够的自信：我自己素来轻视自己的发达机遇。我本应该明白，此时此刻，法兰西的命运与我卑微的命运连在一起：这就是历史上十分常见的错综复杂的状况。

从蒙斯到戈纳斯——我与勃寥伯爵反对任命富歇为部长：我的理由——威灵顿公爵获胜——阿尔努维尔——圣德尼——与皇上最后的交谈

终于从蒙斯出来后，我到达卡托-康布雷；德·塔莱朗先生在此与我会合：法兰西的亨利二世与西班牙的腓力二世于一五五九年媾和，我们好像是来重订这一和约似的。

在康布雷，由于德·拉苏兹侯爵，我们待在费奈隆的故乡时的"住宿官"已经拿走了德·莱维夫人和我们夫妇的房票，我们只好露宿街头。周围是节日的篝火、川流不息的人群，以及高呼"皇上万岁！"的居民。一个大学生听说我在街上，就把我们领到他母亲家里。

法国几个王朝的朋友们开始露面了；他们来康布雷不是为了结盟反对威尼斯[①]，而是为了联合起来反对新宪法；他们跑来把接连不断的忠诚

[①] 一五〇八年教皇与神圣罗马帝国皇帝在康布雷订立反对威尼斯的条约。

和对宪章的仇恨献在国王脚下：他们认为这是在御弟身边必不可少的护照；我和两三个有理性的老实人已经闻到了雅各宾主义的气息。

六月二十三日，发表了康布雷声明。国王在声明中说："我不愿意让这些人远离我。他们的名声是使法国痛苦、使欧洲恐惧的一个原因。"然而，请看，马尔桑派说出富歇的名字，带了多么深厚的感激之情！皇上嘲笑他兄弟的新激情，说："这可不是得自神明的启示。"我在前面已经述及，百日王朝之后，我在途经康布雷时，曾徒劳地寻找在纳瓦尔团当兵时的住所，以及与拉马尔蒂尼埃经常去泡的咖啡馆：可是它们与我的青春一起消逝了。

从康布雷动身，我们走到鲁瓦镇宿下：客店老板娘把德·夏多布里昂夫人当成了太子妃，叫人欢呼着把她抬到一间餐厅。那里有一张大桌子，摆了三十副刀餐；房里点着大小蜡烛，燃着一大盆炉火，空气闷得很。老板娘不肯收食宿费，说："我没有替国王去上断头台，都瞧自己不来呢。"有一团火在那么多世纪激励着法国人，她就是这团火的最后一点火花。

拉博里先生的姻兄拉莫特将军受京城权力当局派遣，来告诉我们，不佩戴三色标志，我们进不了巴黎。德·拉斐德先生和另外几个委员小心地从一个参谋部侍候到另一个参谋部，在外国人那里为法兰西乞讨随便一个主子。但他们在盟军那里受到很不客气的接待。照哥萨克的选择，任何国王，只要不是圣路易和路易十六的后人，就是杰出的君主。

在鲁瓦召开了内阁会议：德·塔莱朗先生让人给自己的马车套上两匹瘦马，去了陛下的行宫。他的车马随从占据了不小的位置，从部长下榻的客店一直排到国王的行宫门口。他下车后向我们宣读了一份备忘录：他考虑了我们到达巴黎后应该做出的决定，对不分派别，一视同仁，公开任用的必要性试做一些阐述；他表示可以将宽赦的范围扩及审讯路易十六的人。陛下气得一脸通红，两手拍打着椅子扶手，叫道："绝对不行！"可惜这"不行"只维持了二十四小时。

到了桑利，我们去一个议事司铎家下榻：他家女仆把我们当一群丧家之犬来接待。至于议事司铎本人，他并不是桑利的首任主教、该城的主保圣人圣里约，他连看都不看我们一眼。他吩咐女仆，只帮我们买点吃的，而且是用我们的钱，其余就不管了。《基督教真谛》对我毫无帮助。然而桑利本应是我们的吉兆，因为亨利四世一五七六年正是在该城逃脱了看守的魔掌。那位国王、蒙田的同乡逃出来后叫道："有两样东西留在巴黎，我很舍不得：一样是弥撒，一样是我妻子。"

我们从桑利出发去菲利普-奥古斯特的家乡。那地方又叫戈纳斯。快到村口的时候，我们发现有两人朝我们走来：原来是麦克唐纳元帅和我的忠实朋友希德·德·纳维尔。他们拦住我们的马车，问德·塔莱朗先生在哪儿。他们很爽快地告诉我，他们找德·塔莱朗先生，是为了通知皇上，陛下如果不把富歇任命为部长，就别想进巴黎城。我顿时忐忑不安起来，因为路易十八尽管在鲁瓦做了明确表示，我还是有些放心不下。我问元帅："什么！元帅先生，只有答应了那些苛刻条件，我们才能进城吗？"——"子爵先生，确实如此，"元帅答道，"不过我还不太相信。"

皇上在戈纳斯停了两个钟头。我让德·夏多布里昂夫人别下车，就待在大路上，自己则去村公所参加会议。在那儿大家讨论了一项措施。王国将来的命运就取决于它。辩论激烈。只有我和勃寥两人主张，无论如何路易十八不能同意富歇先生入阁。皇上听着。我看出来，他想坚持鲁瓦的表态，但是御弟左右了他的思想，威灵顿公爵又向他施加压力。

在《论立宪君主制》中的一章，我扼要阐述了在戈纳斯摆出的理由。我那时很激动；话语从口里说出来，自有一股力量，写在纸上，则软弱无力。我在那一章里说："不管在哪儿，只要有公开的论坛，有可能招致批评的人就不能担任政府首长。总会有某种演说、某种言论，迫使那样的部长提出辞呈，退出议会。这种机制本是代议制政府自由原则的结果，但是当所有幻觉汇聚一堂，不顾皇上极有理由的厌恶，要把一个名人推举进内阁，人们却感觉不到这一点。此人的晋升，必然引出下面的后果：不是宪章被废弃，就是内阁在开会时垮台。我们想象一下，我所指的那个人如果旁听众议院关于元月二十一日条约的辩论，会是怎样一种心情呢？他随时可能被里昂的某位代表斥责，随时可能听到那句可怕的话：你就是那家伙！那种人只有与土耳其苏丹巴耶塞特宫廷的哑巴，或者与波拿巴立法团的哑巴在一起，才可能公开任职。要是一个议员，拿份《箴言报》走上讲坛，朗读一七九五年八月九日国民公会的通告，那位部长会有什么感觉呢？那份通告把"他，富歇（我是逐字逐句引述原文）当作贪污犯、恐怖主义者开除出国民公会，说他不论成为什么代表大会的成员，他那有罪的残忍行为都将给该代表大会带来耻辱和污点"。要是议员发问，按照这份通告，把富歇逐出内阁的理由是不成立，那富歇又何地自容呢？

可惜这些事都被大家忘记了！

不幸的是如果人们硬是认为，这样一个人有时还是有用的，那么，就应该把他安置在幕后，以借用他那令人伤心的经验；可是如果要违反圣意和民意，公然抬出这样一位部长来处理国家大事，公然任用连波拿巴当年都看作无耻小人的角色，岂不是表明要放弃自由与德行吗？一顶王冠值得做出这样的牺牲吗？现在连抛开一个人都做不了主，真要任用富歇之后，谁还能把他开除呢？

各派人物都在积极活动，却没人想到他们选定的政体形式；人人都谈论宪法、自由、平等、民权，却没有人愿意实行；一些时髦的空话：人们无意中询问宪章的消息，同时却希望宪章很快完蛋。自由党和保王党倾向于由风习改良的专制政体：这是法兰西的折中办法与行事方式。物质利益高于一切；据说，人家不愿放弃大革命期间的所作所为。每个人都承受了自己的生活，而且打算让邻居也来承载一点：有人断定，恶变成了一种公共元素，它从此将与各届政府结合，像一种极其重要的原则进入社会。

由于道德与宗教观念的影响，我才产生出有关宪章的那些想法，没想到却招来了某些派别的仇恨：对于保王党来说，我太热爱自由了；对革命者而言，我又太鄙视那些罪恶。我如果不甘愿吃大亏，在那儿像小学教师一样反复宣传宪法精神，那么从头一天起极端保王派和雅各宾党人就把宪章装进他们绣着百合花的燕尾服，或者卡修斯式的卡马尼奥拉服①口袋里去了。

德·塔莱朗先生不喜欢富歇先生；但更奇怪的是，富歇先生憎恶，并且鄙视德·塔莱朗先生：达到这个成功地步委实不易。德·塔莱朗先生起初也许乐于看到人家把自己与富歇先生分别对待，后来却觉得此人无法摆脱，便举手赞同。但是他没有想到，如果奉行宪章（他尤其与里昂大屠杀的刽子手连在一起），他不会比富歇更为人们所接受。

我预先提出的警告，很快就应验了：接受德·奥特朗特公爵入阁，人们并没有得到好处，得到的只是耻辱；两院渐渐移过来的阴影足以让过于遭受论坛自由抨击的部长们隐没。

我的反对毫无作用：按照懦弱性格的惯例，皇上召开会议，但什么也定不下来；只有阿尔鲁维尔城堡才能决定法令。

在阿尔鲁维尔城堡，从不召开合乎规定的会议。集会的只是一些亲信和秘密加入的人。德·塔莱朗先生比我们先到，在与朋友们交流情况。威灵顿公爵到了；我看见他乘敞篷四轮马车经过，帽上的羽饰迎风飘扬。他把富歇先生和德·塔莱朗先生当作滑铁卢大捷的两份礼物，来赐予法国。当有人告诉他，德·奥特朗特公爵犯有弑君罪，可能有点麻烦，他答道："这是鸡毛蒜皮的事。"一个信奉新教的爱尔兰人，一个英国将

---

① 卡修斯（Cassius，卒于公元前四二年），古罗马将军，庞贝的拥护者，所穿的军服，与法国大革命时流行的卡马尼奥拉式样相近。

军,既不熟悉我们的风俗,也不了解我们的历史,在一七九三年的法国只看到一六四九年①的英国的人,却被委任来决定我们的命运!波拿巴的野心害得我们落到这么悲惨的境地。

我离开众人,在花园里转悠。一七九四年,财务总监马索尔在九十三岁时,就是从这座花园走到马德洛纳特监狱,并在那里去世的;因为当时死神做大检阅,没有遗漏一个人。我不会再被召去开会了。君臣之间的患难之情已经完结:皇上准备回王宫,我则准备回那偏僻住所。君主一旦重掌大权,他们周围就再度形成空白地带。我经过杜伊勒利宫那些静寂无人的厅堂去皇上的书房时,很少不经过一番认真思考:在我看来,这是另一类荒漠,是无边的寂寞,在这里,世界本身都在天主那唯一真实的存在面前消失。

在阿尔鲁维尔缺少面包;若不是一位名叫杜布尔和我们一样从根特过来的军官收罗吃的,我们就会饿肚子。杜布尔先生去居民家"打秋风",从逃走的村长家给我们带来半只绵羊。这位村长的女仆像博韦那位独住的女英雄,若是有武器,准会像让娜·阿舍特②一样接待我们。

我们前往圣德尼:道路两旁是一座挨一座铺开的普军与英军营帐;眼光触及远处修道院的尖顶;在修道院的地基达戈贝尔特③扔下了他的金银财宝,在修道院的地下室里,王族代代传人埋葬了族中的国王和伟人;四个月前,我们把路易十六的遗骨移葬那里,以代替其他人的骨灰。一八〇〇年我第一次流亡归来时,也曾经过这块圣德尼平原;那时在这里扎营的还只是拿破仑的士兵;换下蒙莫朗西大元帅老营的还是法国人。

---

① 英王查理一世于一六四九年被处决。
② 法国十五世纪女英雄,博韦被勃艮第公爵鲁莽查理围困时,她带领居民武装保卫家乡,迫使敌军撤退。上文博韦那位独住的女英雄便是指她。
③ 达戈贝尔特(Dagobert),生于七世纪初,公元六二三—六三九年为法兰克王。

一位面包商接待我们住宿。晚上，将近九时，我去晋见皇上。陛下住在修道院里；荣誉勋位团那些小姑娘老是呼喊："拿破仑万岁！"费尽力气也劝阻不了。我首先进了附属教堂。毗连修道院的一面墙倒了。古老的教堂只点着一盏灯。在地下墓穴的入口，我做了祈祷，在那儿，我曾目睹路易十六的遗骨安放下去；我充满了对未来的恐惧，一颗心完全被深愁重忧和宗教感情所淹没，这样的时刻，不知从前是否经历过。接下来我就去了陛下的行宫。有人把我领进皇上寝宫前的一间厅房，里面没有人。我坐在角落里等候陛下接见。突然有一扇门打开了：邪恶倚着罪恶的臂膀悄悄地进来了——富歇先生扶着德·塔莱朗先生走着；这丑恶的一幕慢慢地从我眼前晃过，进了皇上的书房，看不见了。富歇来向主子发誓，保证诚心效忠，保证敬重君主；忠诚的弑君者跪在地上，把让路易十六人头落地的两只手放在遇难先王的弟弟手中；背教的主教充当他的誓言的担保人。

次日，到了圣日耳曼郊区：为了富歇的任命，一切势力，信教的与不信教的，有德行的与邪恶堕落的，保王党与革命党，外国人与法国人都卷了进来；到处都有人叫喊："不用富歇，皇上不得安全；不用富歇，法国没救；他已经独自拯救了祖国，他独自也能完成伟业。"德·迪拉老公爵夫人是捧富歇最起劲的贵妇之一；克鲁索尔大法官是幸存的马耳他骑士团的骑士，他也随声附和，说他的头颅能留在肩上，全赖富歇先生保全。胆小的人是那样惧怕波拿巴，以至于把里昂大屠杀的刽子手当作提图斯①式的人物来歌颂。在三个多月里，圣日耳曼郊区的沙龙把我视作异类，因为我不赞同任命他们的内阁。这些可怜人，他们拜倒在"新贵"脚下，拥戴富歇，却照旧吹嘘他们如何高贵，如何仇恨革命者，如何经受考验，忠于君主，如何坚持原则。

---

① 提图斯(Titus)，古罗马帝国皇帝(公元七九一八一年在位)，以宽仁著称，在位期间未下令处死过一个人。

富歇感到他的部长生涯与代议制君主体制的规则无法相容：由于他不可能与一个合法政府的成分相融合，他就试图让政治环境与自己的本性一致。他制造出虚假的恐怖；他打算根据一些臆想的危险，来强迫皇上承认波拿巴的两院，接受他们匆忙修改的权利宣言；甚至有人私下议论放逐御弟父子的必要：目的在于孤立皇上。

人们继续受骗：国民卫队翻过巴黎的墙垣，来保证自己的忠诚也是徒劳；有人肯定这支队伍部署不好。乱党命人关闭巴黎城门，以阻止在百日政变期间仍然支持正统王朝的民众跑出来迎接我们。甚至有人说这些百姓威胁要在路易十八经过时行刺。大家真是盲目至极，因为法国军队虽然退到了罗亚尔河，十五万盟军占据了京城外围各个战略要津，却还是有人声称皇上不够强大，不能进入一座没有一兵一卒，只有一些市民的城市：只要市民想闹事，极有可能藏匿一小撮拿破仑的联盟军。不幸的是，由于一连串不可避免的巧合，皇上似乎成了普鲁士人和英国人的首领；他以为围着他的都是自由党人，陪同他的都是敌人；他好像是被一支仪仗队所包围，而这支仪仗队其实是宪警，要把他带出他自己的王国。于是他只让外国人陪伴他穿过巴黎。后来有一天，这件事成了驱逐他家族的理由。

波拿巴退位以后成立的临时政府被解散了，因为它干了一桩指控王权的行为：这是一块待接石，人家指望有朝一日在那块石头上建起新的革命。

第一次复辟时我同意保留三色旗：它闪耀着它的全部光荣；白旗被人遗忘了；那么多的胜利给予这三种颜色以合法地位，保留它们，并不意味着给一场可预见的革命准备一个重新集合队伍的标记。不采用白旗是明智的，但是在波拿巴的掷弹兵举过之后将它抛弃则是卑鄙行为：从卡夫丁轭形门下[①]通过不可能不受惩罚；侮辱人的事也是置人于死地的

---

① 公元前三二一年萨姆尼特人在卡夫丁峡谷打败罗马军队，强迫他们通过轭形门，以示侮辱。

事：一记耳光在身体上并未给你造成任何伤害，然而它却杀了你。

在离开圣德尼之前我受到国王接见，与他做了如下对话：

"什么事？"路易十八问我，以这声含有惊讶的话开始了对话。

"是这样，陛下。您要用德·奥特朗特公爵？"

"必须用他。从我弟弟到克鲁索尔大法官（此人倒并不可疑），大家都说我们只能用他。你的看法呢？"

"陛下，既然事情已定，我就请求陛下允许我沉默。"

"不，不，你说出来。你知道，从根特以来我一直在抵制。"

"陛下，我只服从您的命令；请原谅我的忠心：我认为君主政体完了。"

皇上保持沉默；我开始为自己的大胆感到可怕。这时陛下开口道：

"唉，德·夏多布里昂先生，我与你的看法一样。"

我以这段对话结束有关百日王朝的叙述。

篇章二十四

波拿巴在玛尔梅宗宫——全面放弃

要是一个人突然一下从轰轰烈烈的人生舞台转到冰海那静悄悄的岸滩，他那种感受，我在拿破仑墓旁也感到了，因为我们突然一下就来到了这座坟墓。

拿破仑六月二十九日走出巴黎，住进玛尔梅宗宫，等着从法国动身时刻的到来。我现在又来叙述他的事情：回忆逝去的日子，预料未来的时光，我只在他去世后才挪开笔触。

皇帝歇脚的玛尔梅宗宫空荡荡的：约瑟芬已故；波拿巴孤独一人待在这个偏僻的住所里。在这里他开始了飞黄腾达之路；在这里他曾经十分幸福；在这里他曾经陶醉在世人的奉承之中；在这里，在他的坟墓之中，曾发出惊天动地的命令。从前群众的脚踩得花园沙径上寸草不生，如今花园里杂草疯长，荆棘丛生，一片葱绿，我在其中散步要先探明路径。由于缺乏照料，那些异国林木已经逐渐枯萎；沟渠里再也见不到大洋洲来的黑天鹅；笼子里也失去了热带鸟的身影：它们已飞到故乡，等候主人的到来。

不过，在回首往事时，波拿巴应该找到一条安慰自己的理由：垮台的国王们尤其悲伤，因为在他们跌落的上方，他们只看到先辈的辉煌和童年的奢华；可是拿破仑在自己发迹之前看到了什么呢？科西嘉一个村庄里他出生的旧屋。脱下皇袍之后，他变得更加大度，本会自豪地穿起农夫的宽袖外套；可是人们难以退回过去卑微的起点，他们觉得，在命运让他们失去赢得的东西之后，不公平的老天也夺走他们的祖产，然而拿破仑的伟大就在于他是白手打天下：他既没有高贵的出身可以依靠，也没有家世的力量可以继承。

看到这些荒芜的园子、空荡的房间、被欢庆活动磨蚀得黯淡陈旧的走廊、歌声乐声已然消逝的大厅，拿破仑可能回顾了他的一生：他可能扪心自问，如果稍微节制一点，他能否保住幸运。现在不是外国人，不是敌人把他驱逐出境，他并不是在打了一八一四年那神奇的一仗之后，几乎以征服者的身份离开祖国，让万民在他途经之处瞻仰他的风采的；他是败退下来的。要他下台的，催他快些离开的，连将军也不想让他当，一封接一封信逼他离开这块他为之争光也危害过的土地的是法国人，是一些朋友。

除了这个如此惨痛的教训之外，还有一些别的警告：普鲁士人在玛尔梅宗附近转悠；布吕歇尔喝醉了，跟跟跄跄地下令，抓住那个"把脚踩在各国君主脖子上的"征服者。我担心运气的速生速灭，风俗的平淡无奇，现代人物的倏忽沉浮会把历史的高尚磨掉几分：罗马和希腊都不曾说过要绞死亚历山大和恺撒。

一八一四年的那些场景，一八一五年又出现了，但更有些令人不快的意味，因为那些忘恩负义的家伙受了惊吓：必须赶快摆脱拿破仑，同盟国的军队来了；亚历山大起初不在那儿压制胜利的气焰，抑制幸运的骄横；巴黎不再是洁净的未受过侵犯的城市；第一次入侵玷污了圣殿；落在我们头上的不再是天主的盛怒，而是苍天的轻蔑：连惊雷都不再震响了。

在百日王朝，所有卑怯的行为都达到了邪恶的新地步：它们打着热爱祖国的旗号，假装超脱了个人的恩恩怨怨，大叫波拿巴违反一八一四年的各个条约，罪大恶极。可是真正有罪的难道不是帮助他实现意图的那些人？如果在一八一五年，他们不帮他重组军队，而是在抛弃他一次之后再次抛弃他，在他入住杜伊勒利宫时对他说："您的天才欺骗了您；舆论并不向着您；怜惜怜惜法国吧。这次回了陆地，不要抛头露面了。到华盛顿的国家去生活吧。谁知道波旁家族会不会犯错误呢？当您在自由学校里学会了尊重法律，谁知道法国会不会把眼睛转向您呢？那时您回国来，就不是一个扑向猎物的掠夺者，而是一个给祖国带来和平的伟大公民。"

可惜他们没有对他说这番话，而是迎合了卷土重来的首领的狂热；他们都清楚，无论他是胜是败，他们都可以得到好处，因此他们赞成让他失去理智。唯有士兵是带着可歌可泣的真诚为拿破仑送命的，其余的人只是一群吃草的羊，这里吃一口，那里啃一撮，好把自己养肥。哈里发虽被剥夺得干干净净，可是只要这些家伙愿意背弃他，他还有救！然而他们不愿意，他们要在他最后的时刻来捞取好处。他们提出种种可鄙的要求，把他压得喘不过气来，每个人都想从他的贫困中榨点油水。

从来没有比这更完全的抛弃；这种抛弃是波拿巴自找的：他对旁人的痛苦不闻不问，毫不关心，世界对他也就还以冷漠。正如大多数专制君主，他对仆人很好；其实他什么也不看重：作为孤家寡人，他有自己就足够了；不幸只是使他回到生活的荒漠。

当我回忆往事，想起在费城的小屋里见到华盛顿的情景，又想起波拿巴住在宫殿里的排场，便觉得隐退到弗吉尼亚州田园的华盛顿，绝不至于感受到在玛尔梅宗花园里等待放逐的波拿巴那番辛酸苦辣的滋味。前者的生活中没有任何变化；他只是恢复了往日俭朴的习惯；他虽然解放了农夫,却只和他们享受一样的幸福;而波拿巴生活中的一切都被搅乱了。

一八四六年十二月修改

从玛尔梅宗出发——朗布依埃——罗什福尔

拿破仑由贝尔特朗、罗维戈和贝克三位将军陪同,离开了玛尔梅宗。贝克是以监视者或者特派员的身份前去的。走到路上,拿破仑临时起念,要在朗布依埃停一下。他从这里出发,去罗什福尔上船,就像查理十世从这里出发去瑟堡上船一样。朗布依埃是一个不凡的偏僻地方,最伟大的家族和人物都在这里隐遁;弗朗索瓦一世就是在这里驾崩的;亨利三世逃出街垒后途经此地,连靴子也没脱就在这儿睡了一觉;路易十六也曾在这里留下身影!如果路易、拿破仑和查理只是朗布依埃默默无闻的放羊人[①],那该多么幸福啊!

到达罗什福尔后,拿破仑又不想走了:于是行政委员会发来强制命令:"着罗什福尔与拉罗舍尔驻军提供有力支持,协助拿破仑登船……可以动用武力……务必让他动身……他的要求不可接受。"

拿破仑的要求不可接受!可是你们没有受过他的恩惠或者奴役吗?拿破仑不是自己离开的,是被驱逐的:驱逐他的是谁?

波拿巴只相信命运;对于不幸,他既不烧火,也不泼水;他预先就

---

① 路易十六在朗布依埃建有田庄,并从西班牙引进了美利奴绵羊。

原谅了那些忘恩负义的家伙；一场公平的同等报复使他受到他自家体制的庭审。当胜利不再激励人心的时候，他这个人就化成了另一个人，而弟子们则为了学校而抛弃先生。我这个人相信善事都是正当的，灾祸有绝对权力；如果我曾为波拿巴效过力，那我是不会离开他的；我会以自己的忠诚来证明他的政策有错。我会像一个失望的，靠他枯燥无味的理论和没有多大用处的成功权利维持生命的人，留在他身边，分担他受黜失势的痛苦。

从七月一日以来，几艘三桅战舰就停泊在罗什福尔锚地等待波拿巴；从未破灭的希望、与永诀连在一起的回忆把他拉住了。他一定怀念童年的岁月，那时他明亮的眼睛尚未见过下雨！他留出时间让英国舰队驶近。此时他还可以乘上两条三桅帆船，在深海与一条丹麦船会合（这是他兄弟约瑟夫的决定），可是看到法国海岸，他的决心动摇了。他仇恨共和国，厌恶美国的平等自由。他倾向于向英国人要一个避难所。他向一些人征求意见，问他们："你们觉得这办法有何不妥？"——"有损您的尊严。"一个海军军官回答，"您不应该死在英国人手里。他们会把您捆上稻草，拿去展览，票价是一先令。"

波拿巴上英国舰队避难——他给摄政亲王写信

皇帝没有接受这些意见，决定接受征服者的处置。七月十三日，在路易十八进入巴黎五天以后，拿破仑给英国军舰"柏勒洛丰"号的舰长寄去这封信，请他转交摄政亲王：

亲王阁下，鉴于我已成为分裂祖国的捣乱集团利用的对象以及欧洲列强憎恶的目标，我已结束政治生涯，并像地米斯托克利[①]一样，来到英国人民家里坐一坐。我置身于英国法律的保护之下，并祈求亲王殿下作为我最强大，最恒久，最慷慨的敌人的保护。

一八一五年七月十三日，于罗什福尔

　　如果波拿巴没有在二十年间对英国人民、英国政府，英国国王及其继承人大加侮辱，那我们也许会觉得这封信的语气是恰当的；可是被拿破仑那样蔑视，那样凌辱的这位亲王殿下，怎么突然一下又变成了最强大、最恒久、最慷慨的敌人呢？难道仅仅是因为他是胜者吗？他不可能相信自己所说的话；而假的东西是没有说服力的。写信给一个敌人、陈述一个伟人被废黜事实的话很漂亮；但是推出地米斯托克利那个平庸榜样就过分了点。

　　更糟的是，波拿巴这封求情信缺少真诚；他在信中遗漏了法国：皇帝关心的只是个人的灾难；既然他下台了，我们在他眼里就算不上什么玩意儿了。更不用说，他喜欢英国甚于美国，这种选择本身就是对祖国悲哀的一种侮辱。他向二十年来一直收买欧洲反对我们的英政府祈求一处避难之所。而这个政府派驻俄军的联络员威尔逊将军在莫斯科大撤退时，曾向库图佐夫施加压力，让他彻底消灭我们：英国人因为在最后决战中侥幸获胜，便在布洛涅树林里安营扎寨。地米斯托克利啊，安安稳稳去坐在英国人家中吧，法国人为你在滑铁卢流的血，大地还没有喝完呢！逃亡者也许受到热烈欢迎，当他到了泰晤士河边，面对被外国军队侵犯的法国，面对成了卢浮宫的独裁者的威灵顿，他会扮演什么角色？拿破仑的好运帮了他的大忙：英国人听任自己采取一种狭隘的记恨的政

[①] 地米斯托克利（ThémisCocles，公元前五二五—公元前四六〇），古希腊雅典政治家，将军，民主派首领。晚年曾流亡国外。

策，错失了他们最后的胜利；他们把祈求者关进他们的巴士底狱或者请上盛宴，在后人看来，都没有断送他，反而是把他们以为夺走的皇冠还给了他，而且擦得更为灿烂夺目。他虽被囚禁，列强的恐惧却有增无减：大洋的阻隔是徒劳的，武装的欧洲在海滨扎营，眼睛紧盯着海面。

波拿巴在"柏勒洛丰"号舰上——托贝——将波拿巴囚禁在圣赫勒拿岛的法令——波拿巴登上"诺森伯兰"号，扬帆远航

七月十五日，"鹰"号把波拿巴转送到"柏勒洛丰"号舰上。这只法国小艇是那样小，以至于从英国舰上看出去，只看到巨人站在波涛之上。皇帝走到舰长梅特兰身边，对他说："我来把自己置于英国法律的保护之下。"蔑视法律的人至少曾经承认过法律的权威。

军舰扬帆向托贝驶去；有许多小船在"柏勒洛丰"号周围来来去去，在普利茅斯，一样的繁忙景象。七月三十日，凯特勋爵把将波拿巴送往圣赫勒拿岛囚禁的法令交给他本人。"这比帖木尔的笼子[①]还要糟糕。"拿破仑说。

这种做法是令人愤慨的，因为它侵犯了人权，侵犯了交战双方人员在对方得到食宿保护的权利：如果你在任何一条船上诞生，只要船上挂着帆，你就生来是个英国人；按照伦敦的古老习俗，波涛被称作"阿尔比庸（英国古称）的陆地"。对一个祈求保护的人来说，一艘英国船绝不

---

① 一四〇二年，鞑靼征服者帖木尔俘虏土耳其苏丹巴耶塞特，将他囚禁在笼子里。

是一座不受侵犯的神坛,它绝不会把选择了"柏勒洛丰"号舰船艉的伟人置于大不列颠三叉戟的保护之下!波拿巴提出抗议;援引法律作为论据,说人家出卖他,干出背信弃义勾当,并且向未来求助:可是这于他适合吗?他不是嘲笑过正义吗?他现在祈求一些神圣之物保护,可他得势时,不是践踏过它们吗?他不是劫持过图森-路维杜尔[①]和西班牙国王吗?他不是命人逮捕亚眠条约中止时处在法国的英国旅行者并将他们囚禁多年吗?他过去这些做法,素来讲究有来有往的英国是可以仿效的,而且可以进行卑鄙的报复;只是人家也可以以另外的方式行动。

在拿破仑这边,头脑虽然博大,心胸却狭窄:他与英国人的争吵十分可悲,激起了拜伦勋爵的反感。他怎么肯说几句好话,来给看守他的人增光添彩呢?看到他自降身份,在托贝与凯特勋爵斗嘴,在圣赫勒拿岛与哈得逊·洛[②]爵士吵架,并且因为人家对他缺乏诚意,就发表一些谗文,对某个头衔,对金子多了少了一点,或者敬意多了少了几分而横加评论,乱找碴儿。波拿巴回落到他本人,也就是回落到了他的光荣,而这于他也就够了:他对于人类毫无所求,他谈起厄运来并不太愤懑;人们也许会原谅他把最后的囚禁当作灾难。他对英方侵犯他得到食宿保护权利的行为表示抗议。我只发现抗议书的日期与签名值得注意:"拿破仑,写于海上航行的'柏勒洛丰'号舰上"。这里奏出了巨大无边的和弦。

波拿巴从"柏勒洛丰"号转到"诺森伯兰"号军舰。两条运载圣赫勒拿岛未来驻军的三桅战舰在后面护航。其中有几个军官曾在滑铁卢打过仗。英方允许波拿巴这位全球探险家把贝尔特朗夫妇和德·蒙托隆、古

[①] 图森-路维杜尔(Toussaint-Louverture,一七四三——一八〇三),海地历史上的黑人领袖。一八〇二年被入侵的法军打败,被囚。
[②] 哈得孙·洛(Hudson lowe,一七六九——一八四四),英国将军,一八一六年任圣赫勒拿岛总督。

尔戈以及德·拉斯卡斯诸先生留在身边。这几个人是自愿留在沉船上的乘客，义薄云天。按照船长的一条训示，波拿巴应该被解除了武装：拿破仑孤身一人，被囚禁在一条军舰上，四周是茫茫汪洋，还要下了他的武器！可见人们对他的力量是多么惧怕！不过对于滥用武力的人，老天给予的教训又是多么深刻！愚蠢的海军法庭常常把发配澳洲植物学湾①的罪犯看作危害人类的罪魁祸首：当年黑皮亲王爱德华三世不是让人下了法国国王善良的让的武器？

舰队起锚开航。自从恺撒坐船跨海以来，还没有一条船舰载运过如此重要的人物。波拿巴靠近了那片神奇的海域，当年西奈的阿拉伯人目睹他经过那儿的风采。拿破仑见到的最后一块法国土地是乌格海岬；那又是英国人获得胜利的地方②。

皇帝本来希望留在欧洲，免得被人遗忘，可是他想错了；他很快就成了个平常的或者绝望的囚徒：他古老的角色已经演完了。不过，在这个角色之外，一种新处境给他带来新名声，使他变得年轻。任何有世界声誉的人都没有拿破仑这样的结局。人家并不像前次那样，宣布他是几处采石采铁场的专制君主，因为采铁场可以给他提供利剑，采石场可以给他打制雕像。既然他是雄鹰，那就给他一处岩礁。在那礁尖上，他至死都沐浴着阳光；住在那里，整个陆地都见得到他。

---

① 澳大利亚新南威尔士州小海湾。一七七〇年库克船长在此首次登上澳洲大陆，发现了许多新植物，因此得名。
② 一六九二年英军在乌格锚地击毁了法军的图尔维尔舰队。

评论波拿巴

在波拿巴离开欧洲、放弃生活去寻找生命的归宿之时，对这个过着两种生活的人做一番审查，对真假拿破仑做一番描绘是合适的：真实与谎言搅作一团，使得真假拿破仑混为一体。

从这些评价中可以得出一个结论：波拿巴是一个行为诗人，是一个战争天才，一个精明强干、不知疲倦的管理之神，一个勤奋理智的立法者。他有那么多的办法控制民众的想象力，那么大的权威左右讲究实利者的评价，原因就在这里。但作为政治家，在国务活动家眼中，他永远是一个有缺陷的人物。这种见解是从大多数吹捧他的人嘴里流露出来的，我深信，它将成为对他的最终看法；它将解释他的神奇作为为什么总是带来可悲结果。在圣赫勒拿岛，他在西班牙和俄罗斯战争这两件事上面严厉批评了自己的政治行为；他本来还可能把忏悔扩及其他罪过。他的热烈支持者也许不相信，他在反省自责时还在欺骗自己。让我们来回顾一下吧：

波拿巴不顾一切，悍然行动，杀害了当甘公爵，且不说他的行为包含了新的卑鄙成分，光是这件事，就给他的生活绑上了沉重的负担。尽管有一些无知的人为他辩护，但正如我们所看到的，这次杀戮，是后来亚历山大与拿破仑，以及普鲁士与法国失和的内在根源。

对西班牙的战争完全是多此一举：半岛本就在皇帝的控制之下，他可以从中获取最大的利益；可是结果并非如此，他把西班牙变成英军士兵的训练基地，和民众对抗，导致了他自己覆灭。

拘禁教皇，把各个教会国并入法国，这两件事只是暴政的心血来潮，但由于它们，波拿巴失去了宗教复兴者的好名声。

波拿巴娶了奥皇的女儿后本应罢手，可是他没有这样做。如果他罢了休，俄罗斯和英国会大声感谢他。

当欧洲的安全取决于波兰的重建时，他没有恢复这个国家。

他不听手下将军与顾问们的劝阻，一头扑向俄罗斯。

他开始失去了理智，越过了斯摩棱斯克；种种迹象表明，他第一步不应跨这么远，他的第一次北方战役已经结束，第二次战役（他自己感到了）将使他成为沙俄帝国的主宰。

在莫斯科大家都推算日子，预见气候的影响，他却既不会推算日子，又预见不到气候的影响。我们姑且站在他的位置，来看看我所称的"大陆封锁"和"莱茵联盟"情况如何。第一件，构想十分宏伟，执行如何却要存疑；第二件是一个巨大工程，但是在实行中却被拉帮结派的本能和收税的意图弄糟了。拿破仑作为送上门的礼物，收下古老的法兰西君主国时，法兰西还是一个又一个世纪、一代接一代伟人把它造就成的模样，还是路易十四的神威和路易十五的联姻所留下的模样，还是共和国将它扩展之后的模样。他坐在这雄伟的基座之上，伸出手臂，抓住一些民族，将它们安置在自己周围；但是，他得到欧洲有多么快捷，失去欧洲就有多么迅速；尽管他的军事智慧屡创奇迹，他却两次造成同盟国军队侵入巴黎。他把世界踩在脚下，可是从中得到的好处只是自己被监禁，家族流亡，征服来的国土和自古就有的部分国土沦丧。

以上所述，是为事实所证实的历史，是任何人都无法否认的历史。我刚才指出的带来如此迅速又如此不幸结局的错误，是从哪儿来的呢？它们来自波拿巴在政治上的偏颇。

在他的同盟中，他仅仅通过出让领土才控制了其他国家的政府；但他很快又改变了这些领土的界限。他不断流露出收回许人之物的私下想法，总是让人家感到他的压迫；在他侵占的地方，除了意大利，他什么也没有重组。他并不是每走一步就停下来，以别的形式扶起身后被他打倒的东西，而是不停地踏着废墟往前走：他走得是那样快，几乎没有时间在他经过的地方喘一口气。假如他通过类似于威斯特伐利亚条约的东西，确立并保证德意志、普鲁士和波兰诸小邦的存在，那么他第一次败退时，也许可以得到那些小邦心满意足的民众支持，在他们那里找到避难所。可是他富有诗意的胜利大厦没有基础，只是由他的天才悬系在空中，万一天才往后抽走，大厦就要坍塌。马其顿人在奔逐中建立了一个个帝国，波拿巴在奔逐中却只会将它们一个个摧毁；他唯一的目标是成为全球主宰，却没有考虑用什么办法来维持这个地位。

有人想把波拿巴描绘成一个完美的人，一个有情有义、正直高尚、公正有德的人，一个像恺撒和修昔底德的作家，一个和狄摩西尼①和塔西佗一样的演说家。拿破仑的公开演说，他的哄骗或者劝告并未受什么先知灵感的启示，尤其因为它们宣告的灾祸并未发生，它们也就显得更是空话，而代表神的裁判权的耶西②却不见了：类似于耶西宣告尼尼微将要毁灭的话追逐着各个小邦，却没有追上，也没有将它们毁灭；这些话始终显得幼稚，并不崇高。波拿巴在十六年间曾是地道的命运之神：命运之神是缄默的，波拿巴本来也应该缄默。波拿巴并不是恺撒；他受的教育并不广博，亦不良好；作为半个外国人，他不知我国语言最重要的规则；他的话有些语病，说到底，那又有什么关系？他照样向全世界发号施令。他的战报富有胜利的说服力。有几次，在成功的陶醉之中，人们喜欢把战报扎在一只鼓上。从一片极凄伤的话语之中爆出要命的笑声。我曾认真读过波拿巴的作品：他童年的手稿，他写的长篇小说，他给布塔弗奥柯写的小册子——《博凯尔的晚餐》，他写给约瑟芬的私信，他的五卷演说词，他的命令和战报，他未发表被德·塔莱朗先生的机构编得一塌糊涂的书信集。我在这方面较为内行，只在留在厄尔巴岛的一

---

① 狄摩西尼（Demosthenes，？—公元前四一三），雅典将军，政治家，口才极好。在伯罗奔尼撒战争中是个深谋远虑的战略家。
② 耶西（Isaie），《圣经》中以色列国王大卫的父亲。

部蹩脚手稿里发现过一些与那位伟大岛民本性相似的思想：

> 我的心既不接受普通的快乐，也不接受平常的痛苦。
> 我既没有给自己生命，也不会把它夺走，因为生命需要我。
> 我的灾星出现了，向我预报结局来临。其实我在莱比锡就发现了结局。
> 我驱走了传遍世界的可怕的新思想。

这些话肯定出自真实的波拿巴的手笔。

如果说，波拿巴的战报、演说词、声明通告以笔力雄健出名，那么这种力量并非为他所特有，它属于他的时代，来自革命的影响。这种影响在他身上已经衰微，因为他与之背道而驰。丹东曾说："金属沸腾了；要是你们不注意炉子，都会被烫伤的。"圣茹斯特①说："敢作敢为！"这句话含有我们革命的全部政策；那些干半吊子革命的人只是为自己掘墓。

波拿巴的战报超过这些豪言壮语吗？

至于以下列书名发表的作品：《圣赫勒拿岛回忆录》《流放中的拿破仑》等，不是由别人从他嘴里采访得知，就是他向别人口授的纪实作品，其中不乏精彩的战争描写，亦不乏对一些人的杰出评价；但归根结底，拿破仑只是在为自己写辩护词，只是在为自己的过去解脱，只是在一些已完结的事件上，建造一些新生的想法。在这些辑录的作品里，褒贬交错，每种看法既有肯定的依据，也有断然否定的道理，难以分出哪是拿破仑的东西，哪是他那些秘书的私货。很可能他们中间每人都有一个版本，由读者凭爱好选择，以便在将来按自己的意愿创造拿破仑。拿破仑

---

① 圣茹斯特（Saint-Just，一七六七——一七九四），法国大革命时的领袖人物，曾任国民公会主席。

愿意留给后人什么样的历史,他就口授什么样的历史;这是一个写文章评论自己作品的作者。对一部多人文集倾倒,再没有比这更荒谬的事,因为这些文章不像《恺撒回忆录》,是一部篇幅不大的作品,出自一个伟人的头脑,由一个卓越的作家撰写(不过维吉尔的朋友阿西尼乌斯·波利翁认为那些短小的回忆文章既不准确,又不忠实)。《圣赫勒拿岛回忆录》写得很好,对坦率而自然的赞颂受之无愧。

拿破仑生前有一点最招人仇恨,那就是他事事都喜欢贬低人家:在一座被攻占的城市,他把重新安排几个演员的法令与废黜一些君王的命令放在一起签发。天主拥有万能权力,既支配整个世界的命运,也决定一只蚂蚁的一生,拿破仑的做法,就是对这种权力的滑稽模仿。在攻陷人家帝国的同时,他还加进对妇女的侮辱[①]。他从被他打倒的人所受的屈辱中感到满足。对于敢于反抗他的人,他尤其加以诽谤与中伤。他的傲慢等同于幸福。他认为压低别人他就更显得高大。明明是他的过错,但由于他嫉妒手下那些将军,就硬说是他们的过错,因为他是绝不可能出错的。他们的功勋他不放在眼里,他们的过错他却总是揪住不放,横加指责。在拉米伊战役失败之后,路易十四对维尔卢阿元帅说:"元帅先生,到我们这把年纪,我们是不会快活的。"换了拿破仑,他是绝不会这样说的。因为这种感人的大度,他根本沾不上边。路易十四的世纪是由伟大路易创造的:波拿巴创造了他的世纪。

皇帝的历史被一些虚假的传统改变了,还将被帝国时代的社会状况进一步曲解。如果存在新闻自由,任何记载的革命都可以让目光直达事实的深处,因为各人都如实说出他所见到的情况;克伦威尔的统治是众所周知的,因为人们都把自己对护国公的行为与为人的看法告诉他。在法国,即使是在共和国时期,尽管刽子手实行严格的新闻检查,真理还

[①] 作者写这句话时,尤其想到了普鲁士王后路易丝。——原注

是显现出来；得胜的并不始终是一伙人；先上台的那帮人很快覆亡了，后上台的那帮人便把前面那帮人掩瞒的真相揭露出来：在两座绞架之间、在两颗掉落的头颅之间存在着自由。但是波拿巴掌权之后，思想受到钳制，人们听到的只是一个专制政府的声音，它自吹自擂，却不允许人家谈论别的事情，真理消失了。

那个时期所谓真实的文章都是被收买的；不管是书籍还是报纸，都有得到主子的命令才能出版：波拿巴注意着《箴言报》上的文章；他的省长们按照巴黎权力当局口授的和传达的命令，从各个省份发来祝词、贺词和歌功颂德的文章，尽管它们与实际舆论完全不同，却还要装腔作势，表达"民众的心声"。你们就按照这些资料来写历史吧！给你们查考过的真实资料编上号，以证明你们的研究是公正的：你们只能引用一段谎言，以支持另一个谎言。

如果有人不相信拿破仑会做出欺骗天下的事情，如果一些并未在帝国生活过的人执意认为他们碰到的，或是在衙门卷宗里翻出来的白纸黑字的材料是真的，那么只要求助于一个不容置疑的证据，求助于保守的元老院就足够了，在那里，在我上面提到的法令里，你们可以见到这些话："鉴于新闻自由经常被置于他的警察的专横检查之下，同时，他总是利用新闻在法国与欧洲散布捏造的事实和虚假的准则，还有，在元老院宣读过的法案和报告出版时经过篡改，等等。"这里面有没有东西可以回答那些人的疑问呢？

波拿巴的一生是个无可争辩的事实，但是被人家做了虚假的撰写。

波拿巴的性格

一股魔怪般的傲气，一种不断的做作，这两样东西损害了拿破仑的性格。在他统治时期，当军队之神向他提供了那辆由活人做的轮子的战车时，他何必要夸大自己的身高呢？

他是意大利血统；他的性格复杂。人世间的伟人为数太少，不幸只能在彼此间互相仿效。拿破仑既是模特儿，又是模仿者，既是实在的人物，又是表现这个人物的演员，因此，他模仿的就是他自己；如果他不穿上英雄服装，他就不相信自己是个英雄。这个离奇的弱点给他惊人的现实蒙上一层虚假和暧昧的色彩；人们担心把王中之王当作古罗马演员罗西乌斯，或者把罗西乌斯当作王中之王。

在报纸、小册子、诗，甚至充满帝国思想的歌谣中，拿破仑的品质受到那样的美化，以至于完全认不出来了。在拿破仑关于囚犯、死人和士兵的《嘉言录》里，人家吹捧为感人至深的话，全是些谎言，被他一生的行为所戳穿。

我名声赫赫的朋友贝朗瑞那支歌《祖母》[①] 只是一首民谣：波拿巴绝不是个老好人。他实行的是人格化的统治，冷漠无情；这种冷漠对他热烈的想象力是一种化解剂；他在自己身上找不到话语，只找到事实，一个随时准备对最轻微的独立倾向生气的事实：一只小蝇，如果没有奉他的命令飞动，在他看来就是反叛的昆虫。

哄住耳朵还不够，还得蒙住眼睛：在一幅版画上，这边，画着波拿巴在奥地利的伤兵面前脱帽致礼的情节，那边，有一个小士兵拦住皇帝的去路；再远一点，是拿破仑接触雅法那些鼠疫病人的细节，其实他根

[①] 真名为《人民的回忆》。

本没有碰过他们；画面上他骑一匹烈马，在漫天大雪中穿过圣贝纳尔，其实那一天天气再好不过了。

今日，有人不是想把皇帝改变成早年阿文提努斯峰的罗马人，改变成自由的传道士，改变成一个只是因为喜欢相反的道德才实行奴役的公民？让我们从两件事情，来看看平等的伟大缔造者是个什么人：他命人打破热罗姆与帕特松小姐的婚姻，因为拿破仑的兄弟只能娶皇家血统的女子；后来，他从厄尔巴岛卷土重来以后，他给新的民主宪政抹上贵族色彩，并戴上"附加法案"。

有人说拿破仑作为共和国所获胜利的继承人，到处撒播独立的原则，他的胜利有助于缓和各国君主和民众的关系，使民众摆脱古老习俗和陈旧观念的统治，从这个意义上说，他对社会的解放做出了贡献，对这些话我不打算否认；如果说他出于本身的意愿，有意致力于各民族的政治解放和民众解放；他建立最严酷的专制统治，为的是给欧洲，尤其给法国以最宽松的宪政；他其实只是化装成暴君的民权保卫者，这是我无法接受的假话。

波拿巴作为君王一族，想的只是权力，追求的只是权力，不过他是通过自由才到达权力之巅的，因为他是在一七九三年才开始走上世界舞台的。革命本是拿破仑的乳母，不久在他看来就像是敌人了。他不断地打击革命。话说回来，当邪恶并不是直接出自皇帝本人时，皇帝对邪恶还是认识很清的；因为他的道义感并没有丧失。有人使出诡辩，以论证波拿巴热爱自由，但它只证实了一件事，就是人们可以滥用情感。如今理智不是可以用于任何事情吗？它不是论证恐怖时期是一个人道的年代吗？确实，人家在屠杀那么多生灵的时候，不是在要求废除死刑吗？伟大的教化者——借用人家对他们的称呼——不总是使人类作为牺牲品吗？人家不正是以此来论证罗伯斯庇尔是基督的接班人吗？

皇帝什么事都要插手；他的智力从未得到休息；他思想上总是躁

动不安。他生性急躁，走起路来不是从从容容，持续不停，而是昂首挺胸，大步前冲，扑向世界，让它经受一阵阵震动。对这个世界，他虽然不得不期待，其实却并不想要：作为不可理解的人，他发现了通过蔑视自己最高贵的行为来将它们贬低，以及将他最下流的行为一直提升到他的高度的诀窍。拿破仑性子本来不急不躁，但一想到办事就迫不及待，为人并非全面，似乎尚未发育完全，既很有天才，毛病也不少：他的智力活像南半球的天空，活像一块块空白把星星隔开的那片天空。不久他就客死在那片天空之下。

人们寻思，波拿巴的贵族气是那样重，与人民是那样敌对，是通过什么影响得到他所享有的那份民心的：因为在一个曾经打算为独立和平等筑起神坛的国家，这位打造桎梏的铁匠肯定是深孚众望的；下面就是谜底：

一种日常的经验使人看出来，法国人的本能适合掌权；他们并不喜欢自由；他们崇拜的只是平等。因此，平等与专制有些暗中联系。在这两方面，拿破仑在法国人心中自有根源，因为法国人在军事上倾向于强权，在民主上热爱平等。登上宝座之后，拿破仑让人民与他一起就座；作为无产的国王，他在前厅侮辱各国君王与贵族；他让各个阶层平等，但不是降低而是提高它们：降低也许会减轻平民的嫉妒，但是提高却更迎合他们的自尊心。波拿巴使我们优越于其他欧洲人，因此法国人的虚荣心而膨胀。拿破仑有名望，另一个原因还在于他晚年的痛苦。他去世后，随着人们日渐了解他在圣赫勒拿岛所受的苦难，便开始动起了恻隐之心。人们忘记了他的暴政，却想起他起先战胜敌人，接着招致敌人侵入法国，又为保护我们而抗击敌人；我们想象，他会为我们洗却今日的羞耻：他的苦难使他恢复了声望；他的不幸成全了他的光荣。

最后他军队的奇迹使年轻人着了魔，让我们学会了崇敬暴力。他前所未闻的幸运给每个野心家的自负留下一个希望，就是爬到他所达到的地位。

然而这个用压路滚筒碾过法国而获得那么大名望的人，却是平等的死敌，是民主政治中贵族的最高组织者。

我想给波拿巴的一切行为找出理由，但我却不能采纳人家侮辱他的假惺惺的赞颂；我不能抛开理性，在令我生出恐惧或者心怀恻隐的行为面前倾倒。

要是我能把自己的感受说清道明，也就将成为第一流的历史人物；可是从这个由谎言拼凑成的神奇人物身上我没有采纳任何东西；我是看着那些谎言炮制出来的，起初它们还是被人当作谎言，以后由于人们自以为是，又愚蠢地自信，就把它们当成了真理。我不愿欺人自欺，傻愣愣地发出赞叹。我致力于老老实实地描绘人物，有就有，无就无，绝不给他们做一分增减。要是成就被人当作真诚，要是成就一直带坏了后人，给后人套上它的锁链；要是后人出生过去的奴隶，又沦为未来的奴隶，不论是谁获胜，都充当他的同谋，那么哪儿又有权利？牺牲岂不是白做了？善与恶只是相对的，人类的行为抹去了一切道德观念。

这就是显赫名声给一个公正作家造成的障碍；但作家尽力排除障碍，以便不加任何修饰地描绘出真实；只是光荣像一团耀眼的雾气卷过来，立刻罩住画面。

如果波拿巴把用武力夺走的东西用名望给我们留下

现在这一代人不肯承认波拿巴给我们带来的权力衰退了，疆域缩小了；他们想象波拿巴用武力夺去的东西，又用名声给我们还了回来，以此来安慰自己;他们说:"从此我们不是名扬四方了吗?一个法国人在哪块海滩不被人敬畏,不引人注意,不让人追求,不为人所认识呢?"

可是我们不是处于这两个条件之间吗?要么没有实力,但是不朽;要么实力强大,却不可能不朽。亚历山大让全世界知道了希腊人的名字;但他仍给他们在亚洲留下了四个帝国;希腊人的语言与文明从尼罗河传到了巴比伦,又从巴比伦传到了印度。亚历山大去世后,他祖传的马其顿王国非但没有缩小,反而强大百倍。波拿巴让五湖四海的人都认识了我们;他指挥法国人把欧洲摔在脚下,摔得那么惨,以至于至今法国人仍以名字取胜,以至于星形广场的凯旋门仍能建起来,并不显得是个幼稚的纪念碑;但是在我们失败之前,这个纪念碑就已经是个证物而不是一段历史了。不过,杜莫里埃[①]率领旧时征召的士兵,不是给了外国人最初的教训?儒尔当[②]不是打赢了弗勒鲁一仗?皮什格吕不是征服了比利时与荷兰。奥什渡过了莱茵河,马塞纳在苏黎世获胜,莫罗在霍亨林登取得大捷,他们不是立下了这些最艰难的,为其他战事扫清障碍的军功?波拿巴使这些分散的胜利结为一体;他继续扩大胜利,将它们发扬光大:但如果没有这些最初的奇迹,他又如何得到最后的奇迹?只有当理性在他身上实施诗人的灵感之时,他才超过了所有人。

我们每年只付出二三十万人的生命,就为封建君主赢得了名声;我们为此付出的代价不过是三百万士兵,不过是我们同胞在十五年中丧失自由,饱尝痛苦:这些微不足道的小事值得一提吗?后来的几代人不是很荣耀吗?前面死掉的就自认倒霉吧!在共和国时期的灾难有助于拯救所有人;而我们在帝国时期的不幸作用更大:它们把波拿巴捧上了神

---

① 杜莫里埃(Dumouries,一七三九——一八二三),法国将军,在大革命早期指挥北方军团,多次打败普鲁士和奥地利军队,并占领比利时。
② 儒尔当(Jourdan,一七六二——一八三三),法国元帅,一七九四年在比利时的弗勒鲁打了胜仗,使比利时对法国人开放。

坛！这点让我们心满意足。

我却并不满足，因为我不至于卑躬屈膝到把波拿巴捧到民族之上的地步；他并没有造就法国，是法国造就了他。不管你有多大的本事，有多大的优势，都不可能叫我赞同一个一句话就可以剥夺我的独立，离散我的家庭和朋友的政权；我之所以不说运数与荣誉，是因为我觉得运数不值得保卫；至于荣誉，它可以避开暴政。

这是受难者的灵魂；绳索把它团团围住，却不能将它束缚；它穿过监狱穹顶，带着受难者一同飞升。

真正的哲学不会原谅的波拿巴的罪过，就是使社会习惯于盲目服从，把人性推向道德沦丧的时代，并在心灵开始因高尚的情感而怦怦跳动的时候，以不可言喻的方式使人的品性变坏。我们面对自己和面对欧洲的软弱，我们现时的沉沦，都是拿破仑奴役的后果：我们身上剩下的，只有扛枷锁的能力。波拿巴甚至把未来都搅乱了；要是人们看到我们在无能为力的苦恼之中步步退缩，闭关自守，不是去寻求与欧洲交往，而是将它拒之门外；看到我们交出内部的自由，以便摆脱外部的恐惧；看到我们迷失在违反天性以及十四个世纪形成的民族习俗可恶的深谋远虑之中，我是不会感到半点奇怪的。波拿巴留在空中的专制，又变成堡垒落在我们头上[1]。

今天，用冷笑迎接自由，把它和贞操看成废品已是时髦。我不赶时髦。我认为没有自由，就没有世上的一切；因为有自由，生命才有价值；即使最后剩下我一人为自由辩护，我也要继续宣告它的权利。以陈年往事的名义抨击拿破仑，用废旧观念来指责他，其实就是为他准备新的胜利。人们只能用比他更伟大的东西——自由来打击他：因为他对自由，因而对人类犯了罪。

---

[1] 梯也尔于一八四○年决定在巴黎修筑环城工事，夏多布里昂持反对意见。

上述真理无用

上面说的都是空话！我比谁都清楚地感到它们没有用。从此以后，任何批评，不论多么温和，都被看作是渎神的；你得有几分胆量，才敢倾听民众的呐喊，才不至于担心别人认为你智力有限，由于唯一的原因，即人们虽对拿破仑表达出强烈而真实的崇敬，却无法恭维他的种种缺陷，而理解不了和感受不到拿破仑的天才。世界属于波拿巴；破坏者没有彻底征服的东西，他的名声夺取了；生前他没有占领世界，死后却拥有了世界。你再抱怨也是白搭，一代代人从你身边经过，却不听你的。古代人让普里阿摩斯①儿子的阴魂出来说话："不要凭赫克托尔②的小坟来评判他：伊利亚特，荷马，逃走的希腊人，这就是我的坟墓：我被埋在所有这些壮举下面。"

波拿巴不再是真实的波拿巴，这是个传说中的人物，由诗人的怪念头、士兵的闲聊和民众的故事所组成；这是我们今日见到的中世纪史诗中的查理曼与亚历山大。这个虚构的英雄将长期是现实的人物；其他的肖像则将消失。波拿巴如此顽强地属于独裁统治，以至于我们在忍受了他本人的专制之后，还得忍受他身后名声的专横统治。后面这种专制比前面那种更压迫人，因为拿破仑在位时还有人反对他，但他死后人们却普遍愿意接受他扔给我们的镣铐。他是未来事件的阻碍：一个从军营里出来的政权在他之后怎么坐得稳江山？他在超过这个政权时不是把所有军事方面的光荣都消灭了吗？当他在人们心中腐蚀了自由原则之时，自由政府又怎么可能产生？从此任何合法政权都不可能从人心中驱除篡

---

① 普里阿摩斯（Priamos），希腊神话中的特洛亚国王，有五十个儿子和多个女儿。
② 赫克托尔（Hector），普里阿摩斯的儿子，特洛亚最勇敢的战士。

位者的阴魂；不论士兵还是公民，是共和派还是君主派，是富人还是穷人，都把拿破仑的半身雕像和肖像供奉在宫殿或者茅屋里的家中；从前的战败者与战胜者握手言和；在意大利每走一步都见得到拿破仑的影子；一深入德意志就可以感到他的存在，因为这个国家厌恶他的年轻一代已经过去。通常各世纪都在一个伟人的肖像前面坐下，以长久不断的工作来把他画完。这一次人类却不愿等待；也许那支粉笔涂抹得太快一点。现在是把偶像不完善的部分与已完成的部分作对比的时候了。

从话语、演说、文稿以及从他从不曾热爱自由，也从不曾打算实行自由这一事实来看，波拿巴并不伟大；他的伟大在于建立了一个合乎规定的强大政府，制定了一部为众多国家所采纳的法典，以及一些法院、学校和一套强有力的积极聪明，至今还在发挥作用的管理体系；他的伟大在于使意大利复兴，并且出色地予以引导和管理；他的伟大在于使法国在一片混乱之中恢复了秩序，重立神坛，压制了那些疯狂的煽动家、傲慢的学问家，无政府主义的文学家、伏尔泰式的无神论者，十字街头的演说家，监狱与街头的刽子手，论坛、俱乐部和断头台的穷人的气焰，让他们在自己手下出力；他的伟大在于控制住了无政府的乌合之众，在于制止了下层百姓的放肆，在于使曾经与他同等的士兵，曾经领导他或者曾经是他竞争对手的将领服从他的意志；他的伟大尤其在于他是白手起家，除了才华再无别的权威，却能在王座周围失掉幻影的年代，使三千六百万臣民服从他的统治；他的伟大还在于打败了所有敌对的君王，击溃了军纪兵力迥然不同的各国军队，让文明国度的人民知道了他的名字，超越了在他之前的一切胜利者，还在于十年之间他的魔力无处不在，到了今天的人们几乎不可理解的地步。

如今那位著名的打胜仗的囚徒已不在人世；为数不多的还理解高尚情感的人能够无所惧怕地向光荣表达敬意，却不用为自己曾经宣称这份光荣是不祥的而懊悔，也不必承认破坏各国独立的人就是各国解放的领头人：拿破仑不需要别人给他贴金；他天生就带来了足够的丰功伟绩。

因此，脱离他的时代后，他的历史结束了，但他的史诗却开始了。现在我们去看看他死亡吧：我们离开欧洲；随他在把他神化的天空下行走！他的船只在海的战栗中降下帆篷，波澜给我们指示他消失的地方。塔西佗说："在我们这个半球的极端，人们听见落日在沉入海中时发出的声响。"

圣赫勒拿岛——波拿巴横渡大西洋

葡萄牙航海家让·德·挪亚在分隔非洲与美洲的水域迷失了航向。一五〇二年八月十八日是第一个基督教皇帝的母亲圣赫勒拿的圣名瞻礼日。那一天，在南纬十六度和西经十一度①，让·德·挪亚遇到一座岛屿，便靠了上去，并给它命名为圣赫勒拿岛。

葡萄牙人与这座岛屿来往几年之后，便舍弃了它；荷兰人接管了该岛，不久又扔下它，去了好望角；接下来英国印度公司占据了它；荷兰人于一六七二年又重占该岛，但后来英国人又占领该岛，并定居下来。

当年让·德·挪亚突然来到圣赫勒拿岛时，岛上没有人烟，只有一片森林。后来葡萄牙的背教者费尔南德斯·洛佩斯被放逐到这块绿洲，在岛上养了许多奶牛、山羊、母鸡、珠鸡和世界各地的鸟类。从此人们源源不断地把大自然的种种动物带上岛来，就像送上挪亚方舟。

岛上现有五百白人，一千五百黑人，以及一些黑白混血儿、爪哇人

---

① 原文如此。实际在南纬 15° 56′，西经 5° 42′。

与中国人。詹姆斯镇是岛上的城市和港口。英国人在掌握好望角之前，印度公司的船队从印度驶回时，要在詹姆斯镇停泊。水手们在槟榔树下摆摊出售他们携带的私货：沉寂的森林每年一度变成喧闹拥挤的市场。

岛上气候宜人，只是多雨：这座海神的城堡主塔，环绕一圈只有七八里，竟引来了大洋上的水汽。中午赤道的阳光把一切呼吸的生物都驱赶到了阴处，甚至迫使小蝇虫都停止喧闹和飞动，人和动物都不得不藏起来。夜里波涛被所谓的"海光"照亮，那是无数昆虫发出的光。它们在风暴中带了电，彼此交配时便以集体婚礼的灯饰来照亮深渊的表面。岛屿的影子黑魆魆的，一动不动地停在波光粼粼的万顷平畴之中。据我那位博学而有名的朋友洪堡[①]说，天上的景象很是壮观。他写道："驶近赤道，尤其是从一个半球驶入另一个半球，我们看到自幼熟悉的星辰渐渐落下，最终消失时，不免生出一种说不出来的陌生感觉。当我们看到天边升起巨大的南船星座，或者麦哲伦海峡磷光闪闪的云团，便觉得自己不是在欧洲。"

他继续写道："我们仅是在七月四日与五日间的夜里，在南纬十六度，才清楚地看到南十字星座。

"我想起但丁那次辉煌的航行。最著名的评论家都认为他发现的正是这个星座：

我朝右边转过去……[②]

"在葡萄牙人和西班牙人心里，宗教感情使他们依恋一个形状像十字的星座，因为它使他们想起祖先插在新大陆荒漠中的信仰记号。"

[①] 洪堡（Humboldt，一七六九——一八五九），德国自然科学家，自然地理学家，近代地质学、气候学、地磁学、生态学创始人之一。
[②] 但丁：《炼狱》第一章二十二节。

法国和卢西塔尼亚（葡萄牙）诗人把哀歌的场面置放在梅兰德和附近岛屿的岸上。这些虚构的痛苦，与拿破仑在贝雅特里齐的歌手[①]咏唱过的那些星辰下面，在艾蕾奥诺尔和维尔吉妮[②]生活的那片海域所感受的现实的烦恼相去甚远。罗马那些贵人如果被放逐到希腊的岛屿上，会留心海岸的美景和克里特与尼克索斯两个岛崇拜的神祇吗？曾经让瓦斯柯·德·伽马和卡蒙斯[③]陶醉的景物不可能让波拿巴动情：他睡在军舰尾部，除了头顶上头次见到的陌生星座在闪烁，他什么也没有注意到。这些星星从未在他的帝国上空闪耀，他也从未从宿营地见过它们，它们与他有什么关系呢？然而颗颗星星与他的命运有关：苍天有一半照耀过他的摇篮，另一半则留给他的葬仪。

　　拿破仑跨越的这片海洋并不是把他从科西嘉的小港、阿布基尔的沙漠、厄尔巴岛的峭壁带到普罗旺斯海岸的友好海洋；而是将他关闭在德意志、法兰西、葡萄牙和西班牙，仅仅在他的航船前面敞开，等他一过去又重新关闭的敌对海洋。看到海浪推着他的舰只前进，信风缓缓地将军舰吹远，拿破仑对自己的灾难的思考，很可能与我的思考不同：各人都以自己的方式感受生活；给世界表演威武雄壮大戏的人，自然没有看戏的人那样受感动与教育。波拿巴一心想着过去，仿佛他还可能再生；他在回忆中怀抱着希望，因此几乎没有发觉他已经跨越了赤道，也不问是哪只手画出了限定星球永恒运转的圆圈。

　　八月十五日，在最后一站停泊地，这群漂泊的移民在载送拿破仑的

[①] 贝雅特里齐是十三世纪的意大利贵妇，是但丁长久爱慕的对象。她的歌手即指但丁。
[②] 法国作家帕尔尼与贝纳尔丹·德·圣-皮埃尔作品中的人物。
[③] 伽马（Gama，约一四六〇——一五二四），葡萄牙航海家，由欧洲绕好望角到印度的海路的开拓者。卡蒙斯（Camoens，一五二四——一五八〇），葡萄牙著名诗人。

军舰上庆祝圣拿破仑的圣名瞻礼日。十月十五日,"诺森伯兰"号驶近了圣赫勒拿岛。乘客登上甲板,好不容易才在茫茫碧波之中发现了一个细小的黑尖尖。他抓起望远镜,细细地观察这弹丸之地,就像昔日观察湖中一座堡垒似的。他发现圣詹姆斯小镇镶嵌在峭壁悬崖之中;在那寸草不生的崖壁上,每一道褶皱都悬吊着一门炮:似乎人家打算以拿破仑所擅长的一套来接待他这位俘虏。

一八一五年十月十六日,波拿巴走上礁岛——他的陵墓,一如一四九二年十月十二日克里斯托弗·哥伦布走上新大陆——他的不朽纪念碑。瓦尔特·司各特写道:"在那里,在印度洋入口,波拿巴被剥夺了一切能让他再次在陆地化身或者显形的手段。"

拿破仑在圣赫勒拿岛登陆——他在朗伍德安身——防护措施——在朗伍德的生活——来访

在被送到朗伍德寓所之前,波拿巴在大商人巴尔孔布的别墅附近一座小屋里住下来。十二月九日,朗伍德由英国舰队的木匠匆匆扩建之后,正式接待它的主人。屋子坐落在一片坡地上。有一间客厅、一间餐厅、一间书房、一间工作室、一间卧房。房子是不多;不过比关在圣殿塔楼上和万森监狱塔堡的人住的要好多了;当然那些人可以指望缩短关押期。古尔戈将军、德·蒙托隆夫妇及孩子、德·拉斯卡斯先生父子暂时住在帐篷里;贝尔特朗夫妇住在朗伍德屋坪边缘的小房子"草庐门房"里。

波拿巴有一块十二英里的沙地，作为散步的地方；沙地周围布置了哨兵，最高的几处地方安排了瞭望岗。狮子可以跑到沙地以外的地方，但必须接受英国斗兽者的看守。有两座兵营守护着与外界隔绝的禁区；晚上，文官们便集中在朗伍德；一到九点，拿破仑便被禁止出门；士兵们开始在周围巡逻；到处安排的骑哨步哨监视着下到沙滩的小湾和冲沟。两条双桅帆船在附近海域巡游，一条在下风处，一条在岛的上风处。在万顷海涛中看守一个人，竟采取了这么严密的措施！日落之后，任何船只都不许下海；渔船都被登记了数目，天黑以后必须留在港口，由一个海军中尉负责看管。当年骑在马上指点江山的至高无上的大元帅，如今一天两次要在一个步兵军官面前点名报到。波拿巴不肯被这样点名。即使偶然他躲不过勤务官的目光，那军官也不敢说出曾在哪儿，又是怎样见过他。其实发现他不在比证实他在要难得多。

制定这些严格规定的乔治·科伯恩爵士被哈得逊·洛爵士替换下来，于是开始了所有的回忆录[①]都向我们讲述的争吵。要是相信那些回忆录的描述，新总督便是来自圣赫勒拿岛的巨型蜘蛛家族，或者是那些栖满异蛇的树林里的爬行动物。英国缺少几分高尚，拿破仑缺少几分尊严。为了结束他的礼节需要，波拿巴有几次决心用一个假名来掩盖自己的身份，就像一个君主在外国微服出游一样；他打算就用在阿尔柯尔战役阵亡的一个副官的名字。法国、奥地利和俄罗斯都任命了特派员驻守圣赫勒拿岛的下台皇帝官邸；被囚的拿破仑已经习惯接待后面两个强国的使节；法国的合法王权不承认拿破仑是皇帝，但是本可以表现更高尚一些，也不承认他是囚犯。

一座巨大的木屋，在伦敦搭建好，运到了圣赫勒拿岛；但拿破仑身体每况愈下，没有福气住它了。他在朗伍德的生活起居是这样规定

[①] 夏多布里昂指的是拉斯卡斯和蒙托隆的《回忆录》。

的：起床时间不定；躺在床上时，由贴身仆人马尔桑先生朗读书报；起床后，向蒙托隆与古尔戈将军，以及德·拉斯卡斯先生的儿子口授指令，安排工作。他十点吃早餐，约莫下午三点骑马或坐车出去兜风，六点回府，十一点上床睡觉。他乐于自己穿衣，就像伊萨贝[①]所描绘的那样：早上他裹一件东方男人的皮袍子，头上缠一条印度人的帕子。

圣赫勒拿岛处在两极中间。从一极驶往另一极的航海家都要在这第一站锚泊。船员们看惯了海洋的景色，这里的土地可以驱除他们眼睛的疲劳；同时它还提供水果和清凉的淡水，滋润船员们被盐渍得火辣辣的嘴巴。波拿巴在岛上，把这块福地乐土变成了一个人人退避三舍的岩礁：外国船只再也不来停靠；岛上的人一旦在二百里外发现外国船只，便派一支巡航舰队前去确认它们的来意，并命它们驶往远海；除非是躲避风暴，一般只允许英国船只靠岸停泊。

有几个英国旅行家，刚刚欣赏过，或是前去欣赏恒河的奇迹，顺路又观看了另一个奇迹：被人征服惯了的印度，却有一个征服者被囚禁在它门口。

拿破仑勉强接受这些来访。阿默斯特勋爵[②]从驻中国使节任上回国时，拿破仑同意接见他。海军上将普特奈·马尔科姆爵士让拿破仑感到高兴。有一天他问上将："您的政府是不是打算把我囚在这岩礁上，直到死了才算完呀？"上将说恐怕是的。"那么我很快就会死的。"——"先生，希望不会很快。您要有足够的时间来写您那些丰功伟绩；它们是那样多，您得活久点才写得完。"

拿破仑对"先生"这个平常的称呼并不反感；他这时认识到了自己

[①] 伊萨贝（Isabey，一七六七——一八五五），法国著名画家，为拿破仑画了三十二幅画，以画像酷似真人而出名。
[②] 阿默斯特（Amherst，一七七三——一八五七），英国外交官，一八一六年曾到中国商谈贸易工作。

真正的伟大。对他来说，幸好没有写自己的一生，不然他会低估的：像他那种天性的人应该把自己的生平回忆留待出自人民与时代之口，不属于任何人的声音来叙说。只有我们这种平凡之辈才能评说自己，因为我们不说，就再也没有人会说。

探险家巴齐尔·霍尔[①]船长来到朗伍德：波拿巴记起曾在勃里安纳见过这位船长的父亲。他说："令尊是我见过的第一个英国人；所以我一辈子都记得这件事。"他和船长聊起新近发现的大泸洲岛。船长说："岛民们没有武器。"——"没有武器！"波拿巴叫起来。——"是的，没有枪也没有炮。"——"至少有长矛和弓箭吧？"——"都没有。"——"小刀也没有？"——"没有。"——"那他们怎么打仗？"——"他们不清楚世界上发生的事情；不知道有法国英国存在；从没有听说过陛下。"波拿巴微微一笑，那模样给船长留下了强烈印象：那张面孔越是严肃，笑容就越是灿烂。

这些旅行者都注意到，波拿巴脸上没有丝毫血色：他的头活像一尊大理石雕像，由于时间太久，白里微微泛黄。他的额头上面颊上没有皱纹，灵魂似乎平和。这种表面的安详让人以为他天才的火焰熄灭了。他说起话来慢条斯理，表情亲热，算得上温柔；有时他的目光一闪，炯炯有神，但马上又变得黯然、忧郁。

啊！拿破仑认识的一些旅行家从前曾经到过这些海岸。

在一个暗杀装置爆炸之后，一八〇一年元月五日的元老院法令不经判决，仅通过普通的警察调查，就宣布将一百三十名共和党人流放海外：他们被押上三桅战舰"希福纳"号和轻巡洋舰"箭"号，送到塞舌

[①] 霍尔（Hall，一七八八——一八四四），英国海军军官，一八一五年曾指挥护航船陪送英国驻清朝大使威廉·阿默斯特去北京。发表过《发现朝鲜西岸和大泸洲岛的航行记》《一八二〇、一八二一、一八二二年智利、秘鲁和墨西哥海岸记述选辑》以及《一八二七和一八二八年在北美的旅行》等著作。

尔岛，不久就分散到了非洲大陆与马达加斯加之间的柯莫尔群岛；几乎全部死在那儿。有两个被放逐的人勒弗朗和索诺亚搭一条美国船逃了出来，于一八〇三年到达圣赫勒拿岛。十二年后，天意把迫害他们的最高统治者囚禁在那里。

他们的难友，大名鼎鼎的罗西约尔将军[①]在咽气前一刻钟叫道："我太痛苦，我要死了；若能得知统治祖国的暴君将遭受同样的痛苦，我会高高兴兴地死去。"这样，甚至在另一个半球，自由的诅咒也在等待着背叛自由的人。

曼佐尼——波拿巴生病——奥西昂——拿破仑见到大海的沉思——劫持的打算——波拿巴最后的工作——他一病不起——口授遗嘱——拿破仑的宗教感情——指导神父维亚利——拿破仑斥责医生昂托马西——接受临终圣事——寿终

意大利长久昏睡，被拿破仑唤醒，把眼睛转向想恢复它光荣的卓越年轻人，但是它却和年轻人一起重新被套上了桎梏。缪斯的儿子，最高贵最知情知义的人，当他们尚未变得最卑鄙、最忘恩负义的时候，都注视着圣赫勒拿岛。维吉尔的祖国的最后一位诗人，写诗歌颂恺撒的祖国的最后一位战士：

[①] 罗伯斯庇尔的朋友，一八〇一年被放逐到柯莫尔群岛，次年死在那儿。

> 曼佐尼说：他经受了一切：
>
> 危难之后最大的光荣。
>
> 逃亡与胜利，
>
> 权势与可悲的流放，
>
> 两度落入泥尘
>
> 两次又登上神坛。
>
> 两个世纪，全副武装，
>
> 互相为敌，听他自报家门，
>
> 一齐转向他，
>
> 仿佛等待命运的判决：
>
> 他不动声色，
>
> 坐在中间主宰一切。

波拿巴走近了末日；体内的伤口[①]受到忧愁感染，折磨着他；他曾把这个伤口带到成功的怀抱之中：这是他从父亲那里获得的唯一遗产；其余的都来自天主的慷慨赏赐。

他已经在流放中度过了六年；当年他征服欧洲都没有用这么多时间。他几乎整天闭门不出，阅读切萨罗蒂[②]翻成意大利文的《奥西昂诗集》。在那片天空下面，生命似乎更加短促；比起我们这个半球，那个半球要少三天太阳。因此那里的一切都让他忧愁。波拿巴每次出门，都要跑遍崎岖不平的小径。小径旁边生长着香气四溢的染料木和芦荟。他要么在开着少见花朵的桉树林中散步，风儿从整个树林吹过，把桉树吹得都向一边倒，要么隐身在地上漫卷的浓厚云雾之中。人们惯常看见他坐在"黛安娜峰"、裸石岩和里德山的底部，从山口静观大海。在他眼

---

① 波拿巴患了胃癌。
② 切萨罗蒂（Cesarotti，一七三〇——一八〇八），意大利诗人、散文家、翻译家。

前翻腾的海洋，一边洗濯着非洲海岸，另一边连接着美洲大陆，就像一条无边的河，注入南方的海。离这个岛最近的文明陆地就是风暴角。这个被死亡活生生地撕裂的普罗米修斯，当他手抚疼痛的胸口，眼光扫视着波涛的时候，谁能说出他在想什么？基督被送到一座山的顶峰，从那儿他看到人间的所有王国；只是对基督而言，他已经给人类的诱惑者点明："你别想迷惑天主之子。"①

波拿巴忘掉了我曾叙及的一个想法（要是人家不给我生命，我也就不会剥夺自己的生命了），打算自杀；他也记不起一个士兵自杀那天他下了什么命令。他对被囚的难友们的爱戴寄予相当大的希望，认为他们会同意与他一起烧一盆炭火，吸炭气自尽：真是痴心妄想。在台上统治久了，就会生出这种不切实际的想法。但是在拿破仑的焦灼不安之中，应该考虑到他忍受了多大的痛苦。德·拉斯卡斯由于违反规定，用一块白绢给吕西安写信，奉命离开圣赫勒拿岛：他的离去更使被放逐者感到空虚。

一八一七年五月十八日，霍兰勋爵②就蒙托隆将军转给英国的抱怨，在参议院提出一个建议。他说："后人不会考察拿破仑是否受到恰如其分的惩罚，而是会注意英国是否表现了与一个大国相称的宽大。"参议员巴瑟斯特勋爵反对这一提案。

菲舍红衣主教从意大利给外甥派去两名教士。博盖塞公主要求准许她去见兄长。拿破仑说："不行，我不愿意让她看到我受屈辱。"这个丘比特的妹妹，拿破仑喜欢的小妹便没有渡海去探望兄长；后来她死在拿破仑留下声名的地方③。

有些人制订了一些劫走拿破仑的计划：一名叫拉塔匹的上校，领

---

① 圣马蒂厄编《福音书》第四节第七行。
② 霍兰（Holland，一七七三—一八四〇），英国政治家，曾任掌玺大臣。
③ 波利娜·波拿巴一八二五年死于佛罗伦萨。

358

导一群美国冒险家,准备进攻圣赫勒拿岛。大胆的走私者约翰斯通打算用一条潜水船把波拿巴偷运出来。有一些年轻贵族参与其事;人们暗中策划,要砸断压迫者身上的锁链;要是换了人类的解放者,人们也许会听任他戴着镣铐死去,想都不会想他。波拿巴指望欧洲的政治运动会解救他。他要是活到一八三〇年,也许会回到我们身边;但他在我们中间又能干什么?在新思潮新观念之中,他会显得衰老、落后。昔日对我们的奴役而言,他的专横似乎是自由;如今对我们的渺小而言,他的伟大都似乎成了专制。在眼前这个时代,一切事物一天就变老了;活太久的人,无异于行尸走肉。在人生道路上往前走时,我们留下三四幅不同的画像,过后又在朦胧的往昔中重新见到它们,就像见到不同年纪的肖像。

波拿巴身体衰弱,只像孩童一样玩耍:他在花园里掘一个小水池,在里面养了几条鱼;水池充填料中间嵌了铜,鱼儿不久就死了。波拿巴叹道:"跟我有关的东西,都躲不过打击。"

将近一八二一年二月底,拿破仑被迫躺在床上,再也没有起来。"我这次真是垮了!"他嗫嚅道,"当年我搅得世界天翻地覆,现在却连眼皮也抬不起了!"他不相信医学,反对让昂托玛奇[①]和詹姆斯镇的几个医生来给他诊治。不过他却同意让英国医生阿诺尔德接近他临终的床。四月十五到二十五日,他口授遗嘱;二十八日,他盼咐把他的心送给妻子玛丽·路易丝,并表示不许任何英国外科医生碰他的遗体。他认为自己患的是与父亲一样的病,便嘱咐随从把尸检记录转交赖希施塔特公爵[②]:可惜父亲的资料变得多余;现在拿破仑二世已经与拿破仑一世会

[①] 昂托玛奇(Antomarchi,生卒年月不详),原籍科西嘉的医生,受菲舍红衣主教的委派,前来给拿破仑治病。
[②] 赖希施塔特(Reichstadt,一八一一—一八三二),拿破仑一世与玛丽·路易丝皇后的独生子。

合了。

在临终时刻，波拿巴始终深藏在心中的宗教感情苏醒了。蒂博多在《执政府回忆录》中提到恢复宗教信仰时，叙述说，第一执政告诉他："上个星期天，在天静地寂之中，我在（玛尔梅宗）花园里散步；突然听到了吕埃尔教堂的钟声，年轻时的所有景象顿时浮现出来；我很受感动，早年的习惯是多么顽强呀。我寻思：对我都是如此，对那些轻信的普通人来说，这种回忆又该产生怎样的效果呵？！对这种情况，你们哲学家真该做出回答！……"他把双手举向天空，问道："这一切究竟是什么人安排的呢？"

一七九七年，波拿巴发布马切拉塔通告，允许前往教皇国避难的法国教士回国居留，严禁惊扰他们，要求各修道院给他们提供膳食，发给薪俸。

他在埃及的变化，他对教会的怒气（其实他是复兴教会的人）表明在他即使失去理智的时候，宗教本能也支配着他，因为他的堕落与恼怒并非出于一种达观的本性，而是打上了宗教特性的印记。

波拿巴向菲舍派来的教士之一维亚利详细说明了对停尸房的要求：他希望在遗体周围点多少蜡烛，但他察觉到昂托玛奇对这个嘱托不快，便向医生解释，说："您当然超脱了这些弱点：可您要我怎么办，我一不是哲人，二不是医生；我信奉天主；我信仰父亲的宗教。凡是想……的人就不是不信神的人……您能不信奉天主吗？因为毕竟一切都表明天主存在，连最有才华的人都相信这点……您是医生……医生只跟物质打交道；他们什么都不相信。"

现今理智的人们，放弃你们对拿破仑的景仰吧；从这个可怜人身上，你们没有什么可做的：他不是想象有一辆尸车来接他，就像从前带走恺撒一样？此外，他"信奉天主，与他父亲信仰同一种宗教"，他不是"哲人"，也不是"不信神的人"；他和你们一样，并没有向神开战，尽管他曾战胜为数不少的国王；他觉得"一切都表明天主存在"；他声称："最有才华的人都相信天主存在"，并且愿意像先辈那样信仰。最后，咄咄怪事！这位现代的第一人，这位存在于所有世纪的人，在十九世纪竟成了基督徒！他的遗嘱开篇就是这一条：

"五十多年前，我出生在来自使徒的罗马宗教怀抱里，现在，我也死在这种宗教的怀抱里。"

在路易十六的遗嘱第三段，我们读到这样的话：

"我死在我们的神圣母亲来自使徒的罗马，天主教的和睦之中。"

革命给了我们许多教益；但是，有没有某件事可以与下面这件事相比呢？拿破仑与路易十六声明信仰同样的宗教！你们想知道十字架的价值吗？去全世界寻找最适合不幸的德行，或者最适合垂死的天才的东西吧。

五月三日，拿破仑让人给自己做敷圣油的圣事，并接受了临终圣体。房间里寂然无声，只有垂死者的呃逆和钟锤均匀的摆动声才打破这种沉寂：暮色在停在钟面上之前，还继续走了几圈；用光亮勾出挂钟外形的星辰，好不容易才收起光辉。五月四日，刮起了克伦威尔临终时也刮过的风暴。朗伍德几乎所有的树木都被连根拔起。最后，五月五日下午五时四十九分，在风雨交加和波涛喧嚣之中，波拿巴把曾经给捏成人形的泥土赋予活力的最有力的生命之气还给了天主。从征服者唇边听到的最后话是："军队……头脑。"或者是："军队首领。"他的思想仍然在战火之中游走。当他永远闭上眼睛时，与他一同辞世的宝剑就躺在他左边，他胸脯上则放着一枚耶稣受难十字架：贴着拿破仑心口的和平象征止住了他的心跳，就像一缕天光抚平了浪潮。

葬礼

　　波拿巴起初希望自己被埋在阿雅克肖大教堂，后来，他通过一八二一年四月十六日的追加遗嘱，愿意把遗骨留给法国：老天为他尽了力；他真正的陵墓就是看着他落气的岩礁；请大家再读一读我关于当甘公爵遇难的记述吧[①]。拿破仑预计英国政府会反对自己的遗愿，或许在圣赫勒拿岛选定了一处坟址。

　　岛上有一条狭窄的山谷，过去叫斯拉纳山谷，或叫老鹳草山谷，如今叫陵谷。山谷中流淌着一道清泉。拿破仑的中国仆人就像卡蒙斯笔下的爪哇人一样忠诚，习惯于用双耳瓮来山谷汲水。泉边立着两棵垂柳，周围长着一片青草。"粲巴花，绚丽多彩，芳香扑鼻，可是因为它开在坟头上，人们都不喜欢它。"梵语诗里说。在光溜溜的岩礁斜坡上，稀稀落落地生长着几株苦涩的柠檬树，椰子树、落叶松和产胶的柯尼子树。人们从山羊胡子上采摘这种树的胶汁。

　　拿破仑喜欢泉边那两棵垂柳；他在斯拉纳山谷求得安宁，就像但丁被放逐以后，在科尔沃隐修院得到安宁一样。在生命的最后日子领略到这种暂时的休息之后，他指定这个山谷作为他永远的安息之地。提到山泉时，他说："要是天主肯让我康复，我会在泉眼边立一块纪念碑。"这个纪念碑就是他的陵墓。在普鲁塔克的时代，在斯特里蒙河边一处供奉山林水泽仙女的地方，有一张石椅，亚历山大常在上面坐一坐。

　　拿破仑穿着马靴、系了马刺，穿着近卫军上校制服，佩着荣誉团的勋章，躺在他那张小铁床上；面容平静，毫无惊惧之色；灵魂在离去之前，留下了最后的木然表情。木工和板材工制作了四层棺木，把波拿巴

[①] 见卷二，篇章十六。

装殓进去，封死。最里面一层是桃花心木的棺材，外面钉一层铅皮，再套上一副桃花心木的棺材，外边用白铁皮封死。人们好像担心他关得还不够严似的。昔日的胜利者在马伦戈那场大葬礼上披的斗篷，被当作棺罩盖在灵柩上。

葬礼于五月二十八日举行。天气晴好。四匹健马由徒步的马夫牵引，缓缓拉动灵车；二十四名英国掷弹兵徒手守护在灵车周围；拿破仑的马跟在后面。守岛部队立在道路的险隘地段。送葬队伍前面，是三个龙骑兵中队；接下来是第二十步兵团、海军士兵和圣赫勒拿岛的志愿送葬者，皇家炮兵也拖了十五门大炮跟在后面。岩礁上，每隔一段距离，就有一支乐队。奏着哀乐，乐声彼此应和。到了一个隘口，灵车停住了，二十四个徒手的掷弹兵搬起棺椁，放在肩上，把它一直抬到墓地。在拿破仑的遗体入土之际，炮兵发射了三响礼炮：他在这个尘世造成的所有声响都入不了地下两分深。

有一块石板，本来应该用于建造流亡皇帝的新居，现在则压在棺材上，作为波拿巴最后的囚室的盖板。

有人背诵圣诗第八十七首："我年轻时贫穷劳碌；我被养大成人，遭受屈辱……我曾被您的愤怒洞穿。"英军旗舰隔几分钟就发射一炮，这种落在浩瀚海洋里的战争的轰鸣回答了愿灵安眠的祈愿。皇帝被在滑铁卢打败他的人埋进土里，听到了那次战役最后的炮声；英国搅扰他同时又纪念他在圣赫勒拿岛的长眠的礼炮，他并没有听见。参加葬礼的人都走了，每人手里抓着一根柳枝，就像是参加庆祝胜利的活动归来。

拜伦勋爵认为众王之主放弃了名望与宝剑，将黯然逝去，被人遗忘。这位诗人本应知道，拿破仑的命运本是缪斯，就像一切高贵的命运一样。这位缪斯善于将一个失败的结局化为一个使主人公新生的突变。拿破仑在流放期间以及在九泉下的孤寂，给他死后的显赫名声注入另一种魔力。在希腊人看来，亚历山大没有死；他是消失在那遥远的奢华的巴比伦。在法国人看来，波拿巴没有死；他是失落在热带那壮丽的地平线上。他像一个隐士，或者像一个被排斥的人，在一个小山谷，一条荒僻的小径尽头睡着了。此刻压在他身上的沉寂与当年包围他的喧闹是等量齐观。各个国家没派代表，各族民众离开了；布封所说的"给太阳的战车拉套的热带鸟"从光明之星一头扎下来；今日它在哪儿栖息？在把地球压得倾斜的遗骨上。

拿破仑世界的覆灭

> 他死后他们都戴上王冠……
> 于是罪恶在大地繁衍。
>
> （马加比）

《马加比传》[①]对亚历山大作的这段概述仿佛是为拿破仑写的："王冠被瓜分一空，罪恶在大地丛生。"波拿巴死后不过二十年，法兰西和西班牙的君主国就不复存在了。世界版图改变了；必须学习新的地理学；一些民族与他们的合法君主分开了，被抛给了偶然冒出来的君主，一些著名演员走下舞台，而一些无名之辈则登上了舞台；在高高的松树尖梢飞翔的雄鹰落进海里，而脆弱的贝类则攀附在仍然提供保护的树干上。

因为是最后的结局，一切都趋向于结束；拿破仑曾以自己的天才拦

[①] 马加比是耶路撒冷附近的犹太教世袭祭司长家族。该家族曾于公元前二世纪领导犹太人反抗镇压犹太教的叙利亚国王安条克。《马加比传》是该家族几个重要成员的传记，叙述了公元前二世纪的犹太历史，是收入天主教《圣经》的次经之一。

阻他所称的"传遍世界的可怕的新思想",现在这种新思想又开始流传。征服者的制度摇摇欲坠;他将是最后一个伟大的个体存在,从此以后,低微、平等的社会不会再受任何东西统治;拿破仑的阴灵只会在被摧毁的古老世界尽头升起,一如挪亚时代滔天洪水的阴影在深渊旁边冒出:遥远的后世将在坠进了一个个陌生世纪的深渊上方发现这个阴灵,直至标志着社会复兴的日子到来。

我与波拿巴的最后关系

因为我提及别人,不论大人物还是小人物,目的还是写我自己的一生,所以当我偶然想起一些人和事时,就不得不把自己的生活和他(它)们放在一起来写。当我走过一段路程时,难道不会想起被囚禁在海洋那座监狱里,等待执行天主判决的放逐者?不,我会想起的。

拿破仑没有和看守他的各国国王缔结和约,却和我达成了和平:我和他一样,是海洋之子,我的算命天宫图也和他一样,是岩礁。比起那些更经常见到他,更接近他的人来,我庆幸自己更了解他。

拿破仑到了圣赫勒拿岛以后,不再对我怀恨,消除了对我的敌意;我也变得更加公正,在《保守派》那家刊物上发表了这篇文章:

"各国人民称波拿巴为灾祸;可是天主的灾祸出自天怒,它们保留了某种永恒性和天怒的威严:枯骨啊,把我的气息给你们,你们就活过来了。拿破仑生于一个海岛,死在三块大陆交界处的一个海岛;卡蒙斯在诗中把风暴的神灵放置在那片海洋,似乎预料到波拿巴的到来,波拿巴被扔在那片海洋,只能在它的岩礁上活动,我们也只是从一次震动才得知他的活动。新的亚达玛斯托尔①在地球另一极走一步，这一极就会感觉到。要是拿破仑逃生了看守们的控制，逃到美国，朝大洋扫上几眼就足以让旧大陆的人民恐慌；只要他待在大西洋彼岸，欧洲就被迫在此岸屯兵驻守。"

波拿巴在圣赫勒拿岛看到了这篇文章；他原以为敌人的手给他的伤口抹上了最后一点清凉油膏。他对德·蒙托隆先生说：

"要是在一八一四和一八一五两年，一些灵魂为过于困难的形势所吓倒，或者一些背叛祖国，认为只有在神圣同盟的奴役下才能使主子的宝座得到拯救与安全的人还没有对国王生出信任；要是一心想把祖国从外国军队刺刀的威胁下解救出来的德·黎塞留公爵和刚在根特立下汗马功劳的夏多布里昂主持政务，法国将变得强大，为敌人所惧怕，走出这两场大的民族危机。夏多布里昂从大自然得到了圣火：他的作品表明了这一点。他的文笔与戏剧家拉辛的不同，是先知那种风格。他执掌权柄，也许会迷失方向：因为有那么多人在政坛失败了！可是有一点是肯定的，这就是他的才华适合于从事一切伟大的民族的事业，他会愤怒地反对当时的行政当局那些有损名声的行为。"

这就是我与波拿巴最后的关系——为什么我不承认这番评价"迎合了我心中自负的弱点"②？有许多小人得到我帮的大忙，对我却不说什么好话，而曾经被我大胆抨击过的巨人，却对我评价甚高。

---

① 亚达玛斯托尔（Adamastor），揣为卡蒙斯诗中的神灵。
② 法国戏剧家拉辛的剧本《伊菲热尼》中阿伽门农的台词。

拿破仑死后的圣赫勒拿岛

当拿破仑的世界渐渐消失的时候，我打听了拿破仑逝世地的情况。与圣赫勒拿岛的陵墓同时存在的两棵垂柳，有一棵已经为陵墓所损害：由于谒陵的人多，树木衰老、落叶，一日不如一日。墓地用一圈铸铁栅栏围着；墓坑上横放着三块条石，坟头坟脚长着几丛鸢尾草；山谷的清泉仍在那神奇的日光消逝的地方汩汩地流着。被风暴刮来的游客认为应该把他们的默默无闻刻记在举世闻名的陵墓上。一个老者在墓边住下来，以回忆的阴影来维持生命；一个伤残老兵在一个岗亭里站哨。

离新坟二百步远的地方，是古老的朗伍德，它已经荒芜不堪。走过一个堆满厩肥的园子，就来到牛棚；就是当年波拿巴的卧室，一个黑奴会指着一条被风磨占住的过道，对您说："他是在那里断气的。"拿破仑出生的房间可能不会比这里大，也不见得更富丽。

在新的朗伍德，萋萋草木盖住了坟头；而在总督府，则可看到威灵顿公爵的画像，以及描绘他所指挥的战斗的油画。一只玻璃柜里收有一截树干，当年在滑铁卢，这位将军就在那棵树旁。这个纪念物两边，是一截采自橄榄园的橄榄枝，和一些南海野蛮人的装饰品：弄潮人的奇特组合。战胜者想依藉圣地树枝和航海家库克的纪念品的保护，取代战败者，其实并不必要，只要在圣赫勒拿岛再感受一下孤寂，再看到大洋和拿破仑就够了。

要是我们研究那些伟人出生、死亡或者生活居住过的名胜的变迁沿革，该发现多少不同的事物、多少不同的命运啊，因为发生了那么奇特的变故，甚至我们微贱生命所依附的幽暗住所都变了！克洛维是在哪座茅屋出生的？阿提拉是在哪辆马车上面世的？阿拉里克的坟墓被哪条湍流淹没了？亚历山大的金棺或水晶棺[①]又被哪只豺狼占据了？这些尘埃换了多少次地方？埃及与印度那些陵墓属于何人？这些变化连接着未来的秘密，唯有天主知道其原因：对人类而言，它是藏在时间深处的真理，只在一个个世纪的帮助下才显现出来，正如一些距地球遥远的星星，它们的光亮尚未照到我们。

移葬波拿巴

在我写作这部回忆录期间，发生了一个事件。倘若今日各个事件不是落在烂泥里，遭人抨击，那一定是个伟大事件。有人曾向伦敦索讨波拿巴的遗骨。英方接受了这个要求：几块枯骨对英格兰有什么要紧？这种礼物只要我们要，他们就会给。于是在我们遭受屈辱的时候，他们把拿破仑的遗骨交还给我们。那些遗骨本来可能要忍受一番检查，可是外国人显得很通融：开了张货物出关证就放行了。

移葬拿破仑的遗体是对名声犯下的过错。在巴黎筑一座陵墓，绝不能与斯拉纳山谷同日而语：一个被解放的可怜奴隶在古罗马军团一个老兵帮助下垒起沙垄，除了在这条沙垄上，谁还愿意在别处谒访庞贝的陵墓？我们在贫穷之中，拿这些珍贵的遗骨怎么办？最坚硬的花岗岩是否会表示波拿巴的业绩永久存续？我们只要有一个米开朗基罗，就可以雕刻他的遗像！可是怎样来雕塑纪念碑呢？小人需要建造陵墓，而伟人只要一块石头一个名字就行了。至少，要是把棺木搁在凯旋门的顶饰上，

[①] 公元四世纪，亚历山大的棺材失踪了。

要是各民族远远望见他们的主人被他的胜利扛在肩上,那会出现什么情况呀?!古罗马皇帝图拉真的骨灰坛不是安放在罗马他的纪念柱上吗?拿破仑在我们中间,就会陷入那些默默死去的无业游民的烂泥之中。天主不愿让他经受我们政治变革的兴衰更替,希望路易十四、沃邦元帅与蒂雷纳元帅保护他!在我国破坏坟墓的事情是那样普遍,大家可要当心呀!如果革命在某方面取得胜利,那么征服者的遗骨就可能与被我们的痛苦抛散的骨骸相会合:人们会忘记战胜各国的人,只记住压制自由的人。拿破仑的遗骨不会复现他的天才,而会向普通士兵教授他的专制。

不管怎样,有人向路易-菲力普①的一个儿子提供了一艘三桅战舰:一个于昔日我们的海上胜利十分珍贵的名字保佑它在海上劈波斩浪。当年强盛时波拿巴从土伦港登船去征服埃及,现在这条船载着新的阿尔戈②从土伦出发,来到圣赫勒拿岛追还波拿巴的遗骨。坟墓仍然默默地隆起在斯拉纳或者热拉尼奥姆山谷。两株垂柳有一株已经倒了。岛上某任总督的夫人达拉斯女士命人种了十八棵小柳树、三十四棵柏树来替代那棵枯木。那眼山泉仍在山谷里汩汩流淌,和拿破仑当年在此饮水时一样。在一位名叫亚历山大的英军上尉带领下,法国人忙了一夜,才掘开坟墓,只见里面的棺椁一层套一层,先是桃木心木棺,然后是铅棺,又是一层桃花心木棺,最外面是白铁皮棺,四层棺材都完好无损,未被触动。大家把棺材移到一座帐篷下开棺验尸,棺木四周围了一圈军官,其中有几个认识波拿巴。

当最后一层棺材打开,大家都把目光射进里面。柯克罗神父说:"只见一堆白花花的东西,从头到脚盖住尸体。盖雅尔大夫摸了摸,才知道那原是棺材盖下面衬的一层白缎垫子,脱落下来,便像裹尸布一样包住

---

① 路易-菲力普(Louis-Philippe,一七七三——一八五〇),法国国王(一八三〇——一八四八年在位)。当上国王之前为奥尔良公爵。
② 希腊传说中与伊阿宋一道乘阿尔戈号快船寻取金羊毛的人。

了尸体，乍一看上去，尸体上像是铺了薄薄一层白沫，又像是蒙上一层半透明的雾气。那确实是拿破仑的头，一只枕头把它微微垫高了一点；他那宽阔的前额和眼睛上还留着几根睫毛，眼皮闭着，凹现出眼眶；两颊浮肿，只有鼻子变了样子，嘴巴半开着，露出三颗洁白的牙齿；下巴上清晰地显出胡须楂子；两只手尤其像是活的，因为它们有血色，有光泽，其中左手比右手稍高一点；他的指甲又长又白，在他死后还长了；他一只靴子脱了线，露出了惨白的四个脚趾。"

是什么东西给尸虫①留下了深刻印象呢？是尘世事物的虚幻吗？是人类的虚荣心吗？不是，是死亡的美丽。我猜想，波拿巴的指甲长长，只是为了撕扯世间残余的自由。他的脚回到卑微的地位，不再踩着王权的软垫，而是裸放在泥尘中。孔代亲王的儿子（指当甘公爵）也是被这样包裹着，躺在万森的墓穴之中。然而拿破仑的尸体保存得这样好，却恰恰只留下了三颗牙齿。当年子弹射穿当甘公爵的颌骨之后，在他口腔里留下的就是三颗牙齿。

圣赫勒拿岛隐没的星辰在各国人民的欢乐中重现：世界又见到了拿破仑；拿破仑却没有重见世界。曾经引导拿破仑奔赴流亡地的星星，又看到了这位征服者漂泊的遗骨：波拿巴在坟墓只是走了一遭，正如他生前走遍各地一样。在勒阿弗尔下船以后，遗骨被送到凯旋门。一年中有几个日子②，太阳光照进那个穹顶下面。从凯旋门到荣军院，一路碰到的都是浮雕柱、石膏胸像和孔代大王的雕像（丑恶的破雕像在哭泣），还有让人回忆起胜利者不可毁灭的一生的枞木方尖碑。天气奇冷，灵车周围的将军们都摔倒了，就像从莫斯科撤退时一样。除了在塞纳河上无声地运送拿破仑遗骨与一具十字架的灵船，毫无美丽之处。

---

① 夏多布里昂把柯克罗神父比作靠尸体为生的尸虫。——原注
② 据说五月五日与八月十五日两天阳光照进去最深。五月五日是拿破仑生日；八月十五日是他的圣名瞻礼日。

拿破仑离开了岩礁做的灵柩台，被送到巴黎，埋在垃圾堆。没有大船向在奥依特山精疲力尽的新赫拉克勒斯①致敬，有的只是沃吉拉尔街的洗衣妇，她们随同大军从未见过的伤兵在周围转悠。为了给这场软弱无力的安排做准备，一些猥琐小人只可能想象出库尔提乌斯风吹日晒的雕塑沙龙②。下了几天雨以后，这组装饰物便只剩了一堆沾满泥泞的碎片。无论如何，我们将永远看到胜利者的真正坟墓垒在大海中间：拿破仑的遗体是回到了我们这里，但他不朽的生命却留在圣赫勒拿岛。

拿破仑结束了过去的时代。他进行的战争过于浩大，以至于人类对战争深感厌恶。他一进伊阿诺斯③神庙便立即关门，把一堆堆尸体堵在门外，让人无法再打开大门。

我在戛纳参观

在欧洲，拿破仑逃离厄尔巴岛之后到过的地方我都去参观了。我住进戛纳客店的时候，纪念七月二十九日的仪式正好鸣响礼炮。皇帝卷土重来，闯入陆地的一个后果，大概他早有预见。我到达胡安海湾时，天已经黑了。我下了马车，走向大路旁一幢孤零零的房子。房主叫雅克曼，开了家客栈，又做陶器卖。他领我去海边看看。我们在一些低凹的道路上走。路两边长着橄榄树。波拿巴曾在树下宿营。雅克曼本人曾接

---

① 赫拉克勒斯是希腊神话中最著名的英雄。新赫拉克勒斯指拿破仑。
② 影射一八四〇年在巴黎凯旋门至荣军院之间置放的石膏塑像。
③ 罗马神话中守卫门户的神，有两张面孔，既可瞻前又可顾后，掌管门户出入和水陆交通。

待过波拿巴，现在则亲自为我领路。横路左边耸立着一个厂棚，拿破仑单枪匹马闯回法国时，曾把上岸时的衣物存放在厂棚里。

到达沙滩，我看到是一片平静的大海，水面似镜，波澜不兴；浅潮如沙罗，缓缓地漫上细沙地，没有声音，也无泡沫。头顶上是一片神奇的天空，繁星点点，射出漫天清辉。不久，那轮新月开始下落，躲进一座山背后。海湾里只停泊了一条大船两条小舢板。左边看得见昂蒂布灯塔，右边看得见莱汗群岛；正前方，是朝南，朝那个罗马城敞开的深海。波拿巴一开始打发我去的就是罗马。

莱汗群岛今日改称圣玛格利特群岛。古代有些人躲避蛮族的入侵，逃到岛上，就在那里安顿下来。圣奥诺拉①从匈牙利逃出来，登上那些礁岛中的一座：他爬上一株棕榈树，画了一个十字，所有毒蛇就死了，这也就是说异教消失了，在西方诞生了新文明。

十四个世纪以后，波拿巴来到圣人开始这段文明的地方，结束了这段文明。那座隐修院的最后一个独居者是铁面人，如果那个传说是真的话。从胡安湾的静寂和古代隐修士的岛屿的平静之中，走出了滑铁卢的喧嚣，它穿过大西洋，来到圣赫勒拿岛才消停。

夜晚，身临被那些海员抛弃的海边，在两个社会的回忆之间，在一个已经消逝一个行将消逝的世界之间，我生出什么感受，大家可以想象出来。我怀着一种虔诚的难受心情，离开了那片沙滩，听任潮水起起落落，一次次漫过拿破仑最终垮台前的足迹，却不将它抹去。

每个伟大时代终结的时候，都可听到某种怀念过去的悲泣，它吹响了"熄灯"号：查理曼、圣路易、弗朗索瓦一世、亨利四世和路易十四驾崩的时代就是这样哀诉的。我目击了两三个王朝的覆亡，还有什么东西不能说呢？当人们像我这样，见过华盛顿与波拿巴这两个人物，在美

---

① 圣奥诺拉（Saint-Honorat，约三五〇—四三〇年），古高卢人，公元五世纪他在岛上建立了隐修院。

国辛辛那提的犁铧与圣赫勒拿岛的陵墓后面,还有什么东西要看呢?我为什么要比我生活的时代和同代人活得更久呢?为什么不和同代人——一个衰朽种族的末代子孙一同倒下呢?为什么要独自在堆满死人的洞穴冥府寻找他们的遗骨呢?我没有勇气继续下去。啊!至少,我应该像非洲遇到的那些阿拉伯老人,无忧无虑,不操闲心!他们坐在一小块线毯上,跷起二郎腿,包着头帕,两眼望着蓝湛湛的天空,目光随着那沿着迦太基废墟飞翔的美丽的火烈鸟移动,就这样打发余生;波涛的轻声细语在给他们催眠,让他们依稀忘记自身的存在,轻轻哼起一首大海之歌:他们就要死去。

一八三九年,于巴黎

一八四五年二月二十二日修改

篇章二十五

世界的变化

叙述了波拿巴和帝国，又来谈那些追随者，无异于从现实堕入虚空，从山顶掉进深渊。一切不是都随拿破仑完结了吗？难道我不应该谈谈别的事情？除了波拿巴，还有什么人能让大家感兴趣？在写了这样一个人之后，又能够写什么人，写什么事？但丁在阴曹地府遇见了大诗人，唯有他有权与他们合作。路易十八处在皇帝的地位，我们怎样称呼他？当我想到此刻我必须嘟嘟囔囔地提到一大群卑贱者的时候，我就变得脸红，我是这些人中的一分子；在一个舞台上，巨大的太阳陨落了，我们成了夜间活动的可疑角色。

那些波拿巴主义者也变得僵化了。他们收紧四肢，身体挛缩；波拿巴一落气，灵魂便离开了新世界；赋予事物形与色的光亮一熄灭，这些事物也就消失了。在这部《回忆录》开篇部分，我只能谈论自己：人的个体孤独总是有某种优先权；接下来我被种种奇迹包围了：这些奇迹支持我的声音；只不过此时不再有征服埃及，不再有马伦戈、奥斯特里茨和耶拿战役,不再有莫斯科撤退,不再有入侵法国,占领巴黎,也不再有厄尔巴岛的卷土重来,滑铁卢战役和圣赫勒拿岛的葬礼:那么有什么呢?有一些人像,唯有莫里哀的天才才能赋予喜剧庄严色彩的人像!

在表现我们的卑微价值时,我紧扣住了自己的良心;我扪心自问,是否把自己排除在这个时代的萎缩之外,以便取得指责别人的权利;我内心相信我的名字是会出现在那些被抹去被消除的事物中间的。不,我坚信我们都会被消除的:首先,因为我们没有衣食来源,其次,因为我们生于斯死于斯的时代无法给我们提供衣食。一代代人不是伤残、衰弱就是傲慢,没有诚意,只是专心于他们所喜爱的虚无,不知道怎样使人不朽;更没有能力创造出一种名声;你们把耳朵紧贴在他们嘴巴上,却什么也听不到:死人内心发不出任何声音。

然而有一件事却给我留下深刻印象:我眼下进入的小社交圈子胜过一八三〇年接替它的那个上流社会。比起一八三〇年后形成的那个小人社会,我们都是巨人。

复辟王朝至少给人提供了一个恢复尊严的立足点:在单独一个人,即那逝去之人耍过威风之后,所有人的尊严得到了恢复。如果说自由取代了专制,我们去掉了爬行的习惯,人类的天生权利已经家喻户晓,那我们就应该感谢复辟王朝。我正是为此才投入混战,以竭尽所能,在个人完结之时使人类复兴。

来吧,继续完成我们的任务吧!抱怨着下来吧,一直下到我和我的同事这里。你们曾看到我身在梦境,你们将看到我置身于现实:假若兴趣消减,假若我倒下了,读者呵,那就请你们放公正一点;注意我涉及的话题。

一八三九年,于巴黎
一八四五年二月二十二日修改

我生活中的一八一五、一八一六年——我被任命为法国贵族院议员——我在议会的开端——各种演说

在皇上再次回国，波拿巴最终消失之后，内阁由德·奥特朗特公爵先生和德·塔莱朗亲王先生掌握，我被任命为卢瓦莱省选举团主席。一八一五年的选举使皇上获得了"无双"议院①。在奥尔良，所有的选票都投了我，这时却传来了召我去贵族院的命令。我的行政生涯刚刚开始，道路就突然一下变了：要是我被安排在选举院，那又会走一条什么路呢？如果顺利，那条路很可能通到内务部，而不是外交部。我的性情习惯更适合贵族院，尽管由于我的自由观点，一开始贵族院就对我怀有敌意。然而有一点是肯定的，我关于新闻自由的理论，以及反对外国奴役的态度，使贵族院大得人心。只要它容忍我的观点，就能享有这种名望。

我在贵族院待了十五年，同僚们向我表示的唯一敬意，是我在到职时收下的：我被任命为一八一六年大会的四个秘书之一。拜伦勋爵在英国上院出现时，得到的礼遇不会比我多，于是他永远离开了那个地方：我本应该回我那偏僻住所的。

我在议院讲坛发表的头篇演说，论述的是"法官的终身性"：我赞扬原则，却指责立即将之付诸实行的打算。在一八三〇年的革命中，最忠实于革命的左派打算把终身性中止一段时间。

一八一六年二月二十二日，德·黎塞留公爵给我们带来了王后的遗嘱；我登上讲坛，说："为我们保存玛丽-安托瓦内特遗嘱的人，买下了蒙布瓦西埃田庄；作为审判路易十六的法官，他在那座田庄立了一块

---

① 一八一五至一八一六年由极端保王分子组成的众议院。

碑，纪念为路易十六辩护的人。他亲自在碑上刻了一段法文诗，颂扬德·马尔泽布尔先生。这种惊人的公正表明，在道德领域，一切都变了。

"一八一六年三月十二日，贵族院辩论教士津贴问题。我说：那些可怜的乡村小神父，将余生奉献给祭坛，你们却不肯给他们一点吃的，而对于让那么多人头落地的约瑟夫·勒邦，对于要为流亡贵族立一部法，简单得连一个孩子都可以把他们送上断头台的弗朗索瓦·夏博，对于在圣殿不肯接受路易十六的遗嘱，反而对不幸君主说'我只负责引你去死'的雅克·卢，你们却发给津贴。"

有人给贵族院带来一份有关选举的法案：我发言赞成全部改选众议院；可是直到一八二四年我当了部长以后，才把这一条写进了法律。

也是在一八一六年关于选举法的这第一次演说里，我回答一个对手说："欧洲密切关注我们的辩论，人们对它的评论，我就不转述了。至于我，先生们，听到人家为得到我的赞同而谈到的国外舆论，我深感不安，这一点，也许该归因于我血管里流动的法国血液。要是开化的欧洲想把宪章强加于我，我将去君士坦丁堡生活。"

一八一六年四月九日，我在贵族院提出一个有关柏柏尔国家的议案。贵族院决定有必要议一议。在得到贵族院同意的决定之前（它是一个大国第一次有利于希腊的政治干预），我已经考虑打击奴隶制。我对同僚们说："我见过迦太基的废墟；我在废墟中间碰到一些基督徒的后代，为了解救他们不幸的先人，圣路易献出了自己的生命。要是我的提议取得成功，哲学可以从随之而来的光荣中获取它的一份，可以吹嘘在一个光明世纪取得了宗教在一个黑暗世纪未能得到的东西。"

我是置身于这样一个大会：我的话在四分之三的时间都转过来反对我自己。人们可以感动一个众议院；一个贵族院则是个聋子。没有论坛，禁止旁听，与会者都是一些老头子，都是旧君主制度、革命和帝国的遗老遗少，就是用最平常的口气说的话也显得疯狂。有一天，离讲坛最近的头一排扶手椅坐满了德高望重的贵族院议员,他们一个比一个耳背,都把头向前倾着,在耳旁安了一只助听的小角,角口对着讲坛。我说得他们都睡着了,这是自然的事。有一个议员一打盹,把助听的角掉到地上。声音惊醒了邻座。邻座出于礼貌,想帮这位议员拾起来,不想自己却倒在地上。尽管我当时在悲怆感人地谈论什么人道的话题,还是忍不住笑了起来。

在这个贵族院受欢迎的演说者,都是那些没有思想,语调干巴,平淡乏味的角色,或者是那些只在怜惜可怜臣子时才有同情心的人。德·拉利-托朗答尔先生大声疾呼,要求让民众自由:他让我们寂静的穹顶响起对英国大使馆三四位爵士的赞扬,他说那是他的先人。当他把新闻自由颂扬一通之后,马上见机行事,来了个"但是"。这个"但是"在新闻审查官的有效监视之下,还是顾及了我们的体面。

复辟王朝促使智力活动;它释放了被波拿巴压抑的思想:精神就像从建筑物上拆下来的女像柱,身子不再被压弯,抬起了头。帝国曾迫使法国沉默;现在得到恢复的自由接触了法国,把话语还给它:议院讲坛有一些人才,把米拉波和卡扎莱们扔掉的东西在原处又捡了回来,于是革命继续它的进程。

《论立宪君主制》

我的工作不限于在议院讲坛发表演说,虽说这讲坛对我来说是那样新鲜。看到人们所了解的一些体制,看到法国时代议制政体的原则一无所知,我感到担心,就写了《论立宪君主制》那本书,并且拿去出版了。

这本书的出版是我政治生活中的一件大事；它使我跻身于政论家的行列；它被用于确定有关我们政府性质的见解。英国报纸不加任何说明，全文刊载这部作品；在我们中间，莫尔莱神父甚至适应不了我的风格变化和真理不容分辩的精确。

《论立宪君主制》是一部立宪的入门书：今日人们当作新东西提出来的建议，大部分在那里面就被提出来了。因此，"国王统治却不行政"这条原则，在那部书的四、五、六、七章，四章论述君权时就得到了全面的阐释。

《论立宪君主制》的第一部分提出了立宪的原则。在第二部分，我审查了一八一四年到一八一六年接连三届政府的体制；在这个部分，我既做了一些以后多次得到验证的预言，又阐释了一些当时尚未公开的理论。在第二部分二十六章有这样一段话："一场性质与我国革命相似的革命，只可能通过改换王朝来结束，这种事情，在一定的党派看来是确实的；而另一些温和的党派则认为，只要改变继承王位的顺序就可以结束革命。"

在我写完这部作品的时候，传来了一八一六年九月五日的命令（解散无双议院）：这个举措驱散了不多几个聚在一起要重建合法君主政体的保王党人。我赶忙写了《补记》，没想到惹恼了德·黎塞留公爵和路易十八的红人德卡兹先生。

增加了一篇《补记》，我赶紧跑到书商勒诺尔曼先生家，发现一些警官和一位警长正在采证。他们收了一些毛样，贴了一些封条。我与波拿巴对着干，并不是未受德卡兹先生恐吓的：我反对他们查封；作为自由的法国人，作为法国贵族院议员，我声明只向武力让步：武力一来，我就退走。九月十八日我去了路易-马尔特·梅斯尼埃先生和他同事办的皇家公证人事务所。我在他们那里抗议，要求他们记下我关于作品被扣的声明，指望以这场抗争来确保法国公民的权利。一八三○年，《时代报》

编辑勃代先生仿效了我的做法。

接下来，我被迫与大法官、警察大臣和总检察官贝拉尔先生交涉，案子拖了相当久，直到十一月九日，大法官才通知我，初审法庭做出了有利于我的裁决，把我被扣押的作品发还。在一封信里，大法官先生通知我，他看到皇上公开对我的作品表示不满，感到遗憾。我在一些章节里反对在一个立宪国家设立一般的警察衙门，正是这些章节使得皇上不满。

路易十八

在我叙述根特之行的那几章里，你们看到了路易十八作为于格·卡佩的子孙，到底表现如何；在我写的《王上驾崩：皇上万岁！》那篇文章里，我叙述了这位君王实在的品质。可是人并非一成不变，始终如一：为什么逼真的画像是那样少？因为它描摹的是某个年龄的真人；过十年，画像与真人就对不上了。

路易十八看前面不远的事物，看不清周围的东西；他随自己的视角，来判断事物是美或是丑。他受到世纪的影响，担心对于一位虔诚信奉基督教的国王来说，宗教只是适合于调和君主政体各种成分的制剂。他从祖父那儿接下来的放荡的想象力本可能使人对他的作为生出几分疑虑；不过他有自知之明，每次他用肯定的方式说话，都要通过自嘲来夸耀自己。有一天我跟他谈及有必要让波旁公爵再婚，以便让孔代家族复兴：他很赞成这个想法，虽说他不怎么关心孔代家族的复兴；不过他顺便跟我谈到德·阿尔图瓦伯爵，说："我弟弟尽可以再婚，丝毫改变不了继承王位的顺序。他生的儿子都属于幼支，我生的都是长支：我并不愿夺去德·昂古莱姆公爵的继承权。"说完，他得意地摆出一副能干和自嘲的神气。然而我并不打算与皇上争夺任何权力。

路易十八是个自私的人，但是不抱成见，只是不惜一切代价，图得自身安宁：臣子们只要得到大多数议员支持，他就支持他们，但只要这个大多数动摇了，只要他的安宁有可能受到干扰，他就立即把他们打发走。为了得到胜利必须前进一步时，他是绝不会踌躇不前的。他的伟大之处在于耐心；他不会去迎合事件，而是事件来将就他。

这位国王既不残忍，也不人道；碰上惨祸灾难既不会大惊失色，也不会心软生怜。就是德·贝里公爵道歉说有罪，以他的死打扰了皇上的清眠，皇上也只会对这位公爵说一句："我还是睡着了。"可是这个平和的人受了挫折，遇到不快，还是会大发雷霆的；总之这位如此冷漠如此无情的君王，还是有一些类似于偏见的爱好：德·阿瓦莱伯爵、德·布拉加先生、德卡兹先生也就因此相继充当了他的亲信；德·巴尔比夫人和杜·凯拉夫人这两个为他所喜爱的女人也就成了他的红人。不幸的是她们掌握的书信太多了。

路易十八是在历史传统的背景上出现在我们面前的；他显得偏爱旧的君王体制。难道孤独的君王心中一旦空虚，他们就随便找什么东西来填塞？他们找一个生性相似的人，这是否叫作情投意合？是否叫作天上掉下来的情谊，以扫除他们高处不胜寒的孤清？是否叫作对一个奴才的偏爱？这个奴才把全副身心献给主子，成了主子的一件衣裳，一件玩具，一个与主子的所有情感、趣味、爱好连在一起的固定观念，主子在他面前无所隐瞒。宠儿身份越是卑微，与主子的关系越是亲近，人们就是不能把他打发走，因为他掌握了一些秘密，若是说出去，会叫主子脸红的；受偏爱的家伙在自己的卑鄙和主子的软弱里汲取了双重力量。

万一宠臣是一个伟人，例如紧缠路易十三的黎塞留或者打发不走的马扎兰，各个国家则在憎恨他的同时也利用他的光荣或者能力；只是用一个著名的事实上的国王换下一个可怜的享有权利的国王。

德卡兹先生

德卡兹先生一被任命为内阁大臣，晚上马拉盖沿河马路上就车辆拥塞。圣日耳曼郊区最高贵的人物都来到这位新贵家的沙龙做客。法国人干什么都是枉费心机，他永远只是个奉承者，至于奉承谁并不重要，只要是当朝权贵就行。

很快就形成了一个有利于新宠儿的可怕的蠢话联盟。在一个民主社会，你谈论自由，声称看到了人类的进步，事物的未来，并给你的演说加上几个荣誉勋章，这样，你的位置就确保无虞了；在贵族社会，你玩一玩惠斯脱牌，显出庄重的深不可测的样子，说一些陈词滥调和事先准备的好话，你的天才的机运就有保障了。

德卡兹先生是米拉的同乡，是拿破仑的母亲①推荐给我们的。他为人随和，待人客气，从不摆架子使性子。他对我怀有好意，我也不知为什么竟没有注意到：我的失宠就是由此开始的。这件事应该使我明白，绝不能对一个宠臣失敬。皇上对他宠信有加，赏了不少恩典，后来又让他娶了一位大家闺秀，德·圣奥莱尔先生的女儿。当然德卡兹先生勤劳国事，十分卖力。内伊元帅躲在奥弗涅山区，就是德卡兹先生把他找出来的。

路易十八始终看重他的王权的影响，谈到德卡兹时说："我要把他

---

① 德卡兹曾任拿破仑母亲的秘书。

提得那样高，让最大的贵族也眼红。"这句话是从另一个国王那里借来的，它只是一句不适时宜的错话。要抬举别人，首先要确保自己不会下落。可是，在路易十八所处的时代，君主们又落到了什么地步呢？他们虽然让一个人发财，却不能让他高贵；他们只不过是宠臣红人的钱庄老板罢了。

德卡兹先生的妹妹普兰塞托夫人是个出色的女人，为人谦恭，和蔼可亲。王上暗暗地爱恋她。我在王宫见过德卡兹先生的父亲，他穿着礼服，腰悬佩剑，手夹礼帽，却没有取得任何成就。

德·贝里公爵的去世加深了双方的敌意，导致宠臣垮台。我曾说过"他在血泊中闪了脚"，这并不是说他犯了屠杀罪，但愿大家不这样理解！而是说他倒在卢韦尔刀下的血泊里。

我被国务部长名单上除名——我出卖藏书，我的山谷

我曾反对查封《论立宪君主制》，为的是给被滥用的君主政体廓清是非，为的是支持思想和新闻自由；我曾毫不犹豫地选择了我们的制度，并且忠实于它。

我的小册子出版之后，受到人家的攻击，等到这些麻烦事过去，我已是伤痕累累，满身鲜血。我走上政坛时，受到打击，感到不适，透不过气来，因此可以说，没有那些伤疤，我也就不可能拥有我的政治生涯。

过了不久，由黎塞留签署的一道命令把我从国务部长的名单上勾去了，于是我被剥夺了一个迄今为止不能罢免的享有名望的职位。这个职

位是在根特授予我的。我享有的部长薪俸也随之收回去了：打击我的是任用富歇的那只手。

我也是荣幸，三次为正统王权被罢官解职：头一次，是因为追随圣路易的子孙踏上了流亡之途；第二次，是因为写了赞成"复辟"的君主政体的东西；第三次，是因为我对一个有害的法律保持沉默，其实那时我刚刚让我们的军队获得胜利：西班牙战役使一些士兵归顺白旗，而且，如果我留在权力机构里，也可能把国界推到莱茵河。

我生性不重财，对失去薪俸满不在乎；我的损失只是要晴天徒步，雨天乘出租马车去贵族院。我本来就属于无产者之列，现在一副大众打扮，在周围的下层百姓保护下，又恢复了无产者的权利：从我的大车顶上，我俯视君王们的车马扈从。

我被迫出卖藏书：梅尔兰先生把它们摆到好儿童街的西尔威斯特大厅叫卖。我只留下一小册希腊文的荷马史诗。在那本书的天头地角，留有我一些试译的文字和一些批注。不久我就不得不忍痛割爱；我向内务部长申请用我的乡间居所发行彩票。开彩地点设在公证人德尼先生家。共发行了九十张彩票，每张一千法郎；没有一位保王党人前来购买。德·奥尔良公爵夫人虽是个寡妇，却也买了三张；我的朋友莱内先生是内务部长，正是他签署了九月五日的命令，并且同意勾去我在枢密院的名字，他用假名买了第四张彩票。钱后来退还给购票人，但是莱内先生不肯收回那一千法郎；他把那笔钱留在公证人那里，用来救济穷人。

不久，"狼谷"卖掉了，就像人家在夏特莱广场发卖穷人的家具一样。我很舍不得卖掉那座居所。我眷恋那些树木。可以说，它们种在我的回忆里，在我的回忆里长大。房子开价五万法郎。德·蒙莫朗西子爵出了高价。也唯有他才敢于以高出一百法郎的价格来竞买。房子归他了。从此他就住在我那僻静的居所。可是他并不适宜介入我的事情：这个德高勋劭的人已不在人世。

我在一八一七、一八一八年——演说续篇

在《论立宪君主制》出版和一八一六年十一月议会开幕以后，我继续进行战斗。我在十一月二十三日的贵族院会议上，提出一个议案，恭请皇上派人检查最近选举中发生的问题。内阁在选举中营私舞弊，动用暴力，事情十分明显。

我谈到（一八一七年三月二十一日）提出财金法案时，对其中第十一条持反对意见：那一条涉及国家森林，有人打算把它拨给偿还公债基金会，然后出卖十五万公顷。国家森林由三类产业所组成：一是王室从前的领地，二是马耳他骑士团的骑士封地，三是剩下的教产。即使是今日，我也不明白，我为什么觉得自己的话有一股忧伤的意味；它和我的回忆录有几分相似：

"对于在兵荒马乱中行政的人，我们就不要以此难为他们了，在公众那儿产生信用的，并不是物质抵押，而是一个民族的道德。新的业主能够利用新产业的权利吗？人家为了剥夺他们的权利，将向他们列举从昔日产业占有者手里夺来的九个世纪的继承权。你们得到的不会是那些祖传的恒产（在那些田产上，一个家族甚至比橡树的种族存续得更久），而是一些动产（那上面的芦苇刚刚由生到死就换了主人）。家园不再是家庭习俗的保护者；它们失去了可敬的权威；任何来者都可以从你的产业上经过；那些小路不再因为祖父的椅子和孙儿的摇篮而变得永恒。

"法国的贵族院议员呵，我在此是为你们的而不是我的事业辩护：我是为你们子孙的利益跟你们说话，至于我本人，没有任何东西要与后人交代清楚；我无儿无女，父辈传下的田产也丢了，就是自己种的几棵树，不久也将属于别人。"

皮埃先生家的聚会

由于观点相似，当时两院的少数派结下了一种同志情谊。法国得知代议制政府：由于我愚蠢地按字面理解这种体制，并且不惜损害自己的利益，偏好它到了痴迷的地步，因此对于采纳它的人，我是坚决支持，根本没有考虑，如果他们反对，是否更有人道的理由，而不像我对宪章的感觉，是纯粹的喜爱；我并不是傻瓜，但是我酷爱意中人，只要能把她抱在怀里带走，我甘愿上刀山下火海。一八一六年，就是在这种选择政体的冲动中，我结识了德·维莱尔先生。他比我沉着，压住了自己的热情；他也表示要争取自由，但是把它当作合乎规矩的基础；他有条不紊地挖好壕沟：而我呢，老想翻墙爬壁，攻下要塞，结果总是被推下壕沟。

第一次遇到德·维莱尔先生是在德·莱维公爵夫人府上。他成了众议院保王派反对党的首领。我则是贵族院的反对党首领。他与同僚德·科比埃尔先生是朋友。两人再也没有分开过，所以有人称他们为维莱尔与科比埃尔，正如人们称俄瑞斯忒斯与皮拉德，厄里亚尔与尼索斯一样。

为了一些明天即被人们忘记名字的人物而来叙述一些枯燥乏味的琐事，实在是一种愚蠢的虚荣。一些隐晦的无聊的，有人认为很有意思，其实谁也不感兴趣的骚动，一些过时的，并未引起什么重大事件的花招应该留给那些快乐的幸运儿去写，他们自以为现在是，或者曾经是人们关注的目标。

然而，有些自傲的时刻，我与德·维莱尔先生发生过争论。在我看来，这些争论像是苏拉与马里乌斯，恺撒与庞贝之间的争执。我们与反对派的其他成员经常去泰莱兹街，在皮埃先生家过一晚上，讨论所关心的问题。我们到达时模样难看,在沙龙里围坐成一圈。沙龙里只点着一盏嘶嘶吐着大舌的油灯。在这有关法律的朦胧之中,我们讨论提出的法律,议论该提出什么动议,该把哪位同志推荐到秘书处、财务处或者各个委员会。反对宗教信仰的人描绘的那些最虔诚的信徒,他们的会议,与我们的聚会确有相似之处:我们散播最坏的消息,声称事情将变得面目全非,罗马将受到军队的骚扰,我们的军队将吃败仗。

德·维莱尔先生听着,做概括,却不下结论:这是个能干的办事助手。他从前是个谨慎的海军军官,在风暴期间从不出海,只要能够机敏地驶进一个熟悉的港口,他是不会去发现新大陆的。在讨论发卖教士的财产时,我常常注意到,我们中间最虔诚的基督教徒,往往是最热烈捍卫立宪学说的人。宗教是自由的源泉:在罗马,朱庇特的教士只戴一只空心指环,因为实心指环带有锁链的意味;在衣服上和头上,朱庇特的大祭司不容许打任何结。

散会后,德·维莱尔先生由德·科比埃尔先生陪伴回府。在这些会上,我研究过许多个人,学会许多事情,照管过许多方面的利益:我一直清楚的财政,以及军队、司法、行政方面的基本知识我都掌握了。我从这些会议出来,多少像一个政治家了,也多少相信了这些学识的贫乏。漫漫长夜,我在似睡似醒之间,瞥见这些秃顶人的不同态度,瞥见这些不大整洁,与来客不甚协调的客厅里宾客的种种表情:这当然是可敬可佩的;但我还是更喜欢儿时把我唤醒的燕子和梦中的缪斯:我看到照着一只天鹅,把那些白鸟影子投射在一道金波上的朝阳,和在叙利亚像凤凰窝似的挂在一株棕榈树枝头的旭日,更觉得愉悦。

《保守者》

我感到，在一个封闭的议院，在一个对我不大友好的会议，我的论战即使取得胜利也是枉然，我还需要另一种武器。可是，如果要办日报性质的报纸，又得经受新闻检查，我只能通过创办一种不定期的、半日报性质的报纸来满足自己的愿望，并借助它来抨击内阁各部的体制，回击艾蒂安先生在《密涅瓦》杂志上发表的极左见解。一八一八年夏天，我住在诺阿齐埃德·莱维公爵夫人家里，出版我著作的书商勒诺尔曼来看我。我把内心的想法告诉他。他立即来了兴趣，自愿冒一切风险，并承担一切费用。我把这些告诉了好友德·博纳尔和德·拉默内两位先生，要求他们入伙：他们同意，不久，报纸就面世了，取名叫《保守者》。

这家报纸引发的革命是前所未闻的：在法国它改变了议院的多数派；在国外它改变了各国内阁的思想。

在各国民众和君主看来，保王党人曾经跌入虚无之中，因此，他们得到走出虚无的好处，实在应该感谢我。我让法国最高贵的家庭都拿笔写文章。我把蒙莫朗西和莱维家的人打扮成记者；我召集了全部人马；我把封建主义调来援助新闻自由。我把保王党最引人注目的人，如德·维莱尔、德·科比埃尔、德·维特罗尔、德·卡斯泰尔巴雅克等先生召集在一起。每当我把一位红衣主教的红袍摊在《保守者》上，充作封面，并欣悦地读到一篇清清楚楚地署着"吕泽纳红衣主教"[①]大名的文章时，就情不自禁地感谢天主。可是，在把我的骑士们领上立宪的十字军东征之路，在他们解放了自由，夺取了权力，当上埃代斯亲王、安条克

[①] 吕泽纳（Luzerne，生卒年月不详），法国旧制度时的省长，不赞同罗马教会与法国执政府签订的政教协议。

亲王和大马士革亲王①之后,他们就和娇妻美眷守在新获的封地,让我一人在耶路撒冷城下苦苦地等待。而异教徒又把圣墓夺了回去。

我在《保守者》上开始笔战,从一八一八年一直打到一八二〇年,也就是说打到政府借口德·贝里公爵遇刺身亡,恢复新闻检查为止。这是我论战的初期。在这期间我推翻了旧内阁,把德·维莱尔先生推上了权力中枢。

一八二四年以后,当我重握羽笔,写作小册子,并给《辩论报》写文章时,处境已经不一样了。可是,对我这个从不相信所处的时代,只属于过去,不信任君王,不信任民众,除了梦,从不把任何事放在心上(即便是梦,也只放一夜)的人,这种微不足道的贫困生活又算什么?!

《保守者》上的第一篇文章描绘了我加入争论时的形势。在这份报纸存在的两年期间,我相继写了一些论述时事,思考一些重要问题的文章。我有机会揭露巴黎警察当局在伦敦发表《私人通信集》的卑鄙行径。这类《私人通信集》可以造谣诽谤,却无法败坏人家的名声:卑劣者没有能力使别人卑劣;唯有荣誉可以惩罚毁人荣誉的人。我说:"隐姓埋名的诽谤者,拿点勇气出来,报出你的尊姓大名;这样做是有些羞耻,但很快就会过去;在您的文章上署上大名,无非是增添几个可耻的字母而已。"

我有时也把那些部长抓来嘲弄一番。我总是在自己身上发现嘲讽的习性,也就网开一面,任其发挥。

最后,在一八一八年十二月五日,《保守者》刊登一篇严肃的文章,论述利益道德和义务道德。这篇文章引起很大反响。"道德利益"与"物质利益"两个用语就是出自这篇文章。这两个用语由我首先提出,跟着就被大家接受了。以上十分简略地叙述了报纸的情况,它已经超出了一

---

① 这些都是十字军将领获得的封号。此处意为那些保守派得到好处之后,就不战斗了。

份报纸的意义，算得上我的一部作品。我的理性赋予它一定的价值。它并没有衰老过时，因为它包容的思想是适合一切时代的。

论物质利益道德和义务道德

"内阁发明了一种新道德，利益的道德；义务的道德则扔给了傻瓜。有人想把这种道德作为我们政府的基础。然而，这种道德在三年里对人民的腐蚀，甚于革命在二十五年中对人民的危害。

"促使各民族的道德连同这些民族一同灭亡的，不是暴力，而是诱惑；我所说的诱惑就是，一切虚伪的主义学说都有讨人喜欢的似是而非的道理。人类常常把谬误当作真理，因为心力或者智力都有其虚伪的图像：冷漠与贞洁相似，推理与理性相似、空虚与深邃相似，余者类推。

"十八世纪是一个毁灭性的世纪；我们都受到诱惑。我们歪曲了政治的性质，为了在我们风习的堕落中寻找社会的存在而迷失在犯罪的革新之中。革命把我们唤醒：它本是要把法国人推下床，却想不到把他扔进了坟墓。然而，在革命的各个时期，恐怖统治也许是对道德最无危险的时期，因为任何人的道德心都没有受到强制：罪恶都是在真诚之中犯下的。血腥之中举行狂欢活动，一幕幕丑剧由于太骇人听闻，也就不再发生；可说的也就是这些，民间妇女来到杀人机器旁边，就像来到自家炉灶边干活：斩刑成了社会习尚，死亡成了政府基础。再也没有比各人的处境更明白的东西：人们不谈"专长"，不谈"实利"，更不谈"利益体制"。那些卑琐小人心术不正的人的胡言乱语，那时根本没听过。人家对一个人说："你是保王派，贵族，富人：去死吧。"于是他就死了。革命法庭陪审团负责人昂托纳尔写道："对那些囚徒，我们想不出任何罪名，可还是把他们作为贵族判了刑。真是残酷的坦率，但是并不妨碍道德范畴继续存在；因为这并不是把无辜者作为失去社会的无辜者，而是把他作为罪犯处死。

"因此，这些可怕的时期又是十分尽心效力的时期。那时女人们英勇地走去受刑，父亲为了儿子，挺身而出，儿子为救父亲，慨然自首，就是在牢狱里也有意想不到的人前来援救。被追缉的教士就在刽子手旁边安慰受难者，刽子手只装作不认识他。

"督政府时期的道德应该反对的不仅是学说主义的堕落，更是风习的堕落；世风日下。人们被抛进销魂园里寻欢作乐，一如从前被扔进监狱。人们唯恐过去的惨事卷土重来，都迫不及待地行乐，甚至预支未来的快乐。大家都来不及给自己建立家室，就在街上，在公园，在公共场所生活。大家跟断头台很亲近，再说一只脚已经跨出了人世，也就觉得不必回家了。只要有艺术、舞会和时髦东西就行了。送命就和人们更换首饰服装一样随便。

"在波拿巴统治时期诱惑又开始了，不过这种诱惑随身带来了解药：波拿巴用光荣的魔力来迷惑人。再说大凡伟大之物自身必定带有法律原则。因此波拿巴认为让人教授各个民族的主义学说，各个时期的道德以及永恒的宗教是有益的。

"若是有人这样回答：'把"义务"作为社会基础，就是把社会建立在空想之上；而把"利益"作为社会基础，则是把社会建立在现实之上。'我是不会惊讶的。其实事情恰好相反，'义务'是现实，而'利益'是空想。'义务'源自天主，深入到家庭，在父子间建立了实实在在的联系；然后由家庭进入社会，分成两支，一支在政治领域，规定了君臣关系，一支在道德范畴，建立了效力与保护，行善与感激的链条。

"因此义务是一个十分确定的实在，因为它赋予人类社会唯一可以延续的生存方式。

"相反,从严格的物质的意义上说,当利益照今日的方式被人们获取时,它就只是一种行为,因为它早上是一个样,晚上又是一个样,因为它每时每刻都在改变性质,因为它是以运气为基础因而具有运气的流动性。

"出于利益道德,每个公民都能够与法律和政府为敌,因为在社会中总是大多数人受苦。人们不会为秩序、和平、祖国这些抽象概念而战斗;即使为它们战斗,也是因为人们给这些概念附加上'牺牲'的概念,这样,人们就走出了利益道德,回到了义务道德:因为在义务道德之外,确实找不到社会的存在方式!

"谁尽了义务谁就赢得尊重,谁屈服于利益谁就不大受尊重。从鄙视的源泉汲取一条政府的原则,这是这个世纪办的好事。如果培养政治家们只去考虑与他们相关的事,你们将看到他们会把国家治理成什么样子!你们看到的将只是一些贪官污吏,腐败臣僚,与管理后期罗马帝国的那些残疾奴隶相似。那些人想起自己曾被人家卖过便把帝国的一切都拿来出卖。

"请注意这点:利益只是在昌盛之时才有力量;碰上艰难时世,利益就衰弱了。而义务则相反,只是在尽它要付出代价时才那样富有活力。到了丰年顺年,它反倒松缓下来。我喜欢一条原理:政府是在灾难中强大起来的。这与美德十分相似。

"还有什么比朝民众叫喊:'不要忠诚!不要热情!只想着你们的利益就行了!'更荒谬的事?!这就像是对他们说:'如果这不符合你们的利益,那就别来救我们,抛弃我们算了。'如果执行这种糊涂政策,到了需要尽忠的时刻,各人都会关上大门,站在窗口,观看君主制度下台的。"

以上就是那篇论述利益道德与义务道德的文章。

一八一九年十二月三日，我又走上贵族院的讲坛：我奋起抨击一些居心不良的法国人，他们可能打着维护安定的旗号，请出欧洲军队来实行警戒。"我们需要监护人吗？难道还要人家来维持目前的形势？我们难道还要通过外交照会，来接受人家证实我们表现良好的证明？我们所干的，不就是让人家把驻防的哥萨克换成一班大使吗？"

从此，我在议院就常常议论外国人，就像西班牙战争以来我所做的那样。在自由党人都在反对我的时刻，我想到的是我们的自由解放。观点对立的人争吵得太厉害，最后只好不作声了！安静地过几年吧，演员将走下舞台，观众也不会留在剧场指责或者喝彩。

我生命中的一八二〇年——德·贝里公爵之死

二月十三日晚上我刚上床睡下，德·维布莱依侯爵突然走进我家，告诉我德·贝里公爵被人暗杀的消息。他说得匆匆忙忙，忘了告诉我事件发生的地点。我赶快起床，上了德·维布莱依先生的马车。看到车夫赶马走上德·黎塞留街，我吃了一惊，又看到他把马车停在歌剧院门口，就更吃惊了。剧院旁边挤满了看热闹的群众。我们从两行士兵中间登上台阶，从左侧门进了剧院。由于我们穿着贵族院议员的礼服，人家让我们通过。我们来到像是候见厅的小房间，里面满是宫里的人。我一直走到一间包厢门口，正好迎面碰到德·奥尔良公爵。他尽管强迫自己显出悲痛懊恨的样子，眼睛里还是流露出一丝掩饰不住的快意。我看到这一点，不禁大为震惊。他发现自己距王位更近了。我的目光让他很不自在，他便离开座位，并转身背对着我。我周围有人在讲述暗杀的细节，凶手的名字，以及对有待逮捕的几个参与者的推测。人们都很激动、忙碌：人类喜欢戏剧场面，尤其是死亡，只要死的是大人物。每个走出血淋淋的手术室的人，人们都要向他打听情况。我们听到德·吉拉尔丹将军讲过，他遍体鳞伤，人家以为他死了，把他留在战场，但他还是活过来了：他怀着多大希望，受到多大安慰，也就感到多么痛苦。不久人群安静下来，全场鸦雀无声，只听见从包厢里传来一声闷响：我把耳朵贴在门上谛听；听出一声嘶哑的喘息；喘息声旋即停止了：国王家刚刚收下了路易十六一个孙子的最后一口气！我立即推门进去。

请大家想象一下：一场惨案之后留下的空荡荡的剧院大厅：幕布还挂在上面，乐池是空的，灯光熄灭了，布景机关停止运转，背景凝然不动，被烟气笼罩，演员、歌手、舞女都从翻板活门和暗道里走了！

我在一部单独的作品里叙述了德·贝里公爵的生平与死亡。我当时的思想至今仍未过时：

"圣路易的一个子孙，长系的最后一个传人，熬过了漫长的流亡岁月而未为逆境所击倒，回到祖国，开始领略幸福。他庆幸自己得到复活，庆幸天主许给他的君主政体同时在年轻人中得到复活：可是当他满怀希望之时，他却突然遇刺，几乎就倒在妻子怀抱里。他行将死去，可是他年纪尚轻哪！他难道不能责怪老天，问问它为什么对自己这么狠？啊！他抱怨自己命不好，完全是情有可原！因为，他究竟做过什么坏事呢？他平易近人，与我们相处随和亲切，与我们同悲同乐；他的亲人已有六个殒命；在路易十六死亡二十七年以后，为什么还要缠上他，杀死他这个清白无辜，距王位如此遥远的人？让我们更深地了解波旁家族一个成员的心！这颗心被一把匕首刺穿，对我们却没有一句怨言：这位王子没有说一句尖刻的话，没有说一声对生命的惋惜。作为丈夫、儿子、父亲和兄弟，他尽管内心十分焦虑，身体极为痛苦，却不停地要求大家饶恕'那个人'，他甚至不管他叫凶手！最专横的性情突然一下变得最为温柔。这是一个在心灵的一切方面都依恋生活的人,是一个正当青春年华的亲王;断气的是尘世最美王国的继承人,你们也许会说,是一个在尘世毫无损失的不幸人。

刺客卢韦尔是一个面目肮脏,神情奸诈的小矮子,这样的人在巴黎街头可以见到成千上万。他穿着短上衣,满面怒容,样子孤僻。卢韦尔可能没有参加任何党团。他是某个教派的成员,却没参与什么阴谋;他属于那些思想组织中的某一个;那些组织的成员有时可能集会,但最经常的是按各人的内心冲动单独行动。他的头脑里只滋养着一种思想,正如一颗心只啜饮一种激情。他的行为符合他的原则:他希望一下就灭掉一个家族。卢韦尔一如罗伯斯庇尔,得到一些人的赞美。我们的世俗社会作为所有粗俗举动的同谋,很快就摧毁了为一桩谋杀赎罪而建立的小教堂①。我们对人们的道德观感到恐惧,因为我们从中看到了冤家对头和控诉人:眼泪也可以像是一种控诉;人们匆匆取下某些基督徒的十字架以便哭泣。

一八二〇年二月十八日,《保守者》发表悼念德·贝里公爵的文章。文章结尾引用了拉辛的这句诗:

要是国王的精血漏出一滴就好了!②

可惜!这滴精血流在外国的土地上!

德卡兹先生倒台了。新闻审查开始了。尽管德·贝里公爵惨遭暗杀,我还是投票反对这项措施:我不愿让新闻审查玷污《保守者》,在对德·贝里公爵做了以下这番哀悼后,停办了这份报纸:

---

① 德·贝里公爵遇刺不久,歌剧院就拆毁了,在它的地址上建起了赎罪教堂。一八三二年该教堂被推倒。——原注
② 暗指德·贝里公爵夫人怀孕的事。——原注

"虔信基督教的亲王！圣路易的可敬子孙！众多君王的显赫后代！您在下到最后的居所之前，请接受我们最后的敬意。您喜欢的一份报纸，常读的一部作品就要被审查官摧毁。您几次对我们说，这部作品拯救了王位：只可惜我们未能挽救您的性命！在您中止生命的时刻，我们也停止写作：我们把这份报纸的终结与您生命的终结连在一起，悲痛之余又感到慰藉。"

德·波尔多公爵的诞生——波尔多菜市场的妇人

德·波尔多公爵先生于一八二〇年九月二十九日出世。新生儿被称为"欧洲之童"和"奇迹之童"，没想到后来却成了流亡之童。

在王妃临产前一段时间，波尔多菜市场的三位妇人，以做同样买卖的所有女人的名义，让人做了一只摇篮，并选择我作为介绍人，领她们去拜见公爵夫人并赠送摇篮。达斯泰、杜朗通、阿尼什三位夫人来到巴黎见我。我赶忙向公爵夫人的宫廷侍从申请做礼节性的拜访。可是德·赛茨先生认为这样一种荣誉非他莫属：据说我在宫廷从未办成过什么事。我还没有与内阁重修旧好，似乎不配充当那些卑微的女代表的引见人。我一如既往，从这件事退了出来，但还是支付了费用。

这一切变成了国家大事；各家报纸都刊载了有关此事的传言。波尔多那些女人得知后，为此给我写来下面这封信：

子爵先生：

承蒙好意帮我们把快乐与敬意奉献在德·贝里公爵夫人脚下，

谨向您表示谢意：至少，这次人家不可能阻止您充当我们的引见人。我们获知了德·赛茨伯爵在报上制造的消息；极为难过。我们之所以保持沉默，是因为怕给您带来麻烦。然而，说实话，子爵先生，没有人比我们更有资格恢复您的荣誉，并在选择拜见王妃殿下的引见人的真实意图上，把德·赛茨先生拉出错误的泥坑。我们愿意在您选定的一家报纸上发表声明，说明事情经过；由于无人有权给我们选定引见人，而且，至今我们仍为选定您作引见人而感到荣幸，我们在这方面的表态必将使所有人无话可说。

子爵先生，这就是我们做出的决定；但我们认为没有您的许可我们不应该行动。请您相信，我们公开您在引见我们的事情上对大家的善良态度，完全是出于好心。既然事情是我们引起的，我们也就准备做出弥补。

子爵先生，我们现在、将来都是您
最卑微的，也是最尊敬您的仆人

达斯泰、杜朗通、阿尼什夫人
一八二〇年十月二十四日，于波尔多

这些妇人虽与贵妇名媛极不相似，却是高尚的妇女。我给她们回信说：

亲爱的夫人们，你们提出要在一家报纸上披露与德·赛茨先生有关的事情真相，我衷心地感谢你们。你们是优秀的保王党人，我也是：我们首先应该想到，德·赛茨先生是一个可敬的人，而且曾经保卫过王上。这个良好的行动不会被一个小小的贪图虚荣的行为抹杀的。因此，我们还是保持沉默吧：你们只要在朋友中间为我做证就行了。我已经感谢你们送来的甘美果子：德·夏多布里昂夫人和我每天一边吃你们的粟子，一边谈到你们。

现在，请允许你们的东道主拥吻你们。我妻子有千万件事要告诉你们，而我则是你们的仆人与朋友。

夏多布里昂

一八二〇年十一月二日，于巴黎

可是今日还有谁想到这些无关紧要的争吵？洗礼的欢乐与热闹都远远地留在了身后。当亨利在圣米歇尔日诞生的时候，不是也有人说大天使将把龙牵到他脚下？相反，该担心的倒是寒光闪闪的利剑出鞘，只是为了把清白无辜从人间天堂赶出来，并且把住大门不让它进去。

我促使德·维莱尔与德·科比埃尔先生首次入阁——我给德·黎塞留公爵的信——德·黎塞留公爵的便函与我的回复——德·波利亚克先生的便函——德·蒙莫朗西和德·帕基埃两位先生的信函——我被任命为驻柏林大使——我去使馆赴任

这期间事件变得复杂，却还没有使人做出任何决定。德·贝里公爵遇刺导致德卡兹先生下台。他不无痛苦地离开了内阁。德·黎塞留公爵只是在莫莱先生答应给德卡兹先生一个远方的差使之后才同意让年老的老师去职。德卡兹先生动身去伦敦担任大使。我后来接替他担任此职。事情还没有完。德·维莱尔先生与决定他命运的人德·科比埃尔先生仍被排斥在内阁之外。我给他们设置了一个巨大障碍。德·蒙卡尔姆夫人不停地劝我和平：我早就准备这么做，只是真诚地想摆脱纠缠着我的事情。对那些事我是极为鄙视。可是德·维莱尔先生虽然比较柔顺，当时却并不容易支配。

要当部长有两个办法，一个迅速，这就是使用力量，另一个长久，就是使用智谋；第一个办法不符合德·维莱尔先生的习惯：这个狡猾的家伙不使用力量，但更有本事确保已经赢得的地位。这种向上爬的办法，最要紧的就是要忍受侮辱，忍气吞声：这种教士阶级实现野心的办法，德·塔莱朗先生已经运用得十分熟练。一般而言，人们正因为有平庸之处，才能爬到国家机关；正因为有高超之处，才能留在国家机关。这种对立因素集于一身的人十分少见，因此国务活动家才是那样稀少。

德·维莱尔先生恰好有一些平庸的品质，因此道路为他打开了：他听任人家在他周围说三道四，只管采摘占据宫廷的恐惧之果。有时他发表一些好战的演说，但其中有些句子却显现出一种容易接近的希望。我认为他那种人应该从进入——不管怎样进入——国家机关，占据一个不太可怕的位子开始。我觉得他应该先当不管部部长，以后哪一天再争取当内阁总理。那样将给他带来温和节制的名声，他的衣装打扮将与他的神态气质完全一致；那样有一点就会变得明显：保王党反对派的议会领袖不是一个野心家，因为他同意为了和平而委屈自己。任何当过部长的人，不管是以什么头衔，都会再当部长：首次入阁是再次入阁的梯子；穿过绣花大礼服的人身上，留有部长的气味，机关衙门迟早又要找上门来请他出山的。

德·蒙卡尔姆夫人替他兄弟传话，告诉我内阁已没有空缺，但我的两位朋友如果愿意以不管部长的身份进内阁，皇上会高兴的，以后的事情会好办些。她补充一句，说我如果愿意出国，可以派到柏林任职。我回答说，这没有什么关系；至于我本人，随时准备动身，只要国王们有差使要到他们的远房亲戚那儿去办，就是去魔鬼家我也在所不辞；但是，要德·维莱尔先生同意进枢密院，我才同意出远门。我还想把莱内先生安排在那两位朋友身边。我负责与这三方面协商。我以自己的能力，成了法国政治上的主人。大家料想不到是我让德·维莱尔先生当了首相，也是我把图卢兹的市长推上了职业政治家的生涯。

我觉得莱内先生性格固执。德·科比埃尔先生不愿意进内阁挂个空名。我就安慰他，让他怀着希望，以为以后会让他主管公共教育。德·维莱尔先生对我的意愿只是厌恶地顺从，一开始对我千埋怨万反对，但他有一副好脾气，又怀有雄心壮志，最后还是决定往前走：一切都安排妥当。下面是一些不容置疑的证据，证明我以上所述是实有其事；一些枯燥乏味的资料，它们记载的一些小事已经被人抛入忘川，但对我个人历史还是有用的：

致德·黎塞留公爵：

　　公爵先生，我曾有幸登门拜访，向您报告事情的进展：一切都极为顺利。我见到了两位朋友：维莱尔终于同意以部长级国务秘书的身份进内阁，不授实职，只要科比埃尔同意以同样身份进内阁，并负责公共教育。从科比埃尔那方来说，很愿意以这些条件进去，只要维莱尔同意。这样看来，不会再有难题了。公爵先生，现在完成您的作品吧；去看看两位朋友；当您听见他们亲口说出我写的这些话时，您就使法国恢复了国内和平，正如您给了法国外部的和平。

　　请允许我还给您出一个主意：把巴朗特先生退休后空缺出来的职务交给维莱尔，您是否觉得不便？如果能交，那他就与朋友更为平等了。不过，他肯定地对我说过，他同意不任实职进内阁，只要科比埃尔得到公共教育的实职。我说这些，只是作为又一种办法，让保王派完全满意，也确保让您得到坚定不移的最大多数人支持。

　　最后，我荣幸地提醒您，明晚在皮埃先生家召开保王派大会，若能让两位朋友届时说出稳定情绪阻止分裂的事情，那将会很有益处。

公爵先生，由于我本人并未从中得到任何好处，我也就希望您在我的热情之中只看到一个希望祖国强盛，希望您取得成功的人的一片忠心。

公爵先生，请接受我崇高的敬意。

夏多布里昂
十二月二十日凌晨三点半钟

先生，我刚刚给德·维莱尔和德·科比埃尔两位先生写了信，请他们晚上来见我，因为干这样一件有益的工作一分钟都不能丢。感谢您这样快地办了事情。希望我们能顺利地收尾。先生，请相信我乐于向您表示谢意，亦请接受我崇高的敬意。

黎塞留
星期三

公爵先生，这件大事有个顺利的结局，请允许我向您表示祝贺，同时亦庆幸自己在其中做了一份工作，但愿明天能将命令发表：它将使人们停止一切对立。在这方面我可能对两位朋友有用。

公爵先生，我有幸向您重新表示我对您的崇高敬意。

夏多布里昂

收到德·夏多布里昂子爵的大函，极为高兴。我相信，他是不会为祈求皇上的恩典以及允许我增强在他乐意的事情上助一臂之力的意愿而后悔的。请他接受我的崇高敬意。

黎塞留
星期五

高贵的同事，您大概已经知道，昨晚十一点事情办妥了。一切都是按照您与德·黎塞留公爵商定的原则安排的。您的参与对我们很有助益：此后，前途必定光明远大，因此应该感谢您。

您终身的仆人　J. 德·波利亚克
星期四

高贵的子爵，我刚才去府上，可惜您出门了：我是从维莱尔家去的，他本人参加您为他准备，并宣布召开的会议，回来亦很晚。因为我是您最近的邻居，他就让我转告您，您白天指挥和安排的事情，以最平常最简要的方式定下来了：他不担任实职，他的朋友兼管公共教育。科比埃尔也让我把这些情况转告您。维莱尔似乎认为他们本可以再等一等，以获得更好的条件；但是您这样一个传话人和中间人的活动，要是推翻就不好了。确实是您给他们打开了进入新职业生涯的大门。他们相信您会为其扫清障碍。从您这方面来说，在我们还有优势把您留住的不长时期内，请告诉您最亲密的朋友，要支持联合计划，至少不要反对。晚安。我还要恭维您一句，您办事迅捷。希望您也这样处理好德国的事务，尽早回到朋友中间。至于我呢，已经被您的平易态度迷住了。

再一次向您致以深情的问候。

德·蒙莫朗西
十二月二十日，星期三晚十一时半，于巴黎

先生，这份申请，是皇上一名贴身护卫呈送给普鲁士国王的。近卫军一位高级军官把它交给我，并做了一番叮嘱。现在我把它交给您随身带着，等您到了柏林，了解了形势，认为可以取得某种成功，再予以利用不迟。

我乐于抓住这个机会，与您一起庆祝今早的《箴言报》出版，同时感谢您为取得这个可喜结果所做的努力。我希望它对法国的事情将产生良好的影响。

请接受我崇高的敬意和真诚的爱戴。

帕基埃

这一系列信函足以表明我没有自吹自擂。做个整天瞎忙的官僚，我会感到太无聊的。我也没有野心问鼎政坛执掌国柄。不管掌舵的是高处来还是低处滚，我都不为所动。我习惯于躲在内心深处，或暂时在世纪的广阔生活中遁世隐居，对候见厅的秘密没有任何兴趣。我进入现金流通很不适应；为了自救，便退到天主身边；有一个来自天上的固定观念把您孤立起来，让您周围的所有东西死去。

篇章二十六

我生活中的一八二一年——驻柏林大使馆——到达柏林——安齐隆先生——国王一家——尼古拉大公的婚礼——柏林社会——洪堡伯爵——沙米索先生

　　我以去国离乡为代价，替朋友们谋得权力之后，就留下他们去执掌大权，自己则离开了法国：我真算得上利库尔戈斯①第二。这件事的好处，就是我首次运用政治实力的尝试恢复了我的自由。我将在国外享有这种权力内部的自由。在我个人这种新处境，我依稀觉得有什么说不出的离奇遭遇混在一些真事当中。难道在宫中不会有离奇事儿？难道这不是另一类孤寂？这也许是和影子混杂在一起的香榭丽舍大道。
　　一八二一年一月一日我从巴黎出发：塞纳河上结了冰。我这是第一次带着钱箱赶路。我渐渐摆脱了对财富的鄙视；我开始觉得，一路上坐好车，吃好饭，事事不用动手，有一个华沙的大个子仆人打前站真是惬

---

① 利库尔戈斯（Lycurgus），古希腊政治家，传说斯巴达的立法者，在制定一部宪法之后出走了。

意。那仆人永远填不饱肚子,要是没有沙皇,光是他一个人就可以把波兰吞吃掉。我很快就习惯了我的幸福;但我预感好景不长,很快就会被体面地解职。在到达目的地之前,我在旅行中剩下的只有对旅行本身的原始爱好;对独来独往,不受拘束的爱好——挣脱了社会束缚的快乐。

当我一八三二年从布拉格回来时,你们将看到我是怎样忆起莱茵河的往事:由于冰凌,我被迫沿河岸上行,在美因茨上头渡河。我对莫根蒂亚(美因茨的拉丁文名字),对它的大主教,对它的三四次被围,以及它的印刷术①(虽说我是借助印刷术来实行统治的)不感兴趣。法兰克福是犹太人集中的城市,我在那儿逗留仅是因为业务需要:换币。

一路上冷冷清清:大路上覆盖了雪,松树枝上挂满了雾凇。耶拿出现在远处,连同它两次战斗的亡灵。我经过爱尔福特和魏玛:皇帝不在爱尔福特;而歌德就住在魏玛。我原来是那样钦佩歌德,现在劲头大减了。物质的歌手仍然健在,他衰老的尘埃仍在他的天才周围成型。我本应该去见歌德,却又没有见到:在我眼皮下走过的名人队列里,他留下了一个空白。

路德在维腾贝格的坟墓对我没有半点吸引力:在宗教上,新教只是一个不合逻辑的异端,而在政治上,只是一场流产的革命。过易北河时,吃了一只用烟气烤出来的小黑面包,我本来需要在路德的大酒杯里喝点酒。那杯子被人们作为圣物保存下来了。从那里又经过波茨坦,渡过斯普雷河。墨绿的河水上悠悠地漂着几只小船。一条白狗看守着这些船。我到达柏林,在那里如前所述,住在"假于连在假雅典"旅馆。我徒劳地寻找哈梅托斯山的太阳。我在柏林写了这部回忆录中的一部分,你们在那里面谈到了对这个城市的描述,途经波茨坦的情形,以及我对腓特烈大帝、对他的马、他的猎兔狗以及对伏尔泰的回忆。

---

① 古登堡是美因茨人。

一月十一日住在旅店，不久搬到"椴树下"，住在德·波纳侯爵住过的宾馆。这是德·狄诺公爵夫人的产业：我在这里受到公使团秘书德科、德·弗拉维尼和德·居西诸先生的接待。

一月十七日，我荣幸地向国王呈递德·波纳侯爵的离任国书和我的上任国书。国王住在一所简朴的房子里，唯一与众不同的是门口有两个哨兵；谁想进去都可以，只要他在家，就可以与他说话。德国君王这种平易近人，使小民百姓对王公贵族的姓氏与特权没有那样反感。腓特烈-纪尧姆国王每天同一时刻，都要亲自驾一辆敞篷马车去公园。他头戴鸭舌帽，肩披灰斗篷，嘴上衔着雪茄，坐在马车上兜风。我经常碰到他，彼此打个招呼，然后又各走各的路。当他回柏林城时，守在勃兰登堡城门的岗哨大喊一声；卫队拿起武器，跑出城门；等国王一经过，一切便告结束。

在同一天，我还去拜见了王太子以及各位王子，他们都是快乐的年轻军人。我见到了尼古拉大公和新娶的大公夫人。当时人们正在欢庆这对夫妇的新婚。我也见到了英王乔治三世的儿子坎伯兰公爵与夫人，王叔纪尧姆亲王，以及长期囚在我国的奥古斯特亲王：这位普鲁士亲王曾想娶雷卡米耶夫人为妻，把热拉尔给她画的绝妙画像霸在手里，最后雷卡米耶夫人只好拿《科琳娜》的油画与他作交换。

我急于见到安齐隆先生，便到处找他。我们相互之间是通过作品认识的。我曾在巴黎与他见过一面，他陪着王太子——他的学生。在柏林，他在伯恩斯托夫伯爵先生缺位期间代理外交部长。他的生活十分感人；他妻子失明，所以家里的门都是打开的；可怜的盲人每天从这个房间走到那个房间，房里都摆了花，走累了就像个笼中夜莺，停下来休息；她歌唱得很好，只是死得很早。

一如普鲁士的许多名人，安齐隆先生祖籍法国：作为信奉新教的部长，他起初持自由主义的观点，且十分激进，以后才慢慢冷下来。我一八二八年在罗马见到他时，他已经回到温和的君主制一边，甚至退得更远，到了拥护绝对君主制的地步。他学识渊博，很有修养，崇尚各种高尚的情感，仇恨并且惧怕那些革命党人：正是这股仇恨把他推向专制主义，希望从中找到一处躲避革命风暴的避难所。仍在歌颂一七九三年，赞美那些罪行的人，难道他们真是永不明白，那些罪行给人们制造的恐怖，给恢复自由带来多么大的阻力吗？

宫里曾举行过一次晚会。正是在晚会上开始了有关我的传闻。对我来说这当然是荣耀，只是我受之有愧。让·巴尔为了去凡尔赛，穿了一件金银线混纺的呢礼服，碍手碍脚，甚为不便。在奏响一支波洛涅兹舞曲时，当时的大公夫人，今日的俄罗斯皇后，以及坎伯兰公爵夫人选我当舞伴：于是我在社交场的离奇遭遇就开始了。那支舞曲像是一盆大杂烩，由好几支曲子组成，其中我高兴地听出了达戈贝尔特国王的歌：这一下我来了勇气，顿时克服了羞怯。这种晚会经常举行，尤其有一场是在大王宫举行的。我不愿来叙述自己的表现，兹如实引述霍亨豪森男爵夫人发表在柏林《摩根布拉特报》上的文章：

《摩根布拉特报》（晨版）第七十号

参加这场晚会引人注目的人物之一是法国公使德·夏多布里昂子爵。尽管晚会场面富丽堂皇，光彩夺目，美丽的柏林女人还是把目光投向了《阿达拉》的作者。那是一部精彩然而伤感的小说。最热烈的爱情在其中泯灭于对宗教的斗争。作者用弥尔顿式的绚烂色彩，描绘了夏克塔在美国原始森林躲避雷雨时的幸福时刻，这一段，还有阿达拉死的一节，将永远镌刻在所有读者的记忆之中。德·夏多布里昂先生年轻时流亡异国，生活艰难，《阿达拉》就是在那个时期写的：整部小说充满深深的忧伤和火热的激情，其原因就在于此。目前，这位经验丰富的国务活动家的大笔完全转向了政治。他最近的作品《德·贝里公爵的生与死》完全是以路易十四的颂辞作者那种笔调写成的。

德·夏多布里昂先生身量不高,但显得细长。一张鹅蛋脸上常挂着虔诚与忧郁的神情。黑黑的头发与眼睛,闪射着他的精神之光。他的才智清楚地显现在相貌之中。

可是现在我的头发都白了:霍亨豪森男爵夫人虽然与我来往有一些年头了,但她描绘的还是我美好年华时的样子。这一点请读者诸君原谅。此外,这幅画像十分俊美。只是坦率地说,它并不像我。

一八四六年十二月修改

各国公使和大使——宫廷史与社会史

对我来说,"椴树下"宾馆太大、太冷,也太破旧:我只占用了它很小的一部分。

在我的同事那些公使与大使中间,只有一个引人注目,那就是俄国全权公使阿洛泊先生。我曾在罗马见过他夫人与女儿。她们那时陪在埃莱娜大公夫人身边。倘若此时在柏林的是埃莱娜大公夫人,而不是她嫂子尼古拉大公夫人,那我会更加快乐。

我的同事阿洛泊先生有一个有趣的毛病,就是以为自己深得女人喜爱。他经常为自己使女人产生的情欲而苦恼。他常说:"天哪,真不知道我有什么魅力。无论我去哪里,总是有女人跟着,搞得阿洛泊夫人总是寸步不离，守着我。"他本可以是个出色的圣西门主义者。私人社会一如公共社会，有其自身情况：在私人社会，总不外乎形成或者断裂的爱情关系，家务事，添丁死人、个别的烦恼和快乐，等等；随着时代的变化，这些事情的外表也发生变化。而在公共社会，则总是更换内阁，战争输赢，与各国宫廷的交易，国王君主驾崩，或者王国垮台。

在勃兰登堡选帝侯，诨名"铁牙"的腓特烈二世治下，在被犹太人利波尔德毒死的约阿希姆二世治下，在把普鲁士合并到自己的选帝侯领地的西格蒙德治下，在"优柔寡断"，失去自己的堡垒，听任古斯塔夫·阿道夫与自己宫里的贵妇聊天，说什么"他们有大炮，我能干什么呀？"的乔治-纪尧姆治下，在大选帝侯（他在自己的领地只遇到一堆堆妨碍草本生长的尸骨，他接见鞑靼人的使团，翻译两只耳朵被割掉了，鼻子是木头的）治下，在他儿子，普鲁士首任国王（他被王后惊醒，惧怕得发起高烧，一命呜呼）治下，种种回忆只让人看到同样的奇闻艳事在私人社会一再重演。

腓特烈-纪尧姆一世是腓特烈大帝的父亲。这是个强硬而怪异的人，由逃亡的罗库尔夫人培养成人：他喜爱一个无法使他变温柔的少妇；他的客厅是一个烟馆。他任命弄臣贡德灵为柏林皇家科学院院长；他命人把自己的儿子关进库斯特林堡狱，并把圭特在年轻王子面前斩首；这就是那个时期的私人生活。腓特烈大帝登基以后，与一个意大利舞女私通，那女人名叫巴尔巴里尼，是他唯一接近过的女色：他娶不伦瑞克的伊丽莎白公主时，新婚第一夜仅满足于在她窗下吹笛子。腓特烈喜欢音乐，爱好写诗。腓特烈与伏尔泰两位诗人的诡计和讽刺短诗，让德·篷帕杜夫人、贝尔尼神父和路易十五大为恼火。腓特烈二世的妹妹拜罗伊特总督夫人也搅和进来，堕入爱河，就像一位诗人能做的那样。国王家里聚集了一些文人圈子，接着一些狗爬上肮脏的扶手椅，接着在安提诺乌斯①的雕像前面举行了一场场音乐会，接着是盛大的晚宴，接着来了许多哲学家，接着是新闻自由和棍棒打击，最后是一份螯虾或者鳗鱼糜，它使一位衰老然而希望长生不老的伟人②结束了一生：这就是占据那个文学与战斗年代私人社会的东西。——然而，腓特烈复兴了德意志，形成了与奥地利抗衡的势力，改变了日耳曼的一切政治关系与政治利益。

在新王（即腓特烈-纪尧姆二世和三世）统治时期，我们发现了大理石王宫，腓特烈-纪尧姆二世的宠妇利茨夫人及其儿子，玛尔什伯爵亚历山大，还有从前的演员，施韦德总督的情妇斯托尔岑伯格男爵夫人，以及亨利亲王及其可疑的朋友，利茨夫人的情敌沃丝小姐，一个法国青年与一个普鲁士将军夫人之间的假面舞诡计，最后是福××夫人，其风流韵事可在柏林宫廷秘史③中读到。所有这些名字有谁知道？将来谁又记得我们的名字？今日，在普鲁士京城，一些八旬老者几乎记不起过去一代的事情了。

纪尧姆·德·洪堡——阿德贝尔·德·沙米索

柏林社会的习俗与我相宜：下午五点到六点之间，人们去参加晚会；到晚上九点，一切活动结束，我准时上床睡觉，就像我并未担任使

---
① 安提诺乌斯（Antinoüs），希腊美少年，阿德里安皇帝的红人。公元一二二年自沉于尼罗河。皇帝把他当作神来供奉，在他投河的地方建庙纪念。
② 所谓伟人是指腓特烈二世的读报人拉姆特里。他只活了四十二岁，死于消化不良。
③ 其实是米拉波的外交信函集。夏多布里昂赴任之前曾浏览过。

节似的。睡眠吞没了生命，这就是它的好处。费奈龙说："时间漫长，生命短暂。"我那位大名鼎鼎的朋友亚历山大男爵的兄弟纪尧姆·德·洪堡当时在柏林。他在罗马当公使时我认识了他。由于他的自由主义观点，政府不信任他，他就退下来过起了隐居生活；为了打发时间，他学习各种语言，甚至世界各地的方言。他从一个国家的地理名称入手，找到了一块土地的古代居民。他有个女儿说古希腊语或者现代希腊语都一样流利。要是碰上个好日子，他们说不定在餐桌上用梵语聊天呢。

阿德贝尔·德·沙米索住在植物园，离柏林城里有一段路程。我去那个偏僻角落看过他。那些植物在温室里都冻住了。阿德贝尔·德·沙米索个子高挑，面相颇讨人喜欢。我觉得自己对这个像我一样四处漂泊的流亡者有股好感：他曾经见过北极的海，而我也以进入过北极为荣。他和我一样是流亡贵族，在柏林长大，当了宫廷侍从。阿德贝尔跑遍了瑞士，在科佩住过一段时间，就住在湖边。他曾打算死在那儿。那天他甚至写道："我看清楚了，应该在大海寻找我的永福。"

德·沙米索先生先被德·封塔纳先生任命为拿破仑城的教授，后又任命为斯特拉斯堡的希腊文教授，但他用这些高贵的话语予以谢绝："从事教育青年的工作，首要条件是不受束缚：尽管我钦佩波拿巴的才华，他却不可能让我满意。"复辟王朝提出的优厚待遇，他也没有接受。他说："我没有给波旁家族出半分力气。父辈们效力、流血得来的果实，我不能坐享其成。在这个时代，各人应该自食其力。"在德·沙米索先生家里，至今珍藏着路易十六亲笔在圣殿写的信："兹将我忠实的仆人德·沙米索先生介绍给我弟弟。"受难的国王将这封短信藏在胸口，以便交给他的首席侍从，阿德贝尔的叔父沙米索先生。

这位缪斯的孩子，隐藏在外国人队伍里，为日耳曼的行吟诗人所收养，写出的最感人的作品，也许是下面这些描写故居彭库尔城堡的诗句。他先是用德文写的，以后又翻成法文：

顶着白发的重压,
我仍思念青春年华;
忠实的图像呵,你萦绕不去,
在虚幻的时间下再生。
从一片碧海之中
耸立起那高贵的城堡:
我认出了它的屋顶、
塔堡还有齿形的雉堞;
我们纹章上的雄狮,
仍射出爱情的目光;
亲爱的卫兵,我朝你们微笑着,
一头冲进院子。
喏,这儿是泉边的狮身人面像,
是翠绿的无花果树;
那儿铺开了孩童的初梦
那徒劳无益的阴影。
在小教堂,我寻找并见到
先人的坟墓;
这是他挂刀枪的柱子,
这块被太阳染成金色的大理石
这些虔诚的记号与文字,
不,我还读不了,
湿润的纱帘模糊了双眼。
祖先们的忠诚城堡啊,
我在自己身上见到了你!
你不再有昨日的富丽堂皇,

> 岁月的犁铧犁过你身上！……
> 珍爱的土地啊，变富饶吧，
> 我以公正的心为你祝福；
> 为有用之人祝福，不管他是谁
> 只要将铧头犁开你的胸膛。

沙米索祝福耕耘土地的农夫，虽说那是他被剥夺的土地；他的灵魂一定在我的朋友儒贝尔俯瞰的地区住过。我也怀念贡堡，但我不像沙米索这样大方，我不愿放弃它，尽管它不是从我家被收去的。德·沙米索先生登上由罗曼佐夫装备的战舰，与科泽布舰长一起，发现了在白令海峡东边的海峡，并且给一个岛屿命名。当年库克曾从那些岛屿依稀见到美洲海岸。他在堪察加发现了雷卡米耶夫人烧在瓷板上的画像，还有他写的小故事，已翻成荷兰文的《彼得·施勒米》。阿德贝尔笔下的主人公彼得·施勒米把自己的影子卖给了魔鬼；而我真希望把肉体卖给魔鬼。

我现在回忆沙米索，又想起了那股难以觉察的轻风。我回柏林时穿过一座树林。那轻风微微地吹动梢头的枝叶。

纪尧姆公主——歌剧——音乐会

根据腓特烈二世的一项规定，在柏林的王族，无论男女，都不见外交使团。不过，由于是狂欢节，又由于坎伯兰公爵与普鲁士的腓特烈公主结婚（新娘是已故王后的妹妹），还由于礼仪上的某种改动（据说，这是为我做的），我有比各国同事更多的机会与王室成员接触。由于我经常去"大王宫"拜访，就在里面遇到了纪尧姆公主：她欣然把我领到各个房间去。我从没有见过比她更忧伤的目光。在宫楼后面，临斯普莱雷河的一些无人的沙龙里，她把一间卧房指给我看：在一定的日子，一位白衣贵妇经常出入这间卧室。坎伯兰公爵夫人也告诉我，她和姐姐普鲁士王后还很小的时候，听到刚刚逝世的母亲在闭拢的床帷里面跟她们说话。

我这好奇的探访结束时，不期碰上了国王。他把我领到他的小礼拜堂，让我观看带耶稣像的十字架和油画，并把他做这些革新的荣誉归功于我，因为他告诉我，他在《基督教真谛》中读到新教徒把礼拜作得过于朴素的评论，觉得我的批评是正确的：那时他还不到极端盲信路德教的地步。

晚上在歌剧院，我的包厢正对舞台，就在王室的包厢旁边。我常与公主王妃们聊天。幕间休息的时候，国王经常走出包厢，被我在走廊里碰到。他看看周围有没有外人，人家有没有可能听到我们的谈话，然后他小声告诉我，他喜欢格鲁克，厌恶罗西尼。他甚至展开来谈，抱怨艺术颓废，尤其是歌剧中那些漱口似的破坏音：他跟我说心里话，说这些意见只敢对我说，因为他身边那些人不喜欢听。一见到有人过来，他就赶忙回包厢去了。

我看了席勒的《圣女贞德》：兰斯大教堂描绘得十分逼真。国王对宗教的事十分认真，看到舞台上表现天主教的祭祀场面，很不舒服，只好忍受。《维斯泰尔》的作者斯蓬蒂尼先生是歌剧院经理。斯蓬蒂尼夫人是发明三角钢琴的艾拉尔先生的女儿，那是个可爱的人儿，只是说话慢声慢气，似乎为女性的滔滔不绝赎了罪：每个词都被她分成一个个音节，从唇上吐出来；她要是对你说："我爱你。"一个法国人的爱情很可能就在她吐出这三个字的时间里消失得无影无踪。她没法说出我的全名，可她不发一定的慈悲，是不会轻易放过我的。

有一种公共音乐会,每周举行两三次。每天晚上,男工女工下班回来,女工挎着篮子,男工拿着工具,你挤我搡地拥入一间大厅;进门时,有人给他们一张乐谱,于是他们和合唱团一起唱起来,唱得惊人地准确。两三百个人的声音混合在一起,气势磅礴,令人惊讶。待到歌曲唱完,各人又走上回家的路,我们从未有这种和谐的感觉。这是文明的强有力的手段。它把一种教育引进了德国农民的茅屋,而这种教育,我们的乡下人却缺乏:哪里有钢琴,哪里就不会再有粗野。

我的头一批公函——德·波纳先生

大约在一月十三日,我与外交部长开通了邮路。我的思想很容易屈从于这类工作:为什么不呢?但丁、阿里奥斯特和弥尔顿在政坛与诗坛不都获得了成功吗?我当然不是但丁,不是阿里奥斯特,也不是弥尔顿;但是欧洲和法国都从"维罗纳会议"看出我能干什么事情。

柏林我的前任德·波纳先生在一八一六年谈论我,就像在革命开始时在小诗中谈论德·拉梅特[①]先生一样:你要是和蔼可亲,就不要把记事本留在身后;你要是没有外交才能,就不要像职员那样正直。在我们所处的时代,你原来反对的人,说不定一阵风就会把他送到你的位子上。由于一个使节的职责首先在于熟悉使团的档案,我就看到了主人亲自整理的那些笔记。你让我怎么办?这些深文周纳的人物,为了良好事

---

① 拉梅特(Lameth,一七五六——一八五四),法国将军,政治家,曾参加美国独立战争。

业的成功而竭尽全力,却不可能面面俱到,不出一点纰漏。

德·波纳先生的笔记摘录

第六十四号

　　皇上对新组成的贵族院发表的演讲,已经为欧洲各国所获悉并且赞同。有人问我,忠于皇上的人,依附他本人,在他宫中或者在各位亲王宫中办事的人,是否确实投票支持德·夏多布里昂先生进入秘书处。我的答复是,投票是不记名的,谁也不清楚投票者投了谁。有一个要人叫了起来:"啊!要是皇上确知是哪些人投赞成票,我就希望杜伊勒利宫立即禁止那些不忠的仆人进入。"我认为我不应该回答,也就没有理睬这番话。

一八一六年十一月二十三日

……

　　本月五日与九月二十日的举措,都是由同一位公爵先生采取的:两个举措在欧洲得到的是一片赞同声。只是看到最纯粹最正统的保王派继续狂热支持德·夏多布里昂先生,尽管他出了一本书,提出了一个原则,即按照宪章,法国国王以后只是一个精神上的存在,在本质上是不存在的,不能有自己的意志。要是提出这种原则的不是他,而是别人,那么这些表面看上去有理性的人会将他定性为雅各宾党人。

一八一六年十月十五日

　　我这下子安分了。再说这也是一个好教训;它压下了我们的自傲,让我们知道身后会变成什么样子。

　　看了德·波纳先生和几个属于旧制度的使节的信函,我觉得它们传递的主要不是外交事务，而是与宫廷和社会有关的一些人物的逸事：它们成了像当若那样阿谀奉承的家伙，或者像塔尔曼①那样冷嘲热讽的家伙的日记。因此，路易十八和查理十世对我的同事那些趣味盎然的信，比对我的一本正经的公函要喜欢得多。我本可以像前任那样去欢笑，去嘲弄人；可是引起议论的艳遇和小诡计与公务相联系的时代已经过去。对我的国家来说，从描绘普鲁士首相哈登贝格先生的文字里又能得到什么好处？这个俊朗的老头像天鹅一样白，像土钵一样聋，不经允许就去罗马，拿太多的事儿寻开心，不论什么幻想都相信，最后落到磁疗医生柯尔夫手里，被他的磁气学迷上了，我曾碰见他骑马在魔鬼、医学和缪斯三不管的偏僻地带转来转去。

我对这些无聊信函很是鄙视，便在一八二一年二月十三日的十三号信中对时任外交部长的帕基埃先生说：

"男爵先生，我不会按惯例，向您报告招待会、舞会和晚会的情况；我也不会向您描绘无足轻重的人物，作毫无益处的讥讽，我努力使外交摆脱那些说长道短的陋习。非常时期过去之后，平常的统治又会恢复：今日只应描写应该活着的人，只应进攻威胁人家的人。"

公园——坎伯兰公爵夫人

柏林给我留下了长久回忆，因为我在此地找到的娱乐让我回到了童

---

① 当若（Dangeau，一六三八——一七二〇），法国道德家，路易十四的亲信，留下一部《路易十四宫廷日记》。塔尔曼（Tallemant，一六一九——一六九二），法国道德家，著有《杂闻录》。

417

年和少年时期。只不过实实在在的公主扮演了我的茜尔菲德①的角色。一些老乌鸦飞来栖息在我窗前的椴树上。它们是我永远的朋友。我扔食物给它们吃。当它们接住的面包块太大的时候,便以难以想象的灵活赶紧扔掉,转接一块小一点的,使得后面可以接一块稍大点的。这样一块块接下去,直到接到一块很大的,衔在嘴尖上,把嘴撑得开开的,再也落不下什么食物为止。吃饱以后,它们就以自己的方式唱歌:乌鸦的歌犹如旧时代的声音。我曾在冰封的柏林僻静的空地上转悠,但我没有听到从它的城墙内,一如从罗马古老的城墙内传来少女的曼妙歌声。我碰到的不是趿着便鞋,在花丛中行走的白须嘉布遣会修士,而是滚雪球的士兵。

有一天,在城墙拐角上,我和秘书雅辛特迎面碰上一股刺骨的东风,不得不在田野里猛跑,回到城里已经累得半死。我们跨进城垣,所有的看门狗都来追我们,扑上来咬我们的大腿。那一天气温表落到零下二十二度。在波茨坦,有一两个公务员冻伤了。

公园另一边,是一个废弃的旧养雉场。普鲁士的亲王们不打猎。一条运河流入斯普雷河,上面架有一座小木桥。走过桥便到了充作养雉场柱廊的杉木立柱之中。一只狐狸从仓库墙洞里钻出来,来向我打招呼,又钻回它的避难所。它让我想起贡堡槌球场的狐狸。

在柏林,被称作公园的,是一大片树林,其中有橡树、桦树、山毛榉、椴树和荷兰白树。公园坐落在夏洛登堡门口。一条大路从中穿过,通往这座行宫。公园右边是练兵场,左边是一些农舍。

公园里面当时并没有像样的路径:人们或是踏入一块块草地,或是走到一些荒野之处,常常还有一些山毛榉树身拦住你的去路。青年德意志成员在树身上用刀刻着一些心,心上插着匕首:在这些图案下面,刻

---

① 世界第一部浪漫芭蕾舞剧《茜尔菲德》中的女主人公。

着"桑德"①这个名字。一群群乌鸦,栖息在即将发芽的树上,开始亮开嗓子鸣啭。大自然中动物先于植物复苏。在解冻的水面上,这里那里浮着一只只鸭子,吞食着黑乎乎的蛙类:那些夜莺在柏林的"树林里撩开了春天的面纱"。然而公园里并非没有漂亮的动物:一些松鼠在树枝上地上追逐嬉闹,用尾巴竖起旗杆。当我走近它们嬉戏的地方时,那些小家伙就溜上橡树,停在一个丫杈上,低声抱怨着,看着我从下面经过。有几个游园的人经常来到乔木林。林子里土地坎坷不平,沟渠纵横。有几次,我遇到一个患痛风症的老军官,他暖和了身子,高兴地跟我谈起那惨淡的阳光(我在阳光下发抖),他对我说:"冷得很哪!"我经常碰到坎伯兰公爵骑着马,几乎看不见,被一株荷兰白树拦住路,鼻子几乎碰到树身。有几辆套着六匹马的轿车驶过。它们或是载着奥地利的大使夫人,或是拉着拉济维乌王妃和她女儿。那姑娘年方十五,长得像奥西昂的画上月亮周围那些长着维纳斯面孔的云彩一样可爱。坎伯兰公爵夫人几乎每天和我做一样的散步:有时她从一所茅屋来,刚才在那里救济了一位可怜的斯潘道镇的妇女,有时她停下来,亲切地说想遇见我;可爱的王女像夜晚的仙女一样从马车上下来,要在森林里转悠!我在宫里也见过她:她多次对我说,她想把儿子交给我培养。那个小乔治已经当了君主②,据说她表姐维多利亚女王曾想把他安排在她身边,坐英国的王位。

腓特烈公主婚后曾在泰晤士河边,在邱园那些花园里闲逛过。昔日那些花园曾看见我在两个紧随我不去的伙伴——幻想和贫困之间游荡。我离开柏林以后,她曾赏光与我通信;在信中逐时逐刻描写了那片欧石南丛生的地方一个居民的生活。伏尔泰曾在那里经过,腓特烈死在那里,米拉波曾在那里藏身。他后来发动了革命,而我是那场革命的牺牲品。隐

---

① 桑德,自由主义大学生,因杀死作家柯采布,于一八一九年被处决。
② 一八一五年当了汉诺威国王。

约瞧见把陌不相识的人联系在一起的链环之后，注意力就被吸引住了。

下面，把坎伯兰公爵夫人写给我的信摘录几段：

今早，一觉醒来，有人把回忆您的"最后"一件证明交给我；此后我从您房前经过，发现窗户照常开着，一切都在原位，只是您不在了！此事给我的感受，无法向您言说！我不知您此刻竟在何处；每时每刻您都离得更远。唯一不变的是二十六日，您打算到达的日子，和我对您的回忆。

但愿您发觉一切都变得最好：为了您为了普天下的幸福！我既已习惯了牺牲，也就仍能承受不再见到您的牺牲，只要这是为了您和法兰西的幸福。

四月十九日，星期四

周四以来，我每天去教堂，都要从您房前经过；我在教堂里虔诚祈祷您幸福。您房子的窗户一直开着，我很受感动：您虽然不在，却仍有人按您的爱好，照您的吩咐打开窗户。操这份心的是谁呢？有时我都觉得您并没有走，事务把您拖住了，或者您是想摆脱那些讨厌鬼的打扰，方便地远离他们。您不要认为这是指责：只有这个办法好用；不过，如果是这么回事，请对我直说无妨。

二十二日

今日天气如此闷热，在教堂里都感受不到阴凉，以致我无法在平常的时刻去散步：眼下对我来说这并不要紧。在我眼里，那可爱的小树林已失去了往日的魅力，那儿的人个个让我心烦！气温突然由冷变热，这在北方是平常事儿。居民们性情稳重，情感温柔，一点也不像气候。

二十三日

大自然变得美丽多了；自您动身以后，树木长出了绿叶：如果它们早生两日多好呵，那样，您在记忆中就能带走更有春意的图景。

二十四日

谢天谢地，终于收到您的一封信！我明白您不可能更早给我写信；可是，尽管理智做了种种计算，三个星期，准确地说，二十三天得不到您的消息，对友谊来说还是长了点儿。得不到您的消息，无异于最凄凉的流亡生涯：不过，我还留有对您的回忆，还留有希望。

一八二一年五月十二日，于柏林

我并不是像土耳其皇帝，在马镫上给您写信，而是在床上。不过这个清静的地方倒是使我时时思考您打算让亨利五世实行的新政体。我对此非常满意。烤焦的狮子只可能让他大受益处。我只是建议您从心灵开始着手此事。应该让您另外的学生（乔治）去吃羊羔，好让他不至于太坏。一定要让这个教育计划得到实现，让乔治与亨利五世成为好朋友，好盟友。

坎伯兰公爵夫人继续给我写信，先是从埃姆斯河畔，接着从施瓦尔巴赫河边，一八二一年九月二十二日回柏林后，又从那里给我写。她从埃姆斯镇告诉我：

英国将在我缺席的情况下举行加冕礼。国王确定在我一生中最凄凉的日子（我爱戴的姐姐普鲁士王后逝世的日子）举行加冕礼，我很难过。波拿巴的死也让我想起他让我姐姐吃的苦头。

五月十五日

我又见到了这些僻静的大路。要是您像答应我的那样,把您为夏洛登堡写的诗句寄给我,我就太感激您了!我又走上了通往林中小屋的路。您曾在那儿好意帮助我去救济可怜的斯潘道镇的女人。您要是想得起这个名字,该有多好呵!一切都让我想起那段幸福的时光。我并不是新近才怀念过去的幸福。

在我准备寄出此信时,获悉皇上在海上为风暴所阻,很可能被推到了爱尔兰海岸。他十四日没有到达伦敦,但是他回来的消息,您会比我们早点获悉。

可怜的纪尧姆王后今日获悉她母亲,汉斯-诺堡的君主夫人去世的噩耗。您知道,凡是与我家有关的事情,我都跟您说;但愿您有一些好消息要告诉我!

九月二十二日,于柏林

这不就像美丽的普鲁士王后的妹妹在跟我谈"我的家族",就像她好意谈我的祖先、姑姑和普朗古埃默默无闻的亲戚似的?这个异国的王室,与我仅仅认识,并不欠我什么,却这样亲切地对待我,而法兰西的王室何时又给过我类似的殊荣呢?还有好些情意殷殷的信,我都没提:它们含有几分痛苦、克制、甘忍、高贵、亲切与优雅的意味。我对君王家族的评价也许过于严厉,它们抵消了我那些过头话。我们回溯一千年,查理曼的女儿腓特烈公主曾在黑夜把恋人埃金赫尔德扛在肩上带走,以免在雪地上留下痕迹,让人发现他们恋爱的秘密。

我于一八四〇年重读了这一篇章的回忆录:不禁为我生活中这连续不断的离奇遭遇所吸引。我错过了多少命运的安排啊!要是我陪同小乔治这个有可能继承王位的人回英国,我将看到新的梦想破灭。本来,这个梦想有可能让我改换祖国,正如第一次,如果我没有结婚,就会留在莎士比亚和弥尔顿的国度。年轻的坎伯兰公爵由于失明,并没有娶表妹英国女王为妻。而坎伯兰公爵夫人则成了汉诺威王后:现在她在哪儿?是否幸福?我又在哪儿?感谢天主,再过一些日子,我就不必回顾往昔的生活,也不必扪心自问了。但是我不可能不祈求上天保佑,让腓特烈公主晚年幸福。

我仅是举着和平的橄榄枝,才被派到柏林去的,另外,派我去那儿,也是因为我留在巴黎让行政当局不安。不过,由于我知道命运无常,也感到我的政治角色并没有演完,也就密切注视着事态的发展:我不愿抛弃朋友。不久,我就觉察到,拥护国王的一派和支持政府的一派并没有真诚和好,他们之间仍存在着成见和不信任;人家答应我的并没有兑现:他们开始攻击我。而德·维莱尔和德·科比埃尔两位先生入阁激起了极右派的嫉妒;他们不再在前者的旗帜下前进;而前者雄心勃勃,焦躁不安,开始产生厌倦。我们往返了几封书信。德·维莱尔先生后悔不该入阁:他错了,我看准了的证明,便是一年不到,他当了财政部长,德·科比埃尔先生则当了内政部长。

我也向帕基埃男爵先生做了一番说明;我一八二一年二月十日写信告诉他:

> 男爵先生,从今日即二月九日上午到达的信使那里,我获悉了巴黎的情况,得知有人怪罪我从美因茨给哈登堡亲王写信,甚至派信使给他送信。我根本没有给哈登堡先生写信,更没有派信使给他送信。男爵先生,我希望人家高抬贵手,不要找我的碴子。要是我的效力不再让人满意,人家只须直说就是,没有比这更叫我高兴的事了。人家派给我的这份差使,既不是我求来的,也不是我希望的。我接受这种体面的流放,既非出于爱好,也非出于选择,而是为了和平的利益。保王党人在内阁重新集合,但内阁却不清楚是我

促成了这种集合。有权抱怨的本该是我。我出来以后,人家又为保王党人干了什么?我不停地为他们写信:可他们听我的吗?男爵先生,谢天谢地,我生活中除了出席舞会,还有别的事儿要做。国家要我效力,生病的妻子需要我照顾,朋友们要求我引路。担任一个驻外使节,或者一个国务部长,我也许心有余而力不足。比我更胜任办外交的,你们不乏其人。寻找一些借口来找我的碴子,其实并无益处。有些事儿不用细说,我都明白;您会发现我随时准备回去过默默无闻的生活。

这一切都是真诚的:就算我有某种野心,这种坦坦荡荡,视名利如浮云,不贪恋任何好处的态度也是我的强大力量。

我的公函续篇

我与帕基埃先生继续保持外交公函来往。我继续关心那不勒斯事件[①],在信函中说:

> 奥地利摧毁了两西西里的雅各宾大厦,给君主政体帮了一忙。不过,要是来一场迫不得已的拯救行动,结果却只征服一个省,或者压迫一个民族,那么它就会断送这些君主政体。必须把那不勒斯从煽动人心的独立中解放出来,建立君主制的自由;必须给那不勒

---

① 一八二〇年那不勒斯发生了烧炭党人起义,一八二一年三月遭奥地利军队镇压。

斯砸碎锁链，而不是给它戴上锁链。可是奥地利并不愿意让那不勒斯实行宪政：它准备让那不勒斯实行什么政治呢？而人呢？他们在哪儿？只要有一个自由主义的本堂神父和二百名士兵，就可以从头开始。

在自愿或者强迫的占领之后，你们再介入进去，以便在那不勒斯建立一个立宪政府。在这个政府里，一切社会自由都得到尊重。

第十五号信函，一八二一年二月二十日

我在法国始终保持了舆论的优势。它迫使我把目光投向国内。我大胆地把下面这份方案呈交部长：

果断接受立宪政府。

推行七年改革，不打算保留现行议会的某一部分，如果保留一部分，效果令人怀疑，如果保留全部，则结局危险。

放弃特别法，因为它是专制的根源，纷争与诽谤的永恒主题。

把乡镇从内阁专制下解放出来。

在三月三日的十八号公函里，我重提西班牙的事情，说：

西班牙很可能会迅速把君主国变成共和国：其宪制会带来成果。国王要么逃走，要么被废黜；他并不是个强者，控制不了革命。这个西班牙还有可能在民众掌权的状态下存续一段时间，如果它组成联邦共和国的话。它拥有众多小邦公国，风俗、法律甚至方言都各个不同，比别的任何国家都适合组成这样的团体。

我有三四次提到了那不勒斯事件。我在三月六日的第十九号公函中指出：

> 在一个更换主子如此频繁、受惯革命动荡的国家，正统王权并未深深地扎根。友爱还来不及产生；风俗也来不及接受各个世纪各种制度不变的印记。在拿波里民族，有许多堕落或者野蛮的人，他们彼此间并无关系，与王权也只有微弱的联系：君主制离乞丐游民太近，离卡拉布里亚人太远，因此得不到尊重。法国人的武力太强，拿波里人的武力又不够，因此民主自由立不起来。

最后我还说了些葡萄牙和西班牙的事。

有传言说，若昂六世在里约热内卢登船往里斯本来了。一个葡萄牙国王来到欧洲，要在欧洲革命中寻找躲避美洲革命的安全处所。当年那个征服者迫使他逃往新大陆，现在他要从曾经阻住那位征服者的山崖脚下经过。这真是命运的捉弄，完全与我们的时代相称。

我（在三月十七日的第二十一号公函中）说："西班牙的一切都让人担心。本岛的革命将经历其一切阶段，除非有一只手伸过来把它拉住。但是，这只手又在哪里？这就是问题所在。"

这只手，我有幸于一八二三年找到了：这就是法兰西的手。

在我四月十日二十六号公函的这一段，我高兴地读到了对同盟国带有妒忌的反感，以及我对法国尊严的担心。在提到皮埃蒙特时我说：

"皮埃蒙特的骚乱延长下去，不会有近忧；但是，它会导致奥地利与俄罗斯的武装干涉，会引来长远的灾难。俄罗斯军队一直在运动，并没有撤销原来的命令。

"您会看到，在俄罗斯和奥地利军队占领皮埃蒙特期间，派二万五千人马占据萨瓦，能不能保卫法国的安全，体现法国的尊严。我认为，这个有力的很有策略的行为，在迎合法国人自尊心的同时，将变得家喻户晓，给内阁带来无限光荣。皇家近卫军有一万名将士，再从其余部队挑选一批优秀士兵，很容易组成一支二万五千人的忠诚精锐之师：当我军的白旗再次见到敌人时，会确保胜利。

"男爵先生，我知道我们应当避免伤害法国人的自尊心，也知道俄罗斯和奥地利在意大利的统治可以激发我们的斗志；但我们有一个简易的办法来鼓舞我们的斗志，那就是占领萨瓦。保王党人会为此高兴。而自由党人看到我们的态度与我们的力量相称，只会拍手叫好。我们既可领略镇压一场蛊惑人心的革命的幸福，亦可得到恢复我们军队优势的光荣。如果对调集二万五千人马进军外国，与俄国人奥地利人做武力对抗感到担心，那就是不理解法兰西精神。我以头颅来担保事件成功。我们在那不勒斯的局势中可以保持中立，但在事关我们安全与光荣的皮埃蒙特骚乱中，我们还能保持中立吗？"

这段话揭示了我的整个方案：我是法国人；早在西班牙战争之前就有了一套可靠的策略，而且我也看出来，就是获得成功，这种成功本身也会把责任压在我头上。

我在此回忆的一切，大概没有人会感兴趣；这就是回忆录的缺点：当它没有历史事实可讲述时，就只能跟你说作者的为人，以至于使你厌烦。现在，我们就把这些被人遗忘的影子丢开不管吧！我更愿回忆米拉波还是默默无闻的时候，于一七八六年在柏林完成的一桩无人知晓的使命：他不得不训练一只鸽子，以便向法国国王报告可怕的腓特烈断气的消息。

米拉波说："我有些不知所措。城门肯定关上了。甚至腓特烈一断气，波茨坦岛上的桥梁立即就会拆除。要是那样，新王打算怎样执政，我们就可能长久得不到确切消息。如果第一个推断成立，那么怎样把一个信使送出去呢？任何翻越城墙或者栅栏的办法都会招来麻烦。栅栏外面，每隔四十步，城墙外面，每隔六十步就有一个哨兵。怎么办？我要是公使，只要确知死亡的症状，不待人断气就会下决心派信使出发，因为'死亡'这个词还有什么更多的意义？处在我的位置，我能这样做吗？不管怎样，最要紧的是办好事情。我有充足的理由信不过使团的活动能力。我怎么办呢？我派一个可靠的人骑着烈马到十来里外的一个农庄。几天前我在这个农庄的鸽棚里买了两对鸽子，并做了放飞试验，鸽子都飞回去了。只要波茨坦岛上的桥被拆掉，我就可以用鸽子传信。

"我觉得我们还没有阔到要把一百个金币往窗外扔的地步；我苦思冥想，花了一些金币，费了不少力，做了美好的打算，希望它们还会飞回来，最后还是放弃了。我放掉鸽子。我做对了还是错了？我不知道；不过我并没有明确的使命，而且有时人家对你干分外事并不领情。"

关于德国的报告草稿

使节们都得到命令，在驻外期间，要对驻在国的政府与民众状况撰写一份报告。这一系列的报告可能对历史有用。今日人们也发出同样的命令，只不过几乎所有的外交人员都不服从。我在使团的时间太短，无法写完长篇观察报告。不过我还是写出了草稿；我的工作耐性并非毫无效果。现在我又找到这份观察报告：

从拿破仑倒台之后，日耳曼联邦引入的代议制政府在德意志唤醒了革命起初在这里引发的最早的改革思想。这些思想带着猛烈的力量，酝酿了一段时间：当局号召年轻一代保卫祖国，答应给他们自由。本世纪的科学知识有支持自由主义学说的倾向。年轻学生们在老师那里发现了这种倾向。于是他们迫不及待地接受了当局的许诺。在日耳曼的天空下，热爱自由成了一种阴忧而神秘的狂热崇拜，由一些秘密社团发起。桑德行刺吓坏了欧洲。此人虽然带出了一个强大的派别，其实他本人只是个平常的狂热信徒。他判断有误，把一种平庸的思想当成卓越的思想；行刺的对象也选错了，他除掉的只是一位作家。这位作家的才华不足以使他渴望统治帝国，也没有多少征服者和帝王的威风，不值得挨上这么一刀。

设立政治调查法庭，取消新闻自由遏止了这种思想运动。但切不要认为它的力量消除了。德意志一如意大利，如今渴望政治统一。这种念头迟早要苏醒，就看人的行为和事件的进展如何。人们在把它唤醒的同时，永远可以确信会激起日耳曼人民的热情。那些君主或者部长虽然可能出现在德意志联邦的阵营，加快或者推迟这个国家革命的爆发，但绝不可能阻止人类一代代发展；每个世纪都有自己的一代人。今日在德国甚至在欧洲都不再有这种人了。人们从巨人堕落到侏儒，从广阔的天地跌落到狭窄的沟谷。拜恩虽然有所后退，但是通过蒙热拉先生组成的内阁，还是促使了新观念的产生，而黑森的君主却甚至不承认欧洲发生了革命。刚刚去世的君主希望他的士兵头上扑香粉，身穿燕尾服，而这些士兵从前是热罗姆·波拿巴的部属；他把旧时的时尚当作古老的习俗，然而他忘了人们可以仿效旧时的时尚，却绝不会恢复古老的习俗。

一八二一年，于柏林

夏洛登堡

在柏林，在北方，宏伟的建筑都是城堡。单是它们的外观就使人心情沉重。如果在土地丰饶、人口众多的地区，见到这类要塞，能使人生出合法防卫的想法；妇女和孩子们或是坐在离哨兵有一定距离的地方，或是在那儿玩耍；他们与哨兵形成了颇为有趣的对照。而在荒凉无人、杂草丛生的地方见到一座堡垒，就只会使人联想到人类的怒气：如果不是针对贫瘠和独立，这些城墙又是针对什么而垒的呢？非得要我这样的人，才会生出兴致，来这些堡垒脚下转悠，来听在这些沟堑里呼啸的风，来看这些为防御永远也可能不会出现的敌人的护墙。这些军事上的迷宫，这些面对面架在长草的凸角上的沉默的大炮，这些石头的突出部位（那儿不见人影，没有任何眼睛向你张望）如今令人难以置信地悲凉。在大自然和战争造成的双重荒凉之中，你在一片开阔地带的角堡下发现了一株雏菊。花神这么适意地躲在这个遮风避雨的地方，让你感到一丝慰藉。当我在意大利的城堡，看见一群山羊被拴在废墟上，牧羊女坐在伞形松树下；当我在耶路撒冷四周中世纪的城墙上，把目光投入塞德隆山谷，看见几个阿拉伯妇女踩着砾石爬陡坡，那些场景无疑也很凄凉；但是历史摆在那儿，现在的寂静只是让人更清晰地听到过去的声音。

我借德·波尔多公爵受洗的机会请假，获允后就准备动身。伏尔泰在给侄女的一封信中说，他看到斯普雷河奔流不息，流到易北河，易北河又奔流不息，投入大海，而大海接纳了塞纳河；他就这样南下去了巴黎。在离开柏林之前，我最后一次去拜访夏洛登堡：它既不是温莎，也不是马德里南边的阿朗珠埃和那不勒斯附近的卡塞特，更不是枫丹白露；别墅背靠一个小村庄，周围有一块面积不大的英国式园林，从那儿可以见到外面的一些荒地。普鲁士王后在这儿安息，对波拿巴的回忆再也不会扰乱她的生活。当年那位征服者带着军乐队和在耶拿浴血拼搏出来的部队突然出现在这里时,在这个清静的隐修所造成多大的喧闹啊!正是在柏林,在把腓特烈大帝的王国从地图上抹去之后,波拿巴才宣布实行大陆封锁,并开始考虑发动莫斯科战役;他的言论已经给一个完美的王妃心中带去了死亡:如今她安眠在夏洛登堡一个巨大的地下墓室里;人们为她立了一尊美丽的大理石雕像。我应坎伯兰公爵夫人之请,在坟墓上题了一些诗句:

> 游客:守墓人,告诉我,
> 在荫护这些泉源的参天松树下,
> 这座新建筑是什么?
> 守墓人:游客啊,有朝一日,
> 你的生命之旅将会终结:
> 这是一座坟墓。
> 游客:是谁躺在里面?
> 守墓人:一个充满魅力的人。
> 游客:人家喜欢她吗?
> 守墓人:人家爱戴她。
> 游客:开门让我看看。
> 守墓人:你若担心流泪,
> 就不要进入。
> 游客:我常常为希腊
> 或意大利流泪。
> 有人从死者的盛大仪式拿来这块大理石墓碑;
> 是哪座坟墓出让它以增加这里的魅力?

是安提戈涅还是柯尔内莉①

守墓人：美人的形象激发

你的热情；

在我们的树林中走过她的生命。

游客：是谁替她在这些

饰有贴面的大理石墙上

一顶顶地挂上她的王冠？

守墓人：是些俊美孩童，

她在尘世的贞洁

使她得到这些宝贝。

游客：有人来了。

守墓人：这是一位丈夫，

他把脚步送到这里

悄悄滋养冥府的回忆。

游客：那么他失去了一切？

守墓人：不，他还剩王位。

游客：王位无法给他安慰。

---

① 安提戈涅（Antigone），希腊神话底比斯王俄狄甫斯的女儿，因违抗新王克瑞翁的禁令，埋葬阵亡的哥哥波吕尼刻斯，被拘禁在墓穴里，就在那里自缢。柯尔内莉（Cornelie，公元前一八九—前一一〇），古罗马女子，西庇阿大家族的人，早年丧夫，含辛茹苦抚育儿子，是贤德的楷模。

从柏林卸任到伦敦赴任的间隙——德·波尔多公爵的洗礼——给帕基埃先生的信——德·伯恩斯托弗先生的信——安齐隆先生的信——坎伯兰公爵夫人最后一封信

我到达巴黎,正赶上给德·波尔多公爵举行洗礼。路易十四的孙子的摇篮是从国外邮购的,我曾有幸为它付过邮资,可是它也和罗马王的摇篮一样失踪了。在与罗马王不同的时代,卢韦尔的暴行可能确保亨利五世的君权。可是对于杀人犯罪的人,杀人不再是一种权利。

德·波尔多公爵的洗礼举行以后,人家又把我安排进内阁:把它夺走的是德·黎塞留先生,把它归还的还是德·黎塞留先生;弥补过错给我带来的快乐,并没有超过犯下过错时给我造成的伤害。

当我自以为将回柏林去看那些乌鸦时,局势变得复杂:德·维莱尔先生退出了内阁。我忠于友情和我的政治原则,认为应该与他一同退出政坛。于是我致函帕基埃先生:

男爵先生:

本月十四日,您打算召我去府上,宣布我必须再赴柏林任所。我荣幸地回答您,由于德·科比埃尔和德·维莱尔两位先生似乎要退出内阁,我的义务就是追随他们。在代议制政府的工作实践中,同一观点的人习惯于分享同一命运。男爵先生,习惯要求我做的事,荣誉命令我做,既然这不是得到,而是失去恩宠。因此,我现在书面向您重申口头曾向您提出的要求:辞去驻柏林宫廷全权公使的职务。男爵先生,希望您能将我的辞呈放在国王脚下。我恳求陛下接受我的理由,并且相信,我对他屈尊给予的恩情深怀感激与敬意。

我谨……等等。

夏多布里昂

一八二一年七月三十日，于巴黎

我向德·伯恩斯托弗伯爵通报中断我们外交关系的事件；他回信说：

子爵先生：

虽说长久以来我就期待您的消息，可我还是为此深感不安。在这种微妙的局势里，促使您做出决定的理由，我表示理解和尊重。但是，除了在这个国家，人们对您的普遍敬佩又增加了新的理由以外，人们在长久担心的永远无法弥补的损失得到证实之后，也更觉得惋惜。国王本人与王室成员都深感遗憾。这种感情，我只等您返回任所时才向您正式表示。

我恳求您保留对我的回忆和好意，并且接受我再次表示的不可侵犯的忠诚和崇高敬意。

伯恩斯托弗

一八二一年八月二十五日，于柏林

我赶快向安齐隆先生表示友情和遗憾。他那封十分精彩的回信（撇开对我的赞扬）值得转述如下：

先生，大名鼎鼎的朋友，您真的要离开我们，无可挽回了吗？虽说这悲伤离别我早有预见，还是被它搞得十分难受，就像未曾料到似的。其实我们有资格把您留下，有资格拥有您，因为我们至少有一点小小的长处，就是感受、承认和钦佩您胜过别人的地方。要是对您说，皇上，各位亲王，朝野上下都舍不得您走，那是赞扬他们，而不是赞扬您；要是告诉您，我为这份依依不舍的感情感到欣慰，我为我的祖国感到骄傲，我与他们一样舍不得您走，这又远不是实话，而且也让您领会不到我的感受。请允许我认为，您十分了解我，完全可以看出我的心。即使这颗心指责您，我的头脑也不但完全宽恕您，而且还要对您高尚的举动，对您奉行的原则表示敬意。您本来就该给法国来一个深刻的教训，做一个光辉的榜样，现在，您在拒绝给一个缺乏自知之明，或者没有必要的精神勇气退出政坛的内阁效力时，还清了这两笔夙债。在一个代议制的君主国，部长们和把部长摆在最重要位置加以使用的人应该组成一个清一色的内阁；这个内阁的各个部分应该紧密团结。在那里不像其他内阁那样，朋友要分开；在那里朋友相互支持，共同进退同上同下，甚至一同垮台。您已经身体力行，与维莱尔和科比埃尔两位先生同进同退，向法国表明了这个准则的切实可行。同时您也让法国明白，事关原则之时，就不要考虑个人的升官发财。即使您的原则不具有理性、良知和历代的经验，但只要有您这样的人在这些原则指导下所做的牺牲，就足以使人做出对这些原则有利的，在懂得尊严的人看来是有力的推断。

我焦急地等待下次选举的结果，以便为法国占星算卜。下次选举将决定法国的未来。

再见，大名鼎鼎的朋友；希望不时地从您所居的高处，洒下几滴甘露，以滋润一颗始终爱您敬佩您的心。这颗心只要还在跳动，就不会中断对您的感情。

安齐隆

一八二一年九月二十二日于柏林

我不再为自己和朋友的命运操心，只是关心法国的利益，便把下面这份照会交给御弟大人：

照会

倘若皇上垂询，我为了他的办事机构的利益，以及法国的安宁，将提出以下条陈。

任命卢阿耶-柯拉尔[①]先生，将使选举院偏左的中间派满意；不过我认为如果在贵族院或者众议院选一个持中间观点的有功之人入阁，和平会更有保障。

再从独立的右派众议员中选一个入阁；

按这种思想来分配各部实职。

至于要办的事：

在合适的时候推出一部有关新闻自由的完整法律。撤销追究意图和随意审查这两条。准备一部市镇法；完善七年任期法，把有备选资格的年龄定在三十岁。一言以蔽之，手持宪章前进，勇敢捍卫宗教，既要反对亵渎宗教的行为，又要防止宗教狂热对宗教本身带来危害。

至于外事工作，国王的部长们应该以三件事为目标：法兰西的荣誉、独立与利益。

新法兰西现在是百分之百的保王国家，但它也可以变成百分之百的革命国家：只要依法行政，我以头颅担保，可享几百年的太平；要是违法或者乱法，我就只能担保几个月的前程。

我和我的朋友准备竭尽全力，支持按上述基本条件组成的行政机构。

夏多布里昂

---

① 卢阿耶-柯拉尔（Royer-Collard，一七六三——一八四五），法国政治家，空论家。

一个女人味盖过王妃味的声音来补偿一种不断变化的生活的痛苦。坎伯兰公爵夫人的字迹如此潦草,我都几乎认不出来了。信上署的日期是一八二一年九月二十八日:这是我最后一次收到的这位王妃的亲笔信。唉!那段时间在巴黎支持我的其他高贵女友都已离开人世!难道我还要如此顽强地留在尘世,比我所依恋的人都活得长久?那些越老越糊涂,活够了日子记不起事来的人是多么幸福啊!

财政部长德·维莱尔先生——我被任命为驻伦敦大使

德·维莱尔和德·科比埃尔两位先生辞职不久,内阁就解体了,于是如我所预料的,我的朋友们又回到内阁:德·蒙莫朗西子爵被任命为外交部长,德·维莱尔先生为财政部长,德·科比埃尔先生为内政部长。我在前面那些政治行动上参与太多,对舆论的影响又太大,以至于人家不可能把我晾在一边,于是决定派我去伦敦使馆,替换德卡兹公爵先生:只要把我打发到远方,路易十八总是同意。我去向他表示谢忱。他对我谈起那位宠臣,言语间流露出恒久不变的眷念,这种感情,在君王身上真是少见。他请我在乔治四世头脑里抹去对德卡兹先生的成见,并叫我忘掉从前与那位前警察大臣的分歧。这位君主受过那么多苦难,都不曾流下一滴眼泪,现在却为曾经有幸成为他朋友的人可能吃过的苦头动情。

我的任命唤醒了记忆:脑海里又浮现出夏洛特的身影;我的青春岁月,流亡生活带着它们的苦与乐又出现在眼前。人类的弱点让我把重返故地当成一种快乐:当年我在那边默默无闻,势单力薄,如今已是名闻遐迩，手握大权。德·夏多布里昂夫人怕海，不敢过海峡，于是我单身赴任。使团的秘书们先我动身。

篇章二十七

一八二二年——伦敦发的第一批公函

正是一八二二年在伦敦，我才连续写出了这本回忆录中最长的部分，其中包括我去美国旅行，返回法国，结婚，上巴黎，与兄长同赴德国流亡，从一七九三年到一八〇〇年在英国居留，以及在那儿吃的苦头等内容。那里面有对古老的英格兰的描写。由于我一八二二年担任驻英使节时又描写了英伦风情，因此对一七九三年到世纪末的人物与风俗的变化感到吃惊。我自然而然地把一八二二年看到的景象与在海峡对岸流亡七年的所见所闻做比较。

因此，有些事情，我本该放在伦敦当大使篇章中来叙述，却已经提前写过了。到我魂牵梦绕的地方旧地重游时我的激动，感受，我在前面已经说了。可是，你们也许没有读那部分？你们做对了。现在，我只要告诉你们，我在叙述伦敦任职期间的事情时留下的空白在哪儿补上就行了。因此，我一八三九年写这些文字时，心却是回到了一八二二年和一七九三年的死人中间。

一八二二年四月，我在伦敦，距萨顿夫人（即当年的夏洛特）有四百来里。我在肯辛顿公园散步，带着新近的印象和年轻时的往事：年代的混杂在我身上造成了记忆的混杂。日趋衰弱的生命如希腊科林西亚城的大火，把缪斯与爱神的青铜雕塑、三角支架与坟墓混合在一起。

当我下榻到波特兰广场宾馆时，议会还在休假。副国务秘书普朗塔先生以伦敦德里侯爵的名义，建议我去北克莱吃晚饭。那是那位大贵族居住的乡间别墅。别墅朝花园的窗前，长着一棵大树；远处可看见几块草场；周围的山丘上长着小块小块矮林，使这块地方的风景与英国平常的风景不同。伦敦德里夫人作为侯爵夫人和首相夫人，名声十分显赫。

我四月十二日的第四号公函叙述了与伦敦德里侯爵的初次会晤；它涉及了我将料理的事务：

子爵先生：

前日，星期三，上午十时，我去了北克莱，与伦敦德里侯爵会谈。兹将会谈情况荣幸地向您报告如下。饭前会谈了一个半小时，饭后又继续，但没有饭前自在，因为有外人在场。

一开始伦敦德里侯爵再三了解皇上最新的健康状况，明显地显示出政治上的关注。我在这方面让他放心后，他又谈起我国内阁的情况，对我说："它稳定了。"我答道："它从来就没有不稳过。由于它属于一派人，只要这派人在议院占主要地位，它就不会倒。"于是我们由此谈起选举：我告诉他夏季开会有好处，可以在财政年度内恢复秩序，他听了我的话似乎有些吃惊；看来在此之前，他一直未弄清楚这方面的情况。

接下来我们谈起了俄罗斯与土耳其之间的战争。伦敦德里侯爵在谈论军队与士兵时，似乎与我们的前任内阁观点一致，认为我们调集大军将有危险。我驳斥了这种观点，指出带领法国士兵参战没有任何值得担心的；法国士兵看到敌人的旗帜绝不会叛变；我还指出，我们刚刚扩充了军队，如果必要，明日还可以扩编，毫无困难；说实话，在一个驻防区里，可能有几个士官会喊"宪章万岁"，但是到了战场上，我们的掷弹兵们都会高呼"国王万岁"。

我不知道这个重大政策是否让伦敦德里侯爵忘了贩卖黑奴；他一个字也没跟我谈起。换了话题之后，他又跟我谈起美国总统送来的文书，要求和会承认西班牙殖民地的独立。我对首相说："商业利益可能从中得到某种好处，可是我不相信政治利益能得到同样的好处。世界上共和思想已经够多了，再增加下去，会愈来愈危害欧洲君主国的命运。"伦敦德里侯爵完全同意我的看法，对我说了这些值得注意的话："至于我们（英国人），根本不准备承认这些革命政府。"他说的是真话吗？

子爵先生，有关重要的谈话，我是应该原原本本地向您复述的。但是，难道我们没看到，英国或迟或早会承认西班牙殖民地的独立；公众舆论和商业活动会迫使它承认的三年来，它已经花费巨资，与巴拿马地块南北暴动的省份秘密地建立联系。

简而言之，子爵先生，我觉得伦敦德里侯爵先生是一个睿智的人，精通古老的治国行政方法，说话也许不够直率，惯于搞驯服外交，听到一种更适合法国的说法时觉得惊讶，却不会觉得不快；总之，他与一个保王党人交谈，难免不感到惊异，因为七年来人家一直告诉他，这人是个疯子和傻瓜。

　　致
　　礼！
　　我谨……等等。

一八二二年四月十二日，于伦敦

一如所有的驻外使馆，伦敦使团既要办理这类一般事务，也要处理一些特别事情。我曾受理了菲茨-詹姆斯公爵先生的诉状，英国船只"伊莉莎-安娜"号的官司，和泽西岛渔民滥捕格兰维尔蚝群的诉讼案。我不得不用一点脑子去装提出要求者的材料，为此感到遗憾。当人们在记忆中搜索时，碰到厄斯琼、科平格、德列日和皮弗尔这些先生是很讨厌的事。可是，再过几年，我们还会比这些先生更有名？有一个叫博纳先生的人在美国逝世了，法国所有叫博纳的人便都给我写信，要求继承那人的遗产。那些折磨人的家伙还在给我写信！可是现在是该让我安静的时候了。我回信告诉他们，因为发生了王权倒台的小事件，我不再管这种事儿了，可是他们坚持己见，硬要继承。

至于东方，需要回忆一下君士坦丁堡的几个大使。我预计英国不会跟随大陆同盟行动，便向德·蒙莫朗西先生做了通报。人们原来担心俄罗斯与土耳其宫廷决裂，其实这事并未发生：亚历山大的节制推迟了决裂的时间。我为这事来来去去，观察推测，费了不少力；我写了不少公函，它们和关于未遂事件的报告一起，送进了档案馆，在里面发霉。比起我那些同事，我至少有一点优势，就是并不看重自己的工作。我看着它们和人类失落的思想一起坠入忘川。

议会于四月十七日复会。十八日国王回宫。十九日我进宫晋见。在十九日的公函里我报告了晋见的情况；那封信是这样结尾的：

  英王陛下话语紧凑，话题多变，我没法把皇上特意交办的事情告诉他。不过他还会接见我，下次会有机会说的。

一八四六年十二月改定

与乔治四世谈论德卡兹先生——合法王权治下我国外交的高尚表现——议院开会

王上特意交代我跟乔治四世说说有关德卡兹公爵的事情。后来我完成了使命：我对乔治四世说，路易十八听说他的使节受到冷遇，很是气恼。乔治四世回答道：

"德·夏多布里昂先生，您听我说实话：我并不喜欢德卡兹先生的使命；这对我是略为轻慢了点。一个宠臣，没有别的功勋，只不过得到主子的圣眷，我是顾着与法兰西国王的友情，才接受了他。路易十八很看重我的善意，本来这是对的；可是，我总不能宽容到对德卡兹先生以大礼相待的地步，因为要是那样做，英国会感到伤了面子。不过请转告贵国国王，他派您来向我提出此事，我深受感动；我永远乐于向他表示真正的敬意。"

听了这番话，我的胆子也大了，便把脑子里想起来的对德卡兹先生有利的话都对乔治四世说了。他半用法语，半用英语回答说："好极了！您是个真正的绅士。"回巴黎后，我把这次谈话的情形报告了路易十八：他显出感激我的样子。乔治四世跟我说话，像个有教养的君主，但又像个性格平易的人；他之所以不显得严厉，是因为他有别的考虑。然而与他开玩笑可得讲分寸。有一个与他同席吃饭的人曾经打赌，说他要是请乔治四世拉铃，乔治四世就会拉铃。果不其然，乔治四世真的拉了铃，只听他吩咐值班侍从说："把这位先生赶出去。"

我脑子里始终想着的，是使我们的军队恢复实力与光荣。四月十三日，我致函德·蒙莫朗西先生："子爵先生，我冒出了一个念头，想听听您的看法：在与奥地利驻伦敦大使埃斯泰尔哈吉亲王聊天时，我暗示他，如果奥地利军队需要从皮埃蒙特撤出部分军队，我们可以顶替上去。作为会谈，您觉得这样妥当吗？最近传说我们的军队在多菲内集结，这给我提供了一个有利的话题。一八二一年六月皮埃蒙特发生暴乱的时候，我曾向前内阁提议在萨瓦驻兵（参见我从柏林发出的一封公函）。前内阁拒不采取这个措施，我认为它是犯了大错。我坚持认为，在意大利驻扎部分法军，将对舆论产生重大影响，皇上的政府可以从中获得巨大光荣。"

证明复辟王朝时期我们外交高明的事例不胜枚举。可它们对于党派有什么关系？明明维罗纳会议就摆在那儿，明明那些外交文献无可争议地显示，除了俄罗斯，整个欧洲都不愿意打西班牙战争，可今天早上还有一家左派报纸宣称，同盟国曾强迫我们充当他们的宪兵，去打西班牙战争。其实不仅欧洲不愿意打，而且英国还公开表示厌恶那场战争，甚至奥地利还暗中以不那么高尚的手段来反对我们打那场战争。这个事实并不能阻止明天又有人撒谎；人们甚至不愿劳神去考查一下问题，读一读人家没有读过就妄加评论的东西！任何谎言，只要重复几次就成了真理：人类的舆论怎么鄙视都不过分。

四月二十五日，小罗素勋爵在下院就国家在议会的代表状况提出一项动议；坎宁先生表示反对。接下来他也提出一项议案，撤销部分剥夺贵族院天主教议员投票权和出席议会会议权利的文件。我出席了这几次会议，坐在议长让我坐的羊毛绒椅上。坎宁先生一八二二年出席贵族院的会议，他的提案遭到否决；老财政大臣的一句话让他十分不快：那位先生在谈到提案的作者时，轻蔑地叫道："有人肯定地说他会动身去印度：啊！让他去吧，这漂亮绅士！让他去吧！一路顺风！"坎宁先生出门时对我说："我不会放过他的。"

霍兰勋爵演说十分精彩，不过还是少了福克斯先生的风采。他常常就地转身，背朝大家，对墙说话。大家叫着："听啊！真来劲！"对这怪异的举止毫不反感。

在英国各人都尽可能表达自己的想法，都不会使套子耍花招；说话的人无论声音还是用词都不相似。听的人很有耐心，即使说话人说得不流畅，大家也不介意：就让他含糊不清，让他结结巴巴，让他去想词儿吧，只要他说出几句理智的话，大家就觉得他"演说精彩"。这种保持自然本色的人的多样性最终还是让人愉快的，因为它打破了千人一面的单调。确实，只有极少数贵族和下院议员起了身。我们始终坐在一个舞台上，说话行动都像是一丝不苟的木偶。我先在柏林那秘密而静穆的君主制下待过，以后又在伦敦公开的闹闹嚷嚷的君主制下当差，这段经历对我是有益的一课：从处于一种制度两端的两个民族的对比中，我们可以得到某种教益。

英国社会

国王的驾临、国会的复会、欢乐季节的开始，这些事把职责、事务和快乐搅和在一起：人们只能在宫廷、舞会和国会见到那些部长大臣，为了庆贺陛下的诞辰，我出席了伦敦德里侯爵府上的宴会，又出席了伦敦市长在游艇上举行的酒会。游艇溯流而上一直驶到了里斯满。我更喜欢威尼斯海军兵工厂的小型豪华战船，它只带着对一位位总督的回忆[①]，和一个维吉尔的名字。从前过流亡日子时，我瘦骨嶙峋，打着赤膊，虽说不是西庇阿[②]，却也曾在市长大人的豪华游船擦过的那一带岸边打过

[①] 威尼斯总督在每年升天节都要从豪华战船上把一个金戒指扔进亚德里亚海。此举象征威尼斯与大海的结合。
[②] 西塞罗在《演说词》第二卷曾提到西庇阿童心不泯，在海边打水漂消遣。

水漂。

　　我也在伦敦城东,萨洛蒙家族的幼支,罗思紫尔德先生家吃过饭:在那儿我能不吃吗?烤牛肉与伦敦塔的壮丽独一无二,鱼有那么长,都见不到尾;妇人和阿比嘎依①唱得一样好,我只在那儿见到那样的女人。我大口吞饮托卡依葡萄烧酒的地方,就离当年我几乎饿死,只能以一罐罐清水充饥的地方不远。我躺在舒适柔软的轿车里头,身下是小块丝垫,瞧见了威斯敏斯特教堂。当年,我曾在这个教堂关了一夜,也曾同安岗和封塔纳一起,一身泥水,在这个教堂周围散步。我住的宾馆,租金高达三万法郎。从那里望得见我表兄布埃塔阿代住的阁楼间。那时他穿着红袍,坐在一张借来的破床上弹吉他。我曾给他提供住处,让他跟我住在一起。

　　当年我们曾在布列塔尼一个议员的提琴伴奏下翩翩起舞。但现在我参加的,不再是那种流亡贵族的小型舞会,而是柯利内特领导的阿尔迈克舞场②,这是伦敦西区最高贵的妇人们支持的公共舞会,它给了我很多快乐。老年人和年轻的纨绔子弟都在那里露面。在那些老者中间,滑铁卢战役的胜利者③最引人注目,他带着一身的光荣加入四对舞,就像向女人设下一个圈套。在年轻人中间,最出类拔萃的要算克兰威廉勋爵。据说他是德·黎塞留公爵的儿子。他做了一些令人敬佩的事情:他骑马跑到里斯满,途中两次落马,又从那里跑到阿尔迈克舞场。他发音的方式有点像亚西比德,让人听了陶醉。议会每一次开会,伦敦上流社会几乎都要改变一次发音和说话的方式,更换一些流行词儿。一个诚实人认为自己学会了英语,过六个月来到伦敦,会惊异地发现自己学的那点东

---

① 阿比嘎依(Abigail,生卒年月不详),犹太女子,善唱,大卫王听其歌声,不知不觉堕入情网。
② 见卷一,篇章六。
③ 指威灵顿公爵。

西早过时了。在一八二二年，上流社会的时髦人第一眼让人看到的，应该是一副不幸的、身体有病、潦倒落魄的样子；他应该有些不修边幅，指甲老长老长，胡须残缺不齐，也不修剪，在失望忧愁之中，不留神就长长了；一绺头发总是迎风翘起，目光深沉、忧伤、困惑，具有掩饰不住的魅力；嘴唇紧抿着，显出对人类的轻蔑；内心像拜伦一样觉得烦闷无聊，浸透了人生的神秘和厌倦。

如今情况完全变了：纨绔子弟应该有一副征服者的派头，性格轻浮，举止傲慢；他应该注意仪表，蓄着唇髭，或者胡须修得圆圆的，就像伊丽莎白女王的皱领，或者像一轮光芒四射的太阳；他不摘掉头上的帽子，在沙发上打滚，把靴子伸到坐在对面椅子上仰慕他的女士鼻子下面，以此来显出个性的独立不羁，他骑上马，拿着拐棍，就像拿着一根大蜡烛，至于胯下是匹什么马他毫不关心，反正是随便牵的。他的身体必定非常健康，灵魂则永远处在第五重或第六重极乐世界的顶点。有几个激进的纨绔子弟一人一个烟斗，因为他们是走在时代最前面的人。

不过，在我描写这些情况的时候，它们肯定又发生了变化。据说眼下的纨绔子弟大概弄不清楚自己是否存在，世界是否存在，是否还有女人，是否该向他人打招呼了。我们在亨利三世治下发现纨绔子弟的原型，难道不是有趣的事情？《赫耳玛佛洛狄忒岛》的作者托马斯·阿尔蒂尤斯说："这些英俊小生蓄着长发，那卷了一波又一波的发卷像女人一样从小绒帽和衬衣皱领下面钻出来。那领子是梳妆布做的，硬邦邦地上了浆，长约半尺，团团地衬托着脑袋，看上去，就像一只盘子盛着圣约翰的首级。

"他们动身去亨利三世的寝宫，身子摇摇晃晃，脑袋摇摇摆摆，两条腿摇摇颤颤，我时时以为他们就要摔倒了……他们觉得这种走路的姿势比别的姿势漂亮。"

从本性或者从派头上说，每个英国人都是疯子。

克兰威廉勋爵爬得很快：我在维罗纳又见过他；在我之后，他担任英国驻柏林公使。有一段时间，我们走的是同一条路，尽管我们步幅不一样。

在伦敦，什么也没有傲慢无礼这样吃得开，证明就是吉什公爵夫人的弟弟多塞特：他骑着马在海德公园跑来跑去，攀墙爬门，与纨绔子弟嬉闹玩乐、称兄道弟，不拘形迹：他取得的成就简直无与伦比，更有甚者，他甚至劫持了一家人：父亲、母亲和几个孩子无一幸免。

我不大喜欢最时髦的女人；不过，有一个可爱的女子——格维迪尔女士却是例外：她的言谈举止都像个法国女人。杰茜女士风韵犹存。我在她家遇到了反对派。柯宁汉姆女士就是对立面中的一员，就是国王本人也暗暗保留了对老朋友的偏爱。在支持阿尔迈克舞场的女人中间，人们注意到俄罗斯大使夫人。

列文伯爵夫人与德·奥斯蒙夫人和乔治四世有些离奇的瓜葛。由于她大胆泼辣，又被人认为在宫里吃得开，她就成了极为走红的女人。大家认为她有些才气，因为大家推测她丈夫没有才气；其实事情并非如此：列文先生比列文太太要强得多。列文太太一张尖尖脸，不讨人喜欢，是个俗气、烦人、冷漠的女人，只知道谈一个话题：粗俗的政治；再说，她什么都不懂，只会用滔滔不绝的话语来掩盖思想的贫乏。当她与才德之士相处时，她的内心贫乏就使她住了嘴；她摆出一副高深的样子，似乎不屑于参加这种谈话，就好像她有这种权利似的。由于时间的作用，她衰落了，又由于不能禁止自己管点事情，这位参加多次外交会议的未亡人从维罗纳来，得到彼得堡行政官员们的允许，给巴黎人表现昔日外交的幼稚。她谈到了私人的通信，似乎擅长于失败的婚姻。我们的情场新手匆匆拥进她的沙龙，学习上流社会的人情和吐露秘密的艺术。他们也把自己的事情说给她听。而这些事一经列文太太的扩散，就变成了暗中流传的流言蜚语。部长以及渴望成为部长的人都为得到这样一位贵妇的保护而感到自豪，因为这个贵妇在梅特涅先生卸下国务重担、经营缫丝业来打发时间以后见过这位伟人。可笑的事在巴黎等待列文太太。有一位庄重的神学家（基佐）倒在翁法勒脚下："爱神呵，你断送了特洛伊。"①

在伦敦白天的时间是这样分配的：早上六点，跑去参加一个高雅的聚会，包括一顿乡间早餐；回来吃午饭；然后换衣服去邦德街或者海德公园散步；七点半钟换装吃晚饭；然后又换上晚礼服去歌剧院；半夜又换衣服去参加晚聚或者交际会。多么迷人的生活！若是让我选择，我宁肯一百次做苦役，也不过这种日子。最合礼仪的举止，就是不能进入举行私人舞会的小沙龙，留在为人群所堵塞的楼梯上，以及迎面遇到萨默塞特公爵；这种真福我得到过一次。新的英国人比我们要轻浮得多，有一场"节目"就可以让他们晕头转向：要是巴黎的刽子手去伦敦，会让整个英国都跑来观看的。苏尔特元帅不就像布吕歇尔，迷倒了英国的夫人淑女吗？当年那些女人曾竞相亲吻布吕歇尔的唇髭。我们的元帅既非安蒂帕特②和安提柯③，亦非塞琉古④、安条克⑤和托勒米⑥，更不是亚历山大的任何统帅大王，他只是一个出色的士兵，通过挑起战争，洗劫了西班牙；就在他身边，一些嘉布遣会修士为一些油画送掉了性命。不过，

---

① 翁法勒是希腊神话中的吕狄亚女王。赫拉克勒斯把自己卖给翁法勒为奴，与她同居三年，治好了一身痼疾。后出发去惩罚特洛伊王拉俄墨冬。
② 安蒂帕特（Antipater，公元前三九七—前三一九），马其顿将军，战功显赫，曾任摄政王。
③ 安提柯（Antigonus，公元前三八四—前三〇一），马其顿将军，亚历山大大帝的摄政官。
④ 塞琉古（Séleucus，公元前三五八—前二八〇），马其顿将军，亚历山大大帝的摄政官，后任叙利亚王。
⑤ 安条克（Antiochus，公元前三二四—前二六一），塞琉古之子，叙利亚王。
⑥ 托勒米（Ptolémée，公元前三六七—前二八三），亚历山大大帝的大将之一，后任埃及王。

他确实在一八一四年三月，发表过一份激烈的声明，反对波拿巴。可是过了几天，他又欢欢喜喜地接待了波拿巴；此后他就在圣托马斯·阿奎那过复活节领圣体。在伦敦，有人展示他那双皮靴，一先令看一次。

所有传闻很快传到泰晤士河边，又很快地消失。到一八二二年，我发现这个大城沉浸在对波拿巴的回忆之中；大家从对尼克（对拿破仑的谑称）的攻击发展到愚蠢的崇拜。回忆波拿巴的文章充斥于报刊杂志；在每户人家的壁炉台上都供放着拿破仑的胸像；画像商的橱窗上都耀眼地挂着波拿巴的版画；就连威灵顿公爵家的楼梯上，也安放着卡诺瓦雕塑的波拿巴巨像。难道人们不曾把另外的圣所奉献给被缚的战神吗？这种神化活动似乎更是一个看门人图虚荣而干的活儿，而不是一个战士所表达的敬意——将军，您在滑铁卢并没有打败拿破仑；他的命运之链已经断裂了，您只是把最后一环扭开罢了。

公函续篇

我正式拜会乔治四世之后，又多次见到他。英国承认西班牙殖民地的事情差不多已成定局，至少这些独立国家的船只挂着自己的国籍旗可以在大不列颠帝国的港口受到接待。我与伦敦德里侯爵做过一次会谈。我五月七日的公函报告了这次会谈的情况，以及这位首相的想法。对当时的国务来说，这封公函十分重要，但对于今天的读者就几乎毫无意思了。在西班牙殖民地与英法两国有关的立场中，有两点需要讲清挑明：一是贸易利益，一是政治利益。我深入地探讨了这些利益的细节。"我越了解伦敦德里侯爵，"我对德·蒙莫朗西先生说，"就越觉得他精明。这是个很有心计的人，从来只说想说的话。有时，人们都忍不住认为他是个善人。他的声音、笑容、目光里，都有几分波佐·迪·波尔戈先生的味道。确切地说，他让人产生说不出的信任感。"

公函是这样结束的："若是欧洲不得不承认美洲事实上的政府，那么它的政策就应该致力于让新大陆诞生君主国，而不是那些将向我们输出物产和原则的革命共和国。

"子爵先生，阅读本函时，您或许和我一样，感到满意。六个月前，英国还不屑于听听我们对一些利益的看法。现在，迫使它为了这些利益与我们合作，在政治上显然是迈出了一大步。作为一个善良的法国人，我对于一切能使我国恢复世界强国地位的进步都感到欢欣鼓舞。"

这封信是我一切思想的基础。我在西班牙战争期间，在这次战争爆发近一年前，关于殖民地问题所做的谈判，也是以这封信作为基本原则。

重返议会——为爱尔兰人举行的舞会——贝德福公爵与白金汉公爵的决斗——行宫的宴会——柯宁汗姆侯爵夫人及其秘密

五月十七日我去科文加登剧院，坐进约克公爵的包厢。国王来了。这位君主从前被人家憎恨，现在却受到这座古修道院僧侣们前所未有的热烈欢迎。二十六日，约克公爵来使馆吃饭；乔治四世本来极想赏给我这份荣耀，但是担心我那些外交界的同事嫉妒，只好作罢。

德·蒙莫朗西子爵不同意就西班牙殖民地问题与圣詹姆斯内阁谈

判。五月十九日，我获悉德·黎塞留公爵先生的死讯。他几乎是猝死的。这位正直的人平静地忍受了头一次退出内阁的痛苦，但是他也许是思念政务太久，终于支持不住了，因为他毕竟没有第二个生命以取代失去的一个，黎塞留的英名仅仅是通过一些女人才传到我们这儿的。

美洲革命仍在继续。我致函德·蒙莫朗西先生（第二十六号）：

> 秘鲁刚刚采纳了立宪君主制。欧洲的政策应该做出百般努力，使宣布独立的殖民地国家都得到类似的结果。美国很担心墨西哥成立帝国。万一新大陆整个成了共和国的天下，旧大陆的君主制就要完蛋了。

一八二二年五月二十八日，于伦敦

人们对爱尔兰农民的穷困议论很多，最后人们用跳舞来安慰他们。在歌剧院举行的一场盛大舞会吸引了富有同情心的人。国王在一条走廊上遇见我，问我在那儿干什么，并挽起我的手臂，把我领进他的包厢。

在我流亡时期，英国剧院正厅的观众吵吵嚷嚷，都很粗俗。一些水手在正厅喝啤酒，吃橙子，对着包厢叫骂。有一晚，我进了一家剧场，旁边来了一位醉醺醺的水手，问我这是在哪儿。我告诉他："在科文加登剧院。"他一听就叫了起来："真的，好漂亮的花园呢！"说完，就像荷马笔下的众神一样狂笑起来，抑也抑不住。

我最后一次应邀去兰斯多恩勋爵府上参加晚会。勋爵阁下把我介绍给一位庄重的贵妇人：她年已七十三岁，穿着绉呢衣服，白发上面罩着黑纱，就像戴着王冠，整个人活像一位退位的女王。她用庄严的声调，残缺不全地背了三句《基督教真谛》中的话，跟我打了招呼，又同样庄严地告诉我："我是西当斯夫人[①]。"即使她告诉我"我是麦克白夫人"，我

[①] 西当斯（Siddons），英国著名演员，当时六十七岁。——原注

也会相信的。我从前曾经看过她演戏，她那时正是才华横溢的年纪。时间的波浪把一个世纪的残屑抛到另一个世纪的岸滩，只要拾取这些残屑就足以生活了。

到伦敦来看我的法国人有德·吉什公爵夫妇，我在布拉格还要提到他们；德·居斯蒂纳侯爵先生，我在费法克见过他，他那时还是个孩子；德·诺阿耶子爵夫人，她还和十四岁在梅内维尔的美丽花园里游玩时一样聪明、优雅、讨人喜欢。

宴饮和晚会太多，大家都应酬烦了；各国使节渴望出去度假：埃斯泰尔哈吉亲王准备去维也纳；他希望人家会召他参加和会，因为人们已经打算召开一次和会。罗思柴尔德先生回法国，他已经与其兄弟一起终止了俄罗斯的二千三百万卢布借款。在海德公园一个地洞深处，贝德福公爵与大块头白金汉公爵斗了一场。从巴黎寄来了一首侮辱法国国王的民谣，伦敦的报纸把它登了出来。英国激进的下等人光觉得它有趣，可是却不知道自己到底为什么发笑。

国王去了行宫。我于六月六日也动身去那儿。国王邀我去那儿吃饭，小住。

我于十二、十三、十四日在陛下的起床时刻，在接见厅，在舞会多次见到乔治四世。二十四日，我宴请丹麦亲王与王妃：约克公爵作陪。

柯宁汗姆侯爵夫人待我十分友善，若在从前，这也许是一件大事：她告诉我不列颠国王陛下并未完全放弃去大陆旅行的想法。我极其虔诚地在心中保守这一秘密。若是在韦纳依、曼特农、于尔森和篷帕杜夫人①干政的年代，为了一位宠姬的这样一句话，该发送多少公函哪！再

---

① 韦纳依(Verneuil)，法国贵妇，生平不详。曼特农(Maintenon，一六三五——一七一九)，法国贵妇，法王路易十四秘密娶的妻子。于尔森(Vrsins，一六四二——一七二二)，法国贵妇，与西班牙国王腓力五世关系密切。篷帕杜夫人(Pompadur，一七二一——一七六四)，法国贵妇，法王路易十五宠爱的女人。

453

说，我也并不热心于打探伦敦宫廷的情报；反正你说也是白搭，人家不听你的。

群臣画像

伦敦德里侯爵尤其难以接近：一方面，他身为大臣，说话直率，另一方面，他为人谨慎，这两方面使你感到拘束。他坦率地解释他的政策，神情极为冷漠，对发生的事情却绝口不提。他对自己说的话漠不关心，就好像那不是他说的。大家不知道究竟应该相信他说出来的话，还是应该相信他藏在心里没说的话。就像圣西门所说，你往他耳朵里塞一筒炸药，他也不会动一动。

伦敦德里侯爵有一种爱尔兰人的口才，常常在贵族院激起笑声，给公众带来快乐；他的疏忽是有名的，不过他有时说的一些妙语，例如在谈到滑铁卢战斗时说的："我把士兵们叫回来了。"让公众激动不已。

哈罗比勋爵是枢密院主席。他说话简明扼要，熟悉情况。在伦敦，一个枢密院主席说话啰啰唆唆，大家认为是不合适的。此外，从言谈举止来说，他还是个十足的绅士。有一天在日内瓦的帕基斯，有人通报一个英国人求见：进来的是哈罗比勋爵。我好不容易才认出他来。他失去了从前的国王；我从前的国王则流亡外国。这是我最后一次觉得英国伟大。

我在《维罗纳会议》一文中提到皮尔先生和威斯特摩兰勋爵。

我不知道巴瑟斯特勋爵是否那位巴瑟斯特伯爵的后人，是否他的孙子。斯特恩曾经这样描写巴瑟斯特伯爵："这位爵爷是个奇迹；八十岁的人了,还头脑清醒,反应灵敏,像个三十岁的人。情绪健康,对什么都有兴趣,也有能力讨我所熟悉的不熟悉的人喜欢。"巴瑟斯特勋爵,即我跟你们提及的大臣,是个受过教育知书达理的人;他保留了过去有教养的法国人的礼貌传统。他有三四个女儿。她们皮肤白净,体型修长,行动轻盈,像海燕一样顺着波浪奔跑,或更确切地说,飞翔。她们现在变成了什么模样?她们是否和同姓的英国少女一起落进了台伯河?

利物浦勋爵不像伦敦德里侯爵,是主要大臣,但却是最有影响,最受尊敬的大臣。他享有虔诚信士和慈善家的名声。对于拥有者来说,这个名声的影响力是如此之大,以致人家来找他时都怀着对父亲一样的信任。任何行为,要是得不到这位圣人的认可,就似乎不是善良行为,因为这位圣人的影响远远超出了才干的影响。利物浦勋爵的父亲查理·詹金逊是霍克别里男爵,利物浦伯爵,是伯特勋爵的红人。英国的国务活动家,几乎个个都是从文学生涯开的头,不是写过几首或好或坏的诗,就是写了一些文章在杂志上刊载。一般而言,这些文章都写得很好。对这位首任利物浦伯爵还要再写几句。他给伯特勋爵当过私人秘书,他的家族为此颇为伤心:这种虚荣心在任何时候都是幼稚的,在今天就更是如此,但是我们不要忘了,我们那些最狂热的革命者就是从血缘的失宠或者社会地位的低下中萌生对社会的仇恨的。

利物浦勋爵支持改革,坎宁先生最后一次入阁要感谢他。他虽然死守宗教原则,却也可能受到不愉快回忆的影响。在我认识利物浦勋爵的时候,他几乎到了清教徒感悟的地步。平时他与一位老姐妹住在离伦敦几十里远的地方。他言语不多,脸色忧郁,常常侧着耳朵,似在倾听什么悲伤的事情:好像他听见自己的最后几年寿命从天而落,就像冬季落在街面上的雨点。再说,他没有任何情欲,只是照上帝的意旨生活。

海军将领团的成员克拉克先生是个著名的演说家和作家,一如坎宁先生属于皮特先生一派;不过他比坎宁先生更为醒悟。他在白厅住了一套阴暗的房间。当年查理一世就是被人从那些房子的窗子提出去，直接送上断头台的。在伦敦走进那些机构领导人的住所，人们都会大吃一惊，那些机构的分量就是在天涯海角也感受得到呀。一张光光的桌子，后面坐着几个穿黑礼服的人，这就是你见到的场面；然而这就是英国海军的指挥官们，或者是哪个商务公司的老板们，他们继承了蒙古皇帝的伟业，在印度就有两亿臣民。

两年前；克拉克先生来玛丽一泰蕾丝诊所看我。他提醒我注意我们舆论和命运的相似。一些事件把我们与世界分开；政治造就离群独居者，一如宗教造就隐士。当一个人独居荒野时，便会在自己身上看到无限人生的某种遥远图像。无限人生独居在无垠的宇宙，看着各个世界的革命完成。

公函续篇

在六、七两个月，伦敦内阁开始认真对待西班牙事件①。伦敦德里侯爵和大多数使节在谈到这次事件时，都显得不安，甚至几乎表现出可笑的恐惧。内阁担心如果绝交，我们占不了西班牙人的上风；别国的内阁则怕我们挨打；他们总是看到我们的军队打出三色旗。

我在六月二十八日的第三十五号公函中，如实地报告了英国的举措：

---

① 马德里发生暴乱，国王费迪南德七世被囚。

子爵先生：

伦敦德里侯爵有关西班牙的想法，我比过去更难向您报告，因为难以打听到他发给英国驻马德里大使W.阿库尔先生的秘密训示。不过我事事都留心，所以您最近的十八号公函所要求的情报，我还是搞到了。如果我对英国内阁的政策以及隆东代里侯爵的性格判断准确，那我就相信W.阿库尔先生几乎没有带走任何书面训示。人家会口头指示他观察各派动向，但不介入纷争。圣詹姆斯内阁不喜欢西班牙国会，但是看不起费迪南德，肯定不会为保王派干什么事情。再说，只要我们对一种舆论施加影响，英国就会对相反的舆论施加影响。我们的再度繁荣激起了强烈的嫉妒。此间的国务活动家对西班牙蕴蓄的革命狂热都怀着隐隐的担心。不过遇到特殊利益，这种担心就压住不提了。因此，如果一方面大不列颠能够把我们的商品排斥出半岛，另一方面它能够承认西班牙殖民地的独立，那么它就能轻而易举地决定对西班牙事件持什么态度，并且为大陆君主国家可能再次遭受的苦难而幸灾乐祸。阻止英国从君士坦丁堡撤回使节的同一原则，促使英国往马德里派遣一位使节：它对一般的事情毫不关心，只关注能从帝国的革命中得到什么好处。

致敬！

一八二二年六月二十八日，于伦敦

我在七月十六日的四十号公函中又报告了西班牙的消息，并对德·蒙莫朗西先生说：

子爵先生：

英国报纸依据法国报刊新闻，今早刊载了包括本月八日在内的马德里的消息。我对西班牙国王的命运从来抱很大希望，也就并不感到震惊。如果那个不幸的君主命该一死，其余的人也别想幸免于这种灾难：匕首只能刺杀一位君主，断头台却可以毁掉君主制度。查理一世和路易十六受审就是最好的明证：老天给我们预防了第三场审判。这种审判似乎以杀戮的权威，来确立民众的权利，成立反对国王们的法律团体！现在什么事都有可能发生：法国政府应该预料的机会之一，就是西班牙政府宣战。无论如何，我们不久就会不得不撤除防疫线①，因为过了九月，如果巴塞罗那没有再次发现疫情，那时还提防疫线，就会是真正的嘲讽；因此，应该坦率地承认部署了一支军队，并说明我们不得不保持这支军队的理由。难道这不等于向西班牙国会宣战？另一方面，如果我们撤除防疫线，会引出什么后果呢？这个怯懦的行为会危及法国的安全，损害内阁的威信，并使我国的革命党重新生出希望。

致敬！

一八二二年七月十六日，于伦敦

---

① 当时巴塞罗那流行黄热病，法国派兵严守与西班牙交界的地区，防止有人将疾病带入。

有关维罗纳会议的磋商——致德·蒙莫朗西先生的信；他的回信隐隐表示拒绝——德·维莱尔先生的信更支持我——我给德·迪拉夫人写信——德·维莱尔先生给德·迪拉夫人的便函

自维也纳会议和埃克斯·拉·夏佩尔会议以来，欧洲的君主们都被会议搞晕了头：人们在会上一边娱乐，一边瓜分几个国家。因此，始于莱巴赫，终于特罗坡的会议一结束，人们便考虑在维也纳、费拉尔或者维罗纳召开另一次会议：西班牙的动乱正好提供了机会，加快了会议进程。每个宫廷都指定了出席会议的代表。

我在伦敦看到大家都准备动身去维罗纳。由于我满脑子装的是西班牙的事，又由于我在想一个为法国争光的方案，便认为如果让别人在一个想不到的方面了解自己，可能对会议有用。我从五月二十四日起就给德·蒙莫朗西先生写信，可是没有讨到半点好。部长冗长的回信在这个问题上支支吾吾，吞吞吐吐，说不清楚；虚情假意掩饰不了明显的疏远。信末写道：

"尊贵的子爵，既然我向您敞开了心扉，就想把不愿在公函里说，可是某些个人观察和一些熟悉您那块阵地的人的见解启发我生出的想法告诉您。面对英国大臣，您首先想的难道不是应该注意嫉妒和气恼的某些作用吗？这种嫉妒和气恼时刻可以从直接表示的王恩和'社会信任'中看出来。请告诉我您是否看出了这方面的迹象。"

对我得到"王恩"和"社会信任"（我猜测，就是柯宁汗姆侯爵夫人的信任）的抱怨，是通过谁传到德·蒙莫朗西子爵那里的呢？我不知道。

通过这封私函，我预计我的方案在外交部长那儿是通不过了，就给德·维莱尔先生写信。他当时是我的朋友，并不怎么偏袒他那位同僚。

他在一八二二年五月六日的信中，先给我回复了几句好话。

"您在伦敦为我们所做的一切，"他对我说，"我谨表示感谢。那个宫廷关于西班牙殖民地的决定不可能影响我们的决策；因为两国的处境大不相同。在这件事情上面，我们应该避免与西班牙发生战争，从而被拖住手脚，无法在别处行动。而假如东方事务在欧洲会引起新的政治组合，那我们是应该在别处行动的。

当前的世界形势有可能引发出一些事件。如果不参与，法国政府就会有失体面。而我们是不会让法国政府丢脸的。别的国家干预调解，可能有更多的优势，但没有一个国家比法国更具胆魄，更为正直。

我认为人家大大低估了我国切实可行的办法，和国王政府在给自己规定的形式下还可以行使的能力；它提供了更多的人们似乎不相信的资源，我希望遇到机会我们能够表现这一点。

亲爱的，如果出现这种良机，您一定会鼎力相助。我们坚信您会这样做。我们不会像现在这样分享荣耀而是按各方所做的贡献论功行赏。让我们来比一比，看哪方出力最多。因为光荣将属于大家。

我确实不清楚这是否会形成一次和会；不过，我无论如何不会忘记您告诉我的事情。

一八二二年五月五日于巴黎

由于头一次看了这封体谅我的信，我就通过德·迪拉夫人督促财政部长。她原来就以友情帮助过我，于一八一×年指责宫廷忘记我了。不久，她收到了德·维莱尔先生这封信：

"我们能说的话，我都说了；在我心里以及在我的看法里，能够为公众幸福和我的朋友做的事情我都做了或者将要去做，请相信这点。我不需要听人劝说，也不准备改变意见。我向您重申：我是凭信仰和感情行事。

"夫人，请接受我崇高的敬意。"

伦敦德里侯爵去世

我于八月九日寄出的最近一封公函，向德·蒙莫朗西先生报告伦敦德里侯爵将于十五日至二十日动身去维也纳。可是我的计划遭到了突然的改变。我原以为只须向人世间国王的内阁报告人事，谁知却要向它报告天意。

由加莱电报局转往巴黎：

伦敦德里侯爵于今日（十二日）上午九时在北克莱乡居突然去世。

一八二二年八月十二日下午四时，于伦敦

第四十九号公函：

子爵先生：

倘若时间没有阻延我的电报，昨日四时寄发的特挂也没遇到任何事故，那么我就希望您是大陆上头一个得悉伦敦德里侯爵猝死噩耗的人。

这场死亡极为悲惨。高贵的侯爵星期五还在伦敦。他觉得头有些发胀，就请人在后颈部放了血，然后动身去了北克莱。伦敦德里侯爵夫人已经在那儿居住一个月了。星期六（十日）和星期日（十一日）开始发高烧。但星期日夜里似乎退了烧。星期一（十二日）早上，病人的情况显得很好，看护他的妻子便认为可以离开一会儿。伦敦德里侯爵脑子已经失常，见没有人守着，就下了床，进了一个卫生间，抓住一把剃刀，一下就把颈静脉割破了。一个医生赶来救他。他就倒在医生脚下。鲜血流了一地。

这个可悲的事故人们尽可能保密，但还是传到了公众那里，而且大大走样，引发了种种流言。

伦敦德里侯爵为什么要寻短见？他既没有痛苦也没有灾难；地位比任何时候都要稳固。下星期四他就准备动身。他会把一次公务旅行变作一次愉快的事。他准备于十月十五日回国，参加预先安排的狩猎，并且邀请我参加。可是，老天做了另外的安排，于是伦敦德里侯爵追随德·黎塞留公爵走了。

一八二二年八月十三日，于伦敦

以下是我没写进公函的一些细节。

乔治四世回到伦敦后，向我讲述说，伦敦德里侯爵起草了给他自己的训示，准备在会议上遵循，呈送给国王批准。乔治四世接过文稿，想斟酌措辞，便开始大声朗读起来。他发现伦敦德里侯爵并没有听，两只眼睛在书房顶上扫来扫去，便问道："爱卿，怎么啦？"侯爵回答道："陛下，约翰那个家伙（一个马夫）在门口，真叫人受不了；我不断地命令他走开，他就是不走。"国王大吃一惊，合上文稿，说："爱卿，您病了：回家去吧；叫人给您放点血。"伦敦德里侯爵走出来，去买了一把刀，以后就用它割了颈根。

八月十五日，我继续向德·蒙莫朗西报告情况：

    人们往四面八方派出信使，去水边，去海滨浴场，去城堡寻找外出的大臣们。发生事故的时候，他们没有一个在伦敦。人们今明两日等他们回来。他们将召开大臣会议，但什么也定不下来，因为最终结果，是由国王给他们任命一位同僚。可是国王这会儿正在爱丁堡。很可能大不列颠的国王陛下并不急于在丧葬期间做出决定。在英国，伦敦德里侯爵的去世是不幸的：他虽然并不受人爱戴，却为人所敬畏；激进党人憎恶他，但是又怕他。他为人特别正直，使反对派不能不敬畏，不太敢在讲坛和报纸上侮辱他。他不可动摇的冷静，对人对物的漠不关心，他的专制本能，对合乎宪法的自由的暗中蔑视，凡此种种，都使他成了能够与本世纪的倾向做斗争并取得成就的大臣。在过激与民主威胁世界的时代，他的缺点也成了优点。

    致礼！

一八二二年八月十三日，于伦敦

子爵先生：

    在前日第四十九号普通公函中，我有幸报告的关于伦敦德里侯爵去世的情况，已经为后来的消息所证实。不过，不幸的大臣割断颈静脉，用的不是我前函报告的剃刀，而是一把小刀。您将在报纸上读到"验尸官"的报告，会把一切了解清楚的。对大不列颠首相尸体做的调查，一如对一个杀人凶手尸体做的调查，给这个事件增加了几分恐怖。

    子爵先生，您现在大概知道了，伦敦德里侯爵在自杀前几日，已经出现了精神错乱的症状，就连国王本人也觉察到了。有一个细微的情节值得一叙。这件事我原来并没有留心，可是灾难发生以后想起来了：十二天或者十五天以前，我去看过伦敦德里侯爵。他一反自己的习惯和当地的风俗，亲亲热热地在卫生间里接待了我。他正要刮脸，便半讥半讽地笑着对我夸赞英国剃刀的好处。我对即将闭幕的会议恭维了他几句。"是啊，"他说，"是该结束了，不是会议，就是我。"

  致礼！

一八二二年八月十五日，于伦敦

  英国的激进派和法国的自由党人对伦敦德里侯爵去世的说法是，侯爵觉得反对派的原则将获得胜利，在政治上失望，便寻了短见。这纯粹是无稽之谈，是一些人凭想象，另一些人凭党争派性和蠢气编造出来的。伦敦德里侯爵根本没有想过要反对人性而犯罪，也就不必为此悔恨，他也没有为支持本世纪的知识而犯罪，因为他对它们深为鄙视：疯狂通过女人进入了卡斯尔雷家族。

  内阁做出决定，由威灵顿公爵代替伦敦德里侯爵前去参加维罗纳会议。克兰威廉勋爵陪同他前往。给他们的正式训示缩减成了以下几条：完全不提意大利，绝不插手西班牙事件，参加东方问题的谈判，保持和平，不让俄罗斯扩大影响。机遇总是垂青于坎宁先生；外交部长一职暂由殖民地大臣巴瑟斯特勋爵代理。

  八月二十日，我出席了在威斯敏斯特教堂举行的伦敦德里侯爵的葬礼。威灵顿公爵显得很悲痛，利物浦勋爵不得不拿帽子遮脸，不让人看到他在流泪。当遗体抬进教堂时，外面传来一些辱骂和欢叫声：科尔贝和路易十四是否比伦敦德里更受人敬重呢？活人没法教给死人什么东西，相反，死人倒教育了活人。

又一封德·蒙莫朗西先生的信函——由哈特韦尔之行——德·维莱尔先生的便函通知我：我被指定参加会议

德·蒙莫朗西先生的来函：

尽管没有重要公函交给您忠实的信使雅珊特，我还是愿意按照您本人的意愿，以及雅珊特代德·夏多布里昂夫人表达的让他立即回到您身边的意思，让他再度动身。我利用这个机会，向您说几句更机密的话，让您了解我们和伦敦一样，对伦敦德里侯爵的惨死感觉十分沉痛，同时趁此机会，谈一谈您似乎特别关心的一件事情。枢密院议了这件事，定于近几日，就在今天上午散会之后立即开始，讨论该确定的主要领导、该发生的训示，该选派的人员：头一个问题就是弄清楚该派一个人还是一些人去。我觉得您曾在什么地方表示过，对有人竟然想到×××而没有想到您大感不解。您很清楚，我们不可能处在同一条线上。假如经过最成熟的考察后，我们认为无法利用您向我们坦率表示的诚意，那肯定是有一些严肃的理由。这些理由，我会同样坦率地告诉您的：推迟决定人选不如说对您的意愿有好处，从这个意义上说，您在近几个星期内，在内阁做出决定（各国内阁都在忙于这事）之前离开伦敦，对您对我们都是不适宜的。这件事给大家的打击是那么大，以致早几天有几位朋友对我说："要是德·夏多布里昂先生立即回了巴黎，再逼他动身去伦敦，那就太叫他扫兴了。"因此，我们等待英王从爱丁堡返回后做出重要的任命。英国大使斯图亚特骑士昨天说，肯定是威灵顿公爵去参加会议；对我们来说，要紧的是尽快得知确切消息。伊德·德·纳维尔①先生昨日到了，身体十分健康。我见到他很高兴。高贵的子爵，我始终对您怀着神圣不可侵犯的感情。

蒙莫朗西
八月十七日，于巴黎

德·蒙莫朗西先生这封信中夹杂着一些讥讽，充分向我证实，他不愿派我去参加会议。

圣路易的圣名瞻礼日那天，我为路易十八举行了一次宴会，并去哈特韦尔参观，以纪念这位国王的流亡岁月。我这样做，与其说是享受一种乐趣，不如说是尽一份义务。如今当国王做君主的遭受不幸是太平常了，人们犯不着对那些并没有出天才或美德的地方感兴趣。在凄清的哈特韦尔小公园里，我只见到过路易十六的女儿。

最后我忽然收到德·维莱尔先生这封出人意料的便函，它让我的预料落了空，并结束了我的犹豫不决的状态：

亲爱的夏多布里昂，我们刚才议定，只要英王回到伦敦，情况许可，您就可以回巴黎，作为代表法国参加会议的三位全权使节之一，从这里出发去维也纳或者维罗纳。另两位使节是德·卡拉曼先生和德·拉费罗纳先生。德·蒙莫朗西子爵后日赴维也纳，出席会议之前在该城召开的预备会。等到各国君主出发去维罗纳后，他再回巴黎。

此信只由您独自阅览。这件事遂了您的心愿，我很高兴。衷心

---

① 伊德·德·纳维尔（Hyde de Neuville，一七七六——一八五七），当时法国驻里斯本公使，夏多布里昂的好友。

祝您幸福。

一八二二年八月二十七日

按照这封便函的通知,我准备动身。

古老英格兰的终结——夏洛特——几点思考——离开伦敦

雷霆不断落在我脚边,处处追着我不放。迄今为止,古老的英格兰一直在不断壮大的改革中挣扎,待到伦敦德里侯爵一死,它也就完了。坎宁先生崭露头角:可是自尊使他甚至在议院论坛上也用布道的口气说话。在他之后,出现了威灵顿公爵,他是保守党,是来搞破坏的:当社会的判决宣布之后,本该举起的手却只知道砸下来。格雷勋爵,奥康内尔这些废墟上的工人相继为旧制度的倒台而工作。议会的改革、爱尔兰的解放,一切本身良好的事物,由于时间的侵害,都变成毁灭的原因。恐惧使灾难增多:要是人们对威胁不那么惧怕,本可以在一定程度上成功地顶住威胁。

英国需要什么才会支持我们最近的动乱呢?它闭守在岛上,抱着民族的敌意,处于安全的地方。圣詹姆斯的内阁需要什么才会害怕爱尔兰分离呢?爱尔兰只是英格兰这只大船上吊着的小艇,割断绳索,小艇就会落进万顷波涛而完蛋。利物浦勋爵本人就有阴忧的预感。有一天我在他府上吃饭:饭后我们走到一个窗户前聊天。窗户对着泰晤士河。我们在下游方向看到城市一角。在烟气和雾气笼罩下,它显出黑压压的一大片。我对主人称赞英国的君主制度,说它一边是自由,一边是权力,两边势均力敌,保持平衡,因此十分稳固。可敬的勋爵抬起手臂,指着城市问我:"这么巨大的城市,有什么稳固可言?伦敦只要来一场像样的暴动,一切就完了。"

我觉得好像是在英国跑完了一段路程,就像昔日在雅典、耶路撒冷、孟斐斯和迦太基跑的一样。我把阿尔比庸(英国古称)的世纪都召到眼前,我从一段传说上溯到另一段传说,我看着那些世纪一个接一个坠入深渊,不由得感到一阵痛苦的晕眩。莎士比亚和弥尔顿、亨利八世和伊丽莎白、克伦威尔和纪尧姆、皮特和伯克所在的辉煌热闹时代,如今变得怎么样了?那一切都完结了;卓越和平庸,爱与恨、幸福与贫困、压迫者与被压迫者、刽子手与受难者、国王与人民,都在同一种寂静中,同一层尘埃中睡着了。倘若人类最有生机的部分,像古代的阴影一样留在现在的几代人中,却不在自己身上活着,也不知自己曾经存在的天才都是这样,我们这些人又是多么的微不足道啊!

在几百年之中,英国遭受过多少次毁灭?它经历了多少次革命,才面临一场更伟大、更深刻、把子孙后代都卷进来的革命!我看到过那几届著名的权势显赫的国会:它们如今安在?我见过保持了旧时风俗与繁荣的英国,到处都有孤零零的小教堂和塔楼,有格雷那种乡间墓地;到处都有窄窄的砂径,牧放奶牛的山谷,牧放着一群群绵羊的欧石南丛生地;到处都有畜栏、城堡和城市:大森林不多,鸟儿也不多,海风却是不断。这不是安达卢西亚那些田野。在那里,芦荟和棕榈树林掩映着摩尔人宫殿的废墟。在那些淫荡的断壁残垣中,我遇到一些年老的基督徒和一些年轻的恋人。

西班牙啊,什么样的人生
才有资格回忆你的海岸?

这里不是那片罗马的原野,它那不可抵挡的魅力让我不断地回想它;这些波涛不是洗濯柏拉图教授弟子的岬角的海浪太阳也不是照耀那个地方的太阳。在这个阳光普照之地,我听见蟋蟀鸣叫,为它神庙的神父向密涅瓦要求一个家园,却是枉费之力。不过这个四周海疆百舸争流,国土上处处牛羊成群,鼓吹其伟人崇拜的英格兰,终究是个既可爱又可怕的国家。

今天,英国的山谷被炼铁炉与工厂的烟子熏黑,它的道路变成了铁路;在这些路上移动的不是弥尔顿和莎士比亚,而是活动锅炉。那些知识的苗圃如牛津和剑桥,已经露出了凄清的气象:它们的学院和哥特式小教堂已经半是荒寂,叫人看了心酸,在它们的内院里,立着一块块中世纪的墓石。旁边,则躺着被人遗忘的古希腊民族的大理石编年史。看守废墟的还是废墟。

这些纪念性建筑物周围,开始形成空白。我把失而复得的青春岁月都留在这些地方了。我在第一次虚掷青春的地方,再次与青春分开了。夏洛特就像那颗星星,那阴影中的快乐,在日月的运行中姗姗来迟,于午夜升起,再次出现在天空。倘若你们并不厌倦,就请在这部回忆录里找一找,看一八二二年蓦然再见这位女子,在我身上产生了什么效果。当年她注意我的时候,我对英国女子还毫无了解。后来我出了名,有权有势以后,才为大群英国妇女所包围:她们的敬意衬托出我命运的轻微。如今,在我担任驻伦敦大使十六年以后,在后来又经历那么多毁灭之后,我的目光又投射到苔丝狄蒙娜和朱丽叶[①]的家乡那位姑娘身上:我只记得她出人意料的出现点燃我的记忆之火那个日子了。新的厄庇墨尼德[②]在久睡之后终于醒来了。我把目光投向一座灯塔。由于海岸上其

---

① 两人都是莎士比亚戏剧中的女主人公。
② 厄庇墨尼德(Epimenide,生卒年月不详),克里特岛的立法者,据说在一洞穴里睡了五十年。

余的灯塔都已熄灭（只有一座除外，它在我之后还燃烧了很久[1]），这座灯塔就更显得光辉灿烂。

本回忆录前面提到的与夏洛特有关的事情，我尚未说完：一八二三年，我任部长的时候，她和家庭部分成员来法国看我。当时由于人类那些说不清楚的不幸作祟，我正在为一场战争担忧，法兰西君主制度的命运就取决于这场战争，大概接待她时声音显得不够热情，夏洛特回英国后，给我留下一封信，字里行间表明她因为冷淡的接待而伤心。她把一些文稿片段还给我，我答应增写一些文字，再交给她，可是我既不敢增写，也不敢寄给她。倘若她真有理由抱怨，我就该把这些记述我初次海外流亡生涯的文稿付之一炬。

我常常想去给她解释清楚，可是我这个连父亲所有的岩礁（我在那儿留出了自己的墓地）都不敢去的人，又有可能再去英国吗？如今我害怕感觉：时间夺走我的青春岁月，把我摧残得与那些把肢体留在战场的士兵相似的人；我的血液要跑的路不长，迅速地流入心脏，使得这个主管我痛苦与快乐的陈旧器官狂搏不止，几乎到了破裂的地步。我想把与夏洛特有关的章节烧掉，虽说我是怀着虔诚的尊敬来写她的。这种意愿又和毁掉这部回忆录的想法搅和在一起：倘若这些回忆文字还属于我，我还能把它们赎回，我说不定会忍不住试一试的。我对一切是那样厌恶，对现在和不远的将来是那样鄙视，深信今后的人是那样可怜（这是作为公众这个整体而言，而且在好几个世纪都是这样），以至于我为自己把最后的时刻用来讲述往事，用来描绘一个终止的、其语言和名字都不为将来的人们所理解的世界而脸红。

人不论是遂心如愿，还是失望受挫，都可能产生错觉：我违背本性，想去参加会议；我利用德·维莱尔先生的成见，引导他去逼迫

---

[1] 指朱丽叶·雷卡米耶。

德·蒙莫朗西先生做出决定。唉！其实我真正喜欢的，并不是我已经得到的东西，倘若人家迫使我留在英国，我大概会有些怨气，但是去探望萨顿夫人，去三个王国旅行的想法，会很快压倒一种虚假的，并不合我天性的野心冲动。可惜天主做出了另外的安排，我便动身去了维罗纳，由此引出了人生的转折：我的入阁，西班牙战争，我的胜利，我的下台，以及随之而来的君主制度的垮台。

一八二二年，夏洛特曾请我关照两个英俊少年。其中一个不久前来巴黎看我：他就是今天的萨顿上尉。他娶了一个可爱的年轻姑娘。他告诉我，他母亲身体病弱，是住在伦敦过冬天。

一八二二年九月八日我在多佛尔上了船。二十二年前，也是在这个港口，纳沙泰尔人拉萨涅先生扯起船帆，开始了驶往法国的航程。从那时到眼下我写这一段的时刻，过去了三十九年。当人们回顾或者倾听过去的人生岁月时，依稀看到一艘消失的航船在苍茫的大海上留下的航迹，依稀听到一座看不见的古塔钟楼敲响的丧钟。

篇章二十八

西班牙国王获释——我被免职

按时间顺序，这里应该叙述雅罗纳会议的情况。关于那次会议，我另外出版了两卷本。倘若有人偶然想读读它，随处都可以找到。作为我生活中的重大政治事件，我的西班牙战争是一个极为重要的行动。正统王权将在白旗下首次点燃战火，将在最遥远的后世都能听到的帝国炮声之后发射出它的第一炮。一步跨进西班牙，在昔日一个征服者的军队吃了败仗的土地上赢得胜利，在六个月中做到他七年都没有做到的事，这份神奇的功勋，有谁能够向往？然而这正好是我所建立的功勋；可是在复辟王朝让我就座的游戏桌旁，我被人家说了多少坏话呀！我面对着一个与波旁家族为敌的法兰西和两个外国大臣：梅特涅亲王和坎宁先生。我没有一天不收到一些报灾信，因为无论在法国还是在欧洲，与西班牙开战都不是得人心的。果然，我在半岛得胜不久就下台了。

收到西班牙国王获释的电报之后，我们这些大臣一时非常兴奋，就跑进王宫致贺。在那儿我生出下台的预感：我被迎头浇了一瓢冷水，又回到了平时的微贱地位。国王和御弟没有发现我们。德·昂古莱姆公爵夫人被丈夫的胜利冲昏了头脑，也没有认出我们是谁。这位不朽的牺牲者听到费迪南德获释的消息，写了一封信，结尾是从路易十六女儿嘴里说出的那句隽永的感叹话："事实证明，臣民可以拯救一位不幸的国王！"

星期天，我赶在内阁之前，再度拜见王室；庄严的王妃对我的每位同僚都说了一句感谢话，对我却一句话也不说。大概我不配得到这份荣誉。圣庙的这个遗孤不致谢辞，绝不可能是忘恩负义：老天有权得到人间的爱戴，却不欠任何人的情。

接下来，我一直拖到圣灵降临节。不过我的朋友们一直为我担心，常对我说："明天就会把你打发走。""他们只要愿意，随时都可以打发我。"我回答道。一八二四年圣灵降临节那天，我走到御弟的头几间客厅，侍者传话说有人想见我。原来是我的秘书雅珊特。他一见到我，就报告说我的部长已经给撤了。他递给我一封信。我拆开一看，是德·维莱尔先生写来的：

子爵先生：

谨奉国王之命，把陛下刚刚下达的任命书转致阁下：

着内阁总理德·维莱尔伯爵先生接替德·夏多布里昂子爵，暂时代理外交部长职务。

这份任命书是德·维莱尔先生的秘书德·莱内维尔先生拟写的。那人还算善良，所以至今在我面前仍觉得尴尬。可是，老天啊！难道我不熟悉德·莱内维尔吗？难道我什么时候想到的是他吗？我经常碰见他，可是他什么时候又看出来，我知道，那份把我从部长名册上一笔勾销的任命书是出自他的手呢？

然而我究竟干了什么事？我在哪儿玩了阴谋？我的野心在哪儿？我独自一人悄悄去布洛涅树林散步，难道是想夺取德·维莱尔先生的位子吗？正是这种怪异的生活断送了我。我生活简朴，始终保持了老天赋予我的本色；可是就因为我对任何东西都无贪欲，人家便以为我什么都想要。今日我清楚地意识到，我过天马行空的生活乃是一个大错误！怎么？你什么都不愿当？去你的吧！我们不需要一个看不起我们渴慕的东西，自以为有权侮辱我们平庸生活的人。

富裕的尴尬和贫困的麻烦跟着我来到大学街的寓所：我被打发出来的那天，本来要在内阁请很多人吃晚饭，我只好派人去向宾客致歉，并且把为四十位客人准备的三大桌饭菜移到我的只有两名师傅的小厨房来做。蒙米莱尔厨师带领助手开活，把锅子、盆子、烤肉时接油的盆子摆满了各个角落，把他的拿手好菜放在安全的地方回锅。一个老友来分享我这水手上岸后的第一餐饭。城里人和宫里人都跑来了，因为我刚刚效了大力，却被如此专横地打发出来，大家对此都表示不满。大家相信我只是暂时受屈，不会长久，都装出与己无关的样子安慰我。说这只是一时失势，人家并没有抛弃我，过几天又会召我回去。

其实人家弄错了，白白糟蹋了那一份心思：他们原指望我会向他们哀求，会唉声叹气，会有充当走狗的雄心壮志，会忙不迭地声明自己有罪，会卖身投靠那些驱逐我的人：这是不了解我的为人。我连该得的待遇也没要就下来了，既没有接受宫廷的恩惠，也没有得到它一文铜钱。凡是背叛我的人，我一概闭门不见；也不接受群众的慰问，谢绝一切来访。于是众人都散去了。大家开路一致责备我。原来各个沙龙和候见厅都觉得我的事情很有意思，现在则觉得可怕。

我下台以后，保持沉默难道不是更好吗？人家对我的粗暴不是把公众推到我这边来了吗？德·维莱尔先生再三表示免职信送迟了；由于这偶然的延迟，它不幸只是在王宫才交到我手里：也许是这么回事；不过，当人们赌博时，应该计算双方的胜机；对一位有点才华的朋友，尤其不应写一封信把他打发走。这就像对一位有罪的仆人，主人觉得见他是耻辱，就写一封信给他。而真遇上这样的仆人，就是扔到街上也用不着不安和内疚的。维莱尔的决定尤其让我恼火的是，他竟然想把我的功劳据为己有，明知我对一些问题弄懂了，他们却揣测我一无所知。

我要是不作声，(如人家所说的)表现克制，也许会受到永远崇拜部长职务的人们赞扬；要是甘愿无辜受罚，也许为重返内阁做了准备。一般而言，这样做更合适一些；可是，我要这样做，就不是我的性格，就意味着我有重掌政柄的欲望，有向上爬的渴望。可是这种欲望和渴望再过十万年都与我无缘。

我持有立宪政府的观点，不可能进入反对派；我觉得只有系统的反对派才适合这种政体；而号称"良知"的反对派是不起作用的。良知可以裁判道德上的事，却没法裁判精神上的事。我们只能把自己置于一个能分辨好坏法律的首领之下。当某个议员把自己的愚蠢当作良知，并且将它塞入投票箱时，难道不应该这样做吗？被称作"良知"的反对派摇摆于各派之间，咬嚼子，甚至视情况投票赞成内阁，通过使别人生气来使自己变得高尚；在士兵中被视为有反抗精神的愚蠢的反对派，在长官中却是有野心的让步的反对派。只要英国是健全的，它就只有一个系统的反对派：平时与朋友同进同出；离开部长职位，就坐上攻击者座位。由于人们被认为是不愿接受一种制度才退下来的，那么留在王冠旁边的这种制度就势必遭到反对。人所代表的只是一些原则，系统的反对派与"人"竞争时，想夺走的也只是原则。

从一八二四到一八二七年
一八四六年十二月修改

反对派跟我走

我的下台激起了很大反响：那些显得最遂心如意的人却指责我下台的形式。我后来获悉德·维莱尔先生本有些犹豫，是德·科比埃尔先生做的决定："只要他从一扇门走进内阁，我就从另一扇门出去。"于是人家就让我出去：很简单，人家喜欢德·科比埃尔先生，而不喜欢我。我对他并不怨恨；我打扰了他，他让人把我赶走：他做得对。

我被打发走的次日及随后的日子，人们从《辩论报》上读到下面这些话，它们对贝尔坦先生是如此尊敬：

德·夏多布里昂先生再次经受正式解职的考验。

一八一六年他担任国务部长，曾因在其不朽著作《论立宪君主制》中攻击著名的九月五日法令而被解职。那道法令宣布解散一八一五年的无双议院。德·维莱尔和德·科比埃尔两位先生当时只是议员，是保王党反对派的领袖。德·夏多布里昂先生正是为他们辩护，才成了内阁发怒的牺牲品。

一八二四年，德·夏多布里昂先生又被解职。这次却是由已经当上部长的德·维莱尔和德·科比埃尔两位先生将他做了牺牲品。真是咄咄怪事！一八一六年，他遭惩罚是因为开口说话；到了一八二四年，却是因为不开口说话。他的罪过就是在辩论公债法时保持沉默。任何政坛失意都不是不幸，公众舆论是至高无上的裁判，它将告诉我们该把德·夏多布里昂先生放在什么地位，它还将告诉我们这一天的法令将对谁——无论赢家还是输家——最为不利。

在维罗纳会议开幕之日，谁又可能告诉我们，我们会如此糟蹋西班牙事件的所有成果？今年我们该做什么？只能讨论七年任期法（不过是完全法）和预算。至于西班牙、东方和美洲的事情，则小心地不声不响地照着做下去，问题总会解决的。最光明灿烂的未来就在我们前面，只是果子还是青的，有人就想采摘；果子又不落下来，于是有人就以为用点暴力，可以促使果子早点落地。

怒气和嫉妒是两个出馊主意的顾问；治理国家要讲究平稳，可不能带着情绪，意气用事，更不能一冲一跳，踬踬颠颠。

附言：七年任期法今晚在众议院获得通过。可以说，德·夏多布里昂先生被逐出内阁之后，他的主张仍获得了胜利。这部法律他设想了很久，作为我们制度的补充部分，它和西班牙战争一起，将在国家事务中显示其巨大的影响。德·科比埃尔先生周六剥夺当时还是同僚的先生的发言权，对于这种做法，人们深表遗憾。贵族院至少应该听见一位部长下台前发表的意见。

至于我们，带着极为强烈的遗憾重返战场。我们本来希望，保王党能够精诚团结，永远摆脱内部的论战，可是法兰西的幸福、荣誉、政治上的忠诚，凡此种种，都不允许我们犹豫不决。

反抗的信号就这样发出去了。德·维莱尔先生起先并不太惊慌；他不知舆论的力量。要打倒他本需要好几年时间，不过最终他还是倒台了。

最后一批外交函件

我收到内阁总理的一封信。这封信把一切都结清了，它也证实了我

并未从一个使人受到敬重、变得可敬的差使中捞取任何好处:

子爵先生:
　　我已把有关您的敕令呈交陛下。陛下同意把您担任外交部长期间从御库支取的秘密经费金额注销。
　　皇上同意这份敕令所做的全部安排。我荣幸地向您转交原件。
　　子爵先生,请接受我的敬意。
一八二四年六月十六日,于巴黎

我和朋友们立即寄出一批信件:

德·夏多布里昂先生致德·塔拉吕先生[1]:
　　亲爱的朋友,我不再是部长了;有人打算让您来当。当我为您谋到驻马德里大使的职务时,曾对好几个人说过:"我刚刚任命了我的接班人。"这些话他们还记得。我希望预言中的。眼下外交部长一职暂由德·维莱尔先生代理。
夏多布里昂
一八二四年六月九日,于巴黎

德·夏多布里昂先生致德·莱内瓦尔先生[2]:
　　先生,我的差事完了;希望您还能干长久。我已做了努力,让您对我无可抱怨。
　　我可能退居瑞士境内的纽沙泰尔;倘若此事能成,请预先帮

---
[1] 塔拉吕(Talaru,生卒年月不详),当时法国驻马德里大使。
[2] 莱内瓦尔(Rayneval,生卒年月不详),当时法国驻柏林大使。

我恳求普鲁士国王陛下的保护和关照。请代我向伯恩斯托弗伯爵致敬，向安齐隆先生转达友情，向您的秘书们问好。先生，请相信我对您的忠诚与真挚的喜爱。

夏多布里昂

一八二四年六月十六日，于巴黎

德·夏多布里昂先生致德·卡拉曼先生：

侯爵先生，我收到了您本月十一日的来信。别人将告诉您今后走哪条路；要是合您的心意，这条路会前程远大的。梅特涅先生可能会为我被解职快乐半个月。

侯爵先生，请接受我的道别，以及我的忠诚与崇敬的最新保证。

夏多布里昂

一八二四年六月二十二日，于巴黎

德·夏多布里昂先生致伊德·德·纳维尔先生：

您大概获悉了我被解职的消息。我只剩一件事，就是告诉您，与您来往我是多么高兴。可惜人家新近把这种关系打断了。先生和老友，请继续为祖国出力，只是不要过于指望得到感谢，也不要认为您的成就就是把您留在岗位上的理由，虽说那岗位是多么适合您。

先生，祝您幸福。您应该得到幸福。拥抱您。

附言：顷接您本月五日的来函，获知德·梅罗纳先生抵达。谢谢您的深厚友谊。请相信，我在您的信中所要的也就是这份情谊。

夏多布里昂

一八二四年六月二十二日，于巴黎

德·夏多布里昂先生致德·赛尔伯爵先生[①]：

　　伯爵先生，我被解职一事将向您表明，我无力帮您的忙了；我只能表达一些祝愿，希望在能充分发挥您的才干的位置上见到您。我虽然退下来了，但我为法国在军事和政治上的独立出了一份力，为法国的选举制度引进了七年任期制，我为此而高兴。虽说通过的法律与我最初的设想不尽相同，时间的改动是必不可免的结果，但毕竟原则提出来了，如果时间不把它取消，就会把余下的事情干完。伯爵，我敢认为，您对我们俩的交往，绝无可以抱怨的地方，至于我呢，将永远庆幸在公务中遇到您这样一位德才兼备之人。

　　请接受我的道别和敬意。

夏多布里昂
一八二四年六月二十三日，于巴黎

德·夏多布里昂先生致德·拉费罗纳先生：

　　伯爵先生，如果您碰巧还在圣彼得堡，我就不愿在结束我们的通信关系之时不告诉您，您让我生出的敬意与友情。但愿您保重身体，比我幸福。请相信您在任何生活状况下都有我这个朋友。我给皇帝写了一封短信。

夏多布里昂
一八二四年六月十六日，于巴黎

　　对这封告别信的回复于八月上旬到了。德·拉弗罗纳先生曾经同意在我这个部长手下当大使；不久，我就成了德·拉费罗纳部长手下的大使：当初两人中谁也不相信会有升降。我们是老乡，又是朋友，互相评

---

① 赛尔（Serre，生卒年月不详），当时法国驻那不勒斯大使。

价不错。德·拉费罗纳先生受过最严酷的考验，却没有一句怨言，始终忠于受过的苦难，守住了高贵的清贫。我下台后，他在彼得堡为我所做的事情，如果换了他下台，我也会像他那样做。正人君子总是相信能得到正人君子的理解。德·拉费罗纳先生表现出了胆魄、正直和高尚的灵魂，令人感动。我为自己引出他这种表现而高兴。在我收信的时刻，他这封信是对命运无常而平庸的恩惠一种十分真诚的补偿。只是在此，我头一次认为应该破例违规，把可敬的秘密公之于众，这是友谊所然。

德·拉费罗纳先生致德·夏多布里昂先生：

俄国信使前天抵达，把您十六日的短函交给我，在我荣幸地收到的您的所有书信中，这封信成了最珍贵的一封。我会像保存一份荣誉证书一样保存它，而且，我热烈地希望和坚信，不久就能在更为愉快的场合拿给您看。子爵先生，我仿效您的榜样，绝不就刚刚突然地、出人意料地中断我们公务关系的事件发表任何意见；这种关系的性质本身，您对我的信任，以及一些更为郑重的考虑（一些并非纯粹个人的考虑），将足以向您解释我的理由，以及我遗憾到了什么程度。在我看来，刚刚发生的事情是完全解释不通的；我不清楚事情的原因，但我看到了事情的结果：它是那么容易，那么自然地被人预料到，因此我为您如此大胆地无视它而惊愕。不过我太了解您的高尚感情和真诚的爱国心，也就确信您会赞同我的行为。我认为这件事情应该这样处置。我的职责，我对祖国的爱，甚至对您光荣的关心都促使我这样做。您太看重国格，在目前的处境不可能接受外国人的保护和支持。您永远得到欧洲的信任与尊敬。但是您是为法国服务，您只属于法国；它可能是有欠公正，可是若让一些外国人来为您说话，把水搅浑，把您的事情搞复杂，那么无论是您本人还是您真正的朋友都不会同意的。因此，在大局面前，我就压下了任何个人的感情和考虑。任何活动，只要其头一个作用是在我们中间造成危险的分裂，损害国王尊严，我就要防止。这是我动身之前办的最后一件事。子爵先生，只有您知道此事。我应该向您交心；我深知您品格高尚，肯定会为我保守秘密，而且会认为我在这件事情上处置得当，符合您所要求的感觉。对于得到您尊重和友情的人，您有权要求他们具备这种感觉。

再见，子爵先生：如果我有幸与您建立的关系使您对我的品格有个正确的了解，那么您就会知道，地位的变化并不能影响我的感情，您永远也不必怀疑我对您的爱戴和忠诚，因为我在目前的形势下，自认为在被舆论视为您的朋友的人中间，是最幸福的一个。

拉费罗纳
一八二四年七月四日，于圣彼得堡

德·封特纳和德·蓬卡雷①两位先生强烈感到您愿意为他们保留的回忆的价值：他们和我一样，目睹了您入阁以来法国日益获得的尊重，自然也怀有和我一样的感情和遗憾。

瑞士纽沙泰尔

我下台之后，立即变成了反对派，开始了新的反对派的斗争；可当

---

① 封特纳（Fontenay，生卒年月不详），蓬卡雷（Pontcarré，生卒年月不详），两人都是当时法国驻俄罗斯大使馆秘书。

路易十八逝世，斗争暂告中断，直到查理十世加冕以后才又激烈地恢复进行。七月，我去了纽沙泰尔，与早已等在那儿的德·夏多布里昂夫人会合。她在湖边租了一座简陋的小屋。房子南北两面，放眼望去，远远地透迤着阿尔卑斯山的群峰。房子背后就是汝拉山。笔陡的山坡长满松树，黑森森的，仿佛就在头顶上。湖上荒寂无人。一条林中走廊就成了我的散步场所。我想起了英国绅士马雷夏尔①。当我登上汝拉山顶，就见到比延纳湖。湖上的轻风和微波曾给让-雅克·卢棱以最美妙的灵感（见《第五个梦》）。德·夏多布里昂夫人前去参观弗里堡和一座乡间小舍。人家告诉我们，那房子清雅可爱，她却觉得冷冰冰的，毫无生气，虽说小舍号称"小普罗旺斯"。我的全部消遣，就是观看一只半野半家的瘦黑猫，把爪子伸进一只装满湖水的大桶里抓小鱼吃。一位文静的老妇人总是织着毛线活，也不挪动椅子，就在一只小炉子上为我们烹制丰盛的饭菜。我没有丢掉吃田鼠的习惯。

纽沙泰尔有过一些美好的日子；它曾经属于隆格维尔公爵领地；让-雅克·卢棱穿着亚美尼亚人的袍子，在它的山岭上散过步；而被德·圣伯夫先生那样细致地注视过的德·夏里埃尔夫人曾在《纽沙泰尔书简》中描写过它的社会情形；只不过朱莉安娜、拉普里兹小姐和亨利·梅耶②不在那儿；我只见到了可怜的富舍-勃莱尔③，他是早年移居那儿的，不久就跳窗自杀。总督普尔塔莱先生的花园虽经精心拾弄，却不如附近一座对着汝拉山的葡萄园的英国式假山更让我着迷。最后一位纽沙泰尔亲王，由波拿巴册封的贝尔蒂埃④尽管在特拉维山谷修建了小辛

---

① 即卢棱在《忏悔录》中提到的凯思勋爵，在腓特烈治下曾任纳沙泰尔总督。
② 三人都是《纳沙泰尔书简》中的人物。
③ 一个保王派官员（一七六二——一八二九），为贫穷所迫，走上绝路。
④ 贝尔蒂埃（Berthier，一七五三——一八一五），拿破仑手下的元帅，曾让人在特拉维山谷修建了图尔纳大路。最后死于精神错乱。

普朗山区大路，尽管他也和富舍-勃莱尔一样跳楼自杀，摔破了头颅，却还是被人遗忘。

路易十八驾崩——查理十世加冕

国王的病情把我召回巴黎。九月十六日，也就是我被解职四个月之后，国王去世了。我写了一本小册子，名为《国王驾崩：国王万岁！》。在书中我向新君主致敬，并为查理十世做了《论波拿巴和波旁家族》那本小册子为路易十八所做的工作。我去纽沙泰尔接回德·夏多布里昂夫人，在巴黎目光街租房住下。查理十世宣布解除新闻检查，以此开头来争取民心。他于一八二五年春天举行加冕礼。"从此蜜蜂开始发出嗡嗡的声音，鸟儿开始鸣唱，羊羔开始欢跳。"

我在文稿堆中找出下面这些写于兰斯的文字：

> 皇上后天驾临：将于二十九日星期天加冕；我将看到他把一顶王冠戴在头上。若在一八一四年，不管我怎样大声疾呼，也不会有人想到这顶王冠的。我曾出力为皇上打开了法国的大门；我通过妥善处理西班牙事务，也给他带来了保卫他的人，我让人接受了宪章，并且恢复了一支军队：国王单凭这两条，就可以在国内施政，在国外称雄：可是这场加冕礼又给我保留了什么角色？一个放逐者的角色。我沦落民间，接受了人家施舍的勋章①，但即便是这枚

---

① 路易十八于一八二四年一月八日给夏多布里昂授勋，过了五个月就将他解职。

勋章，也不是查理十世给的。那些得到我帮助，甚至由我安置的人都转身背对我。国王将握住我的双手；他将看着我在他脚下宣誓而毫不感动，一如他看到我重过贫贱生活而毫不关心。这对我有什么影响？没有。我摆脱了去杜伊勒利宫的义务，无拘无束补偿了一切损失。

在一片喧闹声中，我被人家忘记了。我就在那个房间写了本回忆录的这一页。上午我参观了圣莱米纪念堂和用花纸装饰的大教堂。在柏林的时候，我曾看过席勒的《圣女贞德》；是那幕戏的布景使我对兰斯的大教堂有了清楚的概念：斯普雷河边的布景装置让我看到了韦勒河边的布景装置遮藏起来的东西：再说，我寻访那些古老家族的遗迹，了解他们的逸事，从克洛维与法兰克人以及从天而降的鸽子，直到查理七世与圣女贞德，我都做了调查，从中得到消遣。

一八二五年五月二十六日，于兰斯

> 我来自我的家乡，
> 它高不过一个小冈，
> 我头上扎着，扎着，
> 萨瓦的头饰。

"先生，赏一个铜板吧，求求您。"

这是回去的路上，一个刚到兰斯的萨瓦小伙子，给我唱的小曲。"你来这儿干什么呢？"我问他。——"先生，来看加冕礼的。"——"扎着你那萨瓦的头饰？"——"是啊，先生，头上扎着，扎着，萨瓦的头饰。"他回答道，一边转着身子，跳起舞来。"啃，小伙子，跟我一样。"

这样说并不确切：我来参加加冕礼，并没有扎萨瓦的头巾。而且，头巾也是挣钱的办法呀。而我的箱子里只装着旧日的梦想，它不可能缠上一根魔杖，让想着戏法的过路人给我一个铜板。

路易十七和路易十八都不曾加冕。路易十六加了冕以后，接下来加冕的就是查理十世。查理十世出席了他的兄长路易十六的加冕礼，他当时代表诺曼底公爵，征服者纪尧姆。路易十六登上宝座难道不是十分顺利？他继承路易十五时深得人心！可是，他后来又落得什么下场？眼下的加冕仪式只是一场加冕表演，而不是加冕：我们将看到蒙塞元帅。此人在拿破仑的加冕礼上是个活跃角色，昔日在自己的军队里曾庆贺暴君路易十六被处死。我们将看到他以佛兰德伯爵，或者以阿基坦公爵的身份，挥舞着皇家宝剑出现在兰斯。这场炫耀是做给谁看的呢？如果是在今日我不会要任何排场：国王骑在马上，教堂不作任何装饰，有它那些古老的穹顶和古墓就够显气派了；两院成员出席仪式；手按福音书，大声宣誓忠于宪章。这就是君主制的改革更新；我们本可以以自由和宗教来重新开始君主制的统治；可惜大家不大喜欢自由：至少，只要大家喜欢光荣就行！

啊！在那尘土覆盖的墓穴里，
英勇国王的高贵阴魂将说什么？
法拉蒙、克洛迪昂和克洛维，
还有我们的丕平、马泰尔、查理
和路易[①]将说什么？
这些冒着战争危险，以自己的血肉

[①] 这些人都是法国早期的国王。

给子孙夺来如此美好江山的英雄!

总之,拿破仑的新式加冕礼,就是教皇来给一个与查理曼一般伟大的人物涂抹圣油的仪式,难道不是通过改换出场人物,来摧毁我国历史上这种古老仪式的作用?老百姓会由此认为,一场虔诚的仪式并不意味着可以把任何人送上宝座,或者对选择接受圣油的人这种大事变得无关紧要。在巴黎圣母院那场仪式上出头露面的人物,在兰斯大教堂又扮演了同样的角色,其实他们只是一场演俗了的戏里不可或缺的人物:拿破仑把他那些无足轻重的配角送给查理十世,他将占据优势。从此皇帝的面孔控制一切。它出现在事件的背景上和思想的深处:我们所处的堕落时代的纸页,一碰到他那些雄鹰的目光,便都卷缩起来。

我见到皇上进城来;从前这位君主连一匹坐骑也没有,今日我看见他坐着金碧辉煌的御辇经过;我还看见一辆辆马车满载臣僚驶过来,从前那些家伙连主子都不知道护卫。这一行人去教堂唱感恩赞美诗,而我则去参观一座罗马时代的废墟,并独自去一片小榆树林散步。人家称那片林子为"爱情林"。我远远地听着欢庆的钟声,看着大教堂的塔楼。几百年来,它们都是这种仪式的见证人。这种仪式总是那么一回事,然而,又因为时代、思想、人情、风俗、习惯的不同而显得迥异。君主政体灭亡了,有几年里,大教堂被改作马厩。查理十世今日重临大教堂,是否记起他曾目睹路易十六接受圣油的情形?而今他也将在同一地方接受圣油。他会相信,一场加冕祝圣会给他消灾除难吗?如今不再有能够医好瘰疬的贞德之手,也不再有使国王们百病不侵的圣油。

星期六,加冕礼前夕,于兰斯

荣誉团骑士接待会

有一本小册子，书名叫《兰斯律师巴尔纳热所述加冕礼》。我就是在这本小册子半是空白的纸页上，以及在掌玺大臣德·塞蒙维尔先生一封公开印行的书信上匆匆写下了大家刚刚读到的那些文字。德·塞蒙维尔先生那封信是这样写的："掌玺大臣荣幸地通知德·夏多布里昂子爵先生大人：陛下祝圣加冕仪式次日，凡愿意出席圣灵荣誉团和圣米歇尔荣誉团领袖与至高无上主宰，以及荣誉团诸骑士接待会的贵族院议员先生，都可在大教堂圣殿找到为其提供并保留的座位。"

不过查理十世愿意宽恕我。在兰斯，巴黎大主教跟他说起反对派阵营的人，皇上说："那些人不拥护我。让他们去吧。"大主教接口说："可是，陛下，德·夏多布里昂先生呢？"——"哦，他呀，我为他遗憾。"大主教问皇上，这句话能否转告我。皇上在房间里踱了两三圈，沉吟一阵后，说："行，就转告他吧。"可是大主教忘了转告我。

在荣誉团骑士接待会上，当德·维莱尔先生宣誓之时，我正好跪在国王脚边。我的帽上掉了几根羽毛，我就跟骑士伙伴相互问候了两三句。然后，我们离开了君王的膝头，一切便告结束。国王费力地脱下手套，握住我的手，笑吟吟地说："戴手套的猫逮不着耗子。"人家以为他跟我说了好久的话，于是说我再度受宠的流言不胫而走。查理十世以为大主教把他的好意说给我听了，大概正期待我说句谢恩的话，我的沉默一定让他气恼。

我就是这样出席了为克洛维国王的后人举行的最后一次加冕礼。我在《国王驾崩：国王万岁！》那本小册子里要求举行加冕礼，并且对仪式做了描述。是我那些文字促成了这件事。这并不意味我对仪式还有丝毫信仰；而是因为合法王权什么都缺乏，不管是好是歹，都必须运用一切手段来支持它。我记得兰斯大主教阿达贝隆下的那个定义:"法兰西国王的加冕礼不是私事,而是关系到公众利益的大事。"我谨转录专为加冕礼所作的令人赞美的祈祷:"天主通过你的德行来指导你的人民,并赋予你的仆人领悟你智慧的头脑!愿这些日子人人生出公正与正义:给朋友以支持,给敌人以障碍,给苦难者以安慰,给受培养者以端正的品格,给富人以教诲,给穷人以同情,给朝圣者以热情接待,给可怜的臣民以和平安全的家园!主啊,愿国王学会自控,学会依人施治,温和节制,以便能给全体人民做出表率,过你喜欢的生活。"

这段祈祷是十五世纪学识渊博的杜蒂耶保存下来的。在把它录入我的小册子《国王驾崩:国王万岁!》之前,我曾喊道:"让我们祈求查理十世仿效他的祖先吧:第三家族有三十二位君主接受了加冕的圣油。"义务尽完之后,我就离开了兰斯。我可以像圣女贞德一样说:"我的使命结束了。"

我把宿敌召集在身边——我的读者变了

巴黎经历了最后的欢乐庆典:宽容、和好、友善的时代过去了,摆在我们面前的只有严峻的现实。

一八二〇年,当新闻检查处让《保守者》停刊的时候,我根本没有料到,七年后会以另一种形式,另一家报刊,重新开始同一性质的笔战。在《保守者》上与我并肩战斗的人曾像我一样,要求思想自由和写作自由。他们和我一样,站在反对派阵营,和我一样受贬失意,因此自称是我的朋友。一八二〇年,通过他们自己的努力,更借重于我的奔走，他们当了官掌了权，于是掉转枪口来反对新闻自由：他们由受压的人变成了压迫者，便不再是我的朋友，也不再这样自称。他们硬说新闻许可证只是从一八二四年六月六日，也就是把我赶出内阁的那一天才开始实行的。他们的记性太差了：他们只要再读一读从前反对前一届政府、主张新闻自由而发表的观点、撰写的文章，就会承认，他们至少在一八一八和一八一九年就是主张新闻许可证的副头领了。

另一方面，我从前的敌人现在向我靠拢。我努力使拥护独立的人归附正统王权，这方面的成就比我让王座与神坛的仆人归顺宪章的业绩要大一些。我的读者变了。我曾经警告政府防止民众冲动，以后又不得不提醒它专制政体的危险。我尊重读者惯了，给他们写的每一行文字，无不是竭尽所能，精心思考之后才写出来的。比较起来，我写这类昙花一现的作品，比写那几部篇幅最长的作品还费劲一些。我的生活令人难以置信地充实。荣誉与祖国把我再度召到战场。我已到了需要休息的年纪。但如果以我对压迫与无耻行径日益强烈的仇恨来判断年龄，那我会认为自己又焕发了青春。

我的周围聚集了一群作家，使我的阵容显得整齐壮大。他们中间有贵族院议员、众议员、行政官员，还有刚开始文学生涯的年轻作家。有自由派倾向的贵族院议员德·蒙塔利韦先生，《辩论报》编辑萨尔旺迪先生，《环球报》编辑杜韦吉埃·德·奥莱纳先生，以及许多别的人都来到我家。那些人曾经是我的弟子，如今却就代议君主制这个话题，把我过去教给他们的东西，在我的著作里每页都有表述的东西当作新观点新思想来大肆传播。德·蒙塔利韦先生当上了内务部长，是菲力普的大红人；喜欢追踪命运变故的人会觉得下面这封便函相当有趣：

子爵先生：

我荣幸地在王宫考绩表中发现了一些错误。那张表已经发给您了。兹将勘误表寄上。我再次将错处检查了一遍，认为可以保证下面的这份名单准确无误。

子爵先生，请屈尊接受我深深的敬意。

您忠实的同僚
真诚的仰慕者
蒙塔利韦

这并不妨碍我"尊重人的同僚和真诚的仰慕者"德·蒙塔利韦伯爵先生把我当作煽动新闻自由的罪魁祸首，投入警察总监吉斯盖先生的大牢，尽管他当年也曾那样热烈地主张新闻自由。

我新开始的笔战打了五年，最后以胜利告终。对于这场笔战，做一个概述，将使人看到思想反对既成事实，即便是得到权力当局支持的事实，具有多大的力量。我是一八二四年六月六日被赶出内阁的，六月二十一日我就走下了角斗场[①]，并且在那里一直待到一八二六年十二月十八日：我进去时孑然一身，被剥得精光，一丝不挂，出来时我是胜利者。我在摘要转述我所使用的论据时，其实是在叙述历史。

下台后我的论战摘录

我们曾经有勇气，有荣耀，在实行新闻自由的时候，打一场

[①] 夏多布里昂领导的自由主义运动第一篇文章于一八二四年六月二十一日发表在《辩论报》上。——原注

危险的战争，而且那个高贵的节目也是第一次给君主政体上演。可是我们很快就为自己的光明正大而后悔。当报纸只可能损害我们将士的胜利时，我们曾经与报纸作对。当它们胆敢议论大臣高官的时候，就必须制服它们。

管理国家的人似乎对法兰西人办理严肃事情的天才一无所知，但他们对融入并美化文明民族生活的优雅光彩之事倒并不那样陌生。

合法政府对艺术的施舍超过篡权政府对艺术的资助。但这些施舍是怎样分配的呢？那些主管分配的人或是因为本性，或是因为趣味，都比较健忘，似乎对名声抱有反感；他们的黑暗是那样不可改变，以至于他们一走近光明就要让光明淡灭，就好像他们把钱浇到艺术身上是要将艺术之火浇灭，把钱堆到我们的自由身上是要让自由窒息。

人家把法国塞进一架狭小的机器里加以折磨。但只要这架机器与我们在收藏家书房里偷偷看到的那些完美模型相似，好奇的趣味就有可能使人们一时发生兴趣。可是它偏偏不像：它只是一架做工粗劣的小玩意儿。

我们说过，今日行政当局采纳的体制伤害了法兰西的才华；我们将试着证明，这个体制也同样不了解我们制度的精神。

君主制度不费力气就在法国复辟了，因为它拥有我们的整个历史，因为戴王冠的家族几乎看到我们民族诞生，是它培育了我们的民族，使它开化，给了它所有的自由，并使它变得不朽。只是时间把这个君主制度逼到了现在这个地步。政治上的想象时代已经过去；人们不可能再拥有一个充满宗教信仰、崇拜和奥义的政府；人人都了解自己的权利，理性范围之外的事情什么都办不成；当今之世，直到恩典，绝对君主制的最后一幕幻景，一切都被掂量，一切都被估价。

我们千万不要弄错,各个民族的新纪元开始了;它会不会较为幸运?只有老天知道。至于我们,只有可能应付未来的事件。千万不要以为我们能够往后退:只有宪章才能够拯救我们。

君主立宪制并不是从我们中间一套书写成文的体制中诞生的,尽管它有一套印刷的法典;它是时间和事件的产物,一如先辈们的旧君主制。

在专制主义建筑的大厦,在专制主义留下痕迹的地方,为什么不能维持自由?胜利可说至今仍然装饰着三种颜色,却躲进了德·昂古莱姆公爵的营帐;合法王权住进了卢浮宫,虽说那里仍可见到一面面鹰旗。

在君主立宪国家,人们尊重民众的自由;人们把自由看作君主、人民和法律的保障。

我们另外想说的是代议制政府。人家组成一个小集团(有人甚至说是两个对立的小集团,因为必须竞争),用金钱收买报纸。人家不怕引起公愤,与不肯卖身投靠的产业主打官司;人家想用法庭判决迫使这些产业主受人鄙视。由于正派人不屑于干这种事,人家就招募一些写诽谤文章的家伙来支持保王党内阁。其实那些家伙制造流言蜚语,对王室加以困扰和折磨。凡是在旧的警察机构当过差的,在帝国的衙门办过事的人,人家都招来重用。一如我们的邻邦,当人们想招募水兵时,就在小酒馆和可疑场所强抓硬捉壮丁。这帮强行捉来的自由作家登上五六艘"船"——被收买的报纸,而他们所说的话在部长那里被称作"公众舆论"。

以上十分简略地转摘了我在小册子和《辩论报》上的论战样品。也许还是摘录长了。在我那些小册子和文章里,大家可以读到今日宣布的所有原则。

我不肯领受国务部长津贴——希腊委员会——莫莱先生便函——卡纳里斯给儿子的书信——雷卡米耶夫人给我寄来另一封书信摘要——我的作品全集

人家把我从内阁赶出来的时候，并未发给我国务部长津贴，我也没有索讨；不过德·维莱尔先生受了国王一次指责，竟大胆地让司法部长德·佩罗内先生重新发了一道敕书，补发这份津贴。我不肯接受。要么我有权领取原先的津贴，要么就什么津贴也无权领取：如果是前面那种情况，用不着重新给我发敕书，如果是后面那种情况，这份津贴就是内阁总理赏赐的，我不愿得这个好处。

希腊人为挣脱枷锁而行动起来：在巴黎成立了一个希腊委员会，我是其中的一员。委员会在胜利广场的泰尔诺先生[1]家集合。成员们相继来到会议地点。塞巴斯蒂亚尼将军[2]刚一坐定，就表示这是一桩大事，他要为之长期斗争：这番话让我们讲究实效的主席泰尔诺先生老大不快，他愿意为希腊美人阿丝帕琪做一条披肩，却不会为她浪费时间。法布维埃先生[3]的快信让委员会十分难受。他严厉指责我们；因为我们没有打赢马拉松战役，他便把他认为的种种不是怪罪于我们。我为希腊的解放事业尽心出力，因为我觉得那是子女对母亲尽一份孝心。我写了一份"照会"，寄给了俄罗斯皇帝的接位人，就像当年在维罗纳会议，我交给他本人一样。"照会"被多次印在游记的卷首。

在贵族院，我也朝着同样的方向努力，想促使一个政治集团行动。

---

[1] 泰尔诺（Ternaux），法国大工业家，毛纺业主。
[2] 塞巴斯蒂亚尼（Sébastiani，一七七二——一八五一），自由派首领，后任元帅，外交部长。
[3] 法布维埃（Fabvier，一七八二——一八五五），炮兵将军，著名的亲希腊派。

莫莱先生这封便函显示了我将遇到的阻力，以及我不得不采用的迂回办法：

  明天会议开幕，您会发现我们都准备顺着您的足迹飞跑。我要是没找到莱内，就准备给他写信。只能让他预先准备好关于希腊的发言。不过您得当心，人家会提出修正案的范围来反对您，还会搬出条例章程来拒绝您。也许人家会让您把提案放在桌上：您可以对它作补充，而且是在说完了要说的话以后。帕基埃刚刚病了，病情相当严重，我担心他明天还好不了。至于投票，我们是会赢的。可是您与书商做的安排比这管用。人类的不公正和忘恩负义从我们这里夺去的东西，由您的才华夺回来，是多么美好的事呀。
  我一辈子都属于您。
莫莱

  希腊摆脱了伊斯兰教的统治，不过，在雅典成立的并不是我所希望的联盟共和国，而是一个巴伐利亚君主国。由于国王们都没有记性，我这个为阿尔戈斯人的事业出过一点力的人只在荷马的史诗里听人提到他们。得到解放的希腊不曾对我说："谢谢您。"它本就不知道我的姓名，到了我穿过它的荒野，在它的残垣断壁前流洒热泪的日子，它就更不清楚我是何人了。
  希腊还未成为王国之前，对人更怀有感激之心。在委员会安排培养的几个孩子中间，有一个少年卡纳里斯：他父亲是条汉子，无愧于赢得迈卡尔大捷的水兵，他给儿子写了一封短信，儿子把它译成法文，就写在信末空白处。兹将译文转录于下：

亲爱的儿子：

　　被关心我们的慈善团体选上，去学习人类的义务，你这份幸福，任何别的希腊人都不曾有过。我让你来到人世；而那些值得称道的人则让你接受教育，成为真正的人。假如你愿意让赋予你生命的人晚年得到慰藉，就要乖乖地听从那些再生父亲的教导。注意身体。

父亲 C. 卡纳里
一八二五年九月五日于古罗马的拿波里

我保存了这封便函的副本，作为希腊委员会的报酬。

当我从内阁出来的时候，拥护共和的希腊曾表示了特别的遗憾。一八二四年十月二十九日，雷卡米耶夫人从那不勒斯给我写信说：

"我收到一封希腊来信。它绕了一大圈才到达我手上。我发现里面有几行与您有关，想让您知道，兹转录如下：

　　'‘六月六日的命令传到了我们这儿。我们的领导人深感震惊。他们最靠得住的希望就在法国的慷慨之中。他们不安地寻思把一个人逐出内阁预示着什么，因为那人的品格使他们有指望得对一份支持。'

"要么我弄错了，要么这份敬意会使您快乐。我把这封信附上：第一页只与我有关。"

不久大家将读到雷卡米耶夫人的生平：大家将知道，从缪斯的家乡传来一份纪念品，又经过一位妇女的美化，我收到后心里异常甜蜜。

至于前面引述的莫莱先生那封便函，它暗示了我就出版自己的作品全集与书商达成的协议。这种安排本来的确可以保证我衣食无虞，可是事情办得对我不利，尽管对出版商有利。拉德沃卡先生破产之后，把我的作品都留给了那些出版商。说到普路托斯或者普路同①（神话学家总是把他们混为一谈），我就像阿尔克提斯②，"总是看到必将带来不幸的船"；一如威廉·皮特，我是一只穿了底的箩筐，这也是我的辩词；只是那窟窿并不是我自己弄出来的。

在我一八二六年版全集第一卷的总序结尾部分，我是这样责备法国的：

> 法国啊！我亲爱的故乡，我的初恋，您的一个儿女在一生将尽的时候，把他能从您的慈爱中得到的作品呈献在您眼前。他虽然不能再为您做什么，您却能为他做一切，只要您宣布，他对您的宗教、您的国王、您的自由的敬爱让您高兴就行。卓越而美丽的祖国啊，我即使渴慕一丝一毫光荣，也只是为了增加您的光彩。

洛桑小住

德·夏多布里昂夫人身体不适，去法国南部走了一趟，也未见好转，便回到里昂。在那里普律纳尔大夫对她做了诊断，说她患了不治之症。我便去那里与她会合，并把她带到洛桑，先后住在德·希弗里先生和德·柯堂夫人家。德·柯堂夫人是个聪慧女人，很重感情，只是命运

---

① 普路托斯是希腊神话中的财神；普路同是罗马神话中的冥王。
② 希腊神话中阿德墨托斯的妻子，因丈夫患不治之症，自愿替丈夫去死。但被赫拉克勒斯救出。欧里庇德斯据此写了一出悲剧。此句话便是出于该剧。

不佳。我见到了德·蒙托里厄夫人：她住在一座高高的山冈上，远离人群；最后也和同代人德·冉莉夫人一样，死在小说的幻象中。英国史学家吉本曾在我的门口写出了《罗马帝国史》。他于一七八七年六月二十七日在洛桑写道："正是在卡皮托利山的残砖断瓦之中，我拟定了一部著作的大纲。在将近二十年之中，这部著作占据了我的生命，使我的生命得到了快乐。"德·斯塔尔夫人曾和雷卡米耶一起在洛桑露过面。流亡国外的贵族，一个完结的群体曾在这座又明媚又忧郁，有些像格雷纳达的海市蜃楼的城市里停留过一段时间。德·迪拉夫人在《回忆录》里勾画出对这个城市的回忆，这封便函让我获悉了新的损失：

先生，完了，您的女友不在人世了；今天上午十一点差一刻，她没有痛苦地去了，把灵魂还给了天主。昨晚她还坐着马车兜风。没有任何迹象预示她的大限已到。我能说什么呢？我们根本没想到她的疾病会是这样结束。德·居斯蒂纳先生十分悲痛，不能握笔给您写信。昨天早上他还登上贝克斯周围的一座山岭，像平日一样，取新鲜牛奶给他亲爱的病妻饮用。

我十分悲痛，无法向您叙述更多的细节。我们准备收拾好最慈祥的母亲，最善良的女友的珍贵遗物回法国。昂盖朗[①]将在两位母亲中间安息。

我们将途经洛桑。到那里以后，德·居斯蒂纳先生会去见您。

先生，请接受我对您的尊敬与爱戴。

贝斯特舍[②]

一八二六年七月十三日，于贝克斯

[①] 德·居斯蒂纳先生与前妻的儿子，他与生母、后母都埋在费法克城堡附近的乡村小教堂。
[②] 德·居斯蒂纳先生原来的家庭教师，后来成为他太太的管家。

我在前面和后面都幸运或不幸地回忆到德·居斯蒂纳夫人的一些事情，读者请去那些段落寻找。

德·夏里埃尔夫人的作品《洛桑书简》，把我每天看在眼里的场景，以及心里生出的高尚感受描写得十分真切。"我独自对着一扇窗户休息。"塞西尔的母亲说，"窗户朝湖，是开着的。山啊，雪啊，太阳啊，你们给了我种种快乐，我感谢你们。还有我看到的这一切的作者，你们把它们造得这样悦目，我感谢你们。大自然迷人又惊人的美景啊！我的眼睛每天都在欣赏你们，我的心每天都在感受你们。"

我在洛桑开始写作对我第一部著作《论古今革命》的评注。从我房间的窗口，可以望见迈耶里的峭壁。我在一条评注中写道："卢梭比同时代作者高明的地方，只在于《新爱洛伊斯》那六十几封信，以及《遐想》和《忏悔录》中的几页文字。在那些地方，他的才华融入真正的大自然，就使他妙笔生花，文思泉涌，那种才情是前所未见。伏尔泰和孟德斯鸠在路易十四时代的作家那里找到了文体上的榜样；卢梭走的则是另一条路，甚至布封也是如此，他们创造了伟大世纪所不曾见过的语言。"

回巴黎——耶稣会教士——德·蒙洛齐埃先生的来信和我的复信

回到巴黎，我就忙着两件事，一是在地狱街安家，一是在贵族院和小册子里重开论战，批驳反对公众自由的种种法律方案。其间我也发表了一些演说和文章，支持希腊的解放事业，还为全集的出版做了一些工作。俄罗斯皇帝驾崩。我与各国帝王之间，就剩了与他的友情。德·蒙莫朗西先生成了德·波尔多公爵的太傅。这份沉甸甸的荣誉,他并未享有多久;他于一八二六年的耶稣受难日,在圣托马斯·阿奎那教堂去世,死时正是耶稣在十字架上咽气的时刻;他与基督的最后一息一同去见天主。

对耶稣会教士的攻击已经开始。应该承认,在那道著名命令里,蒙着一层令人不安的东西,因为在有关耶稣会的事情上,总是罩着一层神秘的云雾。我们听到有人发出一些平庸的陈腐的抗议。

说到耶稣会,我收到德·蒙洛齐埃先生这封来信。在这封信之后,大家可以读到我的回复。

> 不要抛弃一个老友,
> 因为新的比不上老的。

> 亲爱的朋友,这些话并不仅仅是出自上古,也不仅仅是出自高深的智慧;对基督徒来说,它们是神圣的。我在您这儿举出它们的权威。在昔日的朋友之间,在善良的公民之间,现在比任何时候都需要接近。紧密团结,密切我们的所有联系,竞相激发我们的所有意愿,所有努力,所有感情,这是国王和祖国极其可悲的状况要求我们尽的一份义务。在向您说这些话时,我并非不知道接收它们的是一颗深受忘恩负义与不公正伤害的心。然而我照样满怀信任对您说这些话,因为我确信它们会穿破重重乌云进入您的心田。亲爱的朋友,在这微妙的地方,我不知您是否对我满意,不过在您遭受磨难之时,我即使听到有人指控您,也没有注意为您辩护;甚至人家说您什么我都没有听。我只是暗自寻思:这事是什么时候起的?当那位雄辩术教师拿不出荷马的作品时,亚西比德把他赶出家门,我不知道他这样做是否脾气太大了一点。当那位元老院议员发表相反意见时,汉尼拔把他推下座位,我不知道他这样做是否性子太暴了

一点。要是我能够对阿喀琉斯发表一点个人看法,也许我会不赞成他为了一个被掳来的小姑娘[①],竟然扔下希腊大军。抛开这些不说,只要说出亚西比德、汉尼拔和阿喀琉斯的名字,就足以使一切争吵结束。今天亦是一样,只要一提"严厉的、暴躁的"夏多布里昂的大名,大家马上就不出声了。我在心里琢磨事儿时,也总是想到这个名字:他若是发出抱怨,我便觉得心里涌出一股体恤之情,当我想法国有欠于他时,内心便充满了对他的敬意。是啊,朋友,法国有欠于您。应该让法国欠您的更多,多亏您,它才再度爱上了先辈的宗教:应该为它保留这一善举;为此,应该使它避免它那些教士的谬误;那些教士处在一面危险的斜坡上,也应该让他们本人离开那要命的地方。

亲爱的朋友,您我多年来从未停止战斗。现在剩下来还要我们做的,就是防止自称宗教的教会以优势控制国王和国家。在昔日那些情状,恶及其根须在我们内部,我们可以迷惑它们,成为它们的主宰。而今日遮盖我们的枝丫是在内部而根须反倒在外部。沾满路易十六和查理一世鲜血的主义同意让位给沾满亨利四世和亨利三世鲜血的学说。您与我肯定不能忍受这种状况。正是为了与您联合,正是为了从您那儿得到鼓励我的赞同,正是为了把我的心和我的家徽作为战士提供给您,我才给您写信。

我怀着对您的景仰和真正的忠诚,怀着体贴和敬意来恳求您。

德·蒙洛齐埃伯爵

一八二五年十一月二十八日,于朗达纳

亲爱的老朋友,您的来信太严肃,不过与我有关的那些话,还

---

① 指《伊利亚特》中的人物布里赛依丝。

是让我笑了。亚西比德、汉尼拔、阿喀琉斯！您跟我说这些人，肯定并不当真。至于珀琉斯家少爷的那个小姑娘，如果指的是我的职位，我就要反驳您，那不忠的女人我不会爱上三天，失去她我一刻钟也不会怀念。我悔恨的是另一码事。德·维莱尔先生是我真心诚意喜欢的一个人。可是他不但背弃了友谊的义务，对不住我公开向他表示的喜爱，辜负了我为他做的牺牲，而且违背了最起码的做人之道。

既然国王不再需要我为他效力，那么我离开他那些顾问就是再自然不过的事情；可是对于一个高尚的男子来说，最要紧的就是方式方法。既然我并没有偷皇上放在壁炉上的怀表，我就不应该像那样被赶出王宫。我独自一人打了场西班牙战争，在这危险时期维护了欧洲的和平。我单凭这一件事，就给合法王权创立了一支军队；在复辟王朝的所有大臣之中，只有我一人被赶下台，没有得到皇上任何顾惜垂念的表示，就好像我背叛了君王和祖国。德·维莱尔先生以为我会接受这种待遇。他弄错了。过去我是他的挚友，今后我是他不共戴天的死敌。我生下来真是不幸：人家给我造成的创伤从不曾愈合过。

但是我的事说得太多了，我们还是来说别的更要紧的事情。我担心在一些重要的目标上不能与您看法一致。如果是那样，我会很难过的！我希望实行宪章，实行整部宪章，还希望全面给予公众自由！您希望这些吗？

我和您一样希望信仰宗教；我也像您一样仇恨圣会和那些伪善家伙的协会，它们把我的仆人改变成间谍，它们在神坛寻求的只是权力。但是我认为教会摆脱了这些寄生植物之后，可以非常适宜地进入立宪政体，甚至成为我们的新制度的支柱。您不会过于希望把它与政治体系分开吧？我是极为公正的，在此我可以给您一个证明。我敢说教士们欠我的是那么多，却一点也不喜欢我，从没为我说一句话，帮一点忙。但这有什么关系呢？要紧的是不偏不倚，看到对教会与君主制度两者皆宜的事情。

老朋友，我并不怀疑您的胆魄，我相信，任何事情，只要您觉得有益，就会去做，而且您的才干保证您一做就会成功。我等待您的新消息，并且衷心地拥抱您这位流亡岁月的患难之交。

夏多布里昂
一八二五年十二月三日，于巴黎

论战续篇

我重新开始了论战。每天我与内阁豢养的走卒都有一些接触战前哨战。他们使出来的总不是什么好剑。在罗马时代的头两个世纪，有些骑士或是因为躯体肥胖，或是因为胆小，冲锋陷阵时总是落在后面，人们给他们的惩罚，就是判决给他们放一次血：我承受了惩罚。

"我们周围的世界变了，"我说，"人民再度出现在世界舞台上。古代民族在废墟上复活。惊人的发明预示着在和平与战争的技术领域将发生革命：宗教、政治、风俗，一切都会改变性质。这种变动，我们觉察到了吗？我们与社会在同步前进吗？我们跟上了时代的步伐吗？在变革或扩大的文明里，我们准备保留原有的地位吗？不，引导我们前进的人对欧洲的事情并不了解，就和新近在非洲内陆发现的民族一样。那么他们知道什么呢？证券交易所！就连这一点，他们也只是知之皮毛。我们曾经承受过光荣的桎梏，因为这，就要处罚我们，判我们承受黑暗的重压吗？"

与圣多明戈有关的交易①给我提供了机会，来阐述我们公众权利的几个观点，原来没有任何人想到过这些。

一些反对者对我说："什么？我们有朝一日会成为共和派？真是老糊涂了！今日谁还想要共和国？……"我做了深入的思考，宣告世界将发生变革。我回答那些人说：

"我生于理性，喜欢君主制度，把立宪君主制看作现代社会可行的最好的政体。

"不过假若有人想把一切都归结为个人利益，以为我认为共和国的一切对我来说都可怕，那他就错了。

"还有什么制度会比君主制对我更差？我有两三次为了君主制，或者被君主制剥夺得精光，而帝国待我难道比这还坏吗？只要我愿意，帝国什么事都会为我做。我憎恶奴役，自由最合我天生的独立性格。我更愿意在君主制度下享受这份自由，然而我却是在民主的范畴来构想它的。有谁比我更不惧怕未来？我有任何革命都夺不走的东西：我虽然没有地位，没有荣誉，没有财富，但任何还没有蠢到轻视舆论的政府就不得不把我认真看待。民主政府尤其是由一些单个的人组成的，它把每个公民的个别价值改变成一种普遍的价值。我始终坚信会得到民众的尊敬，因为我从未做过使我失去它的事情。而且，在我的敌人中间，我或许会比在所谓的朋友中间得到更公正的对待。

"这样盘算之后，我对共和国就没有什么恐惧了，正如我对它们的自由没有任何反感一样：我又不是国王，我并未指望从王国得到任何利益，它并不值得我为它辩护。

"在另一班人当权时，有一次扯到他们那个内阁。我曾说：'哪天早上，大家会拥到窗口，观看君主政体经过。'

---

① 指的是圣多明戈给被剥夺产业的法国移居民的赔偿。

"我对现任内阁说：'在继续前进之中，革命可在一定时间内变成一部新版宪章，只要把老版本改换两三个词就行了。'"

我把后一句加上着重号，以吸引读者注意这句惊人的预言。即便在各种主张满天飞，各人想到什么就说什么的今天，一个保王党人在复辟时期表达的共和主义思想也算是大胆的了。在展望未来的时候，那些所谓思想进步的人没有提出任何新东西。

塞巴斯蒂亚尼将军的信函

我最后那些文章甚至使德·拉斐德先生也振奋起来，他让人给我送来一片月桂树叶，作为祝贺。一些人不相信我的主张有这么大的威力。让他们大吃一惊的是，下到书商，上至在政治上起初离我最远的议会人士，都感受到了我的主张的影响。那些书商派代表来我家致意。下面转录这封信，以证明我所提出的主张。信末的署名引起了某种惊愕。我们只应该注意这封信的意义，注意写信人和收信人思想观点和立场的突然变化；至于措辞，我是波舒哀和孟德斯鸠，这点自不待言；我们这些作家，这是我们的家常便饭，正如那些部长大臣永远是苏利和柯尔贝尔。

子爵先生：

请允许我加入普遍的景仰：我产生这种感情太长久，以至于无法抵挡向您表达这种感情的需要。

您把波舒哀的高超与孟德斯鸠的深刻糅合在一起：您再现了他们的笔力和天才。对于所有的国务活动家，您的文章都富有教益。

在您创造的新型战争里,您提起了在别的战斗中也使世界充满其光荣的那个人的强大之手。但愿您的成功能够持续更久:它们与人类和祖国的利益相关。

所有与我一样鼓吹君主立宪制原则的人,都为找到您作为最高贵的代言人而自豪。

子爵先生,请接受我新的崇高敬意。

贺拉斯·塞巴斯蒂亚尼
十月三十日,星期日

这样,在胜利的时刻,朋友、敌人、对手都拜倒在我脚下。原先以为我必败无疑的胆小鬼和野心家开始看见我喜气洋洋地从论战的尘埃旋涡中走出来:这是我的第二场西班牙战争。在国内,我战胜了所有党派,在国外,我打败了法兰西的敌人。正如我曾用公文快信压倒梅特涅先生和坎宁先生的公文快信,使它们传递不灵而失效,我是凭着全力以赴才取得胜利的。

富瓦将军逝世——"公正与爱情法"——艾蒂延纳先生的信函——邦雅曼·龚斯唐先生的信函——政治影响的巅峰——关于国王圣名瞻礼日的文章——撤销新闻管理法——巴黎灯火辉煌——米肖先生的便函

富瓦将军和玛努埃尔众议员去世了,使左翼反对派损失了两位第一流的演说家。德·塞尔先生和卡米耶·儒尔当也下到了坟墓里。我甚至坐在法兰西学士院的扶手椅上,都被迫为新闻自由辩护,驳斥院士德·拉利-托朗答尔先生哭哭啼啼的请求①。关于新闻管理的法律,大家称为"公正与爱情法",它被撤销,主要是由于我的抨击。我对这部法律草案的评价是少有的具有历史意义的见解。我收到一些人的祝贺信,其中有两封特别值得一提:

子爵先生:

您希望向我表达谢忱,我对此深受感动。被我看作债务的事情,您却称作帮忙。因此我乐于向您这位妙笔生花的作家偿债。凡是真正的文友都愿意分享您的胜利,都应该看到自己的命运与您的成功休戚相关。如果您需要我的绵薄之力,无论我离得远还是离得近,我都会竭尽所能,为您的成功做出贡献。

在我们这样一个昌明时代,唯一能战胜失意打击的力量就是才华;先生,无论给那些为失意庆幸的人,还是给那些不幸为失意伤心的人,您都提供了一个活生生的例证。

先生,谨向您致以崇高的敬意。

艾蒂延纳
一八二六年四月五日,于巴黎

先生,对于您那场精彩的演说,我迟至今日才向您表示感谢。眼睛的肿痛、议院的工作,尤其是议院可怕的会议成了我的理由。再说,您也知道,我的思想和心灵完全同意您说的一切,完全赞成您试图为我们不幸国家做的一切善事。我乐于把自己的绵薄之力汇

---

① 法兰西学士院准备向查理十世递交请愿书,要求实行新闻自由。拉利-托朗答尔请求大家不要这样做。但夏多布里昂的意见占了上风。他执笔起草了请愿书。不过查理十世不肯接受。

入您强有力的影响。一个折磨法国，想使其丧失尊严的内阁已经丧心病狂了，近期的后果虽然让我担心，长远来看却让我宽心，因为事情到了这个地步，也就不可能长久了。对于结束它的统治，您是出了大力的。倘若有朝一日，人家认为在必须进行的反对疯狂与罪行的斗争中，应该把我的名字排在您的大名之后，我就认为得到了莫大的报偿。

先生，请接受我真诚的仰慕与崇高的敬意。

邦雅曼·龚斯唐

一八二七年五月二十一日，于巴黎

在我提及的年代，我的政治影响达到了巅峰。通过西班牙战争我支配了欧洲；但在法国遭到了强烈的反对；我下台之后，成了国内得到承认的舆论支配者。就是那些指责我重新拿笔是犯了一个不可弥补的错误的人也不得不承认，我建立了一个比第一帝国更强大的帝国。年轻的法兰西整个站到了我这一边，并且不再离开。在许多工业部门，工人们都听从我的命令。我不可能在街上走一步而不被人围住。我这种名望是从哪里来的？来自我了解真正的法兰西精神。最初我创办一家报纸投入战斗，到后来我成了所有报纸的主人。我的胆魄来自淡泊名利：由于我对失败毫不在乎，也就不担心失败，因而取得了成功。我剩下的只是对自己的满意，因为昔日的名望已被大家合理地从记忆中抹去，今日还有什么用呢？

皇上的圣名瞻礼日来到了，我利用这个机会表现自己的光明磊落。我的自由主义主张从未改变这个品质。我发表了下面这篇文章：

皇上又得到一次休战！

今日与部长们停战！

光荣、美誉、永福和长寿属于查理十世！这是查理圣人！

要了解查理十世的历史，尤其应该向我们，君主昔日流亡的难友询问。

而你们这些并未被迫去国离乡的法国人，你们这些多接待一个同胞只是为了摆脱帝国专制和外国奴役的法国人，你们这些繁华大城市的居民，当你们于一八一四年四月十二日簇拥在查理身旁时，你们只看到一个幸福的亲王；当你们感动地哭着，触摸那双神圣的手时，当你们像隔着面纱看见美人，在一个因年龄和苦难而变得高贵的额头上发现青春的所有优雅时，你们只见到胜利的道德，于是你们把历代国王的子孙领到他先辈的御床。

但是我们曾看见他和我们一样，被逐出家园，被剥夺财产，没有住所，就睡在地上。唉！今日他的仁慈令你们着迷，当年他也是一般善良；他当年承受苦难，一如今日顶戴王冠，并不觉得过于沉重，因为他怀着基督徒的甘忍仁厚，当年锉掉了不幸的锋芒，如今缓和了发达的光焰。

查理十世的祖先为我们做了种种好事，他本人的善行更多。一个虔诚信仰基督教的国王，其圣名瞻礼日就是法国人民的感恩节：让我们投入它激起的感恩激情吧。千万不要让可能破坏我们纯粹快乐的杂念进入我们内心！谁要是心生……谁就会倒霉！我们就会重新开战！国王万岁！

抄录这一页论战文章时，我的眼睛噙满泪水，我没有勇气再往下摘抄。国王啊！我曾经看见您睡在异国的土地上，而今又看到您流亡在外，并且将客死异乡！请您凭上面转录的文章来判断，当我奋力斗争，要把您从那些开始断送您的手中救出来时，究竟是您的敌人，还是最真诚最体贴的朋友！唉！我跟您说话，您却听不到了。

关于新闻管理的法律草案被撤销了,巴黎全城沸反盈天。公众这种表示使我大为震惊。对君主体制来说,这是不祥之兆:对立已经转入民众之中,而民众依其性格,会把对立变成革命。

对德·维莱尔先生的仇恨有增无减。一如在《保守者》出刊的年代,保王党人在我身后再度成为立宪党人。米肖先生给我写信说:

尊敬的大师:

昨日我把您论述新闻检查的作品预告拿去付印。可是那则预告才两行字,却被检察官先生们删去了。卡佩菲格先生[1]将向您解释我们为什么不涂上点黑白颜色。

要是天主不来援助我们,一切就完了;君主政体就像落入土耳其人手中的倒霉的耶路撒冷,只有城里的孩子才能接近;我们奉献了自己的一切,究竟是为了什么事业呀?!

德·维莱尔先生的恼怒——查理十世想去大校场检阅国民卫队——我给他写信:信的内容

反对派终于使德·维莱尔先生冷静的性格变得暴躁起来,并且对德·科比埃尔先生作恶的思想做了公开揭露。后者解除了德·利昂库尔公爵[2]十七个不拿薪俸的职位。德·利昂库尔公爵并非圣人,但是乐善

---

[1] 米肖是《日报》主编;卡佩菲格是该报撰稿人。
[2] 利昂库尔(Liancourt,一七四七——一八二七),法国慈善家,第一家储蓄所的创办人。

好施，博爱众人，赢得了慈善家这一令人尊敬的称呼。由于时间的关系，那些旧日的革命者就像荷马史诗中的众神，总是带上了一个修饰词，如人们总是称一位像阿喀琉斯一样，从不食粥（"非糊状"一词，就是由"阿喀琉斯"演变来的）的人为可敬的某某先生，坚强的某某公民。在给德·利昂库尔先生送葬时，人们争相抬棺，竟动手打起来。事情发生后，德·塞蒙维尔先生在贵族院对我们说："诸位，请放心，这种事不会再次发生，我将亲自领你们去墓地。"

一八二七年四月，皇上想去大校场检阅国民自卫队。在这次不幸的检阅前两天，我在一股激情驱使下，只求缓和局势，防止内乱，便写了一封信，请德·布拉加先生转呈国王。布拉加给我写了这封便函，确认收到了我的信：

子爵先生，您托我转交皇上的书信，我一刻也未耽误就递了上去。倘若陛下俯允我转交回信，我也会立即转达的。

子爵先生，请接受我真诚的问候。

布拉加·德·奥尔普

一八二七年四月二十七日下午一时

呈给皇上的信：

陛下：

有一个忠实的臣民，每逢时局动荡之际，总是守在宝座脚下尽忠效力。他近来做了一些思考，自以为对王权的光荣，皇上的幸福与安全有益。请允许他大胆陈述，以求天听。

陛下，国有危难，已是再确切不过的事实。不过，只要不违背施政原则，这点危难算不了什么，这也是确切无疑的。

陛下，有人揭露了一个秘密：您的部长们告诉法国，据说已不复存在的那些民众至今仍然活跃。巴黎有两次二十四小时处于无政府状态。同样的场面在法国各地重演：乱党是不会忘记这种尝试的。

在绝对君主制国家，民众聚会是那样危险，因为他们一闹，针对的就是君主本人。但是在代议君主制国家，这种事算不了什么，因为民众接触的只是部长和法律。在君主和臣民之间有一道屏障，把什么事情都挡住了。这就是两院和政府机构。国王看到他的权力和他神圣的本人超脱于民众运动之外，永远受到保护。

不过，陛下，有一个条件，与普遍安全不可分离，这就是要按照宪法精神行事。只要您的内阁抵制宪法精神，那么无论是代议君主制，还是绝对君主制，民众闹事就一样危险。

我从理论转到实际：

陛下将出席阅兵仪式，像应该的那样受到欢迎，但是陛下也可能在一片"国王万岁！"的欢呼声中听到别的声音，令他了解百姓们对部长们的看法。

此外，陛下，据说眼下有主张共和的乱党存在，其实这种说法并不确切，真正有的，是一些拥护非法君主制的党徒。那些人十分狡猾，不可能不利用机会，于二十九日把他们的呐喊混进法国的欢呼，以制造事变。

皇上将怎么办呢？让他的部长们对群众的呼喊做出妥协？这无异于断送政权。皇上会留下那些部长吗？那些部长会把他们的不得人心反扣在威严的主子头上。我知道皇上宁肯自己承受痛苦，也不让君主体制蒙受灾难，可是这类灾难可以用最平常的办法来防止。陛下，请允许我向您说出来：只要坚守我们的宪法精神就可以避免灾难。无论在贵族院还是在全国，内阁都失去了大多数人的支持。这种危险局势的自然后果，就是部长们下台。以他们的责任感，又怎么能够留在政府，继续损害王权呢？他们只要把呈辞放在陛下脚下，就会平息一切骚动，结束一切事变：让步的不再是国王，而是部长们。他们按照代议制政府的所有原则和习惯引退。接下来国王认为他们中哪些人可以留任，还可以再行任用。现在这任内阁，有两位成员口碑不错：这就是德·杜多维尔公爵和德·夏布罗尔伯爵两位先生。

这样，阅兵的不利之处就可以防止，就会是一次纯粹的胜利。阅兵仪式就会平平安安结束，普遍的感恩祝福就会落到我王头上。

陛下，我是深信需要痛下决心，才斗胆给您写这封信的；是不可推卸的责任驱使我这样做的。部长们是我的冤家对头，我也是他们的敌人。作为基督徒，我宽恕他们；但作为人，我永远也不原谅他们：持有这种立场，只要君主制还有危险，我就要向皇上建议让他们下台。

我是您忠诚的仆人。

夏多布里昂

阅兵——解散国民卫队——解散选举院——新成立的选举院——拒绝合作——维莱尔内阁倒台——我协助组建新内阁并同意担任驻罗马大使

公主娘娘和德·贝里公爵夫人前去观看阅兵，受了屈辱；国王受到普遍欢迎，但是六团有一两个连队呼喊："推翻内阁！""打倒耶稣会！"查理十世受了冒犯，训斥道："我来这儿是接受敬意的，不是来受教训的。"他常常嘴上说一些高尚话，行动却总是粗鲁，与言语不一致。他的思想大胆，性格却怯懦。查理十世回宫后，对国民卫队统领乌迪诺元帅说："总的效果让人满意。虽说出了几个糊涂虫，国民卫队大体上是好的：把我的满意传达给部队。"这时德·维莱尔先生来了。有些军团返回营房时经过财政部，士兵们便高喊："打倒维莱尔！"部长受了上述攻击，恼羞成怒，一时失去冷静，便建议内阁解散国民卫队。德·科比埃尔、德·佩罗纳、德·达马和德·克莱蒙-托内尔四位先生赞成，德·夏布罗尔先生、埃尔莫波利主教、德·杜多维尔公爵反对。国王的一纸命令宣布解散国民卫队。这是七月暴动之前对君主制最致命的打击：要是七月那一阵国民卫队尚未解散，街垒就垒不起来。德·杜多维尔公爵提出辞呈。他给皇上写了一封信，说明自己的理由，并预告了未来的情形。其实将来会发生什么事，大家也都预见到了。

　　政府开始感到担心，报纸变得更加大胆了，于是出于习惯，有人提出新闻检查的方案；同时也有人提议由拉布尔多纳来组阁。德·波利亚克先生后来就是那届内阁的成员。我曾经不顾德·维莱尔先生劝阻，让人任命德·波利亚克先生担任驻伦敦大使，做了件倒霉事。在这件事上德·维莱尔先生看得比我清楚，比我远。由于当时进了内阁，我便急于向御弟讨好卖乖。可是内阁总理当时预见到政局即将发生变化，已经促成国王两兄弟和好。这件事他占了便宜；而我呢，则再次发现我想做聪明人，其实很蠢。如果德·波利亚克先生当时没当驻伦敦大使，后来也就不会当上外交部长。

　　德·维莱尔先生一方面受到自由主义保王党人反对，另一方面又受到主教们纠缠。那些主教在向省长咨询时，受了省长的欺骗（其实省长们本人也上了当），便不顾选举院还有三百名支持者，下决心解散它，向德·维莱尔提出了种种严苛的要求。恢复新闻检查机构之后，选举院就解散了。我的抨击也比过去更猛烈了。各个反对派别都联起手来。那些小的选举团都不投内阁的票。在巴黎，左翼获胜。有七个选举团选出了罗亚尔-柯拉尔先生；德·佩罗纳先生是内阁部长，参加两个选举团的竞选，被他们抛弃了。巴黎再次沸反盈天：出现了一些流血场面；街上垒起了阻障；被派来恢复秩序的军队不得不开火，就这样酝酿了最后的不幸日子。就在这时候，人们听到了纳瓦里诺战斗①的消息，那次胜利有我的一份，我可以要求享有它。复辟王朝的大灾大祸是以一些胜利为先兆的，这些胜利难于摆脱路易大帝的子孙们的摆布。

贵族院由于抵制压迫人的法律，很受公众拥护；但它不善于保护自己。它听任自己被一炉炉面包②塞满肚子，一直填到喉咙口。几乎只有我一个人反对这样做。我事先向它指出，任命这些人破坏了它的原则，久而久之，会使它失去舆论的全部力量：我看错了吗？一批批地任命这些人，目的在于打破一些人的多数地位，但是它不仅毁灭了法国的贵族，而且还变成一种手段，有人将利用它来反对英国贵族；英国贵族将被大量制造的法官长袍压迫窒息，并且最终失去继承权，就像变了质的贵族院议员称号③在法国失去了继承权一样。

新的选举院成立后，发表了著名的不合作的通告：德·维莱尔先生被迫走极端，打算把部分同僚打发出内阁，便与拉菲特和卡季米尔·佩里埃两位先生谈判。左翼反对派的两位首领倾听他的意见，可是阴谋被人家发觉了。拉菲特先生不敢迈出这一步。于是维莱尔内阁总理当到头了，职位从他手中掉落了。我在退出国务部门时还吼叫了几声；德·维莱尔先生却躺倒了：他还打算留在众议院。他本应该做出这种决定，可是他对代议制政府既缺乏深入了解，对外部舆论又没有足够的权威，也就无法充任这样的角色。新任部长们要求将他赶出贵族院，他也同意

---

① 一八二七年十月二十七日希腊与土耳其军队的战斗。
② 一词多义，亦有一批批人的意思。
③ 指法国路易-菲利普的贵族院议员称号。

了这一苛求。有人问我哪些人可以取代上届部长入阁，我提出卡季米尔·佩里埃先生和塞巴斯蒂亚尼将军两人。可是我的话落了空。

德·夏布罗尔先生负责组建新一届内阁，把我列在名单之首。可是查理十世气愤地把我的名字一笔勾销。包塔利斯先生的品格最为卑劣，在百日王朝期间加入了拿破仑的同盟军，以后又匍匐在正统王权的脚下。他奉承正统君主的话，连最最铁杆的保王派说起来都会脸红。如今他向菲力普大献并不高明的谀辞，便当上了掌玺大臣。在陆军部，德·柯先生换下德·克莱蒙-托内尔先生。罗亚伯爵先生精明能干，创下了巨大的财富，因此被委任为财政部长。我的朋友德·拉费罗纳伯爵出任外交部长。德·马蒂亚克先生担任内政部长。国王不久就对他生出了厌恶。查理十世用人办事，主要凭自己的喜好而不是原则：他厌恶德·马蒂亚克先生是因为那家伙喜欢寻欢作乐，可是德·科比埃尔和德·维莱尔两位先生不去望弥撒听布道，他却照样喜欢。

德·夏布罗尔先生和埃尔莫波利主教暂时留在内阁。主教在卸职之前来看我，问我愿不愿意替换他在政府机构任职。我对他说："叫罗亚尔-柯拉尔先生去吧。我根本不想当部长。不过，要是皇上一定要把我召回内阁，那我也只回外交部。我在那里蒙受屈辱，也要在那里恢复名誉。可是那个位子我那高贵的朋友坐得稳稳的，我也就不存任何奢望了。"

马蒂厄·德·蒙莫朗西先生去世后，德·里维埃先生当上了德·波尔多公爵的太傅，从此加入了推翻德·维莱尔先生的活动。因为宫中的宗教派聚在一起，反对财政部长。德·里维埃先生约我在塔拉纳街德·马尔塞吕先生家见面，徒劳地建议我与他们一同行动。后来弗莱西努教士也向我提了同样的建议。德·里维埃先生死后，德·达马男爵继承了他的太傅职务。谁来接替德·夏布罗尔先生和埃尔莫波利主教的问题始终没有解决。勃韦主教福特里埃神父被安排在从国民教育部分出来的宗教信仰部。而国民教育部则落到德·瓦蒂梅斯尼尔先生手里。还剩下海军部长一职：人家提出让我来当，我没有接受。罗亚伯爵先生请我物色一个同观点的、为我所喜欢的人，推荐给他。我便指定了伊德·纳维尔先生。另外，还得选上德·波尔多公爵的太傅。罗亚伯爵跟我谈起过他。我最初想到的是德·谢韦吕先生。财政部长跑到查理十世宫中请示。皇上对他说："就这么定了：伊德当海军部长。但是夏多布里昂本人为什么不当这个部长呢？至于德·谢韦吕先生，人确实选对了；可是只怪我没有早点想到。名单在两个钟头前就确定了：把这点跟夏多布里昂说清楚，不过还是任命塔兰先生[1]。"

罗亚先生来告诉我他与皇上商定的结果，并补充道："皇上希望您接受一个大使职位：如果您愿意，就去罗马好了。"罗马这两个字对我产生了神奇的作用；身处荒野的隐修士所受的诱惑，我也感受到了。我推荐的朋友，查理十世任命为海军部长，主动做出和好的表示，对于他的期望，我也就不能够再予以拒绝：于是我就同意离开法国。至少我乐于做这次流亡。那可是去"神圣的宝座，令人敬畏的教廷"任职啊。我觉得自己为确定启程日期、在政治上获胜的时刻去死亡之城隐居的愿望所攫住。到了那儿，我不必再提高嗓门发表政见，除非是像普林尼[2]的预言鸟，每天拂晓在卡皮托利山扯开嗓子念圣母经。让祖国觉得摆脱了我，也许是有益的：我感觉到别人给我的压力，由此悟出我大概也成了别人的负担。某种权势集团的人绞脑汁，费心机，确实让人家厌烦。但丁把在激情的床上苦思冥想的灵魂打入地狱。

我将去罗马替下德·拉瓦尔公爵先生。他被任命为驻维也纳大使。

---

[1] 塔兰（Tharin，生卒年月不详），当时任斯特拉斯堡主教。
[2] 普林尼（Pliny，六一——一一四），古罗马作家，第一流的演说家。

审查一种指责

在改变话题之前,我请求大家允许我往回走几步,减轻一个负担。在详细叙说我与德·维莱尔先生的长期不和时,我并非不感到痛苦。有人指责我为推翻正统君主制出了一份力。对这种指责做一番审查于我是合适的。

在我参加的内阁行政期间所发生的事件都有重大影响,它把内阁与法国的公共命运联系在一起。没有一个法国人的命运不曾受我做的好事,忍受的苦事影响。由于一些奇怪的无法解释的亲合性,一些间或把贵人与常人捆在一起的秘密联系,波旁家族只要屈尊听我的话,就昌盛发达,虽说我远不相信,"我的辩才如诗人贝朗瑞所言,是给正统王权的施舍"。只要有人认为应该折断在王位脚下生长的芦苇,王冠就歪了,不久就掉落下来:常常有人拔掉一茎小草,就使得巨大的废墟轰然倾圮。

这些不容置疑的事实,人们尽可随意解释;即使它们赋予我的政治生涯一种有限的并非来自自身的价值,我也不会以此而自夸,不会为我转瞬即逝的姓名偶然与千秋万代的事件混在一起而沾沾自喜。不管我的命途如何多舛,也不管人物事件把我带向何方,画面上最后的地平线总是凄凉而可怕的。

……树梢摇晃不止,
母狗似在暗处吠叫。

(维吉尔《埃涅阿斯纪》第六章)

有人说,若是场景不幸发生变化,那我就只能自责:我觉得受了不公正的对待，为了报复，就挑动人人不和，其最终后果，就是国王的宝座被推翻。瞧，这话说得多么玄。

德·维莱尔先生宣称，用我不用我都没法掌权行政。用我是个错误，不用我，在德·维莱尔先生说这句话的时候，确实无法执政，因为种种不同的舆论使我得到多数的支持。

内阁总理先生从不曾了解我。我曾经真诚地喜欢他，推荐他首次进了内阁。这一点有德·黎塞留公爵先生的感谢函和前面转录的其他信函为证。当德·维莱尔先生退出内阁时，我也辞去了驻柏林的特命全权公使。有人曾让他相信，当他再度入阁处理国务时，我曾希望得到他的位子。其实我根本没起这个念头。我不是固执己见的人，听不见忠诚和理智的声音。我确实毫无野心。确切地说，我缺乏从政的热情，因为我为另一种激情所控制。当我请德·维莱尔先生把一封重要公文转呈国王，以免我亲赴王宫的劳苦，并留点闲暇去参观穷汉圣于连街的一座哥特式小教堂时，他只要对我的单纯幼稚或清高孤傲有较为正确的判断，就完全不必担心我有野心。

在实际生活中，也许除了外交部，我对其他职务都不感兴趣。想到我使祖国在国内实现了自由，国外赢得了独立，内心难免没有情绪。但是我不但没有试图推翻德·维莱尔先生，反而对皇上说："陛下，德·维莱尔先生是个充满智慧的总理；您应该永远留下他担任内阁首脑。"

有一点德·维莱尔先生没有注意到：我的思想虽然有统治人的倾向，但它由我的性格支配；我在服从他人的意旨中尝到了快乐，因为这样使我摆脱了自己的意志。我最要命的缺点就是厌倦，事事不感兴趣，老是疑三疑四。倘若遇到一位了解我的君王，硬留住我工作，他也许可以从我身上得到某种好处；但是老天很少让想干的人和能干的人一起出生。总之，今日还有什么事情，能使人愿意费力下床来干一干？夜里，一些王国纷纷垮台；早上，有人在我们门口扫除这些王国的残砖断

519

瓦，可是人们在这种声音中照样呼呼大睡。此外，自从德·维莱尔先生与我分道扬镳以来，政局完全乱了：内阁总理的智慧虽然仍在反对极端主义，可是他的才干已无法应付这一问题。他感到国内舆论与国外舆论的演变并非一致，十分气恼：新闻管制，撤销巴黎国民卫队等措施都是由此引出来的。难道我应该听任君主体制灭亡，以便得到见危不救，假装镇定的名声吗？我以为，我作为反对派首领而战斗是尽了义务的，虽说我对一方面所见的危险过于看重，对另一方面的危险却不够警觉。当德·维莱尔先生被人推翻以后，有人就任命另一届内阁征询我的意见。我推荐了卡季米尔·佩里埃先生、塞巴斯蒂亚尼将军和罗亚尔-柯拉尔先生。若是人家用了他们，事情可能就好办了。我不愿意当海军部长，让人把这个职位给了我的朋友伊德·纳维尔先生；同样我两次拒绝当国民教育部长；我不当主宰是绝不会再进内阁的。我去罗马在废墟中寻找另一个自我，因为在我身上有两个不同的人，他们之间从未有过联系。

  不过我还是襟怀坦白地承认，过分的怨恨并不能按照美德这个可敬的词汇和标准来说明我行事正确，但是我的一生表明我这样做自有其理由。

  作为纳瓦尔团的军官，我从美国丛莽回国之后，就投到逃亡的正统派麾下，在正统派的队伍里战斗，反对我自己的理智。这一切并非出自信念，而仅仅是出自战士的责任。我在异国的土地上待了八年，受尽苦难。

  这份巨大的义务尽了以后，我于一八〇〇年回到法国。波拿巴要与我结交，给我安排了职位；当甘公爵死后，我又重新致力于回忆波旁家族。我在的里雅斯特贵妇墓前的讲话惹怒了分发帝国的主宰；他威胁要让人在杜伊勒利宫的台阶上把我劈死。路易十八本人承认，《论波拿巴和波旁家族》那本小册子给他出的力，相当于十万人马。

  凭着我当时的名望，反对立宪的法国理解了正统王权的制度。在百日王朝期间，君主政体在再次流亡中，看到我与它在一起。最后，通过西班牙战争，我为灭除阴谋活动，把各种舆论都集合在同一种主张下面，并使我们的大炮恢复了它的射程。至于我接下来的打算，大家都清楚：扩伸我们的边界，在新大陆给圣路易家族戴上几顶新王冠。

这种长期坚守同一种感情的做法也许应该得到几分尊敬。我对别人的冒犯十分敏感，不可能把我能够得到的东西搁在一边，不可能完全忘记我是宗教的复兴者，《基督教真谛》的作者。

想到一场平常的争吵害得国家错过了变得强大的机会，我就势必更加气愤。因为这种机会再也找不到了。要是人家对我说："您的方案，我们会照着办的；您着手办的事情，您就是不在场，我们也会接着做下去的。"我会为法国忘却一切。不幸的是我认为人家并没有采纳我的主意；这一点，有事件为证。

我或许见识有谬，但我深信德·维莱尔伯爵并不了解他所领导的社会。我认为这位能干大臣的可靠品质不合他的内阁的时辰：他在复辟时期来得太早。财务活动，贸易协会，工业运动，运河、汽船、铁路、公路，一个只渴望和平、只梦想生活舒适，只希望未来永远像今日一样美好的物质社会，若是只和这类事物打交道，德·维莱尔先生可以做国王。德·维莱尔先生需要的时代不能属于他，而他不需要的却偏偏叫他赶上了。在复辟王朝，中心人物的能力十分活跃，所有党派都渴望现实或者异想天开。所有人，不论是前进还是后退，都碰在一起，发出大声喧嚷。谁都不愿留在原地。在任何情绪冲动的人看来，立宪正统派显然并未战胜共和派或者君主派。人们感到脚下大地在颤动，军队和革命正在走来以响应特殊命运的召唤。德·维莱尔先生对这种运动是有经验的；他看到翅翼生长，看到翅翼推举着民族，将把民族还原其元素、空气及空间，尽管民族巨大，却很轻飘。德·维莱尔先生想把这个民族留在地上，系在下层。可是他没有力气。而我呢，则希望法国人忙于光荣的事业，想把他们系在上层，试图通过一些梦想来把他们引到现实：他们喜欢梦想。

若是我更谦卑、更低下、更甘忍，情况也许要好一些。可是我很容易犯错误，根本没有福音书宣称的那种完美：要是人家打我一个耳光，我绝不会伸出另一边脸①。

我要是看到结果，肯定会克制自己；赞成不予合作的多数要是预先知道投票后果，也许就不会投。除了某些别有用心的人，谁都不希望发生灾祸。开头其实只是一场骚乱，是正统王权将它激化成了革命。到了关键时刻，可以拯救正统王权的，是智慧、谨慎和决断，可它偏偏缺少了这些。无论如何，这是一个被打倒的君主政体，以后还有许多君主政体会被打倒：我该给它的只是我的忠诚；它永远会得到我的忠诚。

君主政体最初的苦难我经受了，它最后的不幸我也经受了：灾祸将永远把我当作它的第二目标。职位，俸禄，荣誉，我把一切都打发走了，甚至，为了万事不求人，我把棺材都押了出去②。裁判们呵，不管你们是严厉的毫不留情的，还是德高勋劭沉稳可靠的保王党人，虽然你们把宣誓与发财结合在一起，就像把盐撒在盛宴用的肉上以便保存，对我苦涩的过去，还是多少来一点宽容吧。今天我要以不同于你们的方式来补偿过去。你们相不相信，晚上，干苦力的人休息的时候，他并不觉得生活的担子有多么重，虽说这副重担将又扔回他的肩膀？不过，我本可以不挑这副重担，一八三〇年八月一日到六日，我曾去菲力普宫里晋见；这一段时间到时候我会叙述的。当时他对我说了一些慷慨话，听不听全由我定。

后来，我虽然可以后悔干得不错，却仍不可能改变我的良心最初的冲动。邦雅曼·龚斯唐在当时是那样有权势，他于九月二十日写信给我

---

① 《马太福音》第五章有一边脸挨了耳光后伸出另一边脸的话。
② 指出卖《回忆录》的文稿。——作者注

说:"我写信给您,更愿意谈您而不是谈我自己,因为您的事情比我的更加重要。我希望能跟您谈谈,您离开法国民众,让全法国蒙受了多大的损失,因为您过去对它施加了那么高贵那么有益的影响!但是如此议论个人问题也许有失谨慎,因此我虽然和全体法国人一样叹息,却还是应该尊重您的顾虑。"

我的义务似乎还没有尽完,我保护孤儿寡母,我受过审判,坐过牢。波拿巴就是在最气恼的时候,也没有让我受这份罪。当甘公爵死后,我提出辞职,从那时到我为被放逐的孩子呐喊为止,我一直在出头露面,我以一个被枪决的亲王和一个被放逐的王子为依靠;我衰老的手臂挽着他们虚弱的手臂,他们给我以支持:保王党人啊,你们也曾由这样的人陪护过吗?

不过,我愈是用忠诚和荣誉的绳索捆住生活,就愈是用行动自由来换取思想独立;这种思想回到了本质。现在,抛开一切不论,我只是据实评价历届政府。我们能不能相信未来的国王?该不该相信现时的人民?在这个没有信仰的世纪,得不到安慰的智者只能在政治无神论中得到可怜的休息。但愿一代代年轻人怀着希望:他们要等待漫长的岁月,才能达到目的;年龄以平均的速度前进,听到我们欲望的召唤也不加快步伐;时间是一种适合必然消失之物的永恒;它根本不把自己作品中的人种及其肤色当回事。

由大家刚刚读过的章节可以得知,如果人家照我的忠告办了,如果人家不是只顾满足自己褊狭的欲望而不顾法国的利益,如果权力当局更确切地估计了有限的能力,如果外国政府像亚历山大那样,认为自由主义制度可以拯救法国君主政体,如果这些政府不扶持在对宪章原则不信任之中重建的权威,那么正统王权仍然会稳坐在宝座之上。啊!过去的就让它过去吧!回首往事,重回已经离开的位置是无用的,在那里留下的东西什么也找不到了:人、想法、环境,一切都消失了。

雷卡米耶夫人

我们去罗马使馆赴任，去我昼思夜想的那个意大利。在接下去叙述之前，我应该提一提一位妇女。直到本回忆录结尾，读者都可以见到她：从罗马到巴黎，在我和她之间将展开一段通信联系；因此，读者应该知道我是在给一个什么样的女人写信，我是在什么时候，又是怎样认识雷卡米耶夫人的。

在社会各个阶层，雷卡米耶夫人都遇到一些在世界舞台上或多或少有些名气的人物。大家都对她表示崇拜。她的美貌把她的理想生活与我们历史的具体事实结合在一起：宁静的光照着一幅暴风雨的画面。

让我们还是回到已逝的时代，借着我夕阳的余晖，努力在天幕上描绘一幅肖像。我的黑夜临近，不久就会在天上撒满阴影。

一八〇〇年我回国后，《信使报》刊发了我一封信[①]，引起德·斯塔尔夫人注意。当时我的名字还在流亡贵族的名单上；《阿达拉》使我走出了默默无闻的状态。在德·封塔纳先生请求下，巴兹奥西夫人（波拿巴的妹妹埃莉莎·波拿巴）替我申请并获得批准，把我的名字从流亡贵族名单上一笔勾销。经办此事的便是德·斯塔尔夫人。我去向她致谢。我记不起是克里斯蒂安·德·拉穆尼瓦翁还是《科琳娜》的作者（德·斯塔尔夫人）把我介绍给雷卡米耶夫人的。她当时住在勃朗峰街她家的府邸里。我刚从树林里出来，刚刚走出生活中的阴暗地带，仍然很孤僻，勉强才敢抬眼注视一位身边围满崇拜者的女人。

大约一个月以后，有一天早上，我去德·斯塔尔夫人家，她在梳妆

[①] 指《关于德·斯塔尔夫人作品再版致封塔纳公民的信》，一八〇〇年十二月二十二日在《信使报》发表。署名为《基督教真谛》的作者。其实《基督教真谛》三个月以后才出版。

台前接待我。她一边由奥利韦小姐侍候着穿衣,一边跟我说话,手指间还捏着一根小青树枝。雷卡米耶夫人穿着一袭白袍,突然走进来,在一张蓝绸沙发中间坐下。德·斯塔尔夫人仍然站着,正在谈话的兴头上,就继续滔滔不绝地说下去。我望着雷卡米耶夫人,勉强才答上几句。我从未想到有这样漂亮的人儿,我也从没有这样泄气:我对她的仰慕变成了对自己的不满。雷卡米耶夫人走出房间。我再见到她,是十二年以后的事了。

十二年!是什么敌对力量这样切割糟蹋我们的年华,讽刺地把它慷慨送给被称为爱慕的冷漠,外号叫幸福的不幸!接下来,当年华最珍贵的部分凋零、消耗之后,它又嘲讽地把你带回起点。而且,它是怎样把你带回来的呀?一些古怪念头、一些讨厌的幽灵、一些上当的落空的感觉折磨着你的头脑,拦在你前面,阻碍你得到那本来还可以品尝的幸福。你闷闷不乐地回来,内心充满痛苦和遗憾,想起那纯洁的年华,便为如此艰难的青春时期的过错而懊悔。我游历罗马、叙利亚,目睹帝国兴亡,成为风云人物,不再做沉默之人以后,回来时就是这样一种心情。雷卡米耶夫人又干了什么事呢?她过的又是什么样的生活呢?

下面我将给你们叙说她的生活。她的日子过得既光辉灿烂,又默默无闻,其中大部分为我所不了解,因此我不得不求助于一些权威,它们虽与我的权威不同,却是不可置疑的。首先,雷卡米耶夫人向我讲述过她目睹的一些事情,并且给我写过一些珍贵的书信。她将所见所闻,都写了笔记,她不但允许我查阅,而且允许我引述,这是十分难得的。其次,德·斯塔尔夫人在已经印出来的通信集里,邦雅曼·龚斯唐在他还是手稿的回忆文章里,巴朗谢先生在我们共同的女性朋友的小传里,德·阿布朗泰公爵夫人和德·冉利夫人在她们的文章草稿中,都给我的叙述提供了大量的素材:我只是把那些美丽的姓名串接起来。若是哪个事件的环节断了或者扯开了,就用我的叙述填补空白。

蒙田说，人类张开怀抱迎接未来的事物，而我却有个怪毛病，张开怀拥抱过去的事物。尤其当人们回顾亲爱的人早年的生活时，一切都是快乐：人们是在延长所爱的生命，是在把爱情扩展到原来并不了解现在回忆起来的日子，是在美化现在人过去的生活，是在给青春做补偿。

一八三九年，于巴黎

雷卡米耶夫人的童年

在里昂我参观过植物园。它就建在古圆形剧场的废墟上，位于古荒漠修道院的花园里。那座修道院现在已经倒塌了。罗讷河和萨奥纳河就在脚下；远处耸立着欧洲最高峰。那是意大利的第一个里程碑，它那白色的告示牌直插云霄。雷卡米耶夫人曾被送进这家修道院，在一道栅门后面度过了童年。只有在举行弥撒的日子栅门才向外面的教堂打开。那时，人们便可以在修道院的内部小教堂见到匍匐祷告的姑娘们。女修道院长的圣名瞻礼日就是修道院的主要节日；由女寄宿生中最漂亮的一个向院长致例行的祝贺：同伴们给她整戴好首饰，扎好辫子，戴上头巾，披上面纱。这一切都是静静地做好的，因为揭开面纱的时刻是修道院里所称"鸦雀无声"的时刻之一。接下来朱丽叶得到了当天的荣誉。她父母在巴黎安了家，便把孩子召回身边。在雷卡米耶夫人写的一些草稿中，我收集了这则笔记：

"姨妈来接我的前一天，有人把我领到院长嬷嬷的房间，接受她的祝福。第二天，我跨出修道院大门。大门打开让我进去的情形我记不起来了。我满脸泪水,和姨妈坐上一辆马车去巴黎。

"我依依不舍地离开了一个那样纯洁,那样平静的年代,走进了动荡不安的岁月。有时我像做一个朦胧而温柔的梦,又想起那个时候的事,想起那袅袅的香烟,想起那没完没了的仪式,想起在花园里的迎神游行,想起那时唱的歌和那时的花。"

从一个虔诚的僻静的地方出来的岁月,如今在另一处虔诚的清静的地方休息,它们的清纯与和谐没有损失半分。

雷卡米耶夫人的少年时期

伏尔泰之后,最有头脑的男人是邦雅曼·龚斯唐。他力图使人们对雷卡米耶夫人的少年时期有所了解:他打算描绘出模特的轮廓,在她身上提取出一种并非与生俱来的优雅。

"在当代因为面孔、才智或者品性的优势而出名的女人中间,"他写道,"有一个我愿意描绘。先是她的美貌让人仰慕她,接下来她的灵魂让人了解她。她的灵魂看上去比她的外貌还要美。社会风习给她提供了施展才智的办法。她的才智并不在她的灵魂与容貌之下。

"才满十三岁她就嫁了人。男人一心忙于大事,不能指导这个极为幼稚的孩子。于是在一个仍是一片混乱的国家里,雷卡米耶夫人几乎全靠自己来打理生活。

"同时代有许多妇女名满欧洲。她们中的大部分都向时代进了贡,有些人的贡品是她们那毫无温情可言的爱情,另一些人的贡品则是向相继而来的暴政做有罪的屈服。

"人处在这种环境,不是被它腐蚀,便是被它败坏。可是我描写的这个女子,却是光彩夺目、纯洁无瑕地从这种环境出来了。首先童稚是她的一种保障,因为这个美妙作品的创造者使一切都变得对她有利,她住在一个由艺术装点的僻静处所,远离尘世,学习诗歌与其他有趣的功课,把这些仍属另一种年龄的乐趣当作自己的日常消遣。

"她有一些少年伙伴,也常常和她们一起玩一些闹闹嚷嚷的游戏。她身材苗条,体态轻盈,每次跑步,总是跑在前面。她把眼睛蒙上布条。有朝一日,她将看穿所有人的灵魂。她的目光如今是那样生动,那样深邃,似乎在向我们揭示一些她本人也不清楚的秘密,但那时却只闪烁出欢乐和顽皮的光芒。她那一头秀发每次散开来都要惹得我们心慌意乱。她那时把头发披落在白皙的肩膀上,当然这对任何人都没有危险。她那稚气的谈话常常为长久的清脆的笑声打断;不过人们在那时就已经注意到她那敏锐捕捉笑料的观察力,那寻找快乐却从不伤人的调皮,尤其是那份优雅、单纯和趣味纯正的感觉。那是真正的天生高贵,其资格是烙在享有天赋的人身上。

"当时的上流社会与她的本性太不相容,以至于她只能偏爱隐居。当任何封闭的圈子都会招来怀疑时,把房子对所有人开放便是唯一可行的聚会办法。各阶层的人都来到这些房子,因为在这里可以说话却不招惹是非。可以见人却不会受到连累;在这里流腔痞调替代了风趣,乱七八糟换下了欢乐。但是在这里从来见不到她的身影。在督政府大院里,权力显得既凶狠又亲切,让人既生出恐惧又免不了轻蔑。在这里也见不到她的身影。

"然而雷卡米耶夫人间或也走出偏僻的居所,去剧院看戏,或者去公园走走。因此,在众人常去的这些地方,她少有的几次出头露面成了真正的事件。这些大型聚会的其他目的都被人忘记了,每个人只是朝她经过的地方冲过去。幸运地给她领路的男子必须战胜像障碍一样拦在他面前的仰慕者。她的脚步时刻被拥挤着围观的人所阻延。她带着儿童的快乐和少女的羞怯享受着这份成功。但那份庄重与优雅,在家里使她超出其他年轻女友,在外面,则镇住了冲动的人群。似乎她光是以自己的出场,就支配了座中的朋友和外头的公众。雷卡米耶夫人婚后头几年就是这样过的:不是在偏僻的居所写诗吟诗,玩游戏,就是惊鸿一现地光彩夺目地在交际场所露一露面。"

我中断《阿道尔夫》作者的叙述,插上一句:在那个刚度过恐怖时期的社会,人人都怕显出有个家的样子。大家都在公共场所碰头,尤其是在汉诺威咖啡馆①。我看见那座楼阁时,它那破败凄凉的样子,就像昨日才举行过节日庆典的大厅,或者再无演员登台的剧场。一些幸免于牢狱之灾的年轻人就在那里见面。安德烈·谢尼埃曾替他们说:

我还不想死。

雷卡米耶夫人曾碰到去受刑的丹东。不久,她发现几个美丽的受害人避开一些男人,因为那些男人成了自己狂热的牺牲品。

我又回到邦雅曼·龚斯唐的叙述:

"雷卡米耶夫人的思想需要另一种养料。美的直觉使她预先就爱上了因为有才干或者天才而出名的优秀男人,尽管并不了解他们。

"有一个一流男人,名叫德·拉阿尔普先生,知道这个女人的价值。有朝一日,这个女人将把当时的名流全部召集在自己周围。童年时他曾遇见她,待到再次见面时她已经嫁了人。一个极其自尊,平时习惯于与法国最聪慧的人交谈的男人,免不了十分挑剔,难以接近。可是在他看

---

① 德·黎塞留元帅于一七六〇年修建的楼阁,后由韦洛尼开设咖啡馆,是当时巴黎的一个聚会场所。

来，这个十五岁少妇的谈吐却有千般魅力。

"德·拉阿尔普先生身上有许多毛病，使人觉得与他打交道很难，几乎无法忍受，可是在雷卡米耶夫人身边，他这些毛病大部分都改掉了。他乐于充当她的指导：她的头脑很快就弥补了经验的不足，对于他所揭示的世界与人类的事情，一下就理解了，那份敏捷，深受他赞赏。当时正处于著名的改换信仰时期。许多人认为那种做法是虚伪的。我却始终认为它是真诚的。宗教感情是人天生的权力。断言这种权力来自欺骗与谎言是荒谬的。人的灵魂中，除了天生之物，人们没有塞进任何东西。有利于某些信条的滥用权力和迫害有可能使我们对自己产生错觉，从而抗拒我们所感受的东西，如果它不是别人强加给我们的话。不过，只要外部原因停止作用，我们就会恢复本性：当不再有勇气进行抗拒时，我们就不会再为自己的抗拒而高兴。因此，既然革命夺走了不信宗教的这种价值，那么只是出于虚荣心才不信宗教的人便可以成为虔诚的信徒。

"德·拉阿尔普先生就是这些人中的一个；不过他还是不能容人，这种苛刻的禀性使他旧仇未了，又招来新恨。然而在雷卡米耶夫人身边，这些信仰上的麻烦都消失了。"

下面是邦雅曼·龚斯唐提到的德·拉阿尔普先生写给雷卡米耶夫人的书信片段：

> 什么！夫人，您有这么好，竟愿意来寒舍看望我这样一个可怜的放逐者？这一回，我可以像古代那些家长，说"一位天使来到我的住所"了。话说回来，我跟那些家长几无相似之处。我很清楚，您喜欢"发慈悲行善事"；可是，时下做什么好事都难，行善也一样。很遗憾，我应该告知您，首先，出于许多理由，单独来是不行的；理由之一，即以您的年龄和到处会引起轰动的脸蛋，您不能不带一个贴身使女就出门。我偏僻的房子并非属于我一人，出于

谨慎,我就不会把房子的秘密告诉她了。这样一来,您只有一个办法来实行您那高贵的决定,就是与德·克莱蒙夫人商量,让她哪天带您上她的乡间小城堡,从那里您与她一起就可以很方便地来寒舍了。您和她天生就是互敬互爱的一对……

近来我写了许多诗句。常常一边写,我就一边想,兴许哪天可以读给那可爱的美人儿朱丽叶听,她的思想与目光一样敏锐,情趣和灵魂一般纯洁。我还将给您寄上阿多尼斯的片段,您喜欢它,我却觉得它有些亵渎宗教的意味了;不过我希望您答应我,不会把它传出去……

再见,夫人。我忍不住对您谈这些事情,换上别人,会觉得给一个十六岁的女子谈这些事很奇怪。不过我知道,您那十六岁只是写在脸上。

九月二十八日,星期六

夫人,我有好久没有尝到与您聊天的快乐了。假若您确信(您应该确信),这是我丧失的一笔财产,您就不会责备我……

您看透了我的内心:您发现我在那里为国家的不幸个人的过错服丧。我应该感到,这种悲伤的心境与您的年纪与魅力周围的光辉形成过于强烈的对比。我甚至担心在少有的能与您在一起的时刻被您看出来,因此我预先请求您对这一点宽大为怀。不过,眼下,夫人,天主似乎给我们就近指明了一个更美好的未来。这样甜蜜的,我认为离我们是这样近的希望带来的快乐,除了对您,我还可以对谁倾吐呢?到那时,在与民众欢乐融合在一起的个人快乐中,谁还能占据比您还重要的位置呢?那时我会更容易感受您迷人的小圈子的温馨,更有资格享受它。如果仍能在其中出点力气,我会认为自己是多么幸福啊!如果您肯同样看重我的劳动成果,事成之后,我第一个想到的就是您，会首先把它迫不及待地奉献给您以表示敬意。那时将有更多的阻力和障碍；但您会发现我永远都服从您的命令；而且我希望，我这种偏爱，无人可以指责。我会说：这就是那个女子，她还在幻想的年纪，有着种种显著优势。可以作为幻想的理由，就有了最纯洁的友谊，就懂得了高尚体贴地对待朋友，虽然受到所有人的尊敬，却还记挂着一位被放逐的人。我会说：这就是那位女子，我曾目睹她身处淤泥而不染，在普遍的腐败中青春勃发，更添优雅；她那十六岁的理性常常让我觉得汗颜；这一点，我确信谁也不会反驳。

星期六

动人的表述后面，隐藏着由宗教、年龄和事件引发的忧伤，使上面这些信显示出一种思想与文体的特殊混合。现在我们还是回到邦雅曼·龚斯唐的叙述：

我们到了这种时期：雷卡米耶夫人首次发现自己成了一种强烈的连续不断的激情追求的对象。迄今为止，她只接受过一些男人的敬意，那些人虽是遇到的，但是她的生活方式却叫人根本不知道在哪个聚会中心肯定可以再见到她。她从不在自己家里见客，也尚未形成自己的社交圈子。只有进入这样的圈子，人们才可以天天见她，努力取悦她。

一七九九年夏季，雷卡米耶夫人搬到巴黎城外两三里远的克利希城堡居住。这时有一个人因为种种抱负而闻名，而不要好处比赢得胜利又更使他闻名。这人就是吕西安·波拿巴。他请人把自己介绍给雷卡米耶夫人。

迄今为止，他只希冀做一些容易得手的征服，也只研究过一些小说的办法。他涉世不深，以为这些办法肯定有效。有可能是俘获当代最美的女人这个想法让他首先动了心。他年纪轻，身为五百人院的党派首领，又是当今之世第一将军的弟弟，他对自己集政治家的胜利与情人的成功于一身而扬扬得意。

他设想借助于一个编造的故事来向雷卡米耶夫人表示爱慕，于是伪造了一封罗密欧致朱丽叶的信，把它作为自己的作品寄给同名的女人。

下面就是邦雅曼·龚斯唐所知的吕西安那封信；在搅得现实世界动荡不安的革命之中，看到波拿巴家的一个成员深入虚构的世界倒是很有趣的事。

《印第安部落》[①] 的作者编造的罗密欧致朱丽叶的信

"朱丽叶，罗密欧给您写信：要是您不肯读，您就比我们的父母还要残酷。他们长期的不和近来终于平息了：这种可怕的争吵大概不会再发生了……

"不久以前，我还只了解您的名声。我曾在教堂里和欢庆活动中看见您几次。我知道您是最美丽的女人，有千张嘴巴都夸您好，您的美貌打动了我但没有让我眼花……为什么和平把我交付给您的帝国？和平！我们两家是和平了，可是我的心里却烦乱起来……

[①] 吕西安·波拿巴在与雷卡米耶夫人结识之前不久，出版了这部两卷本长篇小说。

"我第一次被人介绍给您的那一天,您还记得吧?我们举行了一场盛大宴会,庆贺我们父辈和好。我从元老院回来,有人兴风作浪,对共和国发难,在那里造成了强烈的印象……那时您来到了;大家都拥过来看您。'她多么美啊!'有人叫道。……

"晚上人群挤满了贝德马尔的花园。讨厌鬼到处都有,他们死缠着我。那次我对他们可没有耐心,也没有什么好气:他们害得我无法靠近您!……我想弄明白为什么会心慌意乱。我尝到了爱情的滋味。我想控制它……可是我被它驱使,和您一块离开了那欢乐的地方。

"后来我又见到了您。爱情似乎在对我微笑。有一天,我坐在水边,一动不动,兀自出神,您拿着一朵玫瑰,把花瓣一片片摘下来;我单独与您相处,便开口了……我听见一声叹息……徒劳的幻想!我认识到犯了错误,看见冷漠面色从容地坐在我们中间……我已经被一腔激情控制,言语之中处处将它表露出来,而您的言谈则烙着打趣的印记,还带着童年那可爱又残酷的痕迹。

"我每天都想见到您,就好像事情在我心里还没有着落似的。我看到您独自一人的时候很少,而围着您向您献殷勤说蠢话的那些威尼斯年轻人又叫我受不了。对朱丽叶,能像对别的女人那样说话吗?!

"我想给您写信,您认识我了,不会再有疑虑。我的灵魂焦虑不安,它渴望情感。倘若爱没有激动您的情感,倘若罗密欧在您眼中只是个凡夫俗子,那么,我就用您强加给我的束缚,请求您出于善意,对我严厉一点,不要再对我微笑,不要再跟我说话,把我推远一点。命令我离开吧。如果我能够执行这道严厉的命令,那就至少请记住,罗密欧会永远爱您的;谁也不曾像朱丽叶那样让他着迷,至少,他不再可能为她而放弃在回忆中生活了。"

对于一个冷静的男人,这一切多少有点嘲讽的意味:波拿巴家的人都是以戏剧、小说和诗句来维持生活的;波拿巴本人的一生难道不是一首诗，而是别的东西吗？

邦雅曼·龚斯唐继续评论这封信："这封信的文笔显然是模仿了从《少年维特之烦恼》到《新爱洛依丝》的情爱小说。雷卡米耶夫人在好几处细小的地方轻而易举地看出，她本人就是人家用信函表示情意的对象。她还不太习惯爱情的直接语言，也就不可能凭经验，知道那些话没有一句是真诚的；但是一种准确的可靠的直觉提醒了她；她爽直地，甚至快乐地回了信，表现了几分不安和担心，但更多的是冷漠。光是这一点，就使吕西安真的生出强烈的爱情。他原来的激情多少是夸大了一点。

"吕西安越是动了激情，他的信就写得越是真实，越有表现力；在他的信中，始终可以见到对华丽辞藻的追求，以及故作姿态的需要。他不投入睡梦之神莫耳甫斯的怀抱就睡不着觉。他在失望之中，描写自己专心于周围大事的情形。他为自己这样一个男子汉竟然流泪而吃惊。不过这夹杂着大话空话的文体，还是有说服力，有同情心，也有痛苦。总之，在一封充满激情的信中，他对雷卡米耶夫人写道：'我没法恨您，但是我可以杀了您。'他在全面思考后突然说：'我忘了，爱情不可能拔除，但是可以得到。'然后又补上一句：'收到您的便函以后，我又收到好几封外交公文；我获悉了一个消息；您从外面的传闻中大概也听说了。我被幸福包围了，觉得飘飘然然……人家跟我谈论的竟不是您！'接下来又是一句惊叹语：'与爱情相比，本性是软弱的！'

"吕西安无动于衷的那个消息其实十分重要：波拿巴从埃及赶回来，已经上岸了。

"一个新的命运带着希望与威胁在不久前登陆了；过了三星期，就发生了雾月十八日的政变。

"这一天在历史上将永远是那么重要，刚刚逃脱了那一天的危险，吕西安就写信给雷卡米耶夫人说：'您的形象出现在我的眼前……我最后的思念将会向着您'。"

邦雅曼·龚斯唐的叙述续篇——德·斯塔尔夫人

"雷卡米耶夫人与一个名气远大于德·拉阿尔普先生的女人结下了友谊。两人的关系日益亲密,至今仍在发展。

"内克先生让人把自己的名字从流亡贵族的名单上勾销之后,便委托女儿德·斯塔尔夫人出售巴黎的一处房产。雷卡米耶夫人买下了房子,也是逢这个机会她见到了德·斯塔尔夫人。

"乍一见这位女界名流,雷卡尔耶夫人感到十分胆怯。人们对德·斯塔尔夫人的脸蛋看法殊异。但是她那炯炯有神的目光、甜甜的微笑、善意的表情、自然爽快的态度、稍微直露但并不显得狂热的夸奖和恭维,谈起话来天地万物无所不包,这些,使几乎所有接近她的人都觉得惊讶,觉得有魅力,都对她生出敬意。她确信自己才华出众,无与伦比,但又不拿这份自信来压别人,在这方面胜过她的人,无论男女,我都没有见过。

"德·斯塔尔夫人和雷卡米耶夫人的交谈比什么都有意思。她们一个言语急迫,要表达千般新思想,另一个则情意殷殷,细细地听,并插上几句评论;一个思想刚烈泼辣,要把一切都吐露,另一个心思敏锐而细腻,什么事情一听就懂;一个训练有素的天才对一个有资格接受的聪慧少妇倾心相予:这一切形成了一种关系,不是有幸目睹的人,是无法描绘的。

"雷卡米耶夫人对德·斯塔尔夫人的友情得到了一种情感的支持。她们两人都体验到了这种情感,这就是子女对父母的敬爱。雷卡米耶夫人的母亲是个少有的贤惠女人,只是身体让人担心,她在世时,雷卡米耶夫人对她十分孝顺,她死后,则没完没了地怀念她。德·斯塔尔夫人崇拜父亲,父亲的死只是使这种崇拜变得更为狂热。她表达思想感情的样子从来就很迷人，在谈到父亲时就变得尤其引人入胜。她那激动的嗓音，噙泪的眼睛，那分狂热崇拜的真诚，即使是对她父亲，那位名人有不同看法的人士，心灵也为之感动。她在作品中对父亲大唱赞歌，人们常常加以嘲笑，可是当人们听见她夸赞父亲时，却硬是嘲笑不起来，因为真实的东西都不可笑。"

《科琳娜》的作者给雷卡米耶夫人写信始于邦雅曼·龚斯唐在此提到的年代：那些信别具一种差不多源自爱情的魅力。我在下面转录几封供大家一阅。

德·斯塔尔夫人致雷卡米耶夫人的信

美丽的朱丽叶，有一个人您记得吗？您去年冬天对他做出种种关心的表示，他也乐于鼓励您今年冬天再做那样的表示。您是怎样统治美丽的帝国的？有人乐意地把这个帝国给您，因为您为人极其善良；再说，一个如此温柔的灵魂，有一张可爱的面孔来表现温柔善良，也是天经地义的事情。您知道，在您那些仰慕者中间，我比较喜欢阿德里安·德·蒙莫朗西。我收到他一些信。他的信写得风趣优雅，文采飞扬。尽管他表达感情的方式很潇洒，我却相信他的感情是坚实可靠的。再说，坚实可靠这个词适合于我，因为它只要求成为她心中的次要角色。不过您是所有人感情追求的女主角，您面临的是可以写悲剧和长篇小说的大事件。我的长篇小说中的主人公（苔尔芬）正在阿尔卑斯山麓往前走。我希望您将来会有兴趣读一读。我在写作的时候倒是兴致蛮高的……您现在处在这些成就之中,是一个美丽纯洁的天使,将来您也会是这样一个天使,您会得到虔诚信徒的崇拜,就像得到公子少爷的爱慕……《阿达拉》的作者您又见了吗?您一直住在克利希?总之我想知道您的详细情况。把您做的事情告诉我,把住的场所描绘给我看看。您留给大家的回忆,难道不是一幅幅画吗?在对您少有的优势如此自然的狂热崇拜之中,我再加上对您的小圈子的许多好感。请带着好意,接受我赠送的东西,并且答应我,今年冬天多多见面。

九月九日,于科佩①

美丽的朱丽叶,您知道吗?朋友们听到请您来这里的主意,夸了我几句呢?难道您不能让我乐上这么一回吗?一段时间以来,幸福理都不理我了,如果您来,就意味着命运有了转机,就会使我对渴望之物生出希望。阿德里安和马蒂厄说他们会来。如果您与他们来这里,只要住上一月,就足以领略我们美丽的自然风光了。我父亲说,您应该选择科佩作住所。我们将从这里出发,往四处跑跑。我父亲极想见到您。您知道人家是怎样评论荷马的。

您通过老人的喉舌夸赞美丽②。

除了这份美丽,您还可爱。

四月三十日,于科佩

---

① 即日内瓦远郊的科佩城堡。
② 见《伊利亚特》第三卷一五六节。

雷卡米耶夫人的英国之行

在亚眠达成的短暂和平期间，雷卡米耶夫人陪母亲做了一趟伦敦之行。三十年前在英国当大使的德·吉涅老公爵给她们写了一些介绍信。老公爵与英国当时最引人注目的贵妇们保持了通信联系，如德文希尔公爵夫人、墨尔本贵妇、索尔兹伯里侯爵夫人，以及他曾经爱过的安斯帕赫总督夫人。他在任期内干的事情仍然有名，那些可敬的贵妇们都还惦记着他。

在英国新鲜事儿就有这种力量：她们头天到英国，第二天报纸上就刊登了外国美女抵达本土的消息。雷卡米耶夫人把介绍信送出去后，所有收信人便都来看望她们。其中最引人注目的是德文希尔公爵夫人，她年纪在四十五到五十岁之间，虽然一只眼睛失明了，但美貌犹存，时髦依旧。她把一绺头发搭下来，正好遮住瞎眼。雷卡米耶夫人第一次在那边公开露面，就是由她陪同。公爵夫人把雷卡米耶夫人领到歌剧院她的包厢里。那里面坐着威尔士亲王、德奥尔良公爵及其兄弟德·蒙邦西埃公爵和德·勃约莱伯爵。前两位后来都当了国王，但是当时一个已经摸到了王位，另一个则还隔着一道深渊。

望远镜和目光一齐朝公爵夫人的包厢转过来。威尔士亲王对雷卡米耶夫人说，她如果不想被挤死，就得在歌剧终场前出去。可是她刚起身，各个包厢的门就一下打开了；她躲避不及，被人潮一直带到马车上。

次日雷卡米耶夫人由道格拉斯侯爵陪同，去肯辛顿公园游玩。道格拉斯侯爵后来当了汉密尔顿公爵，曾在霍利路得接待查理十世及其妹妹萨默塞特公爵夫人。公园里的游人见雷卡米耶夫人经过，立即拥了过来。以后她每次在公共场合露面，这种情形都会重演。各家报纸不断提起她的名字；由巴尔托洛基刻绘的她的版画像，被人带到英国各地广为散发。《安提戈涅》的作者巴朗谢先生补充说，一些船只还把她的画像带到了希腊的各个岛屿。美貌回到了人们原先编撰其形象的地方。大卫曾给雷卡米耶夫人画过一幅小像，热拉尔给她画过一张立像[①]，卡诺瓦给她画过一张半身像。热拉尔那张像是他的杰作，但我不喜欢，因为模特的轮廓虽然画对了，神情却完全见不到了。

雷卡米耶夫人动身之前，威尔士亲王和德文希尔公爵夫人要见她，并带来了一帮朋友幕僚。大家在一起演奏音乐凑兴。雷卡米耶夫人与马林骑士——当时第一流的竖琴家一起演奏了莫扎特的一支变奏曲。各家报纸把这场晚会说成是外国美女动身之前，为威尔士亲王举行的音乐会。

次日她登船赴海牙。本来十六个钟头的航程，用了三天才走完。她后来告诉我，在那几天刮风暴的日子里，她连续地阅读了《基督教真谛》。我向她"表示"——按她善意的措辞：风和海历来对我很好，从这件事我又看出了它们对我的关照。

她参观了海牙附近奥伦治亲王的城堡。这位亲王曾让她答应去参观他的住所，又给她写过好几封信，谈起他打的败仗，以及他打胜仗的希望：纪尧姆四世后来确实当上了君主；当时要当国王就得要阴谋，就像今日想当议员一样；因此那些想当君主的人竞相拜倒在雷卡米耶夫人脚下，就好像她手中握着王冠似的。

今日贝纳多特统治瑞典。是他这封便函促使雷卡米耶夫人结束了英国之行。

"……我担心您健康不佳。英国报纸打消了我的不安，但是让我得知您曾面临危险。我首先要责怪伦敦人民过分热情。不过我向您坦白，

[①] 大卫那张肖像画于一八〇〇年，并未完成，现藏于卢浮宫；热拉尔的作品稍后一点，现藏小王宫。两幅画毫无相似之处。——原注

他们很快就得到了原谅,因为我是责无旁贷,要为那些为瞻仰您高贵面容的丰采而变得冒失的人辩护。

"在您周身的光轮之中,在您有那么多理由得到的光荣之中,请间或记起,在大自然中最忠于您的,就是

贝纳多特"

德·斯塔尔夫人首次德国之行——雷卡米耶夫人在巴黎

德·斯塔尔夫人受到放逐的威胁,打算在离巴黎七八十里外的乡间玛弗利埃定居。雷卡米耶夫人从英国回来以后,建议她去圣布里斯同住几天。她接受了。接下来,她回到头一个避难所。当时发生的事情,她在《流亡十年》中有所描述。

"在一间看得见大路和入口的厅堂里,"她说,"我与三位朋友围桌而坐。时当九月底,下午四点:一位灰衣人骑马来到门前停住,拉响门铃。我知道自己的命运了。他要求见我,我在花园里接见他。在朝他走过去的时候,花香和明媚的阳光给我留下了强烈的印象。与人交往的感受与从大自然得来的感受是如此不同!这人对我说,他是凡尔赛宪兵队的指挥官……他把一封信拿给我看,信是由波拿巴签署的,他命令我搬到离巴黎城三四百里的地方去,并且二十四小时内就要动身,不过对我还是拿出了对女界名人应有的尊重……我回答宪兵军官道:二十四小时内动身适合于应征入伍的新兵,却不适合妇女儿童。因此,我提出让他陪我去巴黎,在那里我需要三天做必要的旅行安排。我带着孩子和这位军官登上马车。这位军官是作为宪兵中最有文学天赋的人,特意选出来

的。的确，他对我的作品说了一些恭维话。我对他说：'先生，您看到了，做一个才女会发生什么事儿。我请求您，如果有机会，劝您的家人千万不要做才女。'我试图摆出傲气，让自己发火，可是我只觉得百爪抓心。

"我在雷卡米耶夫人家停了一阵，见到了朱诺将军。他出于对雷卡米耶夫人的忠诚，答应次日去跟第一执政说说。他确实尽心尽力地去了。

"限我动身的日子前夕，约瑟夫·波拿巴又做了一次尝试……

"我不得不在巴黎城外二十里远的一家小饭馆等候回复，不敢回到城里自己家中。一天过去了，没有得到答复。我不想在小饭馆停留太久，免得引人注目，就顺着城墙兜圈子，想在同样是离城二十里远的地方，在另一条路上寻找一家饭馆。我离开朋友和自己家才几步路，却不能见也不能归，这种流浪生活使我心如刀割，个中滋味，至今回想起来仍然不寒而栗。"

德·斯塔尔夫人没有回科佩，反而动身去做她的首次德国之行。那时期德·博蒙夫人去世，她听到死讯给我写了一封信，我在首次罗马之行那一章做过引述。

雷卡米耶夫人在巴黎家中集合了受压迫党派和持不同政见分子中最出色的人物。旧君主体制和新帝国的名流都可在这里见到：蒙莫朗西一家、萨布朗一家、拉穆尼瓦翁一家、马塞纳、莫罗和贝纳多特将军；那一个遭到放逐，这一个却登上王座。外国的名流也来这里。奥伦治亲王、拜恩亲王、普鲁士王后的弟弟等人都围在她身旁。威尔士亲王一如在伦敦，为戴了披肩而骄傲。这里的吸引力是如此不可抵挡，以至于连欧仁·博阿尔内和皇帝的大臣们都去参加那些聚会。波拿巴不能容忍别人成功，哪怕是一个女人。他问："从什么时候起，内阁在雷卡米耶夫人家开会啦？"

将军们的计划——贝纳多特的肖像——莫罗的案子——莫罗与马塞纳写给雷卡米耶夫人的信

现在回到邦雅曼·龚斯唐的叙述:"波拿巴占据了政府,老早以来,就公然向着专制暴政发展。在本质上截然不同的党派都激烈反对他。大多数公民仍在为人家答应给他们的休息而恼怒。共和派和保王主义者希望推翻现政权。由出身、关系和政治主张所决定,德·蒙莫朗西先生属于后面这部分人。雷卡米耶夫人只是由于普遍关心各党派的失败者,才与政治挂上了钩。她生性独立,不肯加入拿破仑的宫廷,关系上也就疏远了。德·蒙莫朗西先生想把自己的希望告诉她,便以适宜激发她热情的色彩向她描绘波旁王室复辟的情景,请她负责拉拢当时法国的两位要人贝纳多特和莫罗,看看他们能否联手反对波拿巴。雷卡米耶夫人与贝纳多特很熟。贝纳多特当时已经当上了瑞典储君。他面容英俊,气派高贵,头脑敏锐,谈吐不俗,总之是个引人注目的男人。打仗勇敢,言辞大胆,可是在非军事行动中,却是畏畏缩缩,办什么事都优柔寡断:有一件事情,使人第一眼看到时觉得他十分迷人,但又给与他合手实行计划设置了障碍,这就是夸夸其谈的习惯,他所受的革命教育的残余。他有时情绪来了,变得很有口才,真正是雄辩滔滔。他知道这一点,也喜欢这样的成功。当他抓住在俱乐部或者论坛上听来的什么论点,展开论述某种一般观念时,他就全神贯注,忘记一切,成了一个充满激情的演说家。他始终仇恨波拿巴,也始终得不到波拿巴的信任。在波拿巴统治初年,他出现在法国时是什么样子,在近来欧洲的动荡之中也还是什么样子。人们感谢他带来了解放,因为他通过向外国人表明,一个法国人准备反抗法国的暴君,并且知道只发表能够影响民族的言论,而使他们不再担心。

"凡是能向一位妇女提供行使权力手段的东西，她总是喜欢的。此外，在策动地位高光荣大的人反对波拿巴独裁的想法中，有某种高尚慷慨的东西迷住了雷卡米耶夫人，因此她赞同德·蒙莫朗西先生的愿望。她经常把贝纳多特和莫罗请到家中聚会。莫罗犹犹豫豫，贝纳多特则慷慨陈词。雷卡米耶夫人把莫罗含含糊糊的话当作下决心的开始，把贝纳多特的高谈阔论当作推翻暴政的信号。从两位将军那边来说，他们看到自己的不满受到美丽、才智和优雅这样安抚，也动了心。这位女人如此年轻、如此迷人，而且在跟他们讨论祖国的自由，在她身上，确实有某种浪漫的、富有诗意的东西。贝纳多特不断向雷卡米耶夫人表示，她天生就是鼓动人、培养狂热信徒的。"

在指出邦雅曼·龚斯唐这段描写十分细腻的同时，也得指出，雷卡米耶夫人如果不是因德·斯塔尔夫人遭受流放感到义愤，是不会卷入这种政治利益之争的。瑞典未来的君主握有一份仍属独立派的将军名单，但是莫罗的名字不在上面。这是唯一能与拿破仑抗衡的名字。只是贝纳多特虽然攻击波拿巴的权力，却不知道他究竟是什么样的人。

莫罗夫人举行一场舞会，除了法国，全欧洲都有人参加。在舞会上代表法国的只是共和党反对派。在大家尽兴娱乐之时，贝纳多特将军把雷卡米耶夫人领进一间小客厅。只有音乐声跟着他们飘进来，并且提醒他们身在何处。莫罗进了这间客厅。贝纳多特做了长篇解释之后，对他说："您有一个深受大众欢迎的姓氏，是我们当中唯一能够自诩得到全体人民支持的人。看看您能干什么，我们在您的领导下能够干什么。"莫罗把过去常说的话又说一遍：他感觉到了威胁自由的危险；必须戒备波拿巴，但是他怕引发内战。

这场谈话扯长了，变得激烈，贝纳多特最后发火了，对莫罗将军说："您不敢站在自由一边。好吧！波拿巴不会把您和自由放在眼里。我们虽然做出努力，可自由还是会被断送。而您呢，仗都不用打，就会困在自由的废墟里。"真是先知的预言!

雷卡米耶夫人的母亲与莫罗夫人的母亲乌洛太太关系亲密,而雷卡米耶夫人与莫罗夫人从小就是好朋友,两人都乐于在上流社会继续发展友情。

在莫罗将军受审期间,雷卡米耶夫人就住在莫罗夫人家里。莫罗夫人对女友说,丈夫抱怨没有在剧场和法庭公众中间再看到她。雷卡米耶夫人便做好安排,旁听次日的庭审。有一个法官,名叫布里亚-萨瓦兰先生,自告奋勇地安排她从梯形大厅后面的一扇门进入。一进门,她就掀开面纱,扫了一眼被告席,想看到莫罗。莫罗认出她了,站起身,向她致意。所有目光都朝她射过来。她连忙走下梯级,坐到给她预定的位子。被告有四十七名,坐满了法官对面的阶梯座位。每名被告都由两名宪兵押着:这些士兵对莫罗将军表现出尊重与敬佩。

大家注意到德·波利亚克和德·里维埃,尤其是乔治·卡杜达尔先生。皮什格吕这个名字虽然仍将与莫罗的名字连在一起,但被告席上却不见他的人,确切地说,大家认为在被告席上看到了他的阴魂,因为大家知道,监狱里也看不到他那个人了。

现在的问题不再是共和党人,而是与新政权作斗争的忠诚的保王党人。不过,领导正统王权事业的人,那些贵族党徒的首脑却是个平民,他就是乔治·卡杜达尔。人们看见他坐在被告席上,都想,这颗如此虔诚,如此勇敢的头颅,将会落在断头台下;也许只有他卡杜达尔一人不会得救,因为他没有为得救做任何努力。他保护的只是他的朋友。至于与他个人有关的事情,他什么也不隐讳。波拿巴并不像人们猜想的那样宽大:有十一个忠于乔治的人与他一同被处死了。

莫罗没有说话。庭审结束后,先前领雷卡米耶夫人进来的法官走过来送她出去。她穿过与刚才进来的后门相对的法官席,顺着被告席走下去。莫罗走下来。两个宪兵紧盯着他。他与雷卡米耶夫人只隔着一道栏杆。他对她说了几句话,可是她在激动之下没有听清:她想回答,可是喉头哽塞,语不成声。

如今时代变了,波拿巴的姓名似乎独自充斥其中。人们想象不到他的权力曾经命系一发。判决前夕,法庭开会合议,全巴黎的人一夜没睡。一股股人潮往法院拥来。乔治不愿得到赦免,回答那些想为他申请赦免的人说:"你们答应给我一个更壮烈的死亡机会吗?"

莫罗被判以终身流放,被押往卡的斯,在那里登船去美国。莫罗夫人去卡的斯与他会合。在莫罗夫人动身的时刻,雷卡米耶夫人陪伴着她,目睹她亲吻摇篮中的儿子,然后往门外走,走了几步又回来再次亲吻儿子:她把莫罗夫人领到马车旁,接受了她的永别。

莫罗将军从卡的斯给他高贵的女性朋友写了下面这封信:

夫人:

您对两位流亡者表现出那么明显的关心,大概乐意得知他们的消息。我们希望,在洗去了海上陆上的身车劳顿之后,我们可以趁黄热病在此地流行,把我们困在城中的机会,在卡的斯休养一阵。这种疾病的肆虐,可以与我们刚刚遭受的苦难相比。

尽管我妻子尚在产褥期,在疾病流行期间我们被迫在此羁留了一个多月,我们还是相当幸运,没有染上疾病;只有一个同伴受了传染。

最后我们到了希克拉纳。这是一个非常漂亮的乡村,离卡的斯有几十里路。我们的身体都健康;妻子给我生下一个健康的小女儿,身体完全恢复了。

她相信您对我们的一切都很关心,对这件事当然也不例外,因此让我把它告诉您,并代表她向您问好。

我们过的是什么样的生活,我就不说了。总之是极其无聊、单调。不过至少我们能自由地呼吸,尽管身在暗无天日的国家。

夫人,请接受我们的敬意与友爱,并请相信我永远是您卑微顺从的仆人。

V. 莫罗

一八〇四年十月十二日,于(卡的斯附近的)希克拉纳

这封信是从希克拉纳写的。这个地方似乎以光荣保证了德·昂古莱姆公爵的稳定统治[1]:不过这片海滨之地对莫罗这位被大家认为忠于波旁王室的将军却又是不幸的。莫罗内心是忠于自由的。当他不幸加入联合行动时,心里想的只是反对波拿巴的独裁统治。德·蒙莫朗西先生痛惜莫罗的阵亡,认为这是王权的巨大损失。路易十八却对他说:"没有那么大:莫罗是共和党人。"莫罗这位将军返回欧洲,只是为了找到天主在上面刻了他的姓名的那颗炮弹[2]。

莫罗让我联想到另一位著名将领马塞纳。这位将军去了意大利方面军。他向雷卡米耶夫人索讨一根饰带。有一天雷卡米耶夫人收到马塞纳这封便函。

"雷卡米耶夫人赠送的饰带,马塞纳将军在热那亚的战斗与封锁中一直佩戴在身,须臾不离,保佑他夺得胜利。"

古代习俗是现代习俗的基础。在这里它透过现代习俗显露出来。高贵骑士的殷殷之情在平民战士身上得到再现。对十字军东征和骑士比武的回忆潜藏在这些武装行动之中。通过这些行动,现代法国褒扬了古代的胜利。查理曼的友伴西舍在战斗中戴上了太太的彩色饰带。圣加尔修士说:"他用长矛扎着七八个甚至九个敌人扛回来,就像扛一捆水毛茛一样。"西舍引出了骑士精神,马塞纳则继承了骑士精神。

---

[1] 一八二三年德·昂古莱姆公爵率军围攻卡的斯,司令部就设在希克拉纳。
[2] 莫罗一八一三年指挥同盟国军队,在德累斯顿战役阵亡。

内克先生逝世——德·斯塔尔夫人回国——雷卡米耶夫人在科佩——普鲁士的奥古斯塔亲王

德·斯塔尔夫人在柏林获悉父亲病了,急忙赶回来,可是还没到达瑞士,内克先生就去世了。

这期间雷卡米耶先生破产了。德·斯塔尔夫人很快就听说了这个不幸事件,立即给朋友雷卡米耶夫人写信:

啊!亲爱的朱丽叶,我听到了可怕的消息,感到多么痛心啊!我要诅咒这可恶的流放,它害得我不能守着您,把您搂在怀里!您失去了过轻松愉快生活的条件,但是只要可能,您会更得到人们的喜爱和关心。我同情雷卡米耶先生,敬重雷卡米耶先生,我将写信安慰他。但是,请告诉我,今年冬天在这儿见面是不是白日做梦?如果您愿意,请来这儿住三个月。我们有一个小小的圈子。圈里人会热情照顾您的。不过在巴黎您也惹人关心体贴。总之,至少到里昂,或者到我那四百里外的住所。我将去那里见您,拥抱您,告诉您我对您,比对认识的任何女人都要体贴。我不善于说安慰的话,只会说大家比任何时候都更喜爱您,尊重您,只会说不管您愿不愿意,您宽厚仁慈的优点反因这场不幸而变得出名,好像缺了不幸,也不可能有宽厚仁慈似的。当然,若拿今昔的境况做比较,您是亏了。但我要是喜欢什么就可以得到什么,我会把所有属于我的东西送出去,以便成为您。有在欧洲无与伦比的美貌,有纯洁无瑕的名声,有慷慨而高尚的性格,在人被掠夺得精光而过的悲惨日子里,这是多么幸福的命运!亲爱的朱丽叶,让我们的友情更加亲密;它不再是单单来自您的慷慨帮助,而是不断来往的通信联系,是互相倾吐思想的需要，是共同的生活。亲爱的朱丽叶，您将来会让我重返巴黎，因为您永远是一个有能力的人，而我们可以天天见面。由于您比我年轻，您会替我拂上双眼，会成为我几个孩子的朋友。今早我女儿为您和我的伤心事哭了。亲爱的朱丽叶，您周围的奢华曾由我们共同享受；您的命运曾经是我的命运；您不再富有，我也觉得自己破了产。相信我，当一个人这样招人喜爱时，剩下的就是幸福了。

邦雅曼想给您写信，他很同情您。马蒂厄·德·蒙莫朗西给我写信谈您的事，信文十分动人。亲爱的朋友，愿您在这么多的苦难中保持心情平静。唉！朋友的死亡和冷漠都不曾威胁到您，这一下却来了永久的损害。再见，亲爱的天使，再见！我怀着敬重，亲吻您可爱的脸蛋……

雷卡米耶夫人表现出一种新的兴趣：她毫无怨言，离开了社交圈子，似乎天生既能过孤寂生活，又能过交际生活。朋友们都没有抛弃她。巴朗谢先生说："这次，溜走的只是财产。"

德·斯塔尔夫人把朋友召来科佩。普鲁士的奥古斯塔亲王在埃劳战役被俘，获释后去意大利，途经日内瓦；他爱上了雷卡米耶夫人。属于每个人的私生活在公共生活、战争的血迹和帝国的变化下面继续存在。富人一觉醒来，看见自己金碧辉煌的屋宇，穷人一觉醒来。看见的是自家被烟熏黑的屋梁，照耀它们的，是同一个太阳的光芒。

奥古斯塔亲王以为雷卡米耶夫人会同意离婚，便提出娶她。在科琳娜那幅油画上，有这段狂热爱情留下的纪念。那幅画是亲王从热拉尔那里得到的，他把它转送给雷卡米耶夫人，作为他对她的感性，以及科琳娜与朱丽叶的友谊的不朽纪念品。

夏天就在欢宴娱乐中过去了：世界被搅得动荡不安，可是国家灾难的回响与年轻人的欢歌笑语混合在一起时,有时反倒增添欢乐的魅力。人们迫不及待地投入到寻欢作乐之中,尤其在人们觉得即将失去欢乐时就更是如此。

奥古斯塔亲王这段恋情,德·冉利夫人①拿来写了一部长篇小说。有一天,我看到这位夫人正在兴奋地写作。她住在"兵工厂",房子里黑魆魆的,周围全是蒙着灰尘的书。她并未等什么人;她穿着一件黑袍,一头白发遮住了面庞,两膝间夹着一具竖琴,正在低头抚弄,两只苍白而干瘦的手拨动琴弦,弹出微弱的音响,仿佛是死者发出的遥远的幽然叹息。古代的女预言师在唱什么?唱雷卡米耶夫人。她起初恨雷卡米耶夫人,后来被她的美丽与不幸征服了。德·冉利夫人刚刚写了有关雷卡米耶夫人的这一页,她给主人公取名叫雅典娜依丝:

> 亲王由德·斯塔尔夫人领着,走进客厅。突然一下,房门稍稍打开了,雅典娜依丝走向前来。看到她优雅的身材,容光焕发的面孔,亲王不可能认不出她来。可是他心目中的她完全是另一种模样,他想象中这个美貌如此闻名的女人是一个因为大受追捧而神情高傲、举止大方,充满名气经常给予的那种自信的人。可是他看见走过来的却是个怯生生的年轻女子,是个露面时局促不安,脸色羞红的女人。他在惊讶之余,心底里涌出了一股最温柔的感情。

> 晚饭后,大家都没有出去,因为外边极为炎热。大家走到走廊里弹琴唱歌,直到可以出去散步为止。几声清亮的和弦和曼妙甜美的试音之后,雅典娜依丝在竖琴伴和下唱起歌来。亲王听得心醉神迷。当她一曲唱罢,亲王注视着她,感到一种说不清道不明的慌乱,只是叫着:"好本事!"

---

① 德·冉利夫人(Genlis,一七四六——一八三〇),法国伯爵夫人,写有大量长篇小说。

盛年的德·斯塔尔夫人喜爱雷卡米耶夫人；老年的德·冉利夫人为她恢复了年轻时的笔调。《克莱蒙小姐》的作者把长篇小说的场景放在科佩《科琳娜》的作者家中。这位作者曾是她憎恶的竞争对手。这是一桩奇事。另一桩奇事，是看到我描写这些细节。凡是让我回忆起默默无闻、离群索居时的书信，我都浏览了一遍。我没去科佩时，那里曾经幸福过。后来我每次看见那一带湖滨，都忍不住生出一股妒意。在人世逃避我，躲开我，令我一直惋惜的东西，倘若不是见我一只脚已经踏进了坟墓，会把我的老命送掉的。不过，如果说在永恒的忘川边上，一切真实和梦幻都是枉然；在人生的尽头，一切都是荒废的时光。

德·斯塔尔夫人第二次德国之行

德·斯塔尔夫人再次动身去德国，从此又开始一封接一封地给雷卡米耶夫人写信。这些信也许比前面那些书信更加动人。

在德·斯塔尔夫人印刷成书的作品中，没有任何东西与她书信中那种朴素自然打动人心的风格相接近。在书信中，想象把它的表现力赐给了情感。雷卡米耶夫人友情的效力一定很大，既然它能够让一个天才女人使出一些潜藏未露的才华。此外，我们在德·斯塔尔夫人的忧伤笔调中也能觉察出一丝隐隐的不快。美女自然该是倾听苦恼的知己，因为她永远都不可能遭受类似的伤害。

肖蒙城堡——德·斯塔尔夫人给波拿巴的信

德·斯塔尔夫人重返法国后，于一八一二年春天来到勒卢瓦尔河边，在距巴黎三四百里远的肖蒙城堡居住。这个距离是为了划定她的放逐范围而决定的。雷卡米耶夫人来到这处乡间与她会合。

德·斯塔尔夫人当时正在监督印刷她关于德国的作品：当它行将面世时，她寄了一本给波拿巴，并附上下面这封信：

陛下：

我斗胆把有关德国的著作呈送给您。倘若陛下屈尊阅读，似可从中发现一种智力的表现。这种智力能做某些思考并且由时间促使成熟。陛下，我被流放在外，有十二年未见您。十二年的苦难改变了一切性格，命运也教受苦人学会了忍耐。我在准备登船之际，恳请陛下接见半小时。我认为有些事会让陛下感兴趣。正是出于这个理由我才要求晋见，恳请陛下在我动身前恩准。如果陛下不准我住在离巴黎很近、可以接孩子们去住的乡间，我就不得不离开大陆。我在此信中只冒昧地提出一点请求，就是向您解释我这样做的原因。遭受陛下贬黜的人在欧洲受到冷漠的对待，以至于我每走一步都感到其影响。有些人见到我生怕受连累；另一些人打消了这种担心，便以为自己是施舍怜悯的恩主。最普通的社会交往也成了有自尊心的灵魂无法忍受的恩惠。在我的朋友之中，有些人表现出值得赞美的义气，与我一同承受命运的折磨；但我还是看到最亲密的感情因为不愿与我过冷清日子而断绝。八年来，我就是这样过来的：一方面唯恐人家不愿为我做出牺牲，一方面又为人家为我做出牺牲而苦恼不安。这样来向世界主宰细述自己的感觉，未免有些可笑。

可是陛下，让您赢得天下的，正是至高无上的天才。说到对人心的体察，大到深广的心机，小到细微的心理，陛下都了解。我的几个儿子没有职业；女儿十三岁了，过不了几年就要嫁人：强迫她过我这种乏味的生活，未免有点自私。因此我得让她与我分开！这种生活是无法忍受的，可是在大陆我摆脱不了。我可以选择哪座城市，在那儿，陛下对我的贬黜不会成为儿女们成家立业不可克服的障碍，不会成为我个人安宁的阻力？陛下本人或许不知道大多数国家权力当局对流放者的恐惧，我在这方面也许该告诉陛下一些事情，它们肯定超出了陛下的吩咐。有人报告陛下，说我是因为博物馆和演员达尔玛才舍不得离开巴黎：这是拿流放，也就是西塞罗和波林布罗克①所称最无法忍受之不幸开的有趣玩笑。不过，陛下，即使我喜爱那些艺术杰作——您的征战给法国带来的珍品，即使我喜爱那些精彩的悲剧——那些英雄主义的形象，您也要责备我做得不对吗？每个人的幸福不是由他官能的性质所构成的吗？老天虽然给了我才华，但我就没有使艺术和精神享受变得不可缺少的想象力吗？有那么多人向陛下讨取种种实在的好处！而我向陛下要求友谊、诗歌、音乐、油画等精神的东西又何必脸红呢？我可以享受它们，却又不会偏离对法兰西君主应有的服从。

这封信不为人们所知，却值得保留。德·斯塔尔夫人并不如人们所断言的，是个盲目的死板的敌人。就是在我发现不得不写信给波拿巴，求他饶我的堂弟阿尔芒一命时，我的话也可能比她的话更为波拿巴所接受。这封信笔调如此高尚，又出自一个如此有名的女人之手，就是亚历山大和恺撒读了也会感动。可是在波拿巴看来，自恃成就斐然，要与最

---

① 波林布罗克（Bolingbroke，一六七八——一七五一），英国政治家，曾任外交大臣，安娜王后死后，于一七一四年流亡法国。

高统治者争个平起平坐的那份自信，还有凭着才智，站在欧洲主宰的层次评说各国王权的那种随便，都是自尊心不守规矩狂妄自大的表现。凡是有几分傲气不受束缚的人，他都认为是反对自己的人。在他看来，卑鄙是忠实，傲骨却成了反叛。他不知道，真正有才华的人只在天才上承认拿破仑；他有权进王宫就像有权进神殿一样，因为他是不朽的。

雷卡米耶夫人与马蒂厄·德·蒙莫朗西先生——雷卡米耶夫人在沙隆

德·斯塔尔夫人离开肖蒙，回到科佩。雷卡米耶夫人再次急急忙忙赶到她身边。马蒂厄·德·蒙莫朗西先生仍一如既往地忠于她。两人为此都受了惩罚。他们前去安慰人家的痛苦，却反受到痛苦的打击。距巴黎三四百里的路程成了横亘在他们之间的障碍。

雷卡米耶夫人退居玛恩河畔的沙隆。她做出这一决定，是考虑到那里邻近蒙米拉依。德·拉罗什富科和杜多维尔先生就住在蒙米拉依。

波拿巴实行全面暴政，成千上万有关他压迫人民的细节因此而埋没：遭受迫害的人怕见朋友，唯恐连累他们；而朋友们也不敢去探望他们，生怕给他们招来更暴虐的迫害。不幸的放逐者成了鼠疫患者，被隔离在人类之外，孤立地生活在暴君的仇恨之中。只要人们不清楚你持独立见解，就会热情接待你，一旦得知了真相，他们就全都躲开了。你周围只剩下监视你与什么人来往，检查你的感情、信件和一切活动的权力当局：这就是那幸福自由年代的真实情景。

德·斯塔尔夫人的书信显示了那个时代的痛苦。在那个时代，有才干的人时时可能被投进黑牢；人们只关心脱身的办法；人们像渴望解放一样渴望逃跑：自由失去以后，就剩下一个国家，只是不再有祖国。

德·斯塔尔夫人写信给朋友，说不想见她，怕给她带来迫害。有些事她也没有告诉朋友：她与德·罗卡先生秘密结了婚，引来一大堆麻烦，正好被帝国警察加以利用。德·斯塔尔夫人认为应该向雷卡米耶夫人隐瞒自己的新烦恼。可是雷卡米耶夫人见她执意不许自己进入科佩城堡，自然觉得大惑不解：她为德·斯塔尔夫人已经做了牺牲，受到拒绝，免不了受到伤害，可是她仍然决心与她会合。

所有本来可以劝阻雷卡米耶夫人的信件，却反而使她坚定了自己的意图：她动身了，在第戎收到了这封要命的便函：

"我一生亲爱的天使，我怀着灵魂的全部温情，向您道别，我派奥古斯特①前来见您，然后再把情况向我报告。您是一位绝世的人儿。要是在您身边生活，会极为幸福；可是命运要把我带走。别了。"

此后，德·斯塔尔夫人至死才见到朱丽叶。她那封便函像晴天霹雳，把正在旅途的雷卡米耶夫人打懵了：她匆匆赶来要与德·斯塔尔夫人分担不幸，谁知德·斯塔尔夫人还未见到她，拥抱她，就突然溜走了，在德·斯塔尔夫人那方面，这难道不是一个不近人情的决定？在雷卡米耶夫人看来，友情似不可能那么轻易地被命运带走。

德·斯塔尔夫人穿过德国和瑞士，前往英国：拿破仑的权势是另一片海洋，把阿尔比庸与欧洲隔开，正如大西洋把它与世界隔开。

德·斯塔尔夫人的儿子奥古斯特早先失去了弟弟，他是在决斗中被人一刀劈死的。奥古斯特本人娶了妻，生了一个儿子。可是儿子才几个月，就跟随他进了坟墓。奥古斯特·德·斯塔尔一死，一个女名人的男性后代就灭绝了。因为她不再正大光明地使用前夫的姓氏，而是偷偷地

---

① 德·斯塔尔夫人的长子。

用上了罗卡的姓氏。

雷卡米耶夫人在里昂——德·谢弗勒兹夫人——西班牙的囚徒们

雷卡米耶夫人孑然一身,充满悔恨地留在里昂,首先要在这座故乡城市寻找一处落脚的地方。她在这里遇到了另一个被放逐的女人德·谢弗勒兹夫人。这位夫人先是被皇帝,后是被她自己的家庭逼迫,进入新社会。宁愿失去一片森林而保住体面的名门世家,你几乎找不到。进了杜伊勒利宫以后,德·谢弗勒兹夫人以为可以在一个诞生于兵营的宫廷充老大;确实,这个宫廷是想学习旧时的派头,希望掩饰自己浅薄的资历。可是平民气派仍然太粗鲁,接受不了贵族关于粗鲁的教育。在一场持久的已经走出最后一步的革命当中,例如在罗马,贵族在共和国垮台一个世纪之后,能够心甘情愿地只充当皇帝们的元老院。过去没有任何可供现代皇帝们指责的地方,既然这段过去已经完结;所有人的生活都打着同样的烙印。不过在法国,变成王室侍从的贵族走得太急;新生的帝国先于他们消失,他们面对着复兴的古老君主体制。

德·谢弗勒兹夫人染上一种胸疾,请求死在巴黎,可是未得恩准。人不可能想何时死就何时死,想死在何处就死在何处。拿破仑造成那么多人死亡,即使他让他们选择死亡的地点,他们也不会放过他的。

雷卡米耶夫人并未达到忘却自身烦恼的境地,但是她却关心别人的烦恼。依靠仁慈修道院一位修女善良的帮助,她秘密探视了里昂的西班牙囚徒，其中有一个就要去见天主。他又勇敢又英俊，像熙德一样信仰基督。他坐在草上，弹着吉他。他的剑曾经欺骗了他的手。他看见女善主来了，没有别的办法表示感谢，就给她唱家乡的抒情歌曲。他微弱的嗓音和乐器的混响消失在监狱的静寂之中。这位战士的伙伴们半裹着撕裂的大衣，黑头发垂落在古铜色的瘦脸上。他们抬眼望着被放逐的女人。他们眼里湿漉漉的，充满了感激的泪水，还射出卡斯蒂利亚血统的傲气。这位女子也戴着同一个暴政的枷锁，让他们想起妻子、姐妹、情人。

那位西班牙战士死了。他可以像波兰勇敢的青年诗人扎尔维斯卡一样说："一只陌生的手将合上我的眼皮；一座外国钟将宣告我死亡；一些异乡的人声将为我祈祷。"

马蒂厄·德·蒙莫朗西来里昂看望雷卡米耶夫人。于是她认识了卡米耶·儒尔当和巴朗谢两位先生。他们都有资格加入伴随雷卡米耶夫人高贵一生的友人行列。

雷卡米耶夫人在罗马——阿尔巴诺——卡诺瓦：他的书信

雷卡米耶夫人太高傲，不可能求人家把自己召回去。富歇曾长期地但是徒劳地逼她点缀皇帝的宫廷：大家可以从当时的作品中看到这类王宫交易的细节。雷卡米耶夫人被缠得没有办法，只好到意大利去隐居。德·蒙莫朗西先生把她一直送到尚贝里。剩下来的阿尔卑斯山的路程，她只有一个七岁的小侄女做伴。如今那位小女孩成了勒诺曼夫人。

罗马当时是法国的一座城市，是台伯河省的首府。教皇当时身陷图圈，在枫丹白露弗朗索瓦一世的王宫里叫苦不迭。

富歇在意大利当钦差，在恺撒的城市里发号施令，如同雅典城那些黑人宦官头领。不过他只是路过该城。于是人们安排德·诺尔万先生当警察局长：这场人事变更发生在欧洲另一头。

永恒之城被征服了，却没有见到第二个阿拉里克，它陷在废墟之中，默不作声。一些艺术家独自住在这一堆世纪之上。卡诺瓦把雷卡米耶夫人当作法国归还梵蒂冈博物馆的一尊希腊雕像来接待：作为艺术权威，他在被抛弃的罗马城让她开始接受卡皮托利山的敬意。

卡诺瓦在阿尔巴诺有一座房子。他把它送给雷卡米耶夫人。雷卡米耶夫人在那里度夏。她的卧室带阳台的窗户是画家取景的大窗子之一。窗外是庞贝城的废墟。远处，从一些橄榄树上方望过去，可以看见太阳沉入水中。卡诺瓦常在这个时刻回来。面对着这片美景，他很兴奋，快乐地唱起威尼斯船歌，嗓音优美，带着威尼斯口音："啊！海上的渔夫……"雷卡米耶夫人用钢琴给他伴奏。《普绪喀》和《玛德莱娜》的作者十分喜欢这种和谐，在朱丽叶的轮廓里寻找贝娅特丽克丝[①]原型，渴望有朝一日把她画出来。罗马从前曾经目睹拉斐尔和米开朗琪罗在富有诗意的狂欢中给他们的模特儿授奖。切利尼[②]曾经过于放肆地叙述狂欢的情形：在一个流亡女子和如此天真如此温柔的卡诺瓦之间的庄重纯洁的小场面，比他们要优越多少啊！

罗马此时在为亡夫守丧，因此比任何时候都冷清：它再也见不到那些安详的君王经过，为它祝福。他们用种种艺术奇迹，把它的老年打扮得青春焕发。人世的喧闹再次远离它。圣彼得教堂和柯利赛教堂一样门可罗雀。

过去最有名的女人写给女友的动人书信，我都一封封读过。现在，

---

① 原文为Beatrix，揣为古代希腊、罗马美女，或艺术家的模特儿。
② 切利尼（Cellini，一五〇〇——五七一），意大利佛罗伦萨金匠，雕塑家。

请读一读现代最好的雕塑家用彼特拉克的语言,用最迷人的纯真来表达的同样的温情吧。我不准备把这封信翻译出来,免得亵渎圣物。

> 永恒的天主!我们是活是死?我希望活着,至少是为了写信。我的心也是这样希望,甚至它命令我活下去。啊!我这颗可怜的心,您要是彻底了解它,就会更加相信它!可是说到我的不幸,您似乎对它有所不知。耐心啊!如果您不愿告诉更多,至少请告诉我怎样才能怀有您;尽管您答应让我写信,平心静气地写信。近来我确实想见到您本人,可是没有任何办法做到这点,就是做到了我也会急不可耐地告诉您一些怪事。因此我最好还是满足吧:能不断在思想中见到您,也就不错了,因为这样您就永远在我眼前,我就永远见到您,永远跟您说话,跟您说许多许多事情。可是一切,一切都抛开了。是啊,一切!就连耐心也抛开了!说来也是奇怪,大概事情永远是这样发展的!不过,话说回来,我希望您相信,坚信,我的心是爱您的,爱的程度之深,您不可能相信,也想象不到。

阿尔巴诺的渔夫

雷卡米耶夫人在里昂探望了一个特殊并令她十分同情的西班牙囚徒,他是一个渔夫,因被指控与教皇的臣民暗中勾结,而受到审问,进而被判死刑。阿尔巴诺的居民恳求来此避难的外国女人为这个不幸的渔夫说说情。于是有人把她领到监狱。她见到了那位囚徒。那人的绝望给她留下了深刻印象,她的眼泪潸然而下。那倒霉的人求她救命,为他说说话。这个哀求很是感人，尤其是无法被满足，就更令人心碎。当时天已经黑了，天一亮，他就要被枪决。

然而雷卡米耶夫人还是毫不迟疑，立即去为他奔走，虽说她相信自己的活动会徒劳无功。有人牵来一辆马车，她上了车，没有给死囚留下任何希望。她穿过盗匪成灾的乡野，来到罗马，却没有找到警察局长。她在菲亚诺宫等了两个钟头，计算着一个人生命中还有多少分钟，其最后一分钟即将来临。当德·诺尔万先生来到以后，她告诉他自己来访的目的。德·诺尔万先生告诉她判决已经宣布，他无权中止执行。

雷卡米耶夫人满腹惆怅离开了那里：当她走到阿尔巴诺附近的时候，那死囚已经不在人世了。居民们在大路上等着法国女人，一认出她的模样，就跑了过来。曾陪伴死囚的教士给她转达了死囚最后的祝愿，说他感谢那位妇女，说他在去刑场的路上不断用眼睛寻找她。他让雷卡米耶夫人为他祈祷，因为一个基督徒并没有完全死掉，他肉体虽不在了，但恐惧并没有摆脱。雷卡米耶夫人被教士领到教堂。阿尔巴诺一群美丽的农妇跟随她到了那里。渔夫是黎明时在他过去跑惯的海滩和驾惯的小船上被枪决的。过去这只船随他在各个海区打鱼，如今失去了主人孤零零地漂泊在那里。

只有了解征服者造成的种种苦难，只有亲眼目击在他们从未涉足的地球某个角落人们如何满不在乎地为他们牺牲最不伤人的子弟，我们才会憎恶征服者。对波拿巴的成就来说，罗马诸邦一个渔民的生命算得上什么？大概他从不知道这个贫苦渔民曾经存在过。在他与各国国王斗争的喧闹声中，他连这位平民牺牲品的姓名都不知道。

在拿破仑身上，全世界只看到一连串胜利；那黏合胜利纪念碑的泪水从未从他眼里掉落。我想，在天主的决定里，使统治者从巅峰迅速跌落的秘密原因，就是由这些被人不放在眼里的痛苦，由卑贱者和小民百姓的苦难组成的。当个别的不公正积聚起来，最后超过幸运的砝码时，天平盘就沉下来了。有些血是沉默的，有些血却在呐喊；战场的血被大地无声地吸收了，和平时期溢出的血则呻吟着，朝天空迸射。天主服下血，为它报仇，波拿巴枪杀了阿尔巴诺的渔夫，几个月以后，他就被放逐到了厄尔巴岛的渔夫中间，并且死在圣赫勒拿岛的渔民中间。

在雷卡米耶夫人心里，我只留下了一个模糊的，粗浅的印象，当她置身于台伯河和阿尼奥大草原中间时，是否想到过我呢？我已经穿过了那些凄凉的偏僻地方，在那里留下一座坟墓，朱丽叶的朋友们的眼泪给那座坟墓带来荣光。当德·蒙莫朗西先生的女儿（德·博蒙夫人）于一八〇三年逝世时，德·斯塔尔夫人和内克先生给我写信表示怀念。那些信大家已经看到了。因此，几乎在认识雷卡米耶夫人以前，我在罗马就收到了来自科佩的信。这是缘分显露的最初迹象。雷卡米耶夫人也对我说过，我一八〇三年写给德·封塔纳先生的信，在一八一四年充当了她的旅游指南；其中有一段她经常重读：

> 谁要是在生活中没有了束缚，就应该来罗马居住。在这儿，他会找到一块滋育思想充实心灵的土地，和总是给人以启示的散步场所作为交往圈子。脚踩着的石头会跟他说话，风扬起的尘土把人的某种高贵埋葬在脚步之下。如果他遭遇不幸，只要把所爱之人的遗骨与那么多名人的遗骨合在一起，那么他从西庇阿的坟墓走到一个正直朋友的最后归宿之地，又有什么魅力体会不到呢？！……如果他是基督徒，啊！那他怎么可能离开这块已成为他家乡的土地呢？在这块土地上，诞生了一个较幼时更健康、实力更强大的第二帝国；在这块土地上，我们逝去的朋友与殉道者们睡在教父眼睛下面的墓穴里，似乎会头一批从尘土中醒来，好像离天国更近。

不过在一八一四年，在雷卡米耶夫人看来，我只不过是个平常的导游,是为所有游客效力的。到了一八二三年,情况就好多了,因为我已经跟她熟识,可以在一起谈谈罗马的废墟了。

雷卡米耶夫人在那不勒斯——德·罗昂·夏勃公爵

雷卡米耶夫人秋天来到那不勒斯。在这里,她停止了那些打发孤独的活儿。她刚住进旅店,约阿希姆国王的臣子们就跑了过来。米拉忘记了把他的马鞭变成权杖的那只手,准备投奔同盟国。波拿巴曾把宝剑插在欧洲中部,一如高卢人把利刃剑插在议事广场中央:在宝剑周围,团团一圈排列着各个王国,拿破仑把它们分配给家人。卡罗琳分到了那不勒斯王国。米拉夫人虽然没有博盖塞公主那样优雅高贵,面容却比妹妹秀丽,头脑也比她机灵。从她坚定的性格来看,她具有拿破仑的血统。只要王冠在她眼里不是一个妇女的头饰,那就仍是一位王后权力的象征。

卡罗琳热情接待了雷卡米耶夫人。由于到波蒂奇都可以感受到暴政的压迫,这种热情就显得尤其虚假。不过,这座拥有维吉尔的坟墓和塔索的摇篮的城市,贺拉斯和提图斯·李维、薄加丘和桑纳扎罗等人居住过的城市,曾见到杜朗特和契马罗萨[①]诞生的城市,在新主子的管理下变得更美了。秩序恢复了:无业游民不再拿头颅来玩滚球游戏,以博取

[①] 提图斯·李维(Titus-Livius,公元前六四—公元十),古罗马历史学家。薄加丘(Boccaccio,一三一三——三七五),意大利作家。桑纳扎罗(Sannazzaro,一四五六——五三〇),意大利诗人。杜朗特(Durante,一六八四——七五五),意大利作曲家。契马罗萨(Cimarosa,一七四九——八〇一),意大利作曲家。

纳尔逊海军上将和汉密尔顿贵妇开心。庞贝城的发掘工作已经展开了。波西利普山上开出了蜿蜒的大路。一八〇三年我翻过这座山的侧坡，去里泰纳打听西庇阿的隐蔽居所。一个军事皇朝新建立的王权，使原来笼罩着一个古老民族暮气的地方恢复了活力。罗贝尔·吉斯卡尔、铁臂纪尧姆、罗热和坦克雷德①似乎又回来了，只是少了些骑士精神。

一八一四年二月雷卡米耶夫人在那不勒斯。那时我在哪儿？在我的"狼谷"，开始写我的历史。我在外国军队的脚步声中回忆着童年的游戏。本回忆录结尾提到的女人那时在巴亚海边游荡。后来有一天我从这块土地得到了幸福。我在《殉道者》中描写帕特诺珀的诱惑时，对此就没有一点预感吗？

"每天早上，曙光初露，我就去了一个柱廊下面。眼前，旭日东升，洒下最柔和的光辉，照亮萨莱诺山连绵的群峰、白帆点点的蓝色海洋，卡普雷、厄纳里亚和普罗希塔诸岛，以及米塞纳岬角和巴亚，显现出其全部魅力。

"比起刚刚送走夜幕的那不勒斯风光，带露的水果鲜花都要少几分水灵和清新。我每次来到海边，站在柱廊下，总是觉得诧异，因为此处波涛声极轻，就像一眼喷泉在汩汩流动，勉强可以听到。面对着如画的美景，我心醉神迷，倚在一根柱子上，不思不想，没有欲望，没有打算，整小时整小时待在那儿，呼吸着甜丝丝的空气。这里的魅力太大了，以至于我觉得这美妙的空气改变了我的实体，我怀着无以言表的快乐，像一个纯洁的精灵，朝天空飞去……等待或者寻找美人，看见她乘一只小艇而来，在万顷波涛中间朝我们微笑；和她一块在海上荡桨，往

---

① 罗贝尔·吉斯卡尔（Robert Guiscard，一〇一五——〇八五），南意大利诺曼人国家的创立人之一。铁臂纪尧姆（Guillaume Bras-de-Fer），疑为西西里王恶人纪尧姆（一一二〇——一六六），罗热（Roger，一〇三一———〇一），西西里伯爵，罗贝尔·吉斯卡尔的兄弟。坦克雷德（Tancrède，？——一一四），西西里君主，十字军东征的将领。罗贝尔的孙子。

海面上撒鲜花；在那些爱神木林深处和维吉尔安置爱丽舍的幸福田园追随迷人女子：这就是我们当代关心的事……

"也许，这里的气候以其极度的愉悦对德行有害。一则巧妙的传说叙述说，帕特诺珀是在一个妖艳女人的坟墓上建起来的。难道这不是它想给人们的指点。在那不勒斯，乡间的朦胧光亮，温暖的空气，圆圆的山包，山谷河流徐缓的转折，都是愉悦感官的东西。一切都使人觉得闲适，没有任何东西伤人……

"为了避开南方的炎热，我们躲进王宫建在海水下面的部分。我们躺在象牙床上。倾听头上波涛的低语。要是在这些水下深宫突然遭到雷雨的袭击，奴隶们就点燃注满阿拉伯甘松香的油灯。这时进来一些拿波里姑娘。她们每人抱着诺拉出产的花瓶，里面插着波塞冬尼亚的玫瑰。宫外，波浪在咆哮；宫里，她们唱歌，不慌不忙地在我们面前翩翩起舞，使我想起希腊的风俗：诗人的想象就这样为我们变成现实；我们还以为是在海王的洞宫观看海中仙女游戏。"

雷卡米耶夫人在那不勒斯遇见德·涅佩伯爵和德·罗昂－夏勃公爵：他们后来一个登上鹰巢，一个披上大红教袍①。有人说德·罗昂－夏勃公爵早就被许愿穿红袍。他先是穿仆从的红礼服，后来穿近卫军轻骑兵的红军服，最后是穿红衣主教的红教袍。

德·罗昂公爵十分英俊；他懒洋洋地唱着浪漫曲，画一些小水彩画，而且衣着讲究，注意打扮，显得与众不同。他当神父的时候，恭顺的头发用烙铁烫过，别有一种殉道者的优雅。黄昏时他在阴暗的祈祷室布道。在众多信女面前，他借助两三支巧妙摆放的蜡烛，小心地用中间色调，把自己苍白的面孔照得像一幅油画。

有一些人过于自傲，反而被名声所累，变得愚蠢。一开始人们弄

---

① 德·涅佩伯爵于一八二一年娶拿破仑的遗孀玛丽·路易丝为妻；德·罗昂－夏勃公爵后来当上红衣主教。

不明白，他们怎么会甘愿被一个"暴发户"雇去当仆人。走近一看，人们才发现，这种当奴仆的本事自然来自他们的风俗：他们已经习惯了仆人的生活，只要旗号没变，主人住在城堡，他们就不考虑改换门庭。波拿巴看不起他们，就是对他们的公正评价：这位伟大的战士被自己人抛弃，感激地对一位贵妇说："其实，只有你们这些人才会伺候人。"

宗教和死亡抹去了罗昂红衣主教的某些弱点。无论如何，它们还是可以原谅的。作为基督教神父，他在贝桑松援救不幸者，给穷人提供食物，给孤儿提供衣服，把他的一生都用于慈善事业，完成了自己的奉献。他的健康不佳，自然缩短了生命的里程。

读者啊，你要是厌烦这些引言，这些叙述，就请先想想，你也许没有读过我的作品，接下来再想想我听不到你的话了。你在地上走，我在地下睡；你要是恨我，敲打这块土地，侮辱的也只是我的骨骸。此外，还请想想，我的作品是我展示的生活的一部分。啊！愿我的拿波里油画有一个真实背景！愿罗讷河姑娘是我想象的快乐中的真实女人！但是，不行，如果我是奥古斯丁、热罗姆、厄道尔，我也只会独自是，我要活在科琳娜在意大利的女友之前。我若是能像一条鲜花铺成的地毯，把我的全部生命铺展在她脚下，那该多么幸福啊！可惜我的命途坎坷，它的凹凸不平，会伤人的。至少，让我临终的时刻能在为大家所爱，谁也不会抱怨的女人身上反映出同情与魅力。她把这两样东西注满了我的垂暮之年。

国王米拉：他的书信

　　米拉，那不勒斯国王，一七七一年五月二十五日生于卡奥尔附近的巴斯蒂德，年龄稍大被送到图卢兹上学。他厌恶文学，便参军来到阿尔代纳的轻装兵部队，后来开小差逃到巴黎。路易十六的立宪卫队收容了他。这支卫队被解散以后，他在第十一轻骑兵团谋了个少尉。罗伯斯庇尔死后，他被当作主张实行恐怖政策的人撤职。波拿巴亦有同样的遭遇。两位军人失去了生活来源。米拉于葡月十三日得到赦免回到部队，并且当上拿破仑的副官。在拿破仑的指挥下，他参加了第一次意大利战役，攻夺了瓦尔泰利纳，把它并入内阿尔卑斯共和国。他参加了出征埃及的行动，并在阿布基尔战斗中表现突出。跟随主子回到法国以后，他奉命把五百人院逐出门外。波拿巴把妹妹卡罗琳许配给他为妻。在马伦戈战役，米拉指挥骑兵。当甘公爵遇害时，他作为巴黎的军政长官，只能低声埋怨暴行，却不敢大声指责。

　　作为拿破仑的妹夫，帝国元帅，米拉于一八〇六年进驻维也纳，为法国获得奥斯特里茨、耶拿、埃劳和弗里德兰战役的胜利做出了贡献，因而被晋封为伯格大公，又于一八〇八年入侵西班牙。

　　拿破仑把他召回法国，给他戴上那不勒斯的王冠。一八〇八年八月一日，他被宣布为两西西里国王。他的排场、身上穿的戏剧服装，骑马兜风的习惯和喜庆娱乐活动都让拿波里人喜欢。

　　他以帝国大附庸的身份，被召去参加入侵俄罗斯的战争。每次战斗他都参加，最后负责指挥从斯摩棱斯克到维尔拿的撤退。在表明自己的不满以后，他效法波拿巴，离开军队，来到那不勒斯晒太阳，一如他的统帅坐在杜伊勒利宫烤炉火。这些常胜将军无法习惯失败的滋味。于是他开始与奥地利来往。一八一三年他又出现在德国战场，在莱比锡打了败仗，并在恢复奥地利与英国的谈判之后回到那不勒斯。在进入全面的联盟关系之前，米拉给拿破仑写了一封信。我听人给德·莫斯布尔先生念过这封信。米拉在信中对妻兄说，他发觉半岛十分动荡不安，意大利人要求民族独立，倘若得不到独立，恐怕他们会与欧洲结盟，这样一来，法国就面临更大的危险。他恳求拿破仑实行和平，要保存一个如此强大如此美好的国家，这是唯一的办法。如果波拿巴不肯听他的，那么他，被扔在意大利尽头的米拉，就会不得不离开他的王国，或者不得不关心意大利自由的利益。这封十分理智的信发出后几个月没有回音；因此，拿破仑实在无法指责米拉背叛了他。

米拉被迫匆匆做出抉择，于一八一四年元月十一日与维也纳宫廷签订了一纸条约，答应向同盟国提供一支三万人马的军队。作为这次变节的奖赏，人家保证让他的拿波里王国继续存在，并且肯定他有权征服教皇国的边境省。米拉夫人把这笔重要交易透露给了雷卡米耶夫人。米拉十分激动，正要公开发表声明，在卡罗琳房里遇到雷卡米耶夫人，便问她对自己该做的决定有什么看法。他请她为自己治下的臣民利益着想。雷卡米耶夫人说："您是法国人，应该忠于法国人民。"米拉的脸顿时变了样，说道："这么说，我是个叛徒？怎么办呢？为时太晚了！"他猛地推开一扇窗子，指着一支英国舰队。只见那支舰队扯着满帆，全速驶进港来。

维苏威火山爆发，使多处地方发生了火灾。火山爆发后两小时，米拉就骑马率领卫队出游。人群围着他叫喊："约阿希姆国王万岁！"他把什么都忘了，似乎陶醉在快乐之中。次日，在圣查理剧院举行盛大演出；国王与王后进剧院时受到热烈欢迎。那种狂热的场面，阿尔卑斯山那边的人民从未见过。人们也欢迎弗朗索瓦二世派来的特使。拿破仑的公使的包厢里则空无一人。米拉似乎为此有些慌乱，好像在包厢深处看到了法国的鬼魂。

一八一四年二月十六日，米拉的军队投入战斗，迫使欧仁亲王撤往阿迪杰河。拿破仑先在香槟省获得意外的胜利，便给妹妹卡罗琳写了几封信。同盟国截获了这些信，并派卡斯尔雷勋爵报给英国议会。拿破仑在信中对妹妹说："您丈夫在战场上十分骁勇；可是只要不见敌人，他就比女人或者修士还懦弱。他没有半点胆魄。他胆小怕事，不敢冒险在顷刻间失去只能由我，只能与我一起保住的东西。"

在另一封写给米拉本人的信中，拿破仑对妹夫说："有些人认为狮子死了，我想您不会这样认为；倘若您真打了这种算盘，那就错了……自您从维尔拿动身以来，一切对不起我的事，您只要能做，就都做了。国王这个头衔让您失去了理智。您如果还想保住它，就不要乱来。"

米拉并不往阿迪杰河方向追击总督。他根据波拿巴觉得赢得或者失去的机会，在同盟国与法国之间摇摆。

拿破仑是在布里埃内被旧王朝提拔起来的。在布里埃内战场，他举行了最后一次，也是最惊人的一次血腥比武，作为对旧王朝的纪念。约阿希姆得到"烧炭党人"的帮助。时而想宣布自己是解放意大利的人，时而希望与成了战胜者的拿破仑平分意大利。

有一天早上，信使给那不勒斯带来了俄军开进巴黎城的消息。米拉夫人还睡在床上，雷卡米耶夫人坐在床边与她聊天。有人进来，把一大堆书信报纸放在床上，其中就有拙著《论波拿巴与波旁家族》。王后叫道："哦！这里有一本德·夏多布里昂先生的书；等会我们一起读吧。"说完她继续拆信。

雷卡米耶夫人拿起小册子，漫不经心地扫了一眼，又放回床上，对王后说："夫人，您自个儿读吧。我得回家了。"

拿破仑被流放到厄尔巴岛。同盟国以少见的灵活，把他安排在意大利沿海岛屿。米拉听说人家在维也纳会议上要拿走他的国家，那可是他费了昂贵代价才得到的哟，于是他与妻兄，其时已成为近邻的拿破仑秘密勾结起来。拿破仑一家有些亲戚总是叫人吃惊：有谁知道亚历山大的兄弟阿利代[①]的姓名？在一八一四年，那不勒斯国王与王后在庞贝城举行了一次庆典；人们在音乐声中发掘了一处遗址。可是卡罗琳和约阿希姆让人发现的这座废墟并没有预告他们自己的灭亡。在幸运最后的边缘，人们听到的只是正在逝去的梦想的最后乐曲。

巴黎和谈时，米拉是同盟国的一部分。米兰已经还给了奥地利；拿波里人则退回到教皇特使管辖区。波拿巴在戛纳登陆以后进入里昂，米拉不知所措，因为他的利益变了，便走出管辖区，带着四万人马挺进上意大利，以便钳制一些兵力，支援拿破仑。奥地利人虽然吓坏了，还是给他许了一些愿，但是他在巴马表示拒绝。我们每人都有一个关键时刻，选择的好坏将决定我们的前途。费尔蒙男爵打退了米拉的军队，并且转为进攻，追追打打，把他们一直赶到马塞拉塔[②]。拿波里人溃不成军。他们的将军兼国王回到那不勒斯时，身边只有四个执矛骑兵。他去见夫人，对她说："夫人，我没有死成。"次日，一条船把他送往伊其亚岛；他到深海登上一艘三桅帆船，扬帆驶往法国。船上已经载了他的参谋部几名军官。

米拉夫人独自留下来，表现出了一种可圈可点的才智。奥地利人即将出现；在一个政权向另一个政权过渡时，一般有一个无政府时期，其间可能充满混乱。于是摄政的米拉夫人并不急于退走。她听任德国士兵占领城市，在夜里让人把宫殿走廊照得灯火通明。民众从外边望进去，以为王后还留在宫中，也就不敢乱来了。其实卡罗琳从一道暗梯出了宫，上船走了。她坐在船尾，看着岸上灯火辉煌的空王宫。那是她睡梦中见到的光辉图景啊。

---

① 亚历山大的父亲腓力与一个妓女生的儿子。
② 罗马以北一百七十公里处的乡镇。

卡罗琳碰到了运送费迪南①的三桅战舰。载着逃亡的王后的船向他致意，而载着应召复位的国王的船并不回礼：幸运认不出自己的姊妹厄运了。就这样一些人梦幻破灭了，另一些人梦幻又做起来了。人的无常命运就这样在风浪中相遇：无论得意还是倒霉，它们下面都是同样的深渊，都将被这深渊吞没。

米拉在别处结束了航行。一八一五年五月二十五日晚上十时，他在胡安湾登陆。他的妻兄也是在这个地点上岸的。命运让约阿希姆可笑地模仿拿破仑。拿破仑不相信不幸的力量，不相信不幸给伟大心灵带来的援助：他禁止下台的国王奔赴巴黎，把他关在检疫所隔离检查，其实他身染的是战败者的瘟疫；然后把他扔在土伦附近一所名叫"逍遥馆"的乡间别墅。拿破仑本人也感染了那种瘟疫，因此对它大可不必看得那么严重：谁知道像米拉那样的猛士会不会改变滑铁卢的战役的结局呢？

一八一五年七月十九日，那不勒斯国王怀着满腹忧愁，给富歇写了一封信：

> 对那些指控我过早开战的人，我将回答，是皇帝明确要求我这样做的；有三个月他不断地让我相信他的感情，同时派一些大臣来我身边，还写信说他信赖我，永远不会抛弃我。我在做了三个月的有效钳制之后，失去了打下去的办法，连王位也丢了。那些人看到这种局面，才想误导舆论，暗示我是为了自身利益行动的，皇帝并不知道。

---

① 费迪南（Ferdinand，一七五一——一八二五），即费迪南一世。幼年即那不勒斯王位。一七九八年法军侵入那不勒斯，他逃往西西里。一八一六年成为两西西里国王。

当时上流社会有一位高贵而美丽的女子[①]；当她来到巴黎时，雷卡米耶夫人接待她，在那倒霉的时代并不抛弃她。在她留下的文件中，有人找到米拉于一八一五年六月写的两封信。它们对于历史是有用的。

> 我为法国失去了最美好的人生。我为皇帝战斗。我的妻子儿女正是为此才被监禁的。祖国处境危险，我献出自己的力量；人家却迟迟不予接受。我不知道自己是自由的还是囚徒。皇帝如果垮了，我就会困在他的废墟里，人家会剥夺我为他效力，从而也为我自己的事业效力的手段。我问人家为何拖着我，人家答得十分暧昧，我也就无法判断究竟处于什么境况。我既不能前往巴黎，因为那有可能损害皇帝的利益；又不能去军队，因为那会过于唤醒士兵的注意。怎么办呢？等待：这是人家给我的回答。另一方面，有人告诉我，我去年抛弃皇帝，人家不肯原谅，虽说我在为法国战斗时，巴黎来信告诉我："此间所有人都为国王感到高兴。"皇帝也写信给我："我就指望您了。请相信我：我永远不会抛弃您。"约瑟夫国王写信说："皇上命我写信，叫您火速赶往阿尔卑斯山。"我赶到阿尔卑斯山，向他表示了崇高情感，并自告奋勇愿为法国战斗，他却把我送到阿尔卑斯山中。对一个从没别的对不起他的地方，只是过于信任崇高情感的人，他连一句安慰话也没有。其实他对我从来没有什么崇高感情。
>
> 朋友，恳请您让我知道法国舆论界和军队对我的看法。必须学会忍受一切，我有勇气，绝不会被不幸压倒。除了荣誉，一切都失去了：我失去了王位，但我保全了光荣；我被我那些战无不胜的士兵抛弃了，但是我从未战败。二万士兵开小差，让我受了敌人的摆

[①] 有人认为她是米拉的忠实女友米歇尔·德·希弗里厄夫人。

布；一条渔船救了我，使我免当俘虏，而一条商船花三天时间，把我带到法国海岸。

一八一五年六月六日

顷接大札，读后百感交集，无法描述。不过我还是一时忘了不幸。我惦念的只是女友。她那高贵而慷慨的心灵来安慰我，向我表示她的痛苦。请您放心，一切虽已失去，荣誉却仍留着；苦难磨灭不了我的光荣。勇气将使我战胜命运的一切艰难险阻：在这方面，没有任何需要担心的。我失去了王位与家庭，毫不伤心，可是忘恩负义却叫我气愤。我为了法国，为了法国皇帝丧失了一切，因为执行他的命令而倾家荡产，可是今天他把这说成是罪行。他不许我战斗，不许我复仇，我也不能选择退隐：我的不幸，您想得到吗？怎么办？该拿什么主意？我是法国人，又是一家之父：作为法国人，我应该报效祖国；作为父亲，我应该去分担儿女们的命运：荣誉规定我要尽战斗义务，血缘却告诉我，我应该与儿女们在一起。该听谁的呢？不能二者兼顾吗？我能够听这个或者那个的吗？皇帝已经拒绝给我兵权；奥地利又会准许我前去与儿女会合？我从不愿意与该国大臣们商谈，又怎么向他们提出这个要求？这就是我的处境：请给我出出主意。收到您、德·奥特朗特公爵和吕西安的回复后，我再做决定。问问大家的意见，看我适合干什么，因为我无法选择退隐。当我的家属身陷囹圄，哀苦呻吟的时候，人家却翻老账，指控我奉命丢掉王位是犯罪。给我出出主意吧；听听荣誉的声音，天理的声音，并且，作为公正的裁判，尽管大胆直言，告诉我该怎么办。我在马赛里昂间的大路上等您的回信。

一八一五年六月十八日，于土伦

我们把个人的虚荣心和出自王位，即使是只坐一时的王位的那些幻觉放在一边，这两封信也让我们知道了米拉对妻兄的看法。

波拿巴再次失去帝国。米拉无家可归，在海滩上流浪。后来德·贝里公爵夫人也在那些地方流浪过。一八一五年八月二十二日，一些走私者同意把他和另外三人带到科西嘉岛。迎接他的是一场风暴：在巴斯蒂亚和土伦之间摆渡的单桅帆船把他接上去。他刚刚离开小艇，艇身就裂开了。八月二十五日他抵达巴斯蒂亚，就跑到韦斯柯瓦托村老柯洛纳-塞卡迪家躲藏。有两百名军官在弗朗塞什蒂将军带领下前来与他会合。他朝阿雅克肖进军。唯有波拿巴的故城仍然拥护她的儿子；偌大一个帝国，拿破仑此时拥有的只剩他的摇篮。堡垒的驻防部队向米拉致敬，想宣布他为科西嘉国王：他不愿接受；他认为两西西里的阴影与他的身份不相称。他的副官缪西罗纳从巴黎给他带来一纸决定，按这个决定，他应该放弃国王的头衔，随便去波希米亚或者摩尔达维亚隐居。约阿希姆回答说："太晚了，亲爱的缪西罗纳，大局已定。"九月二十八日，米拉乘船驶往意大利，七艘大船载着他的二百五十名部下：他不屑于把伟人狭小的故乡当作王国来统治。他满怀希望，为一个比他更为伟大的命运的榜样所吸引，从这座岛屿出发。当年，拿破仑就是从这里出发去征服世界的：同样的命运并不是由同样的地方，而是由相似的天才制造出来的。

一场风暴吹散了船队。米拉于十月八日被刮到圣厄菲米亚海湾。那几乎是波拿巴登上圣赫勒拿岛岩礁的日子。

他那几条平底炮船只剩下两条，包括他自己坐的这一条。他带着三十来人登岸，试图策动沿岸民众起义。可是那些居民朝他的部队开火。两条船驶到深海。米拉被部下出卖了。他跑到一条搁浅的小船，试图把它推下水。小船纹丝不动。岸上居民围上来，把他抓住。这些人原来拼命狂叫："约阿希姆国王万岁！"如今却对他大肆侮辱。他们把他带到皮佐城堡。有人从他和同伴身上搜出一些荒谬的公告：它们表明人直到最后一刻还怀着什么样的梦想。

米拉在狱中心平气和，说道："我只要保住那不勒斯王国：我的堂兄弟费迪南将保住第二西西里。"这时，一个军事法庭判处米拉死刑。当他得知判决以后，一时间变得软弱，流下泪来，叫道："我是约阿希姆，两西西里的国王！"他忘了路易十六曾是法国国王，当甘公爵是伟大的孔代亲王的孙子，而拿破仑则是欧洲主宰：死亡根本不管我们是什么身份。

不管人家说什么和做什么，一个教士总归是教士。他来使一颗无畏的心恢复所欠缺的力量：一八一五年十月十三日，米拉给妻子写过信，被人带到皮佐城堡一间大厅，在自己传奇般的身上再演了中世纪那些光辉的或者悲壮的奇遇。有十二个士兵排成两行，等他到来。他们或许曾在他手下效过力。米拉看到他们给枪装药，便不肯蒙上眼睛；作为一个经验丰富的统帅，他亲自选了一个最容易中弹的位置。

当士兵的举枪瞄准，正要开火之时，他说："士兵们，放过面孔；朝心口打！"他倒下来，手里还紧攥着妻子儿女的画像：从前这些画像装饰着他的宝剑护手。这只不过是勇士刚才连同生命一起舍弃的又一件物事而已。

拿破仑与米拉的不同死法保持了他们各自的人生特点。

米拉生前是那样讲究排场，死后却被草草埋葬在皮佐一间基督教堂里。那教堂慈善的内部宽大为怀，接受一切人的遗骨。

雷卡米耶夫人返回法国——德·冉利夫人的信

　　雷卡米耶夫人返回法国。她经过罗马时，正是教皇回罗马的时候。在本回忆录的另一部分，读者已经把在枫丹白露获得自由的庇护七世送到罗马，直到圣彼得教堂门口。约阿希姆那时还没死，不过就要消失（死亡）了，而庇护七世则将重新露面。在他的后面，拿破仑遭到打击：征服者的手听任国王倒下，却把教皇扶起来。

　　庇护七世受到热烈欢迎。欢呼声把废墟之城的废墟震得摇摇欲坠。人们拦住他的马车，把马卸下来，由人来拉，一直拉到使徒教堂台阶前。圣父视而不见，听而不闻，神思恍惚，已经远离尘世。他只是出于慈爱的习惯，把手举起来，替民众祝愿。在管乐声中，在《感恩赞美诗》的咏唱声中，在瑞士人崇敬"纪尧姆·退尔"①的欢呼声中，教皇进了大教堂。从香炉飘来阵阵香烟，他嗅也不嗅。他不愿在华盖和棕榈树的影子下受人赞扬。他就像一个海上脱险的人刚在神佑圣母院许了愿，受基督委派，去执行一项改换人间面貌的使命。他穿着一袭白袍；尽管年事已高，又受了不少磨难，头发却仍是一片乌黑，与刚从禁闭中出来的苍白面容形成反差。走到使徒墓前，他跪下来伏拜：他陷入沉思、纹丝不动，仿佛死在天启的深渊之中。群情激动。目击这一幕的耶稣教徒个个热泪滚滚。

　　他思考什么？一个衰老的教士，没有力气，没有保护，被人从奎里纳尔宫劫持，送到高卢深处；一个只等就义的殉道者，却从威逼全球的拿破仑手里逃了出来，夺回了一个不可摧毁的世界的控制权，而在此期

---

① 瑞士海尔维第地区传说中的英雄，维护民族独立和尊严，不向权贵低头，很为人民喜爱。在此喻教皇。

间，海外的牢狱正准备接收那欺压各国君主与民众的可怕狱卒。

庇护七世活得比皇帝久。他看到那些杰作回到了梵蒂冈。那都是陪伴他度过流亡生涯的忠实朋友。受这次迫害归来，在圣彼得教堂的穹顶之下，年过七旬的教皇身子佝偻了。在他身上，同时表现出人的衰弱与天主的强大。

走下萨瓦地区阿尔卑斯山，雷卡米耶夫人在芳邻桥见到了白旗和白徽。圣体瞻礼的请神队伍游遍了各个村庄，似乎随着虔信基督教的国王回来了。在里昂，这位赶路的女人碰到一次欢庆波旁家族复辟的活动。那股热情是由衷地从内心发出来的。在欢庆活动中领头的是阿列克西·德·诺阿耶和约瑟夫·波拿巴的妻弟克拉里上校。今日有人说，在第一次复辟时期，人民用冷漠和悲伤来迎接合法王权，这完全是无耻谎言。不同政见的人普遍感到欢乐，甚至在立宪派和拥护帝国的人中间也是如此。当然士兵们除外，因为他们高贵的自尊心正在为这些失败而痛苦。如今军事政府的压力已经感觉不到了，虚荣心又被唤醒了，于是事实就应该推翻，因为它们不合时下的理论。说全国人民厌恶的迎接波旁家族，说王政复辟是一个压迫和贫困的时期，这些谬论适合一种理论体系的需要。只是这样做，使人对人类的本性生出悲观的想法。要是波旁家族喜欢压迫，而且有力量压迫，他们完全可以吹嘘自己稳坐江山。波拿巴的暴力与非正义，表面看危害了他的权力，其实帮了他的忙：人们对罪恶感到恐惧，但是人们给它编造了一个美好的看法；人们准备把凌驾于法律之上的人看作优秀人物。

德·斯塔尔夫人比雷卡米耶夫人先到巴黎，给她写了好几封信。但只有下面这封短信寄到了。

我一生亲爱的天使，没有您，我在巴黎活得很不自在。请把您的打算告诉我。要不要我去科佩迎接您？我在那儿要住四个月。受过这么多苦之后,我最乐意见到的就是您;我的心永远忠于您。何时动身何时到,请给我一句话。我等着这句话,以便知道怎么办。我往罗马、那不勒斯都给您写过信。

德·冉利夫人从未与德·雷卡米耶夫人有过来往,此刻很热情地与她接近。我从一封信的片段里发现了一段表达祝愿的文字。倘若这个愿望实现了,读者也就不必读我的叙述了。

夫人,这就是我荣幸的地答应给您的那本书。我做了标记的段落,希望您能读一读……

来吧,夫人,给我说说您在这方面的经历,就像小说里写的那样。接下来我还要请您按回忆文章的形式写,那样读起来一定趣味盎然,因为您风华正茂的时候,脸蛋漂亮,头脑敏锐细腻,却被投入了谬误和狂热的旋涡;因为您什么都见到了,因为在那些暴风骤雨之中您仍保留了虔诚的感情,纯洁的灵魂,无瑕的生活。充满同情和忠于友谊的心,您没有什么渴求,也没有仇恨的情绪,描写一切都会带着最真实的色彩。您是当代少有的人物之一,而且肯定是最可爱的人。

把您的回忆说给我听听。我经验丰富,可以给您出些主意。这样您就可以写出一本有益的美好的作品。千万不要回答说:"我写不出来。"我不希望您来一套老生常谈。那配不上您的才智。您可以毫不内疚地回首往事。这在任何时候都是最美好的权利。在我们所处的时代,这是极其珍贵的权利。好好利用它,来教育您抚养的孩子。对他来说,这是您最大的善事。

再见,夫人,请允许我说我爱您,真心拥抱您。

一八一四年五月二十日,于巴黎

邦雅曼·龚斯唐的信

既然雷卡米耶夫人回到了巴黎，我就将在一定时间内重新见到我的头一批领路人。

那不勒斯王后担心维也纳会议会做出不利的决定，便给雷卡米耶夫人写信，请她帮忙物色一个能在维也纳商谈利益的人。雷卡米耶夫人找上邦雅曼·龚斯唐，请他起草一份陈情书。这种情况对这份陈情书的作者产生了最不幸的影响。一场会谈下来，引出了激烈情绪。正如在《论征服精神》中可以见到的，邦雅曼·龚斯唐本是激烈反对波拿巴的人，现在又受这种情绪支配，便流露了一些看法。不过不久后发生的事件让他改变了这些看法。由此他得到了政治上变化不定的名声。对国务活动家来说这是要命的。

雷卡米耶夫人虽然敬佩波拿巴，却始终仇恨压制我们自由的人，仇恨德·斯塔尔夫人的敌人，至于与她个人有关的事，她都没有去想，即使是害她流亡的事，她也不会看得很严重。邦雅曼·龚斯唐这期间给她写的信，至少可以作为对人脑的研究，如果不能作为对人心的研究的话：一个喜欢嘲讽的、热情的、严肃和充满诗意的人能够把一腔激情变成什么，我们都可从这些信中看到。卢梭不会比他更真实，但他在想象的爱情中加进了一种由衷的伤感、一种现实的沉思。

波拿巴从厄尔巴岛卷土重来之际，邦雅曼·龚斯唐写的文章

当波拿巴在戛纳登陆时，他的逼近造成的动荡开始让人感觉到了。邦雅曼·龚斯唐把这封便函寄给雷卡米耶夫人：

> 原谅我利用这种形势来打扰您；不过机会太好了。再过四五天，我的命运肯定会被决定下来，因为不管您为了打消兴趣，如何不肯相信，我都肯定是法国受牵累最深的四个人之一。另外三人是马尔蒙，夏多布里昂和莱内。因此，如果我们打不赢，再过八天，我不是逃跑、被放逐，就是坐黑牢、被枪决。因此，在战斗打响前两三天，尽可能花点时间陪陪我吧。如果我死了，您做了这样的好事，会觉得欣慰的；倘若您让我苦恼，到时候会感到悔恨的。我对您的感情就是我的生命。您对我的一丝冷漠，比四天后给我的死刑判决更让我难过。当我觉得危险是个机会，可以得到您关心的表示，我从中感到的就只会是快乐。
>
> 我那篇文章您觉得满意吗？知道人家对它的评论吗？

邦雅曼·龚斯唐说得不错，他受的牵累和我的一样深：他依附贝纳多特，反对拿破仑。他发表了《论征服精神》，其中论述暴君的文字，比我的小册子《论波拿巴与波旁家族》还要尖锐。他在一些报纸上发表言论，抨击暴政，使自己的危险到了无以复加的地步。

三月十九日，波拿巴已经兵临城下，邦雅曼·龚斯唐还相当坚定，在《辩论报》上发表一篇署名文章。文章结尾是这样写的："可悲的叛徒，我不会从一个政权爬到另一个政权，用诡辩来掩盖无耻，结结巴巴地说

一些亵渎的话,来换回可耻的性命。"

邦雅曼·龚斯唐写信给唤起他这种崇高情感的女人:"我的文章终于见报,心头顿觉轻松。如今人家至少不能怀疑它的真实了。兹附上一封短信,这是有人读到文章后,给我写来的:要是从另一个人那儿能收到这样一封信,我就是上断头台也会快活。"

雷卡米耶夫人总是责备自己无意中对一个可敬的人产生了这样的影响。的确,让一些变化不定的人下定他们无法保持的决心,委实是最不幸的事情。

邦雅曼·龚斯唐于三月二十日推翻了他十九日的文章。他坐着马车跑了几圈,想离开巴黎,最后还是回到城里,并且接受了波拿巴的诱惑。他被任命为国事顾问,致力于编写《附加法案》,以此抹去了他从前那些高尚的篇页。

从此他内心就带了暗伤。他对于后人如何评价再也没有自信。他忧伤而阴暗的生活促成了他的死亡。有一些不幸,天主不许我们战胜,因此就是最高贵的天性,也难以幸免!老天赋予我们才华,非要附加一些缺陷不可:愚蠢和嫉妒则可以赎罪。一个优秀人物的弱点,就是古代献给凶神的那些黑色牺牲,然而凶神却绝没有变得和善。

克吕登纳夫人——威灵顿公爵

百日王朝期间,雷卡米耶夫人留在法国。是奥尔唐斯王后请她留下的,而那不勒斯王后则相反,给她在意大利提供了一个安全住所。百日王朝之后,克吕登纳夫人随着同盟国的军队再次来到巴黎。她从传奇小说落进了神秘主义之中，对俄罗斯皇帝的思想很有影响力。

克吕登纳夫人住在圣奥诺雷郊区一家公馆。公馆花园一直延伸到了香榭丽舍大街。亚历山大常常隐姓埋名从花园一道门进来，与她做一番政治与宗教的谈话，然后以热烈的祈祷结束。克吕登纳夫人曾邀请我参加一次这种祈祷上天的巫术活动，但我虽然做过种种幻想空想，却仇恨一切无理性的行为，憎恶故弄玄虚装神弄鬼，也看不起那些花招骗术；只是人非完人，我还是参加了。但那场面让我厌倦。我越是想祈祷，就越觉得我的灵魂冷酷无情。我想不出什么话要对天主说，而魔鬼却逗我发笑。我更喜欢仍是这块贫瘠土地上的居民，整天为花儿所包围，写作《瓦雷里》时的克吕登纳夫人。只是我发现老朋友米肖奇怪地掺和在这种牧歌式的爱情之中，虽说他有个风流名字，人却并不多情。克吕登纳夫人变成了上品天神，努力把天使留在自己身边。邦雅曼·龚斯唐给雷卡米耶夫人的这封有趣的信便是证明：

> 克吕登纳夫人刚才托我办一件事，我有些为难，但还是要办。她请您来的时候，尽可能不打扮得那么漂亮。她说您会弄得所有人都花了眼，灵魂受到干扰，注意力便无法集中。您不可能抛掉自己的魅力，但不要再把它增强。我本可以借机在您脸上添加许多东西，但我没有胆量。人可以增添讨人喜欢的魅力，但绝不能弄出杀人的魔力。我等会儿来看您。您指定我五点钟来，可是您到六点钟才回家，而我却不能说您一句。不过，这一次，我还是会尽力殷勤一点。
>
> 星期四

威灵顿公爵难道不也想得到朱丽叶的青睐？从他写给雷卡米耶夫人的信中，我选了一封转录如下。它只有署名有点奇怪。

夫人，我承认，晚饭后因事务缠身，未能登门探望，我并不觉得多么遗憾，既然每次见过您后，总是更为您的可爱所吸引，而无心关注政治！！！

明日如果您在家，我从希卡尔神父家回来时，将登门拜访。这类危险的探访对我的影响，我根本不予考虑。

您十分忠实的仆人　威灵顿
一月十三日，于巴黎

威灵顿公爵从滑铁卢归来，一进雷卡米耶夫人家就叫道："我把他狠揍了一顿！"在一颗法国女人的心里，他的成就断送了他的胜利，他本来可以想到这一点。

我再次见到雷卡米耶夫人——德·斯塔尔夫人之死

我再次见到雷卡米耶夫人，是在法国名流感到痛苦的年代，德·斯塔尔夫人就是那个时期死的。《苔尔芬》的作者在百日王朝后回到巴黎时已有疾病缠身。我在她家和德·迪拉公爵夫人府上都见到过她。渐渐地她的身体每况愈下，不得不卧病在床。有一天我去卢瓦尔街她的寓所。只见百叶窗拉起了三分之一，床铺挨着里头的墙壁，只在左边留下一条通道。床帷在金属杆子上拉了回来，像是床边的两根立柱。德·斯塔尔夫人半躺半坐，身下垫着枕头。我走了过去。当眼睛稍稍适应黑暗之后，我看清了病人的模样。她因为发烧而两颊通红。她美丽的目光在黑暗中撞上我，她便对我说："您好，亲爱的弗朗西斯。我病了，但这并不妨碍我爱您。"她伸出手来。我使劲握了握,又吻了一下。我抬起头,看见床铺另一边的通道上,有一个瘦瘦的白影子站了起来:这是德·罗卡先生。他的脸变了形,两颊凹陷,两眼浑浊,脸色难以形容。他就要死了。这是我头一次,也是最后一次见到他。他没有开口,只是从我面前经过时点了点头。听不见他走路的声音。他就像一个幽灵似的离去了。走到门口,干瘪的偶像停了一会,又搓着指头走回床边,对德·斯塔尔夫人说声再见。这两个鬼魂一个站着,一脸苍白,一个坐着,因为充血而满脸通红(那血就要退下来,在心口凝结),默然相视,这种情景,叫人看了不寒而栗。

没过几天,德·斯塔尔夫人换了房子,请我去马图兰新街她的新家吃晚饭。我去了。她不在客厅里,甚至也不能出来吃饭。但她尚不知道大限已是如此逼近。我们入了席。我坐在雷卡米耶夫人旁边。我有十二年没有遇见她,就是那一回见到,也只是片刻之间的事。我没有望她,她也不望我。席间两人没有说一句话。只是到了散席的时候,她才腼腆地跟我谈了几句德·斯塔尔夫人的病情。我稍稍偏过头抬起眼睛。今天我担心上了年纪的嘴巴会说出亵渎一种感情的话。这种感情在我的记忆中保留了它的全部青春,而且随着我日渐衰老,它的魅力也日益增大。我撇开晚年的日子,要发现那后面天国的幻影,要听见深渊下方一个更幸福的地区的和谐声音。

德·斯塔尔夫人去世了。她写给德·迪拉夫人的最后一封信字体粗大,笔法错乱,像一个孩子写的。信里给弗朗西斯顺带写了一句充满感情的话。才华消失时比人去世时给人的感受更加强烈:社会普遍感到悲痛,每人在同一时刻失去了同样的东西。

随着德·斯塔尔夫人逝去的,还有我经历的时代的很大一部分日子:就像一个卓越智者倒下时在一个世纪砸出的缺口,再也得不到弥合。她的去世给我一种特别的感受,其中还掺杂有一种神秘的惊愕:我是在这位女名人家里认识雷卡米耶夫人的，然后，经过漫长的分别之后，德·斯塔尔夫人把两个几乎变得互不相识的游子召到一块：在一个预报死亡的宴席上，她给他们留下了回忆和不朽的友爱的榜样。

我常去城墙下街看望雷卡米耶夫人，后来她搬到昂儒街，我又常去那儿。人一旦与命运重新会合，就以为从不曾与它分离过：照毕达哥拉斯的说法，生活只是不朽的灵魂对理念的回忆。在生命的历程中，有谁不回想起一些细枝末节的，与任何别人无关的事情？昂儒街的住所有一个花园，花园里有一条椴树组成的绿廊。我在那里等候雷卡米耶夫人时，从枝叶间瞥见一缕月光：难道我不觉得这缕月光是属于我的，只要去那些树下就能再见到它？我曾看见阳光照耀着许多人的面孔，可就是想不起阳光。

林中修道院

我迫于无奈，正要卖掉"狼谷"的时候，雷卡米耶夫人和德·蒙莫朗西先生来租了一半房子。

雷卡米耶夫人日益遭受命运的打击，不久就住进了林中修道院。

德·阿布朗泰公爵夫人是这样描述这个住所的：

> 林中修道院有几座附属建筑、几个美丽的花园，还有宽阔的庭院。不同年龄的女孩在院子里玩耍。她们目光单纯，无忧，言语淘气。当年大家都只知道林中修道院是一处圣洁的场所，一个家庭可以把希望托付给它，尽管这样做的只是一些兴趣在它的高墙之外的

母亲。但是,一旦玛丽亚修女把隔离圣地与尘世的小门关上(门上筑有顶楼),人们穿过横亘在修道院与外面街道的正院,就不仅像是到了中立地带,而且像是到了外国。

如今就不是这样了:林中修道院这个名称已经大众化了;它的名气传得很广,为社会各个阶层所熟悉。头一次来这里的女人,只要对下人们说一声:"去林中修道院。"下人们肯定不会问她该往哪边走……

它那如此实际,如此广泛的名声,在短短的时间里,是从哪儿来的呢?喏,那顶上面,屋顶层,有两扇小窗户,在那儿,主楼梯间那几扇大窗户上面,你们看见了吗?那是院里的一间小房子。可是,林中修道院的名声却是从那里诞生,从那里传下来,变得家喻户晓的。当社会上各个阶层的人都知道那间房里住着一个不幸的女人,她虽然被剥夺了所有的快乐,却能用体贴的话语消除人们的烦恼,却用神奇的词汇抚平人们的痛苦,却给所有不幸的人带来救助时,林中修道院又怎么可能不出名呢?

当库代[①]从牢房里隐隐看到断头台时,他祈求的是谁的同情呢?他对兄弟说:"去见雷卡米耶夫人,告诉她,我在天主面前是清白的……她会明白这段话的……"于是库代获救了。雷卡米耶夫人与这位有才华有善心的人一起实施了营救行动:巴朗谢先生协助她奔走活动,于是断头台少吞食了一个牺牲者。

一位不只是在欧洲享有盛誉的女人,竟来到这间小房子寻找休息和合适的避难之所,这几乎是向人类精神研究提供的一个不可思议的例证。有一些人即使举行盛宴,可是由于社会对他们不再满意,还是对他们不屑一顾,而对于昔日在欢乐中仍然更多地倾听怨

[①] 库代(Couder,生卒年月不详),在一桩案件中受牵累,被判死刑,后获救。

诉的女人，社会并不是那么健忘。不仅林中修道院四楼小房间始终是雷卡米耶夫人的朋友们探访的目标，而且那些曾经要求昂坦大道的优雅公馆接纳他们，把这当作一种恩典的外国人也要求享受同样的待遇，就好像一个仙女的神奇力量可以使陡峭的楼梯变得平缓似的。对他们来说，看到在一个十尺宽二十尺长的空间，各种观点的人聚集在同一面旗帜之下，和平相处，甚至携手同行，委实是一个引人注目的场景，与巴黎任何稀奇事同样值得注意。德·夏多布里昂子爵向邦雅曼·龚斯唐讲述未为人所知的美洲奇闻。马蒂厄·德·蒙莫朗西以他独有的文雅，以他家祖传的骑士礼貌，对即将登上瑞典宝座的贝纳多特夫人毕恭毕敬，十分殷勤，这种态度，他本是用来对待阿代拉依德·德·萨伏瓦修女①的。她是白手恩贝尔的女儿，胖子路易的未亡人，曾经嫁过一位先辈。对自由时代的人，封建时代的人没有任何尖刻言辞。

两人并排坐在一张沙发上。圣日耳曼郊区的公爵夫人对出身于皇室的公爵夫人谦恭有礼。在这间单独的小室里，没有任何冲突。当我在这间房子里重新见到雷卡米耶夫人时，我已经搬回了久违的巴黎。我有事需要请她帮忙，就满怀信任去找她。我从共同的朋友处得知她的勇气具有何等力量。可是我看见她待到屋顶下那间房里，和待在勃朗峰街金碧辉煌的沙龙里一样神闲气定，态度从容，一下就失去了勇气。

于是我暗自寻思："嚄！总是在吃苦！"我闪着泪花的眼睛盯着她，那种表情，她一看就应该明白。唉！我的思绪越过年代，回到了从前！名气虽然把这个女人供放在世纪的花冠之上，她却总是遭到暴风骤雨打击，十年来苦难一直包围着她的生活，在加倍打击她

---

① 阿代拉依德·德·萨伏瓦（Adélaide de Savoie，？—约一一五四年），法国路易六世之妻。

的心，把她置于死地！……

当我为往事和恒久的好感所指引，选择林中修道院作为住所时，住在四楼小房间的人已不是我本想寻找的那一位：雷卡米耶夫人住进一套更宽敞的房间。我在那里又见到了她。死亡使她周围的战士日渐减少。在她那些朋友中间，德·夏多布里昂先生几乎是硕果仅存的政坛精英。但是王室忘恩负义，使他失望的时刻到了。他很理智，对那些貌似幸福的东西说声别了，就放弃了护民官那种靠不住的权力，以便抓住一种更为确定的权力。

我们已经看到，在林中修道院的沙龙里，除了文学兴趣，还活跃着别的兴趣，那些受苦的人都想把希望的目光投向那里。几个月来，我一直在清理与皇帝一家有关系的东西，我翻出几份资料。现在看来，它们似乎不是插曲。

西班牙王后觉得自己必须回法国，就写信给雷卡米耶夫人，说她要求来巴黎，请雷卡米耶夫人帮忙疏通。当时德·夏多布里昂先生在外交部。西班牙王后知道他为人正直，相信自己的要求会得到批准。其实，这件事很难办，因为有一部法律打击这个不幸的家族，即使是最有德行的成员也不能幸免。但是德·夏多布里昂先生身上有一种高尚的感情，就是对不幸者的同情。这种感情让他后来写下了这些动人的语句：

对那些大人物我正大光明；

他们受苦受难我才尊敬。

我仇恨光芒四射的帝王法老；

他垮台后我才赞美他的王袍；

我觉得逆境把他造就成国王，

泪水中才透出权力的威望。

不幸的廷臣……

德·夏多布里昂先生关心一个不幸女子的利益；他查考自己的职责，发现它并不强迫自己要提防一个弱小的妇女，于是，在收到申请两天之后，他写信给雷卡米耶夫人，说约瑟夫·波拿巴夫人可以回法国，问她现在在何处，以便让当时驻布鲁塞尔公使迪朗·德·马勒依先生签发许可，只是她得以德·维尔纳芙伯爵夫人的名字来巴黎。他同时给荷兰驻巴黎公使德·法热尔先生写了一封信：

我高兴地向阁下转告这件事。由于它使申请人和给予关照的公使都得到尊重，我就更觉欣慰。他们得到尊重，一个是因为高尚的信任，另一个则是因为高贵的仁慈。

我的表现其实不值一提，德·阿布朗泰夫人是过奖了。不过，由于林中修道院的情况她讲得并不全面，我想把她忘记或者忽略的地方予以补全。

罗热上尉是又一个库代，也被判了死刑。雷卡米耶夫人让我也加入她的善行，一起来营救他。邦雅曼·龚斯唐同样插进来帮助卡隆的这位难友。他把下面这封写给雷卡米耶夫人的信交给了死囚的兄弟：

夫人，老是打扰您，我真不能原谅自己，可是，人家不断地判处死刑，这又怪不得我。送信人是那个倒霉的罗热的兄弟，罗热与卡隆一同判了刑。这是一件最黑暗也最为人知的案子。单单这个名字就使德·夏多布里昂先生投入了行动。他有幸是内阁的第一大才子，又是唯一保留了血性的部长。我不再添加什么话了。我信赖您的良心。说来也伤心，我给您写的信谈的几乎全是不幸的事儿，不过我清楚，您会原谅我的。我坚信您会往被您营救的不幸者名单上增添一个名字。

谨致以诚挚的敬礼。

B. 龚斯唐
一八二三年三月一日，于巴黎

罗热上尉获释以后，急忙向营救他的几位恩人表示感谢。有一天吃过晚饭，我照例去了雷卡米耶夫人家：这位军官突然出现了。他操一口南方口音对我们说："要不是你们营救，我这颗头就滚到断头台上了。"我们都感到愕然，因为我们把那事给忘了。他脸红得像公鸡，叫道："你们想不起来了吗？……你们想不起来吗？……"我们赶忙道歉，说记性不好，可是没有用；他还是气呼呼地走了，靴子上的马刺碰得嘎嘎响。他责怪我们记不起所做的善事，就好像要责怪我们害他去死一样。

大约在这个时期，塔尔玛要求雷卡米耶夫人安排他与我在她府上见面，以便就迪西翻译的《奥瑟罗》中几句诗听听我的意见，因为人家不许他照原来的念诵。我扔下公文就跑去赴约。晚上，我与现代罗西乌斯①一起重译被错误理解的诗句：他提出这里要改，我提出那里要改，哪怕是一个词半句话，我们都竞相开动脑筋，退到窗前或者一个角落，反复推敲。费了九牛二虎之力，我们才对意思或者韵仄达成一致。看到我，路易十八的大臣，他塔尔玛，戏台上的国王忘掉身份，不顾人家指责，把上流社会的尊严扔到一边，激烈争论的样子，大家一定觉得奇怪。如果黎塞留一面命人演他的戏，一面听任瑞典国王古斯塔夫斯-河道尔夫入侵德国，那么我这个卑微的国务秘书就不能一面关心别人的悲剧，一面去马德里寻求法国的独立吗？

德·阿布朗泰公爵夫人死后，我曾去夏约教堂出席了她的葬礼。其实她在上面描写的只是雷卡米耶夫人住过的地方，而我要谈的是一个僻

---

① 罗西乌斯（Roscius，？—公元前六二），古罗马著名演员。

静的住所。一条黑乎乎的走廊隔开两间小房。我估计这间门厅是由淡淡的日光照明。卧室里摆了一个书柜、一架竖琴、一架钢琴，挂着德·斯塔尔夫人的一幅画像和科佩的一幅月光小景。窗台上摆放着一只只花钵。当我在向晚时分气喘吁吁地爬上四楼，走进这间小室时，一下变得心旷神怡：从窗户往下看，可以看见修道院的花园。在绿油油的花坛周围，修女们走来走去，寄宿的女生则在奔跑游戏。一株刺槐树梢尖长到了与我的目光齐平的高度，尖尖的钟楼划破天空，赛弗尔的山岭在天边显现出来，夕阳把这一片美景染成金黄，从打开的窗户里射进来，雷卡米耶夫人坐在钢琴前；三钟敲响了，钟声似乎"正在为逝去的白日哭泣"。与施泰贝尔特[1]创作的《罗密欧与朱丽叶》最后的晚祷声融在一起。拉起的百叶窗帘上，飞来几只鸟儿栖息，我越过一座大城的嘈杂与喧闹，汇入远处的清静与孤寂。

　　天主赐予我这些宁静的时辰，以补偿我那些心烦意乱的时刻。我瞥见即将来临的休息。我的信仰相信这场休息，我的希望召唤这场休息。我在外面被政治事务弄得心神不安，或者被宫廷的忘恩负义弄得心绪烦乱，而心平气静却在这个偏僻住所深处等着我。恰如走过滚烫的平原，一片树林的清凉在等着你。在一个女人身边我找回了宁静。这个女人把宁静扩展到周围，却没有让它变得太平庸，因为它是透过深厚的情感传过来的。唉！我在雷卡米耶夫人家遇到的那些男人，如马蒂厄·德·蒙莫朗西、卡米耶·儒尔当、邦雅曼·龚斯唐、德·拉瓦尔公爵，都与安岗、儒贝尔、封塔纳这些已逝社会的已故人物相会去了。在这些持续不断的友谊之中，一些年轻的朋友成长起来，他们就像一座永远在砍伐的古老森林里春天长出的小树苗。我请他们，请昂佩先生[2]在我死后读读

---

[1] 施泰贝尔特（Steibelt，一七六五——一八二三）德国作曲家，钢琴家。
[2] 昂佩（Ampère，一八〇〇——一八六〇），法兰西公学教授，终生热爱雷卡米耶夫人。

这本回忆录，我要求他们大家保留对我的某个回忆：我把生命之线交给他们，主管生死命运的帕尔卡女神之一拉刻西斯让线头从我的纺锤上掉落下来。与我从不分离的旅伴巴朗谢先生独自站在我一生的起点与终点。他是我被时间拉断的社会联系的见证人，正和我是他被罗讷河带走的社会联系的见证人一样：江河总是冲蚀着河岸。

朋友们的不幸常常倾落到我身上，而我也从不躲避神圣的重负：酬劳的时刻已经到了；一种真诚的爱慕愿意帮助我承受众多朋友给我衰老之年增加的压力。在走近末日的时候，我觉得我曾经珍爱的任何东西，都是与雷卡米耶夫人分不开的，她是我爱情的隐秘之源。我把各个年龄的回忆，关于梦想与现实的回忆都糅合在一起，做成一个由魅力与淡淡的痛苦组成的复合体，而她就成了这个复合体看得见的外形。她支配了我的感情，一如天上的权力把幸福、秩序与和平放进我的本分之中。

我在她刚刚踏上的小径随她而行，那个行路的女人，不久，在另一个国度，我会赶在她前面。如果她来本回忆录漫步，在我匆匆建成的大教堂拐角上，会见到我在此奉献给她的小教堂；她或许乐意去里面休息：我在里面挂上了她的画像。

篇章二十九

驻罗马大使任期——三类素材——旅途日记

　　前面的一个篇章，是我在一八三九年写成的，这一篇章写我在罗马担任大使期间的事，成于一八二八和一八二九年，已经有十年了。作为回忆录，本书叙述了雷卡米耶夫人的一生；一些别的人物也都被带上舞台，我们看到了米拉统治时期的那不勒斯、波拿巴统治时期的罗马，还看到教皇获得自由后回到圣波得教堂的情形，本书录存了德·斯塔尔夫人、邦雅曼·龚斯唐、卡诺瓦、拉阿尔普、德·冉利夫人、吕西安、波拿巴、莫罗、贝纳多特和米拉等人一些不曾发表的书信，邦雅曼·龚斯唐的叙述使它显露了新的角度。我曾把读者引到帝国的偏远角落，当时这个帝国正在完成其世界性的运动；现在我发现自己被引向我在罗马的使馆。大家将为一个陌生的题材分一分心，从我这儿得到休息：这对读者是有好处的。

　　写作我在罗马担任大使的这卷书，我有大量素材，它们可分为三类：

第一类包括我内心情感的经历，以及我在给雷卡米耶夫人的信中叙说过的私生活方面的事情。

第二类有关我的公务活动，就是我的公文函件。

第三类是有关教皇、罗马古代社会和这个社会沿革变迁的历史细节。

在这些探索之中夹杂着一些思考和描写，那是我散步的结果。这一切都是在七个月的时间里，在欢庆活动或者重要公务之余写出来的。那七个月是我在罗马担任大使的时间。不过，我的健康那时恶化了：一抬头就感到头晕眼花。为了观赏天空，我不得不登上一座宫楼或者一座山冈，俯视或平视四周的天幕。不过我通过使用脑子，治好了躯体的疲乏：运用脑力恢复了我的体力；本来可能叫另一个人送命的事情让我活了下来。

重读这些文字，有一件事让我吃惊：我到达永恒之城时，感到一丝惆怅，我认为过一段时间一切会变好的。渐渐地，我生出了对废墟的狂热兴趣，终于像成千上万的游客一样，迷上了起初让我无动于衷的东西。思乡病就是怀念家乡。在台伯河两岸人们也有思乡病，但是结果与平常的截然相反，人们喜欢孤独僻静，厌恶家乡。在第一次旅居罗马期间我就患上了这种毛病，我可以说：

我认出了古代大火的痕迹[①]。

你们知道，在组成马蒂尼亚克内阁时，单是提到意大利这个名字就把我余下的憎恶一扫而光，但是否会有欢乐的心境，我确实没有把握。确切地说，我是与德·夏多布里昂夫人一起动身后，在路上自然而然地

---

① 维吉尔《埃涅阿斯纪》第四卷。

生出忧愁来的。你们读一读我的旅途日记,就相信我说的是实话了:

本月十六日离开巴黎,十七日经过约讷河畔的新城;我在那儿留下了那么多的回忆!儒贝尔去世了;帕西那座荒废的城堡换了主人。有人对我说:"做只夜蝉吧。"

一八二八年九月二十二日,于洛桑

二十二日抵达洛桑。我走的这条路,有两个女人原来走过,她们都去世了,她们都希望我好,而且,按照自然的顺序,她们应该比我活得久。她们一个是德·居斯蒂纳侯爵夫人,来到贝克斯,死在那里,另一个是德·迪拉公爵夫人,不到一年前,她跑到辛普朗,逃过了一死,谁知到尼斯还是死了。

高贵的克拉拉,可敬的老友,

此地已不见你的音容笑貌,

人们掉过头,不望这坟墓,

你的名字消失了,世界将你忘却!

我收到德·迪拉夫人的最后一封信,感到最后一滴生命之水的苦涩。那水,我们将来都要熬干的!

九月二十五日,于阿罗纳

我给您送去一株肉色马利筋:这是一种攀缘的月桂类植物,各地都可种,耐寒,花为红色,像茶花,香气纯正。把它搁在贝内迪克丹①书房的窗台上。

至于我的情况,我只说一句:还是老样子,整天坐在沙发上,

---

① 德·迪拉夫人有时这样称夏多布里昂,意为专心研究的学者。

恹恹无力，也就是说，除了坐车外出，或者在外面走走，其余时间都是这样。去外面走也不能超过半个钟头。我想念过去，我的生活曾经是那样动荡，那样多变，以至于我都无法说感到强烈的厌倦：只要我能做做针线活儿，搞搞绒绣，我就不会觉得不幸。我现在的生活与过去的生活相隔甚远，现在看过去，仿佛在读回忆录，或者是在看戏。

这样，我无依无靠，回到意大利，就和二十五年前从这里出去一样。不过在初期我可以挽回损失，到今天谁还愿意与古老的日子挂钩呢？谁也不想住在一个废墟里。

在辛普朗，我见到一个幸运的黎明的第一丝微笑。峭壁黑黑的底部一直延伸到我的脚边，但顶部却沾着露水，叫阳光一照，闪闪发光。只要往天上升，就能走出黑暗。

我一八二二年作维罗纳之行时，意大利在我眼中就失去了它的光彩，在一八二八年它就更显得黯淡无光了。我衡量了时代的进步。倚在阿罗纳旅店的阳台上，我眺望马约尔湖岸边的风光。夕阳给湖岸镀上一层金色，天蓝的波浪拍打着岸堤。城堡以其雉堞圈住这一片景色，再也没有像这样平和淡泊的风光了。可是我却感觉不到快乐，也生不出激情。青春的岁月嫁给了它们心目中的希望。一个年轻人将与爱人一起流浪，或者带着对离去的幸福的回忆。他没有任何人可以联系，但他寻找可以联系的人，他每走一步都相信能找到什么东西，幸福的思想随他而行：这种心境在客观物体上得到反映。

此外，我独自待着的时候，对当代社会的缩小看不那么清楚。波拿巴曾把世界留在孤寂之中。我也被留在这片静寂之中，依稀听见一代代虚弱的人在荒漠边上经过，啼哭。

一八二八年十一月十四日，于尼斯

在米兰，我计了数，不到一刻钟，就有十七个驼背从我旅馆的窗下经过。德军的酷刑把年轻的意大利折磨得变了形。

我拜谒了圣查理·波罗梅①的坟墓。在阿罗纳，我刚刚参观了他的故居。他死去二百四十四年了。他并不俊美。

在勃尔戈·圣多尼诺，德·夏多布里昂夫人半夜冲进我的房间：她把裙袍草帽搭在椅子上，却看见它们掉了下来。她由此得出结论：我们住的旅店不是有神灵常驻，便是有盗贼出没。我在床上没有感到任何震动，不过在亚平宁地区人们确实感到了地震：颠覆一个城市的震动当然可以震落一个女人的衣服。我用这话安慰德·夏多布里昂夫人。我还告诉她，我经过西班牙贝加·迪·塞克斯尼尔地区时，头天晚上有个村庄被地震震塌了，我却安然无事地过来了。可是这番苦口婆心的安慰话没有半点收效，于是，我们急急忙忙地离开这个杀人洞窟。

接下来的路程，处处可以看见人们在逃跑，处处可以感到命运之无常。在巴尔玛，我找到了拿破仑遗孀的画像②。这位恺撒的女儿如今成了涅佩伯爵的妻子。她给那位征服者生了一个儿子，如今给这个儿子生了几个弟弟。她积欠下的债务，她让波旁家的一个年轻人来担保偿还。这位年轻人住在卢克，如果有机会，将继承巴尔玛公爵领地。

比起第一次来，波伦亚显得热闹些了。我在这里受到了客气得让大使们受不了的接待。我参观了一个幽美的墓地：我总是忘不了死者；他们是我们的家庭成员。

在波伦亚的新画廊，我比任何时期都更从容地欣赏了卡拉齐的

---

① 圣查理·波罗梅（Charles Boromée，一五三八——一五八四），教皇庇护四世的侄子，红衣主教。
② 玛丽·路易丝是巴尔玛女公爵。

作品。开始我还以为这是拉斐尔的圣塞西尔,因为比起黑烟滚滚的天空下的卢浮宫,它挂在这里更加神妙。

一八二八年九月二十八日,于波伦亚

我并不熟悉罗马涅,在这个地区有许多城市。城里一座座抹着石灰的房屋散落在小山顶上,就像是一群群白鸽,每个城市都能拿出几件现代艺术的精品,或者几座古代的纪念性建筑物。意大利这个地区包含了罗马帝国的全部历史,你得手捧提图斯·李维、塔西佗和苏埃托尼乌斯①的著作去跑遍它的每个角落。

我经过伊摩拉。这是庇护七世和法恩扎的主教区,在福尔利我绕了一个圈,去拉文纳参观但丁墓,走进坟墓时,我由于敬仰而浑身颤抖。名人受过苦难,他的名气就使人肃然起敬,阿尔菲耶里②脸色像死人一样苍白,但是透露出希望,匍匐在这块大理石上,献上这首商籁:

伟大的阿利吉耶里神父③啊!我在坟墓前引用《炼狱》的这句诗:

兄弟啊,世界是盲目的,
而你正是来自它。

贝雅特里齐出现在我眼前。她的模样就和让她的诗人生出叹息和哭死的愿望时一样:

"啊我虔诚的歌,"现代缪斯之父说,"现在准备哭吧!去找回那

---

① 提图斯·李维(Titus-Livius,公元前六四—公元一〇),古罗马历史学家,著有《罗马史》。塔西佗的(Tacitus,五五——二〇),古罗马历史学家,著有《历史》《编年史》等。苏埃托尼乌斯(Suetonius,七〇——二八后),古罗马传记作家。
② 阿尔菲耶里(Alfieri,一七四九——八〇三),意大利诗人。
③ 阿利吉耶里神父,即但丁,但丁名为阿利吉耶里。

些妇女、少女。你的姐妹习惯于给她们送去快乐！而你，忧愁的女儿，你得不到安慰，去和贝雅特里齐住一块吧。"

然而，当贝雅特里齐离开尘世时，新的诗歌王国的缔造者却忘记了她。他醒悟过来后，才找回贝雅特里齐，以崇拜她的天才。贝雅特里齐准备向情人描绘天国时，指责他这样做不对："我让他（但丁）爱我，"她对天堂的万能天神说，"用脸蛋，用我儿童清纯的眼睛让他继续爱我。但当我行将跨入第二个年龄阶段，改变生活时，他就离开我，投身于别的女人。"

但丁不肯为了一声对不起就回家乡。他回答一个亲戚说："如果只有给我敞开的这条路，再没别的路回佛罗伦萨，那我就绝不回去。我到处都可以静观日月星辰。"但丁不肯把自己的岁月交给佛罗伦萨人，而拉文纳则拒绝把他的遗骨交给他们，虽说米开朗琪罗这个由诗人复活的天才打算在佛罗伦萨装饰那个教人"怎样不朽"的人的陵寝。

创作《末日审判》的画家，雕塑《摩西》的雕刻家，建筑圣彼得教堂圆顶的建筑师，设计佛罗伦萨古防御工事的工程师，写出《致但丁的十四行诗》的诗人联合同乡，用下面这些话支持他们向利奥十世呈递的申请："我，米开朗琪罗，雕塑家，恳请教皇陛下准予我在本城体面的地方为神圣的诗人建一座相称的陵墓。"

米开朗琪罗搞雕刻的凿子失去了希望，只好求助于绘图的铅笔，以便给另一个他建造另一个陵墓。他在伟大诗人一卷对开本诗集的白边绘上《神曲》的主要故事。可惜一条船在把这双重的珍宝从里窝那运往西维塔-韦齐亚的途中沉没了。

当我的导游提出领我去参观拜伦勋爵的房子时，我刚心情激动地回来，再次感到了那场地震，还夹着在耶路撒冷感到的对神的敬畏。啊！面对着但丁和贝雅特里齐，恰尔德·哈罗尔德和丘乔莉太太对我来说意味着什么呢！！恰尔德·哈罗尔德没吃苦头，还少了一些世纪的磨难，让他等待将来吧。拜伦在对但丁的评价中考虑欠周。

我在圣维塔尔和圣阿波利纳尔仿佛又置身于君士坦丁堡①。西罗马帝国洪诺留皇帝与其情妇跟我有什么关系？我更喜欢普拉西狄亚②和她的风流韵事。在参观圣让-巴甫蒂斯特大教堂时我想起她的故事，在蛮族那里这就是传奇。西哥特王狄奥多尔尽管害死了罗马哲学家博埃斯，仍是个伟人。这些哥特人是一个高等种族。东哥特公主阿马拉松特虽被放逐到博尔塞纳湖中的一个岛上，仍努力与她的大臣卡西奥多鲁斯一起保留罗马文明的残余之物。埃克查尔克人给拉文纳带来了他们帝国的没落。拉文纳在艾斯托尔弗（伦巴第国王）统治时期属于伦巴第地区，卡洛人又把它还给了罗马。它成了大主教的辖地，后来又从共和变成了专制。最后，站在教皇一边或者皇帝一边之后，在成为威尼斯共和国一部分之后，它于教皇尤里乌斯二世治下回到教会，今日仅仅凭着但丁的名字而存在。

洛摩罗斯③老年生养的这座城市，从诞生之日起就带上了母亲的老气。总的说来，我在这里会生活得很好，我会喜欢去法国纪念碑，那是为了纪念法国国王路易十二获胜的拉文纳战斗而建起来的。梅迪契红衣主教（后来的利奥十世），以及大诗人阿里奥斯托，大绅士贝雅尔和德·夏多布里昂伯爵夫人④的兄弟洛特莱克曾在这里生活过。美男子加斯东·德·富瓦到了八十高龄还在这里遭杀害。

---

① 因为上述两地多拜占庭式的教堂。君士坦丁堡曾为拜占庭帝国的首都。
② 普拉西狄亚（Placidie，三九〇——四五〇），罗马帝国皇后，先嫁给西哥特国王阿拉里克，后成为康斯当斯三世之妻。
③ 罗马神话中玛斯和瑞亚·西尔维亚的儿子，是罗马的创建者和第一个国王。
④ 此夫人是佛朗索瓦一世的情妇。

"忠实的仆人"说:"法国人冒着西班牙人的炮火继续前进。自从天主创造天地以来,法国与西班牙还没有发生过更酷烈的战斗。双方战士打累了,就在对方阵前休息,喘一喘气,然后,把眼睛一低,呼喊着法国或者西班牙的名字,又开始更猛烈的搏斗!在那么多斗士中间,只剩下几个骑士。他们最后抛却光荣,披上了修道士头巾。"

人们在某个茅棚里还看见一个少女,娇嫩的手指插在大麻里,转着纺锤。她还不习惯这种生活:这是个特里乌尔斯①。当她透过微开的门缝,看见海面上波浪滚滚,就觉得更加伤心:这位少女原来得到一位伟大国王的爱慕。她闷闷不乐地走一条偏僻小道,每天从茅屋走到一座荒废的教堂,又从教堂走回茅屋。

我经过的古老森林由一些孤零零的枞树组成。它们就像搁浅在沙滩上的船只的桅杆。我离开拉文纳已是夕阳西沉时分。远处传来悠悠的钟声:它在召唤信徒们去做祷告。

一八二八年十月一日,于拉文纳

回到福尔利,还没到坍塌的城墙上看看就再度离开了。卡特琳娜·斯福兹公爵夫人曾站在城墙上,面对着准备杀死她独生子的敌人大声宣告,她还有生育能力。庇护七世出生于切塞纳,曾在值得赞美的山上圣母修道院当修士。

我在萨维亚诺附近涉过一条小溪。溪水湍急。当有人告诉我,我涉过的是卢比贡河②时,我的眼前仿佛升起了一挂帆船,我仿佛看见了恺撒时代的陆地。我的卢比贡河,就是我的生命:老早以前我跨过了它的第一道河岸。

---

① 参加法国对西班牙战争的米兰贵族的通称。
② 横隔在意大利与古高卢之间的一条小河。恺撒跨过这条河,进入古高卢。

在里米尼，我既未碰到弗朗索瓦兹①，也没见到陪伴她的幽灵。"她们在风中是那样轻飘。"②

里米尼、珀扎诺、法诺和西尼嘎格利亚这些城镇通过奥古斯特③们留下的桥梁与大路，把我引到昂柯纳。在昂柯纳，如今人们庆贺教皇的节日；我听见图拉真凯旋门传来节日的音乐：永恒之城的双重统治权。

十月三日和四日，于昂柯纳

我们来到洛莱特过夜。这块国土提供了一个完美保存的罗马殖民地样品。圣母院的田庄农民生活富足，看上去幸福。那些农妇又漂亮又快乐，一个个都在头发上插一朵花，高级教士兼行政长官热情地接待我们。从钟楼顶部和城中几座山丘顶上望出去，可以见到田野、大海和昂柯纳城一片明媚的风光。晚上刮起了风暴，我高兴地看着山羊吃的球果紫堇和拔地麻在古老的墙头被风吹弯了腰。我在按布拉芒特④的图纸建造的双层游廊散步。我走以后，再过相当长时间，这些街面将受到秋雨的打击，这些小草将在亚德里亚海风的劲吹下瑟瑟发抖。

午夜，我缩在一张八尺见方的床上。这是波拿巴奉献的东西。一盏小油灯射出幽幽的光，勉强驱走房里的黑暗，突然一张小门打开了，我看见一个男子带着一位遮面的女子悄悄走进来。我半撑起身子，望着他。他走近我的床，身子一直躬到地上，忙不迭地向我道歉。说打搅了大使先生的休息：他是一个鳏夫，一个可怜的管

---

① 弗朗索瓦兹（Françoise，一三八四——一四四〇），罗马贵妇，以慈善闻名，在一四一三——一四一四年鼠疫流行期间，大行善事，被奉为圣女。
② 但丁《地狱》篇中的诗句。
③ 奥古斯特（Auguste，公元前六三—公元十四），古罗马皇帝。
④ 布拉芒特（Bramante，一四四四——五一四），意大利建筑师。

家，他希望把身边这个女儿嫁出去，可惜缺了点嫁妆。他掀开那个孤女的面纱。那姑娘一脸苍白，很是漂亮，垂着眼帘，神态谦卑。那位父亲似乎想走开，留下已订婚的女儿来读完她的故事。在这个迫在眉睫的危险之前，我不像那位好心的骑士问格勒诺布尔那位母亲她女儿是不是处女，我没向迫不得已的倒霉父亲提任何问题。我为了给主子国王争光，顾不得头发乱蓬蓬的，随手抓起床边小桌上的几个金币就给了那姑娘。"她的眼睛并没有哭肿"，抓住我的手吻了一下，千恩万谢个不停，我一声不吭，又躺回大床，似乎想睡一觉，于是圣安托瓦纳①那种幻象消失了，我感谢主保圣人圣弗朗索瓦的佑护。恰好今天是他的圣名瞻礼日。我躺在黑暗中，半带着微笑，半觉得遗憾，不过对自己的德行还是深表赞赏。

然而，我就是这样把金子撒出去的。我是大使，在洛莱特行政长官的辖地受到盛情接待；就在这同一座城市，塔索曾住在一所破屋里，由于缺了几个钱，无法继续行路。他用抒情短诗来偿付所欠洛莱特圣母院的债务：

现在，冒着暴雨狂风……

德·夏多布里昂夫人跪着登上圣堂的台阶，为我一时的幸运当众谢罪，在我夜里获胜之后，我本来更有权让萨克森国王把我的结婚礼服送到洛莱特宝库珍藏，可是我绝不能原谅自己，我这个虚弱的诗人，在耶路撒冷的歌手是那样衰弱那样凄凉的地方，却是那样强壮那样得意！托尔卡图斯②，在我间或走运的非常时刻，请不要把我带走。我平时与钱财无缘；你要看看我途经纳莫尔的样子，看看我在伦敦住阁楼间，在巴黎住诊所的情景，就知道我跟你有天壤

---

① 圣安托瓦纳(Sain-Antoine，二五一——三五六)，底比斯隐修士，曾受到种种诱惑，但都坚守住了。
② 托尔卡图斯(Torquatus)公元前三世纪末罗马执政，独裁官。

之别。

我不像蒙田,没有把自己的银质肖像留给洛莱特圣母院。也没有把"莱奥诺尔·德·蒙田,(我的)独女"的肖像留下来。我从不希望比同一代人活得长。可是有个女儿,而且名叫莱奥诺尔!

十月五日和六日,于洛莱特

离开洛莱特,经过马塞拉塔,我到了托朗蒂诺,波拿巴曾到过那儿,并在那儿与教皇庇护六世签订了条约。从那里出来后,我翻过了亚平宁山脉的最后几座山峰。山头上潮湿,土地被开垦出来种植啤酒花。山左边是希腊海,右边是伊比利亚海。我被海风推着行路。我可能曾在雅典和格雷那德呼吸过这些海风。我们顺着山路在一个个山口盘旋而下,朝翁布里走去。在山口的树丛中,悬吊着一些山民的居所。他们的祖先在特拉西梅纳诺战役之后,向罗马提供了兵源。

福利尼奥镇拥有拉斐尔的一幅处女图。今日这幅画为梵蒂冈所收藏。韦娜姿态迷人地待在克利通诺河的源头。普桑①再现了这个温暖迷人的地方的风光;拜伦曾冷漠地歌唱过它。

当今教皇出生于斯波莱托。据我的信使乔吉尼说,利奥十二在这座城市安置苦役犯以为故乡争光。斯波莱托敢于抵抗汉尼拔。这个城市展示了老利比②的许多作品。他在隐修院被人养大,成为柏柏尔人的奴隶,后又成为画家中塞万提斯一类人物,六十岁去世。人们认为他勾引了吕克莱丝,女方的父母便下毒害死了他。

于斯波莱托

在蒙特吕柯,波托斯基伯爵躲进幽美的隐修院隐居。但是罗马

---

① 普桑(Poussin,一五九四——一六六五),法国画家。韦娜应是拉斐尔画中的处女。
② 利比(Lippi,一四〇六——一四六九),意大利画家,他儿子也是画家,故有老少利比之分。

的思想难道不随他而来？难道他不认为自己被带到了少女唱诗班中间？至于我，也像圣热罗姆一样，"我年轻时，曾白天黑夜发出叫喊，捶打胸脯，直到天主让我恢复平静为止"。我已不复当年的模样，我为此而惋惜。

过了蒙特吕克的隐修院，我们开始绕山而行。我第一次陪同一位行将死去的妇女①从佛罗伦萨到罗马，途经佩鲁兹时就走过这条路……

光线柔和自然，风景充满生机，置身其间，我简直以为自己是在阿勒格尼山脉一座小丘上。那里只有一座高高的引水槽，上面建有一道窄桥。让我想起斯波莱托的伦巴第公爵们曾经参与兴建的罗马一座工程。这类纪念性建筑物都是随自由而来的。美国人尚未来到这些地方。我在克利通诺的牛车旁边步行登山。大使夫人则被那些牛拖着凯旋。一个瘦小轻捷的放羊女娃，像她那只母山羊一样友善，带着她的小弟弟跟着我来到这富庶的乡间，要我给她题字：我给她题了，以纪念德·博蒙夫人。这些地方已经把她忘了。

唉！小牺牲者无忧地游玩，

丝毫不担心自己的命运！

她们见不到苦难正在袭来，

也想不到白昼过后的黑暗。②

我又见到了泰尔尼和它那些瀑布。一片种植着橄榄树的田野把我领向纳尔尼。接下来，经过奥特里柯利之后，我们来到忧郁的奇维塔·卡斯泰拉纳。我很想去圣玛利亚·迪·法勒里，参观一座只剩外表，只剩城墙的城市，城内空空荡荡："人类的苦难，天主该把它带走。"且让我先去履职，回头我再来寻找法利希人的城市。不

---

① 指波利纳·德·博蒙夫人，夏多布里昂于一八〇三年陪她浏览意大利。
② 英国诗人格雷的诗句。

久，我将从尼禄的陵墓，把俯瞰恺撒之城的圣彼得大教堂十字架指给妻子看。

于奇维塔·卡斯泰拉纳

一八四五年二月二十二日改定

给雷卡米耶夫人的信

读者刚刚浏览了我的旅途日记，还将读到我给雷卡米耶夫人的信。正如先前说过的，它们与一些历史的篇页穿插在一起。

同时还将读到我的公函。我身上存在的两个人将在此分别露面。

致雷卡米耶夫人

我经过了这个充满您的往事的美丽地方。我感到慰藉，然而每走一步都要想起一些别的往事，忧愁总是挥之不去。我二十年前曾经横渡过亚德里亚海，此回故地重游，心头自是别一番滋味！在泰尔尼，我曾与一个可怜的垂死的女人歇过脚。最后我进了罗马城。正如我所担心的，它那些历史建筑与雅典的相比，显得不够完美。我对房屋街道的记忆力既惊人又残酷，连一块石头都不会忘掉。

除了国务秘书贝尔纳蒂红衣主教，我还没有去见任何人。昨日傍晚，我想找个人说说话，就去找盖兰[①]。他见我来访似乎很高兴。

[①] 盖兰(Guérin，一七七四——一八三三)，法国画家。

我们推开朝罗马城的一扇窗户，欣赏天边的景色。对我来说，这是唯一保持了我所见到的模样的东西。不是我的眼睛就是物体变了；也许两者都变了。

一八二八年十月十一日，于罗马

利奥十二和红衣主教们——各国大使

初到罗马，我的时间被用来做一些正式拜访。教皇陛下单独接见了我。他不再做公开接见，因为耗费太大。利奥十二身材魁梧，面色安详之中透出一丝忧郁，穿着一袭朴素的白袍。他不摆任何排场，坐在一间几乎没有家具摆设的书房里。他几乎不吃东西，只和他的猫一起喝一点玉米粥。他自知重病缠身，怀着甘忍的精神看着自己日渐衰弱。这种精神来自基督教的快乐。他志愿把棺材摆在床下，像从前的教皇本尼狄克十四所做的那样。我来到教皇的套房门口。一名神父领我走过黑魆魆的过道，一直来到教皇陛下的卧室或者祈祷室。教皇怕我等，衣服也没有顾上穿，就站起来，走到我面前。我要单膝着地去吻他白拖鞋处的裙袍边，他却不许我这样做。他牵着我走到摆在他朴素的扶手椅右边的位子上，与我一起坐下交谈起来。

星期一早上七点我去国务秘书贝尔纳蒂府上拜访。他是个商人，喜欢寻欢作乐的人，与多里娅公主有关系；他了解当代风情，只是违心地接受了红衣主教的帽子。他不肯进教会，仅仅要了一个五品修士的证书，如果把帽子退还，明天就可以娶亲。他相信会发生革命，甚至认为如果自己命长，可以看到教廷的俗权垮台。

红衣主教们可以分成三个集团：

第一个集团由努力与时代同步前进的人组成。邦维努蒂与奥匹佐尼就属于这个集团。邦维努蒂根除了贪污盗窃的行为，又去拉文纳，在里瓦罗拉红衣主教那里执行了一项使命，由此而名声大噪；奥匹佐尼是波伦亚的总主教，在那座难以管理的工业与文学之城与各种政见的人取得了一致。

第二个集团是由一些狂热分子所组成。他们企图开倒车。他们的首领之一是奥代卡尔齐红衣主教。

最后是第三个集团，由一些老头子，一些僵化的人组成。无论是前进还是倒退，他们都不想，或者说是不能，在这些老人中可以见到维多尼红衣主教。他粗大威猛、脸膛发亮，歪戴着圆帽，活脱脱一个托朗蒂诺条约的象征。有人告诉他，说他有机会问鼎于教廷，他答道："那圣灵准是疯了！"他在彭特－莫尔植树，君士坦丁就是在那里建立基督教世界的。当我从百姓门走出罗马城，又从天使门返城时，就可以看见那些树。隔着老远看见我，这位红衣主教就朝我叫道："啊！啊！法国大使阁下！"接下来，他对那些植树的工人发脾气。他根本不遵守红衣主教的礼仪，坐车出门只带一名跟班。大家事事原谅他，管他叫"维多尼太太"①。

我的同事有奥地利大使路特兆伯爵，一个彬彬有礼的人，他妻子歌唱得好，不过老是唱一支曲子，说话也总是不离她的孩子；普鲁士公使，学识渊博的本森男爵，他是历史家尼布尔的朋友（我曾与他商量取消在他的卡皮托利山宫殿租约一事）；俄罗斯公使加加林亲王，他是为了失去的恋情而来到罗马这个昔日的繁华之地的。美丽的娜里斯金夫人曾在我从前的隐居地奥纳住过一段时间，她对加加林亲王情有独钟。她之所以这

---

① 我离开罗马时，他买下我的马车，在去彭特－莫尔途中死在车上。（作者于一八三六年补记）

样，一定是亲王的臭脾气中还有迷人的地方。缺点比优点更能征服人。

西班牙大使德·拉布拉多先生为人忠诚，少言寡语，经常独自去散步，想得多，或者根本不想事，这一点我不会区分。

弗斯卡尔多老伯爵代表那不勒斯，就像冬天代表春天。他有一块大纸板。他戴着眼镜在上面研究可疑的外国人姓名，而不是波塞冬尼亚的玫瑰田。对于那些人的护照，他不能给予签证。我很羡慕他的宫殿（法尔内塞宫）。它那令人赞美的结构虽然尚未完全竣工，可它是米开朗琪罗装的顶，是奥古斯丁协助兄弟阿尼巴尔·卡拉齐绘的画；在它的柱廊下面，曾停过塞西莉亚·梅特拉的石棺。陵墓变了，她却没有失去什么。据说，弗斯卡尔多这个智力迟钝体力衰弱的老人有个情妇。

赛尔伯爵是荷兰国王的使节，曾娶瓦朗斯小姐为妻，如今那位妻子已经作古。他与她生了两个女儿。因此，她们也就是德·冉利夫人的外孙女。赛尔先生仍然当省长，因为他从前当过省长。一个人的性格兼有饶舌鬼、专制家长、招兵买马者和管家的特点，就什么也亏不了。要是您碰到一个人，跟您谈论公顷、米、分米、而不是阿尔邦、图瓦兹和脚尺①，那他准是个省长。

方夏尔先生是葡萄牙半被承认的大使，他是个畸形小矮子，不安分，好做鬼脸，皮肤青得像巴西猴子，黄得像里斯本橙子。这个新卡蒙斯居然歌唱他的女黑奴了！他酷爱音乐，用自己的薪俸养了个帕格尼尼式的乐师，只等他的国王复位。

我在这里那里隐约瞧见过一些小邦的公使。那些狡黠的小人见我并不看重大使这个差使，一个个都很气愤：他们俨然一副要人派头，一本正经，默不作声，迈着四方步，就像藏了一肚子秘密，会把人胀死似的。其实他们什么秘密都不清楚。

---

① 后三种是法国古代计算面积和长度的单位。一阿尔邦相当于二十到五十公亩，一图瓦兹相当于一点九四九米，一脚尺相当于三百二十五毫米。

新老艺术家

我一八二二年在英国当大使时,曾寻找过一七九三年在伦敦熟悉的人物与地方。一八二八年在教廷当大使,我忙着干的是跑宫殿和废墟,以及打听一八〇三年在罗马见过的人。宫殿和废墟倒是跑了不少,人却没有见到几个。

从前菲舍红衣主教租住的朗塞洛蒂宫,如今住着真正的主人朗塞洛蒂亲王和王妃。王妃的父亲是马西莫亲王。德·博蒙夫人住过的西班牙广场那幢房子,如今不见了。至于德·博蒙夫人,如今长眠在她的安息之所。我曾和教皇利奥十二在她墓前祈祷。

卡诺瓦同样长辞人世。一八〇三年我曾两次去他的工作室拜访。他手拿木槌接待我。他带着最天真最温顺的神气,领我参观波拿巴的巨大塑像和赫丘利把吕柯斯扔进波涛的雕塑作品,他执意要让您相信。他可以使外形充满生气。不过他的凿子也不肯深入地探讨解剖学。尽管他有追求,美女仍只是皮肉上的美,而青春女神埃贝却在他雕塑的那些老人的皱纹里显露出来。我在旅途遇到当代第一流雕塑家。他后来从脚手架上摔下来,就像古容①从卢浮宫的脚手架上摔下来一样。死神总是守在那儿,继续充当永恒的圣巴多罗买②,并用他的箭射杀我们。

不过令我十分高兴的,是老博盖还健在。他是侨居罗马的法国画家中年纪最大的一个。他有两次打算离开喜欢的乡间,甚至去了热那亚,可是心里觉得难受,便又回到了他原来选择的寄居之所。我担任大使期间很关照他和他儿子。他对儿子像母亲一样慈爱。我与他一起又开始做

---

① 古容(Goujon,一五一〇?——五六九?),法国雕塑家与建筑师。
② 耶稣的十二使徒之一,被钉死在十字架上。

从前那种远足。我见他步履迟缓才意识到他已经老了，心里不由得涌出一股哀怜。我压住年轻人的步子，并努力使自己保持与他一样的步幅。我们两个都有好久没见到台伯河了。

在艺术鼎盛之年，大艺术家们的生活与今日截然不同，他们悬吊在半空中，专心致志地在梵蒂冈的穹顶，在圣彼得教堂的间壁，在法尔内其纳宫的墙上绘制杰作。拉斐尔走路时，身边总簇拥着一群弟子，身后总跟着一群红衣主教和王公贵族，宛如古罗马的一个元老院议员，总有一帮受他保护的人前呼后拥，鞍前马后地效劳。查理五世三次提高提香的身价，替他收拾画笔，在散步时让他走右边，一如弗朗索瓦一世陪伴垂死的列奥纳多·达·芬奇。提香在罗马大获成功；画坛泰斗米开朗琪罗在那里接待了他。直到九十九岁，提香在威尼斯仍用有力的手握着那支用了一个世纪的画笔。他是世纪的胜利者。

米开朗琪罗八十八岁，在放好圣彼得教堂圆顶的脊桁之后，于罗马逝世。托斯卡纳大公派人秘密地把他的遗骨挖出来，佛罗伦萨举行盛大的葬礼，以对它的伟大画家的敬意补偿了对它的伟大诗人但丁遗骨的疏忽。

委拉斯开兹① 两次访问意大利，意大利两次站起来向他致敬：缪里奥② 的这位先驱带着奥宗纳描写过的埃斯佩里③ 的果实返回西班牙。这些果实就落在他手边：当时十二位最有名的画家，他一人带走他们一幅画。

那些著名艺术家整天纵酒行乐、猎艳追奇。他们保卫城市和城堡，建筑教堂、宫殿和防御工事，比剑斗狠，勾引妇女，出了事躲进隐修院

---

① 委拉斯开兹（Velasquez，一五九九——一六六〇），西班牙画家。
② 缪里奥（Murillo，一六一八——一六八二），西班牙画家。
③ 奥宗纳（Ausone，三一〇——三九五）是古罗马诗人。埃斯佩里是古希腊人对意大利的称呼。

避难，得到教皇赦免，王公贵族的营救。在邦维努托·切利尼叙述的一次狂欢活动里，可以看到米开朗琪罗和儒勒·罗曼的大名。

如今场景大为改变；艺术家在罗马生活贫困，寂寞无闻。也许这种生活别有诗意，与前面那种生活不相上下。有一个德国画家联合会试图上溯到佩鲁贾[①]，说绘画受基督教影响自他开始。这些圣路加[②]的年轻信徒断言拉斐尔在他的第二门艺术[③]上变成了无神论者，因而才华退化了。好吧！那我们就做一做无神论者，就像拉斐尔笔下那些童贞女，就让我们的才华退化、变弱吧，就像在《耶稣变容图》那幅画上一样！新神圣派这个谬误虽然可以理解，却仍然是个谬误，由此得出的结论是，外形的呆板和描绘缺陷是凭直观描绘的结果，而在文艺复兴前画家作品中引人注目的那种信仰的表现力，并不是由于人物像狮身人面像那样摆出姿势端坐不动，而是由于画家本人像他所在世纪一样"信仰宗教"。是他的思想，而不是他的图画信仰宗教。这一点是如此确实，以至于西班牙画派虽有文艺复兴以来的优雅与生动，却还是具有那种"虔诚"的表现力。这是什么原因？原因就是，西班牙人是基督教徒。

我想观看画家们分开工作，学雕塑的弟子住在一个山洞里，外面是梅迪契别墅苍翠的橡树林。他在那儿完成一件大理石作品：一个孩子用贝壳盛水给一条蛇喝。画家住在偏僻角落一座破屋里。我发现他独自待在房里，透过打开的窗子描绘罗马的乡村风景。施内兹[④]先生的《女强盗》变成了向一幅圣母像祈祷，祈求让患病的儿子痊愈的母亲，莱奥波德·罗贝尔[⑤]从那不勒斯来，近几日是在罗马度过的，带走了这个优美

---

① 佩鲁贾（Perugin，一四四五——一五二三），意大利画家，是拉斐尔的老师之一。
② 圣路加，《福音书》作者之一。是画家和医生的保护人。
③ 拉斐尔不但是画家，还是建筑师。
④ 施内兹（Schnetz）法国侨居意大利的画家，曾任罗马法国科学院院长。
⑤ 莱奥波德·罗贝尔（Léopold Robert，一七九四——一八三五），瑞士画家，版画家。

地区的迷人风光。其实他只是把这些风光贴在画布上而已。

盖兰像一只病鸽,搬到梅迪契别墅一座小楼顶上。——他把头埋在翅翼下面,倾听台伯河的风声。当他清醒时,就用羽毛描绘普里亚摩斯①之死。

贺拉斯·韦尔纳②努力改变习惯;他成功了吗?他缠在脖子上的蛇,偏爱的服装,吸的雪茄,以及他周围的面具和花剑都让人联想到露营的军队。

有谁听人谈到我的朋友盖克先生?他继尤里乌斯三世之后,担任米开朗琪罗、维尼奥拉和祖卡里③别墅的主持。不过他在《天命仙窟》中,把维特利乌斯④死亡的情形画得还不算太坏。有一头狡猾的动物经常闯入荒芜的花坛。盖克先生想方设法要赶走它:这是一只狐狸,是老祖宗古尔匹尔的重孙。古尔匹尔是恶狼伊桑格兰的侄子。

皮纳利总是醉得一塌糊涂,在一次清醒的时候答应给我画十二幅跳舞、赌博和盗窃的场景图。可惜他一条守门的大狗叫他饿死了。托尔瓦森和卡莫西尼是罗马穷画家中的王爷。

有时这些画家聚在一起,步行去苏比亚柯。半路上,就在蒂沃利小餐馆墙上乱涂乱起来,也许哪天人们依据涂在拉斐尔某个作品上的炭笔画,认出某个米开朗琪罗式的画家来。

我真希望生下来就是艺术家,因为孤独、独立不羁,在废墟和杰作中间的阳光都合乎我的脾性。我没有什么需求:一块面包一眼山泉足矣。我的一生很可悲,被路旁的荆棘丛扯扯绊绊地耽误了,要是我是只

---

① 普里亚摩斯,传说中的特洛伊王,拉奥梅冬之子。
② 贺拉斯·韦尔纳(Horace Vernet,一七八九——八六三),法国画家。
③ 尤里乌斯三世(Jules Ⅲ,一四八七——五五五),罗马教皇。维尼奥拉(Vignolg,一五〇七——五七三),意大利建筑师。祖卡里(Zuccari,一五二九——五六六)意大利画家。
④ 维特利乌斯(Vitellius,十五——六十九),古罗马皇帝。

自由的鸟，在那些荆棘丛上面筑巢唱歌，那该多么幸福啊！

尼古拉·普桑用妻子的陪嫁在苹丘上买了一座房子。对面也是一家俱乐部，属于绰号洛林佬的克洛德·热莱。

这个克洛德又是我的同胞。他死在世界女王的膝头上。即使他的风景画场景移到别处，普桑再现的也是罗马的乡间风光，而洛林佬即使画的是船舶和海上落日，再现的也是罗马的天空。

有一些得天独厚的人，我在不同的时代对他们怀有好感，如果我是他们的同代人那该多好啊！可是那样我就得太频繁地复活。普桑和洛林佬克洛德去了卡匹托利山。有一些国王来到这里，却还赶不上他们。德·布罗斯在这儿碰见英国觊觎王位的查理·爱德华·斯图亚特，我一八〇三年在这儿遇见被废黜的撒丁王，就是今日，一八二八年，我还在这儿见到拿破仑的弟弟威斯特伐利亚王热罗姆。堕落的罗马给倒台的权贵提供了避难之所。对于受迫害的光荣、落难的才华，它的废墟是自由之乡。

罗马古代社会

我描绘了二十五年前罗马社会与罗马乡间，就不能不修饰我的画像，因为它不再像我了。三十三年为一代人。基督的寿命就是这么长（基督是所有人的榜样）。在我们西方世界每代人都要变样。人类被置于一幅画中，画框不变，人物却是活动的。一五三六年，拉伯雷与杜伯莱红衣主教在罗马城。拉伯雷在红衣主教大原上当作领班：负责切菜、端菜。

拉伯雷变成"昂托默尔的约翰"修士后，并不像蒙田那样看问题。蒙田在罗马几乎听不到钟声，在法国某个乡村就更听不到了。而拉伯雷则相反，在"钟鸣岛"（罗马）听到很多钟声，竟至于怀疑罗马就是敲打铜盆铜锅的古希腊城市多多纳①。

蒙田在拉伯雷四十四年之后，觉得台伯河两边已经颇为壮观了，他发现三月十六日罗马就开了玫瑰与长生花。只是罗马教堂里光秃秃的，没有圣人的雕像，没有画，比法国教堂丑陋，装饰也差。蒙田习惯了我们这些哥特式教堂的巨大和阴暗，他多次谈到圣彼得教堂，却没有描绘，似乎对艺术不感兴趣或者无动于衷。面对如此多的杰作，蒙田却想不出任何人的名字。他的记忆力既没有向他提起拉斐尔，也没有提起才逝世十六年的米开朗琪罗。

再说，关于艺术，关于发展或者保护艺术的天才哲学影响的见解当时尚未产生。时间为人类做的事情，正是空间为建筑物所做的事情。至于人和建筑如何，只能隔一定距离，从展望的角度去评价。隔得太近，看不到全貌，太远，则又看不到了。

其实，《随笔集》的作者在罗马寻找的，只是古代的罗马。他说："眼下我们在混杂的罗马看到的楼房，与那些破房子挨在一起，尽管让我们的世纪大为赞赏，却让我想起法国教堂里，麻雀和小嘴乌鸦在穹顶和间壁上挂的巢。那些教堂不久前叫胡格诺派毁掉了。"

蒙田把圣彼得教堂看作挂在柯利赛教堂间壁上的麻雀巢，那他把古罗马又看成什么呢？

公元一五八一年由教皇正式下谕接受的罗马新公民指出，罗马女人不像法国妇女那样戴假面或者半截脸罩，她们戴珍珠着宝石在大庭广众露面，不过她们的腰带太松，以至于她们看上去像孕妇。男人们都穿黑

---

① 传说宙斯在此城发布神谕。神汉神婆敲响铜盆来回答宙斯。

衣服,"不论是公爵、伯爵还是侯爵,样子都显得有些卑贱"。

圣热罗姆注意到罗马女人的动作姿态使她们看上去像孕妇,这不是怪事吗?她们"步子碎,膝头弯"。

每天,我从天使门出城时,几乎都看见台伯河畔一座简陋的房子,挂着一块法文招牌,上面画着一只熊。蒙田地方的领主米歇尔来罗马时就是在这儿上的岸。这儿离收容那可怜疯子①的医院不远。蒙田曾去费拉尔寓所探望那个专为古代和纯粹的诗歌而生的人,当时感到的气恼超过了同情。

十七世纪派遣它最伟大的新教诗人和最认真的天才②于一六三八年访问天主教的大罗马,确实是值得纪念的事件。罗马背靠十字架,手持两本圣约;身后是从伊甸园出来的一代代罪人,面前从橄榄园传下来的一代代赎罪的人,对着昨日出生的异端发问:"您打算拿老迈的母亲怎么办?"

罗马女子莱奥诺拉迷住了弥尔顿。我们是否注意到,在德·莫特维尔夫人③的《回忆录》里,莱奥诺拉出现在马扎兰④红衣主教的音乐会上?

按时间的顺序,阿尔诺神父⑤在弥尔顿之后访问的罗马。这位神父戴了纹章,借一个人物的名字讲述了一件奇闻,让人了解了当时高等妓女的风俗。奇闻中的主人公德·吉斯公爵是"刀疤脸"⑥的孙子,他去那不勒斯寻求艳遇,于一六四七年途经罗马,在此认识了尼娜·巴卡罗拉。驻君士坦丁堡大使德赛依先生的秘书梅宗-布朗谢,竟然打算做德·吉

---

① 指意大利诗人塔索。
② 指英国诗人弥尔顿。
③ 莫特维尔夫人(Motteville,一六二一——一六八九),法国贵妇。
④ 马扎兰(Mazarin,一六○二——一六六一),原籍意大利,后为法国君主服务,是一代名相。
⑤ 阿尔诺(Arnauld,一六一二——一六九四),法国教士、神学家。
⑥ 第三任德·吉斯公爵(一五五○——一五八八),见前注。

斯公爵的情敌。于是不幸落到他身上。在一个漆黑的夜里,房里没有一点灯光,有人用一个丑陋的老太婆替换了尼娜。"一方面哄然大笑,另一方面却是不知所措。"阿尔诺说,"情郎好不容易从他的仙女造成的尴尬中脱了身,光着身子逃出屋子,就好像有魔鬼在后面追赶似的。"

关于罗马的风俗,雷斯①红衣主教没有告诉我们任何东西。我更喜欢小古朗热②和他在一六五六年和一六八九年的两部游记:他在文中赞美那些葡萄园和花园,单是那些地方的名字就独具魅力。

在善良门公园,古朗热提到的人,我几乎都找到了。是他们本人吗?不是!是他们的孙儿孙女。

德·塞维尼夫人③收到了古朗热的诗;她从罗舍城堡给他写了回信。那地方在可怜的布列塔尼,离贡堡约有百来里路。"我的好表弟,同您的日子相比,这里的日子是多么冷清!不过它适合我这样一个孤独女人。罗马的日子适合一个运星漂泊的人。尽管命运跟您有些不和,却正如您说的,它待您还是不错的。但愿如此!"④

古朗热一六五六年和一六八九年两次罗马之行相隔三十三年。我一八〇三年和一八二八年两次罗马之行只隔了二十五年。我要是认识德·塞维尼夫人,一定会治好她恐老的心理毛病。

斯彭、米松、杜蒙和爱迪生⑤在古朗热之后相继来到罗马,斯彭与同伴韦勒曾领我参观雅典的废墟。

---

① 雷斯(Retz,一六一三——一六七九),法国政治家、作家,所著《回忆录》有名。
② 古朗热(Coulanges,一六三三——一七一六),法国绅士,歌词作者。
③ 德·塞维尼夫人(Madame de sévigné,一六二六——一六九六),法国侯爵夫人,书简体作家。
④ 古朗热在信中谈到自己运星漂泊,并附上自己新作的一篇歌词,其中有这样一句:命运啊,您与我不知,却待我不薄。
⑤ 斯彭与米松情况不详。杜蒙(Dumont,一七五一——一八三一),法国画家。爱迪生(Addison,一六七二——一七一九),英国诗人、作家,著有悲剧《卡顿》。

杜蒙的书中提到他一六九〇年赴罗马时我们所赞美的杰作是如何摆设的：人们在凉亭上看见尼罗河和台伯河，安提诺乌斯、克娄巴特拉、拉奥孔和想象的赫拉克勒斯的胸像。杜蒙在梵蒂冈花园里设置了"非洲人"西庇阿墓上的青铜孔雀。

爱迪生是以学生的身份旅行的，因此他的游记就变成了对古典作品的引述，其中流露出对英国的回忆：途经巴黎时，他把自己的拉丁诗稿送给波瓦洛先生过目。

拉巴神父①跟随悲剧《卡顿》的作者旅行：这位巴黎多明我会的修士是个奇才。他在安第列斯群岛传过教，当过海盗，是个能干的数学家、建筑师和军人，使起大炮来就像摆弄掷弹筒，又是个博学的批评家，曾论证出是迪耶普人最早发现了非洲，他的才智较为诙谐，性格喜欢自由。关于教皇政府，我不知道别的旅行家是否有过更明白更准确的概念。拉巴在大街小巷到处跑，参加迎神游行，什么事都参与，对什么事也几乎都予以嘲笑。

多明我会教士叙述说，在卡的斯嘉布遣会的修士们那里，有人给他几条用了十年还是新的毯子；还说他看见一个穿着西班牙服装，腰挂佩剑，头发上扑粉，鼻梁上架着眼镜，胳臂下夹着帽子的圣约瑟夫。在罗马，他出席了一次弥撒。他说："我从没看见那么多残疾乐师聚在一起，也没见过那么多人来奏一支交响曲。行家里手说这么美的音乐别处是听不到的。我也这样说，好让人认为我也是内行。可是我没有得到做主祭随从那份荣幸，因为那仪式至少举行了三个钟头，我觉得足有六个钟头，因此中途离开了。"

我越往下写来，罗马的习俗就越和今日的习俗相似。

---

① 拉巴（Labat，一六六三——一七三八），法国多明我会教士。

在德·布罗斯①时代，罗马女人都戴假发。这个习惯形成已久：普罗佩斯②问他心爱的女人为何乐于装饰头发：

> 我的心肝，把头发如此装扮
> 有什么快乐？

我们的母亲高卢女人提供了塞维里娜、普里斯卡、福斯蒂娜、萨比娜③的头发。韦莱达④对厄多尔谈起她的头发，说："这是我的冠冕，我是为你保留的。"头发绝不是罗马人最重要的战利品，但肯定是最持久的战利品之一：人们常常从女人墓中取出这完整的饰物，它曾顶住了夜里姑娘们的剪刀；人们寻找它覆盖的优雅额头，却没有找到。芳香的发辫是最不专一的激情酷恋的对象，比一些帝国存在得更久。死亡可以打断一切链条，却无法扯断这轻轻的发网。今日意大利女人蓄着自己的头发。民间女子把它编成俏丽的辫子。

旅行的行政官德·布罗斯的画像和作品有点像伏尔泰。在谈到一块田园时他与伏尔泰有一场可笑的辩论。德·布罗斯曾有几次坐在一位博尔盖兹公主床边聊天。一八〇三年，我在博尔盖兹宫看见另一位公主，她借着兄长的光荣而引人注目。如今波利娜·波拿巴已不在人世了！如果她生活在拉斐尔的时代，也许会被他画成倚在法尔内齐纳宫狮子背上的漂亮小孩模样，而画家和模特儿会患上同一种爱情忧郁症。在我让热罗姆、奥古斯丁、厄多尔和西莫多塞流浪的那些荒原上，有多少花已经

---

① 德·布罗斯（de Brosses，一七〇九——一七七七），法国作家，行政官。其《意大利书简》出版于一七三九年。
② 普罗佩斯（Properce，公元前四七—十五年），古罗马诗人。
③ 不详。揣为一般法国女人的姓氏。
④ 韦莱达（Velleta），古代日耳曼人的女祭师和女先知。曾策动高卢北部的人民起义，事败被俘，死于罗马。

凋谢!

德·布罗斯描绘的在西班牙要塞的英国人和我们今日所见的差不多：一起生活，大叫大嚷，居高临下看可怜人，回他们伦敦的浅红色破房子时，对柯利赛教堂几乎都不看一眼。

德·布罗斯得到了巴结雅克三世[①]的荣幸：

"觊觎王位者有两个儿子。老大年约二十，老二有十五。我听到那些很了解他们的人说，老大有出息得多，父亲内心更喜欢他。他勇敢、心地善良；他很清楚自己的处境，哪天他要是摆脱不了困境，绝不是缺乏勇气。有人告诉我，在西班牙人征服那不勒斯王国时，他年纪轻轻就被派去参加围攻嘎埃特的战斗。在渡海时不慎把帽子掉到海里。有人想捞上来。他说：'不必捞。哪天我要亲自去找回来。'"

德·布罗斯认为，威尔士亲王若是想干什么事情，准保干不成。他说出了个中缘由。在表现了灵活与勇敢之后，查理·爱德华——他随奥尔巴尼伯爵姓——回到罗马，这时他父亲死了，他娶了斯托伯格-戈德恩公主为妻，在托斯卡纳安顿下来。据休谟说，他于一七五三年和一七六一年两次秘密访问伦敦，并出席了乔治三世的加冕礼。他对人群中某个认出他的人说："我最不羡慕的，就是这场盛典的主角。"此事不知是真是假。

觊觎王位者的同盟并不顺利，奥尔巴尼伯爵夫人跟他分了手，到罗马定居；另一个旅行家瑞士考古学家彭斯特堂就是在那里遇见她的。伯尔尼这位绅士晚年在日内瓦向我透露，他手里有奥尔巴尼伯爵夫人年轻时的书信。

阿尔菲耶里在佛罗伦萨见过觊觎王位者的夫人，从此一生都爱慕

[①] 雅克三世（Jacques Ⅲ，一六八八——一七六六），大不列颠和爱尔兰国王雅克二世之子，随父流亡法国。法王路易十四承认他为国王，但他一直未得到王位。故德·布罗斯在下文称他为觊觎王位者。

她。"十二年以后,"他说,"在我写这些可怜文字的时候,在我这个不再有幻想的可悲年纪,虽说时间摧毁了她唯一不是得自自身的魅力,即她一时美貌有光彩,我对她的爱却是与日俱深。我的心灵升华了,更加善良,因为她而变得温柔,我敢说,她的心也是一样,因为我给了它支持,使它变得坚强。"

我在佛罗伦萨认识了奥尔巴尼夫人,年岁在她身上起的作用,似乎与通常在他人身上起的作用相反:时间使面孔变得高贵,如果这是一张出身于古老家族的面孔,时间就在它做了标记的额头上印上这个家族的某种特征:奥尔巴尼伯爵夫人身子粗胖,面无表情,模样平常。如果鲁宾斯画中的女人也会衰老的话,她们到了我见到奥尔巴尼夫人时她那把年纪,一定与她相似,我气愤的是,这颗得到阿尔菲耶里支持和鼓舞的心,却需要另一种依靠。我在此想起当年给德·封塔纳先生的信中有关罗马的一段话:

您知道吗?我一生只见过一次阿尔菲耶里伯爵?您能猜出我是怎样见到他的吗?是在他被放进棺材的时候。人家告诉我,他的模样几乎没变。他的相貌看上去高贵而庄严;死亡无疑使他变得更严肃。棺材短了一点,人们只好把死者的头压到胸脯上,这使尸体可怕地动了一下。

年轻时写的东西晚年重读,比什么事儿都悲哀:当年的事情如今已成为过去。

一八〇三年在罗马,有一阵我见到了约克红衣主教。这位亨利九世,斯图亚特家族的末代子孙当时有七十九岁了。他没有骨气,接受了乔治三世的一笔津贴;查理一世的遗孀曾向克伦威尔要求一笔津贴,却没有得到。这样,斯图亚特家族失去王权后再没有收回,过了一百一十九年，就绝嗣了。三个觊觎王位的子孙在流亡中传承着一顶王冠的影子；他们不缺智力和勇气，缺什么呢？缺天主的援助。

此外，斯图亚特家族的人看到罗马便想得开了。在这巨大的废墟上，他们的沉浮只是一个轻微事故，只是大片废墟中间一根折断的小柱子。他们家族在从世上消失的时候，还得到了另一种安慰：他们看见古老的欧洲倒塌了，附着在斯图亚特家族身上的灾难把别的国王也拖进尘土里。其中就有路易十六。他的先人不肯给查理一世的后代提供避难之所，而查理十世在约克红衣主教的年纪死在流亡之中！查理十世的子孙仍在人世间流浪！

拉朗德[①]一七六五和一七六六年的意大利游记仍是对艺术的罗马和古代罗马描述得最好最准确的文字。"我喜欢读历史学家和诗人的作品，"他说，"但人们恐怕不会一边踏着载负这些历史学家和诗人的土地，在他们描写的山岭上散步，看着他们歌咏过的江河奔流，一边读他们的作品，从而感受更大的愉悦。"对一个吃蜘蛛的天文学家来说，这不算太坏。

杜克洛[②]几乎和拉朗德一样干瘦，他有了这个细心的发现："不同民族的戏剧都相当真实地反映了他们的风俗。意大利喜剧的主要角色仆人是个丑角，总是被演成非常好吃的模样，而他的好吃却是出于一种平常的需要。我们喜剧中的仆人总是醉醺醺的，可以想象他们生活放荡，却绝不至于贫穷。"

杜帕蒂[③]夸张的赞美并未补偿杜克洛与拉朗德的枯燥乏味，但它让人感受到了罗马的存在。有人通过反映，发觉描写文体的感染力是在卢

---

① 拉朗德（Lalande，一七三二——一八〇七），法国天文学家。
② 杜克洛（Duclos，一七〇四——一七七二），法国哲学家。
③ 杜帕蒂（Dupaty，一七四六——一七八八），法国波尔多法院院长，著有《关于意大利的书信》。

梭的气息①吹拂下产生的,"生命的一丝气息"。杜帕蒂接触了这个新流派,不久,这个流派就用感伤、晦涩和矫揉造作取代了伏尔泰的真实、浅显和自然。不过,透过他做作的难懂的话,杜帕蒂的观察还是准确的:他用相继接位的君主年龄老迈,来解释罗马人民的耐性。他说:"对于罗马人民,一个教皇始终是一个行将就木的国王。"

在博尔盖兹别墅,杜帕蒂看着黑夜降临:"只剩一线日光在一个维纳斯的额头上逝去。"现代诗人能说得更好一些吗?他向蒂沃利告辞:"别了,小山谷!我是外国人,没住在你美丽的意大利。我不会再见到你,但我的儿女或者儿女的什么人没准哪天会来探访你:你对他们父亲展现过的魅力,也请对他们展现。"这位诗人兼博学者儿女的什么人访问了罗马,他们本来可以看到杜帕蒂"创造出来的维纳斯"②脸上逝去的最后一线阳光。

杜帕蒂刚离开意大利,歌德就来接替了他的位置。波尔多法院院长是否听人说起过歌德?不过,在杜帕蒂的名字消失的这块土地上,歌德的名字却传开了。我并不是偏爱德国的大天才;我对叙事诗人无甚好感:我欣赏席勒,但我理解歌德。歌德在罗马对朱庇特生出狂热崇拜,其中确有很美的东西,一些杰出的艺术家都这样评价。但是我更喜欢十字架的主神,而不喜欧奥林匹斯山的主神。我沿着台伯河寻找《少年维特之烦恼》的作者,但是没有找到。我只在这句话中找到他:"我眼下的生活就像年轻时的一场梦;我们将看到我究竟是命中注定要来领略它,还是承认它和别的梦一样,是一场空。"

当拿破仑的鹰听任罗马逃过它的爪子后,罗马又落入了它温和的牧人怀抱:这时拜伦出现在恺撒们坍塌的墙垣里。他把悲痛的想象力投向

---

① 气息亦有启发,灵感之意。
② 指杜帕蒂的长子查理(一七七一——一八二五)。他是雕塑家,罗马法国科学院的成员。

这样多的废墟，就像给它们罩上一件丧服。罗马！你原来有个名字，他又给你取了一个；这个名字将留存下去：他管你叫"失去孩子和王冠的民族的尼奥贝①。她要诉说不幸又发不出声；两手捧着一个空瓮，骨灰早就撒掉了。"

在这最后一场诗兴大发之后不久，拜伦就去世了。我本可在日内瓦见到拜伦，却没有见到；本可在魏玛见到歌德，也没有见到；不过我见到德·斯塔尔夫人倒下了：她不肯生活在青春之外，便匆匆带着科琳娜上了卡皮托利山：不朽的名字，著名的遗骨，与永恒之城的名字和遗骨融合在一起。

罗马现代风俗

在意大利，从一个世纪到一个世纪，人物与风俗就这样变化着。不过，大的变化，主要还是由我们对罗马的双重占领造成的。

在督政府的影响下成立的罗马共和国拥有两名执政和一群皂吏衙役（都是从下层人中间招的无赖），显得是那样滑稽，它并不单单在民法里进行了顺利的改革：这个罗马共和国设想的分省行政体制被波拿巴借用设立了省治机构。

我们给罗马带去了一种前所未有的管理胚芽。罗马成了台伯河省的首府，被安排在优越的位置。它那套抵押的办法是从我们这里搬过

---

① 希腊神话中的女王，因为嘲笑勒托只有两个儿子，遭到报复，七子七女被杀。宙斯把她变为一尊哭泣的雕像。

去的。取消修道院，经过庇护六世认可的拍卖教产削弱了长久的宗教信仰。那著名的"禁书目录"在阿尔卑斯山这边还有几声反响，在罗马却已是毫无声息：只要花上几个钱，就可以心安理得地阅读禁书。"禁书目录"是作为旧时代的见证保留下来的风俗之一。在罗马和雅典共和国，国王的头衔，与君主制度有关的名门望族的姓氏，难道都没有被恭恭敬敬地保留下来？只有法国人才愚蠢地对他们的陵墓和历史发火，才会推倒十字架，劫掠教堂，仇恨基督纪元一千或者一千一百年的教士。再没有比这种回忆往事侮辱先人的做法更幼稚或更愚蠢的了。也没有比这更让人认为我们干不了正经事，我们永远不了解真正的自由原则的事情。我们不但不轻视过去，而且会像各民族所做的那样，把过去当作在家里谈见闻的可敬老人来对待：这样，他又能给我们带来什么灾祸呢？他通过叙述、想法、语言、举止和过去的服饰来教育我们，使我们高兴。不过他没有力气，两手发软，发抖。这位和我们的父辈同时代的人倘若能死，早就进坟墓了，而且除了他们骨骸的权威，他再没有别的权威，对于他，我们难道还害怕吗？

法国人穿过罗马，在这里留下了他们的原则：当一个文明较先进的民族完成对一个文明较落后的民族的征服时，这种事儿就总是发生。亚历山大治下希腊征服亚洲、拿破仑治下法国征服欧洲便是明证。波拿巴在把儿子们从母亲们那里带走，在逼迫意大利贵族离开宫殿，扛起武器的同时，匆匆进行民族精神的改造。

至于罗马社会的面貌，在举行音乐会和舞会的那些日子，人们简直以为身在巴黎。罗马那些名媛贵妇，如阿尔蒂埃里、帕列斯特里娜、扎嘎罗拉、代尔·德拉戈、朗特、洛扎诺等，圣日耳曼郊区的沙龙对她们来说并不陌生。不过，这些妇人中有几位神色惊恐，我认为这是环境造成的。例如，美丽的法尔柯尼埃莉就总是挨着门，如果人家注视她，她就准备往马利尤斯山上跑：山上的梅利尼别墅是她的产业。若是在那个荒废的别墅里，在那些望得见海的柏树下放一部传奇小说，也许有其价值。

不过，不管在意大利从一个世纪到一个世纪，人物风俗发生了什么变化，人们还是发现了一个高尚的、我们这些平庸的蛮子无法企及的习惯。在罗马仍有古罗马人的血统，仍有世界主宰的遗风。当人们看到百姓们那些矮小的新房子，或者被分割成小屋、伸出烟囱的宫殿里挤满外国人时，以为看到一些老鼠在阿波罗多罗斯①和米开朗琪罗的纪念碑脚下扒土，拼命地啃啮，在金字塔上打洞。

如今罗马的贵族叫革命闹得破了产，把自己关在宫殿里，节衣缩食，自己承担采买和各项家务。当人们有幸晚上受到那些人家接待时（这种情况十分少见），人们穿过的大厅空荡荡的，没有摆设家具，灯光幽微，沿墙那些古代的雕像在黑暗中发白，就像一些幽灵或者出土的死尸。走到大厅尽头，引路的衣衫破烂的仆人把您领进一间闺房式的房间。一张桌子周围，坐着三四个老妇或者衣装不整的少妇，她们一边就着灯光做一些小手工活儿，一边与暗处半躺在破椅上的父亲、兄弟或者丈夫说上几句话。不过，在这个为一些杰作遮掩的，您一开始以为是巫魔夜会的聚会里，自有一种说不出的、只有名门贵族才有的庄严崇高之美。向妇女献殷勤的那类侍从骑士完了，尽管还有一些戴披巾抱脚炉的神父；这里那里也有某个红衣主教待在某位女子家里不走，就像她家的一只沙发。

教皇不可能再重用亲属，闹出丑闻，正如国王不能再名正言顺、堂而皇之地养情妇。既然罗马的贵妇不能参政，又没有那些悲惨的艳遇情事以供消遣，那她们在家里如何打发时间呢？深入探索这种新风俗准会有趣：我如果留在罗马，就要做一做这件事。

---

① 阿波罗多罗斯（Apollodore，六〇——一二九），古希腊建筑师。

地点和风景

我于一八〇三年十二月十日去过蒂沃利。在那个时候，我曾在一篇当时出版的记叙文①中这样讲过：

那是一个适宜于沉思默想的好地方，我回忆过去的经历，感受到了现在的重要，我试图猜想我未来的生活，二十年后我会在什么地方？我会干什么？

二十年呀！这对我来说，就像一个世纪。我想，在这个世纪过完之前，我一早已经长眠于我的墓中了。那时，从这个世界消逝的不仅是我，还有这个世界的主宰者和他的帝国本身！

几乎所有古代的和现代的旅人在罗马乡下都只看到了一些他们称之为恐怖和光秃秃的地方。蒙田对那些不乏想象力的人说过："在我的左面，远远地看去是亚平宁山。看到这个不怎么可爱的地方的全景，千沟万壑，光秃秃的土地上，连一棵树也没有，真是个贫瘠的地方。"

新教徒密尔顿以同他的信仰一样枯燥冷漠的目光看待罗马乡村，而拉朗德和布罗斯地方的主席也和他一样对其视而不见。

德·邦斯特当②先生于一八〇四年（也就是我写信给德·封塔纳先生、一八〇三年底刊登在《信使》报上的那封信发表一年之后）在日内瓦出版的《〈埃涅阿斯纪〉后六卷的舞台之旅》中，我们几乎找不出对那种惊人的孤独的真实感情，而且里面还掺杂了一些愤怒的指责。在埃涅阿斯的天空下，可以说是面对荷马诸神阅读维吉尔的诗歌，那是多么惬意啊！邦斯特当说："在这荒无人烟的地方，只看得见大海，一些毁坏了的

---

① 那篇文章的题目是：《蒂沃利和阿德拉那别墅》（*Tivoli et la villa Adriana.*）。
② 德·邦斯特当（de Bonsteten，一七四五——一八三二），瑞士作家。

树林,田野和大片的牧场,而看不到一个居民。这里多么荒凉!在这辽阔的土地上,只看到一所房子,而这所房子就在我身旁的小山顶上。我走了过去,房子没有门。我登上楼梯,走进了一间卧室,只见一只猛禽在那里筑了一个巢。我在这所已被弃置的房子的窗边待了一会,看着我脚下的这片海滨。在普利那①时代,这一带多么繁荣富饶,而现在这里竟一个农夫也找不到。"

自从我对罗马农村做过描写以后,人们对此也由诋毁转向热情,英国和法国的旅人步我的后尘,他们的足迹从斯托尔塔②到罗马,一路上心旷神怡。德·图尔农③先生在他的统计学研究中,走进了我有幸发现的、值得钦佩的古罗马大道。"罗马乡村,"他说,"每走一步,都更加清晰地展现它那无边的线条、众多的景致及山脉的美丽轮廓的壮丽美。它那独具的庄严使人震动,让人心驰神往。"

我差点没提到西蒙④先生了。对他来说,旅行是一件不可思议的事,他以看到乱七八糟的罗马为乐事。他骤然逝世时,我正在日内瓦。他是个农庄主,那时他刚割完他的草料、高兴地收获了第一批谷物,再回去收集割倒的草和庄稼。

我们有几位著名风景画家的信,普森和克洛德·洛兰虽然对罗马未发一言,但是,如果说他们的羽笔沉默的话,他们的画笔却洋洋万言:L'agro romano⑤是一个神秘的美景之源,他们从中汲取素材,以天才的吝啬将之隐藏,像是生怕庸俗会将其辱没一样。奇怪的是,正是法国人的眼睛很快地看到了意大利的光芒。

---

① 普利那(Pline),公元一世纪拉丁诗人。
② 斯托尔塔(storta),往佛罗伦萨去的路上,距罗马十二公里的一个驿站。
③ 德·图尔农(de Tournon,一四八九——五六二),帝国时期的罗马省长,后任波尔多和里昂省长。
④ 西蒙(Simon),瑞士旅行家。
⑤ 罗马乡村。

我又读了一遍二十五年前我写给德·封塔纳先生关于罗马的信，我承认，在我看来这封信是如此的真实，表达恰到好处。那年冬天（一八二九年）有家外国公司来提出开垦这片罗马的乡间土地。啊，先生们，你们别在雅尼居尔①的那种英式花园吧！为了那些花园，几个世纪以来长满了青草的土地上，森森纳杜斯②的犁铧都被砸碎了。而如果将来有一天，它们使得这片土地更加丑陋的话，我将逃离罗马，永不复足。去别处使用你们的改进过的犁铧吧！在这片土地上，只能挖掘坟墓。有几个家伙跑上跑下地算计着毁掉图斯居兰③的废墟可建筑多少贵族式的城堡，红衣主教们对此充耳不闻。他们只怕是要用石灰和大理石来为保罗·埃米尔做石棺了，就像他们曾用排水管和铅来为我们的祖辈做棺材一样。红衣主教怀念过去；此外当他证实罗马乡村提供给土地所有者百分之五的土地作牧场，而却能生产出一点五倍的小麦时，他把经济学家们给弄糊涂了。这不是懈怠的结果，而是实得的利润。平原种植者获得了的先权，罗马农村一亩地的收入，几乎比得上法国最好的土地上相同面积的收入。要让人信服的话，只须读一读尼克拉伊④先生的著作。

---

① 雅尼居尔，指台伯河右岸的丘陵地带。
② 森森纳杜斯，以生活简朴著称。公元前四六〇年是罗马执政官，后又两次当上罗马独裁官，最后回乡重操犁铧。
③ 意大利古代城名。
④ 尼科拉伊（一七三三——一八一一），德国评论家、出版商。

给维勒曼先生的信

我跟您说过,在我第二次罗马之行开始的时候,我正感到困扰和烦恼,最终重新踏上了那片废墟,回到了阳光下:我还处于初步印象的影响之下,一八二八年十一月三日我给维勒曼先生①回信:

先生:

我在罗马孤独寂寞的时候,正好收到了您的来信。它驱散了我对这个地方强烈的厌恶情绪,这种厌恶情绪与以前那些剥夺我的双眼以致不能像起初那样看待周围事物的时候是不同的。我记忆中的点点滴滴远远不够和现在的罗马联系起来,从而使自己得到慰藉。当我在数个世纪的遗址中散步的时候,这些只为我提供了一个推测年代的尺度。我追忆过去,看到了我曾失去的一切和我以后将拥有的短暂时光的尽头。我努力去追忆那些可以使我停留的乐事,却找不出一件来。我尽力去欣赏那些曾令我为之叹服的东西,却也再没有仰慕之情了。我回到家里体验着那些被acirocco②压坏或被来自地中海的北风刺透的荣誉。这就是我全部的生活。我离坟墓不远,还没有足够的勇气去造访这个坟墓③。人们照看着许多摇摇欲坠的纪念物,把它们支撑住,砍掉缠在上面的花花草草。我离开时还年轻的女人们已变得苍老了,而那些废墟却又重焕青春。在这种地方,人们能干什么呢?

我还肯定地告诉您,先生,我只想回到地狱街去永远不再出

---

① 维勒曼(Villemain),当时巴黎大学的教授。
② 地中海干燥的风。
③ 波利娜·德·博蒙(Pauline de Beaumont)的故墓。

来。我履行了对国家、对朋友的所有诺言。当您和贝尔坦·德·沃先生进入国会时,我将别无他求,因为凭你们的才干,你们很快就能得到高升。我希望,我的退出,对于停息那些可怕的反对意见多少起些作用。公民自由在法国受到永远的承认。我的牺牲伴随我的职务现在应该结束了。我只要重回我的"诊所",我只对这个地方感到满意,因为我曾在那里受到过最好的招待。我发现了一个非常宽容的政府,除了意大利的事以外,它对各种事情也很在行。但什么也比不上从世界舞台上完全消失这一念头更令我开怀:在别人发现之前就先进入了清静的坟墓,这确实是件欣慰的事。

谢谢您乐意与我谈及您的工作。您将会做一件与您的身份相符,而且能进一步提高您的知名度的事。在这里,如果您还有些研究要叫人做的话,尽管吩咐好了。在梵蒂冈做一次挖掘将会给您提供许多宝物。唉!我对可怜的蒂埃里先生看得太重了!我敢肯定对他的追忆使我困惑。他那么年轻[①]对工作满怀热忱,却这样匆忙地走了!就像有真才实学的人一样,他的思想一直在不断完善,在他身上,理智取代了执拗。我仍期待着会有一个奇迹,我为他写作呼吁,可人们甚至不予理睬。我曾为您感到更为高兴,而德·马蒂尼亚克先生的一封信最终使我期望您将受到公正的对待,尽管这一公正姗姗来迟,而且还很不完全。先生,我只为我的朋友们而活着,请您允许我把您也列入我那些剩下的朋友之中。先生,怀着真诚和仰慕之情,我仍然是您的最忠实的仆人。[②]

仙女乐意把自己

[①] 蒂埃里当时三十三岁。
[②] 感谢上帝,蒂埃里先生又活过来了,并以新的力量重焕青春,又开始了他的重要工作。但他几乎失明,像蛹中的虫子一样在黑暗中工作:他几乎成了瞎子——原注。

紧闭在金和丝的坟墓里，
谁使她
躲过了众人的眼睛。
……

夏多布里昂

致雷卡米耶夫人的两封信

德·拉·费隆内先生告诉我瓦尔纳①投降一事，这我已经知道了。我想起您以前也曾说过，整个问题对我来说，就像这个广场上的喷泉一样。还有，土耳其皇帝只有在俄国人做出一些在以往的战争中从未做过的举动时，才会想到"和平"二字。近来，我们的报纸也一度可怜巴巴地土耳其化。他们怎么会一度忘记希腊崇高的利益转而欣赏那些在伟人的国度和欧洲最美丽的国家推行奴隶制、传播鼠疫的野蛮人呢？这就跟我们一样：我们这些法国人，个人的一点点不快就使我们忘记了自己的原则和最通常的情感。战败的土耳其人引起了我的一点同情，打赢了的土耳其人使我感到厌恶。

现在，我的朋友德·拉·费隆内仍在当政②。我庆幸自己，我做

---

① 俄国人对土耳其的胜利。
② 德·拉·费隆内（de La Ferronnays，一七七一—一八四二），一八二八年一月后任马蒂尼亚克内阁外交大臣，身体状况欠佳，一八二九年元月四日，在国王的办公室里差点昏厥，由"前所未有的最不幸的人"波塔利斯（详见卷三，篇章三十一）代其职务，并于三月十五日正式担任此职。

出跟随他的决定将会使他职位的那些竞争对手远他而去。但最终我还是得离开这儿。我只想远离政治生涯，回归孤独，我渴望在有生之年能独立自主。新的一代已经成长起来了，他们将会拥有我曾为之努力奋斗的公众自由。他们会拥有，但不能滥用我的遗产，我要在您的身旁宁静地死去。

前天，我独自去庞菲利别墅散步，多美的享受！

一八二八年十一月八日，星期六，于罗马

在托尔路尼亚①家的举行了首场舞会。我在那里见到了地球上所有的英国人，我仍自以为是驻伦敦的大使。英国人像充当着既定的配角，准备整个冬天在巴黎、米兰、罗马、那不勒斯跳舞过冬。春天一到，他们的任期届满，要回到伦敦去。在卡皮托制遗址上的蹦蹦跳跳和上流社会到处推行的一致风俗真是千奇百怪，但愿我还有办法可以逃到罗马的荒漠里去！

在这里有真正不幸的东西，那些与当地自然界不协调的东西，就是那些充斥在这里的俗不可耐的东西：英国女人和那些无聊的花花公子就像蝙蝠被缚住了翅膀一样，把他们的怪模怪样，他们心中的愤懑和他们的妄自尊大送到你的节日盛会上来，在你家里一住不走，就像永久地住在客栈里一般。这些流浪的、扭着腰走路的大不列颠人，在盛大的节日里跳到你的位子上，要与你比试拳击，把你赶下去。他们每天贪婪地吞噬着，好的坏的来者不拒。他们给你带来了许多"荣誉"，却吞吃了你晚会上所有的蛋糕和冰激凌。我真弄不懂，一个大使怎么能忍受得了这样一些粗俗的客人，而不将他们赶出门外。

十一月十五日，星期六，于罗马

---

① 托尔路尼亚（Torlonia），富有的罗马银行家。

关于将要与读者见面的《回忆录》的几点说明

我在维罗纳大会上,曾谈到过我的关于东方的回忆录已经存在。当我在一八二八年从罗马寄了一本给当时的外交部长德·拉·费隆内公爵时,世界还不是这个样子:在法国,正统王权还存在;在俄国,波兰也还未消失;西班牙仍处于波旁王朝的统治之下,英国还无保护我们的荣誉。因此,这本《回忆录》中的许多事都是老掉牙的了。今天,在几个方面,我的对外政策也不再相同了。十二年时间改变了外交关系,但真理的本质仍保留着。我把《回忆录》全文刊登出来,以再次为人们不顾事实真相而顽固地对法国王朝复辟时期谬加指责而鸣不平。复辟王朝一旦在其朋友中选拔了各部部长之后,就不停地为法国的独立自主与法兰西的荣誉而操劳。它站起来反对维也纳条约,它要求收回用于防御的国界线,这并不是为了将疆域扩充到莱茵河河畔为荣,而是为了寻求安全的保障。当人们对它谈到欧洲平衡时,它笑了,尽管这一平衡对它是那样的不公平。既然它在北方乐意裁军,那么它当然希望首先向南方扩展。在纳瓦兰①,它重新组建了一支海军,并让希腊获得了自由,东方的问题并未再次使它措手不及。

自从我写《回忆录》以来,我对东方问题曾持过三种观点:

一、如果欧洲的土耳其将要被瓜分的话,出于扩展国土和在阿尔奇佩尔拥有几个军事基地的需要,我们也应有自己的一份。拿分割土耳其与瓜分波兰相比是极不明智的。

二、把土耳其看作处于弗朗索瓦一世的统治下,作为一项有利于我们强国的政策,这就等于在人类历史上删去了三个世纪。

---

① 纳瓦兰(Navarin),希腊港口。

三、借口使土耳其文明化，给它一些汽船，为它修建铁路，训练它的军队，教会他们驾驶军舰，这不是把文明扩展到东方，而是将野蛮引进西方。将来的易布拉欣可以使未来恢复到查理——马泰尔时期或维也纳被围的时代，波兰英勇地拯救了欧洲，而国王们的忘恩负义却给波兰施加压力。

我应指出的是，我和邦雅曼·贡斯当是唯一指出基督教政府缺乏主见的人，一个民族，其社会秩序建立在奴隶制和多配偶制上，这个民族，真应该送回到蒙古大草原上去。

最后的结果是，根据安基亚尔——斯克莱西条约[①]成为俄国附庸的欧洲土耳其已不复存在了。如果问题得马上解决，我所怀疑的是，一个独立自主的帝国最好把政府设在君士坦丁堡，把希腊形成一个整体。这可不可能呢？我不知道。至于穆罕默德·阿里[②]这个冷酷的农场主和海关关员，为法国利益考虑，埃及由他看管当然比交给英国人要好。

但我努力要显现法国复辟王朝的荣誉，啊，谁会为它所做的一切操心呢？尤其是几年之后谁还会为之操心呢？第尔和埃克巴塔尔的利益也同样使我激动，过去的世界不再、也不会再存在了。在亚历山大之后，罗马人开始当政；在恺撒大帝之后，基督教改变了世界；查理曼大帝之后，黑暗的封建社会里孕育着一个新社会；拿破仑之后则是虚无；人们既看不到帝国、宗教，也看不到野蛮人，文明达到了最高峰。但这是一种庸俗的贫瘠的文明，毫无建树。因为人们只有通过道德才会产生生命，只有通过天国之路才能激发创作灵感，铁路只不过是更快地把我们引向深渊。

以上就是我认为理解《回忆录》随后的正文所必要的前言。这个《回

---

① 一八三三年七月八日，俄国和土耳其签订的条约（traité d'Unkiar-Skelessi）。
② 穆罕默德·阿里（Mehemet Ali，一七六九——一八四九）埃及副王，一八一一年他在开罗屠杀了玛木路克人，后又征服苏丹。在法国的支持下，致力重过苏丹的统治。

忆录》在外交事务中也会有它的地位。

致德·拉·弗隆内伯爵先生的信（附《回忆录》）

我尊敬的朋友：

在您十二月十日的私人信件中，您对我说："我对目前的政治局势做了一个简单的概括，您一定在回信中乐意把您的想法告诉我。在这方面，您的意见最好不过了。"

尊敬的伯爵，您对我的友情使您对我太宽容了，我丝毫不认为附上的《回忆录》能给您以任何的启迪，只是遵照您的吩咐做而已。

一八二八年十一月三十日，于罗马

第一部分

由于我离事件发生的地点太远，我对谈判的情况差不多是一无所知，因此我几乎不能进行恰当的评论。然而，由于我对法国的对内政策有着一种不可动摇的执着，可以说，我是第一个要求解放希腊。尊敬的伯爵，我乐意将我的想法呈献给您。

当我出版《关于希腊的笔记》一书时，《七月六日条约》[1]并不成问题。这个笔记包含有这条约的起因：我建议欧洲五大国给迪范[2]发个共同电报，紧急地要求他停止在苏丹政府和希腊人之间的一切

---

[1] 一八二七年，根据英国这项条约，法国、俄国也加入进去以保卫希腊，对抗土耳其。
[2] 迪范：土耳其政府。

敌对行为。一旦遭到拒绝,五大国将立即宣布它们承认希腊政府的独立,并将接待该政府的外交使节。

政府各部门都阅读了我这本笔记。由于我曾担任过外交部长,这一身份使我的观点显得有些重要性。奇怪的是,梅泰尼王子对我书中的思想表现的反对情绪还没有坎宁先生强烈。

我同坎宁先生曾有过密切的交往。他的口才极好,胜过大政治家,真是才能卓越,不亚于政府要人。但他对成就,尤其是对法国的成就一直有着某种妒忌心,当国会中的反对派损害或刺激了他的自尊心时,他便急于进行报复,或是冷嘲热讽,或是口出狂言。就是因为这样,在西班牙战争后,他以调整海外事务为由,拒绝了我费尽九牛二虎之力才从马德里政府内阁争得的参加诉讼申请。其实际的原因是:这个要求不是他自己提出来的,他不愿意看到,在他的方案里(如果他有方案的话),再次出席全体大会的英国不受大会契约的任何约束,一直自由地单独行动。也是他,坎宁先生,还让军队开拔到葡萄牙,这并不是为了捍卫他第一个站起来嘲弄的宪章,而是由于反对派因我们的士兵在西班牙而指责他。他想告诉国会,英军占领里斯本正如法军占领卡迪斯一样。就这样,他最终违背了自己的意愿,违背了国家的意志和希腊人民的利益,签订了《七月六日条约》。他之所以同意这个条约,是因为他怕看到我们和俄国带头发难,独揽解决问题的殊荣。总之,这位后来声名鹊起的部长,也相信可以通过这项条约来限制俄国的行动。然而,很明显,条约正文并没有钳制尼古拉大帝的行为,也没有强迫他放弃与土耳其之间的特种战争。

《七月六日条约》是一个不完全的文件,粗糙而有诸多纰漏,文件没有任何预见性,往往自相矛盾。

在我的《关于希腊的笔记》中,我猜测到五大国都会参加。奥地利和普鲁士却联合中立。这一中立立场使它们可以随时根据情况，极为自由地宣布支持或反对交战的某一方。

回忆过去并不重要，重要的是要抓住现在。各国政府必须要做的一切就是最好地利用已有的现实情况。所以，让我们看一看目前的局势吧。

我们占领了莫雷①，这个半岛的一切要塞都在我们的手里，这是与我们密切相关的。

瓦尔纳被攻陷，成了一个距君士坦丁堡只有七十小时步程的前哨。达达尼尔海峡被封锁了。俄国人在冬天夺取了西里斯特里和其他几处要塞，去了许多新兵。到春天，为一场决定性战役的一切准备已开始进行。在亚洲，帕斯凯韦兹将军侵占了三个帕夏管辖区，他控制了幼发拉底河流域的资源，威胁到埃尔译鲁的交通。这也与我们有关。

尼古拉皇帝是不是最好在欧洲进行战争呢？如果可能，我想是这样。走过君士坦丁堡，他就能快刀斩乱麻地摆脱一切外交困境；人们总是站在胜利者一边；寻求盟国的办法就是取胜。

至于土耳其这方面，据我看，如果俄国人在瓦尔纳失败，那他们早对我们宣战了。他们是不是会明智地开始和英、法谈判协商以求两者之中至少能摆脱一个呢？奥地利自然会建议它选择后者。谁将成为这批不具有欧洲思想的人的主人，还很难预料。他们狡猾如奴隶，狂傲似暴君，只有在恐惧时，他们暴戾的脾气才会有所收敛。根据几份资料，苏丹马穆二世看来比近几任苏丹都要好些，政治上尤其有胆识，但他是否具有征服自我的勇气呢？他满足于在国都郊区搞一些检查，任那些要人显贵苦苦哀求他不要去安德里诺普

---

① 在梅松将军一八二八年八月登陆之后。莫雷是今天法国卢瓦尔-歇尔省的首府。

菜,君士坦丁堡的百姓们受胜利的影响之深远甚于国王的控制。

不过,我们还是得承认迪范同意以《七月六日条约》为基础进行谈判。谈判过程将非常艰难。如果只有希腊的边界线归他管辖,那是远远不够的。这些边界线将在大陆的什么位置呢?有多少岛屿获得自由呢?曾那样英勇地捍卫自由的萨莫斯①,会不会被抛弃?再远一点,想想那些既定的协商会,会谈会不会使尼古拉的大军陷入完全停顿状态呢?

当土耳其的三个大国联盟全权代表在阿尔奇佩尔谈判时,军队每入侵布尔加里一步,都会改变问题的性质。如果俄国人被击退,土耳其就会解散议会。但如果俄国人打到君士坦丁堡了,那莫雷的独立就至关重要了,希腊人再也不需要保护者和谈判者了。

因此,让迪范来负责《七月六日条约》,这只是推迟困难,而不能解决困难。在我看来,希腊的解放和土、俄和约的签订同时进行,是使欧洲各国内阁走出困境的必要条件。

尼古拉皇帝对和平中提出了什么条件呢?

圣彼得堡内阁想要调整阿克尔芒-伊阿西条约,会提出了如下的要求吗? 1.两个公国完全独立;2.黑海对俄国实行与其他国家同等的商贸自由;3.赔偿最近一次战争中的费用。

要达到以此为基础的和平,有着数不清的困难。

如果俄国想替摩尔达维亚和瓦拉几亚两公国挑选国王的话,那奥地利将会把这两国看作是俄国的两个省份,它会反对这桩政治交易。

两个公国会独立于任何大国统治之外,还是会成为同时受数个君主控制的保护国?

---

① 萨莫斯(Samos),位于爱琴海,希腊岛屿。

在这种情况下，尼古拉更喜欢由马穆任命的两国大公，因为这两国一直属于土耳其，在俄军铁蹄之下，是不堪一击的。

黑海贸易自由和海域向欧洲、美洲各国的船舶的全面开放，将动摇苏丹政府的统治基础。允许战船在君士坦丁堡下面通过，对于奥斯曼帝国的地理位置来说，这无异于允许外国军队有权随时沿巴黎城墙穿越法国。

最后，土耳其从哪里去弄钱来支付战争费用呢？所谓的苏丹宝库不过是个古老的传说罢了。除高加索外，被征服的省确实可以用来作所需款项的抵押。两支俄国军队，在欧洲的这一支，似乎是事关尼古拉的荣誉所在，在亚洲的那支负责得到财物的实惠。但是，如果尼古拉自从为不受他的宣言束缚的话，英国会不会用无所谓的眼光来看待向印度前进的莫斯科士兵呢？当俄军一八二七年在波斯帝国逾越了一步时，英国不就惊慌失措了吗？

如果此项条约的实施以及土、俄之间和平条件的合理解决带来了双重困难，如果这一双重困难使试图克服困难的努力白费，如果到春天又展开一场新的战役，欧洲大国会在这场战争中表态吗？法国又将充当什么样的角色？这就是我在《笔记》第二章中将要审视的问题。

第二部分

奥地利和英国有着共同的利害关系。所以，在对外政策上它们自然而然地联合在一起。不论其政府组成形式多么的不同，对内政策如何相悖，两者都同样敌视和嫉妒俄国；两者都希望扼制这一强国的壮大。它们也许会在某种极端的情况下联合起来，它们会感到，如果俄国不屈服，它可以对抗比实际上更强硬的这种联盟。

奥地利无求于英国，而英国只有在为奥地利提供金钱的时候才有用处。不过英国自身为债务所累,已无力借钱给任何人了。囿于自己的财源,奥地利在现时的财政状况下无法调动大量的军队,不得不防备意大利,和同波兰与普鲁士的边界上处于警备状态。俄国军队现在的位置,进入维也纳要比进入君士坦丁堡快得多。

英国又能对俄国做些什么呢?关闭波罗的海,不再从北部市场购买大麻和木材,摧毁埃当①上将在地中海的舰队,或是派几个工程师和士兵去君士坦丁堡,向首都提供一些食物和弹药,进入黑海,封锁克里米亚所有的港口,还是抢走俄军后备部队的商船和军舰?

就算这一切都做到了(首先要知道不花一大笔钱是无法做到的,而这笔钱既不可能有赔偿,也不会有担保),尼古拉庞大的陆军依然存在。

奥地利和英国攻打十字军,这有利于土耳其,将增加俄国在一场民族和宗教战争中的威望。这种性质的战争没有钱就可以打,由于舆论的力量,它可以使一些国家去反对另一些国家。让那些神父们去圣彼得堡开始传教吧,就像伊斯兰学者在君士坦丁堡传道一样。他们会发现很多很多的士兵,对于战绩机会的向往远远胜过对方对人们的热情和信仰的呼唤。这股潮流从北到南势不可挡,这比起从南到北慢慢爬登的那股潮水自然要迅猛得多,因为人流毕竟更倾向于去气候好的地方。

如果奥地利和英国声明站在土耳其一边,普鲁士还会对这场大战袖手旁观吗?没有理由可以相信这一点。

在柏林的内阁中,可能存在一个仇视和害怕圣彼得堡内阁的政党。但这个政党已开始衰败,并且认为反奥地利党,尤其认为那种

---

① 埃当(Heyden),俄军舰队司令。

家族亲情是一大障碍。

在君主之间，家庭观念通常很淡薄。但在普鲁士，这种联系却很紧密。腓特烈·纪尧姆三世就深深地爱着他的女儿、现今的俄国皇后。他一想到他的孙子将来能登上彼德·大帝的宝座便格外开心。王子们呢，腓特烈王子，纪尧姆王子，查理王子，亨利·阿尔贝子也都非常依恋其姐姐亚历山大娜。储君最近毫不掩饰地在罗马宣称他是吃土耳其的饭长大的。

权衡一番利弊后，我们发现法国处在一个受人羡慕的政治地位上，它可以成为这场争斗的评判员，它可以根据时间和情况的变化随心所欲地保持中立或声明支持某一方，如果它不得不走到极端的话，如果它的建议得不到采纳，如果它高贵而温和的态度不能使它获得它想为自己为别人所争取的和平，在它认为有必要动武的时候，利益会驱使它站到俄国一边。

奥地利和英国如结成反俄同盟，假如法国也加入进去，会有什么好处呢？

英国会借军舰给法国吗？

法国在欧洲是仅次于英国的海军强国，它的战舰比在必要的情况下摧毁俄军海上力量所需的数量还要多。

英国会给我们提供贷款吗？英国目前已经囊空如洗，法国甚至比它还富有。所以法国人根本没有必要受雇于大不列颠议会。

英国会为我们提供军士或武器装备吗？法国什么也不缺，更不缺士兵。

英国能保证我们的岛屿和陆地面积有所增加吗？如果我们对俄国开战，这会有利于土耳其皇帝，我们会从哪儿获得领土呢？还是试图从波罗的海海岸，黑海海岸或白令海峡登陆？我们或许还有另外的期望？我们打算让英国靠拢我们以便在某一天国内事务混乱时它来助我们一臂之力？

上帝叫我们提防未来和警惕外国人干涉我们的内部事务。英国不重视各国国王和各国人民的自由。它随时准备为它的私利牺牲君主国和共和国。

不久以前它还宣布西班牙殖民地的独立，同时拒绝承认希腊的独立。它派舰队支持墨西哥暴乱分子，在泰晤士河扣留了几条留给希腊人的不堪一击的汽船。它承认穆罕默德的权力的合法性，却否认费迪南权力的合法化。它见风使舵，时而忠于专制政府，时而又拥护民主政治。

当我们与英、奥协调作战计划对抗俄国时，我们上哪里去找昔日奥斯特里茨老对头呢？他已不在我们的边境上，那我们岂不是要用我们的钱出动十万全副武装的精良部队去支持维也纳或君士坦丁堡吗？我们得有一支军队在雅典保卫希腊反抗土耳其，还得有另一支军队在安德里诺普莱维护土耳其对抗俄国了吗？我们在莫雷用机枪扫射奥斯芒里人，而在达达尼尔海峡则和他们拥抱吗？缺乏一致性的行动是不能成功的。

尽管如此，还是得承认我们的努力在这反常的三重联盟中取得了完全的成功。设想一下吧，普鲁士在这场争执中一直保持中立，荷兰也是如此，我们则就可以把力量用于对外，那我们就不会在离巴黎两千多公里以外的地方被迫作战了。那么，我们为解放穆罕默德坟墓而进行红十字军东征又会有什么好处呢？作为土耳其人的保护者，我们从东方回来，会有一件"荣誉袄"。我们将拥有的荣誉会是这样：牺牲一百二十万人，换取奥地利的平静，使妒忌成性的英国满意，使奥斯曼帝国的鼠疫和野蛮在世界上最美丽的国家里继续横行肆虐。奥地利也许会从瓦拉齐和摩尔达维方面增加几个州，英国也许能从苏丹政府那里获得某些通商特权。但如果我们参加的话，却只能得到一点微薄之利。因为我们既无英国那样多的商船，也没有同样的加工成品以打入东方国家的市场。在这个没有共同目标的三重联盟里，我们最终将完全上当受骗，而即使达到了目标，也不过是让我们吃亏而已。

不过，如果英国没有任何直接对我们有利的办法，那它至少知道该对维也纳内阁施加影响，让奥地利承诺把莱茵河左岸那些古老地区归还给我们作为对我们付出的牺牲的报偿吧？绝对不会。奥地利和英国向来反对这种让步，只有俄国才会让我们这样做。正如我们随后可以看到的那样，奥地利讨厌我们，而且对我们深感恐惧，甚于它对俄罗斯的仇恨和恐惧。更有甚者，它宁愿让俄国向保加利亚方面扩展，而不愿意法国在巴伐利亚方向壮大。

不过如果沙皇俄国把君士坦丁堡变为国都的话，欧洲的独立自主会不会受到威胁呢？

欧洲的独立意味着什么，应该解释一番。我们想说，一切平衡打破了，俄国在征服欧洲的土耳其之后，会不会夺取奥地利，制服德国和普鲁士，最终奴役法国呢？

首先，一个无休无止扩展疆域的帝国会耗尽它的力量，它几乎会总是处于分裂状态，那样，我们不久将会看到两三个彼此敌对的俄国。

再者，自从签订最后几项条约以来，对法国来说，欧洲的平衡还存在吗？

在法国大革命的战争期间，英国保住了它在世界上三个部分的殖民地取得的几乎所有的战利品；在欧洲，它夺取了马耳他和伊奥民亚群岛；还没到汉诺威举行选举，它就扩大了王国，扩充了几处领地。

奥地利也扩大了自己的领土，占据了波兰的三分之一领土，巴伐利亚的一些边远地区，达尔马提亚和意大利的一部分。它确实失去了荷兰，但地方并未转而归属法国，反而变为了英国和普鲁士反法的一个可怕的帮凶。

普鲁士也由于有了波桑公国，萨克斯的一些小块地区和莱茵河畔的一些公国得以扩大。它的前哨处在我们的领土上了，离国都只有十天的步行路程。

俄国疆域覆盖了芬兰，延伸到了维斯瓦河沿岸。

我们呢？我们从这场领土瓜分中捞到了什么呢？我们的殖民地被掠夺，我们原有的领土没有得到尊重，兰多①脱离了法国，于宁格被夷平，在我国边境上留下一道五十余里的大缺口。小国撒丁岛也恬不知耻地从拿破仑帝国和路易十四窃取了几小块地盘。

在这种形势下，我们有何好处让奥地利和英国放心去对付俄国的胜利吗？当俄国向东方扩展，威胁到维也纳内阁时，我们会处于危险境地吗？他们待我们并不客气，以致我们对我们的敌人的担心这么敏感吗？英国和奥地利一直是，将来也会是法国天然的对手。我们将看到了要攻打我们，掠夺我们的时候，他们是非常愿意同俄国结成联盟的。

不要忘记，当我们拿起武器来拯救被尼古拉可能的野心置于危险的欧洲的时候，较少有骑士风度而更显贪婪的奥地利也许会听圣彼得堡内阁的话：政策的突然改变对它来说算不了什么。有了俄国的默许，它会夺取波斯尼亚和塞尔维亚，留给我们的慰藉只是让我们为穆罕默德卖命。

法兰西已经与土耳其人处于半敌对状态了。法国自己为希腊的事业已花去了几百万，投入了两万多兵力。英国却只说了几句漂亮

---

① 兰多（Landau）今属德国。十七和十八世纪时属法国，一八一五年归属巴伐利亚。

的话，便背叛了"七·六"条约的原则；法国损失了荣誉兵力和金钱：我们的远征只会得一次政策上的可耻失败。

但是，如果我们不和英、奥结盟，尼古拉大帝就会去君士坦丁堡吗？欧洲平衡就会因此打破吗？

让这些或真或假的担忧，我们再说一遍，留给英国和奥地利吧。让英国看到俄国抢占东方通道变为海上强国，这与我们关系不大。有那个必要让法国人流血流汗，丧失殖民地、舰队和海上贸易优势，让英国保持海上霸主地位吗？难道应该让那些合法家族动用军队保护那些想尽法子闹得法国鸡犬不宁的非法集团吗？当所有的强国，像我前面指出的那样，它们拧成一股绳，增加它们自己的分量而减少法国的分量，这个欧洲平衡，真漂亮呢！让它们像我们一样进入它们的旧边界，然后我们得跑去向它们乞求独立，这独立要受到多大的威胁啊！它们会毫无顾忌地和俄国结盟以肢解我们，侵吞我们的胜利果实，所以，让它们看到我们和这个俄罗斯加强联系感到难受吧，那样才能回到合理的边界和重建真正的欧洲平衡！

此外，如果尼古拉皇帝愿意并且能够去君士坦丁堡签订和约的话，奥斯曼帝国被摧毁会不会成为这件事的严重后果呢？和约已在剑拔弩张的情况下，在维也纳、柏林和巴黎签订了。在最近这段时间里面，差不多欧洲所有的首都被攻占过：奥地利，巴伐利亚，普鲁士，法国，西班牙都灭亡了吗？哥萨克人和匈牙利人两次在卢浮宫的庭院里安营扎寨，亨利四世王朝被军事占领已达三年之久，而我们要是看到哥萨克人在苏丹宫廷里，我们都会感动的；而且我们会把这种可能性看作是野蛮人的荣誉，而这种可能性，我们没有过，这是文明的荣誉，是我们祖国的荣誉。让苏丹的自负受到凌辱吧，那时，它也许会被迫承认被它践踏的这些人权。

现在来看看我说哪里了，以及我要从前述得出结论。请看下列结论：

如果交战的各大国不能在冬天达成一项和解协议，如果欧洲的其他国家也认为在春季里要卷入到这一争斗中去，如果各种联盟形成了，如果法国被迫在这些联盟中做出选择，如果事态的发展迫使法国脱离中立，它的一切利害关系都应让它决心与俄国结盟，各种考虑认为可靠，又可提供某些好处，也就容易让普鲁士加入进去。

俄法之间互有好感，俄国社会的上层阶级差不多全受到了法国文明的影响，法国教给俄国它的语言和道德风尚。处在欧洲大陆的两极，法国和俄国没有毗邻的世界，没有可以遭遇的战场；在商业上它们之间没有任何竞争；俄国惯常的敌人（英国人和奥地利人）也是法国惯常的敌人。在和平时期，杜伊勒利内阁是圣彼得堡内阁的同盟，在欧洲不可能动荡；而在战争时期，两个内阁的联盟则可以主宰世界。

我曾让大家清楚地看到，法国与英、奥联盟对抗俄国，那是一种骗人的联盟。在这样的联盟里，我们只能白白地流血和损耗我们的宝贵财富。而与俄国联盟，则恰恰相反，我们甚至还可以确保我们在群岛的地位和把我们的国界线一直延伸到莱茵河河畔。

我们可以这样对尼古拉说：

你们的敌人央求我们，我们希望的是和平而不是战争，我们想保持中立。但最终如果您只能以武力解决与苏丹政府的争端，如果您想去君士坦丁堡，那您就同那些宗教大国一道去平均瓜分欧洲的土耳其吧。那些无法在东方扩张的强国将接收一些补偿。至于我们，我们只想拥有莱茵河一线，从斯特拉斯堡到科隆，这是我们的正当要求。您的兄弟亚历山大说过，法国的强大对俄国有利。如果您同意其他强国都会拒绝的这一安排，我们不会坐视这些强国插手你们同土耳其的争端。如果它们不听我们的劝阻去攻打你们，我们将和你们一同战斗，条件赚，当然是我们刚才讲的这些。

这就是我们可以向尼古拉说的。奥地利和英国永远不可能答应以莱茵河做我国的国界来要求同我们结盟。然而法国的国界迟早要定在那里，这既是为了它的荣誉，也是为了它的安全。

向奥、英开战，我们取胜的希望很大，而败北的可能性却很小。首先得设法稳住普鲁士，最终促成它与我们和俄国结盟：这一步做到了，荷兰便没法宣称与我们为敌了。在目前的精神状况下，保卫阿尔卑斯山的四万法国人可能会激怒整个意大利。

至于对英国的敌对，如果万一它要开战，应增派两万五千人去莫雷，或者迅速从那里召回我们的军队和舰队。不再搞分舰队，将战船在所有的海面上一只一只分散开来，将缴获的船只撤去一切装备后，命令将其沉入海底。在世界各地的港口，增加张贴的报复特许状。用不了多久，大不列颠迫于破产和商业危机，会恳求恢复和平。我们不是见到过它在一八一四年向美国的海军投降吗？它现在也只有九艘驱逐舰和十一条战船呢。

从社会的整体利益和我们的特殊利益的双重关系考虑，俄国对苏丹的战争不应引起我们的不安。根据大文明之原则，人类只有在奥斯曼帝国毁灭之后才能得到发展：对人民大众来说，十字军在君士坦丁堡的统治比奥斯曼的统治要好几千倍。道德和政治社会的一切因素实际上渊源于基督教；社会毁灭的根由在于穆罕默德教。有人说目前的苏丹已向文明迈步，是不是因为它在几个法国叛徒和几个英、奥官员的帮助下，试图让它那狂热的部落也接受正规的训练？从何时开始，学习武器的机械操作也成了一种文明？这是一个巨大的错误，是教土耳其学习我们的战术几乎是一种犯罪：应该给经过训练的士兵洗礼，除非有人存心要培养社会的毁灭者。

缺乏远见者比比皆是：欢呼建立奥斯曼军队的奥地利将是第

一个自食其果者：如果土耳其人攻打俄国人，他们会更有理由能与他们的邻国帝国的士兵较量；维也纳这次也在劫难逃。以为苏丹没有什么可怕的欧洲其他国家，它们会不会更加安全呢？一些狂热而目光短浅的人想当然，希望土耳其是一个规矩的军事强国，希望它加入文明国家的战争与和平共同法规，这一切都是为了维持一种不知道叫什么的平衡，它的一句空话使得这些人产生了一种想法：这些已实现了的愿望其结果会是什么？当欧洲那些其余的国家取悦苏丹，以某种借口攻打一个基督政府时，一支操作精良，有埃及帕夏舰队和有强国柏柏尔①人海军部队参加的君士坦丁堡舰队会宣布封锁西班牙或意大利海岸，派五万兵力在卡塔赫纳②或那不勒斯登陆，那时你们愿意还是不愿意把十字旗插到圣索菲亚③上，继续训练土耳其、阿尔巴尼亚、非洲黑人和阿拉伯的游牧部队呢？不出二十年，也许伊斯兰教的新月旗会在圣彼得教堂的圆屋顶上空大放光芒，那时你们还会号召欧洲参与反对拥有肆虐、奴隶制和《古兰经》的异教徒吗？那时就会为时太晚啊！

社会整体利益只有在尼古拉大帝率军取胜时才能得以实现。

至于法国的特别利益，我已做了充分说明，它存在于我们与俄国的结盟之中，只有通过这个强国所支持的东方战争才能有效地逐步实现。

关于《回忆录》的概述、结论和思考

概述如下：

一、土耳其同不同意在《七·六条约》的基础上进行谈判，现在

---

① 指北非诸伊斯兰国家。
② 卡塔赫纳（Carthagène）：西班牙地中海港口。
③ 圣索菲亚：君士坦丁堡的教堂。

尚未决定，土、俄之间的和平未能实现；在巴尔干腹地进行战争的可能性随时会改变那些关注希腊解放的全权代表的论据和立场。

二、尼古拉大帝和穆罕默德苏丹议和的可能条件容易受到最强烈的反对。

三、俄国可以对抗英、奥同盟，这种同盟表面上很了不起，实际上并非如此。

四、普鲁士与尼古拉——腓特烈·纪尧姆三世的女婿的联合更有可能，而不会与尼古拉大帝的敌人联合。

五、与奥、英结盟对抗俄国，法国只会损失一切，根本无利可图。

六、欧洲的独立自主完全不会受俄国在东方征战的威胁。那种不考虑到有任何障碍，让俄国人从博斯普鲁斯海峡长驱直入，把它们的枷锁强加在德、法的头上，这种说法是相当荒谬的。因为一切帝国在扩张时，也削弱了它自己。至于力量平衡，对法国来说，很久以前就被打破了。它失去了殖民地，被紧紧地束缚在旧有的国界线内，而英、奥、普、俄则在迅速扩张。

七、如果法国不得不放弃中立，拿起武器支持这个或那个国家的话，从文明的整体利益和法国本身的特殊利益出发，我们都必须加入同俄国的联盟。这样我们才能得到莱茵河作为我们的国界线和得到群岛的殖民地。这是圣詹姆斯内阁和维纳内阁从来不曾给过我们的好处。

以上便是对这本笔记的概述。我只能根据假设进行推理。我不知道在我写这些东西的时候，英、奥、俄会提出或者已提出了一些什么主张。也许一份资料或一个电报就可以使这些事实变成一堆毫无用处的废纸。这是由于距离太遥远和推测性政策带来的不便。不过，我们还是可以肯定，法国人的地位是强大的，法国政府能从这件事情上获得最大的利益,只要它明白自己想要的是什么,不为任何人所吓倒,并且在坚定的言语上配上坚强的行动。我们有一位倍受尊敬的国王,一位宝座的继承者,他动用了三十万军队在莱茵河畔扩大?他在西班牙赢得的荣誉。我们对莫雷的远征使我们扮演了一个荣耀的角色。我们在政治上的态度是鲜明的,我们的财政的繁荣在欧洲是绝无仅有的。有了这些,我们尽可以昂首阔步;拥有天才、勇气、勤劳和财富,这是怎样的国度啊!

此外,我并不认为把一切都说全了,把一切都预见到了。我没有自以为是地认为我的说法是最好的。我明白,在人类的事务中,有一些神秘的、不可捉摸的东西。如果人果真能恰到好处地预见最新最普遍的革命成果,那么同样真实的是,人在细节上会弄错。具体事件往往以不可预料的方式变化着;看到了目标,人们往往会通过一些事先都没有想过其存在的方法去实现它。比如,土耳其将被赶出欧洲,这是肯定的。但会是在什么时候?怎样被赶出去?目前这场战争能不能使文明世界赶走这个祸患?我讲的那些阻碍和平的障碍是不是不可以克服呢?如果仅限于类似的推理的话,确实可能。但是,如果我们在算计上加上与已经造成战争的不一样情况,那就不可能。

现在的一切与从前大不相同了:除了宗教和道德,大部分实际情况都变化了,即使不是本质上的变化,至少在与人和与事之间的关系上改变了。多萨仍是一个精明的谈判者,格罗蒂斯仍是一个天才的政论家,皮方多尔夫仍是个判断精确的人,但是,在今天,却不能运用他们那种外交规则,也不能在欧洲的政治权利上重新回到威斯伐利亚条约上去。现在人民群众介入了那些过去仅仅由政府管理的事务;他们对这些事物的感受也不同于以往了;他们对同样的事情不再感兴趣;他们看事物不再用同样的角度;他们身上的理智有了增加，想象却少了；实利压倒了豪情和热心的决断；某种情由决定一切。欧洲大多数皇室和内阁坐着一些厌弃革命，厌倦战争，对一切冒险的事都反感了的人。这些就是安排和平解决的缘由。在一些国内局势困难的国家里也可能存在此种情况，这些困难使它们采取一些和解的措施。

俄国皇太后[①]之死可能引发以前没有完全平息的混乱的种子。这位皇太后很少过问对外政策，但她是她的儿子们联系的纽带。她被认为对那桩交易施加过很大影响，致使尼古拉[②]登上了皇帝的宝座。不过，应当承认，如果尼古拉开始害怕的话，他就会派兵到国土之外，在胜利中寻求自己的安全。

英国除了债务缠身以外，还困在爱尔兰的事务当中：天主教徒要求解放，在议事通得过或通不过，是一件大事。国王乔治的身体虚弱，而他的直接继承人的身体也不比他好。如果预见中的不幸马上发生，将要召开新的议会，可能要换一些大臣，而目前英国的能人很少。这样，一个长时间的摄政期很可能要出现。在这种不稳定的紧要关头，英国也许真心希望和平，而不愿意卷入一场大战之中。战争中间，它会受到国内灾难的突然袭击。

最后谈我们自己。尽管我们有着无可争议的真正繁荣，尽管我们在战场上能表现得十分出色，如果我们去参战，我们是不是完全准备好出去呢？我们的要塞修复好了吗？我们有必要用物资装备一支庞大的军队吗？这支部队是不是还完全处在平和状态？如果我们被英、普、荷的宣战突然惊醒，我们有没有能力对付第三次入侵呢？拿破仑战争暴露了一个重大的秘密，那就是：如果顺利，敌人只需几天行程便可直扑巴黎。因为巴黎没有设防，并且离国境线太

[①] 保罗一世的遗孀，于一八二八年十一月四日去世。
[②] 尼古拉一世于一八二五年继承其兄亚历山大一世的皇位。

近了，所以只有在我们拥有莱茵河左岸时，法国的首都才能确保其安全。我们需要有些时间来做准备。

此外，我们还要考虑王子们的缺点和德行，他们的力量和精神上的软弱，他们的性格，他们的热情，甚至他们的习惯，这些都是算计不到的事情的原因，它们不属于任何政治格式：有时，最小的影响可以决定最重大的事情，相似的事情会走向相反的方向：一个奴隶可以使一项和约在君士坦丁堡得以签订，而这是整个欧洲祈求、下跪都无法获得的。如果上面所讲述的某种出乎意料的原因导致在冬天引来某种谈判要求，而这样的要求与《笔记》中的原则不相符合，是不是该马上拒绝呢？也许不用：当人们还没有准备好的时候，争取时间是一门伟大的艺术。我们可以明白那些最好的事，并满足于那些不那么糟的事。特别政治的真实性，是相对的；在国家方面，绝对化有诸多的严重不妥。土耳其人被扔到博斯普鲁斯海峡对人类实在是件大快人心的好事，这次征战我们不负责任，伊斯兰教的丧钟也许还没有敲响：为了不做傻事，仇恨谁应该弄明白，什么也不应妨碍法国进入谈判，但要注意使谈判尽可能接近本《笔记》要求的精神。这就得靠各个帝国的掌舵人。他们要看好风尚，避开暗礁，驾驭好航船。

当然，如果北方强大的君主同意降低和平条件，以实施阿克尔芒条约并解放希腊，就有可能让苏丹政府听话。但是，有什么可能让俄国满足于不发一弹便可获得的条件？它怎么能放弃那些如此傲慢、公开提出的要求呢？如果有办法的话，办法只有一个，那就是建议召开一次全体代表大会，会上尼古拉将满足或装个样子满足基督教欧洲的心愿。在人们取得成功的办法就是保全他们的自尊心，给他们提供收回自己的诺言体面地摆脱困境的理由。

这个代表大会召开的最大的障碍可能来自奥斯曼军队在冬天出

乎意料的取胜。但愿俄国人或者由于气候的严寒,军需品的缺乏,军力不足,或者其他原因,被迫放弃围攻西里斯特里①;但愿瓦尔纳再次落到土耳其人的手里(不过这几乎不可能),尼古拉大帝将听不进任何建议,跌入各国君主末等位置。那时战争将会继续下去,我们将回到《笔记》所推断的可能状态之中。但愿俄国失去军事强国的地位,被土耳其取而代之,那时欧洲的危难会有些改变。然而,穆罕默德的弯刀给我们带来的危险比尼古拉的长剑对我们的威胁要严重得多。如果偶然的机会把一个非凡的王子推上了苏丹的宝座,尽管他有宏图大愿去改变法律和道德,他也不能活那么长的时间。穆罕默德快死了,他会把他的帝国,连同他那些受过良好训练狂热的士兵,连同他那已掌握了一种新的征服手段——现代战术的伊斯兰教学者——交给谁呢?

当奥地利最终由于错误的估计而惊恐万分时,它将被迫龟缩在土耳其近卫军不至让它觉得害怕的边界内。尼古拉军队丢脸的可能结果,一次新的军事起义也许会在圣彼得堡爆发,并渐渐蔓延开去,在德国北部挑起战火。以上就是那些在政治上停留在普通的恐惧如同老生常谈的那些人所观察不到的结果。一些短函件,一些小阴谋,是奥地利用来反对可能威胁一切的运动的手段。如果法、英采取与它们相称的立场,如果在苏丹对和平的建议不置一顾时,法英照会苏丹政府说,它将会春天在战场上见他们,这个决心很快会使欧洲的一切忧虑烟消云散。

《回忆录》的存在,已在外交界传播开来,我受到了我从未拒绝过,但也从未奢望的尊敬。我不太看重那些能够突袭事实的事情。

---

① 西里斯特里:目前是保加利亚多瑙河上的港口,十世纪时曾是土耳其的要塞。

我的西班牙兵法是一件很实际的东西。在旧社会发生的普遍的革命，其不停地工作在给我们带来传统政权的倒台的同时，却打乱了有关事实持续性的计算方法，如一八二八年存在过的那些事实。

您愿意相信一个大作家和一个大政治家之间在功绩上和荣耀上的巨大的差别吗？我的外交工作因其高度灵活，即取得的成就，已被认可。谁读到这个《回忆录》，谁都会一口气读完。如我是读者，我也会这样做。好吧，不要把这本小小的著作当作使馆文献，人们可以在这本书里看到荷马或维吉尔式的某个章节，上天赐给我他们的天才，你们以为，我会在迦太基漏掉迪东的爱情或普尼亚姆在阿喀琉斯帐篷里流的眼泪吗？

致雷卡米耶夫人的信

我去参观了蒂贝利纳科学院，我有幸成为其中一员。我听到了一些才华横溢的演讲和优美的诗句。多少才智浪费了！今天晚上，我心情十分沉重，我正沮丧万分地给您写信。

这种沉重的心情总算过去了。德·滋夫人很高兴，因为我们曾经拥有过地球上全部的红衣主教。整个欧洲，在罗马，都同罗马在一起。既然我奉命在这里工作一些日子，我愿意同另一位大使做得一样好。敌人不希望任何成就，甚至最可怜的成就。在他们自认为无与伦比的方面获得成功，就是对他们的惩罚。

下周六，我将成为圣·让·德·拉特朗①的议事司铎，周日我将为同事们举行宴会。今天将举行一个我无心参加的会议。我和所有的艺术家将在盖兰家吃晚饭，我们将放下您为普森做的纪念碑。一个才华横溢的学生，德普雷先生，他将把大画家的一张画像做成一个浅浮雕，勒穆瓦纳先生将制作画家的半身塑像。这里真应有些法国的能工巧匠才好。

为了补充我的罗马的故事，德·卡斯特妮②夫人到了。这又是一个曾像塞扎琳娜③一样的跳到我膝盖上来的小姑娘。这个可怜的女子现在变了很多。当我跟她讲起她在洛莫瓦时的童年时光时，她眼睛里噙满了泪水。看来在这个四处漂泊的女子身上，再无欢乐可言了。多么孤独啊！为了谁？您瞧，最好的不过是，尽快去见您。如果我的摩西④从山上下来，我将向它借一缕阳光，让我在您的眼前显得光辉灿烂和青春重显。

我在科学院这顿晚餐吃得很畅快，年轻人非常高兴：一个大使第一次在他们中间吃晚饭。我向他们宣布了普森纪念碑一事，这样我好像已经为他们的骨灰增添了光彩。

一八二八年十二月十日，星期三，于罗马

与其浪费您和我的时间讲述我每天的所作所为，我宁愿等到这些东西在罗马的报刊上刊登出来以后一并寄给您。有十二个月的时间落到我的头上。我什么时候可以休息呢？我什么时候会停止在大

---

① 法国国王任此职是圣·让·德·拉特朗的议事司铎，他的大使可代理此职。
② 德·卡斯特妮(de Castries)，巴尔扎克后来的情人，他后来以她为原型塑造了德·朗热公爵夫人。
③ 塞扎琳娜·德·马代多(Césarine d'Houdetot)，于一八一一年嫁与普罗斯佩·德·巴朗特，其祖母曾是让-雅克·卢梭的恋人。
④ 夏多布里昂希望他的不幸悲剧有朝一日能搬上舞台。

路上浪费那些本可以更好地利用的时光呢？只要我是富有的，我是不计较开支的；我曾经认为我的宝库是取之不尽的。如今，看着它已减少了许多，想到能在您石榴裙下的时间亦来日无多，不由得我心里一紧。但是在地面上的生命结束以后，不是还有一段很长的时间吗？作为可怜卑微的基督徒，面对米开朗琪罗的最后审判我颤抖了，我不知我将去何方，没有您，我在任何地方都会很痛苦。我曾多次跟您讲到过我的计划和未来。毁灭、健康、失去一切幻想，一切都在对我说："滚开，出去，结束吧。"在生命的尽头，我只看到您。您曾希望我的罗马之行能留下印记，现在我这样做了：普森的墓将保留下来，墓碑上将刻着如下的题字：

F. A. 德·夏多布里昂致尼古拉·普森：艺术的光荣，法国的荣誉

我现在在这里有什么可干什么呢？我无所事事，尤其是在以一百杜卡托[①]为您最爱的人的您会说，首先爱我而后是勒·塔斯[②]的纪念碑刻字之后。

一八二八年十二月十八日，星期四

我又要向您祝贺新年了，但愿上帝赠给您健康长寿！别忘了我，我也有这个希望，因为您很记得德·蒙莫朗西先生和斯塔尔夫人，您有很好的记忆，一如您的好心肠。昨天我还跟萨尔瓦日夫人说，在这个世界上，我再也找不出像您这么美丽而善良的人了。

我昨天同教皇一起待了一个小时。我们无所不谈，谈到了一些最高层次、最为严肃的话题。他是个杰出、明智的人，一个庄重的亲王。我的政治生活中本只缺少与教皇的交往了，而这一次正好给

[①] 威尼斯古金币名。
[②] 勒·塔斯（Le Tasse，一五四四——五九五），意大利诗人。

我的政治生涯补全了。

您想确切知道我都做了些什么吗？我五点半起床，七点吃早饭，八点回到我的办公室，我给您写信，有事干的时候，我办点公务（为了法国的某些机构，或为了法国穷人，要做的具体工作就很多了）。中午，我会在废墟里，或在圣彼得教堂，或在梵蒂冈，东游西荡两三个小时。有时，我不得不在散步前后拜访一些人。下午五点回家，换上晚装，六点吃晚饭。七点半和德·夏多布里昂夫人一起去参加晚会，或在家里接待几个朋友。十一点左右上床睡觉。有时我还要去乡下，尽管那里有小偷和疟疾，去乡下干什么呢？其实什么也没干。我去聆听寂静，我一面走，一面看着自己的影子沿着月光下的引水道，从一个廊柱移到另一个廊柱。

罗马人对我有条不紊的生活习惯了，往往是我为他们当时钟。但愿他们快些吧，我将很快把钟面转完一圈。

一八二九年一月三日，星期六，于罗马

我真倒霉，在全世界天气最好的时候，我们却碰上了雨天，使得我不能出去散步了。然而那是我一天中最美好的时候。在这些偏僻的乡村里，我就要想念您了。这些乡村是联结我对过去和未来感情的纽带，因为从前我也作同样的散步。我每周要到那个英国女人①淹死的地方去一两次。现在，谁还会记得那个可怜的女人巴蒂斯特小姐吗？她的同胞们沿河奔跑也不会想到她。见过其他许多事情的台伯河也不会为此事操心。它的波涛再起：这些波涛，一如它从前席卷这位充满着希望、美丽和生命的女人时一样的苍白和宁静。

---

① 一八二四年三月她沿台伯河骑马而行时落入河中淹死。

现在，我被高高挂起，自己尚未觉察。原谅一只被淋湿被关在兔窟的野兔吧。我该跟您讲讲上星期二发生的一个小故事。大使馆来了一大群人，我背靠着一张大理石桌子，跟进进出出的人打招呼，一个我既不知其姓名也未曾谋面的英国女人向我走来，她两眼盯着我，用一种您明白的口气对我说道："夏多布里昂先生，您真倒霉！"我对于这种责备和这种开场白惊讶不已，我问她想说些什么，她回答说："我想说我同情您。"说完，她钩住另一个女人的胳臂，一转身便消失在人群里了。在后来的晚会中，我再也没有见到她了。这个奇怪的外国女人既不年轻又不漂亮，然而我很感谢她那神秘的话语。

你们的报纸仍然在反反复复地议论我，我不知道他们为什么发脾气。我真该像自己希望的那样被人遗忘了。

我通过邮局写信给蒂埃里先生，他在伊埃尔病得很重。德·拉·布耶里先生[①]毫无回音。

一八二九年一月八日，星期四，于罗马

致蒂埃里先生的信

收到您的新版《信札》[②]，我很感动，先生。书中附言证明您想念着我。如果这附言出自您的手，为了国家，我衷心希望您的双眼

---

① 德·拉·布耶里(de la Bouillerie)，王室总管，作者因为奥古斯坦·蒂埃里的事给他写过信。
②《关于法国历史的信札》于一八二七年出版第一版。

能复明,您能充分地利用您的天赋进行研究。我贪婪地,应该说是反复地读着这本短短的著作,我在每一页上都做了折角,以便能尽快地找到我要利用的段落。在我准备多年的关于最初两类人种的著作中,我将多次引用您的话。我将把我的思想和研究置于您那高度权威的保护之下。我会常常采用您选用的名词。我有幸与您有着差不多相同的观点,同时不由自主地离开基佐先生倡导的体系①。我不能同这位天才作家一道去推倒最为真实的历史建筑,把所有法兰克人变为贵族和自由人把所有罗马——高卢人变为法兰克人的奴隶②。撒利克法典和里普利安法兰克法典里有大量以法兰克人的不同状况为基础的条文:"Si quis ingenuus ingenuum ripuarium extra solum vendiderit, etc.③"

您知道吗,先生?我真希望您在罗马。我们一起坐在废墟上,在那里您可以教我历史,我这个老学生将聆听您这位年轻的老师讲课。唯一可惜的是:我已没有足够的时间去接受他的教诲④:

这就是人的命运:

他活到老,学到老;

但当生命的尽头来临,

即使他再渊博又有何用?

这是一首未曾发表的颂歌,是我的一个老朋友、已故的封塔纳先生所作。因此,先生,罗马的一切都提醒我已失去的东西,提醒我我的时间已所剩无几,我从前以为还很漫长的希望已非常短

---

① 基佐(Frawcois Guizot,一七八七——一八七四),法国国务活动家和历史学家。先后任内政部秘书长(一八一四)、公共教育部长(一八三二——一八三七)、外交部长(一八四〇——一八四七)、政府总理(一八四七——一八四八)。著有《英国革命史》。
② 夏多布里昂在《历史研究》的序言里研究了这些问题。
③ "如果一个自由人把另一个自由的里普利安人卖到国外……"
④ 作者一八四八年去世,这封信写于一八二九年,其时他已六十一岁了。

暂了。

请相信我，再没有任何人比您的仆人更尊敬您、更忠于您了。

一八二九年一月八日于罗马

致德·拉·弗隆内伯爵先生的信

伯爵先生：

本月二日，我见到了教皇①。他很乐意留我交谈了一个半钟头。我要把我同教皇的谈话内容向您做个汇报。

首先，我们谈的是法国的问题。教皇一开始便十分诚恳地颂扬了我们的国王。他对我说："在以往任何时候，法国王室从未显现出一个像现在这样在素质和美德上都这样完美的整体。使得在教士之间重建了平和的秩序，主教们也宣布服从政府②。"

"这种服从，"我回答说，"部分地多亏了阁下的英明和温和的态度。"

"我建议做我认为合理的事。"教皇解释说，"教权没有受到敕令的影响，主教们不写那第一封信也许会更好一些。但既然说了'non possumus③'，他们就没有退路了。在他们同意的时候，他们尽

---

① 指利奥十二（Léon Ⅻ），一八二三——八二九年任教皇。
② 教士们以前曾起来反对马蒂尼亚克把神学院，甚至一些很小的神学院都归巴黎大学统管的命令。
③ "我们不能。"这是圣皮埃尔和圣让对想要禁止他们宣传福音书的王子们的回答（见《使徒法》第四卷第二十章）。

可能地把言、行之间的矛盾缩小，应该原谅他们。这些虔诚而恭顺的人，与国王和君主制紧密相依；他们和大家一样，也有他们的弱点嘛。"

伯爵先生，这些他都是用法语说的，说得很清楚，也说得很好。

在感谢教皇对我的信任之后，接着我同他慎重地谈起了国务秘书红衣主教[①]。

"我之所以选中了他，"他对我说道，"是因为他曾到处旅游过，熟悉欧洲的事物。我觉得他具备这个职务所要求的能力，与您写的两个法令相比，他只写那些我所要的和我所建议他写的东西。"

"我胆敢和教皇陛下交流一下，"我又说，"说说我对法国宗教形势的看法吗？"

"非常乐意。"教皇回答说。

在这里，我略去了他对我的几句恭维话。

"教皇陛下，"我说，"我想，麻烦来自教士们的误解：不是支持新的法规，或者至少是对这些法规保持沉默，教士们无意中说些责备的话且不说他们在至教训谕或演讲时所讲的话。一味斥责神圣使者的那些不信宗教的人，抓住那些话，把它当武器使；他们大喊大叫说什么天主教与建立公众自由是水火不相容的，宪章和教士之间有着你死我活的争斗。通过不同的行动，我们的教士可以得到他们想从国家那里得到的一切。在法国，有着很坚实的宗教基础，有着忘记我们以前在祭台桌下的不幸的明显倾向，但也有着对圣路易之子带来的制度的真正的眷恋。人们不善于估计教士将会强大到何等程度，如果它同时表现出是国王和宪章的朋友的话。我不断地在我

[①] 指托马斯·贝内蒂红衣主教（Thomas Bernetti，一七九一——一八五二）。

的著作和讲演里宣传这一政策,但当时的狂热情绪不愿听我的话,而且把我当作敌人。"

教皇十分注意地听我讲话。

"我理解您的思想,"他沉默了一阵,对我说道,"耶稣基督并未对各个政府的组成形式表示看法。把属于恺撒的东西归还给恺撒吧①,这话仅仅是说:服从已建立起来的政权吧。天主教在共和国时期的繁荣发展如同在专制统治时期一样。它在美国已取得了巨大进展;在西属美洲,它独占支配地位。"

伯爵先生,教皇这席话是很引人注目的,正值罗马宫廷强烈倾向于给玻利瓦尔②任命的教士们授职的时候。

教皇又说:"您看外来的新教徒给罗马带来何等的影响,他们的到来对国家有益,从另一个角度来看也是好的:英国人来到这里,对罗马教皇和教廷,对宗教的狂热崇拜,对这里奴役人民的现象,有着一种奇特的看法。他们没待上两个月便完全改变了,他们发现我也只是个教士,与其他教士并无二样;罗马教士并不无知,也不惹人讨厌;还有我的臣民亦非傻瓜。"

受到教皇陛下一番推心置腹之言的鼓舞,我试图扩大谈话的范围,我对教皇说道:"教皇陛下,您不认为这个时候正适合于重组天主教的统一和在对纪律稍做让步后与异端教派和解?对罗马教廷的偏见到处都在消退,在那个仍然易激动的世纪,莱布尼茨③和波舒哀已尝试过重新统一的事业。"

"这是一件大事,"教皇对我说道,"我得等待上天确定的时期。

---

① 摘自圣马蒂厄《福音书》第二十二章二十一节。
② 玻利瓦尔(Bolivar,一七八三——一八三〇),委内瑞拉将军,他从西班牙统治下解放了大哥伦比亚(新格拉纳达,委内瑞拉,厄瓜多尔),秘鲁和玻利维亚。
③ 莱布尼茨(Leibnitz,一六四六——一七一六),德国哲学家和数学家。

是的，偏见已经淡化了。德国宗教派别分化已令这些教派自己感到厌烦。我曾在萨克斯住过了几年。我第一个在那里建立了一所弃儿医院，并坚持要由天主教徒来管理。当时在新教徒中掀起了一阵反对我的呼声。今天呢，同样是这些新教徒，他们第一个赞成建立和捐助这所医院。在大不列颠，天主教徒的人数正在猛增，确定有许多外来人加入进去。"

教皇又沉默了一会。我利用这一段时间讲到了爱尔兰天主教的问题。

"如果自由得到恢复，"我说，"天主教在大不列颠就会更加壮大。"

"从一方面讲，"教皇解释说，"的确如此。但从另一方面讲，这就有些弊端了。爱尔兰天主教徒极易激动，做事冒失。此外，奥科内尔① 这个人是个有德之人。他不是在一次演说中说过，罗马教徒和不列颠政府之间有一个协议吗？可是没有。这个论断，我不能公开反驳，给我带来很多麻烦。因此，关于异端教派的重新统一，应等待时机成熟，要等上帝自己去完成他的工作。教皇们只有等待。"

伯爵先生，这不是我的观点。但重要的是，我必须，将圣文对一个如此严肃的主题的观点告诉国王，我没有被指定去反对它。

"你们的报纸会讲些什么？"教皇又高兴地说道，"它们说得很多，荷兰的报纸说得更多。有人告诉我，在看了报上的文章一个小时以后，在你们的国家里再没有人去想它了。"

"这确实是真的，圣父。您看《法兰西日报》② 把我弄得可糟呢（因为我知道教皇什么报纸都看，连《信使报》也不放过）。然而，教皇却待我非常好，因此我有理由相信《法兰西日报》不会对他产

---

① 奥科内尔（o'Connel，一七七五——一八四七），爱尔兰天主教头目。
② 《法兰西日报》(la Gazette)，是激进报。《信使报》(Le Courrier)，在派报纸。

生很大的影响。"

教皇摇了摇头，笑了。我继续说道："啊，对了！圣父，还有一些报纸，像您看到的那样：如果报纸说真话，那么它说的好事就存在下去；如果它说假话，就当它什么也没有说。会议上会有一些什么演说，教皇可以预料得到。极右派会坚持说，红衣主教贝内蒂先生不是教士，关于他的关于法令的信件也不是信条；极左派则会说，不必接受罗马的命令；大部分人会为枢密院受人尊敬叫好，会高度颂扬陛下的智慧与和平精神。"

这几句解释，使教皇听得入迷，他为发现某个精于我们立宪制国家机器的齿轮游戏的人而高兴。伯爵先生，想到国王和他的枢密院终将高兴地了解教皇对东方当今事务的见解，我只重复了几则报纸新闻，因为我未获批准向教徒通报您十二月十八日公函中关于召回我们远征莫雷的部队的书面通知。

教皇毫不犹豫地回答了我。看来他对轻率地教给土耳其人军事科学感到不安。下面是他说的原话：

"如果土耳其人能够抵御俄国的侵略了，它获得了体面的和平，那时它的武装力量往哪儿搁呢？经过四五年休整和战术完善之后，谁能阻止它们的部队入侵意大利呢？"

伯爵先生，我向您承认，看到教皇感觉到人家犯下的巨大错误带来的冲击，他所表露的思想和担忧，我不由得庆幸在我的《东方事务笔记》中更为详尽地表现出的同样的思想和同样的担忧。

教皇补充说道："只有来自盟国的坚定决心才能制止这场威胁未来的灾难，法国和英国要制止这一切，现在还是时候。但一旦新的战争爆发，等战火蔓延到了欧洲，再去扑灭就为时太晚了。"

"更加值得考虑的是，"我又说道，"如果欧洲分裂了，与万在意大利的法国军队就成了问题。这是上帝所不愿意看到的。"

教皇没有回答，我只是感到法国人在意大利这一件事并不引起他任何担心。大家已厌倦了维也纳宫廷的调查，它的纠缠不休，它的不断的蚕食和它的小阴谋，企图把各国人民拉入一个反法兰西的联邦里，而各国人民都痛恨奥地利的奴役枷锁。

伯爵先生，以上便是我和教皇长篇谈话的概要。我不知道是否还有人曾同样或更深入地了解过教皇的内心情感，是不是还有人曾听到过这个整个基督教世界的君王对一些范围如此广泛的问题和如此超越一般的外交这个狭窄范围的事情发表的见解。在这里，教皇与我之间没有中间人。看到利奥十二，以其单纯的性格和亲切谈话的素养，既不隐瞒任何东西，又不欺骗任何人，实在令人高兴。

很明显，教皇倾向于法国，希望法国好：当他拿到圣彼得教堂的钥匙时，他就属于强硬派。现在他在温和中寻找力量，这就是使用权力所教给人们的。由于这个原因，他离开的那个红衣主教派不再喜欢他了。在俗间神职中找不到有才能的人，他便在正规神职中挑选主要倾向。这样，那些高级神职人员和普通的神父反对他时，他却有修道士们拥护他。在我到达罗马时，反对者的头脑或多或少遭到了我们的修会散布的谎言的毒害，现在他们极为明智了。所有的人，通常都指责我们教士的抗议示威。真令人奇怪，耶稣会的人在这里的敌人同在法国一样多。他们的对头是其他教派的人及其首领。他们制订了一项计划，运用它来垄断罗马的国民教育；这个计划后来被多明哥会的人挫败。教皇并不怎么得民心，因为他责罚很严。他的那支小小的军队由波拿巴的老兵组成，穿的服装军人气十足，在大道上像警察那样威风凛凛。罗马从秀丽的风景上讲，大为逊色了，但它在卫生和有益健康方面却赢了一招。教皇叫人种了许多树，抓走了一些隐修教士和乞丐，这是那些下等人抱怨的主要之点。利奥十二是个实干家：他睡得很少，吃得也不多。他年轻时只有一个嗜好，那就是打猎。这项增进他健康的活动看来还有所加强。在梵蒂冈那些花园的空旷地方他不时放上几枪，死硬派很难原谅他这一无害的消遣，他们责备他感情软弱和多变。

这个国家的宪法的根本弊端很容易看出，那就是一些老人让一个和他们一样老的人来当君王。这个老君王一上任，便轮到他来任命了一些老人当红衣主教。这种弊端循环下去，致使软弱无力的最高权力就永远在坟墓边缘徘徊了。王子继位的时间还不够让他将其构思的改良计划予以实施。该有个足智多谋的教皇以迅雷不及掩耳之势来提拔一些年轻的红衣主教，以便将来选举一个年轻教皇时保证多数票。但是，任命官职的西克斯特五世①的规定、风俗习惯和道德规范使人们在每次改换教皇时都有利可图，有些野心勃勃的红衣主教想通过短期的当权来增加当教皇的机会，以及许许多多的障碍，这些都阻碍着红衣主教的年轻化。

伯爵先生，这封快信的结论是：在目前的状况下，国王完全可以相信罗马教廷。

鉴于我观察和感受百物的方式方法，如果我对送交给您的这个材料提出自责的话，那就是减弱了而不是夸大了教皇的话语的含义。我的记忆很可靠，我离开梵蒂冈就记下了这次谈话，而我的私人秘书又是将我的原记录原原本本地抄下来的（我的字写得很快，连我自己也只能勉强辨认，您一定看不清的）②。

有幸为您效劳。

一八二九年一月十二日，于罗马

---

① 西克斯特五世（Sixte-Vu，一五二〇——五九〇），是一五八五——五九〇年间的教皇。他曾致力于教会改革。
② 这封信发出不久，弗隆内先生因病前往意大利治病，他的外交部长职务由波塔利斯暂行代理。

致雷卡米耶夫人的信

　　昨天晚上八点，我给您写了封信，交给德·维维埃①先生给您带去了。今早醒来，我又写了一封信给您，中午交给了邮班寄走了。您了解圣丹尼那些可怜的太太们。自从特利尼达·迪蒙的贵妇们来了之后，并不成为其敌人的她们便被抛弃了。德·夏多布里昂夫人站在这些弱者的一边。一个月以来，圣丹尼的这些夫人们就想为大使先生和大使夫人举办一个晚会，昨天中午方得以如愿。您想象一下用教堂的圣器室——圣器室里还有一个廊台——做剧场的情形吧。演员是十二个八至十四岁的小姑娘，她们演了《马夏贝》②。她们自己动手做的面具和大衣。她们有声有色地用世界上最滑稽的意大利口音朗诵法国诗。激动起来，她们手舞足蹈。其中一个小演员是庇护七世③的一个侄女，一个是托瓦尔桑④的女儿，另一个是画家沙文的女儿。她们身着纸做的服装，竟然美得不可思议。扮演大教士的女孩戴上了一大挂黑胡子，她很高兴，但那胡子老扎着她的脸，这个十三岁的小女孩子只得老用她那白白的小手去摆弄它。作为观众，有我们，还有几位母亲，几个修女，萨尔瓦日夫人，两三个天主教修士，另外还有廿来个小女寄宿生。这些寄宿生都穿白色衣服，蒙着面纱。我们叫人从大使馆带来了一些蛋糕和冰激凌。在幕间休息时，人们弹起了钢琴。想想在晚会前修道院里的期望和欢

---

① 维维埃(viviers)，作者在罗马的一个使馆随员。
② 这里指演了亚历山大·吉罗的悲剧《马夏贝》中的几幕。此剧一八二二年在奥代翁剧院上演。作者因写了《小萨瓦人》，在十七世纪有些名气。
③ 庇护七世(de Pie)，利奥十二的前任。
④ 托瓦尔桑(Thorwaldsen)，丹麦雕刻家。

乐以及晚会后的回忆吧!整个晚会在三个修女齐唱《主的名字永存》的歌声中结束。

一八二九年一月十三日,于罗马

又要给您写信了!昨夜风疏雨骤,就像在法国时一样。我想象,风雨敲打您的小窗,我感到自己被带到了您的卧室里。看到了您的竖琴、您的钢琴、您养的鸟儿。您在为我弹奏着我或是莎士比亚喜爱的曲子。但是我在罗马,远离您的身旁!一千六百公里的路程和阿尔卑斯山把我们隔得远远的!

我收到了那位有时到部里去看我的那位很风趣的夫人①的一封信。她是怎么奉承我的,想想吧,这个狂热的土耳其女人,把穆罕默德②看作走在她的国家前面的伟人!

我所在的罗马也许会教我漠视政治。在这里,自由和暴政都不存在了。我看到罗马共和国和台伯河帝国的废墟混为一起,现在这同一堆灰烬之中的,究竟是些什么呢?用袍子清扫这些灰尘的嘉布遣会修士不是会使万千虚荣的虚荣更为敏感吗?然而,我不情愿地想到我那可怜的祖国的命运,我希望它有宗教,有荣誉,有自由,而没有想到我没有能力用这三重桂冠来打扮它。

一八二九年一月十五日,于罗马

托尔-委内加塔是一处修士们的产业,坐落在内隆③墓附近的一个地方,在从罗马出来的左手边。那是个最美丽而又最偏僻的地方,是一大片昔日绿草青青、菊花盛开而今却化为灰烬的土地。前

---

① 这里可能指卡斯泰拉内夫人,朱利埃特·雷卡米耶夫人嫉妒她。
② 穆罕默德二世(Mahmoud Ⅱ),具苏丹称号。
③ 内隆(Néron,一八三七——八六八),罗马皇帝。

天（星期二）我开始在那里挖掘，同时停止给您写信。陪同我去的有亚森特和领导挖掘的维斯孔蒂①。天气再好不过了，十二个拿着铲子和镐的人在荒野寂寂中挖掘着坟墓、房屋和宫殿的瓦砾。构成了一幅值得您为之动笔的画面。我只有一个愿望，如果您在这画中话。我非常向往和您在这片碎片中搭个帐篷，一起生活。

我把手放在碎片上，发现了一些大理石碎块：这都是些好线索，我期望能从这死人坑里碰碰运气，找出点什么来弥补我在金钱方面的损失。我找到了一块相当大的希腊大理石，可以用来做普森的半身雕像。这一挖掘将成为我散步的目的地，我每天都要到这些碎片中来坐一会。它们是属于哪个世纪、哪些人的呢？我们也许正翻动着最有价值的灰烬而我们自己不知道呢。一篇碑文也许能有助于弄清某个历史事实，纠正某个错误，确立某个真理。当我和十二个光着膀子的农民离开这里时，一切又会回复到沉寂和遗忘之中。您能想象，在这些废弃的地方曾经骚动过的激情和兴趣？这里有过主人和奴隶，幸福的人或不幸的人，有过人们喜爱的美人和想当大臣的野心家。现在只剩下了我和几只小鸟，而且还只是短暂的停留。我们很快就要走的，告诉我，我，阿尔莫里克②的野蛮人、罗马人不熟悉的地方那些野人中的旅行者、扔给狮子的教士身边的大使，成为高卢小国枢密院的一员，值得吗？当我在拉塞德莫内叫雷奥尼达时，他不回答我：我在托尔——委内加塔的脚步声不致惊动任何人的。当轮到我躺到坟墓里时，我也会连您的声音也听不到的。所以，我得尽快回到您的身边去结束人生的幻想。只有退休才好，良友昔相于嘛。

一八二九年二月五日，星期四，于罗马

---

① 维斯孔蒂（Visconti），罗马古建筑的管理者。
② 阿尔莫里克（Armorique），指法国西部。

我收到了吉耶米诺①将军的一封长信，他向我讲述了他在希腊海岸的悲惨行程中所遭遇的一切。不过他还是个大使，他曾指挥过大型战船和一支军队。在我们的士兵出发以后，他动身去到了一个国家，那里没有房子，也没有麦地，零零散散几个男人，他们为生计所逼成了强盗。据可能的推测，他们不是为了去抢一个女人（勒洛芒夫人②）。

　　今天早上我将去挖掘。昨天我们发现了一个士兵的骨骼和一个女人雕像的一只胳臂，可以说是遇见了毁灭者及他所毁掉的残迹。我们今天上午有很大的希望能找到这尊雕像。如果我发现的建筑物碎片值钱的话，我不会像人们通常所做的那样，把它们弄倒，把砖头卖掉。我会让它们站起来，刻上我的名字。它们是多米吉安③时代的产物。我们有块碑文，那上面的题字告诉我们：那是罗马艺术的黄金时代。

一八二九年二月七日，于罗马

---

① 吉耶米诺（Guilleminot），法国驻君士坦丁堡大使。
② 阿梅莉·西沃克（Amélie Cyvoct），雷卡米耶的侄女，一八二六年嫁给了考古学家查理·勒洛芒。
③ 多米吉安（Domitien，五一——九六），八一——九六年间的罗马皇帝。

利奥十二之死——致波塔利斯伯爵先生等

致波塔利斯伯爵先生的信

伯爵先生：

教皇陛下突感其旧疾恶化，生命危在旦夕，现已下令停止一切演出。我从当国务秘书的红衣主教家里出来，他本人也生病，他对教皇能活几天不抱希望。在这种时候，失去一位如此开明和温和的教皇，对基督徒，尤其对法兰西，会是一个真正的不幸。我以为，伯爵先生，国王政府必须预见到可能发生的大事以事先采取必要的措施才好。因此，我从驿站发了一封信到里昂，内有我写给罗纳省省长的一封信，还有一封要他转交给您的快件，另外一封我请他让信使带给您的信。如果我们真的不幸失去了教皇陛下，我将另寄一封信到巴黎告知您一切细节。

我谨……

一八二九年二月九日，星期一，于罗马

又及：

现在已召开红衣主教团体大会，禁止当国务秘书的主教发放通行证给驿站。所以，在教皇逝世时，我的信使只能在红衣主教团的信使出发后才能出发。我曾想派人带上我的快件去托斯卡纳的国境线寄发，但由于路况太糟，又没有马匹可租，这个计划行不通了。被迫在罗马等待消息，这简直像坐牢一样。我一直希望通过电报能让您比阿尔卑斯山之外的其他政府提前几个小时知道消息。不过，还可以这样办：寄给教廷大使的信件肯定比我们的要快，可以让他经过里昂时，把电报亲自交给您。

写于晚上八点

又及：

教皇刚刚断气。我的信使已经出发，几个小时后，使馆随员蒙特贝洛伯爵随后就到。

二月十日，星期二，上午九点

致波塔利斯伯爵先生的信

伯爵先生：

约两个小时之前，我寄了一封快信到里昂，告知您教皇逝世这个突然而不幸的消息。现在我让大使馆随员蒙特贝洛伯爵先生带给您一些必要的细节。

教皇死于痔疮发作。血流到膀胱受阻引起滞留，医生试着给他导尿以减轻其痛苦。听说教皇陛下可能是在手术时受了伤。不管是不是这样，在忍受了四天的折磨后，今天早晨九点正当我到达梵蒂冈时，利奥十二咽下了最后一口气。一个大使馆官员曾在梵蒂冈过夜。我的第一封信告诉了您，我无法在教皇逝世前获得驿站的通行证。

昨天我去看望了当国务秘书的主教，他的痛风正强烈发作。我同他就我们受到的威胁的不幸的后果谈了很久。我为教皇的逝世深深叹息。他性情温和而又通晓欧洲事务，这对平息基督教情绪极有裨益。国务秘书回答说："这不仅仅是法国的一大损失，对罗马国家也是你们所想象不到的巨大打击。我们各省的不满情绪和痛苦是巨大的；红衣主教们认为往后应实施稍微有别于利奥十二的另一套计划，他们等待着看他们怎样摆脱出来。至于我本人，我的职能随着教皇的生命而停止了，我没有什么要自责的。"

今天上午，我又见到了贝内蒂主教。他确实已停止了国务秘书的职务，他又向我重述了昨天说的那些话。我要求他在教皇选举会闭门谢客之前再见他一次，我们约定将讨论选择一个可继承利奥十二温和主义的新教皇，我将有幸向您汇报我所得知的一切消息。

也许教皇的死和贝内蒂主教的下台会令那些反对马蒂尼亚克法令的敌人欢欣鼓舞，他们会把这一不幸的事件称为上天的惩罚。从几个在罗马的法国人脸上，很容易看出这种思想。

我对教皇的去世倍加悼念，我曾有幸赢得他的信任。在我到来之前，人们蓄意使他对我产生偏见，但这些偏见很快就烟消云散了。他在任何场合下，公开地、明确地表明他对我的尊重，他给我带来了荣誉。

伯爵先生，现在请允许我解释几件事。

在庇护七世逝世时，我是外交部长。在外交部文件盒里，如果您想了解的话，您会看到我同德·拉瓦尔公爵交往的结果。惯例里，教皇逝世之后，派遣一位特使，或通过给红衣主教团的新的文件任命一个常驻大使。这是我给新故的路易十八陛下提的最后一个建议。国王会任命一批他所认为最能胜任其职的官员。四个法国红衣主教曾来罗马参加利奥十二选举，法国今天有五个红衣主教，这在教皇选举中，当然是一个不可忽视的票数。伯爵先生，我等待着国王的命令。负责向您递交这封信的蒙特贝洛先生，将听从您的调遣。

有幸为您效劳。

一八二九年二月十日，于罗马

致雷卡米耶夫人

我本想给您写一封长信的，但必须我亲自来写那快件和连日来的辛劳弄得我精疲力尽了。

教皇的去世，我深感遗憾，我本来已得到了他的信任的。现在我重任在身，我丝毫不知道将来会怎样，会对我的命运产生什么影响。

教皇选举一般为期两个月，在复活节时我将有空闲时间。不久我将就此同您细谈。

您想象一下吧，上周星期四，我还见到这位可怜的教皇在他病发之前在写墓志铭。我们想让他从那些伤心的想法里摆脱出去，他却说："不，过几天就可以完成了。"

一八二九年二月十日晚上十一点，于罗马

致雷卡米耶夫人

看了您的报纸，常令我难受。我看到《全球报》说，波塔利斯伯爵是我公开的敌人，为什么？我想夺他的职位吗？这东西麻烦太多，我一点都不想它。我祝愿他幸运常在。但是，如果他果真要开仗，我会挺身而出。人们似乎对一切，对不死的穆罕默德，对于从英雷撤离，都在胡说八道。

最有可能的是，这次撤离将会重新把希腊置于土耳其的奴役之下，而我们将失去荣誉和四千万。法国人有惊人的妄想，但人们缺乏头脑和理智，听了几句好话就飘飘然起来，被人牵着鼻子走。更糟的是，我们总是倾向于贬低朋友而抬高敌人。有人把我在一次关于《公众自由和王权自由之协调》的演讲里的说法告诉了国王，就因用了这种论调而受到大家的憎恨，这不是很奇怪吗？而那些让王权如此说话的人，却是新闻检查的最狂热的拥护者！还有，我将观看基督教首领的选举，这将是我一生中参加的最后一次大场面。此后，我的职业生涯便要宣告结束了。

现在，罗马的娱乐活动已经停止，工作开始了。我不得不将一方面写信给政府，报告发生的事情；另一方面，我得开始履行我的新职责了。我得祝贺红衣主教团,参加教皇的葬礼,我很爱戴教皇,因为人们不喜欢他,尤其怕他会是敌人。我找到了一个朋友,他从圣彼得教堂高高的讲道台上下来,对那些恶意中伤我的基督徒散布的谣言断然予以否认。后来,几个法国红衣主教与我不期而遇。我写信至少要介绍一下图卢兹的大主教①。

在忙乱中,普森纪念碑正在制作之中。挖掘获得了成功。我找到了三颗完整的头颅,一个蒙黑纱的女人半身像,一个当兄长的为年轻的妹妹所写的墓志铭。这些,都在等待着我去研究。

说起墓志铭,我跟您说过,可怜的教皇在发病前夕,为自己写好了墓志铭。料到自己即将去世。他留下一份文书,把贫穷的家人托付给了罗马政府:只有善爱他人者才有如此的德行。

一八二九年二月十二,星期四,于罗马

---

① 德·克莱蒙-托内尔(de Clermont-Tonnerre)主教,他是反对马蒂尼亚克法令的修士头领。

篇章三十

罗马大使馆续篇——利奥十二之死——致波塔利斯伯爵先生等

在说到重要事情之前,我想重提几件事。

教皇陛下逝世时,罗马政权落入领导六品修士、神父和主教的三个红衣主教和摄政枢机主教的手中。大使们照例向圣彼得教堂尔举行的教皇选举前召开的主教团会议上致贺词。

教皇陛下的遗体先陈列在西齐纳小教堂里,后于二月十三日(上星期五)移至圣彼得教堂的盛圣体的小教堂里。在那里一直保留到十五日(星期天),然后将放置在现在庇护七世的骨灰存放处,庇护七世的骨灰曾经放在地下的教堂里。

致雷卡米耶夫人

我见到了利奥十二的遗体,脸露在外,安放在一张简陋的灵床上,四周摆满了米开朗琪罗的杰作。我出席了在圣彼得教堂举行的第一次葬礼。几个特派的老红衣主教，他们的眼睛早已看不见东西了，用他们那颤抖的手指在核查教皇的棺材是否钉好。在火把同月光的照耀下，棺材被滑轮提起，悬在暗处，然后放在庇护七世的石棺里。

有人刚给我送来了教皇的小猫①，那是只灰色猫，同它从前的主人一样温柔。

一八二九年二月十七日，于罗马

致波塔利斯伯爵的电报

伯爵先生：

我有幸在第一封同电报一起寄到里昂的信和十五号快件中告诉您，我为寄出本月十日的两封信所遭遇到的困难。这些人还处在盖尔弗和吉贝林的时代，似乎教皇早死或晚死一个小时便可以使一支皇家军队进驻意大利似的。

圣父的葬礼将在二十二号（星期日）结束，教皇选举将于二十三日晚上开始。在参加了当天（星期一）早上的圣灵弥撒后，人们将把基利纳尔宫的单人小室摆上家具。

伯爵先生，我不准备同您谈奥地利宫廷的看法，那不勒斯·马德里和都灵内阁的愿望。拉瓦尔公爵先生在他一八二三年写给我的信中，描绘了一些红衣主教的个性特征，其中有一部分正是现在的主教。我们将会看到五号（及附件）、三十四号、五十五号、七十号和八十二号文件。部里卷宗中也有从别的渠道收集了几份笔记。这些东西通常都是凭空想象的，可以看看，但不足为信。三样东西——女人的阴谋、大使的诡计和宫廷的权力不再造就教皇，他们

---

① 作者甚爱猫，他把此猫带回了法国，养在玛丽-泰雷兹诊所里。

也不再从社会整体利益出发，而是从个人和家庭特殊利益出发，这些个人和家庭想从教皇选举中寻找权位和金钱。

今天，教廷将有许多事要做：异端宗教派别的会议、欧洲社会的巩固加强等。一个走进世纪精神并成为开明的一代的领路人的教皇，能够使罗马教廷年轻化。但这些观点是红衣主教团里那些老顽固怎么也不能接受的。已步入风烛残年的主教们形成了一个就要同他们一道消亡的选举优势。坐在罗马的双重废墟上，教皇们的样子像是受过死亡的力量打击。

那时，这些主教在否决塞维罗里主教后，选德拉·让加（利奥十二）担任教皇。他们认为他活不了多久，但他居然活得好好的。他们对这一错误估计深恶痛绝。利奥十二在修士中选拔、启用了一些有才能的人，这是这些主教埋怨他的另一件事情。在另一方面，已故的教皇在提拔修士们时，想要使修道院有一些规范，因此，大家并不感谢他做的好事。那些被人们抓起来的流浪修士，被逼着站在大街上喝酒以免他们在酒馆里动刀子。征税方面并不见得好转；教皇某些家人滥用权力；甚至教皇去世期间使得剧院、罗马商人丧失了大量的利润，这些抵消了人们对这位值得最为痛惜的君主的怀念。在西维塔——维克厦，人们曾企图烧毁两个曾接受过教皇恩惠的人的房子。

在众多的竞争者中，有四个人最为引人注目：布道首领卡佩拉里主教，帕卡主教，德·格里戈欧主教以及吉斯蒂尼亚尼主教。

卡佩拉里主教[①]是个博学、能干的人，但据说他太年轻了，当过修道士，对外事工作不了解，会被主教们否决。他是奥地利人，其宗教观点格外固执、狂热。但是，就是这个卡佩拉里，利奥十二

---

① 卡佩拉里（Capellari）主教于一八三一年继庇护八世担任教皇，号格雷古瓦。

在向他征求意见时,他对可以接受教士要求的国王的法令什么也没看出来;也是他,签订了罗马教廷与荷兰的和解协议,而这个协议主张授职给西班牙共和国的教士。所有这些都表明他有着明智、随和、公道的心灵。我是从贝内蒂主教那里得知这些细节的。我于十三日(星期五)曾与他交谈过,这我在十五号的快件中已告诉过您了。

对外交团体,尤其是对法国大使来说,重要的是,罗马国务秘书是个平易近人且精通欧洲事务的人。从各方面来看,贝内蒂红衣主教是个对我们合适的部长。他由于强硬派和修会成员之间的事为我们受到过牵连,我们应该祝愿地被未来的教皇再次起用。我曾问过他,同上述四人中哪一位在一起,他最有机会重掌权力,他回答说是卡佩拉里。

帕卡主教和德·格里戈里欧主教在上述信件的五号附件中已有过详实描述。但帕卡年迈体弱,并且像拉·索马里亚主教一样,已开始完全丧失记忆了。德·格里戈里欧将是个合适的教皇,尽管他属于强硬派之列却仍不乏温和,他赶走了耶稣会的人,这些人在这里和在法国一样,有同样多的对手和敌人。他是地道的那不勒斯人,他又一次被那不勒斯和阿尔巴尼主教否决了。阿尔巴尼主教是奥地利驻教皇选举会议高级事务的执行者。德·格里戈里欧主教是波伦亚的教皇特使,已有八十多岁高龄,且有病在身,有可能不会来罗马。

最后,吉斯蒂尼亚尼主教是罗马贵族的主教,奥德卡尔基主教是他的侄儿,他确实会获得相当多的选票。但另一方面,他很穷,他的亲戚也很穷,罗马担心贫困需要救助。

伯爵先生,您清楚吉斯蒂尼亚在西班牙任教廷大使时所干的那些坏事,而由于他在释放费迪南国王时给我带来的尴尬,我比别人更了解这些。在他现在所统管的利穆拉修道院,他也并不表现得更为温和一点。他恢复了反对辱骂宗教者的圣路易法规,他不应是这个时代的教皇。此外,他是个博学的人,古希腊语和希伯来语学者,数学家更适合从事办公室工作,而不是做交涉事务。我认为奥地利不会选他。

总之,人们的猜测通常是靠不住的。一个人当权之后,往往会变。强硬派德拉·让加主教就是温和的教皇利奥十二。也许在四个竞争者之外,会突然产生一个任何人都想不到的教皇,如卡斯蒂格里奥尼[①]主教、邦弗尼蒂主教、加勒菲主教、阿雷佐主教、冈贝里尼主教,甚至最年老也最受人尊敬的红衣主教团首领索马里亚老主教,尽管他已患老年幼稚化病,但说不定正因为如此他会得以进入此列。他甚至有几分希望,因为他是奥斯蒂的主教和亲王。他如果即位,将会引起一场万人空巷的大运动。

大家猜度选举将会持续很久或很短暂的时间,不会有庇护七世死后的那种制度之争,教皇选举人的随员和反随员都不复存在了。这就使得选举更为容易了。但在另一方面,在获得一定票数的竞选人之间,会有一些个人之间的斗争。由于只需要三分之一的票数就可以当选,由于拉选票(但不应混同于排他),候选人之间的摇摆不定将会持续并延长一段时间。

法国想不想行使它与奥地利、西班牙共享的否决权呢?奥地利在以前的教皇选举中通过阿尔巴尼主教的介入曾行使过这一权力反对塞维罗里。如果法国国王想行使这一权力,那么他将反对谁呢?是不是费斯兹主教(如果偶尔想到了他的话)?还是反对吉斯蒂尼亚尼?他该遭受否决带来的打击吗?妨碍选举自由的人是不是总有

[①] 卡斯蒂里奥尼(Castiglioni),他是后来的主教当选者,当时是弗拉斯卡蒂的主教。

点令人厌恶？

国王的政府打算把否决权交付给哪个主教行使呢？是不是让法国大使显得了解他的政府的秘密，并表现出准备在教皇选举使查理十世不快时对这次选举予以打击呢？总之，政府有没有偏爱的选择？它会支持这一位或那一位主教吗？当然，如果同一种族中的主教，也就是说，西班牙、那不勒斯，甚至皮埃蒙特想把他们得的票与法主教得的票合并在一起，如果我们可以组成一个王权政党，我们将会在教皇选举中取胜。但这一联合是个幻想，我们在各派红衣主教中，敌人远比朋友要多。

有人肯定匈牙利首席主教和米兰大主教会来参加选举。奥地利驻罗马大使吕佐韦伯爵对未来教皇应有的平易近人的性格大说好话，还是让我们等待维也纳的指令吧。

此外，我相信所有的大使在教皇选举时都将无所事事，我们在罗马毫无用处。而且我也看不出有任何利害关系加速或推迟选举进程（这是不在任何权力范围之内的事）。在意大利的外国主教参不参加选举，这或多或少应适应各国宫廷的尊严。但这对选举结果来说，其利害关系是微乎其微了。如果我们手头上有几百万来分发的话，还可能造就出一个教皇来。我只发现有这么一个办法，但这不是法国的习惯。

一八二三年九月十三日我给拉瓦尔公爵先生的秘密指令中，我对他说，我们要求将来荣登教皇宝座的应是一个以仁慈和美德闻名的高级修士，我们只希望他足够博学、机智、随和，能正确判断各国政治形势，而不会以无益的苛求将其置入对宗教和王权同样不利的无法摆脱的困境中。我们想要一个意大利强硬派中温和的成员，能够得到各政党的认可。从我们的利益考虑，我对他的要求是：不会利用我们教士中可能形成的分化来扰乱我们的教会事务。

我在一八二四年一月二十八日，写的另一封秘密信中对新教皇德拉·让加生病时的情况对拉瓦尔公爵说过：重要的是我们应该有这样一位教皇，他凭其随和、平易的态度，独立于其他权力之外，他的原则明智而温和，而且他能成为法国的朋友。

伯爵先生，今天，我作为大使，该不该继续执行我当部长时做出这些指令呢？

这封信的内容包罗万象。我只能简单地告诉国王选举的进程和可能出现的事件，不再牵涉计票和投票的变化。耶稣会的人支持的主教有：吉斯蒂尼亚尼、奥德卡尔基、佩迪西尼和贝塔佐里。

耶稣会的人基于各种原因和各种情况，他们反对的主要主教有：聚尔拉、德·格雷戈里欧、贝内蒂、加佩拉里和米卡拉。

有人认为，在五十八位主教中，会有四十八位或四十九位参加选举。在这种情况下，三十三票或三十四票将决定选举结果。

西班牙部长拉布哈多先生，一个孤独而感情含蓄的人，在其严肃的外表下，我隐约觉得他受其身份的束缚甚深，其宫廷的指令什么也没预见到。他是这样写信给查理陛下驻吕加的代办的。

很荣幸为您服务。

一八二九年二月十七日，于罗马

又及：

有人说，邦弗尼蒂主教已有把握得十二票。如果他能成功的话，这一选择将是很不错的。他了解欧洲，在各种事务中，他表现出了杰出的能力和温和的态度。

教皇选举会

教皇选举就要开始了，我想粗略地描绘一下已有一千八百多年历史的教皇选举法。教皇从何而来？一个世纪又一个世纪，他们是怎样选举出来的？

在自由、平等和共和将近奥古斯特时期彻底灭亡的时候，护民官总部在贝特莱姆诞生了。自由、平等和共和的全球伟大代表——基督，把十字架插在两个世界边界上，以后在他被钉在十字架而死之后，作为人类痛苦的象征、受害者和救世主，基督便将其权力移交给了他的第一使徒。从亚当到耶稣基督，是奴隶、奴隶社会，人与人之间存在不平等。而从耶稣基督到我的今天，是人人平等、男女平等的社会，是没有奴隶或者至少是没有奴隶制的社会。现代社会的历史，开始于十字架。

罗马主教彼德创立了教皇这一职位，独裁护民官也陆续由人民选出，大多数时候是在人民最卑贱的阶层中选出。教皇对民主、对纳扎雷特[①]耶稣创立的兄弟般新社会拥有暂时性权力。耶稣是制造犁铧和桎梏的工人，是视生母亲所生，是上帝和上帝之子，正如他的事迹所证实的一样。

教皇有责任反击和维护人权，作为人类公论的首脑，即使再柔弱，他们也有力量用一句话和一个想法将国王赶下宝座；他们只有一个头戴修士方巾、手持十字架的平民百姓作卫兵。教皇走在文明的前列，向社会的目标迈进。全世界各地的基督徒都服从于一个他们只闻其名的教士，就因为他是基本真理的化身。在欧洲，他代表着几乎已毁坏殆尽的政治独立；在哥特世界，他是民众自由的捍卫者。正如在现代社会，他

---

① 纳扎雷特（Nazareth），耶稣诞生地。

成了科学、文学和艺术的重建者。人们穿着当乞丐的兄弟的衣服，参加了他的军队。

神圣罗马帝国和圣职之争是中世纪两种社会原则之争，权力和自由的斗争。教皇支持教皇派人，声明支持人民的政府；国王们则属于皇帝派人，推行贵族统治。这正好是希腊的雅典人和斯巴达人所扮演的角色。因此，当教皇站到国王一边，当他们也成了皇帝派的人时，他们便失去了其权力，因为他们脱离了自然的原则。相反，当政治自由直接回到人民手中时，教士的权力也就小了，因为人们用不着再由教士充当代言人了。

中世纪时，空着的宝座交给了第一个占领者；国王跪着哀求教皇的原谅。王国遭禁，一句有魔力的话便使国家完全被剥夺了宗教。被驱逐出教的君主们不但被有才能的人遗弃，而且众叛亲离；王子们就像麻风病人一样遭人回避，与普通人隔离，等待着他们那永久性家族的消失。他们吃过的食物，他们碰过的物品，就像弄脏了的东西一样，要扔到火里烧掉。这一切只是委派给宗教并由宗教行使民众主权的影响。

根据世界上最古老的选举法，教皇的权力从圣彼得转交至今天担任教皇职位的教士，从这个教士一个个往上数，可一直看到能接触基督的圣人。在教皇链上的第一个环上是上帝。主教由信徒大会选出。从泰尔蒂利昂①时代开始，罗马主教被称为主教中的主教。教士是人民的一部分，帮助选举。由于热情四溢它们破坏了最美好的制度和最具美德的性格，随着教皇的权力渐渐扩大，并企图进一步扩大。人类的竞争造成了极大的混乱，在异教徒的罗马，类似的混乱在选举护民官时也曾出现过：两个格拉舒人，一个被扔进了台伯河，另一个被一名奴隶在祭复仇女神的林子里刺死。三三六年达马斯教皇的任命更是引起了流血斗殴，

---

① 泰尔蒂利昂（Tevtullien，一五〇—二二二），拉丁作家。

有一百三十七人丧生于西西尼的大教堂，即今天的圣母大教堂。

我们看到圣格雷格瓦被教会、元老会和罗马人选为教皇的情形。所有的基督徒都可以走近教皇宝座。利奥四世在八四七年四月十二日晋升为教皇以反对撒拉逊人保卫罗马，他的圣职受任礼一直拖到他能充分证明自己有勇气时才进行。同样的事也在其他修士身上发生过。森普利修斯升至波尔日主教时，他还是个在俗徒。直到今天（这是人们所不知道的），也许会选一个在俗教徒来当教皇，即使他已结婚。他的妻子也可以入教，和教皇一起接受各种宗教教义。

希腊和拉丁的君主们想抑制教皇选举的自由，有时甚至夺去这一自由。他们经常要求这一选举至少要得到他们的认可。后来路易-勒-德波奈尔的一纸勒令恢复了教皇选举最初的自由，这种自由根据当时的一项条约，经过教会和民众的一致同意后得以实现。

民众所要求或国王所授意的选举，它产生的危机迫使法律做出了某些改变。于是罗马有了被称为主教的神父和六品修士。他们的名字来自是他们充当号角或服务于祭坛的某一角，主教一词派生于拉丁语中的中心人物。教皇尼古拉二世在一〇五九年《罗马训谕》规定，只有主教才可以选举教皇，教士和民众只能接受选举的结果。一百二十年后，《拉特朗训谕》剥夺了教士和民众的认可权，使得有效选举要在主教大会上有三分之二的多数票才能通过。

但是，这个训谕并未规定选举期限和形式，所以在选民中产生了很大的混乱，而且在修改法令时也找不出任何办法可以制止这种混乱。一二五八年，在克雷芒四世死后，聚集在维泰尔贝的主教们无法统一意见，教皇职位，空缺两年。最高行政长官和城里的民众只得将主教们关在宫内，甚至有人说是腾空这个宫殿以强迫他们最终做出选择。格雷古瓦十世最终得以当选。为了防止未来滥用权力，制定了教皇选举会议；这样他拥有了权力或者一部分权力；他调整了一些选举的内部措施，与现时相差无几：单间彼此隔开，公共的大间用来投票，窗户全从外面堵死，只留一扇拆去石膏封泥，以向内公布选举程序。一二七〇年在里昂公布的教谕确认并改善了这些措施。这些规定的一个条款被废除了，这条文里规定：如果在选举期限超过三天以后，教皇还未选出，在此后的五天中主教们每餐只有一道菜；再往后就只有面包，葡萄酒和水，直至选出新教皇。

现在，选举期限不再受限，主教们也不再像孩子一样受节食的惩罚了。他们的饭食放在架子上的篮子里，从外面进来时，还有仆人伺候。在隐居主教饰以纹章的华丽马车旁，一名武士紧跟着马，披着甲，身上还挂着剑。车队进入选举区时，杀鸡剁肉，橘子摆满街道，瓶塞也已打开，生怕某个教皇不露脸。古时的习俗，有的稚气，有的滑稽，都有不完善的地方。酒席搞得很奢华吗？饿得慌的穷人看到餐车经过，会做出比较，议论纷纷；酒席搞得一般吗？那会产生另一个自然的缺陷：穷人会对此嘲笑不已，瞧不起罗马大红袍。最好是不要这些俗套子，这在现代风尚中已不复存在了。天主教正本清源了，塞勒和阿拉普的时代又回来了。当今基督应独立主持这些盛宴。

教皇选举中的阴谋是很著名的，有的甚至引起命案。我们在西方教会分立中看到，教皇与反教皇的人从罗马废墟的高墙上相互咒骂，互相开除出教。皮埃尔·德·吕纳一三〇四年在阿维尼翁进行教皇选举重新搞教会分立后，这种现象似乎显得要消失了。亚历山大六世一四九二年用阴谋收买了二十二个主教的选票，这有损他的教皇名声。在他死后留下了卢克莱修的回忆录。西克斯特五世在选举中只在需要有人支持时才搞阴谋，他当上教皇后，便不再需要支持了。我在罗马一个别墅中看到过他姐姐的画像，一幅贫苦女人的画像，这爱闹事的教皇，怀着平民的自负，很高兴叫人给他画的。他对他姐姐说过："我们房子里首要的武器就是这些破布碎片。"

这还是某些君主向教廷发号施令的时代。菲力普二世把一些写有"陛下不希望某某当教皇,他希望某某取胜。"的纸片弄到选举场所。此后,选举中的诡计就只是一些没有闹出什么名堂的骚乱。不过,林佩隆和多萨却获得了亨利四世和教廷的和解,这倒是一件大事。杜佩隆大使馆明显逊于多萨的信件。在他们之前,杜贝莱预见到了亨利八世时的教会分立。在与教会分立之前,他从这位暴君那里获悉他将被送往教廷那里接受审判。在亨利八世的死刑判决发布时,他到了罗马。他争取到了一段时间派了一个信得过的人去了英国,只是因为路况不佳耽搁了回信。查理五世的拥护者们执行了死刑,亨利八世的传令者两天后才到达。一封信的延误推迟了欧洲政治形势的改变。英国信了新教。世界的命运并不见得就取决于比这更大的原因,在巴比伦,一只倒空了的杯子就使亚历山大从此销声匿迹。

雷斯主教在奥兰比亚①时代来到达罗马,她在伊诺桑十世死后的教皇选举中参加了飞骑兵(人们对十位独立的主教的称谓)。他们抬举只会作画的萨谢蒂②,目的是要选上亚历山大七世。"沉默生智"③,作为教皇,亚历山大七世并没有多大作为。

德·布罗斯主席讲述了他目睹了德·克雷芒十二世之死,看到了贝努瓦十四世当选,就像我看到利奥十二死在他那清贫的床上一样。摄政红衣主教敲了德·克雷芒十二世的前额二三下,根据惯例,他拿一个小锤,一边叫着"洛朗佐·科尔西尼"。"他根本就不回答我。"德·布罗斯

---

① 奥兰比亚·邦费里(Olimpia Panfili,一五九四——六五六),她漂亮而野心勃勃,在其堂兄伊诺桑十世当教皇时,曾起了一定的政治作用。
② 萨谢蒂(Sachetti)意大利作家(一三三〇——四〇〇),有个美丽的脑袋,而不是智慧的脑袋。
③ "沉默生智"(savio col silenzi)是说他什么也不说,而显得聪明,"飞骑兵"表面上支持萨谢蒂,目的是要选上亚历山大七世。

补充说,"就这样,让您的女儿变成了哑巴①。"在那个时候,对待最严重的事情,人们往往拍拍死去的教皇的头,就像敲打智慧之门一样,一边喊着静静死去的人的名字,也许能启发证人玩笑之外的某些东西,这是从莫里哀那里学来的。如果克雷芒十二世从冥在深处问道:"你想拿我怎么办?"第戎的轻率大法官该怎么说呢?

德·布罗斯主席给他的朋友库图瓦寄了一张参加选举的主教名单,并在每个人的名字上写了一句表示"敬意"的话:

加达尼:虔诚,伪善,没有思想,没有爱好,可怜的修士;
阿卡维尼·达阿贡:外表高贵,体态微胖,思想像外表一样;
奥托博尼:没有道德,不讲信用,生活放荡,破产,其余爱好:艺术;
阿尔贝罗尼:火暴性子,焦虑,好动,受人鄙视,没有道德,不体面,没有思考力与判断力。据他说:红衣主教就是一个穿红衣服的人。

名单上其余的人,评价一样难听,他们的整个思想在这里都是厚颜无耻的。

发生了一件有趣的事:德·布罗斯去圣庞克拉斯和英国人吃晚饭,大家模拟教皇选举,阿塞韦德爵士取下假发代表主教长老,他们唱着《请众同祷》②曲,阿尔贝罗尼主教在一片欢呼声中通过投票当选。波旁王朝陆军统帅的新教徒士兵在圣彼得教堂任命马丁·路德为教皇。现在,既是罗马的祸患又是它的保护神的英国人对允许人们在百姓门外布道的这一宗教信仰曾表示了尊重。政府和习俗将不再容忍这一丑闻。

---

① 莫里哀《屈打成医》中的台词。
② 神父祈祷时的用语。

在选举中，如果某位主教被捕入狱，他要做的第一件事，就是他自己和仆人在黑暗中一齐动手去挖新砌的墙，直到挖出一个小洞，夜间把绳子从那里穿出去，通过这个办法向里里外外传递消息。此外，观点可靠的德·雷斯主教讲述了他曾参加的教皇选举中的一些痛苦经历后，讲了几句很好的话：

"我们在那里（选举的地方）总是生活在一起，有着在国王内阁里一样的尊严和文明，有着亨利三世宫廷里一样的礼仪，有着圣职社社团里一样的亲切，有着初修院里一样的谦虚和至少在表面上可以说果及其团结的兄弟般的慈善。"

当我对这个长长的故事做完概述时，故事开始时的庄严和结尾时的近乎滑稽给我留下了强烈的印象：以上帝之子的庄重伟大揭开序幕，但这伟大随着宗教偏离了它的初衷而不断缩小了，最后以亚当之子的渺小而告终。教皇逝世后，我们几乎再也感觉不到十字架最初的崇高了。教皇没有家，没有朋友，他的遗体放在床上，暗示着人类在福音社会里绝对是微不足道的。作为暂时的君主，会对死去的教皇致敬；作为人，他的尸体则被扔到教堂门口。那是罪人以苦行赎罪的地方。

致波塔利斯伯爵先生的信——致雷卡米耶夫人的信

致波塔利斯伯爵先生的信

伯爵先生：

我不知道国王愿不愿派一个特使到罗马来，国王委派我驻任罗马教廷是否合适。如果第二种情况下，我将荣幸地请您注意到，我拨给德·拉瓦尔公爵先生的特别服务费。在一八二三年,这笔费用高达我还记得,四万至五万法郎。奥地利大使,达波尼伯爵先生,先是收到宫廷寄来的三万六千法郎第一笔费用,然后每月添补七千二百法郎作为选举期间的日常开支。还有一万法郎的礼品费和使馆花销费用。伯爵先生,我并非有意与奥地利大使比阔(像德·拉瓦尔公爵那样),我既没有租车,又没有租马,也没有令罗马下等人称赞的仆役制服。法国国王是个大贵人,他有足够的钱来支付他的各位大使的排场,如果他愿意的话。借贷的慷慨,这是灾难。所以,我将坐着我那辆普通的马车,带着我的随从,简朴地去选举场所。剩下的问题是,国王有没有想过,在选举期间,我必须做一些交际应酬,而这些是我日常的薪水无力支付的。我不要求什么,仅仅把问题提出来,听候您和王室的裁决。

很荣幸为您效劳。

一八二九年二月十七日,于罗马

伯爵先生:

昨天我有幸出席了红衣主教团的会议并做了一个简短的发言[①]。发言稿的抄件,我事先已在本月十七日(星期二)发出的祝愿十七号快件中给您寄去了。人们怀着良好的满意心情听了我的发言。倍受尊敬的主教长老德拉·索马里亚以对国王陛下和对法国最深情的问候作为对我这一发言的回应。

一切都在上一封信中告诉您了,今天我没有什么新的东西要说了,除了比西主教昨天从贝内旺来了,大家还在等着阿尔巴尼主教、马西主教和奥皮佐尼主教的到来。

[①] 二月十八日的演讲是在所有主教到达之前做的,不要同三月十日的重要演讲搞混了。

二十三日(星期一晚上),红衣主教团各位成员将紧闭在基利纳尔宫里,等待外国主教的到来又要十天。此后,选举的庄严程序就要开始了。如果一开始就顺利的话,教皇在封斋期的头一个星期便可选出。

伯爵先生,我等待着国王的指示。我希望在德·蒙特贝洛先生到巴黎后,您已经给我寄封信过来。我急须收到一份特派大使的通知或有政府指令的,给我的新的任命图书。

五个法国的主教会不会来?从政治上讲,他们来这里实在没有什么必要。我已写信给拉蒂尔主教①阁下,以便在他到来时为他效劳。

我谨……

一八二九年二月十九日,于罗马

又及:

附上德·芬夏伯爵给我写的信的抄件,我没给这位大使写回信,仅仅去跟他聊了几句。

致雷卡米耶夫人的信

昨天,教皇的葬礼终于结束了。纸做的金字塔和四支枝形大烛台确实很漂亮,因为是大尺寸的,一直伸到教堂的挑檐。《震怒之日曲》特别动人,是教皇唱诗班的一个不知名的人所作。我觉得此人是罗西尼之外的另一类天才。今天,我的悲伤已变成了快乐。我们为选举开幕而唱《未来的创造者》。然后,我们每晚去看选票有没有被烧掉,烟火是不是从某个特定的锅子里升出来的。当哪一天没有烟了,就说明教皇已经选出来了②,我会与您重逢。这就是我做的

---

① 拉蒂尔(Latil),兰斯总大主教,曾为查理十世加冕。
② 选票是单独烧毁的,而以前的是和麦秆一起烧毁的。

事的背景。英国国王的演说对法国极为傲慢无礼，莫雷的远征，是一次多么悲惨的远征啊！人们开始感受到了吗？吉耶米罗将军就此给我写了一封信。这封信让我觉得很好笑。他是不能这么给我写信的，因为他好像把我当作部长了。

一八二九年二月二十三日，星期一，于罗马

又及：

死者长已矣：托罗尼亚病了两天，昨晚已离开人世。我看到他全身涂满颜料躺在灵床上，旁边放着一把剑。他出放典押货款，但这是什么样的典押啊！几件古董，一间满是灰尘的宫殿里，乱七八糟堆着几张油画，这可不是阿巴贡①堆放波伦亚诗琴②的商店：他的琴上缠着各种各样的琴弦。一张三脚蜥蜴的皮，一张四脚镶边的匈牙利床。

在大街之上，只看到人们拉着一些穿着装尸衣的尸体一晃而过；我们坐在桌旁吃饭时，窗下也不时抬过一个死人。此外，一切都预示着春天的远去；人们开始分开；动身去那不勒斯；在圣周时节回来一趟；然后永远分散了。明年又会有另一批游客，另一些面孔，另外一种社会。走在废墟中，总想起一些伤心事；罗马人就像这座城市的碎片一样；世界在他们的脚下转过。我想象着这些人回到家里，在欧洲各地，年轻的姑娘们又回到迷雾中去了。如果她们中的某一个被带回意大利，三十年之后，这宫殿里的圣人故去之后，谁还会记得见到过她呢？圣彼得教堂和罗马竞技场，就是她认得出的全部。

二月二十五日

---

① 阿巴贡，莫里哀的《吝啬鬼》中的主人公，见第一幕第二场。
② 十六至十八世纪欧洲盛行的乐器。

致波塔利斯伯爵的信

伯爵先生：

我的第一封信已于上月十四日晚上九点到了里昂。您十五日便可从电报上得知教皇逝世的消息了。今天已是三月三日了，我还没有收到指示或正式的回信。报上已透露了两三个主教动身的消息。我已写信给巴黎的德·拉蒂尔主教，将大使馆交给他使用。我刚刚又给他沿途各站写信，以再次提醒他我为他做的安排。

我很生气不得不告诉您，伯爵先生，我在这里发现了一些小阴谋想让我们的主教远离大使馆，想让他们住到那些人更易施加影响的地方去。就我而言，这与我毫不相关。我会尽职尽力为主教们效劳。如果他们问起一些应该让他们知道的事，我会尽我所知告诉他们。如果您要我向他们传达国王的命令，我也一定照办不误。但如果发生同国王政府的观点相对立的情况，如果人们发现他们行动与国王的大使不一致，如果他们所持的观点与我的截然相反，如果他们把选票投给某个没有分寸的人，如果他们内部分裂，那么，没有什么会比这后果更为糟糕了。为了对国王效忠，也许此时我提出辞职比将来出现此种混乱的场面要好些。奥地利和西班牙已有一种办法，使他们教士无法搞阴谋。在他们所有的主教和神父中，只有宫廷大使作为罗马的行政长官和通信往来者，而大使此时有权让可能成为障碍的该国的教士离开罗马。

伯爵先生，我希望不会有什么分裂发生。主教先生们将接到正式命令服从于我及时从您那里得到的指令。我想知道他们中谁将在有必要时行使否决权，以及这一否决权将会到哪些人的头上。

有必要保持警惕，最后的选票预示着一个政党的复苏①。这个党

---

① 强硬派。

将百分之百地把选票投给德拉·玛英拉和佩迪西尼主教,形成人们所称的撒丁乱党。其他主教会害怕,他们会把所有的票投给奥皮佐尼这个坚强而又温和的主教。尽管奥地利人,也就是说米兰人,他在波伦亚顶住了奥地利。这总会是个绝妙的选择。一旦确定好选这个或是那个主教,法国主教的投票将决定这一选举。不管是对还是不对,这些主教是反对国王政府的目前的体系的,而且撒丁乱党指望他们。

我谨……

一八二九年三月三日,于罗马

致雷卡米耶夫人的信

您说的关于我挖掘废墟的事使我吃惊,我记不起我曾跟您描述得那样好。正像您所想象的那样,我非常忙,既无头绪又得不到指示,我不得不把一切揽在自己身上。不过,我想我可以向您保证,能选出一个明智而温和的教皇。上帝只想在波塔利斯先生的代理部长任期届满时教皇才能选得出来。

一八二九年三月三日,于罗马

昨天,是行圣灰礼仪的星期三[①],我独自一人跪在桑塔·克罗斯教堂里。这个教堂紧靠罗马城墙,在那不勒斯门附近。在这一片落寞中听那些修士们单调凄凉的歌声。我也曾想头顶方巾在这废墟中歌唱。这是怎样的地方啊!可以让追逐名利的心归于平静,可以看见人世间的一切虚浮!我不同您讲我的身体状况,这个问题很烦人。当我发病时[②],有人告诉我,德·拉费罗纳已痊愈。他骑马散

---

① 圣灰(Cendres):忏悔的象征。
② 他患风湿病和头晕病。

步，他的康复被当地看作奇迹：上帝希望如此，希望他在代理期满后，能重坐部长宝座。对我来说，这能解决多少问题呀！

三月四日

致波塔利斯伯爵的信

伯爵先生：

我已很荣幸地告诉您，法国主教们已陆续到齐。其中有三位，德·拉蒂尔先生、德·拉发尔先生和德·克鲁瓦先生给我面子住到我家。第一位已于十二日晚上（星期四）同伊佑阿尔主教去了选举地；后两位也于十三日（星期五）晚上去了。

我把我知道的一切都给他们讲了，我向他们通报了选举中多数派与少数派以及各政党的动机的重要消息，我们一致认为他们将投票支持我给您讲过的那几位主教：即加佩拉里、奥皮佐尼、邦弗尼蒂、聚尔拉、卡斯蒂里奥，以及帕卡和德·格雷戈西亚。他们将反对撒丁乱党的主教，即佩迪西尼、古斯蒂尼亚尼、加勒菲和克里斯塔尔蒂等人。

我希望大使们和主教们之间的融洽能产生最好的效果，至少，如果偏见和私利使我的希望落空的话，我也没有什么可自责的。

伯爵先生，我发现了从巴黎到罗马的一些可鄙而危险的阴谋，这是通过教廷大使朗布律施尼①先生的渠道而操纵的。这还不光是让人在选举中空读分成若干章节的给德·拉蒂尔主教先生的所谓秘密指令（还无耻地做了保证的）。参加选举的大多数人都极力反对类似的阴谋诡计，他们希望能写信给教廷大使，要他断绝跟这些制造不和的人的一切关系。这些人扰乱法国的同时，终将使天主教变得

---

① 朗布律施尼（Lambruschini），教廷驻巴黎的大使。

众人憎恨的东西。伯爵先生，我收集到了一些真实可靠的新情况，在任命教皇后就给您寄去。这比所有的信件都要好。孰友孰敌，国王将会一目了然，政府任命也可以以这些事实为基础采取行动。

您在十四号快件中告诉我，教皇大使想以利奥十二之死为由，在法国再次进行越权行动。我当外交部长时，在庇护七世死后也发生过类似的情况。所幸的是，我们总会有办法对付这些公开的攻击。但要躲过暗中策划的阴谋，自然要困难得多。

陪同我们的主教参加选举的随员看来是些很有头脑的人：唯一的教士、您给我讲过的库德兰就是这些顽固而目光短浅的人中的一个，他们滴水不入，连自己是干什么的都搞不清楚，您知道，他是个修士，却发号施令，他甚至有授职的权力。这些是不符合我们的民法和政治法令的。

本周末大概可以选出教皇了。不过，如果法国主教的参与不起首要作用的话，那就难于给选举定个期限了。新的分化组合也许会带来一个意想不到的结果：为了结束选举，也许会找一个无足轻重的人当选，如旦迪尼这样的人。

伯爵先生，我过去从来不曾处于这样的困境；不管是在伦敦当大使，或是在西班牙战争期间担任部长，还是当贵族院的议员，甚至当反对派的领袖，都没有什么使我像现在担任这样的职务面对各种阴谋诡计般担心焦虑过。我得有个隐身之法，把自己关在牢里，四周看守森严才行。我既没钱给人家，又不能向人家许诺一官半职。五十来个老人过时的热情并未使我感到丝毫的惊讶。我得与某些人的愚蠢做斗争，还得同另一些人的世纪无知做斗争；同这些人的盲目狂热做斗争；同那些人的诡计伪善做斗争。在一切野心、利害关系、政治仇恨中，我被一堵堵的墙隔开了，被包含着那么多分裂因素的大会中的神秘隔开着。每时每刻情况都在变化，每过一刻钟都会收到一些互相矛盾的报告，这使我更加困惑，无所适从。

伯爵先生，我跟您讲这些困难，并不是为了表明我的能耐，而是为了在选举中万一选出来的是一个违背其保证、不合我们意的教皇时，能为自己找到托词。在庇护七世逝世时，宗教问题还没能煽动舆论，但这些问题现在却和政治搅和到了一块，宗教领袖选举从未来得这么不合时宜。

有幸为您效劳。

一八二九年三月十五日，星期四

致雷卡米耶夫人的信

巴伐利亚国王身着礼服来看我，我们谈到了您。这个头戴皇冠的希腊国君看来很清楚面临的是什么，并明白人们不能停留在过去的岁月中。星期四晚上他在我家进餐，不希望有其他人来参加。

另外，我们面临着许多大事：要选举教皇，这当选的教皇会是谁呢？天主教教徒会摆脱束缚吗？东方的一场新的战争，哪一方会获胜？我们能否从中渔利？谁来管理我们的事务？有没有一个天才的头脑能够预见到法国在这中间能干些什么，又能根据情况获得一些什么？我坚信人们在巴黎不仅没有想到这些，在客厅和卧室之间，在娱乐和法令之间，在普遍的欢乐和各内阁的担忧之间，人们为欧洲的操心毫无用处。只有我，远离家乡，有时间来空想并关注我的周围。昨天，我迎着风暴在蒂沃利古老的路上散步，到了罗马古老的铺石路上，路面保存得如此完好，以致让人觉得是新铺上去的一样。在我踏上这些石头之前贺拉斯[①]曾经在这些石头上走过，

[①] 贺拉斯（Horace，公元前六十五年—八年），拉丁诗人。

但他在哪儿呢?

一八二九年三月十七日,于罗马

卡波尼侯爵——信件

卡波尼侯爵从佛罗伦萨来,给我带来了几封他在巴黎的朋友的几封推荐信。我于一八二九年二月二十一日回了其中的一封[①]。内容如下:

> 我收到了您两封信,我的帮忙没什么了不起,但我愿意为您效劳。我不了解卡波尼侯爵的过去,我可以告诉您,他还很英俊,顶住了岁月的消耗。您的第一封信对崇高的穆罕默德苏丹,对驯服了的野蛮人,对棍打成士兵的奴隶充满了热情,我没有回信。女人们,对同时要娶几百个女人的男人们充满着敬仰之情,让她们把这个当作文明和开化的进步吧。这,我可以想象得到。但我更喜欢贫穷的希腊人,我希望他们自由就像希望法国的自由一样。我也希望国界线覆盖巴黎,保证我们的安全和独立,但绝不是通过君士坦丁堡的尖桩刑,维也纳的棍棒刑和伦敦的拳击刑这三种刑罚的结合来得到莱茵河左岸的地区。十分感谢这件荣耀皮大衣,我们能从所向无敌的信徒首领那里获得。这位首领仍然没有从他的宫殿郊区走出来。但我宁要这种不加任何修饰的荣誉,它像个美丽的女人,菲迪亚斯[②]不会给她套上土耳其睡裙的。

---

① 也许是科尔特里亚·德·卡斯泰拉内的信。
② 菲迪亚斯(Plinidias),公元前五世纪希腊的雕刻家。

致雷卡米耶夫人的信

好！我有理由反驳您了！昨天，在等待选出一个教皇时，在两次投票空隙中，我抽空去了圣奥吕佛一趟。在隐修院的内院确有两棵橘树，可没有橡树。我对自己的好记性感到自豪。我几乎是闭着眼睛奔向覆盖着您那位朋友[①]的石头。我喜欢这块石碑甚于人们即将给他建立的坟墓：多么美好的孤独！多么可叹的景色！安息在多米尼坎修士和万西的莱奥那尔[②]的壁画中间长眠，该是多么惬意啊！我将来也想去那里，从前我可从来没有想到过。人们让您进了修道院吗？在一个长长的走廊里，您有没有看见莱奥那尔·德·万西的圣母像？那颗一半已模糊但仍然很迷人的头您见到了吗？在图书馆，您有没有看过勒·塔斯的面具、枯萎的月桂形皇冠、他用过的一面镜子、他的墨水瓶、他的笔和他亲手所写贴在他的雕像下端挂着的木板上的一封书信？在这封被涂掉了但仍很容易辨认的小字体的信中，他谈到了友谊和财风。财风几乎从未向他刮来，而友谊他也常常缺乏。

教皇还未选出，我们时刻都在等着他。但如果决定推迟，如果障碍从各个方面冒了出来，这可不是我的错。本应多听听我的话，而不要总做与我们意愿相反的事。此外，我觉得目前所有的人都想同我和平相处，德·克莱蒙-托内尔主教刚刚亲自给我来信，求我像以前一样好地待他。除此以外，他还登门造访我家，我决心要把选票投给最温和的教皇。

[①] 勒·塔斯（Le Tasse）是雷卡米耶喜爱的一位诗人，他死在奥吕佛，并葬在那里。
[②] 莱奥纳尔（L'esnaid de Vinci，一四五二——五一九）意大利画家、雕刻家，生在佛罗伦萨附近的万西。

您已看到了我的第二次演讲的稿子①,谢谢凯拉蒂②对第一个讲演稿的客气的评价,我希望他看到另一个后会更高兴。我们俩都在为恢复基督教的自由而努力,终有一天,我们会成功的。您对卡斯蒂里奥尼主教③给我的回信有什么感想?在选举期间,我是不是很受褒扬?在受您宠爱的日子里,您可没有讲得更好。

一八二九年三月二十一日,于罗马

如果我相信罗马的传闻,我们明天就会有个新教皇。但我心灰意冷,我不相信会有这种幸运。您一定知道,这种幸运不是政治上的幸运,不是胜利后的快乐,而是获得自由和与您重聚的幸福。当我跟您讲了那么多关于教皇选举的事以后,我也像一些人一样有了个固定的想法,并认为世界只受这种想法的支配。然而,在巴黎有谁会想到教皇的选举,有谁会为教皇、为我的艰苦操心呢?法国式的轻率、眼前的利益、议会里的争论、勃勃的野心,有其他事要干。当德·拉瓦尔公爵也在来信中谈到对选举的担心和对西班牙战争的忧虑时,我回信对他说:"啊!上帝!正是这样呢!"今天,波塔利斯先生该让我受同样的惩罚。不过,那个时候的事与现在确实不一样,宗教思想从未像现在在整个欧洲这样与政治思想混在一起过,争论不在那里,教皇的任命不像在那个时候一样,不能扰乱或平息这些国家。

自从收到那封告诉我德·拉弗隆内先生已延长休假和动身来罗马的信以来,我没有得到任何消息。但我相信这个消息是真的。蒂

---

① 三月十日的讲演,极为大胆。
② 凯拉蒂(Kératry),菲尼斯太尔省的使节,布列塔尼自由主义者,夏多布里昂的朋友。
③ 卡斯蒂里奥尼(Castiglioni),后来的庇护八世,他的回信充满了颂扬之词,但对作者演讲的内容有所保留。

埃里先生从伊埃尔给我写了一封感人至深的信,他说他要死了,但他希望能在科学院得到一个碑位并请我为他写碑文,我会做到。我的挖掘不断得到一些石棺,死亡只能提供它所有的东西。普森纪念碑有进展,将会是一个典雅精致的纪念碑。您不会知道,为了找适于雕刻的浅浮雕,甚至动用了阿尔卡蒂的牧人图①。

一八二九年三月二十四日

到我家下榻的克莱蒙-托内尔主教今天已去参加选举了。这个世纪是奇迹的世纪。我身边有拉内元帅的儿子和掌玺大臣的孙子,立宪党的先生们和《日报》的记者先生们在我这里共进晚餐。真是做人真诚的好处,我让他们每个人想他们所想要的,只要人们让我有同样的自由。我只努力让我的观点能拥有大多数人,因为我自认为这比别的理由更为充分。就因为这份诚恳,我使得最有分歧的看法也能倾向于与我接近。我给他们避难权,在我家里,别人不能来抓他们。

三月二十八日

致德·布拉加公爵②先生的信

我非常抱歉,公爵先生,因为我信中的一句话引起了您的担忧。我并没有抱怨一个有思想有精神的人(菲斯卡尔多先生③)。他对我说过一些外交的。我们这些大使,我们说过别的东西吗?至于您给我谈到的那位主教,法国政府并没有特别点某人的名,它完全信任我给它提过的一切。七八个温和或平和的主教,看来同样吸引了各个宫廷的愿望,他们是我们希望看到聚集票数的候选人。但如

---

① 《阿尔卡蒂的牧人图》是普森的一幅画。
② 布拉加(Blacas),驻那不勒斯大使。
③ 菲斯卡尔多(Fuscaldo),那不勒斯驻罗马大使。

果我们不打算给大多数，强加一个选择，我们会尽力想办法排除三四个狂热无能而又爱耍阴谋的主教。他们是少数派的候选人。

公爵先生，我无法让人把这封信带给您，只得把它通过邮局寄给您了，因为这封信的内容只涉及您和我不能大声谈论的东西。

有幸为您效劳。

一八二八年三月二十四日，于罗马

致雷卡米耶夫人的信

德·蒙特贝洛先生到了，给我带来了您和贝尔坦先生以及维勒曼先生的信。我的挖掘进展顺利。我发现了一些空石棺，我可以从中选择一个留给自己，而我的骨灰将不致赶走那些已随风而逝的亡灵。无主的坟墓显示出一种复活的气氛，但实际上只表明了一种更深刻的死亡。这不是生活，而是虚无使坟墓冷冷清清。

为了写完我的小小日记，我将给您讲讲我前天在风暴中爬上圣彼得教堂的球形塔。您一定想象不到，在天空中，在这个米开朗琪罗的圆屋顶的四周，在这个基督教堂之上，横扫古罗马的大风是什么样的。

一八二九年三月三十一日，于罗马

致雷卡米耶夫人的信

胜利了！我们有了一个教皇。我曾将他的名字列入我的名单：他就是卡斯蒂里奥主教，是我在一八二三年任部长时支持去当教皇的那位主教，他在一八二九年最后的这次教皇选举时，曾高度赞扬过我。卡斯蒂里奥温和而且忠于法国，这是一个完全的胜利。选举团在解散之前，吩咐写信给巴黎教廷大使，要他代向国王表达红衣主教团对我所做的一切十分满意。

我已发快报把这个好消息告诉巴黎。罗纳省省长是空中联系的中介人，他就是德·布罗斯伯爵的儿子小德·布罗斯。这个来自罗马的轻捷旅游者，我在给您写信时收集到的摘录中经常提到他。携带这封信给您的这位信使还带着给波塔利斯先生的快件。

我的身体没有连续两天是好的，这使我极为烦躁，因为在我生病期间，我对什么都没有心情。不过，我还是耐心等待着巴黎对任命新教皇一事的反应。人们说些什么，人们做些什么，我将成为什么样的人。最有可能的，我将告假。我在报上看到了立宪党人对我的讲演引发的争论，他们指责《消息报》没有刊登出来，而罗马三月二十二号的《消息报》却刊登了（争论发生在二十四号至二十五号）。这不是挺奇怪的吗？看来很明显，有两种版本，罗马一种，而巴黎的是另一种。可怜的人啊！我想到了另一家报社的失算，它曾断言选举团对这一发言极不满意。但当它看到已成为教皇的卡斯蒂里奥主教对我的赞扬时，又会怎样说呢？

什么时候我才能不再向您诉苦呢？什么时候，只要回忆完我的生活经历，我的生命也就来日无多了，就像这本回忆录的最后一页一样？我需要这样，我实在是累了。岁月的重压不断增加，我的头脑能感觉出来。我喜欢把它叫作风湿病，然而它却无法根治。只有一句支撑着我，我重说一遍：不久见。

三月三十一日晚上

我忘了告诉您，菲舍主教在这次选举中表现极佳。他和我们的主教一起投的票。我下定决心请他吃饭，他给我写了一张很有分寸的便条，谢绝了。

四月三日

致波塔利斯伯爵的信

伯爵先生：

正如我有幸在三月三十一日晚从驿站发往里昂的第一封信中告诉过您的一样，阿尔巴尼主教已被任命为国务秘书[①]。这位新部长既不受撒丁乱党欢迎，也不受大多数红衣主教的欢迎，甚至连奥地利也不喜欢他。因为他粗暴，反耶稣会的，待人态度生硬，尤其他是意大利人。他富得流油，却吝啬得要命。阿尔巴尼与各种图谋和投机有牵连。昨天，我第一次去拜访他，他一见到我就大声说道："我是头猪（他确实脏得很）！您会看到，我不会是敌人。"伯爵先生，我只是向您转述了他的首批言论。我回答说，我根本没有把他看作敌人，他却又说道："对你们这些人，需要的是水而不是火。我不了解你们的国家吗？我没有在法国生活过吗？（他说起法语来，像个地道的法国人）你们会满意的，你们的主人也一样。国王身体好吗？早上好，我们一起去圣彼得吧！"

那时是早上八点，我见到了教皇陛下，所有罗马城里的人都跑去看那次盛典。

阿尔巴尼主教是一个机灵的人，个性虚伪，但脾气直率，他的粗暴胜过狡诈。我们只须捧他并满足他的吝啬刁性便可以利用他。

庇护八世知识渊博，尤其是在神学方面。他能讲法语，只是在流利与典雅方面稍逊于利奥十二。他的右半身得过偏瘫症，易患痉挛。至高无上的权力可使他痊愈的。他将在四月五日（下个星期天）耶稣受难日受冕。

伯爵先生，现在把我留在罗马的主要使命已经完成，如果您能

[①] 阿尔巴尼（Albani）的当选使夏多布里昂大为失望，并使卡斯蒂里奥尼主教当选为教皇带来的欢乐也大打折扣。阿尔巴尼是奥地利的代理人。夏多布里昂曾经想过，一旦他当选了，法国将对他行使否决权。

代我向国王陛下请几个月假，我将感激不尽。我在把国王给庇护八世的回信交给教皇后才能休息。有人会致函教皇他，向他宣告，他在圣彼得教堂升迁主教座的事。请允许我再次为我的两位使馆秘书，贝洛克先生和德·吉雷先生恳求您的宽恕。

阿尔巴尼在选举中的阴谋和他获得的甚至是多数派中的支持者使我担心会对教皇陛下产生意想不到的攻击。看来，我不能让自己受到突然袭击，让奥地利代理人在法国大使眼皮底下夺取教皇职位，所以，趁德·克莱蒙-托内尔主教到来之际，我要他负责这封信中本要我来负责的一切大事。所幸他还没有到要用这封信的地步，他把信还给了我，我荣幸地将信寄给你。

我谨……

一八二九年四月二日，于罗马

致德·克莱蒙-托内尔主教大人的信——致波塔利斯伯爵的信——致雷卡米耶夫人的信

致德·克莱蒙-托内尔主教大人的信

主教大人：

由于无法与您那些紧闭在蒙特-卡瓦洛宫内的法国主教先生们沟通，由于要更好地为国王、为国家利益效劳不得不预先做好一切准备，由于知道在教皇选举中发生过许多意想不到的任命事宜，我十分抱歉，但我不得不委托您大人一项可能的否决权。

尽管阿尔巴尼主教一开始并未显示出有任何机遇，但他仍不失为一个有能力的人，在长期的斗争中，这是有目共睹的。但他是教皇选举中奥地利指令的负责主教，德·吕佐韦伯爵在其发言中已正式指明了他这一身份。然而，让一个公开隶属于王权的主教当教皇是绝对不可以的，即使隶属于法国也同样不行。

因此，大人，我委托您根据法国国王驻教皇大使之权力之所及，并由我负全责，请投票否决阿尔巴尼主教。如果或者是偶然的原因，或者是暗中施了权术，他获得了多数选票的话。

专此布达。

一八二九年三月二十八日，于罗马

这封由一个没有正式授权的大使委托给一个主教的否决信，从外交上来看是很冒失的。这里面有些东西使所有政府公职人员会害怕得躲在家中不敢出来，使所有各部门首脑、高级官吏和外交事务的刀笔吏不知就里。但由于部长对此一无所知，甚至连想也没有想到过可能要发生的情况，我不得不替他想到。试想一下吧，如果阿尔巴尼万一被选上了教皇，我将会怎么样？作为政治家，我将永远完蛋。

我想到这点，并不是为了维护我作为政治家的那点声誉而担忧，而是为了未来的那一代作家：那时候他们听到我的这件偶然事件的片言只语，或许会为我昭雪写白而有损于他们的职业，就像王太子做了傻事，总是鞭打其侍从以示惩戒一样。但是，在将解职信一事归功于我时，也不能过于称赞我的大胆预见。因为在一时的老外交思想上看来骇人听闻的事，在今天的社会秩序中却是不值一谈的。我的大胆一方面来自我对一切不幸的无动于衷，另一方面来自我对时下的观念仍了解。今天的世界，为教皇的任命、王权的竞争和教皇选举的内部阴谋不用花费一文钱。

给波塔利斯伯爵先生的快件（机密）

伯爵先生：

有幸于今天给您寄去这份我跟您说起过的重要文件，这根本不是教皇选举的正式的秘密新闻，而是根据意大利原文逐字逐句译过来的东西。我只是省去了那些过细而可以得知其出处的内容。这些绝无仅有的新消息，即使只透露了那些极微小的事件，其价值也比得上数个人的命运、自由，甚至生命。更为可叹的是，这些内幕并不是有关利害关系或腐败的现象，而是关系到信赖法国的荣誉。所以，伯爵先生，这件东西，在枢密院会议上念过之后，要绝对保密。因为，尽管我小心谨慎地隐去了真名实姓，删去了一些直截明了的事件，但文章本身所说已足够能危及作者的名誉了。我加上了一段评论，以帮助理解全文。教皇政府用一本登记本，每天甚至是每时每刻记下他们的决定，他们的所作所为。如果我们能从中挖掘出教皇最初几个世纪的事情来，这是怎样的一个历史宝库啊！这为现在的时代打开了半扇大门。通过我给您寄去的材料，国王可以看到一些我们闻所未闻的选举内幕，可以了解到罗马宫廷最秘密的感情，陛下的部长们，也用不着在黑暗中摸索。

我在日志上所做的评论舍弃了我的其他思索，剩下的只是向您致以我崇高的敬意以及我荣幸地……

一八二九年四月二日，于罗马

这封密信中所提到的那份珍贵资料的意大利原文，我已亲眼见到它在罗马被焚烧掉了。寄给外交部的译文我也没有留下任何副本，我只留下了一份我自己对译文做的评论文章和批语的抄件。但我建议部长对文件要做到绝对保密的那份谨慎使得我在这里也得把那篇评论文章毁掉，因为，尽管这一评论掩饰得很隐秘，但由于与之相关的资料不多，这种隐秘仍可能给罗马人留下蛛丝马迹。不过，在这个永恒的都市，记恨是很长久的，也许在五十年后，还能使作者的某个侄孙为这些神秘隐情而受打击。所以，我将满足于对评论中与法国事务直接有关的部分做个简要的介绍。

我们首先可以看到那不勒斯宫廷是怎样欺骗德·布拉加的，或者说，宫廷本身是怎样受骗上当的。因为，在宫廷对我说那不勒斯的主教们将和我们一起投票的时候，这些主教却与少数派或撒丁乱党联合在一起了。

主教少数派猜想法国主教的投票将影响到我们政府的形式，这怎么可能呢？看来有人猜测到了他们接受的神秘指令，而这些神秘指令有利于一个狂热教皇的当选。

教廷大使唐布律斯希尼主教在选举中肯定地说德·拉蒂尔主教了解国主的秘密：乱党的一切努力无非是为了让人相信查理十世与政府不和。

三月十三日，德·拉蒂尔主教声称有一个纯粹信仰方面的声明要告之教皇选举团。他被带到了四个主教面前，他的这一秘密忏悔是在赦罪院大主教的监督之下进行。其他法国主教不知道这种忏悔的方式，阿尔巴尼主教试图弄清楚却徒劳一场。这事很重要却又令人好奇。

少数派总共有紧密团结的十六票。少数派的主教被称作"十字架之父"，他们在门上放了一个圣安德烈的十字架，表明坚信他们做出的选择，他们不愿同任何人讨论。多数派表现出理智的感情和不干预外国政治的决心。

由选举团公证人拟定的会议纪要值得一提，纪要里说："庇护八世，结论中说，决定任命阿尔巴尼主教为国务秘书，以使维也纳政府也同样满意。"教皇在两个王权中分享到了一小部分权力，他自称为法国教皇，并给了奥地利一个国务秘书。

致雷卡米耶夫人的信

就在今天,我请了整选举团的成员吃晚饭。明天我将接待女大公海伦①。复活节后的第一个星期二,将有一个庆祝选举闭幕的舞会。然后,我就准备去看您了。想想吧,我是多么的迫不及待啊。在我给您写信时,我还不知道我从驿站发出的宣布教皇死讯的信件的情况,可新教皇已经加冕了,利奥十二已被人遗忘了。我和新国务秘书阿尔巴尼一起重新开始工作,一切就像什么事也没有发生过一样。我不知道您在巴黎甚至也知道已有了一个新教皇!教皇的赐福庆典多好啊!先是远处的萨比娜,接着是罗马荒凉的村庄,然后是罗马,最后是圣彼得广场,所有的人都跪在一个老人的脚下:教皇是祝福其子民的唯一君主。

正写到这里,从热那亚来的一位信使送来了一封从巴黎发往土伦的快件,这快件是从巴黎发往土伦的,是给我的回信,告诉我四月四日上午十一点巴黎收到了我从罗马发往土伦告知卡斯蒂里奥尼被任命为新教皇的消息的。国王得知这个消息后,非常高兴。

快件传递之快真惊人:我的快件是三月三十一日晚上八时发出的,而我四月八日晚上八点便收到了巴黎的回信。

一八二九年四月八日,于罗马

今天是四月十一日,一个星期后,就是复活节了。两个星期后;我就有假期可以去看望您了!一切的不快因为有这一期望而烟消云散了:我已不再惆怅,不再想部长们了,也不再想政治了。明天,圣周就要开始了,我会想起您对我讲的一切,可惜您现在不在这里,要不可以同我一道听听那美妙的痛苦之音!我们可以一起去

---

① 海伦(Hélène),沙皇的嫂子,她当时二十一岁。

荒无人烟的罗马农村散散步！现在，那里已是绿草青青，花开遍地了。一切废墟似乎随着新春的到来而变得年轻了：我只是去其中凑凑热闹罢了。

一八二九年四月十一日

参加完耶稣苦难纪念三日大日课和听完《上帝怜我》这首曲子，我走出西卡斯汀教堂。我想起您曾同我讲起过这种宗教仪式，因此，我当时十分感动。

日光渐渐淡了下去，夜色慢慢笼罩着小教堂的壁画，仅仅只能看清米开朗琪罗画上的几处粗线条的轮廓了。蜡烛一根根熄灭了，散发出一团团薄薄的白烟，这种生活中的自然景象，就像《圣经》中描绘的薄薄的雾气一样。主教们跪着，新教皇伏在祭坛前，几天前我还在那里见过他的前任。忏悔和祈祷之声令人赞叹不已；随后在寂静的夜色中不时响起对那位先知者的哀号。人们感到被一个为洗净人间罪恶而垂死的上帝的一种巨大的神秘感所征服。七座小丘上立着天主教继承人的雕像和所有的纪念物。然而，并不是那些强大的教皇，也不是那些为君主们的优先权争论不休的主教，而是一位可怜的、没有家庭、没有后台的瘫痪教皇，一些默默无闻的宗教王子，宣布了一个使现代社会开他的强权的灭亡。艺术上的杰作亦随之而去，在几近被遗弃的梵蒂冈宫的墙上和拱顶上，壁画已模糊得无法辨认了。一些与宗教无关又好奇的外国人经过这里时也参加了这一庆典，他们取代了忠实信徒社团。双重的悲伤笼罩我的心。基督教的罗马在追忆耶稣基督之死的同时，看来也在庆祝自己的死亡，要对新的耶路撒冷重复热雷米[①]曾对旧耶路撒

[①] 热雷米（Jérémie），《圣经》上的先知者。

冷预言的那些话了。罗马为忘掉一切、蔑视一切而后死去，这仍不失为一件好事。

圣周星期三，四月十五日

致波塔利斯伯爵的信

伯爵先生：

事情的进展正如我荣幸地和您猜测的一样，新教皇的一言一行都完全符合利奥十二的和平政策。庇护八世与其前任相比甚至还稍胜一筹，他更坦率地表达了他对法国一八一四年宪章的看法。他并不害怕提到这个词，并且还建议法国人追随这种精神。教廷大使在提及我们的有关事务时，他只收到了只介入他们自己事务的指令。对荷兰协议来讲，一切已经解决，而且塞尔伯爵下个月就要离职了。

阿尔巴尼主教处境艰难，不得不拿他当替罪羊：他告诉我他表示忠于法国宣言，大大伤害了无法掩饰自己情绪的奥地利大使。在宗教方面，我们对阿尔巴尼主教没有什么可担心的，阿尔巴尼自己不怎么信教，他不会因为自己的狂热或他的君主的温和观点而铤而走险，给我们制造混乱。

至于政治关系方面，今天并不是一个警察手腕或一封密码信件就可以避开意大利让人占领公使馆的，或者让奥地利驻军以任何借口留驻安科纳的。那样就意味着搅乱欧洲和对法国宣战：然而我们不再是一八一四年、一八一五年、一八一六年了，也不是一八一七年了，大家不会愿意在我们的眼皮底下看到不受惩罚的狂妄、贪婪的野心得逞的。看来，阿尔巴尼主教接受了梅泰尼王子①的年金；

---

① 梅泰尼王子（Mettecnich，一七七三——一八五九）奥地利，国务活动家。

他是德·穆戴纳[1]公爵的亲戚,他声称要把他的巨额财产留给这位公爵;他同那位王子策划了一个反对撒丁王位继承人的小阴谋。这一切果然属实;在这些专制、隐秘的政府背后通过密件派遣军队的这个时代,所有这些都会是十分危险的。但是,今天通过公开的政府、新闻和言论的自由,通过快报和各种快捷的通讯,通过社会各阶层广泛的知识,人们往往隐匿在骗术和旧的外交手腕之中。然而,对一个奥地利的代办、罗马国务秘书的不足之处不应该视而不见;一些记录材料(如那些与意大利皇权有关的东西),不能把它们放在阿尔巴尼主教的手中。

还没有人能识破这种任命的秘密,世人讨厌它,甚至连意大利内阁也是这样。这与外国政治上的利害关系有关吗?可以肯定的是阿尔巴尼主教在当时给圣父提前支付了罗马政府所需要的二十万皮阿斯特[2],也有一些人认为,是一个奥地利银行家贷的款。红衣主教马希上星期六对我说,教皇陛下不想重新起用贝内蒂主教,然而他愿意赐给贝内蒂一个重要的职位。教皇找不到其他的解决办法,只好让波伦亚公使的职务空缺。这种悲惨的困境常常促成了一些最重要的解决办法的形成。如果马希主教的说法是真的,那么庇护八世为了取悦法国和奥地利王室,他所说的和所做的只是表面上的理由,借此在私下里来掩盖自己的虚弱而已。此外,人们目前完全不相信阿尔巴尼任职久长。一旦他与大使们建立关系,困难便接踵而至。

至于意大利目前的形势,伯爵先生,必须仔细读读从那不勒斯或其他地方给您送去的东西。极其不幸的是,西西里岛政府陷入了极度受蔑视的境地。宫廷贵族生活在卫队的保护之下,但他们仍觉

---

[1] 德·穆戴纳(Modène)是个专制主义者。
[2] 旧货币单位。

得心惊胆战，总是被恐惧的幽灵纠缠着。他们让人看的只有耗费巨大的打猎和绞刑。这一切使王权在这个国家越来越丢面子。人们把群众的不满。本世纪的产物——新旧社会的斗争，旧制度的衰败和青年一代蓬勃发展之间的斗争，称为阴谋活动。总归，孰是孰非，有比较才能鉴别。我们不能不承认：富强、自由、幸福的法国，这种宏伟的景象照亮了那些处于或已沦为被奴役地位的国民的眼睛，在他们中间产生了遗憾或孕育了希望。代议制政府与绝对君主专制的混合不会持续很久；这一种或那一种必然消失，政府得重新回到与欧洲哥特式时代平等的水平上来。边境的海关从今以后不能隔断奴隶的自由，一个人不会因为一条小溪的一边有着神圣而美好的声誉自己被吊死在同一条小溪的另一边的。在这种意义上，伯爵先生，只有在这种意义上，在意大利是有密谋的，而在这种意义上，意大利是法国的。当它享受到一些权利——它的聪明觉察到的和时间的逐步推移给它带来了的这些权利的那一天，它会平静下来，成为纯粹的意大利。那不过是几个可怜的烧炭党党徒引起的全国起义：那几个人是被警署的不正当行为所激发而被毫不怜惜地吊死的。有人用一些事情的真实情况却给各级政府提供最虚假的主意。有人阻止政府做他们为自己的安全应该做的事，并且总把长期的和普遍的缘由所起的作用看作一小撮雅各宾派的特别图谋。

伯爵先生，这就是意大利的真实情况。它的各个邦除了智者的共同的工作以外，都受某种地方性弊病的折磨：皮埃蒙地区丢给了一狂热的派别；米兰地区遭奥地利人蚕食；糟糕的财政管理使圣父统治区遭到破产；税收上升到了将近五千万，而留给产业主的收入不到百分之一；海关几乎收不到利税；走私猖獗；穆戴纳王子在他的公爵领地（一切流弊泛滥的地方）建立了一些违禁品商店，他是晚上把违禁品运进波伦亚公使馆的。

伯爵先生，我曾跟您提到过的那不勒斯，在那里，政府的软弱只是由于民众的怯懦才得以解救。

是军事才能的欠缺延长了意大利末日的来临。波拿巴没有来得及在马里于斯和恺撒的国家复活这种才能。悠闲的生活方式和怡人的气候还使南部意大利人丧失了争取更加美好生活的愿望。领土区划上产生的对立增加了内部运动的困难，但是如果某种来自外部的推动力或者如果某个阿尔卑斯山这边的王子答应给他的臣民一部宪章，那么革命就会爆发，因为这场革命的一切条件都成熟了。所幸的是我们，经验教育了我们，人民减少了那些曾经猖獗一时的犯罪和不幸。

伯爵先生，我曾向您请过假，大概我会很快得到答复吧：这也许对我很有用。在离开意大利之际，我认为应该让您看一些全面性的材料，以确定枢密院的指导思想，以便警惕那些头脑狭隘的人或者盲目激动的人打的报告。

很荣幸为您效劳。

一八二九年四月十六日

致波塔利斯伯爵的信

伯爵先生：

法国的红衣主教们急于知道他们开支和在罗马期间共有多少钱。他们曾多次请我给您写信问问这些。因此我不得不请您尽早把国王的决定告诉我。

伯爵先生，谈谈与我有关的事吧。当您想拨给我三万法郎的补助款时，当时您想到没有哪个红衣主教住在我的家里。事实是：德·克莱蒙-托内尔先生和他的随从在这里住下了，有两个教皇选举人的随员、一名教会的秘书、一名非教会的秘书、一名随身男仆、两个仆人、一个法国厨子，最后还有一个罗马管家、一个司仪、三个跟班、一个车夫，所有意大利红衣主教所应拥有的人。还有不能走动的图卢兹大主教先生①，他不能上桌用餐。还得有两三个仆人轮流照料来这里的常客和朋友们的马车和马匹。我这个受人尊敬的客人肯定不会支付这些开销的：人将去，记忆留给我。我不仅得付钱给厨师、洗衣女工、马车老板等人，而且还有那两个来治大主教的腿的两个外科医生、给教皇做白色和红色拖鞋的鞋匠、缝制大衣、长袍和领巾。主教和他的教士们的全套打扮的裁缝得付钱。

除上述这些开销，伯爵先生，我在教皇选举会的前前后后以及选举会期间所花的演出费用也得开销。另外，女大公海伦，保尔·德·乌尔唐贝尔亲王②和德·巴伐利亚国王的到来，开销有所增加。这样，您肯定会发现您拨给我的三万法郎已经远远不够花了。大使到任的头一年花费是很大的，拨给这个机构的补助费用入不敷出。这样，一个外交官差不多得花三年时间才能找到偿还先前欠下的债务和使得收支平衡的办法。我知道外交预算很紧缺，如果我自己有些财产的话，我就不会去打扰您了。我向您保证，令我不快的是，我自己也不得不涉及这些经费开销问题。

公爵先生，请接受我的……

一八二九年四月十六日，于罗马

---

① 因为他扭伤了腿。
② 保尔·德·乌尔唐贝尔（Paul de Wurtemberg），女大公爵的父亲。

在梅迪西别墅为女大公海伦举行的宴会

我曾在伦敦、巴黎举行过舞会、晚会，虽然我有另一种孤独感，但是克服这些新的孤独感没有太多的困难。我没有料到罗马的宴会会是这种样子：它们是古诗中描绘的某些东西，把死亡置于快乐的一旁。梅迪西别墅的花园早已披上了盛装，在那里，我接待了女大公海伦。这里的四周景色如画，一边是博尔盖兹别墅和拉斐尔大厦，另一边是德·蒙特——马里奥别墅和台伯河两岸的山丘。向下看去，整个罗马像被遗弃的一只鹰巢。在小树林里，来自阿尔卑斯省、佛罗伦萨、米兰的美人儿与波拉、科尔内里的后裔紧紧挨在一块儿，而海伦女大公就像是他们的王后。突然，一阵北风从山上吹下来，撕破了宴会的帐篷，卷走了破布和花饰，留给我们这样一种景象：在这段时间里把这一切像是从河岸上扫光了一样。大使馆很沮丧；我呢，看一阵风把我一天的心血和一时的快乐一下子吹走了，我感到有一种说不出的嘲弄般的快意。麻烦一下子解决了：我们在优雅的宫殿里进早餐而不是在露天里了。和谐的号角声与双簧管音乐在风中荡漾，就像是我的美国森林里的低声细语。人们在狂风中玩乐，妇女们的面纱拍打着她们的面颊和头发，乐声在风中继续着，演奏者朝天吹奏，气球飞起来掠过那位北方女子的头顶，这一切给这些活动增添了新意，而我生活中习以为常的大风大浪似乎已融入这中间来了。

对于每个忘记自己大把年纪的人，对于曾向世界和暴风雨追求过这种幻想的人，这是怎样一种幻境啊！我都还依稀记得我的垂暮之秋，在我的宴会上，我看到置身于花海音乐和分枝吊灯之中的青春少女从我面前走过，可以说她们像天鹅一样游向阳光明媚的环境。她们会有什么样的消遣？她们中的一些人在寻找她们已经爱过的东西，而另一些人在寻找她们还不曾爱过的。在道路的尽头,她们将跌入那儿一直打开着的坟墓里、旧石棺里;旧石棺被用作水悬在柱廊上的喷泉的水池,迷人而轻飘的水沫将大量倾泻在她们身上。这群美女连同那些钻石、花朵和羽毛饰在不断重复、渐渐减弱的罗西尼①的音乐声中飘去。这种旋律是我在佛罗里达大草原听到的微风的叹息?是我在雅典娜埃尔谢泰神殿听到的呻吟?是远处大洋上北风的呜咽在抚慰我?我的精灵是不是像几个意大利名人那样被隐匿起来了?不是。我的山林女仙还单独留在牧场柳树林里,我同她在那里的孔布尔乔林的另一边交谈。对于那些伴着我的行程即将结束时的步伐相联系的社会嬉戏,我深感陌生。然而,在这种仙境之中,却有一种陶醉涌上心头。只有当我到圣彼得教堂前寂静的广场上或荒凉的竞技场清醒自己的头脑时,我才会从中解脱。当大地上那些细微的景色都消失了,我才感觉到我年轻时那些原有的忧愁与大自然景色的突然变化毫无二致。

我同波拿巴一家的关系

我今天在这里记录了作为大使,我同波拿巴一家的关系,以便澄清王朝复辟时期不断强加在他头上的不实之词。

法国没有为皇室成员的放逐单独做什么,它只是按照军队力量强加的严厉要求去做的。发起这场放逐的是那些同盟国。外交协定,正式条约宣布了放逐波拿巴一家,规定了他们定居的地方,不允许与国中任何

---

① 罗西尼(Rossini,一七九二——一八六八),意大利作曲家。

一国的部长或大使单独向拿破仑的亲属发放护照，一个签证得有另外四国的部长或大使签字。拿破仑的血统是多么令同盟国感到恐慌！即使他的血已不再在他自己的血管里流淌。

感谢上帝，我对这些措施还从未屈服过。在一八二三年，虽然已有了这些条文，在我作为外交部长个人负责的情况下，我给当时在布鲁塞尔的苏尔维里耶伯爵夫人①就发了一本护照，好让她去巴黎照料一个生病的亲属。我曾数十次要求撤销这些惩罚条文，我也曾数十次对路易十八说过，我想见他的警卫队队长、德·雷兹塔德公爵，想看到拿破仑的雕像重新放回旺多姆圆柱上。作为部长，作为大使，我为拿破仑一家做了我力所能及的工作。就这样，我充分理解了君主立宪制的合理性：自由与光荣并存。作为驻罗马的大使，我授权我的秘书和随员在德·圣勒公爵夫人②家里出进，我打破了一些自己也深遭不幸的法国人之间日益上升的离间状态。我曾写信给费舍主教先生，邀请他参加到聚集在我家里的主教队伍中来；我向他证实了有人以为应采取一些政治方面的措施给我带来的痛苦；我使他回忆起他在罗马教廷任职时我曾是他的秘书的那段时光；我请这位前任大使赏脸参加他当大使时他的原任秘书的宴会，我收到了他一封庄重、谨慎、深谋远虑的回信：

> 费舍主教很感谢德·夏多布里昂先生的盛情邀请，但鉴于他重返罗马后的处境，使得他不得不离开上流社会，去过一种脱离社会、与家庭格格不入的生活。后来的情形表明这样的决定对他的安逸来讲是必不可少的，但眼前的舒适不能免去未来的烦恼，他只得丝毫不改变他的生活方式。费舍红衣主教请德·夏多布里昂先生相

---

① 朱丽·克拉里（Julie Clary），约瑟夫·波拿巴的妻子，后称为苏尔维里耶伯爵夫人。
② 奥尔腾斯（Hortense）王后，约瑟芬的女儿，她嫁给了以前是荷兰国王，后来是圣勒伯爵的路易·波拿巴。

信没有什么能比得上他的感激,虽然他常想去拜访阁下,但终因困顿,难以成行。

顺致时安。

费舍主教

一八二九年四月四日,于法尔科尼里宫

这封短信中的那句话:"但眼前的舒适不能免去未来的烦恼",影射了德·布拉加先生发出的威胁:如果费舍主教在法国大使馆露面,就下令把他从楼梯上扔下去。德·布拉加先生遗忘得太多,他并不总是大贵人。我呢,我是什么人,我能是什么人,现在我应该是什么人,这不断让我回忆起过去,我的为人同里昂这位大主教很不一样,他和我之间过去存在的不和使得我在到达罗马后更加注意礼节,尤其是,我处在胜利者一方,而他却处在失败者的地位。

在他那方面,热罗姆王子让我有幸进行调解并随信寄了一份他写给红衣主教、国务秘书的诉状。他在给我的信中写道:

对这个大度的、看到他(热罗姆王子)出生的法国,对这个拥有他全部的爱并为之服务了二十年的法国,流放在当初和在后果上都是相当可怕的;而今法国想通过允许它的每一届政府滥用它的微妙地位只能加剧它的局势的恶化。

热罗姆·德·蒙福尔[①]坚信法国政府的诚意和它崇高的代表性,毫不犹豫地想到会还他公道的。

顺致敬意。

热罗姆

---

① 热罗姆·德·蒙福尔(Jérôme de Montfort),拿破仑最小的弟弟在流放期间的名字。

我就这份诉状，向国务秘书贝内蒂主教写了一封密信。信的结尾是这样的：

热罗姆·德·蒙福尔亲王推断的缘由，对这封信的署名人来说，显得是建立在法律与道义上的，他不能拒绝向申诉人提供帮助，他坚信法国政府终将看到采取多疑的措施只能在政治上使得法律过于严厉。

在这种情况下，本人将不惜一切代价以获得国务秘书红衣主教阁下的有力支持。

夏多布里昂

与此同时，我也写了一封回信给热罗姆王子。信的内容如下：

驻罗马教廷的法国大使有幸收到了热罗姆·德·蒙福尔王子寄给他的信。他对给予他的信任向王子表示谢意，他将在教皇陛下的国务秘书面前对殿下提出的合理要求当作己任给以大力支持。

曾经被逐出他的祖国的夏多布里昂子爵将格外高兴能减轻那些还处于政治法令打击之下的法国人的苦难。拿破仑被放逐的弟弟，写信给一个以前曾被拿破仑亲自从流放名单中划去的流亡贵族，这是命运游戏之一是罗马毁灭的见证人。

德·夏多布里昂有幸为您效劳。

一八二九年五月九日，于罗马

致波塔利斯伯爵先生的信

　　在四月三十日的信中，我曾很荣幸地告诉过您，我已收到了您的第二十五号急件。教皇四月二十九日中午单独接见了我，看来教皇陛下的身体很健康。他让我坐在他的前面，并留我待到近五点一刻。在我之前，奥地利大使向他递交了图书。

　　离开梵蒂冈教皇陛下的办公室，我去到了国务秘书家，跟他坦诚地讨论了一个问题。我对他说："好吧，您看报纸上是怎样评论您的吧！您是奥地利人，您讨厌法国，您想对它使坏。我应该相信这些吗？"他耸了耸肩，回答我说："你们的报纸很使我发笑。如果您不肯信服的话，我的话也不能使您信服的。那就考验我吧。您将看到，我是不是不喜欢法国，我会不会按照您以您国王的名义向我提出的那些要求去做的！"伯爵先生，我相信阿尔巴尼主教是诚恳的。在宗教上，他有一种极深的冷漠；他不是神父，他甚至想脱离教会，想去结婚；他不喜欢耶稣会的人，他们的流言使他厌烦；他好吃懒做，喜欢各种娱乐消遣；主教训谕和主教的信件使他烦恼了这种厌烦对这些训谕和主教信件的作者极为不利。这位八十高龄的老人想平静而快乐地死去。

　　很荣幸为您效劳。

一八二九年五月四日，于罗马

庇护七世

  我常去蒙特-卡瓦洛①，那里花园的凄凉使得罗马的乡村更加荒凉，那是在台伯河上游的右岸从罗马所看到的景色。那里的园艺工人是我的朋友。几条小径通向怕内泰里；一家可怜的乳品商店立在那里；居住在大鸟笼或动物园似的房子里的居民就像当前的教皇一样贫穷而温和。从低向上望去是一色的基利纳尔的围墙上的平台；在一条狭窄的街道上，可以看到一些妇女在不同的楼层的窗口前干活：街区偏僻、寂静，有些妇女在刺绣，有的在梳头。我对上一届教皇选举的主教小屋一点儿也不感兴趣。当人们建造圣彼得教堂时，当人们向拉斐尔订购作品时，当国王前来吻教皇的白拖鞋时，在现任罗马教皇的教廷里有些事是值得注意的。我很乐意去参观格雷古瓦七世、西克斯特五世式的住所，就像我在巴比伦寻找关狮子的凹坑一样；但是一些漆黑的洞穴里住着的是一群被遗弃的默默无闻的老者，这给我的印象就像是古罗马的那些骨灰存放处②——如今骨灰已空，一族死者消失了。

  接着，我很快走过这些一半已毁坏的小室，来到宫殿大厅里漫步。在那儿，一切都向我讲述一直追溯到西雅纳·科罗纳③、诺加勒和波尼发斯八世时期发生的事件。

  我在罗马的第一次和最后一次旅行同回忆庇护七世的事联系在一起了。在谈到博蒙夫人和波拿巴夫人时，我讲述了庇护七世的故事。我的这两次旅行是我的纪念碑拱顶上的穹隅的雏形了。我的那种对老朋友的

---

① 蒙特-卡瓦洛（Monte-Cavallo），广场，当时教皇的夏宫基利纳尔设在那里。
② 存放骨灰瓮的壁龛。
③ 一三〇三年，在阿加尼，波尼发斯八世教皇遭到科罗纳的鞭挞和诺加勒的扣留；在这里，夏多布里昂联想到了庇护七世被拿破仑绑架一事。

忠诚怀念给了我现在的朋友以信任吧：对我来说，什么也不会留到我的坟墓里去；我认识的一切都活在我的身边；据印第安人的教义；死神接近我们时，它不能摧毁我们，它只是让我们变得无影无踪。

一八二九年三月十日

致波塔利斯伯爵先生的信——致雷卡米耶夫人的信

致波塔利斯伯爵先生的信

伯爵先生：

通过德格朗热和弗朗盖维尔先生，我终于收到了您的第二十五号快件。由不善外交的某个办事员起草的这份讨厌的快件，并不是我在教皇选举期间有幸为国王效劳之后所期待的；尤其是，他们本应该想到与自己打过交道的人。对贝洛克[1]先生一句客气的话也没有；他很少收到文件，关于我为他提的要求，信上什么答复也没有；对于阿尔巴尼红衣主教的任命做了无谓的评论，在教皇选举会上任命什么人，任何人都无法预料得到，对这次选举我还不断地寄去了许多说明材料，在我的第三十四号快件中——现在您一定已经收到了——我还向您提出了一个摆脱这位主教的简单办法，如果他给法国造成巨大的恐慌的话[2]，在您收到那封信时那个办法已经执行

---

[1] 贝洛克(Bellocq)，驻罗马大使馆的一等秘书。
[2] 反对阿尔巴尼任命的办法是：召回夏多布里昂自己。

了一半。明天，我将向教皇陛下告辞，根据您第二十四号文件的指示，我把大使的事务托付给贝洛克先生，让他当代办，我将动身去巴黎。

致礼。

一八二九年五月七日，于罗马

这封短信用词严厉，我同波塔利斯先生突然中断了联系。

致雷卡米耶夫人的信

我的出发日期定在十六日。来自维也纳的几封信今天上午收到了。信中说德·拉瓦尔先生拒绝当外交部长，此事当真？他如果坚持拒绝的话，会发生什么情况，只有天知道。我希望一切都在我到达巴黎之前决定下来。我似乎觉得一切都陷入了停顿状态，我们不能随便说话了。

您认为我和德·拉瓦尔先生会合得来，我对此表示怀疑。我的生性和任何人都合不来。我的本性最平和，可这些人总要无所顾忌地同我争吵。当我有机会进入内阁时，那些快件对我没有赞扬和恭维话；当职位被人夺走或者被认为被人夺走时，他们在措辞最粗同时也是最愚蠢的快件里干巴巴地告诉我德·拉瓦尔先生的任职一事。但是，不管你是在这种职位还是另一种职位，要变得如此平庸或如此傲慢，也还得注意你是在跟谁说话。最近，在我寄给德·波塔利斯先生的回信中，我告诉了他。他没有看信就署了名，这看来是可能的，就像卡尔诺随便就签署了上百份执行死刑案件一样。

一八二九年五月十四日

高视阔步

伟大的洛皮塔尔的一个朋友——掌玺大臣奥利维埃，在他十六世纪无视诚实的语言中，把法国人比作无尾猴：它们爬到树颠，不断地向上爬到它们不能到达的高枝，在那里展示它们本应隐藏的东西。从一七八九年至今在法国所发生的一切证明这种比喻是正确的：每个人都是掌玺大臣的猴子，都在攀登生活，以向行人毫无廉耻地展示他们的虚弱而告终。在这里，在我的信件结束之际，我想自吹地说了：此时，聚集在这里的大人物指出，不宣布自己的不朽，便是欺骗。

在外交档案中，你读过在这一时期与最重要的事件有关的外交函件吗？——没有。

至少，你见过印刷成册的公函，你知道杜·贝莱、多萨、杜·佩隆和让南总统之间的协议，你了解维尔鲁瓦的国家回忆录，苏利的王室经济；你读过黎希留红衣主教的回忆录，马扎兰的大量信，威斯特法伦协议与明斯特和平有关的文件文章，你看过吗？你了解巴利庸关于英国事务的信件吗？西班牙王位继任协议对于您来说并不陌生；你还没有忘掉于尔森太太[①]的名字吧；浮现在你眼前的是舒尔泽尔家族的协议吧；你知道西梅内、奥利瓦勒斯同蓬巴尔、于格、格罗蒂于斯就海上的自由给两个奥克桑斯蒂埃的信吧；维特首相与于格的次子皮埃尔·格罗蒂于斯之间的协议你也不知吧。总之，大概是各种外交文集吸引了你的目光，是不是？不是。

这样说来，这些通过熬夜刻苦写出来的不朽著作，你什么也没有读

[①] 于尔森（Ursins，一六四二——一七二二），她在菲力浦五世的宫廷中对西班牙的政策起过重大作用。

过？那么，读一读吧。当这些做完以后，来读我的《西班牙战争》，因为它的胜利会使你腻烦，尽管我把它列入了政治家的第一篇章。把我的普鲁士、英国、罗马的信件放在我指定的那些信件旁边。说句良心话吧，它们中的哪一封最令你厌烦？说吧，是不是我的工作与我先辈的工作不是完全相同的？是不是在那些小事与实际事物的协调方面在我这方面同过去的部长们和已故的大使方面不那么明显？

首先，你会注意到我眼观六路；我关心雷斯希——帕夏①和布拉加先生；我在抵御来犯者捍卫我的特权和我的驻罗马大使的权利；我很狡黠、虚假（这才是高尚的品质！）、乖戾，以致德·芬夏尔②先生在一种模棱两可的形势下给我写信，我什么也没有回答他，但是我很机敏地去拜访了他，没让他说我的坏话，他也得到了满足。在我与贝内蒂和阿尔巴尼主教这两个国务秘书的交谈中，没有一句不谨慎的话可以让人家挑剔，达到了滴水不漏的地步。我考虑到了最小的细节，我重新建立了在罗马的法国事务原则，可以让它在我设计的基础之上继续存在。我以鹰的眼光发现罗马教廷和勒瓦尔、布拉加大使之间签订的特利尼达·迪蒙条约是一种骗局，两方之间没有哪一方有权利那样做。后来升为高级外交官时，我自己负责解除了一位红衣主教的职务，因为一位外交部长暗示我，他将让我看到任命一个奥地利人当教皇。我弄到了一本关于教皇选举的秘密日志，没有哪一个大使获得过它。我日复一日地把选举名单寄回国内。我不能不关心波拿巴一家；我没有失望，用优惠待遇使菲舍红衣主教辞去了他在里昂的大主教职务。如果某个烧炭党党徒捣乱，我了解它，我能或多或少断定谋反的真实意图；如果某个天主教教士策划阴谋，我也了解它，我会挫败想让法国大使馆的红衣主教离开的计划。后来，我发现了红衣主教拉蒂尔在赦罪院设下的一个重要秘密。你满足

---

① 雷斯希-帕夏（Reschid-Pacha），苏丹外交部长。
② 德·芬夏尔（Funchal），葡萄牙大使代理人。

了吗?那里有人知道他的职业吗?那么,你瞧着。我把这种外交需要草草地写了下来,随便哪个大使来了,就不用我给他出主意了。正像一个下诺曼底的农民傻瓜一边牧羊一边做齐膝短裤:我的绵羊终归是我的。

现在有另一种观点:如果把我的官方信件同前辈们的信件做个比较,人们就会发现,在我的信件里,我把公共事务放在个人事务同等的位置上;我的这个世纪的思想性格是在人类精神更高层次的地区形成的。这点尤其体现在我同波利塔斯先生谈意大利形势的快件中。在那封快件里,我指出了内阁的错误,它把只是文明发展的东西看作特殊的阴谋。《东方战争回忆录》同样阐明了出自共同道路的政治命令的真实性。我曾同两个教皇谈到过内阁阴谋以外的其他事情:我迫使他们谈到了宗教、自由和世界未来的命运。我在教皇选举会上的讲演有同样的性质。我敢于向老人们说,前进,把宗教放在社会前进的首位。

读者们,请等一等,为了以后达到目的,让我以哲学家柏拉图让他的思想在他周围飞奔的方式结束我的这番夸夸其谈吧。我成了老西德拉克①了,年龄使我的道路得以延长。我继续说下去,我的时间还长着呢。当今的好些个作家看不起他们的文学才能而去追求政治才能,认为后者大大胜过前者。谢谢上帝,逆反心理主宰了我,我不大看重政治,原因就是在这种纸牌游戏②中我是幸运。要想在事业上成为上等人,要获得这些才能是没有问题的,问题只在于失去它们。我毫不忌讳地承认自己在实际事务中有这种才能,对于阻碍我全面成功的障碍我没抱任何幻想。这种障碍不是来自诗兴,而是出自我对一切事物的漠不关心。因为有这种缺点,在现实生活中,要什么事都实现是不可能的。

我认为冷漠是政治家的一种品质,但有些政治家没有良心。必须懂得用冷漠的眼光去看待一切事件,就像吞咽希腊马尔瓦西葡萄酒一样忍

---

① 西德拉克(Sidrac),唱诗班中的人物。
② 十五—十六世纪法国雇佣的德国步兵传入法国的一种纸牌游戏。

气吞声，对待别人要把道德、正义、痛苦化作虚无，只要在革命中善于找到个人的位置便行。因为，对于这些卓越的人物，偶然的事件，好的或坏的，都能给他们带来某些东西，但必须按照宝座、棺材、誓言、凌辱——兑现，灾难和凌辱的价目由米奥耐[①]——标出。对于这种古代奖章学，我并不内行。不幸的是，我的无忧无虑增加了，我不再为自己而只为事实激动了。对于圣保罗隐修教士来说，藐视世界来自他的宗教信仰；对我来说，蔑视社会来自我对政治的不信任。这种不信任使得我在活动范围内很高傲；如果对我个人的傻劲更细心的话，我就知道让其丢丑，同时也知道为其掩饰。我这样做也是枉然；只会留下一个忠诚的傻瓜，天生的傻瓜，不会加任何修饰，不懂得爬，也不懂得拿。

谈到安蒂利，他好像描绘了我的性格的一方面。他[②]说，"我从来不曾有过任何一种野心，因为我已经受够了，再也不能忍受那种束缚了：那种束缚把上帝给我的爱好压抑住了，它本来可以为国家做出一番伟大而光荣的事业的，也可以获得人民的赞赏的，而且我不可能用它为自己谋取私利。我仅仅是为了一个行使其统治、只想拥有不朽业绩的国王。"在这种情况下，我不适合当今的国王。

既然我手把手把你领到了我的业绩的一些最不为人知的领域，我让你感受到了我的信件中那些罕有的东西，像我们学院里的一个老是夸耀他的声望、教别人羡慕他的同事一样，现在我也跟您说说我在这里夸夸其谈，我的用意是什么：我要保护那些搞文学的人让他们在自己的岗位上干他们能够干的事情；我反对那些搞外交坐柜台和坐办公室的人。

这些人不要以为自己比别人高一等，其实最普通的人也比他们强。当我们懂的东西那么多的时候，像那些讲究实际的先生们一样，至少我

[①] 米奥耐（Mionnet），即努米斯马特（Numismate，一七七〇——一八四二）。
[②] 摘自安托万·阿尔诺尔·德·安蒂利（Antoine Arnauld d'Andilly，一六一六——一六九八）主教的《回忆录》。安蒂利是大主教阿尔诺的侄儿。

们不应该说出那些愚蠢的话来。你说到的东西，你就应该去重新认识那些东西：古代的、中世纪的、英国现代的大多数作家，当他们热衷于从政时，都成了大政治家。阿尔菲耶里[①]在拒绝接受使馆任职时说道："我不曾想告喻他们，他们的外交和他们的书函在我看来，确实也是，不如我的甚至其他人的悲剧重要；但是要使这种人重操旧业也难；他们不能也不应该改变。"

在法国有谁比贺拉斯的继承人洛皮塔尔、比那位精明的大使多萨、比那位专横任性的黎塞留更具文学性？黎塞留不满足于口授有争议的协议，不满足于撰写回忆录和虚构的故事，他不断地创造出一些富于戏剧性的主题，与马勒维尔和波瓦斯托贝尔一起写些歪诗，并辛勤汗水创立了法兰西学院和传教士守则。是不是因为他是个平庸的作家才成了大部长？问题或多或少不在于才华，而在于对墨水和纸张有激情。德·朗皮勒先生[②]比起那位主教来，为了夺取帕尔那斯文学奖，没有显得那么热情，也没有付出那么多的代价，但他的悲剧《米拉梅》的上演却花了他两万埃居[③]！如果一个兼具政治家与文学家身份的人，其诗才的平庸却成就了政治上的卓越，是否应得出这样一种结论，政治才能的薄弱源于诗歌才能的强盛，然而文学的天才扼杀了索隆、西莫尼德等抒情诗人的政治才干吗？伯里克利把雄辩术用于诗歌，他用雄辩术征服了雅典人；修昔底德和德摩斯梯尼在写作和演讲方面拥有那么高的声誉，他们把所有的时间都花在战争和集会上了吗？色诺芬一面想着他的《居鲁士的教育》，一面使一万官兵退出阵地，天才摧毁了他的才干吗？两个西庇阿，一个成了莱利乌斯的朋友，另一个是泰伦提乌斯[④]协会的会员；西

---

① 阿尔菲耶里（Alfieri，一七四九——一八〇三），意大利作家。
② 这是年轻诗人达米（Damis）自己取的别号，《皮隆的作诗狂》中的主人公。
③ 法国古币，一埃居约合五法郎。
④ 泰伦提乌斯（Térence，公元前一九〇——五九），著名拉丁语喜剧诗人。

塞罗，这位文学之王，被称为当时的国父。最后，恺撒，他是语法学、天文学、宗教学、文学作品的作者；恺撒是阿尔基洛科斯讽刺诗的竞争者，是索福克勒斯悲剧的竞争者，是德摩斯梯尼雄辩口才的竞争者，他的《高卢战记》不正让历史学家绝望吗？

这种例子举不胜举，文学才能——显然是所有一切才能之中第一位的，它把一切别的才能排除在外，在这个国家里它仍将会是取得政治成就的障碍：事实上，高智商有什么用处？法国的傻子，特殊的人，普通的国民不会给法国的格罗蒂斯们、弗雷德里克们、巴孔们、托马·莫吕斯们、斯庞塞尔们、福克兰们、克拉朗东们、波兰布罗克们、伯克们和坎宁们任何东西。

我们的虚荣心，从来不承认即使有天赋的人有两种才能，有像一个普通人那样做好普通事情的能力。如果你敢越雷池一步，傻瓜们则会大叫道："您坠入了五里雾中了！"他们庆幸自己身处社会底层，执意那么思考。这些可怜的嫉妒人的人，由于他们忍受着无名的痛苦，对别人的勋劳总是反感。把维吉尔、拉辛、拉马丁打发回他们的诗歌中。但是，那些高人一等的老爷们，应该把你们打发到什么地方？发配到忘记：他们好像在离你们住宅二十步远的地方等着你们，而那些诗人的二十首诗却把他们永远载入史册。

在罗马的法国人

法国第一次入侵罗马是在督政府时期，那是可耻的、掠夺式的入侵。第二次是在帝国时期，这也是极不公正的。但是，一旦侵略过后，秩序便恢复了。

共和国向罗马提出,要停战,必须交出二千二百万法郎,要占领安科纳城堡,交出由法国专门人员一百油画、雕像和一百幅原稿,尤其要布鲁图和马克-奥雷尔的半身雕像。在当时的法国有那么多的人叫布鲁图,他们想拥有的,很简单,只是一种对他们的被推定的父辈的一种虔诚的想象! 但是,马克-奥雷尔又是谁的父辈呢? 阿蒂拉为了离开罗马,只要一定数量的胡椒和丝绸: 我们这个时代真是个用书画赎买的时代! 一些不修边幅、穷困潦倒的大艺术家经常把他们的作品留给那些不了解他们而又忘恩负义的城市做赎金。

帝国时期的法国人需要修缮那些共和时期法国人在罗马毁坏的地方; 他们还应该为一个法国王子①率领的一支军队掠夺罗马的所作所为赎罪; 该由波拿巴来收拾那些废墟了,而另一个波拿巴②却看到了这些废墟的形成和扩大,他还描绘了当时的骚乱。法国行政当局关于清理弗罗姆广场的计划是拉斐尔给利奥十世的提议。这个计划使得朱屁特神殿的三根柱子出土了,重现了协和神殿的柱廊,发现了神圣之路的路面,拆除了拥挤不堪的和平大殿的新的建筑物,清除了盖在竞技场上面的泥土,清除了竞技场上的杂物,重新建了七八个提图斯的澡堂。

另外,特拉让的弗罗姆广场已被勘探出来; 维修了潘提翁神殿、蒂奥克勒蒂安公共浴池、皮斯西泰贵族神殿。除罗马之外,维修法勒里墙和塞西利阿——梅泰拉墓地的资金已经下拨。

现代建筑物的维修工作也做了安排: 墙外圣保罗教堂已经不存在了,可望重建它的屋顶; 圣阿涅和桑——马尔蒂诺埃——蒙蒂教堂得到加固,让它们能抵御时日的损害。圣彼得教堂的屋顶和路面一部分已得到了重修; 米开朗琪罗图屋顶装上了避雷针,使其免遭雷击。城东和城

---

① 一五二七年,波旁王朝军队的统帅。
② 即雅克·波拿巴。

西各划出了一块地作公墓之用；东边的那块地在圣洛朗修道院旁边，已经收拾好了。

基利纳尔宫内的寒酸相被罗马斑岩和大理石的豪华所覆盖：因为被指定为皇宫之后，拿破仑住进去之前，想除掉被绑架囚禁在枫丹白露的教皇留下的痕迹。当局本打算拆除位于卡庇托尔与蒙特-卡瓦洛之间的一部分街道，以便让这位凯旋者能踏上一条宽敞的大道通向他的皇宫的，终因枝节横生，结果事与愿违。

在这些中断的计划中，有一项是修筑从小河堤到大河堤的一系列码头：这些河堤本应修建好的，但中途停了；另外在圣昂热城堡和吕斯蒂居西广场间的四个小岛上的房屋已部分地买下了，本应被拆掉的，可是也停了。如果这些工程不停下来，一条宽大的林荫道就通到了圣彼得广场，我们则可以从圣昂热城堡的脚下看到圣彼得广场。

法国人到处闲逛。我在开罗看到一大片四方形的土地，里面种着棕榈树，咖啡馆环绕四周，这些咖啡馆都是借用巴黎咖啡馆的名字：在罗马，我们的同胞创造了苹丘这个名词；我们是从斜坡登上那儿的。有一天，在下坡时，我看到一辆马车里坐着一个还算年轻的女子：看到她那金黄色的头发，身材粗短，长得不算漂亮的样子，我还以为她是威斯伐利亚的白种人，一个肥胖的外国女子，可她是吉克西奥利夫人：她怀念着拜伦勋爵，然而梳妆打扮一点都不少，但这有什么关系？这个拉威纳①的女儿（而且，她的那位诗人在打定主意死的时候，已十分困乏了。）在缪斯的引导下，也会去躺在埃利塞公墓那儿的，那样，那里就要增加一个神灵了。

人民广场的西边大概是一块布满工地和商店的地方，从河道的尽头可以看到卡庇托尔宫、梵蒂冈和台伯河堤外的圣彼得教堂，即古代罗马

---

① 拉威纳（Lavenne），意大利城市，濒阿德里亚海。

和现代罗马的全貌。

最后,法国人培植的一片树林出现在今天的竞技场东面。那树林虽然长大,有着另一片废墟脚下荆棘丛生中的样子,却从来没有人涉足。

小普利纳①写信给马克西姆说道:

> 我们把您送到希腊去,那里是礼仪、文学,甚至是农业的发源地。尊重它们的缔造者之神吧,尊重神的存在吧,尊重这个国家古老的荣誉吧。在城市里,老年人是神圣的,他们受到人们的敬重。以他们的古老、闻名的业绩、甚至是他们的神话为荣吧。一点儿也不损害尊严、自由,甚至是个人的虚荣。公开地继续我们在这个国家吸取的正确东西吧。在征服了这个国家之后,我们没有把法律强加在人民的头上,而是在经过请求之后,他们把自己的法律给了我们。您必须控制雅典和塞德莫内②;要用一种不人道的、残忍的、野蛮的手段去掉他们的幽灵,自由的名字才能留下。

当普利纳给马克西姆③写这些高尚的动人的话语时,他知道他是在给那些当时还很野蛮而后来有一天主宰罗马废墟的人撰写指示吗?

---

① 小普利纳(Pline le jeune,六二———一四),拉丁作家。
② 拉塞德莫内,是斯巴达的别名,古希腊奴隶制城邦。
③ 马克西姆(Maxime,三五五—三八八),罗马篡职者。

漫步——我的侄儿克里斯蒂昂·德·夏多布里昂

我很快就要离开罗马了,同时也期盼着再回来。罗马是这样的忧伤又这样的美丽,我又重新热烈地爱着它:我在卡庇托尔会有它的一张全景图,在那里,普鲁士的公使会给我让出卡法勒里①小宫殿;在圣奥努弗尔,我已为自己安排了另一处隐避所②。在等待我的出发和返回时,我在乡下不停地游荡;没有任何两道篱笆间的小路,比得上我熟悉的贡堡小路。从马里于斯山的高处和周围的小山看去,我发现了伸向奥斯蒂③的海平线。我在马达马别墅细巧的摇摇欲坠的柱廊下休息了一会。在这些改成农庄的建筑物中,我常看到一位略带惶恐的像山羊一样攀缘的野姑娘。当我从波塔·皮亚出来后,便来到了横跨特维罗讷河④的拉芒塔诺桥上。在路过圣涅斯教堂时,我欣赏了看护着几乎荒弃的修道院的一尊米开朗琪罗雕的基督头像。这样散落在荒漠上的大师们的杰作倒使灵魂充满深沉的忧伤。我感到痛心的是罗马的画全汇集到了博物馆里。我本来有更多的兴趣在下了雅尼居尔斜坡之后,在阿卡·皮奥拉喷泉下面穿过德尔·福尔纳西偏僻的街道去圣彼得教堂的蒙托里奥修道院寻找耶稣变形图的,但当我看到教堂的主祭坛上,我站的地方被拉斐尔葬礼的饰物占据着时,我的心里十分难过,悲伤极了。

在拉芒塔诺桥的那边,泛黄的牧场向左一直延伸到台伯河河岸。流经贺拉斯花园的这条河在这里默默地流淌着。沿着大路,你会走上蒂比尔蒂纳古道。就在这里,我看到了今年飞来的第一只燕子。

---

① 夏多布里昂曾想租下度夏。
② 指他的坟地。
③ 奥斯蒂(Ostie),古罗马港口,台伯河入海口。现已填平。
④ 或叫阿尼奥河,是台伯河的支流。

我在塞西利亚·梅特拉陵园周围采集植物标本：波浪形的木樨草和银莲花对废墟和白色的土壤起一种舒缓的作用。我从奥斯蒂大路回到最近烧毁了的圣保罗，我在一些灼烧过的斑岩石上休息，默默地看着工人们在重修一个新的教堂。在辛普朗斜坡上，几根柱子的粗略轮廓已经展现在我的面前：西方基督教的全部历史开始于墙外圣保罗。

在法国，当我们新建某个小城镇时，会产生出一种可怕的嘈杂声：机器的轰隆声，人们的叫嚷声；而在意大利，人们做这样的大工程时，差不多是无声无息的。教皇就在这时让人重建科利塞倒塌的部分，五六个苦力在没有脚手架的情况下竖起那座巨像；在巨像看上死去了一个变成工人的奴隶①。在维罗纳附近，我常常停下来去看一个独自一人正在修建一个巨大钟楼的神父；在他看来，教区的农夫就是泥瓦工。

我经常步行绕着罗马城墙轻圈，走遍了这条圆形小路。在这些建筑物和不同年代的城墙中，我领略了异教世界和基督教的历史。

我还将探索在罗马城墙内的某个已毁坏的别墅。我参观了圣玛丽-马热尔、圣让-德-拉特朗和它的方尖碑，圣克鲁瓦-德-耶路撒冷和它的鲜花；在这里，我听到了歌声。我祈祷着，我喜欢跪着祈祷。这样，我的心更接近骨灰和永恒的休息，我靠近我的坟墓了。

我的挖掘只是同种兴趣的多种变化而已。从某座小丘的顶上，可以看到圣皮埃尔宫的圆屋顶。拥有埋藏宝藏的土地的主人，我们要付给他们什么呢？一笔赔偿因挖掘而损坏的草地的钱。也许，作为交换，我要把挖去的黏土还给赠予我雕塑的大地：以物换物，公平交换。

如果一次也没走过郊区夹在旷野中的道路，那儿随处可见废弃的花园，长满野草和葡萄藤的围墙，种满棕榈树和柏树的回廊，有些宛如柔顺的东方女子，有些则像哀怨的修女，那你就没有看见过真正的罗马。

---

① 耶路撒冷被毁之后由蒂蒂斯带到罗马的犹太人。

我们从这些残破的碎片可以看到伟大的罗马人民，虽然贫穷，却心地善良，看到他们当年买水果或在皇帝、教皇的引水渠里汲水的场景。为了发掘他们那种纯真的习俗，我装作去租房子的样子，敲响了一座偏僻的屋子的门。房子的主人回答我道："请进！"我走了进去。在空荡的房子里，我看到一个像工人模样的人正在干活，或者是一个骄傲的"齐泰拉人"吧。他一面织着毛线，一面看着我，膝头上趴着一只猫，见到我这个不速之客，并没有起身。

每当天气不好的时候，我就去圣皮埃尔岛或出没在梵蒂冈有着一万一千个房间和一万八千扇窗户的博物馆里。这一杰作是多么的僻静！通过一道长廊来到几堵墙的面前，墙上镶嵌着许多墓志铭和一些古老的铭文：在罗马，虽死犹生。

在这座城市里，坟墓比死人多。我在想，那些死人躺在大理石的墓穴中，当他们感到太热时定会悄悄地溜进另一个空着的墓穴里去，就像把病人从一张床上移到另一张床上一样。我甚至相信，在夜晚可以听到骷髅从一副棺材爬到另一副棺材里去的响动。

我第一次看到罗马是在七月底，那个高温的季节增加了我对这个城市的厌恶感。外地人都逃离了这儿，当地人躲在自己家中闭门不出。在大街上，大白天里碰不到人。太阳把灼热的阳光射向科利塞，树木都纹丝不动耷拉着脑袋了，那里只有蜥蜴还能跳动。大地光秃秃的；天上没有一丝云彩，显得比地上还要荒芜。但是，一旦夜幕降临，人们便从自己的宫殿中走了出来，这时星星已显现在无尽的苍穹之中：天上、地下又重新显得熙熙攘攘，热闹非凡。罗马城复活了；在黑暗中默默地重新开始的生活，在墓群周围，有了生命的气息，有了游客的身影，但这一切都将随着曙光的临近而再度消失。

昨天夜里，我披着月光漫步在安热利凯港和马里于斯山之间的乡村。听见一只夜莺在狭窄的山谷间鸣叫；我只在古代诗人的创作中找得到关于春鸟啼唱的这种富有旋律的悲鸣。每个人都知道，这有翅膀的音乐家在发出那一组引人注目的轻快乐声之前发出的那一声长鸣叫却不如我们的夜莺叫的那样明亮动听，就像我们那树林中灰雀的叫声一样含混不清。它所有的音符都降了半个调，它的浪漫曲的副歌从大到小地移调，唱得很低，好像是要迷惑亡灵的睡意，而不是要唤醒它们。在那些荒芜的道路上，贺拉斯的莉迪曲，蒂比尔的德利曲，奥维德的科利纳曲都已经过时了，只剩下了维吉尔的夜莺曲了。这首爱情歌曲在此时此地是很有力量的，它能引发一种我不知道的第二次生命的激情。苏格拉底[①]认为，爱情是通过美的撮合而复生的愿望。一位希腊女孩对一位男孩说："如果我只剩下珍珠项链的那根绳子，我也要与你分享！"爱情就是这位男孩在听到这句话时所感受到的愿望。

如果我有幸在这里度过我的有生之年，我在圣奥努弗尔岛上得安排一间简陋的小屋，毗邻塔索死去的那个房间。在我大使生涯所逝去的时日里，在那间单人小屋的窗前，我将继续我的回忆录。在世界最美丽的地方之一，在绿色的橘树和橡树之间，整个罗马呈现在我的眼前。每天早上，在投入工作的同时，在死亡之床和诗人的坟墓之间，同荣光神与不幸之神交往。

在我刚到达罗马的那些日子里，当我这样闲荡时，我在蒂蒂盆地和科利塞之间发现一所男子寄宿学校。一个帽子戴得低低的教师，穿着破烂、拖曳的长袍，像一个贫寒的信奉基督教的修士，正在带着一群孩子游玩。经过他的身旁时，我看着他，觉得他长得有些像我的侄儿克里斯蒂昂·夏多布里昂[②]，但我不敢相信我的眼睛。他望着我，并不显得惊奇，叫道："叔叔！"我很激动，赶紧上前，用双臂紧紧地把他抱在怀里。

---

① 苏格拉底（Socrate，公元前四七〇—三九九），古希腊哲学家。
② 让·巴蒂斯特（Jean-Baptiste）的小儿子。让·巴蒂斯特（一七九一—一八四三）是夏多布里昂的哥哥。

他做了一个手势，让那些孩子停了下来；那些孩子很听话，默默地站住了。克里斯蒂昂的脸上又苍白又黑黝，由于发烧体质渐渐瘦弱了，太阳把他的皮肤烤黄了。他告诉我，他在耶稣教会学校担任教务干事长，当时在蒂沃利度假。他几乎忘记了他的母语，讲法语很困难了，现在他只讲意大利语，用意大利语教学。我注视着这个已成为外国人的我兄长的儿子，双眼噙满了泪水，他穿一件黑色的布满灰尘的粗布长褂；一个罗马的学校教师，披着修士的毛毡，高贵的前额上戴着防护帽倒也合适。

我是看着克里斯蒂昂出生的。在我移居国外的前几天，我参加了他的洗礼。他的父亲，他的祖父，罗桑玻的主席和他的曾祖父，德·马尔泽尔布先生都在场。他的曾祖父敲敲他的前额，给他取了克里斯蒂昂这个名字。圣洛朗教堂已荒无人烟，处于半毁坏状态。他的奶妈和我，把孩子从本堂神父手中接了过来。

> Io piangendo ti presi, e in breve cesta Fuor ti portai.[①]
>
> （塔索）

新生儿送到了他母亲身边，放在他的小床上。他母亲和祖母，罗桑玻夫人，含着高兴的泪水迎接着他。两年后，他父亲、祖父、曾祖父、母亲和祖母死在断头台上。而我，他的洗礼的见证人，也被流放远走他乡。这就是在罗马废墟中，我侄儿的骤然出现，在我脑海里重新激起的回忆。克里斯蒂昂孤孤单单过了半辈子，他的下半辈子注定要在祭坛上度过了：他祖辈的家乡是回不去了。

克里斯蒂昂对路易，他那可敬的哥哥，有着深厚的情义，唯恐失去了他。路易结婚后，克里斯蒂昂去了意大利。他在那里认识了罗昂-夏

[①]"我哭着把你抱过来，放在一个小摇篮里。"（摘自塔索的诗歌集之十二）。

玻公爵，他还在那里遇到了雷卡米耶夫人；跟他叔叔一样，定居到了罗马；他住在一个修道院里，而我住在宫殿里。他献身宗教为的是还给他哥哥一笔他认为根据新的法律并不是合法拥有的财产。这样，马尔泽尔布①和贡堡的财产都归路易了。

在科利塞山下意外相遇之后，克里斯蒂昂由一位耶稣会的修士陪同到大使馆来看过我。他似乎很伤感，表情严肃，而在以前他总是笑呵呵的。我问他是否过得开心，他回答说："我过去很长时间以来感到痛苦，现在我已做出了牺牲，感觉好些了。"

克里斯蒂昂继承了他的祖父也就是我的父亲夏多布里昂先生的刚强的性格，还有他外曾祖父德·马尔泽尔布先生的高尚品德，他的情感不轻易流露，即使他要表露某种感情，他也不在乎别人的成见。当牵涉到他的义务时，他一马当先，毫不犹豫地去了圣塔布尔，人们并不嘲笑他，因为他的勇气和他的善行赢得了他的同伴们的好评。大家发现，自从他辞去公务之后，他秘密地救助了一些官员和士兵；他还在巴黎的顶楼里供养了一些寄宿生，向路易还清了兄弟间欠的债。有一天，我在法国问克里斯蒂昂是不是打算结婚，"如果我结婚，"他回答我说，"我要跟我亲戚中最穷的一个女孩子结婚"。

克里斯蒂昂夜里是在祈祷中度过的，他进行的苦修能把他的上司吓倒：他腿上的一处伤疤是他整小时整小时地跪在地上所造成的；他对此毫无怨言。克里斯蒂昂完全不是属于这个世纪的人：他使我想起查理大帝宫廷里的公爵和伯爵们，在打败撒拉逊人之后，在热洛尔②或马拉瓦尔③的荒漠里创建了一些修道院，自己便在那里做了修道士。我把他看作圣徒：我本来也是愿意做这种圣徒的。我坚信他那美好的事业跟我母

---

① 马尔泽尔布（Malesherbes）的父亲一七二六年在卢瓦雷继承的土地。
② 埃罗省荒漠里圣吉约曼修道院（创建于九世纪）。
③ 塞纳河畔的修道院（创建于十一世纪）。

亲和我妹妹朱莉的事业是紧密相连的，我坚信他们做的好事也会让我得最高法官的恩赐的。我生来也向往修道院，但时间一到，我会在一个讲法语、名叫弗朗索瓦的老板保护下去波尔蒂翁居尔求得一份清静的。

我愿独自拖着我的凉鞋行走；世界上没有什么能让我痛苦，哪怕在我的法衣里有两个脑袋。

但丁说道：

>青春依旧，
>阿西斯[①]的太阳娶了一位女人，
>没有人对她敞开快乐之门，
>就像不会给死神开门一样。
>这个女人，
>为她的第一任丈夫[②]寡居了一万一千年，
>受尽了黑暗和鄙视的煎熬，
>她白白地与基督一样上了十字架。
>谁是我这些神秘的话语在这里为你指出的情人？
>弗朗索瓦和贫穷。

一八二九年五月十六日，罗马

---

① 意大利城市。
② 基督。

致雷卡米耶夫人

  这封信将在我离开罗马后的几个小时发出,在我到达巴黎前的几小时到达。这封信将结束我们的这段通信,如果一封不少地收集起来,您手中应该会有厚厚的一沓信了。我体验了一种难以名状的快乐与悲伤的交杂着的情绪。在罗马的三四个月的时间里,我过得相当不愉快。现在,我在这些典雅的废墟里,在这种如此深沉、如此平静然而又充满兴趣、勾起回忆的孤寂之中,我得到了恢复。也许是我在这里获得的意外收获把我吸引住了;我来的时候,那么多成见都是针对我来的,而我什么都战胜了;他们对我的到来显得很懊悔。我回法国会得到什么呢?沉默中的喧闹,宁静中的激动,不理智,野心,为权位和虚荣的争斗。我所采用的政治体系不可能会是人们所希望的,甚至不会让我将其付诸实施。我将继续从事为法国争光的事业,如同我为法国的自由所做过的那样。但是,他们要毁了我吗?他们对我说:"去做你的主人吧,要拥有一切,不怕掉脑袋吗?"不,想对我说这种事,他们还远了一点,让他们赶在我之前去争取民众吧,让他们在遭受了法国所有平庸的人的拒绝后再来采纳我的意见吧,让他们去认为把我流放到一个阴暗的角落里是给我的莫大恩赐吧。我马上去找您;不管是不是大使,我都想死在罗马。作为一个小小生命的交换,我至少要拥有一块大大的墓地,直到把我的衣冠冢埋在看着我出生的沙土里。别了,我已朝您走了好几十公里呢。

篇章三十一

从罗马回到巴黎——我的计划——国王和他的安排——波塔利斯先生——德·马蒂尼亚克先生——动身去罗马——比利牛斯山——冒险

我十分高兴接待我的朋友[①]：我曾经高兴地设想过，把他们带着跟我一起走，到罗马去度过我的余生。我曾经写过信以便更好地确保我计划在卡庇托尔租下的那幢卡法雷里小宫殿，以及我在圣奥努弗尔岛上申请的那间单人房间。我买了一些英国马，并把它们运到了埃旺德尔牧场。我在思想上带着一种该受惩罚的喜悦，已向我的祖国告别了。当一个人在他年轻时就出外旅行，在异国他乡度过许多年以后，葬身何处也就不在乎了。在横跨希腊的大海时，在我看来，所有我在海岸上看到的纪念碑都是有着田舍风光的高级旅馆，我的床已在那里准备好了。

我去圣克卢宫参见国王，他问我什么时候回罗马。他坚信我有一颗

[①] 夏多布里昂一八二九年五月二十八日回到巴黎。

善良的心和一个很任性的脑袋。事实上,我与查理十世对我的评价恰恰相反:我的头脑很冷静,很好使;我的心对四分之三或一半的人而言,算是很不错的。

我觉得国王对内阁的人事安排很糟糕,这使得他受到了某些皇家报纸的攻击,更确切地说,当这些报纸的编辑去问他是不是没有察觉出敌对情绪太大,他大声嚷道:"不,不!继续干下去。"当马蒂尼亚克说:"查理十世常说:'好吧,你们听过帕斯塔①唱歌吗?'"于德·德·纳维尔先生的自由舆论引起了他的反感;他感到联盟军军人②波塔利斯先生脸上显露出贪婪,却待人甚殷:正是这位波塔利斯先生给法国带来了不幸。当我在帕西③见到他时,我就已经看出我猜中了一部分了:他是国王的掌玺大臣,而假装坚持当代理外交大臣,骨子里却死死抱住这个职位不放,虽然他可以不费任何周折爬上最高法院院长的宝座。国王在他安排外交事务时,早就说过:"我没有说夏多布里昂不会是我的大臣,但不会是院长。"拉瓦尔王子已经拒绝,德·拉·费隆内不可能继续干下去,波塔利斯希望外交大臣的宝座留给自己,他没做什么去影响国王的决定。

因对罗马未来的事务充满兴趣,我听其自然没有过多地去打探未来的事;波塔利斯先生保留他这个代理职务,对我来讲还是比较合适的:受到他的保护,我的政治地位仍会跟原来的一样。我从来没有想到过德·波利尼亚克会被授予大权:他脑子迟钝、呆板、易冲动,他那该死的、不受欢迎的名字,他的固执,他那近乎狂热的宗教观念,让我觉得都是他被永远解除职务的原因。确实,他为国王吃过苦头,但是作为回报,他也得到他的主人的友谊,还有我不顾维莱尔先生的反对,在部里把伦敦大使馆的最高权力交给了他。

---

① 帕斯塔(Pasta,一七九八——一八六五),意大利歌唱家。
② 指波塔利斯(Portalis),一八一五年法国百日事变期间的联盟军军人。
③ 巴黎十六区。

我觉得巴黎所有在位的大臣，除了那位杰出的于德·德·纳维尔先生，没有一个让我高兴的：我觉得他们没有什么能力，这让我开始为他们帝国的继续存在而担忧了。德·马蒂尼亚克先生有讲漂亮话的才能，有着温柔而略带沙哑的嗓音，就像那种女人们都愿意把自己的诱惑和柔弱中的某种东西都给予他的那种男人的嗓音：皮塔戈尔老想着他爱过的一位名叫阿尔塞①的魅力十足的妓女。修道院院长、原大使馆秘书西埃韦斯也很自负，头脑冷静，但有点妒忌心。我于一八二三年就已把他送到西班牙坐上了高高在上的位子，但他却想当大使。因为没有得到一个他认为他的能力能胜任的职位，他在精神上受到了打击。

　　我的品味或我的不满都没有什么要紧的。议会要否决一位原本应该不惜一切代价来保留的部长，是会犯错误的。这位温和、稳重的部长起着滑向深渊的挡板作用，当然要把他拉下来也是很容易的，因为有他无他无关大局，更何况他还是国王的对头；此外，为了不在这些人中间引起内讧，为了让他们能够维持住多数，他们可以在某一天，在不发生意外的情况下，让一位强有力的部长上台。在法国，人们对于等待什么一无所知，他们厌恶这个政权在外表上的一切东西，直到他们拥有这个政权。另外，德·马蒂尼亚克先生高傲地否认了他的懦弱，并且勇气十足，要把他的余生用在保护德·波利尼亚克身上。我的双脚在巴黎灼伤了，我无法习惯我的祖国那灰色的天空和法兰西的悲伤了；我会去思索我的家乡布列塔尼那天空的什么呢？为了讲希腊语吗？但是，在那里，至少有海风或者有安宁："波涛泛起时，大海白茫茫一片"②，或者是"风平浪静"③。我的命令只在我的花园里，我的房子里和地狱街上执行，也就是一些必要的改变和扩充，以便在我死后，作为遗产，把我的房子改成夏

---

① 阿尔塞（Alcée），古代名妓，皮塔戈尔认为他们那位妓女是阿尔塞的灵魂转世。
② 摘自奥维德《变形记》，卷十一。
③ 摘自维吉尔《埃涅阿斯纪》。

多布里昂夫人诊所，使之发挥更大的作用。我把这份财产留给几个艺术家和几个活着的作家作退休之用。我瞧着那苍白的太阳，对它说道："我要带较好的面容马上找到你，我们再也不分离。"

告别国王，带着永远离开他的希望，我登上了敞篷马车。我首先去比利牛斯山，在科特雷进行温泉疗养；从那里，穿过朗格多克和普罗旺斯省，我便会去尼斯，我将在那里同夏多布里昂夫人团聚。然后我们将一起经过圣西尔军校的升学补习学校去到那座永恒的城市，但不会在那里停留；在那不勒斯停留两个月之后，便去塔索的老家看看，然后回罗马拜谒他的坟墓。这段时间会是我一生中最高兴的时间；在这段时间里，我什么也不企求了，我已经满足了，我将觉察到在休息一些时日之后我的最后的时刻。我已进入岁晚之年，我将像帕利努尔一样趁风扬帆：inopina quies[①]。

我到比利牛斯山的整个旅程都处在一系列的梦幻之中：一路上我想就停；随处可以找到我领会到的中世纪编年史；在贝里，我看到树荫成行的小路——作家瓦朗蒂娜[②]把它称为长裙的拖裙，而它使我回忆起了我的布列塔尼。里夏尔·狮之心就是在夏吕这座塔的下面被害的："穆斯林的孩子，静一静！这就是里夏尔王！"在里摩日，我脱帽向莫里哀致敬；在佩里格，那躺在上了彩釉的陶质[③]坟墓里的山鹑再也不能唱出跟亚里士多德时代一样的不同的声音了。我在那里遇见了我的老朋友克洛译尔·德·库斯盖；他带来了我生活中的一些篇章。在贝尔热拉克，我本来可以去看看西拉诺的山鼻子的，而不用去跟那些年轻的卫士争斗；我让它跟那些神像留在灰尘里了。这些神像为人类所造，而它们没有创

---
① "突然去休息。"（摘自《埃涅阿斯纪》）
② 指乔治·桑（George Sand）。
③ 暗示佩里戈尔的配以块菰的山鹑馅饼。

造人类①。

在奥兹,我非常欣赏那些在伟大的艺术时代从罗马运来的硬纸板上的那些雕花祷座席。多萨,我在罗马教廷的前辈就出生在奥兹附近。这里的阳光很像意大利的阳光。在塔布,我本想留宿在星星客栈的,弗鲁瓦萨尔同里昂的埃斯潘阁下一块下榻到了那里;埃斯潘这位"勇敢而谨慎的男人、漂亮的骑士"在那里找到了"好的干草、饱满的燕麦和清澈的河水"。

看到比利牛斯山延伸到天边的时候,我的心激动不已:二十三年后,有着遥远时光的美好回忆,自从我从巴勒斯坦和西班牙归来后,在山脉的另一边,我发现了这座大山的顶峰。我赞同莫特维尔夫人的看法,我认为于尔冈德·拉·德科汝②是住在比利牛斯山上的城堡中的一座。这里过去就像是一座古董博物馆。在那里,我们又看到了流逝的时光;每个人都能看出属于自己的时光。一天,我漫步在一座废弃的教堂里,我听到在石板上有拖拉的脚步声,就像一位老人在找他的墓穴时发出的那种脚步声。我看了看四周,空无一人。原来是我自己在吓唬自己!

在科特勒,我越是幸福,那种已经结束的忧郁就越是让我高兴。狭窄的山谷越来越窄,而其间的激流越湍急。在城市的那一边,股股矿泉汇成两条河流,其中一条因景色优美而著名,它穿过西班牙大桥流向冰川地带。这里的矿泉浴让我很受益;我一个人常作远距离步行,仿佛觉得自己置身萨比娜的陡坡峻岭之间。我使出浑身解数想使自己忧郁起来,可我没能做到。我在比利牛斯山上写了几句诗;我常吟诵它:

---

① 塞让用这些词句在西拉诺的阿格里纳死神庙宣传无神论。阿格里纳没有什么可夸口的;贝尔执拉克用他父亲的姓,他的那块地方是属于他父亲的;那块地方在伊尔-德-弗朗斯。

② 他叫这样一个名字,是因为他的名字经常改动,还因为有不测的逃亡。

我曾见过索利梅与雅典娜的大海飞逝而过,

见过,阿斯卡隆港①和尼罗河的流沙,

被荒弃的卡尔塔热②城和它那发白的港口。

夜晚的轻风给我扬帆,

而天上的金星把它那清凌凌的珍珠混杂在夕阳纯净的金光里。

我坐在快船的桅杆下,

双眼在远处搜索着阿尔西德那些圆圆的柱子,

在那里,两个被激怒的内普蒂纳③在撞击海神的三叉戟。

从那艘正在靠岸的古老的埃斯佩利,从那庄严的阿邦斯拉热,

神秘为我打开了迷人的宫殿之门。

像玫瑰丛中一只年轻的蜜蜂,

我的诗歌来自它采集到的蜂蜜,

和在鲜花中收集到的最美好的回忆:

在由罗兰④用他的骁勇毁坏的山上,我对着他的长矛讲述着他的故事,

为了开心,那是我尝试危险的骄傲。

朽迈之年,突然失宠,

逃吧,逃吧,隐秘我们行踪的大船,一面行走,一面让我们说:

"我那时有一个兄弟、一个母亲、一个女友;

万幸,万幸!

可我还有多少亲人和时日?"

---

① 巴勒斯坦港口。
② 非洲古城。
③ 水神。
④《罗兰之歌》中的主人公。

我无法写完我的颂歌，我已悲伤地给我的手鼓蒙上了黑纱，用来召回过去漫漫长夜中的梦幻。不过，在这些回忆当中也夹杂着某些对现时的想法：笑嘻嘻的样子会使沮丧中的老同事不高兴的。

　　正当我吟诗的时候，我遇见了一位年轻的女子；她坐在比利牛斯山的激流旁边。她起身径直朝我走来，听到村子里的传闻，她知道我到了科特勒。这个陌生女子恰巧就是那个给我写信长达两年之久却从未曾谋面①的奥克西塔尼人②，这个神秘的无名氏终于揭开了她的面纱：patuit Dea③。

　　我带着敬意去拜访这位激流中的水神，一天晚上，正当我要离开时，她陪着我，要跟着我，我只得把她抱回了她的家。我从来不曾这样丢人现眼过，在我这把年纪，被这种爱慕所吸引真像是一种真正的嘲弄。我愈是能被这种古怪的情感所向慕，冒着被人嘲弄而接受它，我愈感到丢丑。我真想在我的那些邻居，那些孤僻者中间匿影藏形。我远不能像蒙田那样说话："爱情给我带来警惕、节制、深情厚意，还有我身体上的细心照料……"我可怜的米歇尔④，你说的这些富有浪漫色彩的事，在我这种年纪的人，你知道爱情是不会给我们带来像你在这里所想象的一切的。我们只有一件事可做：就是先把我们自己果断地搁置在一旁。我并不是把自己置于能更让人爱的纤尘不染的博雅位置上，而是让我的那种短暂的克蕾蒙斯·伊索尔⑤印象很快消逝。山中的微风很快带走了这昙花一现的爱情，那位风趣诙谐、意志坚定、魅力无穷的十六岁的外国少女，为了公平地对待我，还是让我知道她已经结

---

① 她叫莱昂蒂娜·德·维尔纳夫，结婚后（一八二九年十一月二十三日）叫卡斯特尔巴雅克伯爵夫人。当她一八二九年七月遇见夏多布里昂时才二十六岁。
② 奥克西塔尼地区包括中世纪所有讲奥克西塔尼语的国家。
③ "她宛如一位女神。"（《埃涅阿斯纪》，卷一，四○五行）
④ 蒙田全名为米歇尔·德·蒙田（Michel de Montaigne）。
⑤ 即后一句提到的那位外国少女。

婚了。

一八三〇年八月和九月，于巴黎地狱街

波利尼亚克大臣——我的沮丧——我重返巴黎

更换大臣的传闻已经传到了我们的冷杉林住地。一些消息灵通人士竟谈到了波科尼亚克王子；但我却完全不相信这一回事。后来，来了报纸，我打开来看，证实了这些传闻的官方安排使我大为骇然。自从我来到这个世界上，我已饱受命运变迁之苦，但我从来还没有经历过这样一落千丈的厄运。我的命运又一次使我的幻想破灭；这一打击不仅使我的幻想成了泡影，连君主立宪制度也告吹了。这一打击让我觉得恐怖，有段时间我已经绝望了，因为我的党刚被取缔了，我觉得我应该回去。邮局给我送来了一大堆信件，每封信都劝我辞职。一些人，甚至一些我刚认识的人觉得不得不劝我隐退。

我的声誉受到了这种半官方利益的冒犯。谢天谢地，我从来不需要别人给我指手画脚；我的一生是一连串的牺牲，从来不要别人指点；对待义务，我义不容辞。这次下台对我来说简直是毁灭，因为除了一身债，我什么也没有了。这些债我是在一些地方任职待的时间不够用来偿还而欠下的，因此每次回去，我都不得不拼命在一家书店里工作，以此来还债。有几个高傲的家伙向我鼓吹通过职位求得荣誉和自由，我回到巴黎后更是极为鼓吹，他们自己提交了辞去参议员的辞呈。这些人中的一部分是有钱人，其他的则没有放弃他们赖以生存的第二职业。他就像是一群新教徒，对于天主教教义各取所需，放弃一些，保留一些，真是令人难以置信。他们提供给你的，没有一样是完整的，没有一样是真正的诚心实意的：放弃一万二千或一万五千镑[①]的年薪，这是确实的，但他们是回到富有的家庭中去，或者至少也小心谨慎地留足了用以果腹的面包的。对于我这个人，他们就不那么客气了，他们一心想让我做出牺牲，他们从来就没有放弃过要剥夺属于我的东西："算了吧，乔治·但丁[②]，拿出勇气来吧。见鬼！我的女婿，不要堕落呀，死吧！把两万镑收入挥霍掉吧，一个适合你口味的位置，一个高高在上、美滋滋的位置，罗马艺术的权威，你通过艰苦、长期的斗争获得的回报给你带来的幸福：这就是我们真正的快乐。以这种代价，你会赢得我们的好感的。我们的外套被抢走了，但在外套里面我们还留有一件很好的法兰绒背心，同样，你要脱去了你那件天鹅绒大衣，你什么都不剩了，会赤身裸体。完全的平等是有的，那存在于祭坛和祭品中。"

真是怪事！在这股推我下台的热潮中，那些向我表达了他们意愿的人既不是我真正的朋友，也不是我的政治观念的同路人。我得马上牺牲在自由主义和继续向我进攻的教义之中，我得冒险去推倒合法的王权以博得敌人中几个胆小鬼的赞誉，而他们连饿死的勇气都没有。

长期的大使生涯会把我淹死；我举行的宴会已经使我倾家荡产，而我还没有付清最初的建馆费用。让我痛心的是，我曾发誓要幸福地度过余生，现在却彻底完蛋了。我一点也不会因为给了人家这样的信息而自责；这些信息既没有使接受了它的人变穷，也没有让给予这些信息的人变富，因为我坚信这些信息对那种一点也没有这种信息的内在感觉的人是没有用处的。一开始，我就说过，我的决心已经下定了，用不着再下

---

① 法国古代的记账货币，相当于一古斤银的价格。
② 模仿了莫里哀《乔治·当丹》的剧本中，索唐维尔先生对他的女婿讲话时用的一种滑稽可笑的腔调。

决心了，但是执行起来却是痛苦的。在路尔德的时候，我没有去南方，也没有去意大利，而是走上了去波城的路；我泫然泪下，我承认我的脆弱。如果说我较少接受和经受住命运给我的挑战，那有什么关系呢？我不会很快回去的，以便把日子打发走。我会慢慢地登上这条路的，我重新那么高兴地从那条路上回来那是刚刚几个星期前的事。

波利尼亚克王子害怕我辞职。他觉得我回去后会把他推到皇室选举议会去，从而使得他当部长就成了问题。有人向他建议派一个传令兵带着国王的命令到比利牛斯山来找我，让我马上去罗马接待那不勒斯刚把女儿嫁到西班牙的国王和皇后。如果我接受这个命令，我的处境将会变得十分尴尬。也许我会认为不得不服从这个命令，哪怕在完成这项使命之后我再提出辞呈。可是，一旦到了罗马，对我来说，会发生什么呢？我可能会被耽搁；不幸的日子可能会在卡庇特尔神庙前突然而至。也有可能在犹豫不决中我或许能够留下来，这样的话，可以给德·玻利尼亚克先生在议会中带来多数选票，他本来只差几票了。采用灵活的办法是行不通的；要是采用灵活的办法，它的结果，也就是它的安排对其不幸的安排者来说，可能不会显得必要：Dis aliter visum[①]。

与德·波利尼亚克先生会晤——我提出辞去驻罗马大使的辞呈

在巴黎，我找到百依百顺的夏多布里昂夫人，她脑子里想的是到

---

① 拉丁文："诸神对此的判断也是另一码事"（维吉尔《埃涅阿斯纪》卷二）。

罗马当大使夫人，当然换成其他女人也会这样想的。但在一些大的场合下，我妻子对于她认为能维护我生活的安定和提高我在公共舆论中的威望的事从来没有犹豫过。在这一点上，她比别的女人做得更好。她喜欢排场、名分和财富；她讨厌贫穷和卑微的家务事；她不喜欢那种动不动就生气的性格、过分的忠诚和过分的自我牺牲；她把这些看成真正意义上的欺骗，她是不会对你这些表示感谢的，她甚至是永远也不会高呼"国王万岁"的。但只要是关于我的事，则一切都变了：对我的粗鲁，虽然她心里抱怨，却顽强地忍受着。

我老得守斋、守夜和祈祷，那些自己不穿苦衣[①]却迫不及待要穿在我身上的人，我得搭理他们。我成了一头圣驴，背上驮着徒有其名的自由，他们崇敬得五体投地的自由，啊！但愿他们不要费心去扛着它了。

我回到巴黎的第二天，去拜访了德·波利尼亚克先生。在回到巴黎时，我曾给他写了这样一封信：

王子殿下：

　　我认为我亲自来向陛下递交我的辞呈、我通过邮局迅速把辞呈转交到您的手中，这样更尊重我们过来的友谊，更适合我深以为荣的这个高位，尤其是对国王陛下更显敬重。我最后一次，恳请您，即呈请国王陛下接见我一次，听听我不得不辞去罗马大使的原因。王子殿下，请相信，在您掌权之际，我放弃这个外交职务，有幸为您效劳，这于我也是应该的。

　　王子殿下，在此，请接受我的崇高敬意。

您的最谦卑、最顺从的奴仆　夏多布里昂
一八二八年八月二十八日，于巴黎

[①] 苦行者穿的粗毛衬衣。

作为这封信的回执,外交事务办公室给了我一张便条,上面写道:

德·波利尼亚克王子殿下向夏多布里昂子爵先生致敬,如果可能,他请您明天也就是星期天九点整到内阁来。

星期六,四点

我立刻写了一封短信回驳他:

我已收到王子您的办公室一封短信,邀请我在方便的情况下,在明天,即三十日九点去内阁。由于这封信并没有告诉我我曾请求觐见国王的事,我要等到您有正式的事,即关于我向国王陛下提出辞呈的事要谈时,我才奉命前往。

顺致匆忙的问候。

夏多布里昂
一八二九年八月二十九日晚,于巴黎

这时,德·波利尼亚克先生亲手给我写下了下面这些话:

我收到了您的短封,亲爱的子爵。我将非常高兴明天十点左右能见到您,如果这个时间对您适合的话。

愿我们历来的、真诚的友谊长青。

德·波利尼亚克王子

这张便条对我来说,不像个好预兆;他那外交辞令上的保留语气令我担心会遭到国王的拒绝。在我再熟悉不过的内阁,我找到了德·波利尼亚王子。他朝我跑来,紧紧地握着我的手。从他内心里抒发的情感

来看，我宁愿相信是真诚的。然后，他把手放在我肩上，我们开始慢慢地从内阁花园中的长廊这一端走到另一端，来回走着。他说他不能接受我的辞呈，国王不同意，我得返回罗马去。每次他重复最后这样一句话时，我的心就像撕裂了一样："为什么，"他对我说道，"为什么您不愿意像拉·费隆内和波利塔斯那样同我共事呢？我难道不是您的朋友吗？在罗马，我会给您想要的一切的；在法国，您会比大臣更大臣，我会听您的建议。您如果要退下来，那会引起新的分裂的。您不想让政府造成损失吧？如果您坚持要退休，国王会生气的。亲爱的子爵，我求您了，别做傻事。"

我回答道，我不会做一件傻事，我做事有充分的理由。我还说他的内阁太不得人心，偏见是不会公正的，然而偏见的确存在。我还说，整个法国必得实行大众的自由，而我正是这些自由的捍卫者，我不可能同站在自由一边的敌人乘坐同一条船起航。在这次辩论中，我相当尴尬，因为实际上，我对新内阁不能马上提出什么异议，我只能在将来某个时候他们能否认什么时才能向他们发起攻击。德·波利尼亚克先生发誓说，他喜欢宪章①并不亚于我；但他是以他的方式来喜欢它的，他喜欢它近似于过分。不幸的是，对于一个名誉受到了玷污的姑娘，而你对她还脉脉温情，那对她有多少用处呢？

谈话围绕着同一话题延续了将近一个小时，德·波利尼亚克结束谈话时对我这样说道，如果我同意继任旧职，国王就会高兴地接见我，并听取我想同他说的反对他那位部长的话；但如果我坚持辞职，国王陛下则会认为他没有必要接见我，因为他和我之间的一场谈话只会是不愉快的事情。

我反驳说："那么，瞧着吧，王子殿下，我的辞呈就算呈上了。我一

---

① 指法国一八一四年的宪章。

生中从来没有出尔反尔过;既然国王认为接见他的一位忠臣不适合,那么我就不坚持了。"讲了这些话之后,我便出来了。我请王子殿下重新委派拉瓦尔公爵先生去罗马当大使,如果他还愿意承担此职,那时我将向他办理有关移交手续。然后,我步行走上了荣军院大道,那是通向我的诊所的大道。我的自尊心受到了伤害,当我离开德·波利尼亚克时,他在我看来,在这种不可动摇的信任中,使得他明显地变得哑口无言,而这种哑口无言足可以扼死一个帝国的。

我辞去罗马大使的决定已经下达,我便给教皇写了一封信,全文如下:

圣父:

作为一八二三年法国的外交部长,我有幸担当了已故国王路易十八的代言人,他让陛下登上了圣皮埃尔的宝座。作为查理十世陛下驻罗马的大使,我更有幸看到了您洪福齐天登上了教皇皇位,并且聆听了您对我说的那番话,那是我一生的光荣。在结束我有幸在您身边担任的高级使命时,我来向您证实一下那些我不断了解到的要害憾事。圣父,对您的善行善举,我要向您表示忠诚的感激,同时我还请求您赐我使徒的祝福。

顺致崇高、忠诚的敬礼!

您最谦卑、顺从的奴仆

夏多布里昂

经过好几天时间的搜肠刮肚,我在我的于蒂克[①]中总算搞出了些眉目;我写了一些信,用来拆毁我花了那么多的爱心修建起来的大厦。像

---

① 公元前四十六年,继法尔萨尔之后,小加图在于蒂克被赐死。于蒂克,非洲北部城市。

一个人的死亡一样，这些都是一些细节，关系到家庭的、家族的活动；在一个梦的死亡里，毁灭这个梦的现实是更使人心碎的。永远的流放在罗马的废墟里曾经是我的幻想。像但丁[①]一样，我曾做好了安排，不再回到我的祖国去。这些有关遗嘱的明确解释，对《回忆录》的读者来说，不会有兴趣的；而对我来说，它却相反。年老的鸟儿从它避难的树枝上掉了下来，那是它离开它的生命走向死亡；它被流水带走，那也只是变成河流的一部分。

报纸上的溜须拍马

当一群燕子要出发时，总有一只要先飞出来，通报其他燕子马上就要出发。我第一个展翅飞翔，赶在公正无私飞行的前面。报纸对我倍加赞扬，它们让我入迷了吗？一点都不会。我朋友中的一些人用保证我会成为首相的话来安慰我，说这一局玩得那么爽快，会决定我的未来；他们以为我有那种野心，其实我想都没有想过。我不明白，一个人只要同我共同生活一个星期，而且很融洽，他不会不发现我缺少的正是这种激情——这种激情是能把人推到政治生涯的最高位置的。我时刻在寻找退休的机会，我之所以对罗马大使馆那么感兴趣，正是因为它不能给人带来什么，它是个退隐的好处所。

说到底，我把对立面推得那么远，我在内心深处有某种不安的感觉，我将不得不成为焦点、中心和靶子；我被吓坏了，这种恐惧增加了

---

① 但丁（Dante，一二六五——三二一），意大利作家、政治家。

我对失去了的宁静避难所的惋惜。

不管怎么说，在走下祭坛的偶像前要多烧香。德·拉马丁先生，法兰西新的、光辉的典范，就法兰西科学院候选资格[1]问题给我写了信，那封信的结尾是这样的：

> 德·拉·诺[2]来我家里待了一些时候。他对我说，他离开了您，耽误了您一些用来在法国建立一座纪念碑的宝贵时间。您的每一次自愿的、勇敢的免职都能给您的姓氏增添荣耀，为您的国家增添荣誉。

《诗人的沉思》作者的这封珍贵的信收到之后，马上便收到了德·拉克雷泰尔先生的信。他对我写道：

> 他们竟选择了这么个时候来侮辱您！您，是个鞠躬尽瘁的人，对您来说，卓越的工作比高尚的行为更值钱！您的辞职同选定新的部长，在我看来，这两件事事先就联系在一起的。您的献身精神使我们亲密无间，如同波拿巴用他的胜利赢得我们的好感一样。但是，他手下有很多人，而您没有那么多的追随者。

两个很有功德，很有文学功底的作家，阿贝尔·雷米扎先生和圣马丹先生[3]，起来反对我时只是软弱了一点，他们是同德·达马斯男爵先生紧密联系在一起的。我设想他们对于蔑视社会地位的这些人有些恼火：

---

[1] 以接替达吕的位置。拉马丁在一八二九年十一月五日当选。
[2] 德·拉·诺（de La Noue，一五三一——一五九一），法国剧作家。
[3] 阿贝尔·雷米扎（Abel Rémusat）和圣马丹（Saint Martin）都是东方学者、极端保王党人。

正是基于这一点,我们不应原谅那些蛮横无理的人。

基佐先生赏脸亲自参观了我的住所。他认为能够越过大自然设置在我们之间的距离。他走近我,对我讲了他应该讲的话:"先生,真是今非昔比啊。"在今年(一八二九年),基佐先生需要我帮他竞选,我便给利西厄地区的选民写了信,他被提名了。德·巴罗格里①先生为此给我写了一封短信:

> 请允许我向您表示感谢,先生,感谢您给我写信。我很好地用上了这封信,就像应该做的那样,而且我坚信,像一切来自您的东西一样,它将结出硕果,结出有益的果实。就我而言,如果只牵涉到我自己,我同样地感谢您,因为没有任何事件会让我看得更重要,也不会让我产生更大的兴趣。

七月的日日夜夜让基佐先生当上了众议员,由此我成了他政治上高升的部分因素:卑贱者的祈祷有时候是会让上天听到的。

德·波利尼亚克先生的第一批同事

德·波利尼亚克先生的第一批同事是德·布尔蒙先生、德·拉·布尔多内先生、德·夏布洛尔先生、库瓦齐埃先生和蒙特贝尔先生。

---

① 阿希尔·德·巴罗格里公爵(Achille de Broglie,一七八五——一八七〇),娶了斯塔尔夫人的女儿阿尔贝蒂娜(Albertine)。

一八一五年六月十七日，我在根特①从国王家里出来下楼时，在楼梯下面遇见了一个身着礼服、脚穿沾满泥浆的长筒靴的人，他正要上楼去见国王。从他的精神面貌，从他的机敏灵巧，从他那温和、漂亮、像游蛇似的眼睛，我认出他就是德·布尔蒙将军。他于十四号脱离了波拿巴的军队。德·布尔蒙伯爵是一位优秀的军官，擅长于从困境中摆脱出来。但他是属于这种人中的一个：身居高位，看得见障碍却无法克服它，原因是被人家指挥而不是指挥人家。幸运的是，在他的征途中，阿尔及尔会给他留下一个好名声。

德·拉·布尔多内伯爵，过去是我的朋友，他是一个最难相处的人，你一靠近他，他就会对你龇蹶子；他在议院里攻击演讲者，就像在农村里谩骂他的邻居一样；他会因为一句话，跟你闹翻天，比如为了排水沟什么的，他会同你打官司。我被任命为外交大臣的当天上午，他就跑来告诉我说，他要同我绝交：因为我当了大臣。我笑了，任这个无赖撒泼；他也笑了，活像个泄气的赖皮狗。

德·蒙特贝尔先生先是公共教育大臣，后来德·布尔多内先生退休时，德·蒙特贝尔先生便在内务部取代了他。而盖尔农-朗维尔先生则取代德·蒙特贝尔先生当了公共教育大臣。

双方都在准备开战：大臣一方出版了一些讽刺小册子，反对代议制；反对派组织了起来，并扬言：如果违反宪章，就拒绝纳税。他们组成了一个叫"布列塔尼联盟"的组织来对抗政府：我的那些同乡常常在最近的革命行动中采取主动行动，在布列塔尼人的脑瓜子里有着我们那半岛上特有的肆虐海岸的"劲风"。

一份其宗旨是推翻旧王朝的报纸大大鼓起了人们的士气。年轻而又英俊的书商索特莱早有自杀的企图，几次想用显赫的方式为他的党英勇

---

① 比利时城市。

献身。他曾负责共和国的文库工作的管理；梯也尔先生、米涅先生和卡雷尔先生是编辑。《国民报》[①]的老板塔莱朗王子没给金库里带来一分钱，他扔进金库里的只是一份背叛和腐化，只是污染了报纸的精神。这个时候，我收到了梯也尔先生一封短信，全文如下：

先生：
  不知道一份开创的报纸是不是会做到它应该做的那样，我把第一期《国民报》先寄给您。我所有的同事和我一起，请您赏脸予以评断，不是作为订户，而是作为义务评论者。如果在第一篇文章里——那是我极为关注的文章——我成功地表达了您赞成的见解，我就放心了，也能肯定我的路走对了。
  先生，请接受我诚挚的敬意。

阿·梯也尔

我会回过头来谈谈《国民报》的编辑们的，我会说说我是怎样认识他们的；但现在我要单独谈谈卡雷尔先生。他是梯也尔先生和米涅先生的上司，在我同他有来往的时候，他能单纯地看待自己，由于他在作家中后来居上，他用他的剑维护着那些文人"拔"[②]出来的观点。

---

① 这是共和国文库报纸的名称。
② 这些文人满足于"拔"出（陈述）那些观点，而他，"拔"出了他的剑：是不是应这样来理解？

远征阿尔及尔

在打算进行一场战争的时候，远征阿尔及尔的准备工作就已经完成了。作战大臣布尔蒙将军被任命为这次远征的首脑：他预料即将要发生政变，难道他想逃避这次政变的责任吗？从他的过去和他的手段来看，这是极有可能的；这对查理十世来说，是个不幸。如果不幸发生期间，将军留在巴黎，作战大臣的职位就不会落入到德·波利尼亚克先生的手中；德·布尔蒙先生无疑会把全部皇家军队集中到巴黎来；他会筹集必要的资金和给养，让士兵什么也不缺。

我们的海军在纳瓦兰①战役后，经过休整，从法国过去被荒废的各个海港出发了；锚地上挤满了开航远去的舰队船只。蒸汽船，人类天才的发明，来来往往在各师之间传达命令，像美人鱼，像海军上将的助手，活跃在军营之中。王太子②站在岸边，市民和乡民也来到了那里。他，这位王太子，把他的亲人、西班牙国王从革命中挽救出来以后，看到旭日东升，基督徒们也应得到解脱，但他是不是能以为接近大功告成了呢？

现在再也不是卡特琳·德·麦迪西请求土耳其把阿尔及尔王国当作封地授予亨利三世的时代了，也不是为人作嫁的时代了！阿尔及尔将成为我们的掌上明珠，我们的战利品，不用得到任何人的允许，不用担心英国敢阻止我们去夺取这座"皇宫"；这却能使人想起夏尔五世和他的财产的变化。这对聚集在这里欢呼的法国群众、欢呼博絮埃的群众来说，是一种巨大的快乐和巨大的幸福。豪华的大船准备用船头拉开环链时，

---

① 指一八二七年十月英法俄与土埃（土耳其、埃及）之间的战争。
② 指昂古莱梅（Angoulême）。

海雕的叫声使胜利的欢呼声更加高涨。当欢呼声里喊道：未来的成就属于伟大的国王时，就像将来有一天在他的坟墓里对他安慰道，他的家族已散布四方：

> 你在征服者面前，要么屈服，要么倒下，阿尔及尔，你堆满了基督徒的尸体。你在你那颗吝啬的心里说：我用我的法规守住我的大海，国民是我胜利之本。你的战船的轻捷让你信心十足，但是，你将看到你会在你的舷侧受到攻击，就像你要到悬崖上的鸟窝里去抓一只正在喂它的孩子的迷人鸟儿一样，你也要受到攻击。你现在交还了你的奴隶。路易已经砸碎了枷锁，你的枷锁使奴隶们受不了了，他们在光荣的帝国里生来就是自由的。惊讶的水手们事先就大声叫道："谁像蒂尔？然而她在大海中已自杀身亡[①]。"

精彩的话语！你没有能够推迟王位的崩溃吧？国民们朝他们自己的命运走去，像但丁的某些影子一样，要他们停下来是不可能的，即使是在幸福之中。

这些战船给努迷蒂的大海带来了自由，也带走了合法性；这支在白帆下的舰队，是君主政体的开航出海，它远离了圣路易上船时的港口，那时死神在迦太基正叫他。从阿尔及尔苦役犯监狱里释放的奴隶们，那些把你们送回你们国家的人却失去了他们自己的祖国，那些把你们从永久的流放中解救出来的人们自己却遭到了驱逐。这支庞大船队的主人乘坐一只小船穿过大海逃了，但法兰西可以对他说科内利对蓬佩说过的话："这是我财产的杰作，而不是你的，我看你现在龟缩在一叶小小的可

[①] 玛丽·泰雷兹（Marie-Thérèse）王后葬礼上的祷词。

怜的扁舟上；而你却想划着它与五百只战船一起航行。"①

这群聚集在土伦海岸上的人群目送着开往非洲的这支舰队；这群人中没有我的朋友吗？德·勒·普莱西，我姐夫的兄弟②，不是在船上接待一位漂亮的女士吗？那位女士是勒诺芒太太，她在等着从尚波利翁返回的朋友。这次对非洲的突然进击带来了什么结果呢？还是听听我的同乡、德·潘奥昂先生怎么说吧："自从我们看到这同一面旗帜在这些同样的海岸对面五百只战船上空飘扬以来，还不到两个月，六万士兵就急不可耐想去非洲战场上大展拳脚了。到今天，几个病人，几个伤员艰难地行走在我们三桅战舰的甲板上，这是战舰上的唯一随员了。……在哨兵拿起武器，像往常一样向这面旗帜的升降致敬时，甲板上的一切谈话声便戛然而止。我也马上脱帽，带着只有在年老的国王本人面前那种无比的崇敬行礼。而在我的心底里，我是跪在深遭不幸的陛下面前的；我是悲伤地看到了这种不幸的迹象的。"③

一八三〇年会议的召开——进谏——解散议会

一八三〇年的会议在三月二日召开，关于王位问题的演说使得国王开口说话了："如果这些罪恶的阴谋对我的政府造成了我不能也不愿预

---

① 普吕塔克的《蓬佩的一生》（埃约译）。
② 安娜·比松·德·拉维涅（Anne Buisson de Lavigne），夏多布里昂的姐姐，一七八九年嫁给了埃尔韦·德·勒·普莱西。普莱西骑士，海军军官，是埃尔韦伯爵的弟弟。
③《一位作战参谋军官的回忆录》，由巴舒·德·潘奥昂男爵著。

见到的障碍，我会找到一支力量来克服它们的。"查理十世讲这番话时的语气，就像一个男子，在通常的情况下又害羞又温和，在偶尔的情况下勃然大怒，声色俱厉：讲话的声音提得越高，解决的办法越显得南风不竞。

作为辩白的进谏书是由艾蒂安先生和基佐先生起草的，上面说到："陛下，宪章跟法律一样，它认可国家有权干预公益事业的审议。这种干预应把您的政府方面的长期资助和人民的意愿变成公共事业的正规发展的必不可少的条件。陛下，我们的忠诚，我们的献身精神使得我们不得不向您挑明：这种资助并不存在。"

进谏书以二百二十一票对一百八十一票的多数获得通过。德·洛热利尔先生的修正案去掉了"拒绝资助"这句话；这个修正案只获得二十八票。如果那二百二十一票早能预测投票结果，进谏书可能被否决了。为什么上帝不能偶尔把盖住未来的面纱揭起一角！但它确实给了某些人一种预感；但是他们并没有十分看清他们应走的道路；他们害怕挨骂，或者，如果他们按他们的预感行事，怕别人不会相信他们。上天没有挑明问题的关键；当一个人忍受了巨大的挫败以后，他就会成为一个有远大抱负的人：这抱负延伸在总体的计划中，展现在我们的视线之外而又在我们的后代所能及的范围当中。

国王在回复进谏书时，表示他的解决方案不会变，也就是说他不会解除德·波利尼亚克先生的职务。议会解散了：德·佩罗内先生和德·尚特洛兹先生取代德·夏布洛尔先生和库瓦齐埃先生，让他们退休：卡佩尔先生任贸易大臣。在他周围还有二十来位先生能当大臣；还可以把德·维莱尔先生召回，还可以任用卡齐米尔·佩里埃先生和塞巴斯蒂亚尼将军。德·维莱尔先生下台以后，当修道院院长弗雷西诺奉命要我去当公共教育大臣时，我就向国王推荐了卡齐米尔·佩里埃先生和塞巴斯蒂亚尼将军。可是不行，他们害怕有能力的人。在他们追求庸才的热潮中，似乎是要使法兰西蒙羞似的，他们要寻找它所拥有的更加无能的人来当它的头。盖尔农先生是那些不为人了解的人当中最勇敢的人，他们发现了他，然而王太子却恳求德·尚特洛兹先生去拯救他的君主制度。

根据议会解散后的安排，一八三〇年六月二十三日召开了区级首脑会议，省级首脑会议在七月三日召开，在制止长房分支毁灭前仅仅二十七天。

那些十分活跃的党团把什么都推向了极端：极端保王党人扬言要对王国实行去政；共和党人则想建立有个督政府的共和国或国民公会下的共和国。这个党的《论坛报》出版后，其发行量超过了《国民报》。全国大部分人还是要实行合理的君主政体，但要放开，要摆脱宫廷的影响。野心勃勃的人活跃了起来，每一个人都想当部长：雷雨过后，百虫逞能。

那些想迫使查理十世成为立宪君主的人，觉得他们合情合理。他们认为自己十分合理合法，但他们忽视了人的脆弱性，王权可以受到猛烈攻击，而国王本人却不行：他失去的是我们，而不是他的制度。

新议院——我动身去迪耶普——七月二十五日的敕令——我回到巴黎——路途中的思索——致雷卡米耶夫人的信

新议院的代表都已到达巴黎。原二百二十一个代表中有二百零二人再次当选；反对党获得二百七十票，内阁一百四十五票，王权那部分全部丧失。选举结果自然是内阁隐退：查理十世执意冒犯一切，政变已不可避免。

  我七月二十六日去迪耶普,早上四点便动身了,那一天正是敕令签发的日子。我相当高兴,很想再去看看大海;但是几小时以后,伴随着我而来的是一场吓人的暴风雨。我吃住在鲁昂,什么也不知道,真后悔没能去参观圣鸟昂,跪在博物馆漂亮的圣母像面前回忆着拉斐尔和罗马。第二天,二十七日中午时分,我到达迪耶普。我下榻在我以前的公使馆秘书为我安排的旅馆里。我穿好衣服就去找雷卡米耶夫人。她住在一套窗户朝沙滩开的套房里。我在那儿聊天、看波涛,不知不觉过了好几个小时。突然,亚森特先生来了;他给我带来了德·布瓦西先生[①]收到的一封信;信中对发布的敕令大加赞赏。过了一会,我的老朋友[②]巴朗谢进来了。他从驿车上下来,手里拿了一些报纸。我打开《箴言报》看了起来。我简直不敢相信自己的眼睛了,上面都是官方的文件;还说一个政府故意从巴黎圣母院的钟楼上"跳楼!"我向亚森特要了几匹马要返回巴黎去。晚上七点左右我登上了马车,把我的朋友们留在那里惶恐不安。一个月以来,常有政变的传闻,但谁也没有理会这种看来荒谬的议论。查理十世向来生活在王位的幻象之中;王子们四周形成了一种虚假的安澜,使得他们不去看现实的东西,而去看天上的虚幻景象。

  我随身带着《箴言报》,一天亮,也就是二十八日,我读了又读,为敕令做些评论。给国王的报告的前言给我留下了两方面的深刻印象:对于新闻界弊端的评价是正确的;但同时这些评论的作者却显得对当今社会的情况完全无知。无疑,自一八一四年以来,持自己观点的大臣们受到了新闻界的骚扰;无疑,新闻界有意控制统治权,迫使君主和议会服从它;无疑,在王朝复辟时期最近这些日子,新闻界只凭自己的热情,

---

[①] 德·布瓦西(de Boissy),法国贵族院议员,以前他是夏多布里昂在伦敦的使馆秘书。
[②] 原文为"我过去的朋友",为作者笔误。

不顾法兰西的利益和荣誉，攻击阿尔及尔的远征，对其原因、方式、准备工作、成功还是失败的机遇大加发挥，泄露了武器装备的机密，把我们军队的情况、部队和战船的数量、以致登陆的地点都泄露给了敌人。要是事先把他们谈判的秘密这样泄露出来，或者标明他们的部队的宿营地，里舍利它的主教和波拿巴岂不早把欧洲置于法兰西的脚下了？

所有这一切都是千真万确的，令人可憎的，但是，补救的办法呢？新闻事业在以前是鲜为人知的，人们以前没有看出它的威力，但现在它已出现在这个世界上了；它的话语比得上雷击，它是社会的电流。你能不让它存在吗？你越是要压制它，它爆炸起来就更具有威力。那么你得学会与它共存，就像你与蒸汽机为伴一样。你得学会利用它，去除它的危害性，或让它逐渐用于公共的和家庭的用途一点一点地削弱它，或者你逐步地把你的习惯和你的法则同今后支配人类的规律融合在一起。新闻界在某些情况下的无能为力的一个例证就是来自你对它就阿尔及尔的远征发出的谴责：你不顾新闻自由夺取了阿尔及尔，就像我在一八二三年用这种自由最猛烈的大火发动了西班牙战争那样。

在内阁的这个报告中，不能容忍的就是那无耻的妄自尊大，即：国王对法律有先决权。那么宪法意味着什么？如果说国王对政府制定的法令可以随意加以改变，那么为什么要用虚假的保证来欺骗人民大众呢？该报告上面的签字人是那么相信他们所说的东西，以致他们几乎不提宪章的第十四款；我曾就这一款提出了有人会把宪章当成自己的私货。他们想到了这一款，但是仅仅是想到而已，并且认为它是法律的累赘。

第一条敕令取消了新闻在各个部门的自由。这是十五年以来警察局在他们的小黑屋子里精心设计的上乘之作。

第二条敕令重写了选举法。这样，两项首要的自由：新闻自由和选举自由被彻底地取缔了：这两项自由的取缔，不是通过立法机构制定的法令而是通过这样一条随心所欲的敕令来做出的，虽然制定法令的机构腐败，它制定的法令虽然极不公正，但它却是合法的。这样有五个并不缺乏见识的人，他们、他们的主人、君主政体、法国和欧洲，以史无前例的轻率猛然跌进了深渊。我不知道巴黎发生的事情，我期望着有某种抵制，在不推翻王位的前提下迫使王权辞退那些大臣，收回那些敕令。在这些取得胜利的情况下，我坚决不插手其间，不写、不说反对这些违反宪法措施的东西。

如果外交使团的成员没有对敕令直接施加压力，那么他们是支持这些敕令的。整个欧洲是厌恶我们的宪章的。当敕令的消息传到柏林和维也纳，当他们以为在二十四小时内就会取得成果时，昂西隆先生大呼欧洲得救了，德·梅泰尼先生显然有一种说不出的高兴。接着不久，当德·梅泰尼了解到了真相以后，他沮丧的程度同他原来高兴的程度一样强烈；他说他受骗了，还说舆论是绝对自由的，他早已习惯奥地利宪法那种思想了。

7月敕令颁布后，国会议员的任命便落到了这些人身上：这些人是在候见厅里，通过他们的见解或文章大力支持敕令的。我们从名单上看就是那些最反对代议制的人。是不是甚至就在国王的内阁里，在国王的眼皮底下，起草了这些令人沮丧的文件？是不是在德·波利尼亚克先生的办公室起草的？是不是在一次仅有大臣参加的会议上，还是在一次有几个反对宪法的帮闲才俊参加的会议上？是不是在重压下，在一次像那种十人委员会①的秘密会议上起草了这些七月决定（按照这些决定，合法的国王被判处在叹息桥上绞死）？还是德·波利尼亚克先生一个人的意见？这大概是历史永远也不会向我们泄露的。

到吉索尔后，我听到了巴黎暴动的消息和一些令人不安的议论；这些议论表明宪章是多么地为法兰西人民所接受。在蓬图瓦兹，还有更

---

① 秘密十人委员会，一三一〇年创建于威尼斯，到一七九七年，成了法兰西共和国真正的实权机构。

新的消息，但这些消息不很确切，而且互相矛盾。在埃布莱，驿站没有马，我等了将近一个小时。有人建议我绕过圣德尼，因为走那里会有路障。在库贝瓦，驿站的马车夫摔掉他那件钉着有百合花图案的纽扣的上衣；早上有人朝他经过香榭丽舍大街开往巴黎的敞篷四轮马车开枪，因此，他对我说他不准备带我走那条大街，他要在星形广场栅栏的右边去找托卡德洛的栅栏，从那里就可以看到巴黎了。我看到了飘扬的三色旗，于是我断定那不是骚乱，而是一场革命。我有预感，我的角色变了：我本来是跑来保卫大众自由的，却将要不得不保卫王权了。白色的硝烟在一排排的房屋之间升起；我听到几声炮声和机枪齐射的声音，不时夹杂着警钟的嗡鸣声。我仿佛看到古老的卢浮宫从荒芜的高原上倒了下来；那处高原是由拿破仑指定用来建罗马皇宫的。

我的车子从斜坡上冲下去，穿过耶拿桥，上了沿着尚德马尔斯铺了石板的路。一切都显得很孤寂。我发现一队骑兵站在军校的栅栏前；那些人看起来很悲伤，像是被人忘却了似的。我们走的是荣军院大道和蒙帕纳斯大道，路上遇见了几个行人，他们都吃惊地瞧着一辆驿站马车像平时那样在路上跑。昂佛尔大街已被砍倒的榆树拦住了。

回到我的家门口，邻居们夹道欢迎我回来；对他们来说，我好像是他们的保护神。夏多布里昂夫人对我的返回，既高兴又惊慌不已。

七月二十九日，星期四的早上，我给在迪耶普的雷卡米耶夫人写了一封信，信后还有附言。信的全文如下：

我给您写这封信，但不知道您是否能收到，因为邮车已停开。

我是在隆隆的炮声、枪声和警钟声中进入巴黎的。今天早上，警钟还在响，但我已听不到枪声了。似乎大家正在组织起来，只要敕令不收回，反抗就要继续下去。这就是大臣们违背誓言的直接后果（还不说它的决定性后果）！至少可以看出，大臣们已把他们的错误归咎于王权了。

国民自卫队，巴黎综合理工大学，一切都乱套了。我还没有见任何人。您判断一下看，我是在什么情况下找到夏太太的吧。像她一样，见过八月十日和九月二日暴乱的人，仍心有余悸。一个团的士兵，第五纵队，已倒向宪章派这一边。很明显，德·波利尼亚克是罪大恶极的，他的无能是一个很蹩脚的托词，有野心又无能，这就是一种罪过。有人说，宫廷准备迁到圣克卢去。

我自己的事不用同您说了；我的处境很艰难，但立场很明确。我不会背叛宪章，更不会背叛国王；我不会背叛自由，更不会背叛合法的王权。我没有什么可说的，也没有什么可做；只有等待和为我的国家哭泣。外省会怎么样，现在只有上帝知道；已有人提到鲁昂的起义了。修会要武装朱安党人和西部的保王党人了。统治者们坚持有什么用？一个敕令和六个无能（或无德）的家伙足以把我们这个最平静的也是最繁荣的国家变成最混乱不堪也是最不幸的国家。

一八三〇年七月二十九日，星期四上午

战火又烧起来了。好像已向卢浮宫开火了，国王的军队固守在那里。我住的郊区也开始暴动了。人们开始谈论着建立一个临时政府，其首脑会是热拉尔将军、舒尔泽尔公爵和德·拉·法耶特先生。

这封信可能发不出去，巴黎已宣布戒严，由马尔蒙元帅替国王掌权。有人说国王已被杀死，但我不信。望您保重，不要过于担心。上帝保佑您！我们还会见面的。

中午

这封信是昨天写的，没能发出去。一切都结束了，人民取得了完全的胜利，国王在所有的方面都做了让步，但我担心人们会要他让出王位。我今天早上已写信给皇上。此外，我为我的将来，做了一个令我开心的完美计划。等您到了之后，我们再谈。

我自己马上去邮局发这封信，只怕会要跑遍巴黎。

星期五

篇章三十二

七月革命——二十六日这一天

七月二十五日的敕令刊登在二十六日的《箴言报》上。秘密保守得很严密,连自卫军参谋长、担任值勤的元帅拉居兹①公爵、警察局长芒让先生都没被告知。塞纳省省长也只是看了《箴言报》才知道这些敕令的,副国务秘书先生也是在看了这份报纸后才知道的。然而,正是这些人掌握着各个兵种的武装力量。德·波利尼亚克王子负责代理德·布尔蒙先生大臣的职务,远没有想到要留心敕令这些琐事,二十六日那一天他在军务部主持工程招标会议。

二十六日,国王在《箴言报》运到圣克卢之前就打猎去了;他从朗布耶回来已是半夜了。

后来,德·拉居兹公爵收到了德·波利尼亚克先生的一封短信:

---

① 拉居兹(Raguse),即马尔蒙(Marmont)。

阁下想必知道国王陛下以他的英明和对子民的爱护采取了一些为维护王权和公共秩序的特别措施。在这一关键时期，陛下凭依您的热忱以确保在您管辖的范围内的秩序和平静。

这些最脆弱的人再大胆，也绝不会反对一支即将粉碎一个帝国的军队的；这种人的大胆只能用一种幻觉——人们不再认为危险时刻是一个小集团驱使的后果——来解释。报纸的编辑们，在咨询了迪潘先生、奥迪隆·巴罗先生、巴尔特先生和梅利洛先生以后，决定在未经允许的情况下发表他们自己的文章，以防让人抓起来，针对敕令的非法性为自己进行辩护。他们聚集在《国民报》的编辑部：梯也尔先生起草了一份抗议，在上面签字的有四十四个编辑，第二天，二十七日早晨，发表在《国民报》和《时代报》上。

黄昏时，几位众议员在德·拉博德家里集中，他们决定在第二天去卡齐米尔·佩里埃先生家里碰头，即将占领政治舞台的三种权力之中一种第一次在那里出现，其他两种是：君主政体在议会，占据着皇宫；共和派在市政大楼。晚上王宫前有几次集会；人们朝德·波利尼亚克先生的汽车扔石头。拉居兹公爵去圣克卢见了国王，他要从朗布耶返回时，国王向他打听了一些巴黎的消息。"年金降了，降了多少？"王太子问道。"三法郎。"这位元帅回答道。"会升上去的。"王太子又说。于是，各自散去。

七月二十七日这一天

二十七日这一天一开始就不吉利。国王委任拉居兹先生为巴黎总指挥官；这全靠拨给他的那笔肮脏的钱来支撑。这位元帅一点钟便去了卡鲁塞尔广场的自卫军参谋部坐镇指挥。芒让先生派人去抓《国民报》的人，卡雷尔先生奋起反抗，米涅先生和梯也尔先生以为大势已去，那两天躲起来了：梯也尔先生去了蒙莫朗西峡谷，躲在一个叫库尔尚的太太家里。库尔尚太太是两位贝克先生的亲戚；这两个贝克先生，一个在《国民报》工作，另一个在《论坛报》工作。

在《时代报》报社，事情的性质则严重多了。记者中真正的英雄非科斯特先生莫属。

一八二三年，科斯特先生领导着《历史记事报》，被他的同事指控出卖了这份报纸，他奋起反抗，身上还挨了一剑。科斯特先生到外交部去见我，我同他谈到了新闻自由；我对他说："先生，您知道，我是多么热爱和尊重这个自由啊！可是，当您每天都在攻击王权和宗教的时候，叫我怎样在路易十八面前来捍卫这项自由呢？我请求您，为了您的利益，也让我省点劲儿，您就不要去破坏这千疮百孔的壁垒了，说实在的，一个勇敢的人去攻击它应该感到脸红。我们做一笔交易吧：您呢，不要再去攻击那几个自身都难保的老头儿了，王权和宫殿也几乎保护不了他们了；我呢，我拿我的个人做交换，您早晚攻击我好了，您想说我什么就说什么吧，我永远不会抱怨；我自愿做您攻击的目标，但不要把国王当作靶子。"

科斯特先生对我这次会见留下了很好的印象。

在《时代》编辑部里，在博德先生和一位警察分局局长之间，发生了一场有关宪法的争论。

国王在巴黎的检察官，签发了四十四张传票给在抗议书上签了字的记者。

两点左右，革命中的君主政体分裂派像前一天晚上约定的那样，在佩里埃先生家中集合，但是什么事也没有议成。众议员们推迟到了第二天，即二十八日，在奥布里·德·皮拉沃先生家里集中。卡齐米尔·佩利埃先生，是个生活有条理又富裕的人，他不想落在人民的手中，他对通过某种调整后的合法王权仍抱有希望。他激动地对舍朗先生说道："不搞合法化，你们就会失去我们；你们在让我们离开高级职位。"这种合法的思想到处存在，在两次截然不同的会议上也体现了出来：一次是在卡代——加西库尔先生家开的，另一次是在古尔戈将军家里开的。佩利埃先生是属于这个由一般人民群众和士兵上升为资产阶级的阶级。他有勇气，思想固执；他勇敢地投入革命洪流是为了阻挡它；但他的健康状况使他太关心自己的生活了，他太看重自己的财产了。"对一个老在镜子里照他舌头的人，您要拿他怎么办呢？"德卡泽先生对我说道。

人群里人越来越多，并且似乎有动武的苗头。宪兵队的军官去告诉德·拉居兹元帅，说他的人手不够，他担心会被迫动武。于是，元帅做了军事部署。

二十七日，当军营里接到带武器的命令时已是下午四点半了。巴黎宪兵队在自卫军队几支小分队的支援下，试图恢复里舍利厄大街和圣奥诺雷大街的交通。一支小分队在波尔多公爵大街[①]受到石子的猛烈袭击。该小分队队长在金字塔街躲过从皇家酒店投出的一块石头以后，便下定了解决问题的决心：他发现住在这酒店里的一位叫福克斯的先生手里端着他的猎枪，在窗口朝经过那里的自卫军队开火，士兵们给以回击，对着这座房子开火，福克斯先生和他的两名仆人当即被击毙。这些英国

---

① 今天的七·二九大街，在圣罗克教区。

人，本来龟缩在他们的岛上，却要向其他地方输送革命，你可以看到他们混在世界各地，插手一些与他们无关的事情：比如为了出售一匹白布，为了这么一点小事，他们可以把一个国家置于深重的灾难当中。这位福克斯先生有什么权力朝法国士兵开枪？是不是查理十世触犯了大不列颠的宪法？如果说有什么东西玷污了七月战斗的话，那就是一个英国人射出的这颗子弹激发的。

二十七日这一天的首次战斗直到下午五点左右还没正式开始，天一黑就停止了。军火商把他们的武器给了群众；路灯有的打碎，有的没有点上；三色旗在巴黎圣母院顶上的黑暗中升起；警卫队的拥进；军火库和火药库的夺取；常驻部队步枪手武装的解除，这一切是在没有遇到抵抗的情况下，在二十八日天亮时进行的，到八点一切都结束了。

革命中的无产者民主党人个个穿着军服或者半裸，拿着武器走在前面，顾不上他们的烦恼和褴褛衣服了。人民，由几处在不同地点聚集的人群中选出来的一些代表在卡代-加西库尔先生家里召开了一次会议。

篡夺党这时还没有出现，它的头头① 躲在巴黎以外的地方，他不知道是去圣克卢还是去王宫。资产阶级政党或君主专制政党的代表们对被运动拖着走表示不满。

德·波利尼亚克先生去了圣克卢，二十八日早上五点让国王签署了巴黎戒严令。

---

① 他后来成了路易-菲利普。

七月二十八日：战斗的一天

二十八日，聚集的人群更多了；人们高呼"宪章万岁！"的口号声还可以听得到，中间还夹杂有"自由万岁！""打倒波旁王朝！"也有人高喊："皇帝万岁！""黑暗中的王子万岁！"在所有革命当中，在老百姓的想象里，这种黑暗中的神秘王子总要出现。于是，回忆与激情一齐涌向心头，毁坏和烧毁法国武器，把武器用绳子绑在毁坏了的路灯柱子上，扯掉驿车车夫和邮差胸前的百合花勋章，公证人取掉了他们的盾形纹章，执达员扯去了他们的帽徽，马车夫扯掉了盖戳的单据，宫廷供应人拒绝送食物。那些以前把拿破仑的鹰饰勋章涂上百合油漆的人，他们只用一块海绵，沾上调稀的胶水就可以去掉那层漆，还帝国的雄风。

德·拉居兹元帅写信给国王说，必须尽快采取绥靖措施，到第二天（二十九日）就太晚了。一位警察局长的使者去问元帅，巴黎是不是确实已宣布戒严，元帅自己一无所知，显得十分惊讶。他跑到内阁总理那里，看到大臣们聚集在一起，德·波利尼亚克先生给他重新下达了命令。因为那个践踏世界的人，曾经在一些城市和省份宣布过戒严，查理十世认为可以仿效他。大臣们对元帅说，他们将坐镇卫队的参谋部。

二十八日九点，当时已不是守住一切的时间了，而是要重新夺取一切，可是圣克卢没有一项命令下达下去。元帅下令所有部队离开军营，当时实际上有一部分在前一天夜里已出动了。他们没有任何办法能把给养运到卡鲁塞尔总部。因为他们忽视了派重兵把守，军用面包干已被夺走了。德·拉居兹公爵先生，是个有思想有功绩的男人，勇敢的战士，学者，却是一个倒霉的将军，从他可以上千次地看出，一个军事天才在处理内乱时是微不足道的，随便哪一个警官都会比这位元帅更懂得他应该怎么做。也许他的聪明才智被他的往事弄麻木了，他只能在他那赫赫大名的厄运重压下苟延残喘了。

元帅,手下只有一小撮人,他制订的计划,应有成千上万的士兵去执行。此时,一些纵队已被派往远方作战,另外一支将去夺取市政府大楼。这些部队,在完成维持各地的秩序的行动之后,应该集中到军营里去。勒·卡鲁塞尔坚持在司令部里:那是发布命令和收集情报的地方。一支由瑞士人组成的部队,围着圣婴市场打转,肩负着维持往来在中心和边远地区部队的联络。波蓬库尔军营的士兵分成几个分队,准备随时奔赴召唤他们去的地方。拉图尔-莫布尔将军住在荣军院[①]内。当他看到战事进行不利时,他建议在路易十四大厦里收容残兵败将,他坚信他能把他们养起来,以对付巴黎市民的攻击。过去他把他的人放在帝国的战场上没少受非议,但波罗蒂诺的人知道他会遵守诺言。但是,一名残废老兵的经验和勇气能值几何?这样他的建议没被采纳。

在圣夏芒伯爵的指挥下,卫队的第一纵队从玛德莱娜大教堂出发,沿着大路向巴士底狱进发。没走几步,萨拉先生指挥的一个小分队就受到了攻击;该小分队队长是个保王主义者,他奋起还击,打退了进攻。队伍越往前赶,留在路上的交通驿站一个个离得太远,防守又太薄弱,被人民群众切断了它们之间的联系,并在它们之间用伐倒的树隔开,还设置了路障。在圣德尼门和圣马丁门之间发生了一场流血事件。德·圣夏芒先生路过菲埃斯希未来战功剧场,在巴士底狱广场遇上了一队队人数众多的男女。他劝他们自行解散,并给了他们一些钱。但有人不停地朝附近的房屋射击,他不得不放弃从圣安托万大街返回市政府大楼,过了奥斯特里茨大桥,他从南方大道才回到了卡鲁塞尔。对小路易十四[②]的母亲来说,在还没有毁坏的巴士底狱前面的蒂雷纳要幸运得多。

占领市政府大楼的小纵队沿着杜伊勒利宫、卢浮宫和拉丁区的岸

---

① 他是那里的司令。
② 在一六五二年投石党运动期间,他打败了孔代,回到了巴黎宫中。

边，新桥过了一半，夺取了奥洛热码头、花卉市场，从巴黎圣母院桥拥向沙滩广场。卫队的两个小分队通过急行军，把一直到新吊桥的地方都钳制住了。第十五区的一个营稍微支援一下卫队，也得在百花市场留下两个小分队。

在过塞纳河的圣母院桥上打起来了，老百姓们大鼓打头阵勇敢地冲向卫队。指挥皇家炮兵的军官下令监视人群，结果他们白白受到冲击，因为他们没有炮，只会被打垮而无任何成功的希望。居民寸步不让，炮兵开火了。士兵们拥入堤岸码头，拥入沙滩广场；在沙滩广场，从阿尔科尔桥上突然又冒出了另外两个卫队的小分队。他们不得不强行驱散在圣雅克区集结的大学生队伍。市政府大楼被占领了。

在穆通街的入口处设置了一处路障，一队瑞士士兵把它搬走了，于是人民群众从四面八方蜂拥而上，在一片欢呼声中重新夺取了他们的防御工事，但路障最后还是落到了卫队的手里。

在所有那些贫穷、人民大众居住的街区，人们迅速投入了战斗，没有什么个人的盘算；法国人的那种冒失轻率、戏弄嘲笑、无忧无虑、勇敢无畏一下子都涌入了每个人的头脑中。对我们的民族来说，光荣有着香槟酒的清香。妇女们在交叉路口鼓励男人们上街；军官中，谁倒向人民的一边，谁就得挨元帅的拳棒；可队伍在小提琴的乐曲声前进着。这是些可悲又可笑的场面，是集市那种露天舞台上的凯旋场面：在人山人海当中，有欢笑声，枪声中夹杂着咒骂声、沉闷的吼叫声。一些临时招来的车夫光着脚、头戴警察无边软帽，带着一张通行证运送着一些不知名的军官；这个伤员车队在斗士们中间穿行，斗士们为其让出了一条道。

在那些富裕的街区，则是另一种情形。国民卫队的兵士已重新穿上了原来被人剥去的制服，在第一区区政府大量集中，以维持秩序。在战斗中，卫队比人民群众遭受了更多的疾苦，因为他们暴露在躲在房子里的看不见的敌人的炮火之下。另外一些人认识卫队的军官,在客厅里就叫得出那些勇士的名字,他们以攻打他们取乐,而他们自己躲在百叶窗或壁炉后面,是很安全的。在大街上,苦力或士兵的敌意没有达到那种程度,他们是相互救助的。群众救了好些个伤员。两位军官,戈荣先生和里约先生,一场英勇的保卫战过后,他的得救就应归功于战胜者的不念旧恶。卫队的一个上尉,柯芒,头上挨了一铁棒,晕过去了,双眼流血,但他用他的剑拨开了他的士兵们对准那个工人的刺刀。

卫队中多数人是波拿巴的投弹手。好些个军官丢了命,其中有努瓦洛中尉,他是个特别英勇的军人,在一八一三年,他被欧仁王子授予荣誉勋位团的十字勋章,因为他在卡尔迪埃拉①参加过棱堡之战。德·普兰塞尔维上校,在圣马丁门的战斗中受了致命伤,以前参加过帝国在荷兰、西班牙的战争,在大部队里待过,也在皇家卫队里待过。在莱比锡战役中,他亲手俘虏了奥地利将军梅尔弗尔德。他负伤后,由他的士兵抬到了大石子医院,他要等到七月中最后一个伤员包扎完了之后才肯让人给自己包扎。在别的战场上见过他的拉雷②医生,看到要救他已为时太晚,只好截掉了他一条腿。那些看到那么多子弹在他们头上飞过的高贵的对手,如果他们没有被某些自从胜利以来在胜利者的队伍里得到了自由的苦役犯的子弹所击中,他们是多么幸运啊!这些苦役犯没有能亵渎共和国的胜利;他们只对路易·菲利浦的王权构成了危害。因此,这批逃过了莫斯科、吕真③莱比锡④大炮的著名兵士的幸存者们隐隐约约地在巴黎街头出没,他们说他们正在查理十世时期屠杀那些他们在拿破

---

① 在意大利伦巴第地区。
② 拉雷是"大军"外科医生的儿子。这里,夏多布里昂似乎把他与另一个拉雷搞混了。
③ 均系德国城市。
④ 均系德国城市。

仑时期那么崇敬的英雄。他们只缺一个人:那个人在圣赫勒拿岛上不见了。

夜幕降临,一个乔装打扮的副官给市政府大楼里的部队带来了从那里撤往杜伊勒利宫的命令。撤退的命令被大胆地顶回去了,因为他们不愿意抛下那些伤员,而且大炮要越过路障是十分困难的。然而后来还是顺利撤走了。当部队从巴黎各区撤回以后,他们以为国王和王太子同他们一样来到了他们的身旁,他们找也白搭,只看到了钟楼亭子上的白旗,他们却让人听到了军营里雄壮的声音。

像大家看到的那样,说市政府大楼被卫队从人民群众手中夺回是不真实的,而是人民群众把它从卫队手中重新夺了回去。当卫队走进市府大楼时,他们没有遇到任何抵抗,因为里面空无一人,连省长本人也走了。这些大话把真正的危难减轻了,并使人怀疑这种危难的存在。卫队在迂回曲折的大街上行进很艰难;他们执行的路线,先是以中立的形式出现,后来又背叛了它;这种原来很漂亮的理论,到头来是行不通的。在市政府大楼里进行战斗时,第五十分队赶了来。由于疲惫不堪,他们被很快撤到了大楼的围墙之内,只是把他们全部的、无用的子弹给了那些精疲力尽的同志。

留在圣婴市场的一个瑞士营被另一个瑞士营营救出来,他们一个营接着一个营地朝理工大学的河岸边走去,驻扎在卢浮宫。

此外,设立路障是巴黎人民的自卫手段:从查理五世至今,在历次内乱中早已有之。

"人民群众看到部署在各街道上的军队的同时,"埃斯托瓦尔说道,"已开始用大家所熟悉的方式布置路障。几个瑞士人被杀了,埋葬在巴黎圣母院的一个墓穴里。居伊兹公爵穿过街道,得到人们最热烈的欢呼:'居伊兹万岁!'他呢,摘下他的帽子,对他们说道:'我的朋友们,够了！够了！先生们，过分了；叫国王万岁吧！'"①

为什么近来的路障效果这样好，却很少赢得人们去谈论它，而一五八八年的路障几乎没产生什么效果却引得人们那么有兴趣去读它呢？这要看不同的世纪和不同的人：十六世纪把什么都放在它的前面，而十九世纪把什么都放在它的后面：德·皮拉沃还不是脸上有刀疤的人。

七月二十八日，无战事日

这些战斗进行期间，紧接着武力革命而来的是非武力的政治革命。被拘禁在阿拜②的士兵被释放了；在圣佩拉吉③监狱里的那些因债务问题而坐牢的犯人逃走了；政治犯被释放了。一场革命就是一次大赦；它免除了所有的罪行，罪行再大也是如此。

大臣们向参谋部提议：他们决定逮捕这次运动的首要人物：拉菲特先生，拉斐德先生，热拉尔先生，马尔谢先生，萨尔韦特先生和奥德利·德·皮拉沃先生。元帅已就此下达了命令，但稍后不久，他们作为代表被派遣往他那里去时，他不相信他有幸让他的命令得到执行。

由贵族院议员和众议员组成的君主制党的会议在基佐先生家中举行：布罗格利公爵参加了会议；重新露面的梯也尔先生、米涅先生和尽

---

① 据《埃斯托瓦尔》报记载。
② 过去的圣普-日耳曼阿拜监狱；在第二帝国时期，因开通圣日耳曼大街而不复存在。
③ 圣佩拉吉修道院，在圣梅达尔区，自一八一一年以来便成了政治犯和债务犯的监狱。一八九五年被毁。

管有别的看法的卡雷尔先生出席了会议。就是在那里这个篡夺党首次亮出了奥尔良公爵的名字。梯也尔先生和米涅先生到塞巴斯蒂亚尼将军家里同他谈起了王子的事,将军含混其词也做了回答;奥尔良公爵,能不能保证不再这样把他摆在他的手里,他没对他做出任何承诺。

还是在二十八日的当天,中午时分,众议员全体会议在奥德利·德·皮拉沃先生家里举行。德·拉·法耶特先生,共和党首脑,二十七日回到了巴黎。拉菲特先生,奥尔良党首脑在二十七日和二十八日夜间才到,他去了王宫,在那里,他什么人也没找到。他派人去纳耶:未来的国王也不在那里。

在德·皮拉沃先生家里,大家讨论对敕令起草一份抗议的事。这份抗议用词温和,对那些大问题只字未提。

卡齐米尔先生建议赶快派人去找德·拉居兹公爵,而那五位选出的众议员则做好了动身的准备,阿拉戈先生却还在元帅家里。但他在给德·布瓦涅夫人的一封信中,是决心赶在特派代表们之前的。他向元帅指出了尽早结束首都不幸的必要性,德·拉居兹先生去德·波利尼亚克先生家里探听情况。德·波利尼亚克得知部队正犹豫不决,他声明说,如果军队倒向人民一边,就得受到暴徒一样的镇压。特罗梅兰将军听到这些话,对昂布吕热阿克将军生气了。这时,代表团到了。拉菲特先生说道:"我们来请你们制止流血事件。如果战斗再持续下去,不仅会带来最残酷的灾难,而且会带来一场真正的革命。"元帅在军事荣誉的问题上打圈圈,提出什么人民应该首先停止战斗;然而在他写给国王的一封信的附言里却这样写道:"我想陛下应该事不宜迟地利用向您提出的那些建议。"

德·拉居兹公爵的军事助理柯尼埃罗沃斯奇上校被带入国王在圣克卢的住所,把那封信交给了国王。国王说道:"我会看看这封信的。"上校退了出来,在等待命令:看到没有下达命令,他请迪拉公爵先生去国王那里催问。公爵回答说,按照规定,他是不允许进国王的宫殿的。后来,柯尼埃罗沃斯奇先生被国王召去,要他向元帅传达坚守的命令。

樊尚[①]将军从家里赶到圣克卢,强行闯进,但被拒绝了。他告诉国王,一切都完了。查理十世对他说道:"亲爱的,您是一位好将军,但您对此什么也听不到。"

七月二十九日,军事日

二十九日这一天,出现了一些新斗士:巴黎综合理工大学的学生与他们的一位老学友夏拉斯先生取得联系,他们不顾禁令派去了他们中的四个同学:贝泰兰先生,洛通先生,潘索尼埃尔先生和图尔纳先生,让他们去为拉菲特先生、佩里埃先生和拉斐德先生效力。这些年轻人一八一四年便来到了巴黎,通过学习,个个都很杰出;他们在联盟会上相互认识了。只有几天,他们便成了人民的领头人;人民以极为朴实的方式把他们推到了领导的地位。后来,有些人回到了奥德翁广场,其他的人回到了王宫和杜伊勒利宫。

发表于二十九日早上的命令冒犯了卫队:这项命令宣布国王对他的英勇之师表示满意,同意发给他们一个半月的工薪。法国士兵觉得此举不合适:这是用英国人的尺度来衡量他们,而英国人的做法是行不通的,或者是:如果他们领不到薪水,他就造反。

在二十八日至二十九日的夜里,人民群众在大街上每隔一段路面

---

① 樊尚(Vincent),国王的马术教师。

就拆掉二十来步的铺路石，到第二天天亮时，在巴黎已设置了四千处路障。

波旁宫已由纵队驻守，卢浮宫则是由两个瑞士营驻守，和平大街、汪多姆广场和卡斯蒂格利奥纳街由纵队五分队和五十三分队驻守。将近一千二百人的步兵部队已到达圣德尼、凡尔赛和吕埃尔。

军事位置是比较好的：军队比较集中，要穿过很大的空间才能到达军队驻地。认为这种安排十分合理的埃格泽尔芒将军十一点来把他的才能和经验推荐给了德·拉居兹元帅；帕若尔将军则自荐给众议员去担当国民卫队的指挥。

大臣们置身于运动之外，吃尽了苦头，他们想在杜伊勒利宫召开宫廷会议。元帅催促众议院主席收回敕令。在他们交谈时，他们请来了德·波利尼亚克先生；他本来已同贝埃蒂先生出去并回家了。贝埃蒂先生是一七八九年第一个牺牲者的儿子，他曾跑遍了巴黎城，他断言皇家的一切事业都在朝好的方面转化；致命的事是让这些人有报复的权力，这些人在我们经受第一次动乱时就已经被扔进了坟墓了，最近的不幸又让他们复活了。这些不幸不再是什么新东西；自一七九三年以来，巴黎已习惯了事件的发生和王位的更替。

至于与保王党人的关系，一切进行得那样好，以致有人说纵队的第五分队与五十三分队同人民群众情同手足，他们背叛了。

德·拉居兹公爵让人提议休战：事实上有几个地方已经停火了，但在别的地方却没有执行。元帅已派人去找驻扎在卢浮宫的两个瑞士营中的一个营；让这营派人去找另一个防守圆柱走廊的那个营。巴黎市民看到这个圆柱走廊已无人看守，便走近围墙，进到了里面，再由通向皇家花园的假门，进到了内部。他们进到交叉通道，朝在院子里的那营官兵开火。想到八月十日的恐怖，瑞士人从宫中冲了出来，分散到了散布在巴黎各个哨所的他们的第三营驻地。同那些士兵在一起，停火得以遵守。人民群众，从卢浮宫到了巴黎博物馆的长廊里，在那些贵重的展品之间开始朝排成行的卡鲁塞尔广场的枪骑兵开枪射击。巴黎各个哨所看枪骑兵挨打，中止了停火又打了起来。瑞士人拥向凯旋门下，把枪骑兵推向钟楼亭子的柱廊里和拥向杜伊勒利宫的花园里。年轻的法尔西①在这场冲突中被打死：他的名字被刻在咖啡店的角落里，他是在那里倒下的；一个甜菜加工厂今天在泰莫皮尔还存在。瑞士人有三四个士兵伤亡；这么少的伤亡，这里却被说成了可怕的屠宰场。

人民群众同托马②先生、巴斯蒂德先生和吉纳尔先生通过皇家桥进了杜伊勒利宫，一面三色旗插到了钟楼的亭子上空，像波拿巴时期一样，它象征着自由。一些家具被毁坏了，一些画被军刀一下捅成了两截，在大橱里找到了国王的打猎日记本，其中记载着打山鹑的那几次漂亮射击：这就是猎场看护人关于皇上狩猎的古老传说的由来。他们把一具尸体放到了皇宫大厅里空着的宝座上，如果法国人今天不再继续上演悲剧了，这可是惊天动地的大事呢。在圣托马-阿坎的大炮博物馆，被抢劫一空，从戈德弗鲁瓦·德·布荣③的头盔到弗朗索瓦一世④的长矛，这历史的长河可流淌了好几个世纪。

当时，德·拉居兹公爵离开了司令部，放弃了箱子里放着的十二万法郎。他从里沃利街出去，回到了杜伊勒利宫花园。他下令部队撤退，先从香榭丽舍大街撤，后来一直撤到星形广场。人们以为和平了，王太子来了；人们看到几辆马车和一辆运货车，穿过路易十五广场开走了：那是大臣们工作完了之后回家了。

---

① 法尔西（Farcy），哲学家和诗人，他当时刚满三十岁。
② 托马（Thomas），作为将军，他后来在巴黎公社时期被枪毙。
③ 戈德弗鲁瓦·德·布荣（Godefroi de Bouillon，一〇六一——一一〇〇），第一次十字军东征的首领之一，一〇九九年创建了耶路撒冷王国。
④ 弗朗索瓦一世（Francois，一四一四——一四五〇），布列塔尼的公爵，他支持查理七世反对英国的斗争。

来到星形广场，马尔蒙收到了一封信，信中说，国王已任命王太子先生担任部队总司令，元帅听从他的指挥。

卫队第三连被遗忘在罗昂大街的一家制帽厂的厂房里，他们做了长时间的抵抗，最后厂房还是被夺去了。默尼埃上尉身中三枪，从四楼的窗口跳了下来，掉在下面的房顶上，被送到了大石子医院，他居然大难未死。巴比洛纳军营在中午到下午一点受到瓦诺、拉克鲁瓦和乌沃利埃这三名巴黎综合工科学院学生的袭击，当时这个军营只有一队大约一百来人的瑞士新兵看守，由有法国血统的迪费副官指挥。三十年来，他一直在我们中服役，他在共和时期和帝国时期的一些大事件中扮演过重要角色。勒令他投降时，他拒绝了一切条件，把自己紧闭在军营里。年轻的瓦诺死了。消防队员们朝军营的大门开火：门在猛烈的攻击下倒了，迪费副官马上走了出来，他身后由他的山岳派的人跟着，那些人手里端着刺刀。迪费被附近一家小酒店里射来的子弹打死了；他的死拯救了那批瑞士新兵。那些新兵回到了他们各自所属的部队。

七月二十九日，无战事日——博德先生、德·舒瓦瑟尔先生、德·赛蒙维尔先生、德·维特罗尔先生、拉菲特先生和梯也尔先生

莫特马尔公爵在二十八日（星期三）晚上十点到达圣克卢，他是去担任一百来号瑞士兵的上尉一职的，他只能在第二天同国王交谈。二十九日八点，他在查理十世的身旁做了几次尝试，劝他收回敕令。国王对他说道："我不能像我兄弟那样去坐双轮运货马车，我绝不后退一

步。"而在几分钟之后,他却将退出整个王国。

大臣们全到了:他们是德·塞蒙维尔先生,德·阿尔古先生,维特罗尔先生。德·塞蒙维尔说他同国王进行了长时间的谈话,他诚心诚意地跟他谈到了太子妃的种种危害,还是没能改变国王的决心。他对他说:"到明天中午,不再会有国王、王子了,也不再会有波尔多公爵了。"而国王却回答他说:"那您就让我到下午一点吧。"我不相信这些话中的任何一句。吹牛皮是我们的错:去问一个法国人吧,相信他对你讲的话,他什么都会干的。大臣们在德·塞蒙维尔之后,都进了国王的住所;敕令被撤销了,撤职的大臣德·莫特马尔被任命为众议院议长。

在首都,共和党刚找到了一处住所。博德先生(《时代》编辑部的审稿人)在街上跑时,发现市政府大楼里只有两个人,迪布尔先生和齐默尔先生。他马上想到自己是即将到这里来办公的临时政府的一员,便叫来了省政府的雇员,他命令他们马上开始工作,就像德·夏布洛尔先生还在这里一样。在那些变成了机器的政府里,担子一下子加重了,每个人忙碌奔波为自己失去职位时有块地方安身。谁使自己当上了秘书长,谁就是实权派,谁就有了财权,谁就有了人事权,谁就可以在他的朋友中录用工作人员。那些叫人把他们的"床"搬了来以避免被炒的人有之,甚至跳过即将要空缺的职位的人也有之。外号叫将军的迪布尔先生和齐默尔先生,被看作是临时政府军事部门的长官。博德先生,这个不知名的政府的文官代表,做了一些决定,起草了一些声明。然而,人们看到了来自共和党的一些布告,这些布告上说创建了另一个由德·拉斐德先生、热拉尔先生和舒尔泽尔先生组成的政府。但很少把最后这个名字与前面的那两个名字相提并论,为此,舒尔泽尔先生提出了抗议。这个自由党人老头儿,为了活着的人,僵直得像具死尸;他曾移居国外,又在加莱遇难,回到法国后,只在他的祖国的巴黎歌剧院找了一个包厢作为他的住所。

下午三点，出现了新的混乱。按照日程，召集留在巴黎的众议员们在市政府大楼举行了例会，以商议要采取的对策。市长们应回到各自的市政机关去，因此他们得派一名副手到市政府大楼来，组成一个协商委员会。这项议程已被签署：让·博德代表临时政府签的字，而齐默尔上校是根据迪布尔将军的命令签的字。这三个人的胆子真大，居然以只存在于街头巷尾他们自己所贴的布告中的政府名义说话；这种大胆证明了处在革命中的法国人的那种少有的才智：很明显，这种人天生就是带领其他人的头儿。如果说波拿巴剥夺了我们的自由而留给我们的竟是这种无政府主义，那是多么悲惨的事啊！

众议员们聚集在拉菲特家里，德·拉斐德先生一七八九年复职，他声称他也要恢复国民自卫军统帅的职位。大家向他鼓掌，接着他回市政府大楼去了。众议员任命了一个由五人组成的市政委员会，他们是：卡齐米尔·佩里埃先生、拉菲特、德·洛博先生、德·肖南先生和奥德利·德·皮拉沃先生。奥迪隆·巴罗先生被选为这个委员会的秘书，他像拉斐德先生以前做的那样，将住到市政府大楼去。这一切乱七八糟地摆到了迪布尔先生的临时政府面前。莫甘先生被派往这个委员会，也就留到了那里。华盛顿的朋友把一面军旗插在市政府大楼楼顶，这是迪布尔先生的主意。

晚上八点半，德·塞蒙维尔先生、德·阿尔古先生和德·维特罗尔先生在圣克卢下了车，他们在圣克卢马上得知敕令已被撤回、原来的大臣被解职和德·莫特马尔先生被任命为议院主席的事，他们跑遍了整个巴黎。他们是以国王的代理人身份出现在市政委员会的。莫甘先生问掌玺大臣，他是不是有成文的委任状。掌玺大臣回答说，他还没有想到这件事。代理官员们的谈话到此结束。

拉菲特在会议上得知在圣克卢发生的事情后，为德·莫特马尔先生签发了一张通行证，并补充说，在他家开会的众议员们等他，一直等到了凌晨一点。高贵的公爵没有来,众议员们便走了。

拉菲特先生和梯也尔先生留了下来;拉菲特先生在料理着奥尔良公爵和要发表的声明。法国五十年的革命给实践家们以重组政府的才能,给理论家们以更换宪章像换鞋底一样容易的经验,以及设置机构和bers[①]的经验;这样的政府就是用这些东西建立起来的,也是在这些东西上面倒下去的。

我写信给在圣克卢的国王;他口头的回复——贵族部队——地狱街传教士住所遭劫

二十九日这一天,也就是我回到巴黎的第二天,也没让我无事可做。我的计划中断了:我想有所行动,但我只想根据国王的手谕行事,而且给我一些必要的权力,以便和眼下的当局对话;我什么都可以干,什么都不干不适应于我。我向来通情达理,德·阿尔古先生、塞蒙维尔先生和维特罗尔先生都十分清楚。

于是我写了一封信给在圣克卢的查理十世,由德·吉雷先生负责送去。我请国王把他的想法告诉我,但德·吉雷先生空手而归。他把我的信交给了迪拉公爵先生,由他转呈给了国王,国王让人转答我说,他已任命德·莫特马尔先生为首相,而且他希望我同他沟通沟通。那位高贵的公爵,我到哪里去找?二十九日那天晚上,我没有找到他。

---

① 这个词一直用到十五世纪,它的含意相当于造船厂的"下水架"。大船在下水架上建成,又用它把船滑进水里去。

遭到查理十世的拒绝后，我的思想转向了贵族分庭，作为最高法庭，它能提出诉讼和审理纠纷。如果它在巴黎没有安全保障，它可以自由转移到某个地方去，甚至可以在国王身边，它可以在那里做出大的仲裁。它有成功的希望，它的成功往往是由于它有勇气。总之，它屈服了，它遭受的失败也有利于道德准则。可是，我会在这分庭里找到一二十个随时准备效忠的人吗？在这一二十个人里面会有三四个同意我的关于公众自由的理论吗？

当贵族议会成为最高也是唯一享有立法权力的时候，它很风光地处于统治地位。它能提供最强有力的保证；但是，在那些联合的政府里，当有重大危机出现时，它就会失去其价值，变得十分悲惨……它在反对国王时软弱无力，没能阻止专制主义；它在对抗人民大众时，也是很软弱的，没能防止无政府主义的出现。在民众的动乱中，他们只能以发伪誓或者以他们处于受支配地位的代价来换取自身的存在。贵族议院挽救了查理一世吗？它挽救了它曾向其发过誓的里夏尔·克罗威尔先生吗？它挽救了雅克二世吗？今天它能挽救德·阿诺沃尔[①]的王子们吗？它自己能挽救自己本身吗？这些自称为平衡力量的贵族只能妨碍平衡，迟早会被扔出巴黎盆地的。从前一个富有的、习惯管闲事的贵族，当权利要从他手中失去的时候，他只有一个办法去保住它：那就是走南闯北，义结金兰，自己当上新运动的头儿，也不管自己是不是有足够的力量去冒险打一场内战。

在我等待吉雷先生返回的时候，我一直忙于保卫我这个地区。郊区居民和蒙特热采石工人通过地狱街的路障大量拥入了我们这个区。蒙特热的采石工人同蒙托马尔的采石工人一样：蒙特马尔的采石工在德·莫尔内小姐逃离圣巴尔特莱米的屠杀时，他们给她造成的恐慌几乎把她

---

① 指从乔治三世以来统治英国的王朝。

吓死。在经过我这条街上的修道院时，他们闯了进去，二十来个教士只好赶紧逃走。这些狂热的教徒的巢穴任他们抢劫一空，他们的床和书籍也被扔到大街上烧掉了。然而，这场不幸，大家并没有提到它。大家为这帮教士可能失去的东西担心过吗？我招待了他们中的七八个人，他们在我家里躲藏了好几天。我通过我的邻居阿拉贡先生给他们弄到了通行证，让他们到别处布道诵经去了："圣徒们的逃走往往对人民有益；为了人民的利益，让他们暂时委屈委屈吧。"

众议院——德·莫特马尔先生

在市政府大楼建立的市政委员会任命路易男爵为临时财政委员，博德先生为内务委员，梅里卢先生掌管司法，夏尔德尔先生掌管邮政，马夏尔先生掌管电报，巴沃先生掌管警察局，德·拉博德先生任塞纳省省长。这样，随着博德先生的晋升，他自任政府委员的那个临时政府实际上自动处于被毁灭的地步。商店重新开门营业，各项公共设施重新启动。

在拉菲特家里召开的会议上，已决定众议员中午在议会大厦集中，到会的有三十多个人，会议由拉菲特先生主持。贝拉尔先生说他曾遇见了德·阿尔古先生、德·福尔班-让松先生和德·莫特马尔先生；他们去过拉菲特先生家，以为在他家里能遇见众议员们。他还说他邀这三位先生跟他一起去议会，但德·莫特马尔公爵先生[①]已疲惫不堪，他回去看

---

① 查理十世早已任命他为议会主席。

德·塞蒙维尔先生去了。据贝拉尔先生讲,德·莫特马尔先生说过,他已有一张签了名的空白证明,而且说国王已同意了所有的一切。

事实上,德·莫特马尔先生带来了五项命令;他没有首先同众议员们通气,他的疲劳使得他先去了卢森堡宫。中午,他派人把命令送到了索沃先生那里;索沃先生回答他说,没有得到众议院或市政委员会的允许,他不能把命令刊登在《箴言报》上发表。

贝拉尔先生像我刚才说的那样,把情况说明以后,议会里讨论开了,以便弄清是接收还是不接收德·莫特马尔先生。塞巴斯蒂亚尼将军坚持表示赞成;莫甘先生则说,如果德·莫特马尔先生在场,他就会要求听听他怎么说,但事情紧迫,就不能依德·莫特马尔先生的意愿来行事了。

最后,他们指定五个人专门负责去同贵族们商议。这五个人是奥古斯坦·佩里埃先生、塞巴斯蒂亚尼先生、基佐先生、邦雅曼·德莱塞尔先生和于德·德·纳维尔先生。

但很快,德·絮西伯爵被领到了选举议院,德·莫特马尔先生要他把命令介绍给众议员们。在议院里,他对他说道:"在掌玺大臣先生不在时,有几个贵族,只有几个人,在我家里聚会,德·莫托罗尔公爵先生把这一封信交给了我们,这封信是给热拉尔将军或给卡齐米尔·佩里埃先生的。请允许我把这封信向你们传达一下。"信的内容是这样:"先生,您夜里去了圣克卢,我找您没找到。请告诉我,我在什么地方可以找到您。我请您告诉我,我昨天就带在身上的命令的内容。"

德·莫特马尔公爵先生夜里从圣克卢动身了;他口袋里揣着命令已有十二或十四小时了,照他的说法,从昨天起就揣在身上。他既没有遇到热拉尔将军,也没有遇到卡齐米尔·佩里埃先生:德·莫特马尔先生真不幸!贝拉尔先生对这封传达过的信作了如下的批语:

我不得不指出,这里缺少诚意。德·莫托马尔先生今天早晨在我遇

793

见他时,他去了拉菲特先生家里。他正经八百地对我说,他要来的。

那五条命令宣读了。第一条是撤回七月二十五日的敕令;第二条,八月三日召开议会会议;第三条,任命德·莫特马尔先生为外交大臣和议会主席;第四条,任命热拉尔将军为作战大臣;第五条,任命卡齐米尔·佩里埃先生为财政大臣。当我终于在掌玺大臣家里找到莫托马尔先生时,他对我保证说,他是迫不得已留在德·赛蒙维尔先生那儿的,因为步行回到圣克卢时,他只得绕道从一个缺口进了布诺涅林园,他的长筒靴或是他的皮鞋被划破了,伤及了他的脚后跟。德·莫特马尔先生对自己在为王权制定那些法令之前没有努力去看看那些具有影响的人物,没有让他倾向于王权的事业,深感遗憾。那些法令突然之间拿到毫无思想准备的众议员之间来了,因此谁也不敢说话了,也因此抬来了德·邦雅曼·龚斯唐这个可怕的回复:

> 我们早就知道贵族议院要对我们说什么了,它会不折不扣地要取消这些命令。至于我,我不会对王朝予以正面的支持的;我只会说,这对一个向人民大众开枪的国王来说,再适合不过了;事过之后他只会说:他对此什么也没有干。

德·邦雅曼·龚斯唐,声明他不会对王朝予以正面的支持,要是有人对他提起过去对他的才华和雄心所说过的那些赞美之词,他会以同样的方式来结束他的话吗?当我刚才想到合法的君主制可能已被推翻,因为掌握了国王的权力的大臣,在巴黎没能碰到两个众议员,而他疲于奔波,步行了十几里路,磨破了脚后跟,我就由衷地喜欢一个像莫特马尔先生一样有勇气有荣誉的人。任命圣彼得堡的大使[①]的命令为德·莫特

[①] 在一八三一年,路易-菲利普把法国驻圣彼得堡大使的职务给了德·莫特马尔,但早在一八二八年查理十世就已把这个职务托付给了他。

马尔先生取代了他的老主人的命令。啊！我怎么拒绝了路易-菲利普当他的外交大臣或重新当我最心爱的驻罗马大使呢？不过，唉！我最心爱的罗马使馆，在台伯河边我干什么？我一定会以为她会红着脸看我的。

在巴黎奔走——迪布尔将军——卢浮宫柱廊前的葬礼——年轻人把我带到贵族议院

三十日上午，我收到掌玺大臣[①]一封短信，他邀请我出席在卢森堡宫举行的贵族会议。我早就想了解过去的一些消息，我便从地狱街、圣米歇尔广场去了多菲内大街。在有缺口的路障四周，仍有一些不安的因素。我把我看到的情况同一七八九年的大革命运动做了一番比较，这场运动好像还算有秩序，也比较平静：道德风尚的改变是显而易见的。

在新桥，亨利四世的雕像手中握着一面三色旗，像神圣同盟的军旗一般。一些平民百姓瞧着这尊国王的铜像说道："你没干那蠢事吧，老兄。"一些军队集中到了巴黎高等理工学院的河岸码头上，我从远处看到了一位由两个副官陪着的将军，也骑在马上。我向那个方向走去。我拨开人群，把视线落到了那个将军身上。他腰上系着一根三色腰带，帽子歪戴着，帽角朝前。他发现了我，对我大喊道："喂，子爵！"我大吃一惊，认出了这位迪布尔上校或上尉，我在根特的伙伴。我们回到巴黎，他将以路易十八的名义去夺取几座没有设防的城市。就像我在篇章

[①] 负责在文件上盖上议院图章的法国贵族。德·塞蒙维尔侯爵在一八一四年至一八三四年担任此职。

二十三里说过的那样,他给我们带来了半只羊,我们在阿尔努维尔的一间破屋里当作晚餐吃了。就是这位军官,各种报纸把他介绍为留着灰色胡子的共和党人朴实的军人;他是个不愿为帝国的暴政效劳的人;他是那样的贫穷,以致在一七九五年督政时期,他的上司不得不在旧衣店里为他买一件制服。看到他叫我,我也叫道:"啊!是您!怎么样……"他朝我伸出了双手,紧紧地握住我的手,周围的人围了一圈。"亲爱的,"这位临时政府的军事首脑指着卢浮宫大声对我说道,他们在那里布置了一千二百人的兵力,"我们从后面用子弹掩护了他们的两侧!他们尽管往前冲,往前冲!……"迪布尔先生的副官们哈哈大笑了起来,周围的人也笑成了一团。将军刺了他的小驽马①一下,它旋转半圈,像是一头累坏了的牲口;它后面跟着的两匹瘦马在石板上滑动,像是要在骑手的两腿间趴倒到地上去了。

这样,他神气十足地走了,一副英姿勃勃、气宇轩昂的样子,把我留在市政府大楼的后面。我见过一些认真看待一八三〇年政治舞台上出现的各种事件的人,他们为这样记述而脸红,因为这种记述有损于他们的英雄信念。看到最庄严的革命那可笑的一面,和用什么方式大家可以嘲弄人民的诚意,我自己也感到可耻。

路易·布朗先生那部优秀的《十年的历史》的第一卷在我搁笔后就出版了,它证实了我的记述。他写道:

> 一个中等身材、精力充沛的男子,身着将军服,身后跟着一大群全副武装的士兵,穿过了圣婴市场。这就是德·埃瓦里斯特·迪穆兰先生,《立宪党人》的编辑,他从一个卖旧衣服的商人那里买到了那身制服,他戴的肩章是演员佩尔莱从喜剧院商店买来送给他

---

① 一种小劣马。

的。"这位将军是谁?"从各方面来的人都在问。围着他的人回答说:"是迪布尔将军。"人民群众高呼道:"迪布将军万岁!"在他面前,这个名字还从来没有这样在空中回荡过。①

另一个场面,在几步之外等着我:在卢浮宫的柱廊前面挖了一个墓穴,一个神父身着一件宽袖白色法衣,佩着襟带,在墓穴旁边念着祷词;人们把几具尸体放了进去。我赶紧脱帽致敬,在胸前画了个十字。静静的人群带着敬意注视着这葬礼。如果宗教界的人士不到场,这种仪式也就不算什么了。那么多的回忆和思考一下子涌进我的脑子里,我木然地站在那里一动不动。突然,我感到有人推我,原来响起了一片口号声:"捍卫新闻自由的人万岁!"我的头发让我被人认了出来,马上一些年轻人抓住我,对我说道:"您去哪里?我们带您走。"我不知道该怎么回答,向他们表示感谢。我挣扎着,请他们放我走。贵族议院开会的时间还没有到;那群年轻人不停地喊道:"您去哪儿?您去哪儿?"我胡乱地回答道:"去王宫!"马上我又听到"宪章万岁!""新闻自由万岁!""夏多布里昂万岁!"的呼声。在方丹家的院子里,书商巴尔巴先生从他房中出来,拥抱我。

我们到了王宫,我被挤到了木长廊底下的一家咖啡屋里。我热得要

---

① 我在一八四一年一月九日收到迪布尔先生的一封信,信中说:"自从上次我们在卢浮宫岸边相遇后,我多么想再见到您啊!我多少次想把撕碎我灵魂的忧伤向您倾吐啊!生活在这么个时代,一个人热烈地爱着他的国家、他的荣誉、他的幸福、他的光荣,可他是多么不幸!……"

在一八三〇年,人家干的事,我没附和他们,难道我错了吗?他们为法国安排那可憎的未来,我看得清清楚楚。我解释说,单是它的弊端就能怎么怎么造成政治上的也是欺诈性的人事安排,然而没有人能理解我。

同一年(一八四一年)的七月五日,迪布尔先生又给我写了一封信,给我寄来了一个记事手稿,他曾在一八二八年寄给了德·马蒂尼亚克先生和那些鼓励他们让我进议会的先生。我并没有朝迪布尔先生指的这个方向向前发展,这不太符合现实。(巴黎,一八四一年记事。)

死。我合着手反复要求不要那样赞誉我,可不管用。所有那些年轻人就是不放开我。人群里有个男子,卷着袖子,一双手黑黑的,一张阴沉沉的脸,眼睛火辣辣的;他这模样儿,一开始起事,我就注意上了他。他不停地想往我这边靠,可年轻人们总不让他挨近我。我既不知道他姓甚名谁,也不知道他要找我干什么。

最后,我不得不亮出我要去贵族议会。于是我们离开了咖啡屋,欢呼声再次响起。在卢浮宫的庭院里,可以听到各种各样的呼叫声:人们嚷道:"冲进杜伊勒利宫去!冲进杜伊勒利宫去!"另一些人则叫道:"首席执政①万岁!"他们似乎希望我成为拥护共和的波拿巴的继承人。陪同我的亚森特先生,得接受人家的握手和拥抱。我们过了艺术大桥,上了塞纳大街。有人在我们所经过的路上奔跑,有人扑到窗边招手;这么多的赞誉我都受不了啦,因为他们还挽着我的手。从我身后推着我走的那群年轻人中的一个突然把头伸向我的双腿之间,把我背在他的肩上。于是又发出了一阵欢呼,他们对马路上、窗户旁的观众喊道:"脱帽致敬!万岁,宪章!"我呢,我也大呼道:"对,先生们,宪章万岁!国王万万岁!"他们没有附和这声呼喊,但也没有生气。就这样,这一招是失慎了!不过一切还可以挽救回来,但不应在人民群众中宣扬:在革命中,一个来自普通人的名字胜过一支军队的思想。

我请求我的年轻的朋友们把我放了下来。在塞纳大街,当着我那位书商的面,勒诺尔芒先生,一个做软垫家具的工人为了我的健康,要送一张沙发给我,我谢绝了。在一片欢呼声中,我回到了卢森堡宫的主院里。我的这些热情的朋友,在又高呼了一遍"宪章万岁!""夏多布里昂万岁!"之后,离开了我。我被这些崇高的青年人的激情深深感动了:我在他们之间喊了一声"国王万岁!"然而,我却像单独一人待在家里

---

① 指拿破仑。

一样安全。他们了解我的主张,他们亲自送我到贵族议院,他们知道我要在那里发言,知道我忠于国王;然而,那天已是七月三十日了,我们刚刚经过的那座墓穴,里面掩埋着被查理十世的士兵枪杀的公民!

贵族会议

被我关在门外的嘈杂声与卢森堡宫前厅的死寂形成了鲜明的对比。这种死寂在德·塞蒙维尔先生客厅前阴暗的走廊里显得有增无减。我的出席使得聚集在那里的三十来个贵族很感不安;我尽力不流露出担心和内心沮丧的情绪,而这,正是他们自己所表露的。我正是在那里得以见到了德·莫特马尔先生。我对他说,根据国王的意愿,我已准备好同他打交道。他回答我的话同我已讲过的那样:在回来的时候,他的脚后跟擦伤了;他回到了议院的同事之间。他把那几项命令告诉了我们,在这之前他曾让德·絮西先生向众议员们做了同样的传达。德·布罗格利先生说他已跑遍了整个巴黎;说我们已处在一座火山之上;说资本家们再也控制不住工人了;说只要把查理十世的名字一说出口,人们就要割断我们的喉咙;还说,人们要摧毁卢森堡宫,就像过去摧毁巴士底狱一样。"是这样,是这样。"那些谨慎小心的人一面摇着头,一面小声说道。德·卡拉芒先生,被封为公爵了;他过去曾是德·梅泰民先生家的仆人,他极力认为人们不会服从那些命令的。"那为什么,先生?"我问他道。这个冷冰冰的问题使他的激情从沸点降到了冰点。

五个众议员委员会代表到了。塞巴斯蒂亚将军用他的惯用语开了腔:"先生们,这是件大事。"接着,他高度赞扬了德·莫特马尔公爵先生的稳重态度。他谈到了巴黎的危险；说了几句赞扬奥尔良公爵的话之后，他作结论说不可能去执行那些命令。我与于德·德·纳维尔先生，只有我们两人与他的意见不同。我发言说：

先生们，布罗格利公爵对我们说道，他在大街上散步时，看到到处布满了充满敌意的设施。可我也刚刚跑遍了巴黎，几千个年轻人把我送到了这个宫殿的院子里；你们可能听到了他们的叫喊声：这些曾招呼过一个你们的同事的人，难道他们想喝你们的血不成？他们高呼："宪章万岁！"我回答他们："国王万岁！"他们一点也没有生气，并把我平平安安地送到了你们中间。这些难道是公众舆论那么可怕的凶兆吗？我呀，我坚持认为我们什么也没有失去，我们能接受这些命令。问题不在于考虑有无危险，而应遵守对当今国王许下的诺言；对此我们曾以我们的爵位，有的还以自己的财产做过担保。皇上取消拨款命令，改组内阁，做了他应该做的事，现在轮到我们做我们应该做的事了。什么？在我们一生之中，只有在现在才被卷入了战场，我们能不接受这场战斗吗？我们为了法兰西，做出光荣而忠诚的榜样吧！不要让它陷入无政府的联合之中，那样，它的和平、它的实际利益、它的自由都将失去：只要我们面对现实，危险就会消失。

他们急于散会，对我的讲话不予理会。在这个笼罩着恐怖的会议上，大家对背誓一词显得格外不耐烦：每个人都想保住他那芝麻绿豆大的一点点利益，似乎到了明天，鹊巢鸠占，什么也捞不到了。因此，那些守财奴们，你休想叫他拿出一分钱来。

共和党人——奥尔良党人——梯也尔先生被送往纳耶——贵族会议在掌玺大臣家里召开：那封信到我家已太迟了

三个政党开始登场并彼此攻击：希望长房登上君主专制政体宝座的众议员们也是一支十分强大的力量；他们嘲弄那些一切想维持现状的人。但从精神上讲，他们又是最脆弱的：他们迟疑不决，不敢表态，他们对宫廷含糊其词，很明显，与其说他们将被共和党人所吞噬，还不如说他们会倒在篡权者的手中。

共和党人在张贴的文告上说："法国是个自由的国度。在等待新的选举表明法国何去何从的这段时间里，只有临时政府有权支配它，而不是王室。执行权将属于临时总统。全体公民有直接或间接选举议员的自由。尊重宗教信仰自由。"

这个文告把所有公正的事务都概括在共和思想里面了：对不再实行王权的意见的让步是好是坏，将由众议员新的代表大会做出决定；每个人都可以为自己辩护；由国会选举产生的任何一个政府都具有合法性。

在七月三十日同一天，共和党人的另一张文告上，用粗体字写着："波旁王朝不存在了，这里只有一个庄严、安宁、繁荣的国家和自由。"

最后，是一篇致组成临时政府的市政委员会各成员先生的一封信，它要求："政府本身的形式在没能确定之前，不要发布任何指定其首脑的声明；临时政府一直保留到法国大部分公民的意愿得到认可为止；除此之外任何其他的做法均属不合时宜、应受到谴责的。"

这封信是由巴黎各区公民中的大部分人指定的一个委员会成员拟定的，在上面签字的有：主席谢瓦利埃先生及特雷拉先生、泰斯特先生、勒佩勒蒂埃先生、吉纳尔先生、安格莱先生、科舒瓦-勒梅尔[①]先生等。

在那次公民大会上，人们一致建议把共和国总统之职授予德·拉斐德先生，他们依据的是一八一五年众议院在解体前宣布的原则。很多印刷工人抵制印刷这些文告，说是德·布罗格利公爵先生已给他们下令禁止印这些东西。共和党可以把查理十世的王冠扔到地上，但它却害怕布罗格利先生，一个无足轻重的人的禁令。

我已对你们说过，在二十九日至三十日的那个晚上，拉菲特先生同梯也尔先生、米涅先生为把公众的目光吸引到德·奥尔良公爵先生身上来，已经做好了一切准备。三十日，那次秘密会谈的宣言、请愿书及结果都出来了，那就是："避免共和制"。随后传来了热马佩与瓦尔米战争胜利的消息，于是大家断定德·奥尔良公爵先生不是属于卡佩王朝派，而是属于瓦洛王朝派。

然而，梯也尔先生受拉菲特先生的派遣，同舍费尔[②]先生骑马去了纳耶，王子却不在那里。奥尔良小姐[③]与梯也尔先生之间进行了一场唇枪舌战：最后梯也尔先生为了让奥尔良先生赞同革命，答应给他写信。梯也尔先生于是亲笔写了封短信给王子，而阿代拉伊德夫人则答应全家提前迁往巴黎。奥尔良主义已有所进步，就在这天晚上，众议员们决定授予奥尔良公爵先生少将头衔。

德·絮西先生，带着圣克卢的命令，在市政府大楼受到的欢迎远不及在众议院所受到的欢迎。他拿着德·拉菲特的一张收据，去找德·莫特马尔先生；德·莫特马尔先生大叫道："您不仅救了我的命，还挽救了我的名誉。"

[①] 这些人都是共和党人。
[②] 舍费尔（Scheffer，一七八五——一八五八），法兰西学院画家，奥尔良家族密友之一，他的一个侄女嫁给了欧内斯特·勒朗。
[③] 阿代拉伊德夫人（Adélaide），路易-菲利普的姐姐。

市政委员会发表了一声明，声明中说，他（查理十世）的罪恶的政权已经结束，人民将拥有一个本应属于他们（人民）的政府：这句模糊的话，人们怎么想就可以怎么解释。拉菲特先生和佩里埃先生对这一举动没有签署任何意见。德·拉斐德先生稍后不久，因害怕奥尔良主义的王权思想，派了奥迪隆·巴罗先生去众议院申明：人民，七月革命的发起者，没打算以简单的人事更换来结束它，流的血一定能换取某些自由。问题是，为了邀请奥尔良公爵返回首都居住，众议院得发表一项申明：但通过几次与市政委员会的交涉后，起草申明的计划被迫取消了。人们对派遣十二个代表去纳耶别墅主人那里授予少将头衔一事没少操心，因为没能在一项文告中提及此事。

晚上，掌玺大臣在自己家里召集贵族开会，他给我的信要么是由于疏忽，要么是由于政治原因，到得很晚，我只好急急忙忙跑去参加会议。有人给我打开了瞭望台小路上的栅栏门，我穿过卢森堡公园，当我赶到他的别墅时，那里却空无一人。我就着月亮，重新踏上了公园的路。我无心去看出现在我面前的大海和群山，山顶上的森林静静地朝我身后遁去，但我却听到月亮仿佛在向我重复伊壁鸠鲁[①]的箴言："藏起你的生命！"

圣克卢——王太子和德·拉居兹元帅之间的争吵

二十九日晚上，部队退回圣克卢。夏约和帕西的资产者对他们进

[①] 伊壁鸠鲁（Epicure，公元前三四一——公元前二七〇）：希腊哲学家。

行了攻击，杀害了一个步兵上尉、两个军官和打伤了十几个士兵。卫兵上尉莫塔[①]被一个他主动照料的孩子的子弹打中了。这个上尉在敕令发布时曾辞去他的职务，但在二十七日当他看到人们交战时，他又回到了部队，要与他的战士共患难。在法国的光荣史册中，没有哪一场战斗比这场交战更辉煌了，这场交战的双方，一方是为了自由，另一方是为了荣誉。

那些孩子，真是初生之犊不畏虎，在这三天之中，他们扮演了一个伤心的角色：他们躲在薄弱的工事里，在有效射程里对准军官们射击，而军官们认为去打那些娃娃有损他们的荣誉。现代化的武器可把那些手持短矛长枪的人置于死地。丑陋的猴子又孱弱又放纵，变成人以后，就会变得残忍、凶狠。三天中，这些小英雄开展了暗杀行动，却还认为自己无罪。我们得注意，那是一场为得到美名而激发起来的杀人竞赛。斯帕特的孩子们开始驱赶公仆了！

王太子在地处森林中的布洛涅村的村口接见完士兵，回到了圣克卢。

圣克卢由四个警卫连担任守卫。圣西尔军校学生组成的部队赶来了：与巴黎综合理工大学的学生不同，他们拥护王室的事业，两校展开了激烈的竞争。在经过三天三夜的战斗后，那些残兵败将精疲力竭地回来，看到在国王餐桌上就餐的那些有爵位、穿金戴银的有钱仆人非常惊讶。他们一点也不去想切断发报机的线路了，握着三色旗大摇大摆地在大道上、旅行道上、坐在邮车上、公共马车上来来往往。在他们经过的村庄里，总要闹得那里鸡犬不宁。用金钱和女人招募士兵的办法出台

[①] 这里实际上指的是德·阿尔芒-菲利普·勒莫特（Armand-Philippe Lemotheux，一七九五——一八三〇），他是保安警察队第一团团长，在敕令发布时曾辞职，革命爆发时，为了"与他的同志们共患难"，他重新归原。七月二十九日，他被一个"他曾主动照料过的年轻人"杀害。这个年轻人叫维尼，在重要的国防地役，他也杀了他的队长勒诺。但在这里，夏多布里昂用"孩子"代替了那个"年轻人"。

了。巴黎公社的宣言在到处传播。国王和宫廷仍不愿意承认他们已陷入绝境；为了显示他们对资产阶级的叛乱举动满不在乎和根本没有发生革命，他们听任事态发展：因为上帝明察一切。

七月三十日，夜幕降临，差不多就在这个时候，众议员委员会的成员前往纳耶，一名副官被派来向部队宣布，命令已被撤销。士兵们高呼："国王万岁！"露营地的部队又快乐起来了。但是，由拉居兹公爵派来的这个副官的通告事先没有征求王太子的意见，他是个贪恋权位、利欲熏心的人，他回去时火冒三丈，怒不可遏。国王对元帅说道："王太子不满意，您去同他解释解释吧。"

元帅在王太子家里没找到他，就和王太子的副官德·吉什公爵和德·旺塔杜尔公爵在台球室等他。王太子回来了：一见到元帅，他满脸通红，迈着古怪的大步穿过候见室走进了自己的客厅，对元帅说道："进来！"随后关上了门。接着，一阵吵闹声传了出来，嗓门越来越高。德·旺塔杜尔公爵十分担心，推开了门：元帅走了出来，王太子跟在他后面，骂他是大叛徒："把剑交出来！把剑交出来！"接着，他扑到元帅身上，下了他的剑。元帅的副官德拉吕先生想冲到王太子与元帅之间去，被德·蒙加斯孔先生拉住了。王太子竭力想折断元帅的剑，结果割伤了自己的手。他大叫道："卫兵过来！给我抓住他！"元帅还没有反应过来，卫兵们的刺刀就差没刺破他的脸。德·拉居兹公爵被带到了禁闭室①。

国王马马虎虎地处理了这件事，更为可悲的是，这件事的两个对手并没有引起人们多大的关心。当巴拉弗雷的儿子杀死神圣联盟的元帅圣波尔的时候②，那一剑激起了吉斯人的民族自豪感和热血；但当比洛林王

---

① 在这个口角发生的同样的时刻，在德·昂古莱梅公爵与马尔蒙之间的冲突也同样具有戏剧性和荒唐可笑。
② 在一五九四年。

子更有权势的领主王太子刀劈马尔蒙元帅时,人们又有什么反应呢?如果是元帅把王子杀了,人们恐怕也只是觉得意外一些罢了。即使人们看见维纳斯的后代恺撒和朱尼厄斯①的侄孙布鲁图在大街上走,人们也懒得抬头看他们一眼。现在什么事也没有什么了不起,因为高贵的东西已荡然无存。

下面便是君主政体解体时的最后时刻的生动写照:这个可怜的君主专制度,面部扭曲,血迹斑斑,像于尔费②塑造的一个大人物临死时的画像:他的眼睛消瘦、深陷,他的下巴瘦得皮包骨,只剩下伶仃瘦骨;他胡子拉碴,面色蜡黄,目光呆滞,呼吸急促。他口中念念有词,可谁也听不明白。

纳耶——德·奥尔良公爵先生——兰西——王子来到巴黎

所有出身高贵的人都有一种权力欲,德·奥尔良公爵先生整个一生都在谋求获得王位。这种欲望随性格不同而有所不同:有一种人,易冲动,野心勃勃,但怯懦,善阿谀奉承,有些冒失,但做事公开;另一种人做事谨慎、隐秘、可耻、卑鄙。前一种人,为了升官,什么罪都可以犯;后一种人,为了向上爬,什么勾当都可以干出来。德·奥尔良公爵先生属于后一种野心家。他一生跟着王子,没说过一句完整的话,没干

---

① 朱尼厄斯·布鲁图(Junius Brutus),神话中的人物,热爱共和的罗马人的象征性代表。相传他的两个儿子参与重建王朝的阴谋,他主持他们两个的死刑。而杀塞扎尔(公元前八五—公元前四二)的杀手也是朱尼厄斯·布鲁图。
② 于尔费(Urfé,一五六七——六二五),法国作家、诗人。

过一件完整的事：他总是为自己留一条后路。在王朝复辟时期，他恭维宫廷，又鼓吹自由思想，纳耶城成了不满和不满者的集中地。他唉声叹气，与人握手时仰首望天；他要求恢复原来的高位，可从不明说。一个反对派成员死了，他送给殡仪队一辆华丽马车，但车内什么也没有；穿的衣服既可以出门拜访，也可以上坟送葬。如果我在宫廷受冷遇，我站在杜伊勒利宫前德·奥尔良公爵先生经过的路上，他总把注意力放在右边，朝那边打招呼，因我站在左边，他总用背对着我。他这种做法很引人注目，效果也不错。

德·奥尔良公爵先生事先是否知道七月敕令？他是否早就由掌握乌拉尔先生①秘密的人透露了消息？他对此想些什么？他害怕什么？希望什么？他做了计划吗？他是促使拉菲特先生去干他干过的事，还是任拉菲特先生自己去干？根据路易-菲利普的性格，人们可以认定他根本没做任何打算，根据他在政治上的缩头缩脑的性格，可以认定他躲在暗处，等待事件的发生，就像蜘蛛躲在自己织的蛛网中等待飞虫自投罗网一样。他要留着时间让人出面搞阴谋；他自己只在思想上搞阴谋，而这一点可能他又担心难于实现。

德·奥尔良公爵先生有两条路可选择：第一条道路，也是最体面的道路，那就是跑到圣克卢去，在查理十世与人民之间进行斡旋，这样既可以保住查理十世的王冠，又可保住人民的自由；第二条道路是投身到革命中去，手握三色旗，走在世界革命的前面。菲利普可以选择做一个正直的人，也可以做一个伟人：他却更想窃取国王的王冠和人民的自由。有个贼，趁着火灾引起的混乱，从着火的宫殿里轻而易举地偷走了那些最珍贵的东西，却对婴儿床上一个被大火烧得哇哇直叫的小孩视而不见。

丰盛的猎物一旦得手，他面对的自然是众多的猎犬要他分配食物：

---

① 乌拉尔（Ouvrard），著名的金融家。

于是旧制度所固有的腐败现象应运而生；这些赃物的窝主，像那些被人们踏过上百次、几乎粉身碎骨的肮脏的癞蛤蟆一样，它们活了下来，尽管干扁、瘦溜。然而，人们吹捧赞扬的就是这种人和他们的能干！弥尔顿①在写一封出色的信中的一段话却表达了他的不同想法：

> 如果上帝曾把心灵美的坚定的爱倾注到了某人的心里，那是它把这种爱倾注到了我的心里。我在一个地方遇到一个男人，他蔑视虚伪，却称赞那种敢于用他的情感、他的语言和他的行动去渴望获取高贵的智者教给我们最宝贵知识的下层人民群众。我和他趣味相投，我们交上了朋友。不论天上还是地上，没有任何力量能阻止我怀着尊敬和温情对人格和德行都达到了登峰造极地步的人们的崇敬。

查理十世那瞎了眼的王朝永远搞不清它处在什么地步，也不知道它应同谁打交道：他们可以把德·奥尔良公爵先生召到圣克卢，在开初阶段他也可能听话；他们甚至在发布敕令的同一天可以在纳耶把他除掉：他既不属于这个派也不属那个派。

邦迪夫人二十七日（星期二）晚上到达纳耶，根据她带来的消息，路易-菲利普早上三点起床，隐藏在一个只有他家里的人知道的地方，他既害怕在巴黎起义中受害，又害怕被警卫队队长逮捕。因此，他在法兰西孤独地待着，听听远处从卢浮宫传来的枪炮声，就像我当时站在树下听滑铁卢战役中的枪炮声那样。引起王子不安的感觉无疑几乎像我当时在根特乡下受到压抑时的感觉一样。

我对您说过，七月三十日早晨，梯也尔先生在纳耶根本没有找到

---

① 弥尔顿（Milton，一六〇八——一六七四），英国诗人，以写哲理诗著称。

德·奥尔良公爵先生，但德·奥尔良公爵夫人已派人去找王子殿下。阿纳托尔·德·孟德斯鸠伯爵负责传递信息。到法兰西以后，德·孟德斯鸠先生费尽九牛之力让路易-菲利普回到纳耶来，让他在那里等着众议院代表团的到来。

最后，有个骑士以奥尔良公爵夫人的名义，说路易-菲利普已登上了马车。德·孟德斯鸠走在前面，开始他走得很快，但当他回头看时，只见王子殿下的敞篷四轮马车停了下来，回过头重新朝法兰西方向驶去。德·孟德斯鸠先生只好往回赶，请这位驾车飞奔的未来的君主在某个偏僻的地方躲起来，就像当年那些著名的基督徒逃避主教施加的无法忍受的折磨一样。这个忠心耿耿的仆人终于赢得了他最后的也是毫无价值的胜利。

三十日晚，曾把王国总兵头衔授予王子的众议院十二人代表团给在纳耶的王子带来了一封短信，路易-菲利普在公园门口收到了这封信。他就着火光看了这封信后，便马上取道赶回巴黎，陪同他一起走的有贝尔托瓦先生、埃梅先生和乌达尔先生。他在扣眼上佩戴了一个三色帽徽；他很快就要换掉家具贮藏室的旧皇冠了。

选举议会代表团将王国总兵之职授予德·奥尔良公爵先生——他接受了——共和党人的努力

一到王宫，德·奥尔良公爵先生就派人去向德·拉斐德先生致意。

十二名众议员的代表团来到皇宫，问王子是否接受王国总兵之职，得到的答复令人难堪："我来到你们中间是来同你们一起分担风险的……

我需要考虑一下，我得同各方面的人士协商协商。圣克卢的安排没有任何敌意，国王的到来给我带来了我该承担的义务。"路易-菲利普的回答也是这样的。人们让他回部队去演讲，他也正等着到那里去：他走后刚半小时，却又重新发表了一项声明，按此声明，他接受了王国总兵的全部职权；声明最后说："宪章将是实实在在的东西。"

这个声明被送到选举议会，得到了五十岁以上充满革命激情的人的热烈欢迎：他们用基佐先生起草的另一篇申明来响应它。众议员们回到王宫，王子心里明白，在危难时刻，他不得不重新接受了王国总兵之职，但他仍抑制不住不停地抱怨着。

共和党人被各种打击弄得昏头昏脑而在竭力自卫，但他们真正的领袖拉斐德将军却几乎把他们抛弃了。他沉醉在来自四面八方的崇拜声中，他尽情地品味着革命的芳香，一想到自己是法兰西的主宰者，就忍不住飘飘然起来，他能按自己的意愿，跺跺脚就可以把共和党或君主制消灭掉；他喜欢在这种动荡不定的局势里摇来摆去；在这种局势里，那些害怕将来的结局的人，一个劲地抱怨着，因为他们本能地感到，一旦成了定局，他们将什么也不是。

另外那些共和党的领袖们早就被许多事弄得惊慌失措了；恐吓的言辞让人想起了一七九三年的法国人，这使他们不得不打退堂鼓。同时，在七月战事中，国民自卫队的重建扼杀了起义的方针和权力。德·拉斐德先生没料到在他梦想建立共和国的同时，也武装了三百万[①]反对共和国的宪兵。

不管如何，年轻人一旦认为自己被骗而感到羞耻，便竭力起来反抗。他们通过演讲，张贴演讲稿和张贴反对德·奥尔良公爵的标语来进行反抗。他们对他说，如果众议员们降心相从求他接受王国总兵的职

---

① 此处似应为三十万或三万。

务，那么根据贵族的一条法律任命的众议院无权代表公众的意志。人们向路易-菲利普证实他是路易-菲利普·约瑟夫的儿子，而路易-菲利普·约瑟夫是路易-菲利普的儿子，路易-菲利普是路易的儿子，路易是摄政王菲利普二世的儿子，菲利普二世是菲利普一世的儿子，菲利普一世是路易十四的弟弟，因此，德·奥尔良这个路易-菲利普是属波旁王朝和卡佩王朝而不是属瓦卢瓦王朝。拉菲特先生一点也没把他看成查理九世和亨利三世的后代，他说："这一点梯也尔知道。"

后来，卢瓦蒂埃会议①大声疾呼全国武装是为了用武力维护它的权利。十二区的委员会说：宪法的模式根本没有征求公众的意见；而众议院和贵族院从查理十世那里得到了的权力，会同它一起下台的；因此它们不能代表国家；十二区委员会一点也不会承认这个总兵；他们认为临时政府应在德·拉斐德的领导下，一直存在，直到宪法经过讨论和确立为政府的坚实基础为止。

三十日早晨，就要宣告共和国的成立了。几个勇敢的人用匕首威胁市政委员会的人，问他们是不是交出权力。人们能不指责贵族院吗？人们对它的放肆行为很愤慨，贵族院真胆大妄为！当然，这是最后的侮辱和最后的不公，它等待的是公众的裁决。

有一个方案：二十来个最有激情的年轻人准备埋伏在一个废铁码头旁边的小马路上，当路易-菲利普从皇宫回到城里的房子时就放火烧死他，有人劝阻了他们，对他们说："那样做，你们同时也会烧死拉斐德·帕若尔和邦雅曼·龚斯唐的。"后来他们想除去德·奥尔良公爵，让他在瑟堡上船：要是查理十世和菲利普同在一个港口，同在一条船上，那该多好啊！在异国的河畔，一个被资产阶级所杀，另一个被共和党所杀！

---

① 动乱开始时，几个年轻的共和党人在卢瓦蒂埃饭店开会。

德·奥尔良公爵先生去市政府大楼

　　德·奥尔良公爵决心去市政委员会的官员中证实他的头衔，他从王宫出来，身边簇拥着八十九个戴大盖帽或圆帽、穿着制服或礼服的议员。这位王位候选人骑在一匹白马上，后面跟着邦雅曼·龚斯唐①。邦雅曼·龚斯唐坐在一顶由两个萨瓦人抬着的轿子里，一路上摇个不停。梅尚②和维埃内③先生，浑身是汗和灰尘，来往于王室的白马和患病议员的双轮车之间，为保持适当的距离，他们俩与两个脚夫争吵不休。一个半醉的鼓手在打鼓，鼓由一个随从顶在头上。四个看门人成了侍从官。那个最虔诚的议员扯开嗓子吼道："奥尔良公爵万岁！"在王宫周围，这些呼喊倒有些效果，可是，随着人们临近市政府大楼时，这一幕却变得未免滑稽可笑，大多数人沉默不语。菲力普骑在他那象征着胜利的马上乱跑，听到拉菲特先生这个保护人的几句话，他一个劲地往他的盾牌下躲去。他冲着热拉尔将军微笑，对维埃内先生和梅尚先生做着会心的动作示意，他挥起他那顶飘着一尺来长的三角旗饰带的金色帽子向人们致意，向他们乞求王冠。他把手伸向每一个愿意向他施恩握他手的过路人。这个虚弱的君主到达希腊广场时，那里的人们却用高呼"共和国万岁！"的方式来欢迎他！

　　当王室选举的车队进入市政府大楼时，这个想当国王的人受到的欢迎是一片更具威胁性的怨声：几个直呼他名字的狂热仆人还挨了好几拳。他走进王室，那里挤满了三天战斗中下来的伤员和士兵，他们同声呼喊："不要波旁王朝！拉斐德万岁！"声震屋宇。王子听到这呼声，显

---

① 他的脚痛。
② 梅尚（Méchin），复辟王朝时期王室议员，后为参议员。
③ 维埃尔（Viennet），帝国时期的军官，复辟王朝时期的自由派议员、贵族。

得很慌乱。维埃内先生高声为拉菲特先生宣读众议员们的声明；大家听着，一声未吭，只有德·奥尔良公爵讲了几句赞同的话。这时，迪布尔先生很不客气地对菲利普说道："你刚才许了诺，假如某一天你忘了，我们会叫你记起来的！"这位未来的国王激动地回答道："先生，我是个诚实的人。"德·拉斐德先生看到会场里越来越乱，便突然带头放弃了会议的主持角色：他把一面三色旗交给了德·奥尔良公爵，朝市政府大楼的阳台走去，在惊讶的人群的目光注视下吻了王子，他手里挥舞着国旗。共和党人拉斐德的这一吻造就了一个国王，两个世界的英雄整个一生的奇特效果！

接着响起了"够了！""够了！"的喊声。邦雅曼·龚斯唐的轿子和路易-菲利普的白马在半是嘲讽、半是祝福的喊叫声中从沙滩广场的政治建筑物里回到了市场王宫。路易·布朗后来说道[①]：

> 在同一天（二月三十一日），在市政府大楼的不远处，在太平间下面放了一条船，它比海盗用的船还大，船上摆满了用担架运来的尸体。人们把尸体堆成堆，上面用稻草覆盖着。聚集在塞纳河沿岸的人群，默默地看着。

在谈到神圣联盟的三级会议和国王的服装时，帕尔马·卡耶[②]大声说道：

> 我请你们告诉我，这个小娃娃国王马蒂厄·德洛内师傅能做出什么回答呢？布歇这个圣贝努瓦的神父先生，以及有他这种才能的

[①] 在他的《十年的历史》中说的这番话。
[②] 帕尔马·卡耶（Palma Cayet，一五三〇——一六一〇），又称皮埃尔·卡耶，历史学家和专栏编辑。

813

其他人，谁对他们说过，派他们去按照他们的设想为法国物色一个国王来呢？……真正的法国人总是蔑视用这种方法选择国王的，因为他们成了主人的同时，也成了仆人。

王宫里的共和党人

菲利普还没有结束他的拉关系的工作，他还得去和许多人握手，拥抱，接吻，向行人弯腰致意，去到激情的人群中间游说，站在杜伊勒利宫的阳台上唱《马赛曲》。

一些共和党人三十一日早晨聚集在国民办公室：他们得知德·奥尔良公爵被任命为王国总兵的时候，他们想听听这个受到他们阻拦、但仍坚持这样做的将来注定要当国王的人的意见。他们由梯也尔先生领进王宫，这些人是：巴斯蒂德先生、托马先生、儒贝尔先生、卡韦尼亚克先生、马尔尚先生、德古赛先生、吉纳尔先生。王子先讲了许多赞美自由的话。巴斯蒂德反驳说："您现在还不是国王，您听听这个事实吧，很快，围着您拍马的人少不了。"卡韦尼亚克接着说："您的父亲和我的父亲一样，是个弑君者；这样，别人会对您敬而远之的。"两个弑君者的儿子相互庆贺讥讽一番，倒别有情趣；不过随着菲力普说得过去的解释，大家明白他不至于效仿他们的父亲，他们会记住这件事的。

一些没有参加国民会议的共和党人走了进来，特雷拉先生对菲利普说："人民是主人，您的职务是暂时的，应该由人民的意愿来决定，而您应该听听他们的意见，对不对？"

梯也尔先生敲着托马先生的肩膀，打断了这些危险的争论："殿下，这倒是一块好料，不是吗？"

"是真的。"菲利普答道。

"他说的是什么？"有人大声问道，"他是不是把我们当作一群来出卖的牲口？"

人们听到从四面八方传来的一些互相矛盾的声音："轮到巴贝尔上台了！我们认为他是个开明君主！不是要建立共和国吗？那么应该同共和党人一起来管理！"

梯也尔也大声叫道："我也做了一件漂亮的工作！①"

接着德·拉斐德先生走出王宫：公民们已被国王拥抱得几乎透不过气来，这时整个房子都沸腾了。

衣服是荣誉的象征，大厅里坐的是戴大盖帽的人，和王子公主待在一起的工人，会议室里、椅子上、沙发的两端都挤满了人。说的话，人们爱听不听。路易-菲利普坐在德·拉华耶特先生和拉菲特先生之间，他的两只手搂着这两个人的肩膀，显出平等与快乐的样子。

我本想把这些引发了一场大革命的场景描写得更严肃些的，或者把加快了世界改变步伐的这些场景说得更加具体一些的，可是我目睹了这一切，众议员们本是这场运动的发动者，然而他们不能制止某些混乱的局面，却对我说他们七月三十一日以什么什么方式将锻造出一个国王来，我只好作罢了。

人们为不是天主教徒的亨利四世做了他还没来得及说出来的事，甚至他还从来没有估计到自己可以戴上王冠：人们提醒他说："圣路易不是在日内瓦而是在罗马加冕的；假如国王不是天主教徒，他不会在一个基督教国家里占第一国王的地位的；国王为一种宗教祈祷、而他的人民则

---

① 当索西被梅居尔打败后，索西说的一句可怜的话（出自莫里哀《晚宴东道主》）。

815

为另一种宗教祈祷，这样就不合适；假如国王不是天主教徒，他不能在兰斯加冕，也不能在圣德尼安葬。"

在让菲力普通过最后一轮投票前，人们对他提出什么异议呢？人们提出他不是一个十足的爱国者来作为反对他的理由。

现在革命已经完结，只要人们正视一下开始所发生的事，人们就会觉得自己被冒犯了；人们担心削弱他们已经取得的地位，不管是什么人，只要他在事情开始时没有看到事情结束时的严重性，那他行事未免太贸然了。

当一个天真纯洁的姑娘从闺房中出来为克洛维添圣油时，当长发的国王们在盾牌前站起来时，当圣路易，因为有早熟的美德，颤抖地宣誓只为上帝的荣誉和人民的利益行使他的权力时，当亨利四世到巴黎后，在圣母院前跪拜，人们看见或者说人们以为看见在他右边有一个漂亮的孩子护卫他，人们说那是守护天神时，我想那加冕是神圣的；那焰形装饰旗放到圣体柜中了。有一个君主，当他在公共场所时，他的马被人家杀了，反对他的在他身后联合了起来，他在鼓声中在利刃前低下了头；另一个君主在另一个公共场所，被庶民们团团围住，在同样的鼓声中乞求选票的时候，谁还会对王冠抱有幻想呢？谁又相信这个杀人的被玷污的王权仍然矗立在人们的面前呢？又有哪个感到他的心还在跳动的人愿意在菲力普一下子倒空他所有凝结着耻辱与恶心的苦难时，毫不作呕地去侵吞所有的权力呢？假如法国要保留这个圣人加伟人的女儿——古老的君主专制，那么欧洲的君主专制制度也许能继续存在下去。可是人们对此到处在宣传说：任何东西都是不能死而复生的。

篇章三十三

国王离开圣克卢——王妃来到特里阿农——外交使团

您刚才看到沙滩广场的王族在三色旗下，在那些盛气凌人的朋友的簇拥下，风尘仆仆，气喘吁吁地前进着；现在来看看按预定计划撤离的兰斯王族吧：他们在神父和卫兵的带领下一步一步地移着，没听到他们说一句不敬的话，即使是仇恨它的人。卫兵们曾为它效命沙场，往往一命呜呼，所以他们对它淡然处之。放在那副总有一天要合拢的棺材上的白旗仿佛在风中说："向我致敬吧！我曾去过伊沃利；我曾看到蒂雷纳死去；英国人在丰特鲁瓦认识了我；我使华盛顿时代的自由获胜；我解放了希腊；我至今还在阿尔及尔的城墙上飘扬。"

三十一日黎明时分，当德·奥尔良公爵到达巴黎准备接见少将时，在圣克卢供职的人来到了赛沃尔桥边的宿营地，说他们已被解职，国王早晨三点半走了。士兵们很激动，王太子的出现使他们平静了下来：他骑着马前进，好像是在用这样的话在鼓励士兵们的斗志：在他的领导下，法国人不是死就要走向胜利。他在队伍前停了下来，结结巴巴地说

817

了几句话之后,就转过身,跑着回城堡去了。他缺少的不是勇气,而是言语。自从路易十四以来,我们这些长族的王子们受的教育少得可怜,他们经不起舌剑唇枪的辩论,不能像别人一样抒发己见,也不能与其他人抱成一团,同舟共济。

在赛沃尔高地上和美景饭店露天平台上挤满了黑压压的人群:他们在交战。指挥赛沃尔桥旁前锋的上尉投向敌人,他带去了一门大炮和一部分聚集在光明大道上的兵士。而巴黎市民和卫队在从圣克卢和赛沃尔撤退时,认为不会发生任何敌对行动。撤退一开始,瑞士人组成的部队就被赛沃尔的居民包围了。他们放下了武器,但很快轻骑兵又帮他们夺了回来,轻骑兵的中校受了伤。部队经过凡尔赛时,国民卫队从前一天夜里开始就与罗什雅克兰①的精锐部队的士兵在那里值勤;他们中的一支打着三色旗,另一支打着白旗。王太子夫人从维希赶来,与在特里阿农的王室家庭重聚;在这之前,她喜欢在玛丽-安托瓦内特逗留。在特里阿农,德·波利尼亚克先生和他的主人分了手。

有人说王妃是反对七月敕令的:从本质去判断事物,这是认清事物的唯一方法:老百姓总渴望自由,王子总倾向于要权。这不能算是他们的罪过,当然也不是他们的长处,这是他们的天性。王妃可能喜欢那些敕令在一个更适当的时候即在已采取了更好的预防措施之后,从而加大了成功的希望时发表;但事实上,敕令使她很高兴,也应该使她高兴;贝利公爵夫人对此也很满意。两位亲王夫人认为,借此,王室将最终克服代议制政府所造成的阻碍君主制度的困难。

七月事件没有与外交使团交锋,人们很感惊讶。它曾经是宫廷的常任顾问,它插手我们的事,手太长了。

---

① 罗什雅克兰(Rochejaquelein)是军官,范德昂(Vendéen)将军(一七八三——一八六三)的弟弟。被强行编入拿破仑的军队后,在莫斯科作战时,脸部受过伤。他是个狂热的正统派(即波旁王朝长系的强烈拥护者)。

在最近的动乱中,就有两位大使插了手。一个在进城门时被逮住,他带着一包东西要送到市政大楼去,里面是一封洛旺埃尔先生①给瑞典国王的电报。博德先生原封未动地交给了瑞典公使馆。洛尔·斯托阿尔②的信也落到了人民群众的领袖手里,也原封未动地被送了回去。这种事在伦敦干得更出色。洛尔·斯托阿尔和他的同胞一样,希望外国陷入混乱;他的外交政策来自密探,他的电文来自泄密。我当大臣时,他很喜欢我,因为我待他很随便,我的门对他时刻敞开着;他有时穿着长筒靴、全身汗淋淋的、穿得像贼一样,也可以随时闯到我家里来:那时他总是从那些称他为"斯托阿尔"的太太们家里出来、跑了好几条街之后到我家里的;他付给她们的钱很少很少。

我那时构思了一个新的外交计划:我不隐藏什么,有话明说;随便什么人都可以看我的电文,因为为了法兰西的光荣,我没有什么计划要避开我的反对派来做的。

我微笑着但又很严肃地对查理·斯托阿尔说过一百遍:"不要跟我找碴儿吵架,如果您要跟我决斗,我马上与您决斗。法兰西从来没有用你们的计谋同你们打过仗,这就是为什么你们把我们打败了的原因,不过你们不要因此而翘尾巴啰。"③

洛尔·斯托阿尔就是用这种观点来看我们七月起义中的混乱的,他对我们的不幸狂喜异常,但外交团其他仇视人民事业的成员,或多或少推动查理十世制定了敕令。然而,敕令出来后,他们并没有做什么来挽救君主制。如果说波佐·蒂·玻尔戈④对政变显得担心,他这种担心既不是为了国王,也不是为了人民。

---

① 洛旺埃尔(Loevenhiem),当时在巴黎的瑞典大臣。
② 洛尔·斯托阿尔(lord Stuart),英国驻巴黎大使。
③ 这段话同我一八二三年写给卡宁先生的信的内容差不多(见《维罗纳会议》)。
④ 波佐·蒂·玻尔戈(Pozzo di Borgo),俄国驻巴黎大使。

有两件事是肯定的:

第一件,七月革命冲击了四国联盟的条约:波旁家族的法国是这个联盟中的一员,波旁王朝的权力一旦被强行剥夺,欧洲新的政治权力必将陷入危险境地。

第二件,在君主制度下,外国公使不是政府的代理人,他们是君主的代理人。因此,公使们最基本的义务是聚集在查理十世的周围,无论他在法国的哪一个地方,他们都得追随他。

有一个唯一的大使,这种思想来到了他的脑海里,他就是贝尔拿多特——一个不属于君主古老家族的国王——的代理人,这不是很奇怪吗?当波佐·蒂·玻尔戈反对债权函件强加的和荣誉迫使其做出的手段时,德·洛旺埃尔先生却使德·韦尔泰男爵[①]赞成了他的意见。

外交团之所以去到了圣克卢,是因为查理十世的地位有了变化:王位支持者们在选举委员会取得了他们开始时缺少的势力;工业家们害怕可能发生一场战争;保住亨利五世就保住了和平的思想已深入到了王室青少年圈子里的大部分成员当中。

波佐·蒂·玻尔戈先生很克制没有多说话了,因为交易所和银行的资金都没有受到损失,尤其是他的地位也毫无危险。然而他对卡佩王朝的灭亡起了百分之五的作用,这种灭亡对其他活着的国王起了一定的威慑作用。但在今后一段时间里,他会不失时期地、根据为他所用的原则,用这个为个人私利而造成的无法挽回的错误的做法来开脱罪责的。

大使们在同一个宫廷里待得太久,已养成了他们居住国的生活习俗,喜欢生活在荣誉里,他们不再如实地看待事物,他们担心他们的

---

① 德·韦尔泰(de Werther),当时在巴黎的普鲁士公使。

信函透露出去，动摇他们的地位。事实上，埃斯特拉齐、韦尔泰、波佐在柏林，在彼德堡，在维也纳，或者在法国宫廷的大使阁下们，不是同一回事。有人说，波佐先生因其手艺高明的女厨师和贵族议员的称号的事，而对路易十八和对查理十世心怀恨意。不满足他的要求，是不对的，他恨他的同乡①波拿巴，但他是在波旁王朝供职。但是，如果是在根特，他决定王冠问题，引起路易十八突然去巴黎，他可以自夸他能阻止外交使团在七月里所做的事，他帮助他兄弟戴上的王冠，他一定能够从查理十世的头上摘下来。

　　我想了很久，几个世纪之后产生的外交使团置于人们的另一种权力之下，将不再会与新的社会发生关系：公众的政府，方便的交通将做今天那些内阁同时直接处理或由领使馆官员这个中间人处理的事；那时还会增加其数量，改善其处境，因为那时欧洲已经工业化了。那些封了头衔的间谍，非常自负，他们为了效忠于他们失去了的那个王朝，只会在他们代理的王国里捣乱，培养着他们想象中的主子。查理十世没有邀请外交使团到他的宫廷里去，从他那方便来讲，他可错了；但他所看到的，对他来说，就像一个梦；他越来越感到惊讶。这样，他没有把德·奥尔良公爵召到他的身边，因为他只想到了危险来自共和党方面，而从未想到会有被篡位的威胁。

---

① 他知道波佐·蒂·玻尔戈是科西嘉人。

朗布伊埃

查理十世同王后和德·波尔多公爵在当晚去了朗布伊埃。德·奥尔良公爵先生扮演的新的角色在国王的头脑里第一次产生了退位的念头。王太子先生，一直待在后卫部队，但一点也没有同士兵接触，他在特里阿农派人给他们分发剩下的酒和食物。

晚上八点一刻，各兵种部队开始行动。那时，第五轻骑兵营的忠诚充分显示了出来：他们没有被卷入到那场运动里去；回到巴黎后，他们把他们的军旗交给查理十世，而查理十世拒绝接受它，就像他曾拒绝第五十营的军旗一样。

几个旅的士兵陷入了一片混乱之中，各种不同的武器混杂在一起；骑兵连超过了步兵连，在一旁休息。七月三十一日半夜，他们精疲力尽，在特拉佩斯停了下来。王太子就在这个村子后面的一间房子里休息。

第二天，即八月一日，他让部队驻扎在特拉佩斯，自己去了朗布伊埃。部队在十一点拔营；有几个士兵去村子里买面包，被人暗杀了。

到朗布伊埃后，军队驻扎在城堡周围。

八月一日至二日的晚上，胸甲骑兵的三个团重新踏上了去他们原来驻地的路。有人认为，指挥卫队胸甲骑兵团的博尔德苏尔将军已在凡尔赛投降了。

第二投弹兵连把军旗交给国王后，也于二日早晨出发了。王太子碰到了这些投弹兵逃兵，他们马上排成战斗队形向王太子致意，然后继续赶路了。不忠和礼节混合在一起，多么奇特！在这三天的革命中，没有人有激情了，每个人只是依据他的权利或义务所形成的想法在行动：权利已经取得，义务已经完成，敌意和爱一样，都已不复存在；一些人担心享受权利不会长久，另一些人则担心尽义务会无止境。也许机会只有这一次，也许今后不再会有这样的机会了：人们在胜利面前止步不前；过去当他们愿意战斗的时候曾经保卫过国王的士兵，而今当他们要离开国王的时候却又把他们的军旗交还给了他。敕令使人们放弃了他们的誓言；战场上的撤退使投弹兵放弃了他们的军旗。

八月三日会议的召开——查理十世写给德·奥尔良公爵先生的信

查理十世引退了，共和党人却退却了，什么都不能阻止君主选举制前进的步伐。外省对巴黎向来是绵羊般顺从，奴才般响应，发到巴黎的每封信和插在车上的三色旗，无不在高呼：菲利普万岁！或者，革命万岁！

决定在八月三日召开的会议开幕了，贵族议员去了众议院：我去了那里，因为一切都还是临时的。那里上演了一幕滑稽喜剧：王位空着，反国王的人士坐在王位旁边，像是由掌玺大臣主持召开的一次没有国王参加的英国议会。

菲利普说为了拯救我们，他认为接受下列事项是非常必要的：摄政王之职，宪章第十四条的修改，以及像维持欧洲和平一样，他，菲利普十分关心让我们得到充分的自由。在讲演中，在句子的结构上不厌其烦地玩弄手段，这在我们的历史上已延续了半个世纪。但当王子发表下面的声明时，大家的注意力就特别集中了：

823

贵族议员和众议员先生们：

两个议院一建立，我就把查理十世国王陛下引退的消息告诉你们；与此同时，法国的路易·安东民王太子也放弃了他的权力。这件事已于昨天，八月二日晚上由我着手解决。我今天上午已下令把这件事的材料存入贵族议院，我会将其在《箴言报》官方的通报栏中予以公布。

用卑鄙的计谋和卑劣的不哼不哈的策略，德·奥尔良公爵在这里略去了亨利五世的名字，两个国王正是为了他而引退的。假如这个时候，挨个地询问每个法国人，大部分人可能会赞成亨利五世，一部分共和党人甚至已接受了他，还会把拉斐德送给他做老师。他这根合法的苗子其所以留在法国，是因为两个年老的国王将去罗马度过他们的余生；另外，他留在法国，围绕着权利的移交不会出现任何困难，各个政党也不会对他有什么怀疑。任用波旁王朝的后代不只是一种危险，还是政治上背道而驰的行为：新法国属于共和党人的，它不需要国王，至少它不需要古老家族的国王。再过几年，我们将会看到我们的自由是什么，和平是什么；在那种自由和和平的国度里，人们将是怎样的心花怒放，兴高采烈。我们很了解这位新当选者的脾性，如果人们能够依据他的性情来判断他的动向，那么，为了维护他的君主专制，他只会对内进行压迫，对外实行投降。

路易-菲利普的错处不是接受了王冠（这种野心勃勃的举动已有成百上千的例子，它只是攻击一种政治机关），他真正的不法行为是：他曾是个背信弃义的监护人；他曾扔下孩子和孤儿不管这在《圣经》里是够不上该诅咒的一种轻重；然而，在道德法庭上（人们把它叫作命运或天意，我这样称它，我只强调罪过带来的不可避免的后果），不会放过对那些违反道德法律的行为进行制裁的。

菲利普以及他的政府，所有这一类不可能的事和相矛盾的事，或早或迟都注定会失败的。那是因为有偶然的因素，有国内外利益的复杂因素，有某些人的漠不关心和被收买被腐蚀的因素，有某些人的轻率、麻痹大意的因素；但不管现政权能够维持多久，它永远也不会持续到奥尔良这个家族支系能够扎稳它的根的时候。

查理十世了解到革命取得了进展，明白到了他那种年纪以及他的为人，要想阻止革命的进程，他是无能为力的；他知道，只有像菲力普对众议员宣布的那样，他和他的儿子引退下来，才能避免使他的家族受到打击。在八月一日，他就写了批示，同意召开这次会议；而且，他相信他侄儿奥尔良公爵对他的忠诚，便亲自委任他侄儿当了王国总兵。八月二日，他走得更远了，因为他只想登船走了，他请求派特派员护送他一直到瑟堡。这些特派员开头没有被国王卫队所接受。波拿巴也曾用特派员当过卫兵，第一次是俄国人，第二次是法国人，但他并没有去求过他们。

下面是查理十世的信：

堂弟：

　　我很痛心，因为有许多麻烦会使得人民受苦，或使他们受到威胁，而我又没有办法告之他们。因此我决定把我的王冠让给我的孙子波尔多公爵。

　　王太子也分担着我的痛，他将让位给他的侄子[①]。

　　因你的才华出众，你将成为王国的摄政王（王国总兵），由你负责宣布亨利五世登上王室的宝座。另外，在新国王因年幼不能执政的期间，你应采取各种措施拟定政府的形式。我对你说的仅仅是

[①] 贝利公爵的遗腹子，波尔多公爵即亨利五世，当时还不足十岁。

这些安排，这是避免出现更多的麻烦的一种措施。

你把我的安排与外交团通通气，你要让我尽快知道我的孙子以亨利五世的名义登基的消息。

我再次向你表达我对你的信任，并向你致意；堂弟，我是永远爱着你的堂兄。

查理

一八三〇年八月二日，于朗布伊埃

假如德·奥尔良公爵先生能动之以情或有悔意，这个"爱着你的表兄"的签名应该会打动他的心吧？人们怀疑在朗布伊埃放弃王位的这一举动的作用微乎其微，人们准备让年轻的王子出发了：三色旗及保护措施都已由那些狂热支持敕令的信徒们安排好了。假如贝利公爵夫人与她的儿子突然出发，出现在众议院里，而那时，德·奥尔良公爵先生正在他召集的会议上演说，那他就只有两个可能了，而这两个可能都很棘手。但至少，灾难来临时，那个被捧到天上的孩子不必在异国的土地上过那段悲惨的日子了。

我的建议、我的愿望、我的呼喊，都不起作用；玛丽－卡罗莉娜[①]是贝亚尔的母亲，她正准备离开城堡，我求她也白搭。仆人卢瓦亚尔[②]说过这样一句话："可怜呢，好心善良的母亲轮到最后一个出去，她把儿子叫来，对他说了下面这些话：'皮埃尔，我的朋友，谦虚礼貌点吧！切忌骄傲自满！对任何人要彬彬有礼，言行一致，也就是说，对穷人，对孤儿寡母，对单身汉，都要乐于施舍，这样，上帝会保佑你的！'……那位善良的母亲当即从她的袖子里摸出一个小皮夹子，里面只有六个金埃居，她把它递给了她的儿子。"

---

① 玛丽－卡罗莉娜（Marie-Caroline），贝利公爵夫人。
② 卢瓦亚尔（Loyal），《贝亚尔传记》的不具名作者，十九世纪人士。

那位骑士带着装有六个金埃居的皮夹子，既不害怕，也无怨言地出发了，为的只是要成为最勇敢、最有声誉的上尉。亨利的身上可能还没有六个金埃居，但他会有许多其他的战斗要去完成，他必须与所有的不幸做斗争，还要打败世界上最厉害的对手。英雄母亲给予她们儿子的是无限的关怀与教导！贝妮，我的母亲，从你那里，我学会了让我的生活充满荣耀，并做一个严格要求自己的人。

原谅我写了这些回忆，但正因为我这些回忆也许让我从过去回到了现在，从而把现在的不幸去掉了一部分。

拥护查理十世的三个众议院委员分别是：德·肖南先生、奥迪隆·巴罗先生和梅松元帅。他们被兵站送了回来，踏上了回巴黎的路；人民群众的一次游行又把他们赶到了朗布伊埃。

人民群众朝朗布伊埃进发——国王出逃——思考

八月二日晚上，在巴黎纷纷传说：查理十世一直拒绝离开朗布伊埃，非得等到他的孙子被承认为止。三日早晨，一大群人聚集在香榭丽舍大街上，高呼道："到朗布伊埃去！到朗布伊埃去！不能让一个波旁王朝分子溜掉！"一些有钱的人也混到了人群里面。但是时间到了，他们让以帕若[①]将军为首的那群坏蛋逃走了；帕若曾让雅克米诺[②]上校当他的参谋长。往回赶的委员们在途中遇到了特遣队的侦察兵，跟着他们的足

---

① 帕若（Pajol），拿破仑的将军。
② 路易-菲利普后来让他当了将军，贵族院议员。

迹，他们被带到了朗布伊埃。国王向他们打听暴动者的势力，回宫后，他让人把梅松[①]叫去了；梅松掌握着他的命运和军队指挥权。国王对梅松说："梅松，我要你以军人的荣誉和信仰回答我：那些委员们同我讲的是真的吗？"这位元帅回答道："他们跟您讲的只有一半是真的。"

八月三日，在朗布伊埃还有三千五名卫队步兵和四个轻骑兵团；这四个团组成二十个骑兵队，共二千人。兵站、卫兵等加上骑兵、步兵一千三百人。总共兵力八千八百人，七个炮兵连，四十二门大炮。晚上十点，听到备鞍上马声，整个军营开拨前往曼特农，查理十世和他的家人也在这群忧伤的人群里，这时月亮刚从云端里露出脸来，照着他们。

他们在谁面前撤退？在一支几乎手无寸铁、坐着破旧的凡尔赛和圣克卢的小马车赶来的队伍前撤退。帕若将军迫不得已领着这帮人往前赶时，他觉得自己快完蛋了，因为这帮人加上前来汇合的鲁昂人在一起，也没超过一万五千人，而且有一半人老在路上拖拖拉拉。几个激进、勇敢、大度的年轻人夹杂在这支队伍里，他们乐于做出牺牲；而其他的人则不堪一击。在朗布伊埃这个光秃秃的平原上，只有炮火才构成威胁；因此根据各种迹象来看，他们似乎获得了胜利。在巴黎人民获得胜利的基础上和国王在朗布伊埃得胜的情况下，谈判也许能进行。

什么！在这么多官员之中，竟没有一个人能有勇气以亨利五世的名义掌握指挥大权？因为，不管怎么说，查理十世和王太子已不是国王了！

他们不想战斗，躲在夏特雷有什么用？在那里，他们在群众袭击目标之外；在都尔会更好，因为那里有外省正统派可作依靠。查理十世仍留在法国，军队的大部分仍会忠于他。布洛涅和吕维尔的军营已经拔营，正行进在解救他的路上。我的侄儿，路易伯爵带领他的那个团——

[①] 查理十世在一八二九年封他为元帅；路易-菲利普后来任命他为大使、大臣。

第四轻骑兵团，得知国王已从朗布伊埃撤离，才松了一口气。德·夏多布里昂先生不得不护送国王骑着小马回到他的小船上。查理十世如果是在一座小城市里，在当地人的帮助下，如果他召集两院会议，大多数议员还是会表示服从他的。卡齐米尔·佩里埃、赛巴斯蒂阿尼将军和其他百来号人曾经等待过，他们极力反对三色的标志，他们害怕人民革命对他们的危害：我能说什么呢？王国的总兵是由国王任命的，他没见到过他打过一次胜仗，他只好避开那些拥护者，而一味地听从国王的命令。外交团没有尽到它的责任，只有当它与国王站在同一条线上时，才去尽它的职责。共和政体在一片混乱中于巴黎建立之后，面对外省建立的符合宪法的合法政府时，它一个月都会维持不了。人们从来还不曾在这么有利的形势下输过，如果就这样输掉，恐怕再也不会有东山再起的机会了：因此，在七月敕令和从圣克卢撤退之后，我们要向市民倡导自由，向士兵宣传荣誉！

如果一个新的社会取代了目前的社会制度，那么一个新的时代也许将会到来，那时战争将会变成极为荒谬的事，战争的理论本身将再也不会让人知晓，但是，我们还没有走到那一步。在军事斗争中，有些博爱家把战争区分开来，而他们即将遇到的是名声那么坏的内战："同胞自相残杀！兄弟、父亲、儿子水火不相容！"这一切多么凄惨；然而人民却在这种内部的分裂中不断地受到磨炼，得到新生，它永远不会在国内战争中灭亡，但它会在国外的侵略战争中消亡。看看分裂时期的意大利吧，再看看如今的它吧。被迫去夺取邻国的土地，又被迫看到自己被邻国血洗的家园，这是多么悲惨与不幸啊！但是，坦白地讲，难道残害一个你不认识的德国的农民家庭，远比你去偷，比你毫无怜悯之心地杀人，比你心安理得地去玷污妇女和姑娘要人道得多吗？难道就因为这是战争吗？我们还能说什么呢？当发动对外战争不是为了争取民族独立的时候，那么国内战争就没有对外战争那么不公平、不令人反感、反而显得更加自然了。国内战争至少是以个人的凌辱和公认的憎恨为基础的，是与弱者的决斗，正是在这些战争中，对手们懂得了他们为什么要手拿武器。要是激情辩护不了罪愆，它还是会为它开脱，为它解释，它会让人们明白为什么它会存在。对外战争呢，它是怎样被辩护的呢？民族之间的互相残杀通常是因为国王感到厌倦，某个野心家想篡权，某个大臣想搞垮对方。是该惩罚那些年老而神经过敏的人了，他们更适合于做诗人而不是做历史学家：如蒂西迪德、赛扎尔、蒂特-利韦，他们满足于一个表示痛苦的句子而不管其他。

国内战争，尽管带来许多灾难，但它只有一个真正的危险：如果叛乱分子求助于外国，或者外国利用人民的四分五裂，对人民进攻，那么这种情况的必然结果是被征服，如大不列颠、西班牙、古代的希腊和今天的波兰，我们列举的这些例子，大家应该不会忘记。然而，在神圣联盟时期，两个派别都呼吁西班牙人和英国人，意大利人和德国人的支持，他们的力量相互抵消了，一点也没有影响武装了的法国人在它们之间的平衡。

查理十世用刺刀去支持敕令是不对的；可他的大臣们却不能以服从与否来为自己让人民和士兵流血而辩解；人民和士兵之间没有任何仇恨可以把他们分开，如同那些理论恐怖主义分子在不存在恐怖时想制造出一种恐怖理论的方案一样。查理十世在战争打来了，并丢失了所有的战略要地之后，还不肯承认战争也是错误的。他把王位给他的孙子之后，就无权对新国王若阿斯说："我让你登上王位，是为了让你在尘世间经受锻炼、熟悉情况、受到考验；你肩负的担子不轻：我老了，我或许被流放，我的王位要你保住。"不应该在查理十世被迫离开法国的同时，让亨利五世登上王位。而在让他当上国王的同时，人们就判处他要死在这块掺和了圣路易和亨利四世骨灰的土地上。

再说，在这阵热血沸腾之后，我又恢复了理智，而且在这些事情中，我只看到了人类命运的终结。以武力取胜的宫廷，剥夺了人民的自由，它不会在某一天里被推翻，反而会在这些年里阻碍社会的发展。但所有广泛包含君主专制的东西都遭到了重新建立起来的圣会的谴责。最后的结果是，事情的发展偏离了人类文明的方向。上帝造就了符合它秘密目标的强大的人类；它给了他们当他们应该扔掉就扔掉的不足之处，因为它不希望用低下的智力养成的不良的品行与天意作对。

王宫——谈话——最后的政治意图——德·圣奥莱尔先生

王室在隐退的同时，把我的作用也大大缩小了。我只希望能被召到贵族议院去发言。写是不可能的：如果攻击来自宫廷的敌人，如果查理十世被来自外部的阴谋所推翻，我会拿起我的笔的；另外，他们要是让我独立自由，我会在王室残部的周围全力以赴重建一个大党。但是攻击来自王室的内部；大臣们违背了自由的两大原则；他们使王权背誓，也许是偶然，但却是事实；正因为如此，他们甚至使我丧失了作用。为敕令，我能去冒什么险？我怎么还能去称赞依然合法的君主的可靠性，他的坦率和荣誉呢？我又怎么能说它是我们的利益、我们的法律和我们的独立自主的最强大的保障呢？真是古老君主制度的典范！可这个君主制度却夺去了我的武器，让我在我的敌人面前手无寸铁了。

当我被弄得势单力薄南风不竞时，看到新的王室竟来找我，我不免大为震惊。当年查理十世对我的提议嗤之以鼻，而菲力普却不遗余力地想让我为其效力。先是阿拉戈先生激昂而生动地同我谈到了阿代拉伊德夫人的事，后来阿纳托尔·德·孟德斯鸠伯爵一天上午来到雷卡米耶夫人家里找到了我。他对我说，德·奥尔良公爵夫妇将会很高兴接见我，如果我愿意去王宫的话。当时他们正忙于发表一个声明：把王国总兵的头衔正式更名为摄政王。也许，在我发表看法之前，新王室早就已决定削弱我的对立面的力量；它也可能在想，我会因为三个国王的离位而把自己看作无所事事的人。

德·孟德斯鸠先生这场开场白使我大吃一惊，然而我不能拒绝他所说的，因为，不是自吹自擂，我能成功，我想我能让人弄明白事实的真相。于是我跟未来王后的荣誉骑士去了王宫。带进面对瓦卢瓦大街的大门后，我在他们的小客厅里见到了德·奥尔良公爵夫人和阿代拉伊德夫人。以前我曾很荣幸见过她们。德·奥尔良公爵夫人让我坐在她旁边，马上对我说道："啊！德·夏多布里昂先生，我们非常地不幸呢！如果所有的党派都能联合起来，我们也许还能得救。您对这一切有什么看法？"

"夫人，"我回答道，"没有什么比这更明了了：查理十世和王太子殿下已经让位，亨利现在当了国王，德·奥尔良公爵大人是王国总兵。在亨利五世年幼期间，请他执政好了，这样，一切都会结束的。"

"可是，德·夏多布里昂先生，老百姓们很不安，我们会在这种混乱中垮台的。"

"夫人，我斗胆问一句，德·奥尔良公爵大人的意图是什么？如果把王位让给他，他会接受吗？"

两位夫人犹豫着没有回答。片刻沉默之后，德·奥尔良公爵夫人反问道："德·夏多布里昂先生，请您想一想可能会到来的不幸。为了把我们从革命中拯救出来，所有明事理的人必须精诚合作，互相理解。德·夏多布里昂先生，您在罗马做出了那么大的贡献，如果您不再离开法国，您在这里可是大有所为的呢。"

"夫人不知道我是效忠于年轻的国王和他母亲的吗？"

"哦！德·夏多布里昂先生，他们待您可真好啊！"

"王太后不希望我这一生有违旨行为。"

"德·夏多布里昂先生，您不了解我侄媳，她太轻佻了！……可怜的卡罗莉娜！……我马上派人去找德·奥尔良公爵先生来，让他劝劝您，这方面他比我强。"

公爵夫人吩咐人去找公爵，半刻钟以后，路易-菲利普来了。这位公爵夫人穿着随便，显得很疲倦。我站了起来，这位王国总兵走过来对我说道："德·奥尔良公爵夫人大概已对您说过，我们现在的处境多么的不利吧。"

德·奥尔良公爵先生根据他当年与孩子们在一起的欢乐情景吟了一首表达草原上宁静生活的田园诗。我抓住两节诗中的空隙时间，恭恭敬敬地重复了我刚给公爵夫人说过的话。

"啊！"他叫道，"我的欢乐在那里！能成为这个孩子的监护人和依靠，我是多么满足啊！德·夏多布里昂先生，我同您一样，对这一切都想过了：带着德·波尔多公爵肯定会是最好的做法，我只是担心那些事件来势凶猛，我们敌不过他们。"

"敌不过他们，大人？您不是享有一切权力吗？去同亨利五世汇合在一起，把议会和军队召到您身边，并离开巴黎。在您离开之后，一切动荡都会平息。那时人们会在您强大的权力和保护下寻求庇护的。"

在我讲这些的时候，我不断地观察菲利普。我的话让他浑身不自在。我在他脸上看出来了，他想当皇帝。

"德·夏多布里昂先生，"他没看着我，对我说道，"事情远比您想象的要困难呢，这事并不那么简单，您不知道我们所处的环境是怎样的危险。一群愤怒的人反对议会已达到了极点，而我们什么都没有，招架不住。"

从德·奥尔良公爵嘴里无意中说出的这句话，使我很高兴，因为它给我提供了一个不容置辩的反驳机会：

"我想到了这种困境，大人，但有一个可靠的办法可以摆脱它。如果您不愿意像我刚才建议的那样去与亨利五世汇合，您也可以选择走另一条路。议会马上要召开了：不管众议员们做出什么样的决议，您就声明说，目前的议会无权（这是铁的事实）决定政府的形式；您就告白天下，法国需要咨询，要选举新的议会以及成立专门的权力机构，以决定一个如此重大的问题。太后陛下就会照此站在最具人民性的立场；目前把您捧上天的共和党，是您的真正威胁。在最近的两个月里，一直到新议会任期开始，您把国民卫队组织起来；您所有的朋友和年轻国王的朋友将在外省与您共同奋斗。到时您让那些众议员们都来，让他们在法庭上当众为我所辩护的案子作证。这案子，由您私下里支持，会得到大多数人的支持。无政府主义时代已经过去了，您将再也不会害怕共和党的暴力了。我甚至认为把拉华耶特将军和拉菲特先生拉过来也不是一件难事。大人，一切都以您为中心了！国王还小，您可以统治十五年；在这十五年里，我们这些人都该退下来了；您将获得历史上一项唯一的荣誉——登上王位并将它传给合法继承人。同时，您可以让这孩子用本世纪之精神与智慧把他培养成人，以便将来能统治法国；您女儿中的一个将来某一天会同他一起共撑王权的。"

菲力普不时仰望头顶上空，他对我说道：

"对不起，德·夏多布里昂先生，我抽空离开了一个代表团是为了同您谈谈，等会儿我还得回去。公爵夫人会告诉您我是多么的高兴能做您所期望做的事的；但请您相信好了，是我一个人阻止了一群危险的人。如果说保王党没有被屠杀，那是全靠了我的努力。"

我是这样来回答这个出乎意料又离我们谈话主题甚远的这番话的：

"大人，我曾目睹过一些大屠杀：那些在革命中闯过来的人都是些经受过战争锻炼的人。那些老兵不会被那些让新手吓得发抖的事所吓倒的。"

国王陛下退引之后，我去找我的朋友们：

"怎么样啊？"他们问道。

"是这样，他想当国王。"

"那德·奥尔良公爵夫人呢？"

"她想当王后。"

"他们俩都对您说了？"

"一个对我朗诵田园诗，另一个同我大谈法国所面临的危险和可怜的卡罗莉娜的轻佻；他们两个都想让我明白我对他们很有用，他们任何一个都没把我当对手。"

德·奥尔良公爵夫人希望能与我再次会面，而德·奥尔良公爵先生却没有参与这项谈话。阿代拉伊德夫人和第一次一样也在那里。德·奥尔良公爵夫人更加详尽地谈到了德·奥尔良公爵先生打算给我许多的荣誉和好处。而且她友善地让我回忆起她通过舆论让我获得权力和我做出的贡献，还有尽管我尽心尽职，查理十世和他的家族对我仍表示的反感。她对我说，如果我愿意回到外交部去，国王陛下将会很高兴我做出的选择；但如果我更喜欢回到罗马去，那么，她（德·奥尔良公爵夫人）会非常满意地看到我为我们圣教的利益而做出的最后的选择。

我有些生气地马上回答道：

"夫人，我看德·奥尔良公爵先生已下定了决心，他衡量了其后果，他看到了他将度过的那些艰难而悲惨的岁月；我没有什么可说的了。不是出于对波旁王族后裔的尊重，我是不会到这里来的；另外，我只能感谢夫人的好意了。因此，把那些大的分歧和那些从原则和事件中得出的结论搁在一旁吧，我只求王后陛下同意听听与我有关的事。

"她很想同我谈谈她称之为我在舆论界的强大影响。确实！如果这种强大的影响确实存在，它只是建立在公众评价的基础上的；但是，在我改换旗帜之后,我将失去它。德·奥尔良公爵先生要是以为能得到支持,那为他效力的也只会是一个言辞浮华的人,一个讲话没有人再听的变节的人,一个人人都有权在他脸上抹污泥、吐唾沫的背教者。如果他为路易-菲利普结结巴巴地说些模棱两可的话,那些人们就会拿他为那个已倒台的家族出版的全部著作来反对他。夫人,那部《波拿巴和波旁王朝》,以及一系列关于《路易十八来到贡比涅》的文章,还有《在根特枢密院里的报告》和《德·贝利公爵先生的一生》等这些著作,难道不是我写的吗?我不知道在这些书中,是不是会有一页,仅仅一页上,没有我过去的国王们的某件事的记述,或者没有我的爱、我的忠诚的保证洋溢其间,或者没有与夫人说我不信任国王一样引人注目的、带有我个人爱慕的个性的东西?一想到要背叛,我就脸红,说不定我明天还会跳进塞纳河呢。我恳求夫人原谅我的直率,我将会把这当作一个刻骨铭心的回忆的,但请您不要让我的名誉受到玷污,惩罚我吧!夫人,惩罚我吧!"

我站了起来,鞠了个躬,准备离开,德·奥尔良公爵夫人一句话也没有说。后来,她也站了起来,走近我,对我说道:

"我不会责怪您的,德·夏多布里昂先生,我不会责怪您的。"

话说得这么简短,声调这么激动,我对此感到十分惊讶。

这就是我最后的政治上的愿望。根据圣伊莱尔[①]说的,我简直可以自认为我是个正人君子了,因为他认为:所有的人都会因为他们的圣洁而遭到魔鬼的诱惑:Victoriaei est magis,exacts de sanctis(他的胜利是带给圣徒们最伟大的财富)。我的拒绝是一种欺骗:判断它们的公众在哪里?难道我不能置身于这群人——不顾一切为国家效命的大地母亲的勇敢的儿子们中间吗?不幸的是,我不是风派人物,而且我也并不想向

---

① 圣伊莱尔(Saint Hilaire),四世纪普瓦提埃的主教。

命运屈服。在我和西塞罗[1]之间，不存在任何共同之点；他的脆弱不能当他的挡箭牌，子孙后代没有原谅一个大人物为了另一个大人物[2]。一时间的软弱。是我贫穷的一生使我失去了他唯一的财富——对德·奥尔良·路易-菲利普的忠贞？

在王宫进行的最近一次谈话的那天晚上，我在雷卡米耶夫人家里遇见了德·圣奥莱尔先生[3]。我不想刺探他的秘密，但他却刺探起我的来了。他刚脱离他所经历的、现在还热着的人民运动。

"呀啊！"他叫道，"见到您我多么高兴啊！真是天赐良机！我希望我们这些人能在卢森堡宫一起尽我们的职责。由贵族院议员来安排亨利五世的王位，真是怪事！我敢说，您不会让我一个人晾在一旁的。"

由于我的决心已下，我十分镇静；我的回答对德·圣奥莱尔先生的热情来说，像是一瓢冷水。他出去看他的朋友去了，却把我晾在一旁了：真是话不投机，半句多。

共和党的末日

共和党在背叛了它的朋友的压力下，仍在拼命挣扎。八月六日，由巴黎十二个区的中央委员会指定的二十名成员组成了一个代表团，来到

---

[1] 西塞罗（Cicéron 公元前一〇六—公元前四三），政治家和演说家，典型的风派人物。
[2] 指不能原谅西塞罗为了塞扎尔（即恺撒）的利益而一时的软弱（影射普罗·马塞罗）。
[3] 圣奥莱尔先生（Saint-Aulaire）一八二九年继承了他父亲的贵族爵位，后来他归顺路易-菲利普，并让他当了大使。

众议员递交了一份请愿书，但蒂阿尔将军和迪律-迪费雷纳先生①回避了它。请愿书上这样写着：

> 作为宪法权力机关的国家，既不能承认一个由选举产生的议会，这个议会是在被它推翻的君主王权的影响下产生并存在的，也不能承认贵族议会，它的宗旨与让人们拿起武器战斗的思想是背道而驰的。作为革命的必然产物，巴黎十二个区的中央委员会只承认当前的、事实上的、但是是非常临时性的政权，它是属于当今的众议院的。考虑到采取一切紧急措施，它希望能实行自由选举并选出真正能代表人民利益的代表，它希望、目前的所有议员能独自完成这个任务。如果不能这样，国家要惩罚那些无用并且企图妨碍国家行使权力的人。

这一切的动机都是很纯洁的，但是王国总兵早窥视着王位，而且，由于害怕与野心交织在一起，加速了他窃取王位的行动。这时的老百姓想再来一次革命，可不知道应如何着手。于是他们以雅各宾派为榜样，雅各宾派差点要把王宫里的人和两院里那些喋喋不休的人扔进海里。德·拉菲特先生近来意志消沉，值得庆幸的是他使国民卫队复活了，但他却像不懂事的孩子一样被菲利普玩弄于股掌之间。他把菲利普当作奶妈，在这份幸福中他刀枪入库，马放南山了。这位老将军有的只是欺骗性的自由，就像一七九三年的革命，只是死亡的开始。

事实是一个没有支配权、被削弱了的议会没有任何权力可以控制王权：这就是特别联合国民公会：由上议院和新选出的下议院组成，它支配着第二代雅克政权。我们可以肯定，众议院的残余，那二百二十一

---

① 这两个人在复辟时期曾是自由党人。

个[①]在查理十世传统的世袭君主制度下的元老，对选举制的君主制度不会带来任何支配权，他们一开始工作就得停止，并会使这种支配权朝着半合理的原则倒退。那些为新王权铸剑的人们已坐到了一座活火山顶上，那火山迟早会爆发的。

八月七日这一天——贵族议院会议——我的演说——我离开卢森堡宫是为了一去不复返——我的辞职

八月七日这一天对我来说，是一个值得回忆的日子：正是那一天，我幸运地结束了我的政治生涯，像当初开始时一样。这是今天足以让人高兴的少有的幸福。有人从众议院给贵族议院带来一则关于王位空缺的申明[②]。这时我正走去坐在我的位子上；我的座位在最高的那排，在会议主席座位的对面。贵族们给我的印象是既忙碌又沮丧。如果有人把他们最近的一次背叛当作骄傲，那么其他的人会把他们没有勇气去听取悔恨当作耻辱的。我一面观察这个悲惨的议会，一面感慨道："什么！曾接受过查理十世恩惠的那些人，现在竟要在他处于不幸的时候背弃他！那些人的特殊使命就是保护世袭王权；他们和那些与国王朝夕相处的人真会出卖他吗？他们在圣克卢时，时时刻刻密切关心着他，在朗布伊埃时，他们支持着他，而且在最后一次见面时，国王还紧紧握着他们的手，那么，他们会举起曾在最后一次拥抱过国王的那双手来反对他吗？十五年

---

① 指一八三〇年那些投票赞成以书面申明的形式对国王进行谏诤的议员。
② 它刚由众议院表决。

839

以来，在这个议院里听到都是他们信誓旦旦的誓言，难道今天会听到他们背叛的誓词吗？然而，正是为了他们，查理十世才会完蛋，正是他们，促使他发布了敕令；当敕令公布以后，在雷电交加、暴风骤雨来临前那一分一秒寂静无声的时候，他们是何等的欢欣雀跃，乐不可支。"

这些想法在我脑海里缠绵悱恻，不是滋味。贵族议院已成了旧的、君主制、共和政体和帝国的腐败、堕落的三合一聚集地。至于一七九三年的共和党人，他们已成了参议员，至于波拿巴的将军们，我只期望他们向来所做的事：他们废黜了他们一切要归功于他的那个特殊人物；他们正要废黜在财富和荣誉上使他们飞黄腾达的国王——他们的第一个主子。狂风怒吼吧，他们还将废黜这位篡权者，尽管他们当初准备把王冠扔给他。

我登上讲坛，下面一片死寂，每个人的脸上都显得很难堪，每个议员都在位子上侧过身去望着地上。除了几个像我一样决心隐退的议员以外，没有人敢抬头看着讲台。我把我的讲稿保存了下来，它不仅概括了我的一生，还因为它是我对未来的向往的第一章：

先生们：

　　给这次会议带来的那项声明对我来说，远没有比对那些与我持不同意见的先生们那样变得复杂化。在我看来，声明中的一件事支配着其他所有的事，或者不如说把其他的事都给毁灭了。如果我们处在正常的情况下，毫无疑问我会仔细推敲大家要在宪章中进行修改的条款的。这些要修改的条款中，有相当一部分是我提出来的。我感到惊奇的仅仅是，有人竟能在这次会议上谈关于由查理十世创建的贵族议院的反动措施。我不会因为这伙人而变得软弱的，你们知道，我还同他们的恫吓做过斗争；你们也知道，互相诋毁，为所欲为地把我们的议员从名单中勾掉，做得过火了，这无异于被流放。他们是不是想把贵族议院搞垮？可以这样说：与其任人宰割，不如一死了之。

我对事情的细节谈得不多，我已表示了自责；不管它有多么重要，它终归会大大方方消失的。法国没有方向，但我将去料理那只起锚的、被拔去了舵的航船，去增加或减少它的桅杆的！因此，我要从选出的议会的声明中删去那些次要的东西，而且我坚持要弄清王位是真正空缺还是所谓的空缺这个唯一的事实，我将径直朝着既定的目标一直走下去。

一个首要的问题应该解决；如果王位空缺，我们是不是能自由选择我们政府的形式。

在把王位给某人之前，有必要弄清楚我们把社会制度建立在什么样的政治制度上。是建立共和制还是建立新的君主制？

共和制或新的君主制，它能给法兰西以长期的、有力的和安宁的足够保障吗？

一个共和政体，或许首先反对它的，就是对共和制本身的回忆。那些回忆一点都没被抹去。人们没有忘记，在那个时期，在自由和平等之间，死亡就是依凭它们的臂膀游戏于人间的。当你倒在新的无政府状态下，你能在崖边唤醒唯一能战胜魔鬼的海格立斯吗？在许多年以后，你的子孙后代也许能看到另一个拿破仑，而你本人，就指望他了。

再说，在我们今天的道德状态下，在与我们周围各国政府的关系中，共和体制，除了它的不足之处，在我看来，现在是实行不了的。首要的困难是要引导法国人形成一致的决议，巴黎居民有什么权力能迫使马赛居民或其他城市的居民建立共和政体？是一个共和政体还是二十个、三十个共和政体？它们是联邦制的还是相互独立的？先撇开这些障碍不谈，就算只有一个共和政体吧，我们的民族有着亲善和洽的传统，但是，一个总统，尽管他多么严肃认真，尽管他多么受人爱戴，尽管多么能干，一旦他独揽大权，你设想一下，那时他会愿意自动退休离职吗？那时法律和舆论都约束不了他，而且他日日夜夜受到隐秘的对手和捣乱分子的祸害、贬责和辱骂，他无心去搞贸易和房地产业，他既没有足够的尊严去和外国政府打交道，也没有足够的势力维持好内部的社会秩序。如果使用武力镇压吧，那么共和政体就会变得让人厌恶。那时动荡不安的欧洲会乘机破门而入，进行挑拨离间、武装干预，人民又会陷入可怕战争之中。议会制共和政体无疑会是世界未来的政府形式，但它的时代还没有到来。

我们再看君主制。

由议会任命或由人民选举国王，不管怎么说，都是一件新生事物。于是，我在想，人们需要自由，特别是新闻的自由；正是通过自由，也正是为了自由，人民刚刚取得了一个如此令人震惊的胜利。不过，请注意，一切新的君主政体，迟早会不得不压制这种自由的！拿破仑，是他本人同意这种自由存在的吗？我们不幸的宝贝、我们光荣的奴隶——新闻自由只有在一个政府深深地扎稳了根之后，才能得到可靠的保障。一个君主政体，是鲜血淋漓夜晚过后的产物，难道它对舆论独立没有什么可担心的吗？如果一些人能鼓吹出共和政体，而另一些人能鼓吹出另一种政体，难道你不担心会不得不立即求助于特别法，尽管它已取消了一八一四年的宪章中第八款增加的议会弹劾权①？

那么，得到自由的朋友们，你们会从人们向你们提出的改变中得到什么呢？你们将会深深地陷入共和政体里面或合法的奴役之

---

① 这里指取消了"议会弹劾权不会被恢复"这一条款。

中。君主政体将会被民主法制的洪流淹没和卷走，或者是君主被乱党运动打垮。

人们被初步的胜利陶醉了，他们以为一切都易如反掌；他们希望能满足他们的一切需要、一切情感和一切利益；他们以为每个人都会把个人的观点和虚荣搁置在一旁；以为知识的优势和政府的才智会克服数不清的困难，但是，几个月之后，事实推翻了这些设想。

先生们，对一个新的共和政体或一个新的君主政体，以及与它们相随而来的诸多不便，我只向你们介绍了这几点。如果它们两者都有其许多缺陷，那么还有第三条路可走，它很值得我们谈谈。

一些不得人心的大臣玷污了王位，而且他们支持谋杀犯罪；他们阴一套阳一套，当面是人背后是鬼，诡计多端。

外国先生们，你们两次进到巴黎，没有受到阻拦，但是你们要知道你们成功的真正原因；你们是以合法政府的名义进来的。如果你们今天跑到这里来要挽救专制政权，想想吧，文明世界首都的大门是不是同样在你们面前也能轻易地为你们打开？法兰西民族在你们走后，在法制的保障下，已经变得强大了；我们十四岁的孩子已成了巨人；我们在阿尔及尔的新兵，我们在巴黎的中学生们刚刚向你们显示了他们战胜奥俄[1]、马朗戈[2]和伊埃纳[3]的勇气，而这些孩子在自由加光荣的战斗中变得更为强壮了。

没有比巴黎人民的自卫战更为正义、更为英勇壮烈的战斗了。

---

[1] 指一八〇五年十二月二日拿破仑与奥地利和俄罗斯之战。在这次战争中，拿破仑战胜了奥地利和俄罗斯的两个皇帝，故又称"三个皇帝之战"。
[2] 指一八〇〇年六月十四日波拿巴战胜梅拉斯的奥地利人的战争。梅拉斯在亚历山大（埃及）附近。
[3] 指一八〇六年十月十四日拿破仑战胜荷昂洛贝王子指挥的普鲁士士兵的战争。这次战争打开了通往柏林的道路。

人民奋起战斗并不为了反对法律；只要是牵涉到遵守社会公约时，人民便安分守己；他们忍受着辱骂、挑衅和威胁，不出怨言；他们用金钱和鲜血换来了宪章，他们对金钱也好，牺牲也好，从不吝惜。

但是，当他们忍受到最后一刻时，他们突然吹响了战斗的号角；当愚陋和虚伪的阴谋忽然暴露，当太监们策划宫廷恐怖以为能取代共和党的恐怖和帝国的枷锁时，人民于是用自己的智慧和勇气武装自己；他们发现工场主们很容易制造出火药的烟雾来，而且认为只要几个士兵和一个头头便能使这种恐怖大为减少。一个世纪不能像三个最后的太阳一样，使一个民族的觉悟成熟起来；这三个太阳刚刚照耀在法国的上空。这时发生了一桩重大的罪案，并且对一条原则产生了巨大的反响：难道就因为这桩罪案以及随之得到的政治上和道义上的胜利，我们就能颠倒事务本来的顺序吗？我们来看看吧：

查理十世和他的儿子已经下台，或者说已放弃王位，你们喜欢怎么说就怎么说吧；但是，王位并不空缺：他们走后又来了一个孩子；难道我们能说他无知吗？

今天什么人大喊大叫反对他呢？你们敢说反对他的是他父亲吗？这个孤儿是在立宪政府的关怀下、在这个世纪的思想教育下，在学校里成长大的，他有可能成为一个能满足未来需要的国王。在他的监护人的监护下，可能会要让他发表继位宣言；你们将对这个宣言进行表决。获得多数票通过后，这位年轻的君主将重新宣誓。目前实际上的国王会是德·奥尔良公爵先生；他是摄政王，曾是生活在人民群众身边的王储，他明白如今的君主政体只能是个得到民众拥护的、明智的政体。这些因素自然地归结在一起，这在我看来，会是一种解决王位继承问题的最佳方式，也许能在平复国家因为那些剧烈的变更引起的动荡后拯救法国。

说那个孩子离开了他的老师，在长大成人之前一直都不会忘记他们的名字；说他在接受长时间的平民教育以后，在那把两个国王推向黑暗深渊的可怕教训之后，他会因为他的出身而自命不凡，这些是合乎情理的吗？

从亨利四世婴儿时期到年轻亨利的婴儿时期，这样一代又一代我都为其辩护，这既不是因为感情上的忠诚，也不是乳母般的怜悯，而且事情一旦成功，可能一切都会对我不利。我这样做，不是追求离奇，不是追求荣誉，也不是要自讨苦吃；我不相信王室的神权，但我相信革命的力量和事实。我甚至不引证宪章，我把我的思想看得更高；我这些思想是从我这一生为之奋斗的这个时代中的哲学范围里得出的：我就这么很简单地建议这位波尔多公爵作为王室的继承人，他比大家讨论的人选要强得多。

我明白大家在疏远这个孩子的同时，想制定人民王权的方针，因为旧学校的愚昧证明，在政治上，我们老一辈的民主人士没有做出王国老战士那么多的成绩。任何地方，绝对的王权是没有的；自由不会从政治权利中得到，就像我们从十八世纪的情况看出来的那样。自由来自自然的权利，正因为如此，才使得它存在于所有形式的政府中，因此，一个君主政体也许是自由的，比共和政体要自由得多。但是，要讲一堂这方面的政治课，现在既不是时候，也不是这个地方。

我只想指出，当人民掌握了王权的时候，他们也拥有了他们的自由；我请你们注意，君主世袭制的原则一开始也让人觉得荒谬，但慢慢地也就被认可了，它比君主选举制更可取。其理由十分明显，我不需要在这里发挥了。你们今天选一个国王，谁明天会阻止选另一个呢？你们会说，是法律。法律？法律难道不是你们制定的吗?

还有一种更为简单的方式解决这个问题,就是说,我们不再要波旁王朝的长房掌权了。为什么你们不要他了呢?因为我们胜利了,我们在正义的、圣洁的事业中得胜了,我们要行使战胜者的双重权利。

很好:你们显示了王权的强大力量,很好地保存这股力量吧,因为,如果你们在这几个月内失去了它,那时会悔之晚矣。这就是人类的本性!最明智、最正直的人是不会居功自傲的。他们首要的,是运用手中的权力来反对暴力;他们用他们智慧的全部优势来维护这种权利;而且,在他们指出的事实是通过权力的滥用和权力的被颠覆所证明的时候,那些战胜者们,会夺取他们手中的破烂武器的!那时候,那些危险的破铜烂铁,还没有使用就会伤着自己的手的。

我把战斗放到了我的对手的地盘上;我过去从来没在那面死人的旗帜下角逐过:那面旗帜并不是不光荣,但它吊在那旗杆上一动不动,死气沉沉。当我拨动那三十五个卡佩家族的遗骸时,我找不出任何哪怕只让人听一听的论据。对一个名字的狂热崇拜的时代已经过去了,君主制不再是人们追求的目标:这是那个时候优于其他形式的政治形式,因为它使得秩序更好地进入了自由的领域。

卡桑德尔真无用,我已很厌恶那些轻视我的警告的王室和贵族议员[①]了:我现在只是坐在我曾预言的灾难的残局上了。我在不幸中承认了各种势力,但使我违背誓言的势力除外。我也应该使我的生活保持一致:在我为波旁家族做过、说过、写过的一切之后,如

[①] "贵族议员"(pairie)在原文为"祖国"(patrie),一八四六年雅克·夏特莱先生在《夏多布里昂社会新闻简报》第四十六页中指出,这是个笔误,应为"贵族议员",而不是"祖国"。

果我在他们最终落得过流亡生活的时候，来否认他们，那我会是个最可怜的家伙。

我把恐怖留给那些没有为王国做过一点贡献的高贵王室成员们，留给那些不久前把我当作叛徒、叛教者、革命者的教会和王室的捍卫者们。叛徒称你们为御用文人！那么，来吧，来为那个赋予了你们才能、但已被你们抛弃的可怜的主人说一句话吧，只说一句话！政变的策划者们，制宪政权的鼓吹者们，你们在哪里？你们躲在污泥浊水的底层，你们在那里伸出头来诽谤那些国王的忠实的仆人；你们今天的一言不发跟昨天洋洋万言如出一辙。那些显赫的勇士动刀兵把亨利四世的后代赶走，现在让他们蹲在三色旗下发抖吧，这是必然的。他们用高贵的色彩涂抹在自己的脸上，这或许能保护他们的个人，但掩饰不了他们的卑鄙行径。

另外，当我在这个讲台上直言谔谔时，我一点也不认为这是英雄主义的行为。我们今天不再是那种发表一种不同的见解就要搭上一条命的时代了，再说，即使是那样的时代，我也会大声地说上一百遍的！最好的掩蔽体是一个向敌人敞开的心胸。不，先生们，我既不用害怕其良知与他们的勇气相等的人民，也不用害怕我所钦佩的那英勇无畏的年轻一代；我同这些年轻人坦诚相见，相处得十分融洽协调，我祝愿他们，像我的祖国一样，荣耀、光荣和自由。

我远远没有去想要在法国散布分裂的思想，这就是为什么我不让我的讲话有一丝的激情的原因。我之所以从内心里主张让孩子在寒微贫贱而幸福的生活行列里成长，就是为了确保三千三百万人民的安宁。一切与时需相矛盾的言辞，我都会看成是罪行；我没有这种秽行。如果我有权支配王权，我将会自愿地把它交给德·奥尔良公爵先生。但我在圣德尼只看到缺一座坟墓，而不是王位。

等待的王室摄政王先生的命运不管如何，只要他为我的祖国谋幸福，我永远不会是他的敌人。我只要求保持我心灵上的自由和去到我感到独立和宁静的任何地方去死的权利。

我反对草议声明。

我开始演讲时，心情相当平静，但后来我渐渐激动起来了。当我说到："卡桑德尔真无用，我已很厌恶那些轻视我的警告的王室和贵族议员了"时，我的声音哽咽起来，我不得不拿起手帕去擦掉我脸上揪心而苦涩的眼泪。愤怒的情绪使我接着说了下列这段话："叛徒称你们为御用文人！那么，来吧，来为那个赋予了你们、但已被你们抛弃的可怜的主人说一句话吧，只说一句话！"说到这里，我把目光投向了那几行我对着他们说话的人。

不少议员一副颓丧的样子：他们把自己深深地埋在扶手椅里，躲在他们那些同样一动不动的同事后面，以致我无法看到他们。这篇讲演引起了一些反响，在座的各政党成员都受到了刺激，但谁也没有吭声，因为我费了许多劲，摆了大量事实。我从讲台上走下来，离开大厅，去到了存衣处。我脱下了我的议员服，取下我的剑和我那顶有羽饰的帽子；我卸下三色标志中的白色标志，并把它放在我穿着的黑色礼服胸前左边的小口袋里。我的仆人送走了我的议员服，我抖了抖鞋子上的灰尘，离开了这座背叛者们的宫殿，我再也不会回到那里去了。

八月十日和十二日，我结束了一切工作，并送去了下面这些辞呈信件：

贵族议院议长先生[①]：

  由于不愿为路易-菲利普·德·奥尔良效力，他俨如法国人的

[①] 从八月四日以来，由帕基埃（Pasquier）先生任议长。

国王似的，我觉得自己已别无良策，不能继续参加世袭议院的会议了。承蒙路易十八国王的好意和王室的慷慨，给我留下的唯一标志：一万二千法郎的议员养老金还在。给我这笔钱，如果说不是荣誉的标志，至少也是解决我日常生活之需的标志，我当时被招了来担任了这个显职。如果我继续保留这项恩赐，而又不能继续履行我的职责，那是不合适的。因此，我荣幸地放弃这笔养老金，交由您去处理。

一八三〇年八月十日，于巴黎

财政大臣先生[①]：

　　承蒙路易十八国王的好意和王室的慷慨，留给了我一笔一万二千法郎的养老金。这笔钱已改为终生年金，并登记在国家债权人的名册上，而且这笔钱只能由所持人的第一代直系亲属继承。我已不能为奥尔良公爵先生效命，他俨然成了法国人的国王似的，故此，如果我继续领取那笔我已不担任其职务的补贴，显然是很不公正的，我决定放弃这份补贴，交由你们处理。八月十日，我就此事已给贵族议院议长先生写了一封信，并告诉他，强求我宣誓效忠是不可能的。从这个时候开始，我已停止领取这份养老金了。

　　顺致崇高的敬意。

一八三〇年八月十二日，于巴黎

[①] 从八月一日起，由路易任此职。

尊敬的掌玺大臣先生①：

我很荣幸地能给您送去我写的这两封信的抄件：一封是写给巴黎贵族议院的议长先生的，另一封是写给财政大臣先生的。您在这两封上可以看到我已放弃了贵族议员的养老金，因此我的代理人不能再去领取这笔津贴了。这笔钱，在八月十日，即我声明拒绝效命的那天起，已被冻结了。

顺致崇高的敬意。

一八三〇年八月十二日，于巴黎

尊敬的司法大臣先生②：

我很荣幸向您呈上我辞去国务大臣的呈文。

司法大臣先生，请接受我崇高的致意。

您的卑微而恭顺的仆人

一八三〇年八月十二日，于巴黎

我像一个小圣让一样，已一无所有了，但长期以来，我已习惯以野生蜂蜜为食③，而且我不用担心埃罗迪埃德的女儿会喜欢上我这个白头老翁④的。

我的装饰物：剑上的穗子、流苏、螺旋状的流苏和肩章，全卖给了一个犹太人，由他拿出熔化后，给我送来了七百法郎，这是我们有荣誉的产物。

---

① 赛蒙维尔（Sémonville）继续留任此职。
② 指杜邦·德·厄尔（Dupont de l'Eure）。
③ 像当年圣让·巴蒂斯特（Jean Baptiste）在荒原上以野生蜂蜜为食一样。
④ 犹太王妃埃罗蒂埃德（Hérodiade 公元前七年—公元后三九年），大埃罗德的孙女。她先后嫁给了两个年岁很大的埃罗德：埃罗德·菲利普和埃罗德·昂蒂帕。

查理十世动身去瑟堡

查理十世此时怎样了？他由他的卫士陪伴，在三个警察押送下，走上了他的流亡道路。在穿过法国境内时，竟没有引起路旁正在耕种的农民的惊讶。在两三个小镇里，出现了一些敌对行动；在其他城镇里，一些有钱人和妇女对他则有怜悯的表示。要知道，波旁王朝再也不会有在从丰泰纳布洛到土伦途中所引起的那种轰动了；法国不再那么激动了；那么多战役的那个战胜者差点在奥里贡被暗杀。在这个疲惫的国家里，最重的事件也只不过是为了让我们消遣的悲剧而已：幕布揭起时，它占据着观众的心，可幕布落下时，它留给观众的只是空洞洞的回忆。有时，查理十世和他的家人在那些蹩脚的驿站停下来，在一张肮脏的餐桌一角用餐；在他之前，往往是车夫们用餐的地方。亨利五世和他的姐姐则在餐馆的院子里逗鸡和鸽子玩。我早就说过，君主制完蛋的时候，人们会爬到窗子上去看它路过。

这时天上下起雨来，它是在诅咒那得胜的党和失败的党吧。当人们认为整个法国是被赦令激怒了的时候，菲力普国王收到了来自外省写给查理十世国王的许多信件，称赞他采取了有利于挽救君主制的措施。

蒂泰利的贝伊①，从他那方面，对朝瑟堡赶去的废黜君主表示了如下的归顺："以上帝的名义，等等，等等，我把伟大的战胜者查理十世看作绝对的君主和老爷；我将向他进贡，等等，等等。"

人们讽刺这一个的不幸或那一个的不幸，已经到了莫此为甚的程度了。人们如今用机器制造革命，这些革命进行得如此之快，以致还在国境线上的国王，在首都，他已成了被驱逐的人了。

---

① 贝伊为地方最高长官。

对查理十世来说，在国家不关心他的情况下，还有别的事让他厌倦：他必须承认民主思想和地位同化的进步。在以前的时代，法国一个国王的垮台是件了不得的大事；随着时间的推移，君主的地位逐渐下降，并渐渐地朝我们靠近，时间缩小了他与人民群众之间的距离。如果说，人们在大路上遇见圣路易的儿子如同遇见普通人一样，并不怎么惊奇，那并不是因为仇恨的心理或者是刻板的头脑，那完全是社会认识水平的提高，而且这种提高已深入人心，影响着大众的行动，这是不容否认的。

真倒霉，瑟堡是个不幸的地方！为了蹂躏我们的国家，一股怒潮把爱德华三世推到了瑟堡附近①；在离瑟堡不远的地方，敌人胜利的传闻吓退了图尔维尔的舰队；正是在瑟堡，一次假胜利的传闻使路易十六②朝脚手架退去；正是在瑟堡，不知道哪路海风把我们末代的王子们带走了。征服者纪尧姆登陆的大不列颠海岸看到过查理十世不费一枪一炮也曾登上了海岸；他是去霍里·罗丹找他年轻时的回忆的，他的回忆挂在斯图阿城堡的城墙上，由于时间的流逝，它已变成了古旧而发黄的雕刻了。

七月革命会是什么

我把在我面前流逝的这三天逐一进行了描绘。某种时代色彩在事件

---

① 在一三四六年。
② 一七八六年，路易十六来到瑟堡参加大堤开工典礼。

进行时显得绘声绘色，可是事件过后，就显得子虚乌有了；这种时代色彩展现在整个画面上。这场革命声势浩大，就是缩小到最小的比例，也要一分一秒地细细描述。事件是从事物的内部引发出来的，就像人是从娘胎里出来的一样，都有其天生的缺点。可怜和伟大是孪生姐妹，她们同时出生，随着差别逐渐扩大，可怜在某个时候会死去，只留下了伟大。为了公正地判断留下正确的东西，应该站在子孙后代的立场上，让子孙后代去判断好坏。

我已去掉了气质上和行动上我曾有过的那种狭隘的情感，我心里装着七月的那些日日夜夜。在贵族议院里我的发言中，我一针见血地指出："人民于是用自己的智慧和勇气武装自己；他们发现工场主们很容易制造出火药的烟雾来，而且认为只要几个士兵和一个头头便能使这种恐怖大为减少。一个世纪不能像三个最后的太阳一样，使一个民族的觉悟成熟起来；这三个太阳刚刚照耀在法国的上空。"

事实上，切实地说，是人民在二十八日那一天里十分勇敢和大度。卫队死的死，伤的伤，损失了三百多人；它给了广大穷人阶层广泛的公道平允，正是这些穷人在这一天中独自作战，他们中虽然混进了一些不干不净的人，但并没有给他们丢脸。巴黎综合理工大学的学生二十八日那天出来得太晚没有赶上参加，但是二十九日那天，人民群众把他们放到了队伍的前面，他们的单纯和天真令人敬佩。

那些杰出的人物在人民坚持的这场斗争中不在场，只在二十九日，也就是说，当最危险的时刻过去之后，他们才来加入他们的队伍，其他的人，也就是说，那些战胜者们，也只是在三十和三十一日，在取得胜利之后，才赶来加入人民的行列。

部队方面，也大体差不多，参加进去的士兵和军官为数可数；把波拿巴弃置在丰泰纳布洛的参谋部，站在圣克卢的高地上观战，以便看风使舵：当查理十世如日方升的时候，他们对他投其所好，如蝇逐臭；当他日薄西山的时候，他们乘人之危，溜之大吉。

平民的克制同他们的勇气一样，社会秩序顿然混乱起来。在公园门口守门的那些半裸的工人，我们大概都见过吧，他们根据上头的命令阻止其他衣衫褴褛的工人进去，为的是用这种义务的力量为自己形成一个概念，这种义务的力量控制着仍是主人的人们。他们能为自己付出血的代价，能经得住苦难的煎熬。像一七九二年八月十日一样，人们一点都没有看到逃亡中被杀害的那些瑞士人。所有的意见都得到尊重，除了个别的例外，人们从来不滥用已经取得的胜利。战胜者们抬着卫队的伤员穿过人群，他们大声叫道："向勇士们致敬！"士兵一旦去世，他们就说："安息吧！"在立宪制度下，复辟的十五年使得我们中间有了人道、平等和公正的精神，这在二十五年的革命和战争的精神下是没能培养出来的。进到我们习俗中的特权似乎已变成了普通的权利。

七月革命的影响将是令人难以忘怀的。这次革命宣布反对王权已告结束，如今国王们只能通过战争的暴力才能行使其统治了，而且那也只是权宜之策，是不能长久的：用暴力维持其统治的时代已经结束了。

蒂西迪德和塔西佗不会把这三天的事件很好地讲给我们听的；我们大概会要波舒哀为我们解释一番天意中的事件的；天神能看到一切，但超越不过它那明智和光辉的界限，就像在两个光极上滚动的、东方人称它为上帝的奴隶的太阳那样。

我们不要在我们身边寻找离我们很远的事件的动机：人的平庸、极度的恐惧、说不清的争执、仇恨、野心、一部分人的自负、另一部分人的成见、密谋、堂会①、采取的好的或坏的措施、勇气或缺乏勇气，所有这些都是一些偶然的事，而不是事件的原因。当人们说他们不再需要波旁王族、波旁王族已变得可憎可恨时，他们是说，他们认为波旁王族是

---

① 指秘密的社会集会。

外国安置在法国的，这纯粹是无稽之谈，没有任何事实根据。

　　严格地讲，七月革命不是政治原因，而是没完没了的社会变更。通过这一连串的变更，一八三〇年七月二十八日的事件只不过是一七九三年一月二十一日事件的继续。我们第一次评议会的工作已经中止，但并未结束。在这二十年的时间里，法国人已习惯于生活在别的首领的统治下，而不是在他们以前的君主统治下，像英国人生活在克诺伟伊的统治下一样。查理十世的倒台，是路易十六被斩首的产物，如同雅克二世被赶下王位是查理一世被暗杀的产物一样。革命的火焰在拿破仑的光荣和路易十八的自由中似乎已经熄灭，但是革命的胚芽没有被毁坏，它存在在我们的心底里；当复辟的谬误唤醒它时，它仍会发展壮大，它甚至很快就会爆发。

　　神灵的裁夺显现在正在进行的反君主政体的变化之中。智力浅薄者在革命中只看到了三天的殴斗，这再简单不过了；但有识之士却明白已迈出了非同寻常的一步：人民君主制的信条已取代了王室君主制的信条，世袭君主制已变成选举君主制。一月二十一日听说有人控制了国王，七月二十九日表明人们可以控制王权。然而，所有显现出来的好的或坏的事实，都掌握在人民群众的手里。一项变更，当它不再是以大逆不道的形式出现时，当它是出自人民群众的思想时，就不再是闻所未闻、显得格外特别了。法兰克人集体行使王权，然后他们把王权授予某些首领，这些首领然后又把王权授予某一个人，然后，这个唯一的首领为了他家族的利益，篡夺了王权。现在人们把世袭王权推向选举王权，从选举王权推向共和政体。这就是社会发展史，这就是在某种程度上政府从人民中来，又回到人民当中去。

　　因此，我们不要以为七月的事业是多此一举，不要以为通过长子的权利来继承王位恢复王位继承权，也不要对我们说，七月革命会夭折。毫无疑问，德·奥尔良家族支系的根不会扎牢的；半个多世纪以来，流

855

了那么多的血、经历了那么多的灾难、费去了那么多的才智,并不会是这样的结果的!七月,结果它不是带来法兰西的最终毁灭和所有民主的消亡,那么,它必将结出自然的果实:那就是民主。这果实也许会是苦涩的、流血的,但是,从国外移植过来的君主制,它绝不会长在共和政体的茎上!

因此,不要把这个偶然产生的国王和这次革命混同在一起;这场革命,像我们看到它发生的那样,它是与他的那些原则背道而驰的。它不像是个能成活的婴儿,因为它受到王权的惩罚。不过,这场革命,它也只能维持几年的时间,因为将要来的和将要过去的东西都将改变有待我们认识的许多东西。上了年纪的人都将死去,或再也看不到他们看过的事情;青少年达到了懂事年龄;新的一代将对老一代进行更新;医院里洗伤口的脏水流到大江里,只会弄脏伴随这些脏水沿江而下的水流,而大江的上游和下游的水流却保持着或重新变得清澈。

原本自由的七月,产生了一个极不自由的君主,但是去掉他的王权的时刻即将到来,他将被迫接受已成为自然规律的变更;只有这样做,他才能生活在适应他的气质的环境里。

共和党的错误,正统派的幻想,一个个都是可悲的,而且它们都超越了民主和王权:共和党认为暴力是成功的唯一手段,而正统派则认为只有回复到过去才是唯一的安全港。殊不知,有一个支配社会的道德准则,有一个高于个别合法性的普遍合法性;这个伟大的准则,这个伟大的合法性,就是人们享有自然的权利,这是由义务所规定的,因为是义务创造权利,而不是权利创造义务;欲念和罪恶使你们降到了奴隶阶层。普遍的合法性不会有任何障碍要克服,按照同一原则,如果它保存了个别合法性的话。

另外,注意一下就足以让我们弄懂,我们古老王族的那不可思议而威严的力量:这个我已经说过了,我不会老去重复它的,一切王权将随着法国王权的灭亡而灭亡。

　　事实上，在没有君主的时候，同时也就没有君主思想了；人们在自己的周围有的只是民主思想。我的年轻的国王将把世界上的君主制揽在他的怀里带走。就是这样。

　　当我写这一切关于一八三〇年革命在未来的岁月里会是什么时，我很难抵御那种要我从相反的方面推断的本能。我有这种本能是因为一八三〇年的混乱使我不快；我不相信我自己，也许，我的认理不认人，帮理不帮亲过火了一点，也许我夸大了这三天未来的作用吧。然而，查理十世的垮台已经过去了十年了，英雄的七月不是傲然屹立吗？现在已是一八四〇年十月初了，法国衰落到了何种地步！如果我能在法国政府的耻辱中尝到一丝欢乐，在维罗纳的代表会议上重新念一念我给坎宁先生的信，我会感到某种自豪的：当然，不是刚才在众议院会议上公布的那封信①。错误出在哪里？出在被选出的王子身上吗？还是大臣们的无能？或者还是由于其才智与骨气似乎已经耗尽的民族本身？我们的思想是进步的，难道是我们的道德观念在支持着它？一个有着十四个世纪历史的民族，由于一场意想不到的爆炸而结束了它漫长的生涯，走到了它的尽头，这不会奇怪的。如果您把这本《回忆录》继续读下去，您将会发现我认为最后的结果就是旧社会的完蛋，而且您会公正地看待在我们的各个不同历史时期一切我认为美好的东西的。

　　　　　　　　　　《杂记》，一八四〇年十月三日，于巴黎

---

① 一八四〇年，东部问题差点引发了一场欧洲战争。年底，梯也尔和吉佐在这次会议上公布了他们在这次危机中与英国政府交换的信件。

我的政治生涯结束了

我的政治生涯就此结束了，我的这部只概述我的宫廷经历的《回忆录》也该就此搁笔了。三次灾难标志着我过去生活中的三个部分：在我的旅人和士兵生涯中，我目睹了路易十六的驾崩；在我的文学创作生涯结束时，波拿巴消失了；查理十世的垮台结束了我的政治生涯。

我在文学创作中确立了一个革命的年代，同样，在政治上，我提出了代议制政府的原则；我的外交通信，我想，它抵得上我的文学作品。也许两者皆不足观；不过，两者可等量齐观，这是肯定的。

在法国，在贵族议院的讲坛上，在我的通信中，我施加了某种影响，使得德·瓦莱尔先生先是进了内阁，后来他成了我的政敌之后，又迫使他退出了内阁。这一切，您读了这部《回忆录》之后，就可以得到证实。

在我的政治生涯中，西班牙战争是个重大事件。这次战争对我来说，在我的政治生涯中，恰如我在文学生涯中写《基督教真谛》。命运选择了我，让我承担了那次巨大的冒险；在复辟时代，它本可以调整世界迈向未来的步伐的。它让我摆脱了梦想，把我变成了事件的指挥者。在它的牌桌上，它让当时的两位首相，德·梅泰民亲王和坎宁先生成了我的对手，我战胜了他们。各国内阁中的严肃之士一致认为，他们在我身上看到的是一位政治家的风采。波拿巴在他们之前已经预见到了这点，尽管我的书他没看过。因此，我可以认为，在我身上，政治家和作家的能耐不相上下，这不是自我吹嘘。不过，我认为国务活动家的声誉一钱不值，正因为这样，我才指天画地，舌无留言。

半岛事件的时候，如果不是一些目光短浅的人把我排斥在外，我们的命运就会改变，法国就会重新获得它的边界，欧洲的平衡就会重新建立，复辟就会大加增光，长久地存在下去，而我的外交工作也会在我国的历史上画上一个圆满的句号。在我的两种生涯之间，不同的只是它们的结果。我的文学生涯是圆满的，产生了它应该产生的一切，因为它只取决于我自己。我的政治生涯是在其成功的途中突然中断的，因为它取决于别人。

尽管如此，我承认我的政治方针和才略只适用于复辟时期。如果原则方针、社会和人本身发生了变化，昨天还是好的东西，今天就会过时无用了。关于西班牙，王族之间的关系，因撒利克法典的废止而不复存在，因此重要的已不再是在比利牛斯山之外建立起不可穿透的边界了；必须接受有朝一日奥地利和英国有可能对我们重新开战的这一事实；必须持那种把他们已经到来了的观点；必须放弃一种坚定而理智的行动，尽管不无遗憾，尽管其肯定的利益的确是长远的。我坚信，我为正统派尽了我的努力，就像它本应该做的那样圆满完成了。我当时和此刻一样，对未来看得一清二楚；只是，我希望到达的路途不那么险峻，以便让有利于我们的宪政教育的正统派在其匆忙的奔跑中不至跌倒。现在我的计划实现不了了；俄国将转向他方。假如我现在去半岛，那里的精神早就产生了变化，那么我要同不同的思想的人打交道了；我将只关心人民的联合，无论这种联合多么令人怀疑，让人眼红，情绪激昂，犹豫不决和摇摆不定，我不会再考虑同国王们的关系。我将对法国说："你离开了既定的道路，走上了崎岖的小径；那好吧，你就去探索一条最好的然而充满危险的道路吧！改革、事业、创新，全由我们自己来干吧！来吧！如果需要，让武器来帮你们的忙吧。新事物在哪里？在东方吗？那么就到那里去吧。我们的勇气和才智应该去哪里施展？朝哪里跑去？让我们站在人类腾飞的前头；别让别人超过我们。在这一次十字军东征中，让法国的名字排在别国的前面吧，就像昔日里前往基督的坟墓时一样。"是的，如果祖国采纳了我的建议，我将竭力在它所采取的危险原则中对它有用；现在去拉住它，无异于宣判它的死刑。我不会满足于讲演，我会把事业同信仰联系起来，我将训练士兵，准备几百万人，我将建造船只，如同挪亚，以防洪水。倘若有人问我为什么，我会回答道："因为这是法兰西的意愿。"我会用电报通知欧洲所有的内阁，没有我们的介入，谁也别想在世界上动一动；若要瓜分世界，最大的一份将是我们的。我们不会再去卑躬屈膝乞求我们的邻居让我们生存下去；法兰西的心脏将自由跳动，任何人都不敢用手去数它脉搏跳动的次数。而且，既然我们是在寻找新的太阳，我将迎着辉煌冲在前面，不再等候曙光自然升起。

上天保佑，让我们在其中寻求一种新的繁荣方式的工业效益不至骗人，让它们和旧社会从其中走出的那些道德利益同样富有成果，同样富于教化！时间会告诉我们，这些工业效益是否只是那些思想贫乏之徒无结果的梦想？他们设法走出物质世界。

尽管我的作用和正统派一起结束了，我仍对法兰西有着美好的祝愿，无论它的不可预料的任性让它服从的是什么政权。至于我，我毫无所求；我只想不要在脚下跨过太多的崩塌的废墟。然而，岁月犹如阿尔卑斯山：刚越过几座山峰，又有别的山峰耸起。咳！那些最高的、最后的山岳无人居住，荒芜不毛，白雪皑皑。